U0216138

吉林人民出版社

简体字本二十六史

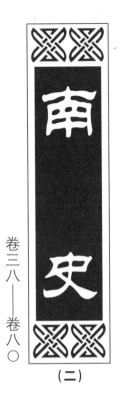

南史

卷三八——卷八〇

（二）

［唐］ 李延寿 撰

陈苏镇 等 标点

南史卷三八
列传第二八

柳元景 元景弟子世隆　世隆子惔　惔弟恽
恽子偃　偃子盼　恽弟憕　憕弟忱　世隆从弟庆远
庆远子津　津子仲礼　敬礼

　　柳元景字孝仁,河东解人也。高祖纯,位平阳太守,不拜。曾祖卓,自本郡迁于襄阳,官至汝南太守。祖恬,西河太守。父凭,冯翊太守。元景少便弓马,数随父伐蛮,以勇称。寡言语,有器质,荆州刺史谢晦闻其名,要之,未及往而晦败。雍州刺史刘道产深爱其能,会荆州刺史江夏王义恭复召之,道产谓曰:"久规相屈。今贵王有召,难辄相留,乖意以为罔罔。"服阕,累迁义恭司徒、太尉城局参军。文帝见,又知之。

　　先是,刘道产在雍州,有惠化,远蛮归怀皆出,缘沔为村落,户口殷盛。及道产死,群蛮大为寇暴,孝武西镇襄阳,义恭荐元景,乃以为武威将军、随郡太守。及至,广设方略,斩获数百,郡境肃然。

　　随王诞镇襄阳,元景徙为后军中兵参军。及朝廷大举北侵,使诸镇各出军。二十七年八月,诞遣尹显祖出赀谷,鲁方平、薛安都、庞法起入卢氏,田义仁出鲁阳,加元景建威将军,总统军帅。后军外兵参军庞季明、三秦冠族,求入长安,招怀关、陕,乃自赀谷入卢氏。卢氏人赵难纳之。元景率军系进,以前锋深入,悬军无继,驰遣尹显祖入卢氏,以为诸军声援。元景以军食不足,难可旷日相持,乃束马悬车,引军上百丈崖,出温谷以入卢氏。法起诸军进次方伯堆,去弘农城五里。元景引军度熊耳山，安都顿军弘农，法起进据潼关，季明率方平、赵难诸军向陕。十一月，元景率众至弘农，营于关方口，仍以元景为弘农太守。初，安都留住弘农，而诸军已进陕。元景既到，谓安都曰：“卿无坐守空城，而令庞公孤军深入，宜急进军。”众军并造陕下，列营以逼之，并大造攻具。

魏城临河为固，恃险自守。季明、安都、方平、显祖、赵难诸军，频三攻未拔，安都、方平各列阵于城东南以待之。魏兵大合，轻骑挑战，安都瞋目横矛，单骑突阵，四向奋击，左右皆辟易，杀伤不可胜数，于是众军并鼓噪俱前。魏多纵突骑，众军患之，安都怒甚，乃脱兜鍪，解所带铠，唯著绛衲两当衫，马亦去具装，驰入贼阵。猛气咆勃，所向无前，当其锋者无不应刃而倒。如是者数四，每入，众无不披靡。

魏军之将至也，方平遣驿骑告元景。时诸军粮尽，各余数日食。元景方督义租并上驴马以为粮运之计，遣军副柳元怙简步骑二千以赴陕急，卷甲兼行，一宿而至。诘朝，魏军又出，列阵于城外。方平诸军并成列，安都并领马军，方平悉勒步卒，左右掎角之，余诸义军方于城西南列阵。方平谓安都曰：“今勍敌在前，坚城在后，是吾取死之日。卿若不进，我当斩卿，我若不进，卿当斩我也。”安都曰：“卿言是也。”遂合战。安都不堪其愤，横矛直前，杀伤者甚多，流血凝肘。矛折，易之复入，副谭金率骑从而奔之。自诘旦战至日晏，魏军大溃，面缚军门者二千余人。诸将欲尽杀之，元景以为不可，乃悉释而遣之，皆称万岁而去。

时北略诸军王玄谟等败退，魏军深入。文帝以元景不宜独进，且令班师。诸军乃自狐关度白杨岭出于长洲，安都断后，宋越副之。法起自潼关向商城，与元景会，季明亦从胡谷南归，并有功而入。诞登城望之，以鞍下马迎元景。时鲁爽向虎牢，复使元景率安都等北出，爽退乃迁。再出北侵，威信著于境外。

孝武入讨元凶，以为咨议参军，配万人为前锋，宗悫、薛安都等十三军皆隶焉。时义军船乘小陋，虑水战不敌。至芜湖，元景大喜，倍道兼行。至新亭，依山建垒栅，东西据险。令军中曰："鼓繁气易衰，叫数力易竭，但各衔枚疾战，一听吾营鼓音。"元景察贼衰竭，乃命开垒，鼓噪以奔之，贼众大溃。劭更率余众自来攻垒，复大破之，劭仅以身免。上至新亭即位，以元景为侍中，领左卫将军，寻转宁蛮校尉、雍州刺史、监雍梁南北秦四州荆之竟陵随二郡诸军事。始，上在巴口，问元景："事平何所欲？"对曰："愿还乡里。"故有此授。

初，臧质起义，以南谯王义宣暗弱易制，欲相推奉，潜报元景，使率所领西还。元景即以质书呈孝武。语其信曰："臧冠军当是未知殿下义举耳，方应伐逆，不容西还。"质以此恨之。及元景为雍州，质虑其为荆州后患，称爪牙不宜远出。上重违其言，更以元景为领军将军，加散骑常侍，封曲江县公。孝建元年正月，鲁爽反，遣左卫将军王玄谟讨之。加元景抚军将军、假节，置佐，系玄谟。后以为领南蛮校尉、雍州刺史，加都督。臧质、义宣并反，王玄谟南据梁山，垣护之、薛安都度据历阳，元景出屯采石。玄谟求益兵，上使元景进屯姑熟。元景悉遣精兵助王玄谟，以羸弱居守。所遣军多张旗帜，梁山望之如数万人，皆谓都下兵悉至，由是克捷。与沈庆之俱以本号加开府仪同三司，改封晋安郡公，固让开府。复为领军、太子詹事，加侍中。

大明三年，为尚书令，太子詹事、侍中、中正如故。以封在岭南，改封巴东郡公。又命左光禄大夫、开府仪同三司，侍中、中正如故。又让开府，乃与沈庆之俱依晋密陵侯郑袤不受司空故事。六年，进司空，侍中、中书令、中正如故。又固让，乃授侍中、骠骑大将军、南兖州刺史，留卫都下。孝武晏驾，与太宰江夏王义恭、尚书仆射颜师伯并受遗诏辅幼主，迁尚书令，领丹阳尹，侍中、将军如故。加开府仪同三司，给班剑二十人。固辞班剑。

元景少时贫苦，尝下都至大雷，日暮寒甚，颇有羁旅之叹。岸侧有一老父，自称善相，谓元景曰："君方大富贵，位至三公。"元景以为戏之，曰："人生免饥寒幸甚，岂望富贵。"老父曰："后当相忆。"及贵，求之，不知所在。

元景起自将率，及当朝，理务虽非所长，而有弘雅之美。时在朝勋要，多事产业，惟元景独无所营。南岸有数十亩菜园，守园人卖菜得钱三万，送还宅。元景怒曰："我立此园种菜，以供家中啖耳，乃复卖以取钱，夺百姓之利邪！"以钱乞守园人。

孝武严暴无常，元景虽荷宠遇，恒虑及祸。太宰江夏王义恭及诸大臣，莫不重足屏气，未尝敢私相往来。孝武崩，义恭、元景等并相谓曰："今日始免横死。"义恭与义阳等诸王，元景与颜师伯等，常相驰逐声乐酣饮，以夜继昼。前废帝少有凶德，内不能平，杀戴法兴后，悖情转露。义恭、元景忧惧，乃与师伯等谋废帝，立义恭，持疑未决。发觉，帝亲率宿卫兵，自出讨之，称诏召元景。左右奔告，兵刃非常。元景知祸至，整朝服乘车，应召出门。逢弟车骑司马叔仁戎服，左右壮士数十人，欲拒命，元景苦禁之。及出巷，军士大至，下车受戮，容色恬然。

长子庆宗，有干力，而情性不伦。孝武使元景送还襄阳，于道赐死。次子嗣宗、绍宗、茂宗、孝宗、文宗、仲宗、成宗、秀宗，至是并遇祸。元景六弟：僧景、僧珍、叔宗、叔政、叔珍、叔仁。僧珍、叔仁及子侄在都下、襄阳死者数十人。元景少子承宗、嗣宗子谟，并在孕获全。明帝即位，赠太尉，给班剑三十人，羽葆、鼓吹一部，谥曰忠烈公。

元景从父兄元怙，大明末，同晋安王子勋逆，事败归降。元景从祖弟光世留乡里，仕魏为河北太守，封西陵男，与司徒崔浩亲。浩被诛，光世南奔。明帝时，位右卫将军、顺阳太守。子欣慰谋反，光世赐死。

世隆字彦绪，元景弟子也。父叔宗字双骥，位建威参军事，早卒。世隆幼孤，挺然自立，不与众同。虽门势子弟，独修布衣之业。及长，好读书，折节弹琴，涉猎文史，音吐温润。元景爱赏，异于诸子，言于宋孝武，得召见。帝谓元景曰："此儿将来复是三公一人。"为西阳王抚军法曹行参军，出为武威将军、上庸太守。帝谓元景曰："卿昔以武威之号为随郡，今复以授世隆，使卿门世不乏公也。"

　　元景为前废帝所杀,世隆以在远得免。泰始初,四方反叛,世隆于上庸起兵,以应宋明帝,为孔道存所败,众散逃隐,道存购之甚急。军人有貌相似者,斩送之。时世隆母郭、妻阎并见系襄阳狱,道存以所送首示之。母见首悲情小歇,而妻阎号叫方甚,窃谓郭曰:"今见不悲,为人所觉,唯当大恸以灭之。"世隆竟以免。

　　后为太子洗马,与张绪、王延之、沈琰为君子之交。累迁晋熙王安西司马,加宁朔将军。时齐武帝为长史,与世隆相遇甚欢。齐高帝之谋度广陵也,令武帝率众同会都下。世隆与长流参军萧景先等戒严待期,事不行。

　　时朝迁疑惮沈攸之,密为之防,府州器械,皆有素蓄。武帝将下都,刘怀珍白高帝曰:"夏口是兵冲要地,宜得其人。"高帝纳之,与武帝书曰:"汝既入朝,当须文武兼资人,委以后事,世隆其人也。"武帝乃举世隆自代。转为武陵王前军长史、江夏内史,行郢州事。升明元年冬,攸之反,遣辅国将军、中兵参军孙同等,以三万人为前驱,又遣司马冠军刘攘兵等二万人次之,又遣辅国将军、中兵参军王灵秀等分兵出夏口,据鲁山。攸之乘轻舸从数百人先大军下住白螺洲,坐胡床以望其军,有自骄色。既至郢,以郢城弱小不足攻。攸之将去,世隆遣军于西渚挑战,攸之果怒,昼夜攻战。世隆随宜拒应,众皆披却。武帝初下,与世隆别曰:"攸之一旦为变,虽留攻城,不可卒拔。卿为其内,我不其外,乃无忧耳。"至是,武帝遣军主桓敬、陈胤叔、苟元宾等八军据西塞,令坚壁以待贼疲。虑世隆危急,遣腹心胡元直潜使入郢城通援军消息。内外并喜。

　　郢城既不可攻,而平西将军黄回军至西阳,乘三层舰,作羌胡伎,溯流而进。攸之素失人情,本逼以威力,初发江陵,已有叛者,至此稍多。攸之大怒,于是一人叛,遣十人追,并去不返。刘攘兵射书与世隆请降,开门纳之。攸之怒,衔须咀之,收攘兵兄子天赐、女婿张平虏斩之。军旅大散,世隆乃遣军副刘僧麟缘道追之。

　　攸之已死,征为侍中,仍迁尚书右仆射,封贞阳县侯。出为吴郡太守,居母忧,寒不衣絮。齐高帝践祚,起为南豫州刺史,加都督,进爵为公。上手诏司徒褚彦回甚伤美之。彦回曰:"世隆事陛下,在危尽忠,居忧杖而后起,立人之本,二理同极,加荣增庞,足以敦厉风俗。"建元二年,授右仆射,不拜。性爱涉猎,启高帝借秘阁书,上给二千卷。三年,出为南兖州刺史,加都督。武帝即位,加散骑常侍。

世隆善卜,别龟甲,价至一万。永明初,世隆曰:"永明九年我亡,亡后三年丘山崩,齐亦于此季矣。"屏人,命典签李党取笔及高齿屐,题廉箔旌曰:"永明十一年。"因流涕谓党曰:"汝当见,吾不见也。"

迁护军,而卫军王俭修下官敬甚谨。世隆止之,俭曰:"将军虽存弘眷,如王典何?"其见重如此。性清廉,唯盛事坟典。张绪问曰:"观君举措,当以清名遗子孙邪?"答曰:"一身之外,亦复何须?子孙不才,将为争府,如其才也,不如一经。"光禄大夫韦祖征,州里宿德,世隆虽已贵重,每为之拜。人或劝祖征止之,答曰:"司马公所为,后生楷法,吾岂能止之哉!"

后授尚书左仆射。湘州蛮动,遣世隆以本官总督伐蛮众军,仍为湘州刺史,加都督。至镇,以方略讨平之。在州立邸兴生,为御史中丞庾杲之所奏。诏不问。复入为尚书左仆射,不拜,乃转尚书令。世隆少立功名,晚专以谈义自业。善弹琴,世称柳公双琐,为士品第一。常自云:"马槊第一,清谈第二,弹琴第三。"在朝不干世务,垂帘鼓琴,风韵清远,甚获世誉。以疾逊位,拜左光禄大夫、侍中。永明九年,卒。诏给东园秘器,赠司空,班剑二十人,谥曰忠武。

世隆晓数术,于倪塘创墓,与宾客践履,十往五往,常坐一处。及卒,墓工图墓,正取其坐处焉。所著《龟经秘要》二卷,行于世。

长子悦,字文殊,少有清致,位中书郎,早卒,谥曰恭。世隆次子恽。

恽字文通,好学,工制文,尤晓音律,少与长兄悦齐名。王俭谓人曰:"柳氏二龙,可谓一日千里。"俭为尚书左仆射,尝造世隆宅,世隆谓为诣已,徘徊久之。及至门,唯求悦及恽。遣谓世隆曰:"贤子俱有盛才,一日见顾,今故报礼。若仍相造,似非本意,恐年少窥人。"尝预齐武烽火楼宴,帝善其诗,谓豫章王嶷曰:"恢非徒风韵清爽,亦属文遒丽。"

后为巴东王子响友,子响为荆州,恢随之镇。子响昵近小人,恢知将为祸,称疾还都。及难作,以免。累迁新安太守,居郡以无政绩免。建武末,为梁、南秦二州刺史。及梁武帝起兵,恢举汉中以应。

梁武受命,为太子詹事,加散骑常侍。武帝之镇襄阳,恢祖道,帝解茅土玉环赠之。天监二年元会,帝谓曰:"卿所佩玉环,是新亭所赠邪?"对曰:"既而瑞感神衷,臣谨服之无斁。"帝因劝之酒,恢时未卒爵,帝曰:"吾常比卿刘越石,近辞厄酒邪?"罢会,封曲江县侯。帝因宴为诗贻恢曰:"尔实冠群后,惟余忝念功。"帝又尝谓曰:"徐元瑜违命岭南,《周书》'父子兄弟,罪不相及。'朕已放其诸子,何如?"恢曰:"罚不及嗣,赏延于后,今复见之圣朝。"时以为知言。寻迁尚书左仆射。年六十,卒于湘州刺史,谥曰穆。

恢度量宽博,家人未尝见其喜愠。甚重其妇,颇成畏惮。性爱音乐,女伎精丽,略不敢视。仆射张稷与恢狎密,而为恢妻赏敬。稷每诣恢,必先相问夫人。恢每欲见妓,恒因稷请奏,其妻隔幔坐,妓然后出。恢因得留目。恢著《仁政传》及诸诗赋,粗有辞义。子昭,位中书郎,袭爵曲江侯。

恢弟恽字文畅,少有志行,好学,善尺牍。与陈郡谢瀹邻居,深见友爱。瀹曰:"宅南柳郎,可为义表。"

初,宋时有嵇元荣、羊盖者,并善琴,云传戴安道法。恽从之学,恽特穷其妙。齐竟陵王子良闻而引为法曹行参军,唯与王暕、陆杲善。每叹曰:"暕虽名家,犹恐累我也。"雅被子良赏狎。子良尝置酒后园,有晋太傅谢安鸣琴在侧,援以授恽,恽弹为雅弄。子良曰:"卿巧越嵇心,妙臻羊体,良质美手,信在今夜。岂止当今称奇,亦可追踪古烈。"为太子洗马,父忧去官。著《述先颂》,申其罔极之心,文甚哀丽。后试守鄱阳相,听吏属得尽三年丧礼,署之文教,百姓称焉。还除骠骑从事中郎。

梁武帝至建邺,恽候谒石头,以为征东府司马。上笺请城平之日,先收图籍,及遵汉高宽大之义。帝从之。从为相国右司马。天监元年,除长兼侍中,与仆射沈约等共定新律。

　　恽立性贞素,以贵公子早有令名,少工篇什,为诗云:"亭皋木叶下,垄首秋云飞。"琅邪王融见而嗟赏,因书斋壁及所执白团扇。武帝与宴,必诏恽赋诗。尝和武帝《登景阳楼篇》云:"太液沧波起,长杨高树秋,翠华承汉远,雕辇逐风游。"深见赏美,当时咸共称传。历平越中郎将、广州刺史,秘书监,右卫将军。再为吴兴守。为政清静,人吏怀之。于郡感疾,自陈解任。父老千余人拜表陈请,事未施行,卒。

　　初,恽父世隆弹琴,为士流第一,恽每奏其父曲,常感思。复变体备写古曲。尝赋诗未就,以笔捶琴,坐客过,以箸扣之,恽惊其哀韵,乃制为雅音。后传击琴,自于此。恽常以今声转弃古法,乃著《清调论》,具有条流。齐竟陵王尝宿晏,明旦将朝,见恽投壶枭不绝,停舆久之,进见遂晚。齐武帝迟之,王以实对,武帝复使为之,赐绢二十匹。尝与琅邪王瞻博射,嫌其皮阔,乃摘梅帖乌珠之上,发必命中,观者惊骇。梁武帝好弈棋,使恽品定棋谱,登格者二百七十八人,第其优劣,为《棋品》三卷。恽为第二焉。帝谓周舍曰:"吾闻君子不可求备,至如柳恽可谓具美。分其才艺,足了十人。"恽著《卜杖龟经》。性好医术,尽其精妙。

　　少子偃,字彦游,年十二,梁武帝引见,诏问读何书,对曰:"《尚书》。"又问有何美句,对曰:"德惟善政,政在养人。"众咸异之。诏尚武帝女长城公主,拜驸马都尉、都亭侯,位鄱阳内史。卒。

　　子盼,尚陈文帝女富阳公主,拜驸马都尉。后主即位,以帝舅加散骑常侍。盼性愚憨,使酒,因醉乘马入殿门,为有司劾免,卒于家。赠侍中、中护军。后从祖弟庄,清警有鉴识,自盼卒后,太后宗属唯庄为近,兼素有名望,深被恩礼。位度支尚书。陈亡入隋,为岐州司马。恽弟憕。

　　憕字文深,少有大意,好玄言,通《老》、《易》。

梁武帝举兵至姑熟，憕与兄恽及诸友朋于小郊侯接。时道路犹梗，憕与诸人同憩逆旅食，俱去，行里余，憕曰："宁我负人，不人负我。若复有追，堪憩此客。"命左右烧逆旅舍，以绝后追。当时服其善断。

历位给事黄门侍郎，与琅邪王峻齐名，俱为中庶子，时人号为方王。后为镇北始兴王长史。王移镇益州，复请憕。帝曰："柳憕风标才气，恐不能久为少王臣。"王祈请数四，不得已，以为镇西长史、蜀郡太守。在蜀廉恪为政，益部怀之。憕弟忱。

忱字文若，年数岁，父世隆及母阎氏并疾，忱不解带经年，及居丧，以毁闻。

仕齐为西中郎主簿。东昏遣巴西太守刘山阳，由荆州袭梁武帝于雍州，西中郎长史萧颖胄计未定，召忱及其所亲席阐文等夜入议之。忱及阐文并劝同武帝，颖胄从之。以忱为宁朔将军，累迁侍中。郢州平，颖胄议迁都夏口，忱以巴峡未宾，不宜轻舍根本，摇动人心，不从。俄而巴东兵至峡口，迁都之议乃息。论者以为见机。及梁受命，封州陵伯。历五兵尚书，秘书监，散骑常侍。改授给事中、光禄大夫。疾笃，不拜。卒，谥曰穆。

忱兄弟十五人，多少亡，唯第二兄惔、第三兄恽、第四兄憕及忱，三两年间，四人迭为侍中，复居方伯，当世罕比。子范嗣。

庆远字文和，元景弟子也。父叔珍，义阳内史。

庆远仕齐，为魏兴太守，郡遭暴水，人欲移于杞城。庆远曰："吾闻江河长不过三日。"命筑土而已。俄而水退，百姓服之。后为襄阳令，梁武帝之临雍州，问京兆人杜恽求州纲纪，恽言庆远，武帝曰："文和吾已知之，所问未知者耳。"因辟为别驾。庆远谓所亲曰："天下方乱，定霸者其吾君乎。"因尽诚协赞。及起兵，庆远常居帷幄为谋主，从军东下，身先士卒。武帝行营，见庆远顿舍严整，每叹曰："人人若是，吾又何忧。"建康城平，为侍中，带淮陵、齐昌二郡太守。城内尝夜火，众并惊惧。武帝时居宫中，悉敛诸门籥，问柳侍中何在。庆远至，悉付之，其见任如此。

霸府建,为从事中郎。武帝受禅,封重安侯,位散骑常侍,改封云杜侯。出为雍州刺史,加都督。帝饯于新亭,谓曰:"卿衣锦还乡,朕无西顾忧矣。"始,武帝为雍州,庆远为别驾,谓曰:"昔羊公语刘弘,卿后当居吾处。今相观亦复如是。"曾未十年,而庆远督府,谈者以为逾于魏咏之。累迁侍中、领军将军,给扶。出为雍州刺史。庆远重为本州,颇厉清节,士庶怀之。卒官,赠开府仪同三司,谥曰忠惠侯。丧还都,武帝亲出临之。

初,庆远从父兄世隆谓庆远曰:"吾昔梦太尉以褥席见赐,吾遂亚台司。适又梦以吾褥席与汝,汝必光我门族。"至是庆远亦继世隆焉。

子津,字元举,虽乏风华,性甚强直。人或劝之聚书,津曰:"吾常请道士上章驱鬼,安用此鬼名邪?"历散骑常侍、太子詹事,袭封云杜侯。侯景园城既急,帝召津问策,对曰:"陛下有邵陵,臣有仲礼,为忠不孝,贼何由可平?"太清三年,城陷,卒。

子仲礼,勇力兼人,少有胆气,身长八尺,眉目疏朗。初,简文帝为雍州刺史,津为长史。及简文入居储官,津亦得侍从。仲礼留在襄阳,马仗军人悉付之。抚循故旧,甚得众和。起家著作佐郎,稍迁电威将军,阳泉县侯。中大通中,西魏将贺拔胜来逼樊、邓,仲礼出击,破之,除黄门郎。稍迁司州刺史。武帝思见其面,使画工图之。

初,侯景潜图反噬,仲礼先知之,屡启求以精兵三万讨景,朝廷不许。及景济江,朝野便望其至。兼蓄雍、司精卒,与诸蕃赴援,见推总督。景素闻其名,甚惮之。仲礼亦自谓当世英雄,诸将莫己若也。韦粲见攻,仲礼方食,投箸被练驰之,骑能属者七十。比至,粲已败,仲礼因与景战于青塘,大败之。景与仲礼交战,各不相知。仲礼槊将及景,而贼将支伯仁自后斫仲礼,再斫仲礼中肩,马陷于淖,贼聚槊刺之,骑将郭山石救之以免。

自此壮气外衰,不复言战。神情傲很,凌蔑将帅。邵陵王纶亦鞭策军门,每日必至,累刻移时,仲礼亦弗见也。纶既忿叹,怨隙遂成。而仲礼常置酒高会,日作优倡,毒掠百姓,污辱妃主。父津登城谓曰："汝君父在难,不能尽心竭力,百代之后,谓汝为何?"仲礼闻之,言笑自若。晚又与临城公大连不协。景尝登朱雀楼与之语,遗以金环。是后,闭营不战,众军日固请,皆悉拒焉。南安侯骏谓曰："城急如此,都督不复处分,如脱不守,何面以见天下义士?"仲礼无以应之。

及台城陷,侯景矫诏使石城公大款以白虎幡解诸军。仲礼召诸将军会议,邵陵王以下毕集。王曰："今日之命,委之将军。"仲礼熟视不对。裴之高、王僧辩曰："将军拥众百万,致宫阙沦没,正当悉力决战,何所多言!"仲礼竟无一言,诸军乃随方各散,时湘东王绎遣王琳送米二十万石以馈军,至姑熟闻台城陷,乃沉米于江而退。仲礼及弟敬礼、羊鸦仁、王僧辩、赵伯超,并开营降贼。时城虽沦陷,援军甚众,军士咸欲尽力,及闻降,莫不叹愤。论者以为梁祸始于朱异,成于仲礼。

仲礼等入城,并先拜景,而后见帝,帝不与言。既而景留柳敬礼、羊鸦仁,而遣仲礼、僧辩西上,各复本位。饯于后渚,景执仲礼手曰："天下之事在将军耳。郢州、巴西并以相付。"及至江陵,会岳阳王詧南寇,湘东王以仲礼为雍刺史,袭襄阳。仲礼方观成败,未发。及南阳围急,杜岸请救,仲礼乃以别将夏侯强为司州刺史,守义阳,自帅众如安陆,使司马康昭如竟陵讨孙皓。皓执魏戍人以降。仲礼命其将王叔孙为竟陵太守,副军马岫为安陆太守。置孥于安陆,而以轻兵师于漂头,将侵襄阳。岳阳王詧告急于魏,魏遣大将杨忠援之。仲礼与战于漂头,大败,并弟子礼没于魏,魏相安定公待仲礼以客礼。西魏于是尽得汉东。

仲礼弟敬礼,少以勇烈闻。粗暴无行检,恒略卖人,为百姓所苦,故襄阳有《柳四郎歌》。

起家著作佐郎,稍迁扶风太守。侯景度江,敬礼率马步三千赴援,至都,与景频战,甚著威名。台城陷,与兄仲礼经略上流,留敬礼质,以为护军将军。景饯仲礼于后渚,敬礼谓仲礼曰："景今来会,敬礼抱之,兄便可杀,虽死无恨。"仲礼壮其言,许之。及酒数行,敬礼目仲礼,仲礼见备卫严,不敢动,遂不果。会景征晋熙,敬礼与南康王会理谋袭其城,克期将发,建安侯萧贲告之,遂遇害。临死曰:"我兄老婢也,国败家亡,实余之责,今日就死,岂非天乎。"

论曰:柳元景行己所资,岂徒武毅,当朝任职,实兼雅道。卒至覆族,遭逢亦有命乎。世隆文武器业,殆人望也,诸子门素所传,俱云克构。仲礼始终之际,其不副也何哉? 岂应天方丧梁,不然,何斯人而有斯迹也?

南史卷三九
列传第二九

殷孝祖 族子琰　刘勔 子悛 孙孺
览 遵 悛弟子苞 悛弟绘 绘子孝绰 绘弟瑱

　　殷孝祖，陈郡长平人也。曾祖羡，晋光禄勋。父、祖宦并不达。孝祖少诞节，好酒色，有气干。

　　宋孝武时，以军功仕至积射将军。前废帝景和元年，为兖州刺史。明帝初即位，四方反叛，孝祖外甥司徒参军颍川荀僧韶，建议衔命征孝祖入朝，上遣之。时徐州刺史薛安都遣薛索儿等屯据津径，僧韶间行得至，说孝祖曰："景和凶狂，开辟未有，朝野忧危，假命漏刻。主上曾不浃辰，夷凶翦暴。国乱朝危，宜立长主，公卿百辟，人无异议。而群迷相扇，构造无端，贪利幼弱，竞怀希幸。舅少有立功之志，长以气节成名，若能控济、河义勇，还奉朝廷，非唯匡主静乱，乃可以垂名竹帛。"孝祖即日弃妻子，率文武二千人随僧韶还都。时普天同逆，朝廷唯保丹阳一郡。孝祖忽至，众力不少，人情于是大安。进孝祖号冠军将军、假节、督前锋诸军事。御仗先有诸葛亮筒袖铠、铁帽，二十五石弩射之不能入，上悉以赐孝祖。孝祖负其诚节，陵轹诸将。时贼据赭圻，孝祖将进攻之，与大将王玄谟别，悲不自胜，众并骇怪。

　　泰始二年三月三日，与贼合战，每战，常以鼓盖自随。军中人相谓曰："殷统军可谓死将矣，今与贼交锋，而以羽仪自标显，若射者十手攒射，欲不毙，得乎？"是日中流矢死。追赠建安县侯，谥曰忠。

琰字敬珉，孝祖族子也。父道鸾，宋衡阳王义季右军长史。

琰少为文帝所知，见遇与琅邪王景文相埒。前废帝永光元年，累迁黄门侍郎，出为山阳王休祐右军长史、南梁郡太守。休祐入朝，琰乃行府州事。明帝泰始元年，以休祐为荆州，会晋安王子勋反，即以琰为豫州刺史。土人前右军杜叔宝等并劝琰同逆，琰素无部曲，无以自立，受制于叔宝。二年正月，帝遣辅国将军刘勔西讨之，筑长围，创攻道于东南角，并作大虾蟆车载土，牛皮蒙之，三百人推以塞堑。十二月，琰乃始降。时琰有疾，以板自舆，诸将帅面缚请罪，勔并抚宥之，无所诛戮。后除少府，加给事中。卒官。

琰性和雅静素，寡嗜欲，谙前世旧事。事兄甚谨，少以名行见称。在寿阳被攻围积时，为城内所怀附。扬州刺史王景文、征西将军蔡兴宗、司空褚彦回并相与友善。

刘勔字伯猷，彭城安上里人也。祖怀义，父颖之，位并郡守。

勔少有志节，兼好文义。家贫，仕宋，初为广州增城令，稍迁郁林太守。大明初，还都，徐州刺史刘道隆请为宁朔司马。竟陵王诞据广陵为逆，勔随道隆受沈庆之节度。事平，封金城县五等侯，除西阳王子尚抚军参军，入直阁。先是，费沈伐陈檀不克，乃除勔龙骧将军、西江督护、郁林太守。勔既至，随宜翦定，大致名马，并献珊瑚连理树。上甚悦，前废帝即位，为屯骑校尉，又入直阁。

明帝即位，江州刺史晋安王子勋为逆，四方响应，勔以本官领建平王景素辅国司马，进据梁山。会豫州刺史殷琰反叛，召勔还都，复兼山阳王休祐骠骑司马，致讨。时琰婴城固守，自始春至于末冬，勔内攻外御，战无不捷。善抚将帅，以宽厚为众所依。将军王广之求勔所自乘马，诸将并忿广之贪冒，劝勔以法裁之。勔欢笑，即解马与广之。及琰请降，勔约令三军不得妄动，城内士庶感悦，咸曰来苏。还都，拜太子右卫率，封鄱阳县侯，适右卫将军，行豫州刺史，加都督。后征拜散骑常侍、中领军。勔以世路纠纷，有怀止足，经始钟岭之南，以为栖息。聚石蓄水，仿佛丘中，朝士雅素者多往游之。

　　明帝临崩,顾命以为守尚书右仆射、中领军。废帝即位,加兵五百人。元徽初,月犯右执法,太白犯上将。或劝勔解职。勔曰:"吾执心行己,无愧幽明,若才轻任重,灾眚必及,天道密微,避岂能免?"桂阳王休范为乱,奄至建邺,加勔使持节、镇军将军,置佐,镇捍石头。既而贼众屯朱雀航南,右军将军王道隆率宿卫向朱雀,闻贼已至,急信召勔,勔战败,死之。事平,赠司空,谥曰昭公。子悛。

　　悛字士操,随父征竟陵王诞于广陵,以功拜驸马都尉。后为桂阳王征北中兵参军,与齐武帝同直殿内,并为宋明帝所亲待,由是与武帝款好。

　　悛本名忱,宋明帝多忌,反语"刘忱"为"临仇",改名悛焉。齐武帝尝至悛宅,昼卧觉,悛自捧金澡罐受四升水以沃盥,因以与帝,前后所纳称此。后迁安远护军、武陵内史。郡南古江堤久废,悛修未毕,而江水忽至,百姓弃役奔走。悛亲率厉之,于是乃立。汉寿人邵荣兴六世同爨,悛表其门闾。悛强济有世调,善于流俗。蛮王田僮在山中,年垂百余岁。南谯王义宣为荆州,僮出谒,至是又谒悛。明帝崩,表求奔赴。敕带郡还都,吏人送者数千万人。悛人人执手,系以涕泣,百姓感之,赠送甚厚。

　　桂阳之难,加宁朔将军,助守石头。父勔于大航战死,悛时遇疾,扶伏路次,号哭求勔尸。勔尸顶后伤缺,悛割发补之。持丧墓侧,冬日不衣絮。齐高帝代勔为领军,素与勔善,书譬悛殷勤抑勉。

　　建平王景素反,高帝总众。悛初免丧,高帝召悛及弟惔入省,欲使领支军。及见皆赢削改貌,乃止。霸业初建,悛先致诚节,沈攸之事起,加辅国将军。后为广州刺史,袭爵郡阳县侯。武帝自寻阳还,遇悛,欢宴叙旧,停十余日乃下。遣文惠太子及竟陵王子良摄衣履,备父友之敬。齐受禅,国除,平西记室参军夏侯恭叔上书,以柳元景中兴功臣,刘勔殒身王事,宜存封爵。诏以与运隆替,不容复厝意也。

　　初,苍梧废,高帝集议中华门,见悛谓曰:"君昨直邪?"悛曰:"仆昨正直,而之急在外。"至是,上谓悛曰:"功名之际,人所不忘,卿昔在中华门答我,何其欲谢世事?"俊曰:"臣世受宋恩,门荷齐眷,非常之勋,非臣所及,敢不以实仰答。"

迁太子中庶子,领越骑校尉。时武帝在东宫,每幸俊坊,闲言至夕。赐屏风帷帐。武帝即位,改领军将军,后拜司州刺史。俊父勔讨殷琰,平寿阳,无所犯害,百姓德之,为立碑记。俊步道从寿阳之镇,过勔碑,拜敬涕泣。于州下立学校,得古礼器铜罍甄、幽山铜罍樽、铜豆、钟各二口献之。迁长兼侍中。车驾数幸俊宅。宅盛修山池,造瓮牖。武帝著鹿皮冠,披俊菟皮衾,于牖中宴乐。以冠赐俊,至夜乃去。后从驾登蒋山,上数叹曰:"贫贱之交不可忘,糟糠之妻不下堂。"顾谓俊曰:"此况卿也。世言富贵好改其素情,吾虽有四海,今日与卿尽布衣之适。"俊起拜谢。累迁始兴王前军长史、平蛮校尉、蜀郡太守,行益州府州事。

初,高帝辅政,有意欲铸钱,以禅让之际,未及施行。建元四年,奉朝请孔觊上《铸钱均货议》,辞证甚博,其略以为:

> 食货相通,理势自然。李悝曰:"籴甚贵伤人,甚贱伤农。人伤则离散,农伤则国贫。甚贱与甚贵,其伤一也。"三吴国之关奥,比岁时被水潦,而籴不贵,是天下钱少,非谷穰贱,此不可不察也。铸钱之弊,在轻重屡变。重钱患难用,而难用为累轻。轻钱弊盗铸,而盗铸为祸深。人所盗铸,严法不禁者,由上铸钱惜铜爱工也。惜铜爱工,谓钱无用之器,以通交易,务欲令轻而数多,使省工而易成,不详虑其为患也。

> 自汉铸五铢,至宋文帝,历五百余年,制度世有废兴,而不变五铢钱者,明其轻重可法,得货之宜。以为宜开置泉府,方牧贡金,大兴熔铸。钱重五铢,一依汉法。若官铸已布于人,使严断翦凿。轻小破缺、无周郭者,悉不得行。官钱细小者,称合铢两,销以为大。利贫良之人,塞奸巧之路。钱货既均,远近若一,百姓乐业,市道无争,衣食滋殖矣。

时议多以钱货轻转少,宜更广铸,重其铢两,以防人奸。高帝使诸州郡大市铜炭,会晏驾事寝。

永明八年,悛启武帝曰:

南广郡界蒙山下有城,可二顷地,有烧炉四所,高一丈,广一丈五尺。从蒙城度水南百许步,平地掘土深二尺,得铜。又有古掘铜坑,深二丈,并居宅处犹存。邓通,南安人,汉文帝赐通严道县铜山铸钱。今蒙山近在青衣水南,青衣左侧并是故秦之严道地。青衣县,文帝改名汉嘉。且蒙山去南安二百里,案此必是通所铸。近唤蒙山獠出,云“甚可经略。”此议若立,润利无极。并献蒙山铜一片,又铜石一片,平州铸铁刀一口。

上从之。遣使入蜀铸钱,得千余万,功费多,乃止。

悛仍代始兴王鉴为益州刺史、监益宁二州诸军事。悛既藉旧恩,尤能承迎权贵,宾客闺房,供费奢广。罢广、司二州,倾资贡献,家无留储。在蜀作金浴盆,余金物称是。罢任以本号还都,欲献之,而武帝晏驾。郁林新立,悛奉献减少。郁林知之,讽有司收悛付廷尉,将加诛戮。明帝启救之,见原,禁锢终身。虽见废黜,而宾客日至。

海陵即位,以白衣除兼左户尚书,寻除正。明帝立,加领骁骑将军,复故官驸马都尉。悛历朝见恩遇,高帝为鄱阳王锵纳悛妹为妃。明帝又为晋安王实义纳悛女为妃。自此连姻帝室。

王敬则反,悛出守琅邪城,转五兵尚书。悛兄弟以父死朱雀航,终身不行此路。明帝崩,东昏即位,改授散骑常侍、领骁骑将军,尚书如故。卫送山陵,路经朱雀航感恸,至曲阿而卒。赠太常,常侍、都尉如故。谥曰敬子。

子孺字季幼,幼聪敏,七岁能属文。年十四,居丧,毁瘠骨立,宗党咸异之。叔父琪为义兴郡,携以之官,常置坐侧,谓宾客曰:“此吾家明珠也。”及长,美风采,性通和,虽家人不见其喜愠。本州召迎主簿,起家中军法曹行参军。时镇军沈约闻其名,引为主簿,恒与游宴赋诗,大为约所嗟赏。累迁太子中舍人。

孺少好文章,性又敏速,尝在御坐为《李赋》,受诏便成,文不加点。梁武帝甚称赏之。后侍宴寿光殿,诏群臣赋诗,时孺与张率并

醉，未及成。帝取孺手板题戏之曰："张率东南美，刘孺洛阳才，揽笔
便应就，何事久迟回。"其见亲爱如此。迁中书郎，兼中书通事舍人。
历太子中庶子、尚书吏部郎，累迁散骑常侍、左户尚书。大同五年，
守吏部尚书，出为晋陵太守，在郡和理。为吏人所称。入为侍中。后
复为吏部尚书。母忧，以毁卒。谥曰孝子。

孺少与从兄苞、孝绰齐名。苞早卒，孝绰数坐免黜，位并不高，
唯孺贵显。有文集二十卷。孺弟览。

览字孝智，十六通《老》、《易》，位中书郎。以所生母忧，庐于墓，
常再期不尝盐酪，食麦粥而已。隆冬止著单布衣，家人虑不胜丧，中
夜窃置炭于床下，览因暖得寐。及觉知之，号恸呕血。梁武帝闻其
至性，数使省视。服阕，除尚书左丞。性聪敏，尚书令史七百人，一
见并记名姓。当官清正无所私。从兄吏部郎孝绰，在职颇通赃货，
览劾奏免官。孝绰怨之，常谓人曰："犬噬行路，览噬家人。"出为始
兴内史，居郡尤励清节。复为左丞，卒官。览弟遵。

遵字孝陵，少清雅，有学行，工属文。为晋安王纲宣惠、云麾二
府记室，甚见宾礼。王立为皇太子，仍除中庶子。遵自随蕃及在东
宫，以旧恩偏蒙宠遇，时辈莫及。卒官，皇太子深悼惜之，与遵从兄
阳羡令孝仪令曰："贤从弟中庶奄至殒逝，痛可言乎！其孝友淳深，
立身贞固，内含玉润，外表澜清，言行相符，终始如一。文史该富，琬
琰为心，辞章博赡，玄黄成采。既以鸣谦表性，又以难进自居。吾昔
在汉南，连翩书记，及忝朱方，从容坐首。鹢舟乍动，朱鹭徐鸣，未尝
一日而不追随，一时而不会遇。益者三友，此实其人。及弘道下邑，
未申善政，而能使人结去思，野多驯翟，此亦威凤一羽，足以验其五
德。"其见爱赏如此。

苞字孝尝，一字孟尝，悛弟子也。父恒，位太子中庶子。苞三岁
而孤，至六七岁，见诸父常泣。时伯叔父悛、绘等并显贵，其母谓其
畏惮，怒之。苞曰："早孤不及有识，闻诸父多相似，故心中悲耳。"因
而歔欷，母亦悲恸。初，苞父母及两兄相继亡殁，悉假瘗焉。苞年十
六，始移墓所，经营改葬，不资诸父。奉君母朱夫人及所生陈氏并扇

席温枕,叔父绘常叹伏之。

少好学,能属文,家有旧书,例皆残蠹,手自编辑,筐箧盈满。梁初,以临川王妃弟故,自征虏主簿迁右军功曹,累迁太子洗马,掌书记,侍讲寿安殿。及从兄孝绰等并以文藻见知,多预宴坐。受诏咏《天泉池荷》及《采菱调》,下笔即成。

天监十年,卒。临终呼友人南阳刘之遴,托以丧事从俭。苞居官有能名,性和直,与人交,面折其非,退称其美,士友咸以此叹惜之。

绘字士章,憕弟也。初为齐高帝行参军,帝叹曰:"刘公为不亡也。"及豫章王嶷镇江陵,绘为镇西外兵参军,以文义见礼。时琅邪王钢为功曹,以吏能自进,嶷谓僚佐曰:"吾虽不能得应嗣陈蕃,然阁下自有二骥也。"

性通悟,出为南康相,郡人有姓赖,所居名秽里,刺谒绘,绘戏嘲之曰:"君有何秽,而居秽里?"此人应声曰:"未审孔丘何阙,而居阙里。"绘默然不答,亦无忤意,叹其辩速。后历位中书郎,掌诏诰。敕助国子祭酒何胤撰修礼仪。永明末,都下人士盛为文章谈义,皆凑竟陵西邸,绘为后进领袖。时张融以言辞辩捷,周颙弥为清绮,而绘音采不赡丽,雅有风则。时人为之语曰:"三人共宅夹清漳,张南周北刘中央。"言其处二人间也。

鱼复侯子响诛后,豫章王嶷欲求葬之,召绘为表言其事,绘须臾便成。嶷叹曰:"祢衡何以过此!"唯足八字云:"提携鞠养,俯见成人。"后魏使至,绘以辞辩被敕接使。事毕,当撰语辞。绘谓人曰:"无论润色未易,但得我语亦难矣。"

隆昌中,兄悛坐事将见诛,绘伏阙请代兄死,明帝辅政,救之,乃免死。明帝即位,为太子中庶子。安陆王宝晊为湘州,以绘为冠军长史、长沙内史,行湘州事。宝晊妃,悛女也。宝晊爱其侍婢,绘夺取,具以启闻,宝晊以为恨,与绘不协。遭母丧去官,有至性。服阕,为晋安王征北长史、南东海太守,行南徐州事。

及梁武起兵,朝廷以绘为雍州刺史,固让不就。众以朝廷昏乱,为之寒心。绘终不受，乃改用张欣泰。转绘建安王车骑长史，行府国事。及东昏见杀，城内遣绘及国子博士范云等，赍其首诣梁武帝于石头。转大司马从事中郎，卒。子孝绰。

孝绰字孝绰，本名冉。幼聪敏，七岁能属文。舅齐中书郎王融深赏异之，与同载以适亲友，号曰神童。融每曰："天下文章若无我，当归阿士。"阿士即孝绰小字也。父绘，齐时掌诏诰，孝绰时年十四，绘常使代草之。父党沈约、任昉、范云等闻其名，命驾造焉，昉尤相赏好。范云年长绘十余岁，其子孝才与孝绰年并十四五。及云遇孝绰，便申伯季，乃命孝才拜之。兼善草隶，自以书似父，乃变为别体。

梁天监初，起家著作佐郎，为《归沐诗》赠任昉，昉报曰："彼美洛阳子，投我怀秋作，诅慰蝥嗟人，徒深老夫托。直史兼褒贬，辖司专疾恶，九折多美疹，匪报庶良药。"其为名流所重如此。后迁兼尚书水部郎，奉启陈谢，手敕答曰："美锦未可便制，簿领亦宜稍习。"顷之即真。武帝时因宴幸，令沈约、任昉等言志赋诗，孝绰亦见引。尝侍宴，于坐作诗七首，武帝览其文，篇篇嗟赏，由是朝野改观。累迁秘书丞。武帝谓舍人周舍云："第一官当知用第一人。"故以孝绰居此职。后为太子仆，掌东宫管记。时昭明太子好士爱文，孝绰与陈郡殷芸、吴郡陆倕、琅邪王筠、彭城到洽等同见礼。太子起乐贤堂，乃使先图孝绰。太子文章，群才咸欲撰绿，太子独使孝绰集而序之。迁兼廷尉卿。

初，孝绰与到洽兄弟甚狎，洽少孤，宅近僧寺，孝绰往洽许，适见黄卧具，孝绰谓僧物色也，抚手笑。洽知其旨，奋拳击之，伤口而去。又与洽同游东宫，孝绰自以才优于洽，每于宴坐嗤鄙其文，洽深衔之。及孝绰为廷尉，携妾入廷尉，其母犹停私宅。洽寻为御史中丞，遣令史劾奏之，云"携少妹于华省，弃老母于下宅。"武帝为隐其恶，改妹字为妹。孝绰坐免官。诸弟时随蕃皆在荆、雍，乃与书论共洽不平者十事，其辞皆诉到氏。又写别本封至东宫，昭明太子命焚之，不开视。

孝绰免职后，武帝数使仆射徐勉宣旨慰抚之，每朝宴，常预焉。

及武帝为《籍田诗》,又使勉先示孝绰。时奉诏作者数十人,帝以孝绰诗工,即日起为西中郎湘东王谘议参军。迁黄门侍郎,尚书吏部郎,坐受人绢一束,为饷者所讼,左迁信威临贺王长史。晚年忽忽不得志,后为秘书监。初,孝绰居母忧,冬月饮冷水,因得冷癖,以大同五年卒官,年五十九。

孝绰少有盛名,而仗气负才,多所陵忽。有不合意,极言诋訾。领军臧盾、太府卿沈僧晃等并被时遇,孝绰尤轻之。每于朝集会同,处公卿间,无所与语,反呼驺卒,访道途间事,由此多忤于物,前后五免。孝绰辞藻为后进所宗,时重其文,每作一篇,朝成暮遍,好事者咸诵传写,流闻河朔,亭苑柱壁,莫不题之。文集数十万言,行于时。

兄弟及群从子侄,当时有七十人,并能属文,近古未之有也。其三妹,一适琅邪王叔英,一适吴郡张嵊,一适东海徐悱,并有才学。悱妻文尤清拔,所谓刘三娘者也。悱为晋安郡卒,丧还建邺,妻为祭文,辞甚凄怆。悱父勉,本欲为哀辞,及见此文,乃阁笔。

孝绰子谅,字求信,小名春。少好学,有文才,尤悉晋代故事,时人号曰“皮里晋书”。位中书宣城王记室,为湘东王所善。王尝游江滨,叹秋望之美。谅对曰:“今日可谓‘帝子降于北渚’。”王有目疾,以为刺己。应曰:“卿言‘目眇眇以愁予’邪?”从此嫌之。

孝绰弟潜,字孝仪,幼孤,与诸兄弟相勖以学,并工属文。孝绰尝云“三笔六诗”,三即孝仪,六谓孝威也。

举秀才,累迁尚书殿中郎。敕令制雍州《平等寺金像碑》,文甚宏丽。晋安王纲镇襄阳,引为安北功曹史。及王为皇太子,仍补洗马,迁中舍人。出为阳羡令,甚有称绩。后为中书郎,以公事左迁安西谘议参军,兼散骑常侍,使魏。还,除中书郎,累迁尚书左丞,长兼御史中丞,在职多所弹纠,无所顾望,当时称之。出为临海太守,时政网疏阔,百姓多不遵禁。孝仪下车,宣下条制,励精绥抚,境内翕然,风俗大变。入迁都官尚书。太清元年,出为豫州内史。侯景寇建邺,孝仪遣子励帅郡兵三千随前衡州刺史韦粲入援。及宫城不守，孝仪为前历太守庄铁所逼，失郡，卒。

孝仪为人宽厚，内行尤笃。第二兄孝熊，早卒，孝仪奉寡嫂甚谨，家内巨细，必先谘决，与妻子朝夕供事，未尝失礼，时人以此称之。有文集二十卷行于世。

第五弟孝胜，位尚书右丞，兼散骑常侍。聘魏还，为安西武陵王纪长史、蜀郡太守。纪僭号于蜀，以为尚书仆射。随纪出峡口，兵败被执。元帝宥之，以为司徒右长史。

第六弟孝威，气调爽逸，风仪俊举。初为安北晋安王法曹，后为太子洗马，中舍人，庶子，率更令，并掌管记。大同中，白雀集东宫，孝威上颂甚美。太清中，迁中庶子，兼通事舍人。及侯景寇乱，随司州刺史柳仲礼至安陆，卒。

第七弟孝先，位武陵王主簿，与兄孝胜俱随纪军出峡口。兵败，元帝以为黄门郎，迁侍中。

瑱字士温，绘弟也。少有行业，文藻、篆隶、丹青，并为当世所称。时有荥阳毛惠远善画马，瑱善画妇人，并为当世第一。

瑱妹为齐鄱阳王妃，伉俪甚笃。王为齐明帝所诛，妃追伤，遂成痼疾，医所不疗。有陈郡殷蒨善写人面，与真不别，瑱令蒨画王形像，并图王平生所宠姬共照镜状，如欲偶寝。瑱乃密使媪奶示妃，妃视画仍唾之，因骂云"故宜其早死。"于是恩情即歇，病亦除差。此姬亦被废苦，因即以此画焚之。

瑱仕齐，历尚书吏部郎，义兴太守。先绘卒。

论曰：当泰始之际，二殷去就不同，原始要终，各以名节自立。孝祖玩敌而亡，盖其宜也。刘勔出征久抚，所在流誉，行己之节，赴蹈为期，虽古之忠烈，亦何以加此。悛至性过人，绘辞义克举，诸子各擅雕龙，当年方驾，文采之盛，殆难继乎。孝绰中菁为尤，可谓人而无仪者矣。

南史卷四〇
列传第三〇

鲁爽　薛安都 从子深　邓琬
刘胡　宗越　吴喜　黄回

　　鲁爽,小字女生,扶风郿人也。祖宗之,字彦仁,仕晋官至南阳太守。义熙元年起义,以功为雍州刺史。宋武帝讨刘毅,与宗之同会江陵,封南阳郡公。自以非武帝旧隶,屡建大功,有自疑之志。会司马休之见讨猜惧,因与休之北奔,尽室入姚氏,顷之病卒。父轨,一名象齿,便弓马,膂力绝人,为竟陵太守,随父入姚氏。及武帝定长安,轨、休之北奔魏。魏以轨为荆州刺史、襄阳公,镇长社。孝武镇襄阳,轨遣亲人程整奉书,规欲归南致诚,以杀刘康祖、徐湛之父不敢归。文帝累遣招纳,许以为司州刺史。

　　爽少有武艺,魏太武知之,常置左右。及轨死,爽代为荆州刺史、襄阳公,镇长社。粗中使酒,数有过失。太武怒,将诛之,爽惧,密怀归南计。次弟秀,小字天念,颇有意略。仕魏以军功为中书郎,封广陵侯。或告太武郉人欲反,复遣秀检察,并烧石季龙残余宫殿。秀常乘驿往返,是时病还迟,为太武所诘,秀复恐惧。太武寻南攻,因从度河。先是,广平人程天祚为殿中将军,有武力。元嘉二十七年,助戍彭城,为魏军所获,以善针术,深被太武赏爱,封南安公,常置左右。恒劝秀南归,秀纳之。及太武北还,与爽俱来奔。文帝悦,以爽为司州刺史,秀为荥阳、颍川二郡太守。是岁,元嘉二十八年也。魏毁其坟墓。明年四月,入朝,时太武已崩,上更谋经略。五月,遣爽、秀及程天祚等出许、洛。王玄谟攻碻磝不拔，败退，爽亦收众南还。

三十年，元凶弑逆，南谯王义宣起兵入讨，爽与雍州刺史臧质，俱诣江陵。事平，以爽为豫州刺史，加都督。至寿阳，便曲意宾客，爵命士人，畜仗聚马，如寇将至。元凶之为逆也，秀在建邺。元凶谓秀曰："我为卿诛徐湛之矣，方相委任。"以秀为右将军，使攻新亭。秀因此归顺。孝武即位，以为司州刺史，加都督，领汝南太守。

孝建元年二月，义宣与爽谋反，报秋当同举。爽狂酒乖谬，即日便起兵。使其众戴黄标，称建平元年，窃造法服。义宣、质闻爽已处分，便狼狈同反。爽于是送所造舆服诣江陵，板义宣及臧质等文曰："丞相刘今补天子名义宣，车骑臧今补丞相名质，平西朱今补车骑名脩之，皆板到奉行。"义宣骇愕，爽所送法物并留竟陵县不听进。使爽直出历阳，自采石济军，与质水陆俱下。左军将军薛安都与爽相遇，刺杀之，传首建邺。进平寿阳，子弟并伏诛。

薛安都，河东汾阴人也，世为强族，族姓有三千家。父广，为宗豪。宋武帝定关、河，以为上党太守。安都少以勇闻，身长七尺八寸，便弓马。

仕魏以军功为雍州、秦州都统。元嘉二十一年来奔，求北还，构扇河、陕，文帝许之。孝武镇襄阳，板为北弘农太守。魏军渐强，安都乃归襄阳。二十七年，随王诞板安都为建武将军，随柳元景向关、陕，率步骑居前，所向克捷。后孝武伐逆，安都领马军，与柳元景俱发。孝武践祚，除右军将军，率所领骑为前锋，直入殿庭。以功封南乡县男。安都初征关、陕，至曰口，梦仰视天，见天门开，谓左右曰："汝等见天门开不？"至是叹曰："梦天门开，乃中兴之象邪？"

从弟道生，亦以军功为大司马参军，犯罪，为秣陵令庾淑之所鞭。安都大怒，即日乃乘马从数十人，令左右执槊，欲往杀淑之。行至朱雀航，逢柳元景，遥问曰："薛公何之？"安都跃马至车后，曰："小子庾淑之鞭我从弟，今指往刺杀之。"元景虑其不可，驻车给之曰："小子无宜适，卿往与手甚快。"安都既回马，元景复呼之，令下马入车，因让之曰："卿从弟服章言论与寒细不异，且人身犯罪，理应加罚。卿为朝廷勋臣，云何放恣，辄于都邑杀人。非惟科律所不容，主上亦无辞相宥。"因载俱归，安都乃止。其年，以惮直免官。

孝建元年，除左军将军。及鲁爽反叛，遣安都及沈庆之济江。安都望见爽，便跃马大呼，直往刺之，应手倒，左右范双斩爽首。爽世枭猛，咸云万人敌，安都单骑直入，斩之而反，时人皆云"关羽斩颜良，不是过也。"进爵为侯。

时王玄谟拒南郡王义宣、臧质于梁山，安都复领骑为支军。义宣遣将刘谌及臧质攻玄谟，玄谟命众军击之，使安都引骑出贼阵右，横击陷之，贼遂大溃。转太子右卫率。

大明元年，魏军向无盐，遣安都领马军，东阳太守沈法系统水军，并受徐州刺史申坦节度。时魏军已去，坦求回军讨任榛，见许。会天旱，水泉多竭，人马疲困，不能远追。安都、法系白衣领职，坦系尚方。任榛大抵在任城界，积世逋叛所聚，棘榛深密，难为用师，故能久自保藏，屡为人患。安都明年复职，改封武昌侯。景和元年，为平北将军、徐州刺史，加都督。

明帝即位，安都举兵同晋安王子勋。时安都从子索儿在都，明帝以为左军将军、直阁。安都将为逆，遣报之，又遣人至瓜步迎接。时右卫将军柳光世亦与安都通谋，二人俱逃，携安都诸子及家累席卷北奔。青州刺史沈文秀、冀州刺使崔道固并皆同反。明帝遣齐高帝率前将军张永等北讨，所至奔散，斩薛索儿。

时武卫将军王广之领军隶刘勔，攻殷琰于寿阳，道固部将傅灵越为广之军人所禽，厉声曰："我傅灵越也，汝得贼何不即杀。"时生送诣勔，勔躬自慰劳，诘其叛逆。对曰："九州唱义，岂独在我。"勔又问："卿何不早归天阙，乃逃命草间？"灵越曰："薛公举兵淮北，威震天下，不能专任智勇，委付子侄，致败之由，实在于此。人生归于一死，实无面求活。"勔壮其意，送还建邺。明帝欲加原宥，灵越辞对如一，终不回改，乃杀之。灵越，清河人也。

子勋平定，安都遣别驾从事史毕众爱、下邳太守王焕等奏启事，诣明帝归款。索儿之死也，安都使柳光世守下邳，至是亦率所领归降。帝以四方已平，欲示威于淮外，遣张永、沈攸之以重军迎安都，惧不免罪，遂降魏。

深，安都从子也，本名道深，避齐高帝偏讳，改焉。安都以彭城降魏，亲族皆入北。高帝镇淮阴，深遁来，委身自结于高帝。果干有气力。宋元徽末，以军功至骁骑将军、军主，封竟陵侯。沈攸之之难，齐高帝入朝堂，豫章王嶷代守东府，使深领军屯司徒右府，分备建邺。袁粲据石头，豫章王嶷夜登西门遥呼深，深惊起，率军赴难。高帝即位，除淮阴太守，寻为直阁将军，转太子左率。武帝即位，迁左卫将军。隆昌元年，为司州刺史、右将军。卒。

邓琬字元琰，豫章南昌人也。父胤之，宋孝武征虏长史、光禄勋。孝武起义初，琬为南海太守，以弟琼与臧质同逆，远徙，仍停广州，久之得还。历位丹阳丞。大明七年，车驾幸历阳，追思在蕃之旧，擢琬为给事黄门侍郎。明年，出为晋安王子勋镇军长史、寻阳内史，行江州事。

前废帝以文帝、孝武并次居第三，以登极位。子勋次第既同，深致嫌疑，因何迈之谋，乃遣使赍药赐死。使至，子勋典签谢道迈、主帅潘欣之、侍书褚灵嗣等驰以告琬，泣涕请计。琬曰："身南土寒士，蒙先帝殊恩，以爱子见托，当以死报效。"景和元年冬，子勋戎服出听事宣旨，欲举兵，四坐未答。录事参军陶亮曰："请效死前驱。"众并奉旨。

会明帝定乱，进子勋号车骑将军、开府仪同三司。令书至，诸佐史并喜，造琬曰："暴乱既除，殿下又开黄阁，实为公私大庆。"琬以子勋次第居三，又以寻阳起事，有符孝武，理必万克。乃取令书投地曰："殿下当开端门，黄阁是吾徒事耳。"众并骇愕。

琬与陶亮等缮甲器，征兵四方。郢州刺史安陆王子绥、荆州刺史临海王子顼、会稽太守寻阳王子房、雍州刺史袁颉、梁州刺史柳元怙、益州刺史萧惠开、广州刺史袁昙远、徐州刺史薛安都、青州刺史沈文季、冀州刺史崔道固、湘州行事何慧文、吴郡太守顾琛、吴兴太守王昙生、晋陵太守袁标、义兴太守刘延熙，并同叛逆。琬乃建牙于桑尾，传檄建邺，购明帝万户侯，布绢二万匹，金银五百斤，其余各有差。明帝遣荆州典签邵宰乘驿还江陵，经过襄阳。袁顗驰书报琬，劝勿解甲，并奉劝子勋即伪位。琬乃称说符瑞，令顾昭之撰为《瑞命记》。造乘舆御服，立宗庙，设坛场，矫作崇宪太后玺令，群僚上伪号于子勋。泰始二年正月七日，即位于寻阳城，改景和三年为义嘉元年。其日云雨晦合，行礼忘称万岁。取子勋所乘车除脚以为辇，置伪殿之西，其夕有鸠栖其中，鸦集其幰，又有秃鹜鸟集城上。拜安陆王子绥为司徒，因雷电晦冥，震其黄阁柱，鸱尾堕地。又有鸱栖其帐上。

琬性鄙暗，贪吝过甚，财货酒食，皆身自量校。至是父子并卖官鬻爵，使婢仆出市道贩卖，酣歌博弈，日夜不休。宾客到门者，历旬不得前。内事悉委褚灵嗣等三人，群小竞为威福，士庶忿怨，内外离心矣。

明帝遣领军将军王玄谟领水军南讨，吴兴太守张永为继。尚书下符："奉诏以四王幼弱，不幸陷难，兵交之日，不得加侵犯。若有逼损，诛剪无贷。"琬遣孙冲之等前锋一万据赭圻，冲之于道与子勋书，欲沿流挂帆，直取白下，请速遣陶亮众军相接，分据新亭。亮本无干略，闻建安王休仁自上，殷孝祖又至，不敢进。及孝祖中流矢死，沈攸之代为前锋，冲之谓陶亮曰："孝祖枭将，一战便死，天下事定矣，不须复战，便当直取京都。"亮不从。

明帝遣员外散骑侍郎王道隆至赭圻督战，众军奋击，大破之。琬又遣豫州刺史刘胡来屯鹊尾。胡宿将，攸之等甚惮之。胡乡人蔡那、佼长生、张敬儿，各领军隶攸之在赭圻，胡因要那等共语。那等说令归顺，胡回军入鹊尾，无他权略。

建安王休仁自武槛进据赭圻，时胡等兵众强盛，远近疑惑。明帝欲绥慰人情，遣吏部尚书褚彦回选至武槛，选用将帅以下。申谦、杜幼文因此求黄門，沈懷明、劉亮求中書郎。建安王休仁即使彦回擬選，上不許，曰：“忠臣殉國，不謀其報，臨難以干朝典，豈為下之節。”

沈攸之等與劉胡相持久不決，上又遣強弩將軍任農夫等領兵繼至。攸之繕修船舫，板材不周，計無所出。會琬送五千片榜供胡軍用，俄而風潮奔迅，榜突柵出江，胡等力不能制，趁流而下，泊攸之等營，于是材板大足。

琬進袁顗都督征討諸軍事，率樓船千艘來入鵲尾。張興世建議越鵲尾上據錢溪，斷其糧道。胡累攻之不能克，乃遣龍驤將軍陳慶領三百舫向錢溪，戒慶不須戰。陳慶至錢溪，不敢攻，越溪于梅根立砦。胡別遣將王起領百舫攻興世，擊大破之，胡率其餘舫馳還。顗更使胡攻興世，休仁因此命沈攸之、吳喜、佼長生、劉靈遺、劉伯符等進攻濃湖，造皮舰千乘，拔其營柵，苦戰移日，大破之。顗被攻急，馳信召胡令還。張興世既據錢溪，江路岨斷，胡軍乏食。琬大送資糧，畏興世不敢下。胡遣將迎之，為錢溪所破，夜走徑趣梅根。顗聞胡走，亦弃眾西奔，至青林見殺。

琬惶扰无計，時張悦始發兄子浩喪，乃稱疾呼琬計事，令左右伏甲，戒之：“若聞索酒，便出。”琬至，謀斬晉安王，封府庫以謝罪，悦曰：“寧可賣殿下求活邪！”因呼求酒，再呼，左右震慴不能應。第二子詢提刀出，余人續至，即斬琬。悦因賫琬首詣建安王休仁降。蔡那子道深以父為明帝效力被系作部，因亂脫鎖入城，執子勖囚之。沈攸之諸軍至江州，斬子勖于桑尾牙下，傳首建鄴。劉胡走入沔，竟陵郡丞陳懷直，宪子也，斷道邀之。胡人馬既疲困，因隨懷直入城，告渴得酒，飲酒畢，引佩刀自刺不死，斬首送建鄴。張興世弟僧彦追殺懷直，取胡首，竊有其功。

荊州聞濃湖平，更議奉子頊奔益州，就蕭惠開。典簽阮道預、邵宰不同，曰：“雖復欲西，豈可得至。”遣使歸罪。荊州中從事宗景、土人姚伶等勒兵入城，執子頊以降。

劉胡，南陽涅陽人也，本以面坳黑似胡，故名坳胡，及長單名胡

焉。出身郡将，稍至队主，讨伐诸蛮，往无不捷，蛮甚畏惮之。明帝
即位，除越骑校尉。蛮畏之，小儿啼，语云"刘胡来"，便止。

　　宗越，南阳叶人也，本为南阳次门。安北将军赵伦之镇襄阳，襄
阳多杂姓，越更被黜为役门，出身补郡吏。父为蛮所杀，越于市中刺
杀仇人。太守夏侯穆嘉其意，擢为队主。蛮有为寇盗者，常使越讨
伐，往辄有功。家贫，无以市马，刀楯步出，单身挺战，众莫能当。每
一捷，郡将辄赏钱五千，因此得买马。

　　元嘉二十四年，启文帝，求复次门，移户属冠军县，许之。二十
七年，随柳元景侵魏，领马幢隶柳元怙。有战功，还补后军参军督
护。随王诞戏之曰："汝何人，遂得我府四字？"越答曰："佛狸未死，
不忧不得谘议参军。"诞大笑。

　　孝武即位，以为江夏王义恭大司马行参军、济阳太守。臧质、鲁
爽反，朝廷致讨，越战功居多，追奔至江陵。时荆州刺史朱脩之未
至，越多所诛戮，又逼略南郡王义宣子女，坐免官，系尚方，寻被宥。
追论前功，封范阳县子。

　　大明三年，为长水校尉。竟陵王诞据广陵反，越领马军隶沈庆
之攻诞。及城陷，孝武使悉杀城内男丁。越受旨行诛，躬临其事，莫
不先加捶挞，或有鞭其面者，欣欣然若有所得，凡杀数千人。改封始
安县子。

　　前废帝景和元年，进爵为侯，召为游击将军、直阁，领南济阴太
守。改领南东海太守。帝凶暴无道，而越、谭金、童太一并为之用命，
诛戮群公及何迈等，莫不尽心竭力，故帝凭其爪牙，无所忌惮。赐与
越等美女金帛，充牣其家。越等武人粗强，识不及远，感一往意气，
皆无复二心。帝时南巡，明旦便发，其夕悉听越等出外宿，明帝因此
定乱。明晨，越等并入，被抚接甚厚。越改领南济阴太守，本官如故。
越等既为废帝尽心，虑明帝不能容之，上接待虽厚，内并怀惧。上意
亦不欲使其居中，从容谓曰："卿遭离暴朝，勤劳日久，兵马大郡，随
卿等所择。"越等素已自疑，及闻此旨，皆相顾失色。因谋作难，以告

沈攸之，攸之具白帝，即日下狱死。

越善立营阵，每数万人止顿，自骑马前行，使军人随其后，马止营合，未尝参差。及沈攸之代殷孝祖为南讨前锋，时孝祖新死，众心并惧。攸之叹曰："宗公可惜，故有胜人之处。"而性严酷，好行刑诛。时王玄谟御下亦少恩，将士为之语曰："宁作五年徒，不逐王玄谟；玄谟犹尚可，宗越更杀我。"

谭金在魏时，与薛安都有旧，后出新野居牛门村。及安都归国，金常随征讨，副安都，排坚陷阵，气力兼人。孝建三年，为屯骑校尉、直阁，领南清河太守。景和元年，前废帝诛群公，金等并为之用，封金平都县男，童太一宜阳县男，沈攸之东兴县男。越州里又有武念、佼长生、曹欣之、蔡那，并以将帅显。武念位至南阳太守，长生宁蛮校尉，曹欣之骁骑将军。蔡那见子《道恭传》。

吴喜，吴兴临安人也，本名喜公，明帝减为喜。出身为领军府白衣吏。少知书，领军将军沈演之使写起居注，所写既毕，暗诵略皆上口。演之尝作让表，未奏失本，喜经一见即写，无所漏脱。演之甚知之。因此涉猎《史》、《汉》，颇见古今。演之门生朱重人入为主书，荐喜为主书吏，进为主图令史。文帝尝求图书，喜开卷倒进之，帝怒遣出。会太子步兵校尉沈庆之征蛮，启文帝请喜自随。为孝武所知。稍迁至河东太守、殿中御史。

明帝即位，四方反叛，喜请得精兵三百，致死于东。帝大悦，即假建武将军，简羽林勇士配之。议者以喜刀笔吏，不尝为将，不可遣。中书舍人巢尚之曰："喜随沈庆之累经军旅，性既勇决，又习战阵，若能任之，必有成绩。"喜乃东讨。喜在孝武世，既见驱使，性宽厚，所至人并怀之。及东讨，百姓闻吴河东来，便望风降散，故喜所至克捷。迁步兵校尉，封竟陵县侯。东土平定，又率所领南讨，迁寻阳太守。泰始四年，改封东兴县侯，除右军将军、淮阳太守，兼太子左卫率。五年，转骁骑将军，太守、兼率如故。其年，大破魏军于荆亭。六年，又率军向豫州，拒魏军，加都督豫州诸军事。明年，还建邺。

初，喜东征，白明帝得寻阳王子房及诸贼帅，即于东枭斩。东土既平，喜见南贼方炽，虑后翻覆受祸，乃生送子房还都。凡诸大主帅顾琛、王昙生之徒，皆被全活。上以喜新立大功，不问而心衔之。及平荆州，恣意剽虏，赃私万计。又尝对客言："汉高、魏武本是何人。"上闻之益不悦。后寿寂之死，喜内惧，因乞中散大夫。上尤疑之。及上有疾，为身后之虑，疑其将来不能事幼主，乃赐死。上召入内殿，与言谑酬接甚款，赐以名馔并金银御器。敕将命者勿使器宿喜家。上素多忌讳，不欲令食器停凶祸之室故也。及喜死，发诏赙赠，子徽人袭。

黄回，竟陵郡军人也，出身充郡府杂使，稍至传教。臧质为郡，转为斋帅。及去职，以回自随。质讨元凶，回随从有功，免军户。后随质于梁山败走，被录，遇赦，因下都。于宣阳门与人相打，诈称江夏王义恭马客，被鞭二百，付右尚方。会中书舍人戴明宝被系，差回为户伯。奉事明宝，竭心尽力，明宝寻得原散，委任如初，启免回以领随身队统，知宅及江西墅事。性巧，触类多能，明宝甚宠任之。

回拳捷果劲，勇力兼人，在江西与诸楚子相结，屡为劫盗。会明帝初即位，四方反叛，明宝启帝，使回募江西楚人，得快手八百，隶刘勔西讨。累迁至将校，以功封葛阳县男。

元徽初，桂阳王休范为逆，回以屯骑校尉领军隶齐高帝，于新亭创诈降之计。回见休范可乘，谓张敬儿曰："卿可取之，我誓不杀诸王。"敬儿即日斩休范。事平，进爵为侯，改封闻喜县。

四年，迁冠军将军、南琅邪济阳二郡太守。建平王景素反，回又率军前讨。城平之日，回军先入。又以景素让张敬儿奴倪奴。

明年，迁右军将军。沈攸之反，以回为平西将军、郢州刺史，率众出新亭为前锋。未发，而袁粲据于石头，不从齐高帝。回与新亭诸将任侯伯、彭文之、王宜兴等谋应粲，攻高帝于朝堂。事既不果，高帝抚之如旧。回与宜兴素不协，斩之。

宜兴,吴兴人也,形状短小而果劲有胆力,少年时为劫不须伴,郡县讨逐,围绕数十重,终莫能擒。尝舞刀楯,回使十余人以水交洒不能著。明帝泰始中为将,在寿阳间与魏战,每以少制多,挺身深入。以平建平王景素功封长寿县男。至是为屯骑校尉,见杀。

回进军未至郢州,而沈攸之败走。回不乐停郢州,固求南兖,遂率部曲辄还,改封安陆郡公,徙南兖州刺史,加都督。齐高帝以回专杀,终不附己,乃使召之。及上车,爱妾见赤光冠其头至足,苦止不肯住。及至,见诛。

回既贵,祗事戴明宝甚谨,言必自名,未尝敢坐,躬至帐下及入内料检有无,随乏供送,以此为常。

回同时为将有南郡高道庆,凶险暴横,求欲无已,有失其意者,辄加捶拉,往往有死者。朝廷畏之如虎狼。齐高帝与袁粲等议,收付廷尉赐死。

论曰:凶人之济其身业,非世乱其莫由焉。鲁爽以乱世之请而行之于平日,其取败也宜哉。安都自致奔亡,亦为幸矣。邓琬以乱济乱,终致颠陨。宗越衅稔恶盈,旋至夷戮,各其职也。吴喜以定乱之功,劳未酬而祸集,黄回以助顺之志,福未验而灾生,唯命也哉。

南史卷四一
列传第三一

齐宗室

衡阳元王道度　　始安贞王道生
始安王遥光　　曲江公遥欣　子几
安陆昭王缅　　新吴侯景先
南丰伯赤斧　子颖胄　颖达　　衡阳公谌
临汝侯坦之

　　衡阳元王道度，齐高帝长兄也。始与高帝俱受学于雷次宗，宣帝问次宗二子学业，次宗答曰："其兄外朗，其弟内润，皆良璞也。"仕宋位安定太守，卒。齐建元元年，高帝追加封谥。无子，高帝以第十一子钧继。

　　钧字宣礼，年五岁，所生区贵人病，便加惨悴，左右依常以五色饼饴之，不肯食，曰："须待姨差。"年七岁，出继衡阳元王，见高帝，未拜，便涕泗横流。高帝执其手曰："伯叔父犹父，勿怨。所以令汝出继，以汝有意，堪奉蒸尝故耳。"即敕外如先给通幰车、雉尾扇等，事事依正王。

　　区贵人卒，居丧尽礼。服阕，当问讯武帝，尪羸骨立，登车三上不能升，乃止。典签曹道人具以闻，武帝即幸钧邸，见之怆然，还谓褚蓁曰："昨见衡阳，犹奇毁损，卿可数相抚悦。"先是贵人以华钗厨子并剪刻锦绣中倒炬凤皇莲芰星月之属赐钧,以为玩弄。贵人亡后,每岁时及朔望,辄开视,再拜鲠咽,见者皆为之悲。

性好学,善属文,与琅邪王智深以文章相会,济阳江淹亦游焉。武帝谓王俭曰:"衡阳王须文学,当使华实相称,不得止取贵游子弟而已。"乃以太子舍人萧敷为文学。钧常手自细书写五经,部为一卷,置于巾箱中,以备遗忘。侍读贺玠问曰:"殿下家自有坟素,复何须蝇头细书,别藏巾箱中?"答曰:"巾箱中有五经,,于检阅既易,且一更手写,则永不忘。"诸王闻而争效为巾箱五经。巾箱五经,自此始也。

居身清率,言未尝及时事。会稽孔圭家起园,列植桐柳,多构山泉,殆穷真趣。钧往游之,圭曰:"殿下处朱门,游紫闼,讵得与山人交邪?"答曰:"身处朱门,而情游江海,形入紫闼,而意在青云。"圭大美之。吴郡张融清抗绝俗,虽王公贵人,视之傲如也。唯雅重钧,谓从兄绪曰:"衡阳王飘飘有凌云气,其风情素韵,弥足可怀,融与之游,不知老之将至。"见赏如此。

历位秘书监。延兴元年,为明帝所杀。明帝立,以永阳王子珉仍本国继元王为孙。

子珉字云玙,武帝第二十子也。初封义安郡王,后改永阳。永泰元年,见害。复以武陵昭王晔子子坦奉元王后。

始安贞王道生,字孝伯,高帝次兄也。仕宋位奉朝请,卒。高帝即位,追加封谥。三子:长凤;次鸾,是为明帝;次缅,是为安陆昭王。凤字景慈,仕宋位正员郎,卒。高帝即位,谥靖世子。建武元年,明帝追尊道生为景皇,妃江氏为后,立寝庙于御道西,陵曰脩安。追封凤始安靖王,改华林凤庄门为望贤门,太极东堂画凤鸟,题为神鸟,而改鸾鸟为神雀。子遥光嗣。

始安王遥光,字元晖,生而躄疾,高帝谓不堪奉拜祭祀,欲封其弟,武帝谏,乃以遥光袭爵。位中书郎。

明帝辅政,诛赏诸事,唯与遥光共谋议,劝明帝并杀高、武诸子弟,见从。建武元年,为扬州刺史。三年,进号抚军将军。好吏事,颇多惨害。足疾不得同朝例,常乘舆自望贤门入。每与明帝久清闲,言毕,帝索香火,明日必有所诛。

太子不悦学,唯曼游是好。朝议令蔡仲熊为太子讲礼,未半,遥光从容曰:"文义之事,此是士大夫以为伎艺,欲求官耳。皇太子何用讲为?"上以为然,乃停讲。永泰元年,即本号为大将军,给油络车。

帝不豫,遥光数入侍疾,帝疾渐甚,河东王铉等七王一夕见杀,遥光意也。帝崩,遗诏加遥光侍中、中书令,给扶。永元元年,给班剑二十人,即本号开府仪同三司。遥光多忌,人有饷履者,以为戏己,大被嫌责。刘绘尝为笺云:"智不及葵。"亦以忤旨。

既辅东昏,潜结江祏兄弟,谋自树立。弟遥欣在荆楚,拥兵居上流,密相影响。遥光当据东府号令,使遥欣急下,潜谋将发,而遥欣病死。江祏被诛,东昏召遥光入殿,告以祏罪。遥光惧,还省便阳狂号哭,自此称疾不复入台。先是遥光行还入城,风飘仪伞出城外。遥光弟遥昌先卒寿春,豫州部曲,皆归遥光。及遥欣丧还,葬武进,停东府前渚,荆州众力送者甚盛。东昏诛江祏后,虑遥光不自安,欲转为司徒还第,召入喻旨。遥光虑见杀,收集荆、豫二州部曲于东府门,众颇怪其异,莫知其指趣也。

遥光召亲人丹阳丞刘沨及城局参军刘晏、中兵参军曹树生等,并诸伧楚,欲以讨刘暄为名。夜遣数百人破东冶出囚,尚方取仗。又召骁骑将军垣历生。历生随信至,便劝遥光令率城内兵,夜攻台,辇获烧城门,曰:"公但乘舆随后,反掌可得。"遥光意疑,不敢出。天稍晓,遥光戎服至听事,停舆处分,上仗登城行赏赐,历生复劝出军,遥光不肯,望台内自变。及日出,台军稍至,遥光于是戒严,敕都下。领军萧坦之屯湘宫寺,镇军司马曹武屯青溪大桥,太子右率左兴盛屯东府门东篱门,众军围东城。遥光遣垣历生徙西门出战,台军屡北,杀军主桑天爱。初,遥光问谘议参军萧畅,畅正色拒不从。既而畅与抚军长史沈昭略奔台,人情大沮。又垣历生从南门出战,为曹武所禽,谓武曰:"卿以主上为圣明,梅、茹为贤相者,则我当死。且我今死,卿明亦死。"遂杀之。遥光闻历生见获,大怒,于床上自竦踊,使杀历生儿。其晚,台军射火箭烧东北角楼,至夜城溃。遥光还小斋,令人反拒,左右并逾屋出。台军主刘国宝、时当伯等先入,遥光闻外兵至,吹灭火,扶匐下床,军人排閤入,斩之。

遥光举事四日而卒。举事之夕,月蚀,识者以月为大臣,蚀而既,必灭之道。未败之夕,城内皆梦群蛇缘城四出,各共说之,咸以为异。台军入城,焚屋宇且尽。

遥光幼时甚贞正,明帝倾意待之。东昏为儿童时,明帝使与遥光共斋居止,呼遥光为安兄,恩情甚至。及遥光诛后,东昏登旧宫土山望东府,怆然呼曰:"安兄!"乃呜咽,左右不忍视,见思如此。天下知名之士刘沨、沨弟谦、陆闲、闲子绛、司马端、崔庆远皆坐诛。

曲江公遥欣,字重晖,始安王遥光弟也。宣帝兄西平太守奉之无后,以遥欣继为曾孙。遥欣髫龀中便巍然,明帝谓江祏曰:"遥欣虽幼,观其神采,殊有局干,必成令器,未知年命何如耳。"安陆昭王缅曰:"不患其兄弟不富贵,但恐缅不及见耳。"言之惨然而悲。

始年七岁出斋,时有一左右小儿,善弹飞鸟,无不应弦坠落。遥欣谓曰:"凡戏多端,何急弹此,鸟自空中翔飞,何关人事,无趣杀此生,亦复不急。"左右感其言,遂不复弹鸟。时少年通好此事,所在遂止。

年十五六,便博览经史。弱冠拜中书郎。明帝入辅,遥欣与始安王遥光等参预政事,凡所谈荐,皆得其人。由是朝野辐凑,轩盖盈门。延兴元年,明帝以遥欣为兖州刺史。时丰城公遥昌亦出镇寿春,帝于便殿密宴,始安王遥光亦在座,帝惨然谓遥欣曰:"昭王云不患汝兄弟不富贵,而言不及见,如何!"因悲恸不自胜,君臣皆呜咽,侍者雨泪。及泊欧阳岸,忽谓左右曰:"比何都不见弹?"左右云:"有门生因弹见勖,遂以此废,所在皆止。"遥欣笑曰:"我小儿时聊复语耳,那复遂断邪。"

建武元年,进号西中郎将,封闻喜县公。迁荆州刺史、加都督,改封曲江公。明帝子弟弱小,晋安王宝义有废疾,故以遥光为扬州,居中,遥欣居陕西,在外,威权并在其门。遥欣好勇,聚畜武士,以为形援。永泰元年,诏遥欣以本官领雍州刺史、宁蛮校尉,移州镇襄阳。魏军退,不行。卒,赠司空,谥康公,葬用王礼。

子几,字德玄,年十岁便能属文。早孤,有弟九人,并幼,几恩爱笃睦,闻于朝廷。性温和,与物无竞。清贫自立,好学,善草隶书。湘州刺史杨公则,曲江公故吏也,每见几,谓人曰:"康公此子,可谓桓灵宝重出。"及公则卒,几为之诔,时年十五。沈约见而奇之,谓其舅蔡撙曰:"昨见贤甥《杨平南诔》文,不减希逸之作,始验康公积善之庆。"位中书侍郎,尚书左丞。末年,专释教。为新安太守,郡多山水,特其所好,适性游履,遂为之记。卒于官。子清,亦有文才,位永康令。

遥欣弟遥昌,字季晖,建武元年,封丰城县公,位豫州刺史。卒,谥宪公。

安陆昭王缅,字景业,善容止。仕宋位中书郎。建元元年,封安陆侯。为五兵尚书,出为吴郡太守,政有能名。竟陵王子良与之书曰:"窃承下风,数十年来,姑苏未有此政。"武帝嘉其能,累迁宁蛮校尉、雍州刺史,加都督。缅留心辞讼,人人呼至案前,亲自顾问,有不得理者,勉喻之,退皆无恨,为百姓所畏爱。及卒,丧还,百姓缘沔水悲泣设祭,于岘山为立祠。谥曰昭侯。

明帝少相友爱,时为仆射,领卫尉,表求解职,私第展哀,诏不许。每临缅灵,辄恸绝,哭不成声。建武元年,赠司徒、安陆王。

子宝晊嗣,永元元年,改封湘东王。东昏废,宝晊望物情归己,坐待法驾,既而城内送款于梁武帝。宣德太后临朝,拜太常。不自安,谋反,及弟江陵公宝贤、霄城公宝宏皆伏诛。

新吴侯景先,高帝从子也。祖爰之,员外郎。父敬宗,始兴王国中军。

景先少孤,有至性。随母孔氏为舅氏鞠养。高帝嘉之,常相提携。及镇淮阴,以景先领军主自随,防卫城内,委以心腹。武帝为广兴郡,启高帝求景先同行,除武帝宁朔府司马,自此常相随逐。建元元年,为太子左卫率,封新吴县伯。见委任,势倾天下。景先本名道先,乃改为景先,以避上讳。

初武帝少年,与景先共车,行泥路,车久故坏,至领军府西门,车辕折,俱狼狈。景先谓帝曰:“两人脱作领军,亦不得忘今日艰辛。”及武帝践阼,诏以景先为兼领军将军。拜日,羽仪甚盛,倾朝观瞩。拜还,未至府门,中诏:“相闻领军,今日故当无折辕事邪?”景先奉谢。

景先事上尽心,故恩宠特密。初西还,上坐景阳楼召景先语,故旧唯豫章王一人在席而已。转中领军。车驾射雉郊外,景先常甲仗从,廉察左右。寻进爵为侯。

始升明中,沈攸之于荆州举兵,武帝时镇江州盆城。景先夜乘城,忽闻堑中有小儿呼萧丹阳,未测何人,声声不绝。试问谁,空中应云:“贼寻当平,何事严防?”语讫不复言。即穷讨之,了不见。明旦以白帝,帝曰:“攸之自无所至,焉知汝后不作丹阳尹?”景先曰:“宁有作理。”寻而攸之首至。及永明三年,诏以景先为丹阳尹,谓曰:“此授欲验往年盆城堑空中言耳。”后假节、司州诸军事。卒,谥曰忠侯。

子毅,位北中郎司马。性奢豪,好弓马,为明帝所疑忌。王晏事败,并陷诛之。

南丰伯赤斧,高帝从祖弟也。祖隆子,卫军录事参军。父始之,冠军中兵参军。

赤斧以和谨为高帝所知。高帝辅政,为黄门侍郎,淮陵太守。顺帝逊位,于丹阳故所立宫,上令赤斧辅送,至因留防卫,崩乃还。后为雍州刺史，在州不营产利，勤于奉公。迁散骑常侍、左卫将军。武帝亲遇，与萧景先相比。封南丰县伯，迁给事中、太子詹事。卒于家。贫无绢为敛，武帝闻之，愈加惋惜，谥懿伯。子颖胄袭爵。

颖胄字云长，弘厚有父风。起家秘书郎。高帝谓赤斧曰：“颖胄轻朱被身，觉其趋进转美，足慰人意。”迁太子舍人。遭父丧，感脚疾，数年然后能行，武帝有诏慰勉之，赐以医药。除竟陵王司徒外兵参军，晋熙王文学。

颖胄好文义，弟颖基好武勇。武帝登烽火楼，诏群臣赋诗，颖胄诗合旨。上谓颖胄曰：“卿文弟武，宗室便不乏才。”上以颖胄勋戚子弟，自中书郎除左军将军，知殿内文武事，得入便殿。出为新安太守，吏人怀之。后除黄门郎，领四厢直。迁卫尉。

明帝废立，颖胄从容不为同异，乃引颖胄预功。建武二年，进爵为侯，赐以常所乘白输牛。明帝每存俭约，欲铸坏太官元日上寿银酒枪，尚书令王晏等咸称盛德，颖胄曰：“朝廷盛礼，莫过三元，此一器既是旧物，不足为侈。”帝不悦，后预曲宴，银器满席，颖胄曰：“陛下前欲坏酒枪，恐宜移在此器也。”帝甚惭。

后为庐陵王后军长史、广陵太守，行兖州府事。是年，魏扬声当饮马长江，帝惧，敕颖胄移居人入城，百姓惊恐，席卷欲南度。颖胄以魏军尚远，不即施行，魏军亦寻退。仍为南兖州刺史，加都督。和帝为荆州，以颖胄为西中郎长史、南郡太守，行荆州府事。时江祏专执朝权，此行由祏，颖胄不平，曰：“江公荡我辈出。”

东昏侯诛戮群公，委任斯小，崔、陈败后，方镇各怀异计。永元二年十月，尚书令临湘侯萧懿及弟卫尉畅见害，先遣辅国将军刘山阳就颖胄兵袭梁武帝。帝时为雍州刺史，将起兵，虑颖胄不同，遣颖胄亲人王天武诣江陵，声云山阳西上，并袭荆、雍。书与颖胄，劝同举兵，颖胄意犹未决。初，山阳出南州，谓人曰：“朝廷以白虎幡追我，亦不复还矣。”席卷妓妾，尽室西行。至巴陵，迟回十余日不进。梁武帝复遣天武赍书与颖胄，设奇略以疑之。是时，或云山阳谋杀颖胄，以荆州同举。山阳至，果不敢入城。颖胄计无所出，夜遣钱唐人朱景思呼西中郎城局参军席阐文、谘议参军柳忱闭斋定议。阐文曰："萧雍州畜养士马,非复一日。江陵素畏襄阳人,人众又不敌,取之不必制,制之,岁寒复不为朝廷所容。今若杀山阳,与雍州举事,立天子以令诸侯,霸业成矣。山阳持疑不进,是不信我,今斩送天武,则彼疑可释。至而图之,罔不济矣。"忱亦劝焉。颖胄乃斩天武以示山阳。山阳大喜,轻将步骑数百到州,阐文勒兵斩之,传首于梁武。

东昏闻山阳死,发诏讨荆、雍。颖胄有器局,既唱大事,众情归之。长沙寺僧铸黄金为龙数千两埋土中,历相传付,称为下方黄铁,颖胄因取此龙,以充军实。乃叹曰："往年江祏斥我,至今始知祸福之无门也。"十二月,移檄建邺。三年正月,和帝为相国,颖胄为左长史,进号镇军将军,于是始选用方伯。梁武屡表劝和帝即尊号,颖胄使别驾宗史撰定礼仪,上尊号,改元,于江陵立宗庙南北郊。州府城门,悉依建康宫,置尚书五省,以城南射堂为兰台,南郡太守为尹。建武中,荆州大风雨,龙入柏斋中,柱壁上有爪足处,刺史萧遥欣恐畏,不敢居之,至是以为嘉福殿。

中兴元年三月,颖胄为侍中、尚书令、监八州军事、荆州刺史,留卫西朝。以弟颖达为冠军将军,及杨公则等率师随梁武围郢城。颖达会军于汉口,与王茂、曹景宗等攻陷郢城。梁武进湓州,使与曹景宗破东昏将李居士。又从下东城。

初,梁武之起也,巴东太守萧惠训子璝、巴西太守鲁休烈弗从,举兵侵荆州,败辅国将军任漾之于峡口,颖胄遣军拒之,而梁武已平江、郢,围建康。时颖胄辅帝主,有安重之势。素能饮酒,啖白肉脍至三斗。自以职居上将,不能拒制璝等,忧愧发疾而卒。州中秘之,使似其书者假为教命。

时梁武围建康,住石头,和帝密诏报颖胄凶问,亦秘不发丧。及建康平,萧璝亦众惧而溃,和帝乃始发丧,诏赠颖胄丞相,前、后部羽葆、鼓吹,班剑三十人,辒辌车,黄屋左纛。梁天监元年,追封巴东郡公。丧还,武帝车驾临哭渚次,葬依晋王导、齐豫章王故事,谥曰献武。

弟颖达，少好勇使气。颖胄齐建武末行荆州事，颖达亦为西中郎外兵参军，俱在西府。齐季多难，颇不自安，因与兄颖胄举兵。颖达弟颖孚，自建业为庐陵人脩景智潜引，与南归。颖孚缘山逾嶂，仅免。道中绝粮，后因食过饱而卒。建康平，梁武帝以颖达为前将军、丹阳尹。及受禅，赠颖孚右卫将军，封颖达作唐侯，位侍中、卫尉卿。出为豫章内史，意甚愦愦。未发前，预华林宴，酒后于座辞气不悦。沈约因劝酒，欲以释之。颖达大骂约曰："我今日形容，正是汝老鼠所为，何忽复劝我酒！"举坐惊愕。帝谓之曰："汝是我家阿五，沈公宿望，何意轻脱。若以法绳汝，汝复何理？"颖达竟无一言，唯大涕泣，帝心愧之。未几，迁江州刺史。少时，悬瓠归化，颖达长史沈瑀等苛刻，为盗所害，众颇疑颖达，或传谋反。帝遣直阁将军张豹子称江中讨盗，实使防之。颖达知朝廷之意，唯饮酒不知州事。后卒于左卫将军，谥康侯。

子敏嗣，位新安太守。好射雉，未尝在郡，辞讼者迁于畎焉。后张弩损腰而卒。

第七子敩，太清初，为魏兴太守，梁州刺史宜丰侯循以为府长史。梁州有古墓，名曰"尖冢"，或云张骞坟，欲有发者，辄闻鼓角与外相拒，椎埋者惧而退。敩谓无此理，求自监督。及开，唯有银镂铜镜方尺。敩时居母服，清谈所贬。

衡阳公谌，字彦孚，高帝绝服族子也。祖道清，员外郎。父仙伯，桂阳国下军。

宋元徽末，武帝在郢，欲知都下消息，高帝遣谌就武帝宣传谋计，留为腹心。升明中，为武帝中军刑狱参军、南东莞太守。以劳封安复县男。建元初，武帝在东宫，谌领宿卫。高帝杀张景真，武帝令谌启乞景真命，高帝不悦，谌惧而退。武帝即位，除步兵校尉、南兰陵太守，领御仗主，斋内兵仗，悉委付之，心膂密事，皆使参掌。为左中郎将、后军将军，太守如故。武帝卧疾延昌殿，谌在左右宿直。上崩,遗救谌领殿内事如旧。

郁林即位,深委信谌。谌每请急出宿,帝通夕不能寐,谌还乃安。转卫军司马,兼卫尉。丁母忧,救还本位,守卫尉。明帝辅政,谌回附明帝,劝行废立,密召诸王典签约语之,不许诸王外接人物。谌亲要日久,众皆惮而从之。郁林被废日,初闻外有变,犹密为手救呼谌,其见信如此。谌性险,无护身计。及废帝日,领兵先入后宫,斋内仗身,素隶服谌,莫有动者。

海陵立,转中领军,进爵为公,甲仗五十人入直殿内,月十日还府。建武元年,转领军将军、左将军、南徐州刺史,给扶,进爵衡阳郡公。明帝初许事克用谌为扬州,及有此授,谌恚曰:“见炊饭推以与人。”王晏闻之曰:“谁复为萧谌作瓯箸者。”

谌恃勋重,干豫朝政。明帝新即位,遣左右要人于外听察,具知谌言,深相疑阻。二年六月,上幸华林园,宴谌及尚书令晏等数人尽欢,坐罢,留谌晚出,至华林阁,仗身执还入省。上遣左右莫智明数谌曰:“隆昌之际,非卿无有今日。今一门二州,兄弟三封,朝廷相报,政可极此。卿恒怀怨望,乃云‘炊饭已熟,合甑与人邪’,今赐卿死。”谌谓智明曰:“天去人亦复不远,我与至尊杀高、武诸王,是卿传语来去。我今死,还取卿矣。”于省杀之。至秋,而智明死,见谌为祟。诏乃显其过恶,收付廷尉。

谌好左道,吴兴沈文猷相谌云:“相不减高帝。”谌喜曰:“感卿意,无为人言也。”至是,文猷伏诛。

谌兄诞,字彦伟,永明中,为建康令,与秣陵令司马迪之同乘行,车前导四卒。左丞沈昭略奏:“凡有卤簿官,共乘不得兼列驺寺,请免诞等官。”诏赎论。延兴元年,历徐、司二州刺史。明帝立,封安复侯,征为左卫将军。上欲杀谌,以诞在边镇拒魏,故未及行。魏军退六旬,谌诛。遣梁武帝为司州别驾,使诛诞。诞子棱妻,江淹女,字才君,闻诞死,曰:“萧氏皆尽,妾何用生。”恸哭而绝。

谌弟诔,字彦文,与谌同豫废立,封西昌侯,位太子左卫率。诛谌之日,辅国将军萧季敞启求收诔,深加排苦,乃至手相摧辱。诔徐曰："已死之人,何足至此,君不忆相提拔时邪?幽冥有知,终当相报。"

季敞粗猛无行,善于弥缝,高帝时为谌所奖说,故累为郡守。在政贪秽,谌辄掩之。后为广州刺史,白日见谌将兵入城收之。少日,果为西江都护周世雄所袭,军败,奔山中,为蛭所噬,肉都尽而死,惨楚备至,后为村人所斩。论者以为有天道焉。

临汝侯坦之,字君平,高帝绝服族子也。祖道济,太中大夫。父欣祖,武进令。

坦之与萧谌同族,为东宫直阁,以勤直为文惠所知,除给事中、兰陵令。武帝崩,坦之率太孙文武度上台,除射声校尉,令如故。未拜,除正员郎、南鲁郡太守。少帝以坦之文惠旧人,亲信不难,得入内见皇后。帝于宫中及出后堂杂狡狯,坦之皆得在侧,或遇醉后保祖,坦之辄扶持谏喻。见帝不可奉,乃改附明帝,密为耳目。

隆昌元年,追录坦之父勋,封临汝县男。少帝微闻外有异谋,惮明帝在台内,敕移西州。后在华林园华光殿露著黄縠裈,跂床垂脚,谓坦之曰:"人言镇军与王晏、萧谌欲共废我,似非虚传,兰陵所闻云何?"坦之尝作兰陵令,故称之。坦之曰:"天下宁当有此?谁乐无事废天子邪?昔元徽独在路上走,三年人不敢近,政坐枉杀孙超、杜幼文等故败耳。官有何事,一旦便欲废立?朝贵不容造此论,政当是诸尼师母言耳。岂可以尼姥言为信?官若无事除此三人,谁敢自保?安陆诸王在外,宁肯复还,道刚之徒,何能抗此?"帝曰:"兰陵可好听察,作事莫在人后。"

帝以为除诸执政,应须当事人,意在沈文季,夜遣内左右密赂文季,文季不受。帝大怒,谓坦之曰:"我赐文季不受,岂有人臣拒天子赐!"坦之曰:"官遣谁送?"帝曰:"内左右。"坦之曰:"官若诏敕出赐,令舍人主书送往,文季宁敢不受!政以事不方幅,故仰遣耳。"

帝又夜醉,乘马从西步廊向北驰走,如此两三将倒,坦之谏不从,执马控,帝运拳击坦之不著,倒地。坦之与曹道刚扶抱还寿昌殿璎瑁床上卧,又欲起走,坦之不能制。坦之驰信报皇后,至,请譬良久,乃眠。

时明帝谋废杀,既与萧谌及坦之定谋,少帝腹心直阁将军曹道刚,疑外间有异,密有处分,谌未能发。始兴内史萧季敞、南阳太守萧颖基并应还都,谌欲待二萧至,藉其威力以举事。明帝虑事变,以告坦之,坦之驰谓谌曰:"废天子,古来大事,比闻曹道刚、朱隆之等转已猜疑,卫尉明日若不就,事无所复及。弟有百岁母,岂能坐听祸败,政应作余计耳。"谌惶遽,明日遂废帝,坦之力也。

海陵即位,除黄门郎,兼卫尉。建武元年,迁左卫将军,进爵为侯。东昏立,为侍中、领军将军。永元元年,母忧,起复职,加将军,置府。江祐兄弟欲立始安王遥光,密告坦之。坦之曰:"明帝取天下已非次第,天下人至今不服。今若复作此事,恐四海瓦解,我其不敢言。"

及遥光起事,遣人夜掩取坦之,坦之科头著裈逾墙走。逢台游逻主颜端,执之。坦之谓曰:"始安作贼,遣人见取,向于宅奔走,欲还台耳,君何见录?"端不答,而守防逾严。坦之谓曰:"身是大臣,夜半奔走,君理见疑,以为得罪朝廷。若不信,自可步往东府参视。"亦不答。端至小街,审知遥光举事,乃走还。未至三十余步,下马再拜曰:"今日乞垂将接。"坦之曰:"向语君何所道,岂容相欺。"端以马与坦之,相随去。比至新亭,道中收遥光所虏之余,得二百许人,并有粗仗。乃进西掖门,开鼓后得入殿内。其夕四更,主书冯元嗣叩北掖门,告遥光反,殿内为之备。向晓,召徐孝嗣入。左卫将军沈约五更初闻难,驰车走趋西掖门。或劝戎服,约虑外军已至,若戎衣,或者谓同遥光,无以自明,乃朱服而入。台内部分既立,坦之假节,督众军讨遥光。事平,迁尚书左仆射、丹阳尹,右军如故,进爵为公。

坦之肥黑无须,语声嘶,时人号为萧痖。刚很专执,群小畏而憎之。遥光事平二十余日,帝遣延明主帅黄文济围坦之宅,诛之。

坦之从兄翼宗,为海陵郡,将发,坦之谓文济曰:"从兄海陵宅故应无他。"文济曰:"海陵宅在何处?"坦之告之。文济曰:"政应得罪。"仍遣收之。检家赤贫,唯有质钱帖子数百,还以启帝,原其死。
和帝中兴元年,追赠坦之中军将军、开府仪同三司。

论曰:有齐宗室,唯始安之后克昌。明帝取之以非道,遥光济之
以残酷,其卒至颠仆,所谓"亦以此终"者也。颖胄荆州之任,盖惟失
职,及其末途倚伏,岂预图之所致乎? 谌与坦之俱应顾托,既以倾
国,亦以覆身,各其宜矣。

南史卷四二
列传第三二

齐高帝诸子上

豫章文献王嶷　子子廉　子恪　子操
子范　子范子乾　子范弟子显　子云

　　齐高帝十九男：昭皇后生武帝、豫章文献王嶷，谢贵嫔生临川献王映、长沙威王晃，罗太妃生武陵昭王晔，任太妃生安成恭王皓，陆修仪生鄱阳王锵、晋熙王𨧊，袁修容生桂阳王铄，何太妃生始兴简王鉴、宜都王铿，区贵人生衡阳王钧，张淑妃生夏王锋、河东王铉，李美人生南平王锐。第九、第十三、第十四、第十七皇子早亡，衡阳王钧出继高帝兄元王后。

　　豫章文献王嶷，字宣俨，高帝第二子也。宽仁弘雅，有大成之量，高帝特钟爱焉。仕宋为尚书左户郎，钱唐令。高帝破薛索儿，改封西阳，以先爵赐嶷，为晋寿县侯。
　　后为武陵内史。时沈攸之赕，伐荆州界内诸蛮，遂及五溪。禁断鱼盐，群蛮怨怒。酉溪蛮王田头拟杀攸之使，攸之责赕千万，头拟输五百万，发气死。其弟娄侯篡立，头拟子田都走入獠中。于是蛮部大乱，抄掠至都城下，嶷遣队主张英儿击破之。田都自獠中请立，而娄侯亦归附。嶷诛娄侯于郡狱，命田都继其父，蛮众乃安。
　　入为宋顺帝骠骑从事中郎。诣司徒袁粲，粲谓人曰："后来佳器也。"高帝在领军府,嶷居青溪宅。苍梧王夜中微行,欲掩袭宅内,嶷令左右舞刀战于中庭,苍梧从墙间窥见已有备,乃去。高帝忧危既切,腹心荀伯玉劝帝度江北起兵。嶷谏曰:"主上狂凶,人不自保,单行道路,易以立功,外州起兵,鲜有克胜,于此立计,万不可失。"及苍梧殒,高帝报嶷曰:"大事已判,汝明可早入。"顺帝即位,转侍中,总宫内直卫。

沈攸之之难,高帝入朝堂,嶷出镇东府,加冠军将军。及袁粲举兵夕,丹阳丞王逊告变,先至东府,嶷遣帐内军主戴元孙二千人随薛道深等俱至石头,焚门之功,元孙预焉。先是,王蕴部曲六十人助为城防,实以为内应也。嶷知蕴怀贰,不给其仗,散处外省。及难作搜检,皆已亡去。

上流平后,武帝自寻阳还。嶷出为都督、江州刺史。以定策功,改封永安县公。仍徙镇西将军、都督、荆州刺史。时高帝作辅,嶷务存约省,停府州仪迎物。及至州,坦怀纳善,侧席思政。王俭与嶷书曰:"旧楚萧条,仍岁多故,政荒人散,实须缉理。公临莅甫尔,英风惟穆,江汉来苏,八荒慕义。庾亮以来,荆州无复此政。古人云'期月有成',而公旬日成化,岂不休哉!"初,沈攸之欲聚众,开人相告,士庶坐执役者甚众。嶷至镇,一日遣三千余人,见囚五岁刑以下不连台者,皆原遣。以市税重,多所宽假。百姓甚悦。禅让之间,武帝欲速定大业,嶷依违其事,默无所言。建元元年,高帝即位,敕诏未至,嶷先下令蠲除部内升明二年以前逋负。迁侍中、尚书令、都督、扬州刺史、骠骑大将军、开府仪同三司,封豫章郡王。

会魏军动,诏以嶷为南蛮校尉、荆湘二州刺史、都督八州。寻给油络侠望车。二年,给班剑二十人。其夏,于南蛮园东南开馆立学,上表言状,置生三十人,取旧族父祖位正佐台郎年二十五以下十五以上补之。置儒林参军一人,文学祭酒一人,劝学从事二人。行释菜礼。以谷过贱,听人以米当口钱,优评斛一百。义阳劫帅张群,亡命积年,鼓行为贼,义阳、武陵、天门、南平四郡界,被其残破,沈攸之连讨不禽,末乃首用之。攸之起事,群从下邳,于路先叛,结柴于三溪,依据深险。嶷遣中兵参军虞欣祖为义阳太守,使降意诱纳之,厚为礼遗,于坐斩首,其党皆散,四郡获安。

入为中书监、司空、扬州刺史,都督二州,侍中如故,加兵置佐,以前军临川王映府文武配司空。嶷以将还都,修廨宇及路陌,东归部曲不得赍府州物出城。发江津,士女观送数千人,皆垂泣。嶷发江陵感疾,至都未瘳,上深忧虑,为之大赦,三年六月壬子赦令是也。疾愈,上幸东府,设金石乐,使乘舆至宫六门。武帝即位,进位太尉,增置兵佐,解侍中,增班剑三十人。建元中,武帝以事失旨,高帝颇有代嫡之意,而嶷事武帝恭悌尽礼,未尝违忤颜色,故武帝友爱亦深。性至孝,高帝崩,哭泣过度,眼耳皆出血。永明元年,领太子太傅,解中书监。

宋武以来,州郡秩俸及杂供给多随土所出,无有定准。嶷上表请明立定格,班下四方,永为恒制,从之。嶷不参朝务,而言事密谋,多见信纳。服阕,加侍中。宋元嘉制:诸王入斋阁,得白服裙帽见人主,唯出太极四厢,乃备朝衣。自比以来,此事一断。上与嶷同生相友睦,宫内曲宴,许依元嘉。嶷固辞,不奉敕,唯车驾幸第,乃白服乌纱帽以侍宴焉。至于衣服制度,动皆陈启,事无专制,务从减省,并不见许。又启曰:“北第旧邸,本自甚华,臣往岁作小眠斋,皆补接为办,无乖格制。要是栝柏之华,一时新净,东府又有此斋,亦为华屋,而臣顿有二处住止,下情窃所未安。讯访东宫玄圃,乃有柏屋,制甚古拙,臣乃欲坏取以奉太子,非但失之于前,且补接既多,不可见移,亦恐外物或为异论,不审可有垂许送东府斋理不?”上答曰:“见别纸,汝劳疾,亦复那得不动,何意为作烦长启事。”竟不从。

三年,文惠太子讲《孝经》毕,嶷求解太傅,不许。嶷常虑盛满,又因言宴求解扬州授竟陵王子良,上终不许,曰:“毕汝一世,无所多言。”武帝即位后,频发诏拜陵,不果行,遣嶷拜陵。还过延陵季子庙,观沸井,有水牛突部伍,直兵执牛推问,嶷不许,取绢一匹,横系牛角,放归其家。政在宽厚,故得朝野欢心。

四年,唐宇之贼起,嶷启上曰:“此段小寇,出于凶愚,天网宏罩，理不足论。但圣明御世，幸可不尔。比藉声听，皆云有由而然。但顷小大士庶，每以小利奉公，不顾所损者大。挞籍检功巧，督恤简小塘，藏丁匿口，凡诸条制，实长怨府。此目前交利，非天下大计。一室之中，尚不可精，宇宙之内，何可周洗。公家何尝不知人多欺巧，古今政以不可细碎，故不为耳。为此者实非乖理，但识理者百不有一。陛下弟儿大臣，犹不能伏理，况复天下，悠悠万品？怨积聚党，凶迷相类，止于一处，何足不除；脱复多所，便成纭纭。"上答曰："欺巧那可容！宋世混乱，以为是不？蚊蚁何足为忧，至今都应散灭。吾政恨其不辩大耳，亦何时无亡命邪。"后乃诏听复籍注。

是时，武帝奢侈，后宫万余人，宫内不容，太乐、景第、暴室皆满，犹以为未足。嶷后房亦千余人。颍川荀丕献书于嶷，极言其失，嶷咨嗟良久，为书答之，又为之减遣。

丕字令哲，后为荆州西曹书佐。长史王秀与其书，题之云"西曹荀君"。丕报书曰："第五之位，不减骠骑，亦不知西曹何殊长史！且人之处世，当以德行称著，何遽以一爵高人邪？相如不见屈于渑池，毛遂安受辱于郢都，造敌临事，仆必先于二子，未知足下之贵，足下之威，孰若秦、楚两王。仆以德为宝，足下以位为宝，各宝其宝，于此敬宜。"于是直题云"长史王君"时尚书令王俭当朝，丕又与俭书曰："足下建高人之名，而不显高人之迹，将何以书于齐史哉？"及南郡纲纪启荆州刺史随王子隆，请罪丕，丕自申乃免。又上书极谏武帝，言甚直，帝不悦。丕竟于荆州狱赐死。徐孝嗣闻其死，曰："丕纵有罪，亦不应杀，数千年后，其如竹帛何！"

五年，嶷进位大司马。八年，给皂轮车。寻加中书监，固让。嶷身长七尺八寸，善持容范，文物卫从，礼冠百僚。每出入殿省，皆瞻望严肃。自以地位隆重，深怀退素，北宅旧有园田之美，乃盛修理之。武帝尝问临川王映："居家何事乐？"映曰："政使刘瓛讲《礼》，顾恻讲《易》，朱广之讲《庄》、《老》，臣与二三诸彦兄弟友生时复击赞，以此为乐。"上大赏之。他日，谓嶷曰："临川为善，遂至于斯。"嶷曰："此大司马公之次弟，安得不尔！"上仍以玉如意指嶷曰："未若皇帝之次弟为善最多也。”

　　嶷常戒诸子曰：“凡富贵，少不骄奢，以约失之者鲜矣。汉世以来，侯王子弟，以骄恣之故，大者灭身丧族，小者削夺邑地，可不戒哉！”称疾不利住东城，累求还第，令世子子廉代镇东府。

　　上数幸嶷第，宋长宁陵隧道出第前路，上曰：“我便是入他家墓内寻人。”乃徙其表阙骐麟于东冈。骐麟及阙，形势甚巧，宋孝武于襄阳致之，后诸帝王陵皆模范，而莫及也。永明末，车驾数游幸，唯嶷陪从。上尝出新林苑，同辇夜归，至宫门，嶷下辇辞出，上曰：“今夜行，无使为尉司所呵也。”嶷对曰：“京辇之内，皆属臣州，愿陛下不垂过虑。”上大笑，赐以魏所送毡车。每幸第，不复屏人，敕外监曰：“我往大司马第，是还家耳。”嶷妃庾氏，尝有疾，瘳，上幸嶷邸，后堂设金石乐，宫人毕至。登桐台，使嶷著乌纱帽，极日尽欢，敕嶷备家人之礼。嶷谓上曰：“古来言愿陛下寿比南山，或称万岁，此殆近貌言。如臣所怀，实愿陛下极寿百年亦足矣。”上曰：“百年复何可得，止得东西一百，于事亦济。”因相执流涕。

　　十年，上封嶷诸子。旧例王子千户，嶷欲五子俱封，启减，人五百户。其年疾笃，表解职，不许，赐钱五百万营功德。薨，年四十九。其日上视疾，至薨乃还宫。诏敛以衮冕之服，温明秘器，大鸿胪持节护丧事，太官朝夕送祭奠，大司马、太傅二府文武悉停过葬。诏赠假黄钺、都督中外诸军事、丞相、扬州牧，绿綟绶，具九服锡命之礼，侍中、大司马、太傅、王如故，给九旒銮辂，黄屋左纛，虎贲班剑百人，辒辌车，前、后部羽葆、鼓吹。丧葬送仪，并依汉东平王苍故事。

　　嶷临终，召子子廉、子恪曰：“吾无后，当共相勉励，笃睦为先。才有优劣，位有通塞，运有富贫，此自然理，无足以相陵侮。勤学行，守基业，修闺庭，尚闲素，如此足无忧患。圣主储皇及诸亲贤，亦当不以吾没易情也。三日施灵，惟香火、盘水、干饭、酒脯、槟榔而已，朔望菜食一盘，加以甘果，此外悉省。葬后除灵，可施吾常所乘舆扇伞。朔望时节，席地香火、盘水、酒脯、干饭、槟榔便足。棺器及墓中勿用余物为后患也。朝服之外，唯下铁环刀一口。作冢勿令深，一二依格，莫过度也。后堂楼可安佛，供养外国二僧，余皆如旧。与汝游戏后堂船乘，吾所乘牛马，送二宫及司徒。服饰衣裘，悉为功德。"子廉等号泣奉行。武帝哀痛特至，蔬食积旬。太官朝送祭奠，敕王融为铭，云："半岳摧峰，中河坠月。"帝流涕曰："此正吾所欲言也。"至其年十二月，乃举乐宴朝臣。乐始举，上便歔欷流涕。

嶷薨后，第库无见钱，武帝敕货杂物服饰得数百万，起集善寺，月给第见钱百万。至上崩，乃省。

嶷性泛爱，不乐闻人过失，左右投书相告，置靴中，竟不视，取火焚之。斋库失火，烧荆州还资，评直三千余万，主局各杖数十而已。嶷薨后，忽见形于沈文季曰："我未应便死，皇太子加膏中十一种药，使我痢不差，汤中复加药一种，使利不断。吾已诉先帝，先帝许还东邸，当判此事。"因胸中出青纸文书示文季曰："与卿少旧，因卿呈上。"俄失所在。文季秘而不传，甚惧此事，少时太子薨。又尝见形于第后园，乘腰舆，指麾处分，呼直兵，直兵无手板，左右授一玉手板与之，谓曰："橘树一株死，可觅补之。"因出后园閤，直兵倒地，仍失手板。

群吏中南阳乐蔼、彭城刘绘、吴郡张稷最被亲礼。蔼与竟陵王子良笺，欲率荆、江、湘三州僚吏建碑，托中书侍郎刘绘营办。蔼又与右率沈约书，请为文。约答曰："郭有道汉末之匹夫，非蔡伯喈不足以偶三绝。谢安石素族之台辅，时无丽藻，迄乃有碑无文。况文献王冠冕彝伦，仪形宇内，自非一代辞宗，难或与此。约间闾鄙人，名不入第，欻酬今旨，便是以礼许人，闻命惭颜，已不觉汗之沾背也。"建武中，第二子子恪托约及太子詹事孔圭为文。

妃庾氏，有女功妇德，嶷甚重之。宋时，武帝及嶷位宦尚轻，家又贫薄，庾氏常彻己损身，以相营奉。兄弟每行来公事，晚还饥疲，躬营饮食，未尝不迎时先办。虽丰俭随事，而香净适口。穆皇后不自营，又不整洁，上亦以此贵之。又不妒忌，嶷倍加敬重。嶷薨后，少时亦亡。

子廉字景蔼。初，嶷养鱼复侯子响为嗣子，子廉封永新侯，子响还本。子廉为世子,位淮陵太守,太子中舍人,前将军。善抚诸弟。十一年,卒。赠侍中,谥哀世子。子元琳嗣。梁武受禅,诏曰:"豫章王元琳,故竟陵王昭胄子同,齐氏宗国,高、武嫡胤,宜祚井邑,以传于后。降封新涂侯。"

子廉弟子恪,字景冲,永明中,以王子封南康县侯。年十二,和从兄司徒竟陵王子良《高松赋》,卫军王俭见而奇之。

建武中,为吴郡太守。及大司马王敬则于会稽反,奉子恪为名,而子恪奔走,未知所在。始安王遥光劝上并诛高、武诸子孙,于是并敕竟陵王昭胄等六十余人入永福省,令太医煮椒二斛,并命办数十具棺材,谓舍人沈徽孚曰:"椒熟则一时赐死。"期三更当杀之。会上暂卧,主书单景隽启依旨毙之,徽孚坚执曰:"事须更审。"尔夕三更,子恪徒跣奔至建阳门。上闻惊觉曰:"故当未赐诸侯命邪?"徽孚以答。上抚床曰:"遥光几误人事。"及见子恪,顾问流涕,诸侯悉赐供馔。以子恪为太子中庶子。东昏即位,为侍中。中兴二年,为相国谘议参军。

梁天监元年,降爵为子,位司徒左长史。子恪与弟子范等尝因事入谢,梁武帝在文德殿引见,谓曰:

夫天下之宝,本是公器,苟无期运,虽有项籍之力,终亦败亡。宋孝武为性猜忌,兄弟粗有令名者,无不因事鸩毒,所为唯景和。至朝臣之中疑有天命而致害者,枉滥相继。于时虽疑卿祖,无如之何。如宋明帝本为庸常被免,岂疑得全。又复我于时已年二岁,彼岂知我应有今日?当知有天命者非人所害,害亦不能得。我初平建康城,朝廷内外皆劝我云:"时代革异,物心须一,宜行处分。"我于时依此而行,谁谓不可。政言江左以来,代谢必相诛戮,此是伤于和气,国祚例不灵长。此是一义。

二者,齐、梁虽曰革代,义异往时。我与卿兄弟宗属未远,卿勿言兄弟是亲,人家兄弟自有周旋者、不周旋者,况五服之属邪?齐业之初,亦是甘苦共尝,腹心在我,卿兄弟年少,理当不悉。我与卿兄弟便是情同一家,岂当都不念此,作行路事。此是二义。

　　　且建武屠灭卿门，我起义兵，非惟自雪门耻，亦是为卿兄弟报仇。卿若能在建武、永元之时拨乱反正，我虽起樊、邓，岂得不释戈推奉。我今为卿报仇，且时代革异，望卿兄弟尽节报我耳。且我自藉丧乱，代明帝家天下，不取卿家天下。昔刘子舆自称成帝子，光武言："假使成帝更生，天下亦不复可得，况子舆乎？"梁初，人劝我相诛灭者，我答之犹如向言："若苟有天命，非我所杀，若其无运，何忽行此？政是示无度量。"曹志亲是魏武帝孙，入事晋武，为晋室忠臣。此即卿事例。卿是宗室，情义异他，方坦然相期，小待自当知我寸心。

又文献王时内斋直帐人赵叔祖，天监初入台为斋帅，在寿光省。武帝呼问曰：

　　　汝比见北第诸郎不？若见道我此意：今日虽是革代，情同一家。但今磐石未立，所以未得用诸郎。非唯在我未宜，我亦是欲使诸郎得安耳。但闭门高枕，后自当见我心。

叔祖即出，具宣敕意。

　　　子恪普通三年累迁都官尚书，四年转吏部。大通二年，出为吴郡太守，卒官。谥曰恭子。

　　　子恪兄弟十六人，并入梁。有文学者子恪、子质、子显、子云、子晖。子恪常谓所亲曰："文史之事，诸弟备之矣，不烦吾复牵率。但退食自公，无过足矣。"子恪亦涉学，颇属文，随弃其本，故不传文集。

　　　子恪次弟子操，封泉陵侯。王侯出身，官无定准，素姓三公长子一人为员外郎。建武中，子操解褐为给事中。自此齐末，皆以为例。永泰元年，兄南康侯子恪为吴郡太守，避王敬则难归，以子操为吴郡太守。永元中，为黄门郎。

　　　子操弟子范，字景则，齐永明中，封祁阳县侯，拜太子洗马。天监初，降爵为子，位司徒主簿。丁所生母忧，去职。

子范有孝性，居丧以毁闻。服阕，累迁大司马南平王从事中郎。王爱文学士，子范偏被恩遇，常曰："此宗室奇才也。"使制《千字文》，其辞甚美，王命记室蔡远注释之。自是，府中文笔皆使具草。后为临贺王正德长史。正德迁丹阳尹，复为正德信威长史、领尹丞。历官十余年，不出蕃府，而诸弟并登显列，意不能平。及是为《到府笺》曰："上蕃首僚，于兹再忝，河南雌伏，自此重叨。老少异时，盛衰殊日，虽佩恩宠，还羞年鬓。"子范少与弟子显、子云才名略相比，而风采容止不逮，故宦途有优劣。每读《汉书·杜缓传》云："六弟五人至大官，唯中弟钦官不至，最知名。"常吟讽之，以况己也。后为秘书监。简文即位，召为光禄大夫，加金章紫绶。以逼贼不拜。其年葬简皇后，使制哀策，文理哀切。帝谓武林侯萧谘曰："此段庄陵万事零落，唯哀册尚有典刑。"敕赉米千石。

子范无居宅，寻卒于招提寺僧房。贼平，元帝追赠金紫光禄大夫，谥曰文。前后文集三十卷。

子滂、确并少有文章，简文在东宫时，尝与邵陵王数诸萧文士，滂、确并预焉。滂位中军宣城王记室，先子范卒。确位司徒右长史，魏平江陵，入长安。

滂弟乾，字思惕，容止雅正，性恬简，善隶书，得叔父子云之法。九岁，补国子《周易》生，祭酒袁昂深敬重之。仕梁为宣城王谘议参军。陈武帝镇南徐州，引为司空从事中郎。及受命，永定元年，除给事黄门侍郎。时熊昙朗在豫章，周迪在临川，留异在东阳，陈宝应在建安，共相连结，闽中豪帅，立柴自保。武帝患之，令乾往，谕以逆顺，谓曰："昔陆贾南征，赵他归顺；随何奉使，黥布来臣。追想清风，仿佛在目，卿宜勉建功名，不烦更劳师旅。"乾至，示以逆顺，所在款附。其年，就除建安太守。天嘉二年，留异反，陈宝应助之，又资周迪兵粮，出寇临川，因逼建安。乾单使临郡，不能守，乃弃郡以避宝应。时闽中宰守并受宝应署置，乾独不屈，徙居郊野。及宝应平，都督章昭达以闻，文帝甚嘉之，超授五兵尚书。卒，谥静子。

子显字景阳，子范弟也。幼聪慧，嶷偏爱之。七岁，封宁都县侯，梁天监初，降为子。位太尉录事参军。

子显身长八尺，状貌甚雅，好学，工属文。尝著《鸿序赋》，尚书令沈约见而称曰："可谓明道之高致，盖《幽通》之流也。"又采众家《后汉》，考正同异，为一家之书。又启撰齐史，书成表奏，诏付秘阁。累迁邵陵王友。后除黄门郎。中大通二年，迁长兼侍中。梁武帝雅爱子显才，又嘉其容止吐纳，每御筵侍坐，偏顾访焉。尝从容谓曰："我造《通史》，此书若成，众史可废。"子显对曰："仲尼赞《易》道，黜《八索》，述职方，除《九丘》。圣制符同，复在兹日。"时以为名对。

三年，以本官领国子博士。武帝制《孝经义》，未列学官，子显在职，表置助教一人，生十人。又启撰武帝集并《普通北伐记》。迁国子祭酒，加侍中，于学递述武帝《五经义》。迁吏部尚书，侍中如故。

子显风神洒落，雍容闲雅，简通宾客，不畏鬼神。性爱山水，为《伐社文》以见其志。饮酒数斗，颇负才气。及掌选，见九流宾客，不与交言，但举扇一拊而已，衣冠窃恨。然简文素重其为人，在东宫时，每引与促宴。子显尝起更衣，简文谓坐客曰："常闻异人间出，今日始见，知是萧尚书。"其见重如此。出为吴兴太守，卒，时年四十九。诏赠侍中、中书令。及请谥，手敕曰："恃才傲物，宜谥曰骄。"

子显尝为《自序》，其略云："余为邵陵王友，忝还京师，远思前比，即楚之唐、宋，梁之严、邹。追寻平生，颇好辞藻，虽在名无成，求心已足。若乃登高目极，临水送归，风动春朝，月明秋夜，早雁初莺，开花落叶，有来斯应，每不能已也。且前代贾、傅、崔、马、邯郸、缪、路之徒，并以文章显，所以屡上歌颂，自比古人。天监十六年，始预九日朝宴，稠人广坐，独受旨云：'今云物甚美，卿将不斐然赋诗。'诗既成，又降旨曰：'可谓才子。'余退谓人曰：'一顾之恩，非望而至，遂方贾谊何如哉，未易当也。'每有制作，特寡思功，须其自来，不以力构。少来所为诗赋，则《鸿序》一作，体兼众制，文备多方，颇为好事所传，故虚声易远。"

子显所著《后汉书》一百卷，《齐书》六十卷，《普通北伐记》五卷，《贵俭传》三卷，文集二十卷。

子序、恺并少知名。序，太清中位中庶子，卒。恺，太子家令。恺才学誉望，时论以方其父。简文在东宫，早引接之。时中庶子谢嘏出守建安，于宣猷堂饯饮，并召时才赋诗，同用十五剧韵。恺诗先就，其辞又美。简文与湘东王令曰："王筠本自旧手，后进有萧恺可称，信为才子。"先是，太学博士顾野王奉令撰《玉篇》，简文嫌其书详略未当，以恺博学，于文字尤善，使更与学士删改。太清中，卒于侍中。

子显弟子云。

子云字景乔，年十二，齐建武四年，封新浦县侯。自制拜章，便有文采。梁天监初，降爵为子。及长，勤学有文藻，弱冠撰《晋书》，至年二十六，书成百余卷，表奏之，诏付秘阁。

子云性沉静，不乐仕进，风神闲旷，任性不群。夏月对宾客，恒自裸袒。而兄弟不睦，乃至吉凶不相吊问，时论以此少之。

年三十，方起家为秘书郎，迁太子舍人，撰《东宫新记》奏之，敕赐束帛。累迁丹阳郡丞。湘东王绎为丹阳尹，深相赏好，如布衣之交。中大通三年，为临川内史，在郡以和理称，人吏悦之。还除散骑常侍，历侍中、国子祭酒。

梁初，郊庙未革牲牷。乐辞皆沈约撰，至是承用。子云启宜改之，敕答曰："此是主者守株，宜急改也。"仍使子云撰定。敕曰："郊庙歌辞，应须典诰大语，不得杂用子史文章浅言。而沈约所撰，亦多舛谬。"子云作成，敕并施用。

子云善草隶，为时楷法，自云善效钟元常、王逸少，而微变字体。尝答敕云："臣昔不能披赏，随时所贵，规摹子敬，多历年所。年二十六，著《晋史》，至《二王列传》，欲作论草隶法，言不尽意，遂不能成，略指论飞白一事而已。十许年，始见《敕旨论书》一卷，商略笔状，洞澈字体，始变子敬，全范元常。逮尔以来，自觉功进。"其书迹雅为武帝所重，帝尝论书曰："笔力劲骏，心手相应，巧逾杜度，美过崔实，当与元常并驱争先。"其见赏如此。

出为东阳太守。百济国使人至建邺求书，逢子云为郡，维舟将发。使人于渚次俟之，望船三十许步，行拜行前。子云遣问之，答曰："侍中尺牍之美，远流海外，今日所求，唯在名迹。"子云乃为停船三日，书三十纸与之，获金货数百万。性吝，自外答饷不书好纸，好事者重加赂遗，以要其答。

太清元年，复为侍中、国子祭酒。二年，侯景寇逼，子云逃人间。三年，宫城失守，奔晋陵，馁卒于显云寺僧房，年六十三。所著《晋书》一百一十卷，《东宫新记》二十卷。

子特字世达，早知名，亦善草隶，时人比之卫恒、卫瓘。武帝尝使特书，及奏，帝曰："子敬之迹不及逸少，萧特之书遂逼于父。"位太子舍人，海盐令。坐事免。先子云卒，遗启简文求为墓志铭，帝为制铭焉。

子云弟子晖，字景光，少涉学，亦有文才。性恬静，寡嗜欲，尝预重云殿听制讲《三慧经》，退为《讲赋》奏之，甚见贵。卒于骠骑长史。

南史卷四三
列传第三三

齐高帝诸子下

　　临川献王映　　长沙威王晃
　　武陵昭王毕　　安成恭王皓
　　鄱阳王锵　　桂阳王铄　　始兴简王鉴
　　江夏王锋　　南平王锐　　宜都王铿
　　晋熙王球　　河东王铉

　　临川献王映，字宣光，高帝第三子也。少而警悟，美言笑，善容止。仕宋位给事黄门侍郎，南兖州刺史。留心吏事，自下莫不肃然，令行禁止。

　　高帝践祚，为雍州刺史，加都督，封临川王。尝致钱还都买物，有献计者，于江陵买货，至都还换，可得微有所增。映笑曰："我是贾客邪，乃复求利？"改授都督，扬州刺史。莅事聪敏，府州曹局皆重足以奉禁令，自宋彭城王义康以后，未之有也。永明元年，为侍中、骠骑将军。五年，即本号开府仪同三司。七年，薨。

　　映善骑射，解声律，工左右书、左右射，应接宾客，风韵韶靡。及薨，朝野莫不恻惜。赠司空。

　　九子皆封侯。长子子晋，永元初为侍中，入梁为高平太守。第二子子游，州陵侯，为黄门侍郎，谋反，兄弟并伏诛。

长沙威王晃，字宣明，高帝第四子也。少有武力，为高帝所爱。升明二年，代兄映为淮南、宣城二郡太守。晃便弓马，初沈攸之事起，晃多从武容，赫弈都街，时人为之语曰："焕焕萧四伞。"其年，迁西中郎将、豫州刺史、监二州诸军事。

高帝践祚，晃每陈政事，辄为典签所裁，晃杀之。上大怒，手诏赐杖，迁南徐州刺史，加都督。武帝为皇太子，拜武进陵，于曲阿后湖斗队，使晃御马军，上闻之，又不悦。临崩，以晃属武帝，处以輦谷近蕃，勿令远出。

永明元年，以晃为都督、南徐州刺史。入为中书监。时禁诸王蓄仗，在都下者，唯置捉刀左右四十人。晃爱武饰，罢徐州还，私载数百人仗还都，为禁司所觉，投之江中。帝闻之大怒，将纠以法，豫章王嶷稽首流涕曰："晃罪诚不足宥，陛下当忆先朝念白象。"白象，晃小字也。上亦垂泣。高帝大渐时，戒武帝曰："宋氏若骨肉不相图，他族岂得乘其弊？汝深戒之。"故武帝终无异意，然晃亦不见亲宠。当时论者，以武帝忧于魏文，减于汉明。

后拜车骑将军、侍中。薨，赠开府仪同三司。武帝尝幸锺山，晃从驾，以马槊刺道边枯蘖，上令左右数人引之，银缠皆卷聚而槊不出，乃令晃复驰马拔之，应手便去。每远州献骏马，上辄令晃于华林中调试之。高帝常曰："此我家任城也。"武帝缘此意，故谥曰威。

武陵昭王晔，字宣昭，高帝第五子也。母罗氏，从高帝在淮阴，以罪诛。晔年四岁，思慕不异成人，每恸吐血。高帝敕武帝曰："三昧至性如此，恐不济，汝可与共住，每抑割之。"三昧，晔小字也。故晔见爱。

高帝虽为方伯，而居处甚贫，诸子学书无纸笔，晔常以指画空中及画掌学字，遂工篆法。少时又无棋局，乃破荻为片，纵横以为棋局，指点行势，遂至品第。性刚颖俊出，与诸王共作短句诗，学谢灵运体，以呈高帝。帝报曰："见汝二十字，诸儿作中最为优者。但康乐放荡，作体不辨有首尾，安仁、士衡深可宗尚，颜延之抑其次也。”

　　建元二年，为会稽太守，加都督。上遣儒士刘瓛往郡，为晔讲五经。武帝即位，历中书令，祠部尚书。巫觋或言晔有非常之相，以此自负。武帝闻之，故无宠，未尝处方岳。于御坐曲宴，醉伏地，貂抄肉盘。帝笑曰：“污貂。”对曰：“陛下爱其羽毛，而疏其骨肉。”帝不悦。性轻财重义，有古人风。罢会稽还都，斋中钱不满万，俸禄所入，皆与参佐宾僚共之。常曰：“兄作天子，何畏弟无钱。”居止附身所须而已。名后堂山为首阳，盖怨贫薄也。

　　尝于武帝前与竟陵王子良围棋，子良大北。及退，豫章文献王谓晔曰：“汝与司徒手谈，故当小相推让。”答曰：“晔立身以来，未尝一口妄语。”执心疏婞，偏不知悔。好文章，射为当时独绝，琅邪王瞻亦称善射，而不及晔也。

　　武帝幸豫章王嶷东田，宴诸长王，独不召晔。嶷曰：“风景殊美，今日甚忆武陵。”上仍呼使射，屡发命中，顾四坐曰：“手何如？”上神色甚怪，嶷曰：“阿五常日不尔，今可谓仰藉天威。”帝意乃释。后于华林射赌，凡六箭，五破一皮，赐钱五万文。又上举酒劝晔，曰：“陛下常不以此处许臣。”上回面不答。

　　豫章王于邸起土山，列种桐竹，号为桐山。武帝幸之，置酒为乐，顾临川王映：“王邸亦有嘉名不？”映曰：“臣好栖静，因以为称。”又问晔，晔曰：“臣山卑，不曾栖灵昭景，唯有薇蕨，直号首阳山。”帝曰：“此直劳者之歌也。”

　　久之，出为江州刺史。上以晔方出镇，求其宅给诸皇子，遣舍人喻旨。晔曰：“先帝赐臣此宅，使臣歌哭有所，陛下欲以州易宅，臣请不以宅易州。”帝恨之。至镇百余日，典签赵渥之启晔得失，征还为左户尚书。迁太常卿，累不得志。

　　冬节问讯，诸王皆出，晔独后来，上已还便殿，闻晔至，引见，问之，晔称牛羸不能取路。上敕车府给副御牛一头。敕主客自今诸王来不随例者，不复为通。

　　公事还，过竟陵王子良宅，冬月道逢乞人，脱襦与之。子良见晔衣单,进襦于晔。晔曰:"我与向人亦复何异。"尚书令王俭诣晔,晔留俭设食,盘中菘菜鲍鱼而已。俭重其率真,为饱食尽欢而去。

寻为丹阳尹,始不复置行事,自得亲政。转侍中、护军将军、给油络车,又给扶二人。武帝临崩,遗诏为卫将军、开府仪同三司。大行在殡,竟陵王子良在殿内,太孙未至,众论喧疑,晔众中言曰:"若立长,则应在我;立嫡,则应立太孙。"及郁林立,甚见冯赖。隆昌元年,薨。赠司空,班剑二十人。

安成恭王皓,字宣曜,高帝第六子也。性清和,多疾。历位南中郎将、江州刺史,侍中,领步兵校尉,中书令。永明元年,为散骑常侍、秘书监,领石头戍事。及夏,毙。

鄱阳王锵,字宣韶,高帝第七子也。建元末,武帝即位,为雍州刺史,加都督。武帝服除,锵方还,始入觐拜便流涕。武帝愕然,问其故,锵收泪曰:"臣违奉弥年,今奉颜色,圣颜损瘦,所以泣耳。"武帝叹曰:"我复是有此一弟。"累迁丹阳尹。

永明十年,为领军将军。锵和悌美令,性谦慎,好文章,有宠于武帝。领军之授,齐室诸王所未为。锵在官理事无壅,当时称之。车驾游幸,常甲杖卫从,恩待次豫章王嶷。其年,给油络车。

隆昌元年,转尚书左仆射,迁侍中、骠骑将军、开府仪同三司,领兵置佐。锵雍容得物情,为郁林依信。郁林心疑明帝,诸王问讯,独留锵,谓曰:"闻鸾于法身何如?"锵曰:"臣鸾于宗戚最长,且受寄先帝,臣等年皆尚少,朝廷之干,唯鸾一人,顾陛下无以为虑。"郁林退谓徐龙驹曰:"我欲与公共计取鸾,公既不同,我不能独办,且复小听。"及郁林废,锵竟不知。

延兴元年,进位司徒,侍中如故。明帝镇东府,权威稍异,锵每往,明帝屣履至车迎锵,语及家国,言泪俱下。锵以此推信之。而宫台内皆属意于锵,劝令入宫,发兵辅政。制局监谢粲说锵及随王子隆曰:"殿下但乘油壁车入宫,出天子置朝堂,二王夹辅号令,粲等

闭城门上仗,谁敢不同,宣城公政当投井求活,岂有一步动哉!东城
人政共缚送耳。"子隆欲定计,锵以上台兵力既悉度东府,且虑难
捷,意甚犹豫。马队主刘臣,武帝时旧人,诣锵请间,叩头劝锵立事。
锵命驾将入,复回还内,与母陆太妃别,日暮不成行。典签知谋告
之,数日,明帝遣二千人围锵宅,害锵,谢粲等皆见杀。

凡诸王被害,皆以夜遣兵围宅,或斧斫关排墙,叫噪而入,家财
皆见封籍焉。

桂阳王铄,字宣朗,高帝第八子也。永明七年,为中书令,加散
骑常侍。时鄱阳王锵好文章,铄好名理,人称为鄱桂。

铄清羸有冷疾,常枕卧,武帝临视,赐床帐衾褥。性理偏诐,遇
其赏兴,则诗酒连日,情有所废,则兄弟不通。隆昌元年,加前将军、
给油络车,并给扶二人。鄱阳王见害,铄迁中军将军、开府仪同三
司。不自安,至东府见明帝,及出,处分存亡之计。谓侍读山惊曰:
"吾前日觐王,王流涕呜咽,而鄱阳、随郡见诛。今日见王,王又流涕
而有愧色,其在吾邪?"其夜三更中兵至,见害。

始兴简王鉴,字宣彻,高帝第十子也。性聪警,年八岁,丧所生
母,号慕过人,数日中,便至骨立。豫章文献王闻之,抚其首呜咽,谓
高帝曰:"此儿操行异人,恐其不济。"高帝亦悲不自胜。

初封广兴郡王,袁象时为秘书丞,早有令誉,高帝盛重鉴,乃以
象为友。后改封始兴。自晋以来,益州刺史皆以良将为之。宋泰始
中,益州市桥忽生小洲,道士邵硕见之,曰:"当有贵王临州。"刘亮
为刺史,斋前石榴树陵冬生华,亮以问硕,硕曰:"此谓狂华,宋诸刘
灭亡之象。后二年,君当终。年九载,宋当灭。灭后有王胜喜来作
此州,冀尔时蜀土平。"硕始康人,元徽二年,忽告人云:"吾命终。"
因卧而死。后人见硕在荆州上明,以一双故履缚左脚,而行甚疾,遂
不知所之。永明二年,武帝不复用诸将为益州,始以鉴为益州刺史,
督益、宁二州军事,加鼓吹一部。"胜喜"反语为"始兴",硕言于此乃

验。

先是，劫帅韩武方常聚党千余人，断流为暴，郡县不能禁，行旅断绝。鉴行至上明，武方乃出降。长史虞悰等咸请杀之，鉴曰："武方为暴积年，所在不能制，今降而被杀，失信，且无以劝善。"于是启台，果被宥。自是巴西蛮夷凶恶，皆望风降附。行次新城，道路籍籍，云陈显达大选士马，不肯就征，巴西太守阴智伯亦以为然。乃停新城十许日，遣典签张昙晳往观形势。俄而显达遣使人郭安明、朱公恩奉书贡遗，咸劝鉴执之。鉴曰："显达立节本朝，必自无此。昙晳还，若有同异，执安明等未晚。"居二日，昙晳还，说显达遣家累已出城，日夕望殿下至，于是乃前。时年十四。

好学，善属文，不重华饰，器服清素，有高士风。与记室参军蔡仲熊登张仪楼，商略先言往行及蜀土人物。鉴言辞和辩，仲熊应对无滞，当时以为盛事。

州城北门常闭不开，鉴问其故于虞悰，答曰："蜀中多夷暴，有时抄掠至城下，故相承闭之。"鉴曰："古人云'善闭无关楗'，且在德不在门。"即令开之。戎夷慕义，自是清谧。于州园地得古冢，无复棺，但有石椁。铜器十余种，并古形；玉璧三枚；珍宝甚多，不可皆识；金银为蚕蛇形者数斗。又以朱沙为阜，水银为池，左右咸劝取之。鉴曰："皇太子昔在雍，有发古冢者，得玉镜、玉屏风、玉匣之属，皆将还都，吾意常不同。"乃遣功曹何仁为之起坟，诸宝物一不得犯。

性甚清，在蜀积年，未尝有所营造，资用一岁不满三万。王俭常叹云："始兴王虽尊贵，而行履都是素士。"时有广汉什邡人段祖，以淳于献鉴，古礼器也，高三尺六寸六分，围三尺四寸，圆如筒，铜色黑如漆，甚薄，上有铜马，以绳县马，令去地尺余，灌之以水，又以器盛水于下，以芒茎当心跪注淳于，以手振芒，则声如雷，清乡良久乃绝。古所以节乐也。五年，鉴献龙角一枚，长九尺三寸，色红有文。

九年，为散骑常侍、秘书监，领石头戍事。上以与鉴久别，车驾幸石头，宴会赏赐。寻迁左卫将军，未拜，遇疾。上为南康王子琳起青杨巷第新成，车驾与后宫幸第乐饮。其日鉴疾，上遣骑诏问疾相继，为之止乐。寻薨。

江夏王锋，字宣颖，高帝第十二子也。母张氏，有容德，宋苍梧王逼取之，又欲害锋。高帝甚惧，不敢使居旧宅，匿于张氏舍，时年四岁。性方整，好学书，张家无纸札，乃倚井栏为书，书满则洗之，已复更书，如此者累月。又晨兴不肯拂窗尘，而先画尘上，学为书字。五岁，高帝使学凤尾诺，一学即工。高帝大悦，以玉麒麟赐之，曰："麒麟赏凤尾矣。"至十岁，便能属文。武帝时，藩邸严急，诸王不得读异书，五经之外，唯得看孝子图而已。锋乃密遣人于市里街巷买图籍，期月之间，殆将备矣。好琴书，盖亦天性。尝觐武帝，赐以宝装琴，仍于御前鼓之，大见赏。帝谓鄱阳王锵曰："阇梨琴亦是柳令之流亚，其既事事有意，吾欲试以临人。"锵曰："昔邹忌鼓琴，威王委以国政。"乃出为南徐州刺史。善与人交，行事王文和、别驾江祏等，皆相友善。后文和被征为益州，置酒告别，文和流泪曰："下官少来未尝作诗，今日违恋，不觉文生于性。"王俭闻之，曰："江夏可谓善变素丝也。"工书，为当时蕃王所推。南郡王昭业亦称工，谓武帝曰："臣书固应胜江夏王。"武帝答："阇梨第一，法身第二。"法身，昭业小名，阇梨，锋小名也。

隆昌元年，为侍中，领骁骑将军，寻加秘书监。及明帝知权，蕃邸危惧，江祏尝谓王晏曰："江夏王有才行，亦善能匿迹，以琴道授羊景之，景之著名，而江夏掩能于世，非唯七弦而已，百氏亦复如之。"锋闻叹曰："江祏遂复为混沌书眉，欲益反弊耳。寡人声酒是耽，狗马是好，岂复一豪于平生哉。"当时以为话言。常怏怏不乐，著《修柏赋》以见志，曰："既殊群而抗立，亦含贞而挺正。岂春日之自芳，在霜下而为盛。冲风不能摧其枝，积雪不能改其性。虽坎壈于当年，庶后凋之可咏。"

时鼎业潜移，锋独慨然有匡复之意，逼之行事典签，故不遂也。尝见明帝，言次及遥光才力可委之意，锋答曰："遥光之于殿下，犹殿下之于高皇，卫宗庙，安社稷，实有攸寄。"明帝失色。锋有武力，明帝杀诸王，锋与书诘责，左右不为通。明帝深惮之，不敢于第收之。锋出登车，兵人欲上车防勒，锋以手击却数人，皆应时倒地，遂逼害之。江敩闻其死，流涕曰："芳兰当门，不得不锄，其《修柏》之赋乎。"

南平王锐，字宣毅，高帝第十五子也。位左户尚书。朝直勤谨，未尝属疾。永明七年，出为南中郎将、湘州刺史。延兴元年，明帝作辅，害诸王，遣裴叔业平寻阳，仍进湘州。锐防阁周伯玉大言于众曰："此非天子意，今斩叔业，举兵匡社稷，谁敢不同！"锐典签叱左右斩之，锐见害，伯玉下狱诛。

宜都王铿，字宣俨，高帝第十六子也。生三岁丧母。及有识，问母所在，左右告以早亡，便思慕蔬食自悲。不识母，常祈请幽冥，求一梦见。至六岁，遂梦见一女人，云是其母。铿悲泣，向旧左右说容貌衣服事，皆如平生，闻者莫不歔欷。

清悟有学行。永明七一年，为南豫州刺史、都督二州军事。虽未经庶务，而雅得人心。举动每为签帅所制，立意多不得行。

州镇姑熟，于时人发桓温女冢，得金巾箱，纤金篦为严器，又有金蚕银玺等物甚多。条以启闻，郁林敕以物赐之。铿曰："今取往物，后取今物，如此循环，岂可不熟念。"使长史蔡约自往修复，织毫不犯。

年十岁时，与吉景曜商略先言往行。左右误排楠瘤屏风，倒压其背，颜色不异，言谈无辍，亦不顾视。弥善射，常以埘的太阔，曰："终日射侯，何难之有。"乃取甘蔗插地，百步射之，十发十中。

永明中，制诸王年未三十，不得畜妾。及武帝晏驾后，有劝取左右者，铿曰："在内不无使役，既先朝遗旨，何忍而违。"

及延兴元年，明帝诛高、武、文惠诸子，铿闻之，冯左右从容雅步，咏陆机《吊魏武》云："昔以四海为己任，死则以爱子托人。"如此者三,左右皆泣。后果遣吕文显赍药往,夜进听事,正逢八关斋。铿上高坐,谓文显曰:"高皇昔宠任君,何事乃有今日之行?"答云:"出不获已。"于是仰药。时年十八,身长七尺。铿状似兄嶷,咸以国器许之。及死,有识者莫不痛惜。

初,铿出阁时,年七岁,陶弘景为侍读,八九年中,甚相接遇。后弘景隐山,忽梦铿来,惨然言别,云:"某日命过。无罪,后三年当生某家。"弘景访以幽中事,多秘不出。觉后,即遣信出都参访,果与事符同,弘景因著《梦记》云。

晋熙王球,字宣攸,高帝第十八子也。隆昌元年,位郢州刺史。延兴元年,见害。

河东王铉,字宣胤,高帝第十九子也。母张氏,有宠于高帝。铉又最幼,尤所留心。高帝临崩,以属武帝。武帝甚加意焉,为纳柳世隆女为妃。武帝与群臣看新妇,流涕不自胜,豫章王嶷亦哽咽。及明帝诛高帝诸子,以铉高帝所爱,亦以才弱年幼,故得全。

初,铉年三四岁,高帝尝昼卧缠发,铉上高帝腹上弄绳,高帝因以绳赐铉。及崩后,铉以宝函盛绳,岁时辄开视,流涕呜咽。人才甚凡,而有此一至。

建武中,高、武子孙忧疑。铉朝见,常鞠躬俯偻,不敢正行直视。寻迁侍中、卫将军。铉年稍长,四年,诛王晏,以谋立铉为名,铉免官,以王还第,禁不得与外人交通。永泰元年,明帝暴疾甚,乃见害。闻收至,欣然曰:"死生命也,终不教建安乞为奴而不得。"仰药而卒。铉二子在孩抱,亦见杀。

论曰:豫章文献王圭璋之质,凤表天姿,行己所安,率由忠敬。虽代宗之议早隆皇瞩,而天伦之爱无亏永明,故知"为仁由己",不虚言也。自宋受晋终,马氏遂以废姓,齐受宋禅,刘宗尽见诛夷,梁武革齐,弗取前辙,子恪兄弟,并皆录用,虽见梁武之弘裕,亦表文献之余庆。昔陈思表云："权之所存,虽疏必重,势之所去,虽亲必轻。"原夫此言,实存固本。然就国之典,既随代革,卿士入朝,作贵蕃辅,皇王托体,同禀尊极,仕无常资,秩有恒数,礼地兼隆,易生推拟。武帝顾命,情深尊嫡,密图远算,意在求安。以明帝同起布衣,用存顾托,遂韬末命于近戚,寄重任于疏亲。以为子弟布列,外有强大之固,支庶中立,可息觊觎之谋,表里相维,荐隆家国。曾不虑机能运衡,权可制众,宗族歼灭,一至于斯。曹植之言,远有致矣。

南史卷四四
列传第三四

齐武帝诸子

文惠太子长懋　竟陵文宣王子良

<small>子昭胄</small>　庐陵王子卿　鱼复侯子响

安陆王子敬　晋安王子懋

随郡王子隆　建安王子真

西阳王子明　南海王子罕

巴陵王子伦　邵陵王子贞

临贺王子岳　西阳王子文

衡阳王子峻　南康王子琳

湘东王子建　南郡王子夏

文惠诸子

巴陵王昭秀　桂阳王昭粲

明帝诸子

巴陵隐王宝义　江夏王宝玄
庐陵王宝源　鄱阳王宝寅
邵陵王宝攸　晋熙王宝嵩
桂阳王宝贞

武帝二十三男：穆皇后生文惠太子、竟陵文宣王子良，张淑妃生庐陵王子卿、鱼复侯子响，周淑仪生安陆王子敬、建安王子真，阮淑媛生晋安王子懋、衡阳王子峻，王淑仪生随郡王子隆，蔡婕妤生西阳王子明，乐容华生南海王子罕，傅充华生巴陵王子伦，谢昭仪生邵陵王子贞，江淑仪生临贺王子岳，庾昭容生西阳王子文，荀昭华生南康王子琳，颜婕妤生永阳王子珉，宫人谢生湘东王子建，何充华生南郡王子夏。第六、第十二、第十五、第二十二皇子早亡。子珉继衡阳元王后。

文惠皇太子长懋，字云乔，小字白泽，武帝长子也。武帝年未弱冠而生太子，姿容丰美，为高帝所爱。

宋元徽末，除秘书郎，不拜，板辅国将军，迁晋熙王抚军主簿。事宁，武帝遣太子还都。高帝方创霸业，心存嫡嗣，谓太子曰："汝还，吾事办矣。"处之府东斋，令通文武宾客。谓荀伯玉曰："我出行日，城中军悉受长懋节度。我虽不行，内外直防及诸门甲兵，悉令长懋时时履行。"转秘书丞，以与宣帝讳同，不就。历中书、黄门侍郎。

升明三年，高帝将受禅，以襄阳兵马重镇，不欲处他族，出太子为雍州刺史，加都督、北中郎将、宁蛮校尉。建元元年，封南郡王。江左嫡皇孙封王，始自此也。先是，梁州刺史范柏年颇著威名，沈攸之事起，侯望形势，事平，朝廷遣王玄邈代之。玄邈已至，柏年迟回魏兴不肯下，太子虑其为变，乃遣说之，许启为府长史。及至襄阳，因执诛之。

二年，征为侍中、中军将军，置府，镇石头。穆妃薨，成服日，车驾出临丧，朝议疑太子应出门迎。左仆射王俭曰："寻《礼记·服问》：'君所主夫人、妻、太子嫡妇。'言国君为此三人为主丧也。今銮舆临降，自以主丧而至，虽因事抚慰，义不在吊，南郡以下不应出门奉迎。但尊极所临，礼有变革，权去杖经，移立户外，足表情敬，无烦止哭。皇太子既一宫之主，自应以车驾幸宫，依常奉侯。既当成服之日，吉凶不相干，宜以衰帻行事，望拜止哭，率由旧章。尊驾不以临吊，奉迎则惟常体，求之情礼，如为可安。"又其年九月有闰，小祥疑应计闰。俭又议，以为"三百六旬，《尚书》明义；文公纳币，《春秋》致讥。故先儒期丧，岁数没闰，大功以下，月数数闰。所以吴商云：'舍闰以正期，允协情理。'没闰之理，固在言先。"并从之。

武帝即位，为皇太子。初，高帝好《左氏春秋》，太子承旨讽诵，以为口实。及正位东储，善立名尚，解声律，工射，饮酒至数斗，而未尝举杯。从容有风仪，音韵和辩，引接朝士，人人自以为得意。文武士多所招集，会稽虞炎、济阳范岫、汝南周颙、陈郡袁廓，并以学行才能，应对左右。而武人略阳垣历生、襄阳蔡道贵，拳勇秀出，当时以比关羽、张飞。其余安定梁天惠、平原刘孝庆、河东王世兴、赵郡李居士、襄阳黄嗣祖、鱼文、康绚之徒，并为后来名将。

永明三年，于崇正殿讲《孝经》，少傅王俭令太子仆周颙撰为义疏。五年冬，太子临国学，亲临策试诸生，于坐问少傅王俭《曲礼》云"无不敬"义，俭及竟陵王子良等各有酬答。太子又以此义问诸学生，谢几卿等一十人，并以笔对。太子问王俭："《周易·乾卦》本施天位，而《说卦》云'帝出乎《震》'，《震》本非天义，岂当相主？"俭曰："《乾》健《震》动，天以运为德，故言'帝出乎《震》'。"俭又谘太子《孝经》"仲尼居，曾子侍"义，临川王映谘"孝为德本"义，太子并应机酬答，甚有条贯。

明年,上将讯丹阳所领囚,为南北二百里内狱,诏太子于玄圃园宣猷堂录三署囚,原宥各有差。上晚年好游宴,尚书曹事,亦分送太子省视。

太子与竟陵王子良俱好释氏,立六疾馆以养穷人。而性颇奢丽,宫内殿堂皆雕饰精绮,过于上宫。开拓玄圃园,与台城北堑等,其中起出土山、池、阁、楼、观、塔宇,穷奇极丽,费以千万。多聚异石,妙极山水。虑上宫中望见,乃旁列修竹,外施高鄣。造游观数百间,施诸机巧,宜须鄣蔽,须臾成立。若应毁撤,应手迁徙。制珍玩之物,织孔雀毛为裘,光采金翠,过于雉头远矣。以晋明帝为太子时立西池,乃启武帝引前例,求于东田起小苑,上许之。

永明中,二宫兵力全实,太子使宫中将吏更番筑役,营城包巷,制度之盛,观者倾都。上性虽严,太子所为,无敢启者。后上幸豫章王宅,还过太子东田,见其弥亘华远,壮丽极目,于是大怒,收监作主帅。太子惧,皆藏之,由是见责。

太子素疾,体又过壮,常在宫内,简于遨游,玩弄羽仪,多所僭拟。虽咫尺宫禁,而上终不知。又使徐文景造辇及乘舆御物虎贲云罕之属,上尝幸东宫,忽忽不暇藏辇,文景乃以佛像内辇中,故上不疑。文景父陶仁时为给事中,谓文景曰:"终当灭门,政当扫墓待丧耳。"乃移家避之。其后文景竟赐死,陶仁遂不哭,时人以为有古人风。

十年,豫章王嶷薨,太子见上友于既至,造碑文奏之,未及镌勒。十一年春正月,太子有疾,上自临视,有忧色。疾笃,上表告辞。薨于东宫崇明殿,时年三十六。

太子年始过立,久在储宫,得参政事,内外百姓私咸谓旦暮继体,及薨,朝野惊惋焉。上幸东宫,临哭尽哀,诏敛以衮冕之服,谥曰文惠,葬崇安陵。有司奏御服期,朝臣齐衰三月,南郡国臣齐衰期,临汝、曲江国臣并不服,六宫不从服。武帝履行东宫,见太子服玩过制,大怒,敕有司随事毁除,以东田殿堂处为崇虚馆。郁林立,追尊为文帝,庙称世宗。

初，太子恶明帝，密谓竟陵王子良曰："我意色中殊不悦此人，当由其福德薄所致。"子良便苦救解。后明帝立，果大相诛害。

竟陵文宣王子良，字云英，武帝第二子也。幼聪敏。武帝为赣县时，与裴后不谐，遣人船送后还都，已登路，子良时年小，在庭前不悦。帝谓曰："汝何不读书？"子良曰："娘今何处？何用读书。"帝异之，即召后还县。

仕宋为邵陵王友。时宋道衰谢，诸王微弱，故不废此官。升明三年，为会稽太守，都督五郡，封闻喜公。宋元嘉中，凡事皆责成郡县，孝武后，征求急速，以郡县迟缓，始遣台使，自此公役劳扰。高帝践祚，子良陈之，请息其弊。

子良敦义爱古，郡人朱百年有至行，先卒，赐其妻米百斛，蠲一人，给其薪苏。郡阁下有虞翻旧床，罢任还，乃致以归。后于西邸起古斋，多聚古人器服以充之。夏禹庙盛有祷祀，子良曰："禹泣辜表仁，菲食旌约，服玩果粽，足以致诚。"使岁献扇簟而已。时有山阴人孔平，诣子良讼嫂市米负钱不还，子良叹曰："昔高文通与寡嫂讼田，义异于此。"乃赐米钱以偿平。

建元二年，穆妃薨，去官。仍为丹阳尹，开私仓振属县贫人。先是，太妃以七月薨，子良以八月奉凶问。及小祥，疑南郡王应相待。尚书左仆射王俭议，以为"礼有伦序，义无徒设。如令远则不待，近必相须，礼例既乖，即心无取。若疑兄弟同居，吉凶舛杂，则远还之子，自应开立别门，以终丧事，灵筵祭奠，随在家之人，再期而毁。庶子在家，亦不待嫡。而况储妃正体王室，中军长奠之重，天朝又行权制，进退弥复非疑。谓应不相待，中军缞缟之日，闻喜致哀而已，不受吊慰。至闻喜变除，昆弟亦宜相就写情，不对客。"从之。

武帝即位，封竟陵郡王、南徐州刺史，加都督。永明二年，为护军将军，兼司徒。四年，进号车骑将军。子良少有清尚，礼才好士，居不疑之地，倾意宾客，天下才学皆游集焉。善立胜事，夏月客至，为设瓜饮及甘果，著之文教。士子文章及朝贵辞翰，皆发教撰录。

是时，上新视政，水旱不时，子良密启请原除逋租。又陈宽刑息役，轻赋省徭。并陈"泉铸岁远，类多翦凿，江东大钱，十不一在，公家所受，必须轮郭完全，遂买本一千，加子七百，求请无地，捶革相驱。寻完者为用，既不兼两，回复迁贸，会非委积，徒令小人每婴困苦。且钱布相半，为制永久，或闻长宰须令输直，进违旧科，退容奸利。"

五年，正位司徒，给班剑二十人，侍中如故。移居鸡笼山西邸，集学士抄五经、百家，依《皇览》例为《四部要略》千卷。招致名僧，讲论佛法，造经呗新声，道俗之盛，江左未有。武帝好射雉，子良启谏。先是，左卫殿中将军邯郸超上书谏射雉，武帝为止。久之，超竟被诛。永明末，上将复射雉，子良复谏，前后所陈，上虽不尽纳，而深见宠爱。又与文惠太子同好释氏，甚相友悌。子良敬信尤笃，数于邸园营斋戒，大集朝臣众僧，至赋食行水，或躬亲其事，世颇以为失宰相体。劝人为善，未尝厌倦，以此终致盛名。

八年，给三望车。九年，都下大水，吴兴偏剧，子良开仓振救贫病不能立者，于第北立廨收养，给衣及药。十年，领尚书令、扬州刺史，本官如故。寻解尚书令，加中书监。文惠太子薨，武帝检行东宫，见太子服御羽仪，多过制度，上大怒，以子良与太子善，不启闻，颇加嫌责。

武帝不豫，诏子良甲仗入延昌殿侍医药。子良启进沙门于殿户前诵经，武帝为感梦见优昙钵花。子良案佛经宣旨，使御府以铜为花，插御床四角。日夜在殿内，太孙间日入参。武帝暴渐，内外惶惧，百僚皆已变服，物议疑立子良。俄顷而苏，问太孙所在，因召东宫器甲皆入，遗诏使子良辅政，明帝知尚书事。子良素仁厚，不乐时务，乃推明帝。诏云："事无大小，悉与鸾参怀。"子良所志也。太孙少养于子良妃袁氏，甚著慈爱，既惧前不得立，自此深忌子良。大行出太极殿，子良居中书省，帝使虎贲中郎将潘敞二百人仗，屯太极西阶之下。成服后，诸王皆出，子良乞停至山陵，不许。

进位太傅，增班剑为三十人，本官如故。解侍中。隆昌元年，加殊礼,剑履上殿,入朝不趋,赞拜不名,进督南徐州。其年,疾笃,谓左右曰:"门外应有异。"遣人视,见淮中鱼无算,皆浮出水上向城门。寻薨,年三十五。

帝常虑子良异志,及薨,甚悦。诏给东园温明秘器,敛以衮冕之服,东府施丧位,大鸿胪持节监护,太官朝夕送祭。又诏追崇假黄钺、侍中、都督中外诸军事、大宰、领大将军、扬州牧,绿綟绶,备九服锡命之礼,使持节、中书监,王如故,给九旒銮辂,黄屋左纛,辒辌车,前、后部羽葆、鼓吹,挽歌二部,虎贲班剑百人,葬礼依晋安平王孚故事。初,豫章王嶷葬金牛山,文惠太子葬夹石。子良临送,望祖硎山悲感叹曰:"北瞻吾叔,前望吾兄,死而有知,请葬兹地。"及薨,遂葬焉。

所著内外文笔数十卷,虽无文采,多是劝戒。

子良既亡,故人皆来奔赴。陆惠晓于邸门逢袁彖,问之曰:"近者云云,定复何谓? 王融见杀,而魏准破胆。道路籍籍,又云竟陵不永天年,有之乎?"答曰:"齐氏微弱,已数年矣,爪牙柱石之臣都尽,命之所余,政风流名士耳。若不立长君,无以镇安四海。王融虽为身计,实安社稷,恨其不能断事,以至于此。道路之谈,自为虚说耳,苍生方涂炭矣,政当沥耳听之。"建武中,故吏范云上表为子良立碑,事不行。子昭胄嗣。

昭胄字景胤,泛涉书史,有父风。位太常。以封境边魏,永元元年,改封巴陵王。

先是,王敬则事起,南康侯子恪在吴郡,明帝虑有同异,召诸王侯入宫,晋安王宝义及江陵公宝览住中书省,高、武诸孙住西省,敕人各两左右自随,过此依军法,孩抱者乳母随入。其夜并将加害,赖子恪至乃免。自建武以来,高、武王侯居常震怖,朝不保夕,至是尤甚。及陈显达起事,王侯复入宫,昭胄惩往时之惧,与弟永新侯昭颖逃奔江西,变形为道人。崔慧景举兵,昭胄兄弟出投之。慧景败,昭胄兄弟首出投台军主胡松,各以王侯还第,不自安,谋为身计。子良故防阁桑偃为梅虫儿军副,结前巴西太守萧寅,谋立昭胄。昭胄许事克用寅为尚书左仆射、护军，以寅有部曲，大事皆委之。时胡松领军在新亭，寅遣人说之，松许诺。又张欣泰尝在雍州，亦有部曲，昭胄又遣房天宝以谋告之，欣泰闻命响应。萧寅左右华永达知其谋，以告御刀朱光尚。光尚挟左道以惑东昏，因谓东昏曰：“昨见蒋王，云巴陵王在外结党欲反，须官出行，仍从万春门入，事不可量。”时东昏日游走，闻此说大惧，不复出四十余日。偃等议募健儿百余人，从万春门入，突取之，昭胄以为不可。偃同党王山沙虑事久无成，以事告御刀徐僧重，寅遣人杀山沙于路。吏于麏腊中得其事迹，昭胄兄弟与同党皆伏诛。

梁受禅，降封昭胄子同为监利侯。

同弟贲，字文奂，形不满六尺，神识耿介。幼好学，有文才，能书善画，于扇上图山水，咫尺之内，便觉万里为遥。矜慎不传，自娱而已。好著述，尝著《西京杂记》六十卷。起家湘东王法曹参军，得一府欢心。及乱，王为檄，贲读至“偃师南望，无复储胥露寒，河阳北临，或有穹庐毡帐”，乃曰：“圣制此句，非为过似，如体目朝廷，非关序贼。”王闻之大怒，收付狱，遂以饿终。又追戮贲尸，乃著《怀旧传》以谤之，极言诬毁。

庐陵王子卿，字云长，武帝第三子也。建元元年，封临汝县公。武帝即位，为郢州刺史，加都督。子卿诸子中无德，又与鱼复侯子响同生，故无宠。徙都督、荆州刺史。始兴王为益州，子卿解督。

子卿在镇，营造服饰，多违制度，作玳瑁乘具。诏责之，令“速送都，又作银镫、金薄裹箭脚，亦便速坏去。凡诸服章，自今不启，专辄作者，当得痛杖。”又曰：“汝比令读学，今年转成长，学既勿得，敕如风过耳，使吾失气。”永明十年，为都督、南豫州刺史。之镇，道中戏部伍为水军，上闻大怒，杀其典签。遣宜都王铿代之。子卿还第，至崩不与相见。隆昌元年，为卫将军、开府仪同三司，置兵佐。鄱阳王锵见害，以子卿代为司徒。所居屋梁柱际血出溜于地，旬日而见杀。

鱼复侯子响，字云音，武帝第四子也。豫章王嶷无子，养子响。后嶷有子，表留为嫡。武帝即位，为南彭城、临淮二郡太守。

子响勇力绝人，开弓四斛力，数在园池中帖骑驰走竹树下，身无亏伤。既出继，车服异诸王，每入朝辄忿，拳打车壁。武帝知之，令车服与皇子同。

永明六年，有司奏子响宜还本，乃封巴东郡王。七年，为都督、荆州刺史。直阁将军董蛮粗有气力，子响要与同行，蛮曰：“殿下癫如雷，敢相随邪？”子响笑曰：“君敢出此语，亦复奇癫。”上闻而不悦，曰：“人名蛮，复何容得蕴藉。”乃改名为仲舒。谓曰：“今日仲舒，何如昔日仲舒？”答曰：“昔日仲舒，出自私庭，今日仲舒，降自天帝，以此言之，胜昔远矣。”上称善。

子响少好武，带仗左右六十人，皆有胆干，数在内斋杀牛置酒，与之聚乐。令私作锦袍绛袄，欲饷蛮，交易器仗。长史刘寅等连名密启，上敕精检，寅等惧，欲秘之。子响闻台使，不见敕，乃召寅及司马席恭穆、谘议参军江愻、殿县粲、中兵参军周彦、典签吴脩之、王贤宗、魏景深等俱入，于琴台下并斩之。上闻之怒，遣卫尉胡谐之、游击将军尹略、中书舍人茹法亮领羽林三千人检捕群小。敕“子响若来首自归，可全其性命。”

谐之等至江津，筑城燕尾洲。子响白服登城，频遣信与相闻，曰：“天下岂有儿反，身不作贼，直是粗疏。今便单舸还阙，何筑城见捉邪？”尹略独答曰：“谁将汝反父人共语。”子响闻之唯洒泣。又送牛数十头，酒二百石、果馔三十舆，略弃之江流。子响胆力之士王衡天不胜忿，乃率党度洲攻垒斩略，而谐之、法亮单艇奔逸。上又遣丹阳尹萧顺之领兵继之，子响即日将白衣左右三十人，乘舴艋中流下都。初，顺之将发，文惠太子素忌子响，密遣不许还，令便为之所。子响及见顺之，欲自申明，顺之不许，于射堂缢之。有司奏绝子响属籍，赐为蛸氏。

子响密作启数纸，藏妃王氏裙腰中，具自申明，云：“轻舫还阙不得，此苦之深，唯愿矜怜，无使竹帛齐有反父之子，父有害子之名。"及顺之还,上心甚怪恨。百日于华林为子响作斋,上自行香,对诸朝士辇嗟。及见顺之,呜咽移时,左右莫不掩涕。他日出景阳山,见一猿透掷悲鸣,问后堂丞:"此猿何意?"答曰:"猿子前日堕崖致死,其母求之不见,故尔。"上因忆子响,歔欷良久,不自胜。顺之惭惧感病,遂以忧卒。于是豫章王嶷上表曰:"故庶人蛸子响,识怀靡树,见沦不逞,肆愤一朝,取陷凶德,身膏草野,未云塞衅。但归罪司戮,迷而知返,抚事惟往,载伤心目。伏愿一下天矜,使得旋窆余麓,岂伊穷骸被德,实且天下归仁。"上不许,贬为鱼复侯。

安陆王子敬,字云端,武帝第五子也。初封应城县公。先是,子敬所生早亡,帝命贵妃范氏母养之,而子及妇服制,礼无明文。永明中,尚书令王俭议:"孙为慈孙,妇为慈妇,姑为慈姑,宜制期年服。"从之。十年,位散骑常侍、抚军将军、丹阳尹。十一年,加车骑将军。隆昌元年,迁都督、南兖州刺史。延兴元年,加侍中。明帝除诸蕃王,遣中护军王玄邈征九江,王广之袭杀子敬。

初,子敬为武帝所留心,帝不豫,有意立子敬为太子,代太孙。子敬与太孙俱入,参毕同出,武帝目送子敬良久,曰:"阿五钝。"由此代换之意乃息。

晋安王子懋,字云昌,武帝第七子也。诸子中最为清恬,有意思,廉让好学。年七岁时,母阮淑媛尝病危笃,请僧行道。有献莲华供佛者,众僧以铜罂盛水渍其茎,欲华不萎。子懋流涕礼佛曰:"若使阿姨因此和胜,愿诸佛令华竟斋不萎。"七日斋毕,华更鲜红,视罂中稍有根须,当世称其孝感。

永明五年,为南兖州刺史,监五州军事。六年,徙监湘州刺史。八年,撰《春秋例苑》三十卷,奏之,武帝敕付秘阁。十一年,为都督、雍州刺史,给鼓吹一部。豫章王丧服未毕,上以边州须威望,许得奏之。启求所好书,武帝曰:"知汝常以书读在心,足为深欣。"赐以杜预手所定《左传》及《古今善言》。

隆昌元年，为征南大将军、江州刺史，敕留西楚部曲助镇襄阳，单将白直侠毂自随。陈显达时屯襄阳，入别，子懋谓之曰：“朝廷命身单身而反，身是天王，岂可过尔轻率。今欲将二三千人自随，公意何如？”显达曰：“殿下若不留部曲，便是大违敕旨。”显达因辞出，便发去。子懋计未立，还镇寻阳。

延兴元年，加侍中。闻鄱阳、随郡二王见杀，欲起兵赴难，与参军周英、防阁陆超之议：“传檄荆、郢，入讨君侧，事成则宗庙获安，不成犹为义鬼。”防阁董僧慧攘袂曰：“此州虽小，孝武亦其用之。今以勤王之师，横长江，指北阙，以请郁林之过，谁能对之！”于是部分兵将，入匡社稷。

母阮在都，遣书欲密迎上，阮报同产弟于瑶之为计。瑶之驰告明帝，于是纂严，遣中护军王玄邈、平西将军王广之南北讨，使军主裴叔业与瑶之先袭寻阳，声云为郢府司马。子懋知之，遣三百人守盆城。叔业溯流直上，袭盆城。子懋先已具船于稽亭渚，闻叔业得盆城，乃据州自卫。子懋部曲多雍土人，皆勇跃愿奋，叔业畏之，遣于瑶之说子懋曰：“今还都，必无过忧，政当作散官，不失富贵也。”子懋既不出兵攻叔业，众情稍沮。中兵参军王于琳之，瑶之兄也，说子懋重赂叔业。子懋使琳之往，琳之因说叔业请取子懋。叔业遣军主徐玄庆将四百人随琳之入城，僚佐皆奔散，唯周英及外兵参军王皎更移入城内。子懋闻之叹曰：“不意吾府有义士二人。”琳之从二百人仗自入斋，子懋笑谓之曰：“不意渭阳，翻成枭镜。”琳之以袖障面，使人害之。故人惧罪无敢至者，唯英、皎、僧慧号哭尽哀，为之丧殡。

董僧慧，丹阳姑熟人，出自寒微，而慷慨有节义。好读书，甚骁果，能反手于背弯五斛弓，当世莫有能者。玄邈知其豫子懋之谋，执之，僧慧曰：“晋安举义兵，仆实豫议。古人云‘非死之难，得死之难。’仆得为主人死，不恨矣。愿至主人大敛毕，退就汤镬，虽死犹生。”玄邈义而许之。还具白明帝，乃配东冶。言及九江时事，辄悲不自胜。子懋子昭基，九岁，以方二寸绢为书，参其消息，并遗钱五百,以金假人,崎岖得至。僧慧睹书,对钱曰:"此郎君书也。"悲恸而卒。

陆超之,吴人,以清静,雅为子懋所知。子懋既败,于琳之劝其逃亡,答曰:"人皆有死,此不足惧。吾若逃亡,非唯孤晋安之眷,亦恐田横客笑人。"玄邈等以其义,欲囚将还都,而超之亦端坐待命。超之门生姓周者,谓杀超之当得赏,乃伺超之坐,自后斩之,头坠而身不僵。玄邈嘉其节,厚为殡敛。周又助举棺,未出户,棺坠,政压其头折即死。闻之者莫不以为有天道焉。

随郡王子隆,字云兴,武帝第八子也。性和美,有文才。娶尚书令王俭女为妃。武帝以子隆能属文,谓俭曰:"我家东阿也。"永明八年,为都督、荆州刺史。隆昌元年,为侍中、抚军将军,领兵置佐。延兴元年,转中军大将军,侍中如故。子隆年二十一而体过充壮,常使徐嗣伯合芦茹丸以服,自销损,犹无益。明帝辅政,谋害诸王,武帝诸子中子隆最以才貌见惮,故与鄱阳王锵同夜先见杀。文集行于世。

建安王子真,字云仙,武帝第九子也。永明七年,累迁郢州刺史,加都督。隆昌元年,为散骑常侍、护军将军。延兴元年,明帝遣裴叔业就典签柯令孙杀之。子真走入床下,令孙手牵出之,叩头乞为奴赎死,不从,见害,年十九。

西阳王子明,字云光,武帝第十子也。永明元年,封武昌王。三年,失国玺,改封西阳。十年,为会稽太守,督五郡军事。子明风姿明净,士女观者咸嗟叹之。建武元年,为抚军将军,领兵置佐。二年,诛萧谌。子明及弟子罕、子贞同谋谋,见害,年十七。

南海王子罕,字云华,武帝第十一子也。颇有学。母乐容华有宠,故武帝留心。母尝寝疾,子罕昼夜祈祷。于时以竹为灯缵照夜,此缵宿昔枝叶大茂，母病亦愈，咸以为孝感所致。主簿刘瓛及侍读贺子乔为之赋颂，当时以为美谈。建武元年，位护军将军。二年，见杀，年十七。

巴陵王子伦，字云宗，武帝第十三子也。永明十年，为北中郎将、南琅邪彭城二郡太守。郁林即位，以南彭城禄力优厚，夺子伦与中书舍人綦母珍之，更以南兰陵代之。

延兴元年，明帝遣中书舍人茹法亮杀子伦。子伦时镇琅邪城，有守兵。子伦英果，明帝恐不即罪，以问典签华伯茂，伯茂曰："公若遣兵取之，恐不即可办，若委伯茂，一小吏力耳。"既而伯茂手自执鸩逼之，左右莫敢动者。子伦正衣冠，出受诏，谓法亮曰："积不善之家，必有余殃。昔高皇帝残灭刘氏，今日之事，理数固然。"举酒谓法亮曰："君是身家旧人，今衔此命，当由事不获已。此酒差非劝酬之爵。"因仰之而死，时年十六。法亮及左右皆流涕。

先是，高帝、武帝为诸王置典签帅，一方之事，悉以委之。每至觐接，辄留心顾问，刺史行事之美恶，系于典签之口，莫不折节推奉，恒虑弗及，于是威行州部，权重蕃君。武陵王晔为江州，性烈直不可忤，典签赵渥之曰："今出郡易刺史。"及见武帝相诬，晔遂免还。南海王子罕戍琅邪，欲暂游东堂，典签姜秀不许而止。还泣谓母曰："儿欲移五步亦不得，与囚何异。"秀后辄取子罕屐伞饮器等，供其儿昏，武帝知之，鞭二百，系尚方，然而擅命不改。邵陵王子贞尝求熊白，厨人答典签不在，不敢与。西阳王子明欲送书参侍读鲍僎病，典几吴脩之不许，曰："应谘行事。"乃止。言行举动，不得自专，征衣求食，必须谘访。永明中，巴东王子响杀行事刘寅等，武帝闻之，谓群臣曰："子响遂反。"戴僧静大言曰："诸王都自应反，岂唯巴东。"武帝问其故，答曰："天王无罪，而一时被囚，取一挺藕，一杯浆，皆谘签帅，不在则竟日忍渴。诸州唯闻有签帅，不闻有刺史。"竟陵王子良尝问众曰："士大夫何意诣签帅？"参军范云答曰："诣长史以下皆无益，诣签帅便有倍本之价，不诣谓何。"子良有愧色。及明帝诛异己者,诸王见害,悉典签所杀,竟无一人相抗。孔圭闻之流涕曰:"齐之衡阳、江夏最有意,而复害之。若不立签帅,故当不至于此。"

邵陵王子贞,字云松,武帝十四子也。建武二年,见诛,年十五。

临贺王子岳,字云峤,武帝第十六子也。明帝诛武帝诸子,唯子岳及弟六人在后,时呼为七王。朔望入朝,上还后宫,辄叹息曰:"我及司徒诸儿子皆不长,高、武子孙日长大。"永泰元年,上疾甚,绝而复苏,于是诛子岳等。

延兴、建武中,凡三诛诸王,每一行事,明帝辄先烧香,呜咽涕泣,众以此辄知其夜当杀戮也。子岳死时,年十四。

西阳王子文,字云儒,武帝第十七子也。永明七年,封蜀郡王。建武中,改封西阳。永泰元年,见杀,年十四。

衡阳王子峻,字云嵩,武帝第十八子也。永明七年,封广汉郡王。建武中,改封。永泰元年,见杀,年十四。

南康王子琳,字云璋,武帝第十九子也。母荀昭华盛宠。后宫才人位登采女者,依例旧赐玉凤凰,荀时始为采女,得玉凤凰投地曰:"我不能例受此。"武帝乃拜为昭华。

子琳以母宠故最见爱。太尉王俭因请昏,武帝悦而许之。群臣奉宝物名好尽直数百金,武帝为之报答亦如此。及应封,而好郡已尽,乃以宣城封之。既而以宣城属扬州,不欲为王国,改封南康公褚蓁为巴东公,以南康为王国封子琳。永泰元年,见杀,年十四。

湘东王子建,字云立,武帝第二十一子也。母谢无宠,武帝度为尼。明帝即位,使还母子建。永泰元年,见杀,年十三。

南郡王子夏,字云广,武帝第二十三子也。上春秋高,子夏最幼,宠爱过诸子。初,武帝梦金翅鸟下殿庭,搏食小龙无数,乃飞上天。及明帝初,其梦方验。永泰元年,子夏诛,年七岁。

文惠太子四男:安皇后生废帝郁林王昭业,宫人许氏生废帝海陵恭王昭文,陈氏生巴陵王昭秀,褚氏生桂阳王昭粲。

巴陵王昭秀,字怀尚,太子第三子也。郁林即位,封临海郡王。隆昌元年,为都督、荆州刺史。延兴元年,征为车骑将军。明帝建武二年,改封巴陵王。永泰元年,见杀,年十六。

桂阳王昭粲,太子第四子也。郁林立,封永嘉郡王。延兴元年,出为荆州刺史,加都督。建武三年,改封桂阳王。四年,为太常。永泰元年,见杀,年八岁。

明帝十一男:敬皇后生废帝东昏侯宝卷、江夏王宝玄、鄱阳王宝寅、和帝,殷贵嫔生巴陵隐王宝义、晋熙王宝嵩,袁贵妃生庐陵王宝源,管淑妃生邵陵王宝脩,许淑媛生桂阳王宝贞。余皆早夭。

巴陵隐王宝义,字智勇,明帝长子也,本名明基。建武元年,封晋安郡王。宝义少有废疾,不堪出人间,止加除授,为都督、扬州刺史,仍以始安王遥光代之。转为右将军,领兵置佐,镇石头。二年,为南徐州刺史,加都督。东昏即位,进征北将军、开府仪同三司,给扶。永泰元年,为都督、扬州刺史。三年,进位司徒。和帝西台建,以为侍中、司空。梁武平建邺,宣德太后令以宝义为太尉,领司徒。诏云:“不言之化,形于自远。”时人皆云此实录也。梁受禅,封谢沐公,寻封巴陵郡王,奉齐后。天监中毙。

江夏王宝玄，字智深，明帝第三子也。建武元年，封江夏郡王。东昏即位，为都督、南徐兖二州刺史。

宝玄娶尚书令徐孝嗣女为妃，孝嗣被诛，离绝，东昏送少姬二人与之。宝玄恨望有异计。明年，崔慧景举兵，还至广陵，遣使奉宝玄为主。宝玄斩其使，因是发将吏防城。慧景将度江，宝玄密与相应，开门纳慧景，乘八扛舆，手执绛麾幡，随慧景至都，百姓多往投集。慧景败，收得朝野投宝玄及慧景军名，东昏令烧之，曰："江夏尚尔，岂复可罪余人。"

宝玄逃奔，数日乃出，帝召入后堂，以步鄣裹之，令群小数十人鸣鼓角驰绕其外，遣人谓曰："汝近围我亦如此。"少日乃杀之。

庐陵王宝源，字智泉，明帝第五子也。建武元年封。和帝即位，为车骑将军、开府仪同三司。中兴二年，薨。

鄱阳王宝寅，字智亮，明帝第六子也。建武初，封建安郡王。东昏即位，为都督、郢州刺史。永元三年，为车骑将军、开府仪同三司，镇石头。其秋，雍州刺史张欣泰等谋起事于新亭，杀台内诸主帅。难作之日，前南谯太守王灵秀奔往石头，帅城内将吏，去车脚，载宝寅向台城，百姓千人皆空手随后。至杜姥宅，日已欲暗，城门闭，城上人射之，众弃宝寅走。宝寅逃亡三日，戎服诣草市尉，尉驰以启帝。帝迎入宫，问之，宝寅涕泣称制不自由。帝笑，乃复爵位。宣德太后临朝，改封宝寅鄱阳王。中兴二年，谋反奔魏。

邵陵王宝脩，字智宣，明帝第九子也。建武元年，封南平郡王。二年，改封。中兴二年，谋反，宣德太后令赐死。

晋熙王宝嵩，字智靖，明帝第十子也。中兴元年，和帝以为中书令。二年，诛。

桂阳王宝贞,明帝第十一子也。中兴二年,诛。

论曰:守器之重,邦家所冯,观文惠之在东储,固已有亏令德,向令负荷斯集,犹当及于祸败,况先期凤陨,愆失已彰。而武帝不以择贤,傅之昏孽,推此而论,有冥数矣。子良物望所集,失在儒雅,当断不断,以及于灾,非止自致丧亡,乃至宗祀覆灭,哀哉!夫帝王子弟,生长尊贵,情伪之事,不经耳目,虽卓尔天悟,自得怀抱,孤寡为识,所陋犹多。齐氏诸王,并幼践方岳,故辅以上佐,简自帝心,劳旧左右,用为主帅,州国府第,先令后行。饮食游居,动应闻启,端拱守禄,遵承法度,张弛之要,莫敢厝言。行事执其权,典签制其肘,处地虽重,行止莫由。威不在身,恩未接下,仓卒一朝,事难总集,望其择位抚危,不可得矣。路温舒云:"秦有十失,其一尚存。"斯宋氏之余风,及在齐而弥弊。宝玄亲兼一体,欣受家殃,曾不知执柯所指,跗萼相从而败。以此而图万事,未知其仿佛也。

南史卷四五
列传第三五

王敬则　陈显达　张敬儿
崔慧景

　　王敬则,临淮射阳人也。侨居晋陵南沙县。母为女巫,常谓人云:"敬则生时胞衣紫色,应得鸣鼓角。"人笑之曰:"汝子得为人吹角可矣。"

　　敬则年长,而两腋下生乳各长数寸。梦骑五色师子。性倜傥不羁,好刀剑,尝与暨阳县吏斗,谓曰:"我若得暨阳县,当鞭汝小吏背。"吏唾其面曰:"汝得暨阳县,我亦得司徒公矣。"屠狗商贩,遍于三吴。使于高丽,与其国女子私通,因不肯还,被收录,然后反。善拍张,补刀戟左右。宋前废帝使敬则跳刀,高出白虎幢五六尺,接无不中。仍抚髀拍张,甚为儇捷。补侠毂队主,领细铠左右,与寿寂之杀前废帝。及明帝即位,以为直阁将军,封重安县子。

　　敬则少时,于草中射猎,有虫如乌豆集其身,摘去乃脱,其处皆流血。敬则恶之,诣道士卜。道士曰:"此封侯瑞也。"敬则闻之喜,故出都自效。

　　后补暨阳令,昔日斗吏亡叛,勒令出,遇之甚厚,曰:"我已得暨阳县,汝何时得司徒公邪?"初至暨阳县陆主山下,宗侣十余船同发,敬则船独不进,乃令弟入水推之,见乌漆棺。敬则咒云:"若是吉,使船速进,吾富贵当改葬尔。"船须臾入县,收此棺葬之。

　　时军荒后,县有一部劫逃入山中为人患,敬则遣人致意劫帅使出首,当相申论。郭下庙神甚酷烈,百姓信之,敬则引神为誓,必不相负。劫帅既出,敬则于庙中设酒会,于坐收缚,曰:"吾启神,若负誓,还神十牛。令不得违誓。"即杀十牛解神,并斩诸劫,百姓悦之。

元徽二年,随齐高帝拒桂阳贼于新亭,敬则与羽林监陈显达、宁朔将军高道庆乘舸迎战,大破贼水军。事宁,带南太山守、右侠毂主,转越骑校尉、安成王车骑参军。

苍梧王狂虐,左右不自安。敬则以高帝有威名,归诚奉事,每下直辄往领军府。夜著青衣,扶匐道路,为高帝听察。高帝令敬则于殿内伺机,及杨玉夫将首投敬则,敬则驰谒高帝,乃戎服入宫。至永明门,门郎疑非苍梧还,敬则虑人觇见,以刀环塞洼孔,呼开门甚急。卫尉丞颜灵宝窥见高帝乘马在外,窃谓亲人:"今若不开内领军,天下会是乱尔。"门开,敬则随帝入殿。

升明元年,迁辅国将军,领临淮太守,知殿内宿卫兵事。沈攸之事起,进敬则冠军将军,高帝入守朝堂。袁粲起兵,召领军刘韫、直阁将军卜伯兴等,于宫内相应,戒严将发。敬则开关掩袭,皆杀之。殿内窃发尽平,敬则之力也。政事无大小,帝并以委之。

敬则不识书,止下名,然甚善决断。齐台建,为中领军。高帝将受禅,材官荐易太极殿柱。顺帝欲避上,不肯出宫逊位。明日当临轩,顺帝又逃宫内。敬则将舆入迎帝,启譬令出,引令升车。顺帝不肯即上,收泪谓敬则曰:"欲见杀乎?"敬则答曰:"出居别宫尔,官先取司马家亦复如此。"顺帝泣而弹指:"唯愿后身生生世世不复天王作因缘。"宫内尽哭,声彻于外。顺帝拍敬则手曰:"必无过虑,当饷辅国十万钱。"

齐建元元年,出为都督、南兖州刺史,封寻阳郡公。加敬则妻怀氏爵为寻阳国夫人。二年,魏军攻淮、泗,敬则恐,委镇还都,百姓皆惊散奔走。上以其功臣,不问,以为都官尚书,迁吴兴太守。郡旧多剽掠,有十数岁小儿于路取遗物,敬则杀之以徇。自此路不拾遗,郡无劫盗。又录得一偷,召其亲属于前鞭之。令偷身长扫街路,久之,乃令偷举旧偷自代。诸偷恐为所识,皆逃走,境内以清。仍入乌程,从市过，见屠肉枅，叹曰："吴兴昔无此枅，是我少时在此所作也。"召故人饮酒说平生，不以屑也。迁护军，以家为府。

三年，以改葬去职，诏赠敬则母寻阳国太夫人，改授侍中、抚军。高帝遗诏敬则以本官领丹阳尹，寻迁会稽太守，加都督。永明二年，给鼓吹一部。会土边带湖海，人丁无士庶皆保塘役。敬则以功力有余，悉评敛为钱送台库，以为便宜。上许之。

三年，进号征东将军。宋广州刺史王翼之子妾路氏酷暴，杀婢媵之，翼之子法朗告之，敬则付山阴狱杀之。路氏家诉，为有司所奏，山阴令刘岱坐弃市刑。敬则入朝，上谓敬则曰："人命至重，是谁下意杀之？都不启闻。"敬则曰："是臣愚意。臣知何物科法，见背后有节，便言应得杀人。"刘岱亦引罪，上乃赦之。敬则免官，以公领郡。

后与王俭俱即本号开府仪同三司。时徐孝嗣于崇礼门侯俭，因嘲之曰："今日可谓连璧。"俭曰："不意老子遂与韩非同传。"人以告敬则，敬则欣然曰："我南沙县吏，侥幸得细铠左右，逮风云以至于此。遂与王卫军同日拜三公，王敬则复何恨。"了无恨色。朝士以此多之。

十一年，授司空。敬则名位虽达，不以富贵自遇。初为散辈使魏，于北馆种杨柳。后员外郎虞长曜北使还，敬则问："我昔种杨柳树，今若大小？"长曜曰："虏中以为甘棠。"武帝令群臣赋诗，敬则曰："臣几落此奴度。"上问之，敬则对曰："臣若解书，不过作尚书都令史尔，那得今日。"敬则虽不大识书，而性甚警黠，临郡令省事读辞，下教判决，皆不失理。

明帝辅政，密有废立意。隆昌元年，出敬则为会稽太守，加都督。海陵王立，进位太尉。明帝即位，为大司马，台使拜授日，雨大洪注，敬则文武皆失色。一客旁曰："公由来如此，昔拜丹阳尹、吴兴时亦然。"敬则大悦曰："我宿命应得雨。"乃引羽仪，备朝服，导引出听事拜受，意犹不自得，吐舌久之。

帝既多杀害，敬则自以高、武旧臣，心怀忧惧。帝虽外厚其礼，而内相疑备，数访问敬则饮食体干。闻其衰老，且以居内地，故得少安。后遣萧坦之将斋仗五百人行晋陵，敬则诸子在都，忧怖无计。上知之，问计于梁武帝，武帝曰："敬则竖夫，易为感，唯应锡以子女玉帛，厚其使人，如斯而已。"上纳之。吴人张思祖，敬则谋主也，为府司马，频衔使。上伪倾意待之，以为游击将军。遣敬则世子仲雄入东。仲雄善弹琴，江左有蔡邕焦尾琴在主衣库，上敕五日一给仲雄。仲雄在御前鼓琴，作《懊侬曲》，歌曰："常叹负情侬，郎今果行许。"又曰："君行不净心，那得恶人题。"帝愈猜愧。

永泰元年，帝疾屡经危殆，以张瓌为平东将军、吴郡太守，置兵佐，密防敬则。内外传言，当有处分。敬则闻之，窃曰："东今有谁，只是欲平我耳。东亦何易可平，吾终不受金罍。"金罍，谓鸩酒也。诸子怖惧，第五子幼隆遣正员将军徐岳，以情告徐州行事谢朓为计，若同者当往报敬则。朓执岳驰启之。敬则城局参军徐庶，家在京口，其子密以报庶，庶以告敬则五官王公林。公林，敬则族子也，常所委信。公林劝敬则急送启赐儿死，单舟星夜还都。敬则曰："若尔，诸郎要应有信，且忍一夕。"其夜，呼僚佐文武樗蒲赌钱，谓众曰："卿诸人欲令我作何计？"莫敢先答。防阁丁兴怀曰："官只应作尔。"敬则不作声。明旦，召山阴令王询、台传御史锺离祖愿，敬则横刀跂坐，问询等发丁可得几人，库见有几钱物，询、祖愿对并乖旨，敬则怒，将出斩之。王公林又谏敬则曰："官讵不更思？"敬则唾其面，曰："小子，我作事何关汝小子。"乃起兵，招集配衣，二三日便发。欲劫前中书令何胤还为尚书令，长史王弄璋、司马张思祖止之曰："何令高蹈，必不从，不从便应杀之。举大事先杀朝贤，事必不济。"乃率实甲万人过浙江，谓曰："应须作檄。"思祖曰："公今自还朝，何用作此？"乃止。

朝廷遣辅国将军司马左兴盛、直阁将军马军主胡松三千余人，筑垒于曲阿长冈，尚书左仆射沈文秀为持节、都督，屯湖头，备京口路。敬则以旧将举事，百姓担篙荷锸，随逐之十余万众。至武进陵口恸哭，乘肩舆而前。遇兴盛、山阳二柴，尽力攻之。官军不敌，欲退而围不开，各死战。胡松领马军突其后，白丁无器仗，皆惊散。敬则大叫索马，再上不得上，兴盛军容袁文旷斩之传首。

是时，上疾已笃，敬则仓卒东起，朝廷震惧。东昏侯在东宫议欲叛，使人上屋望，见征虏亭失火，谓敬则至，急装欲走。有告敬则者，敬则曰："檀公三十六策，走是上计。汝父子唯应急走耳。"盖讥檀道济避魏事也。

敬则之来，声势甚盛，凡十日而败。时年六十四。朝廷漆其首，藏在武库。至梁天监元年，其故吏夏侯亶表请收葬，许之。

陈显达，南彭城彭城人也。仕宋以军功封彭泽县子，位羽林监、濮阳太守。

隶齐高帝讨桂阳贼于新亭垒。刘勔大桁败，贼进杜姥宅。及休范死，显达出杜姥宅，大战于宣阳津阳门，大破贼。矢中左目而镞不出，地黄村潘妪善禁，先以钉钉柱，妪禹步作气，钉即出，乃禁显达目中镞出之。事平，封丰城侯。再迁平越中郎将、广州刺史，加都督。

沈攸之事起，显达遣军援台，长史到遁、司马诸葛导劝显达保境蓄众，密通彼此。显达于坐手斩之，遣表疏归心齐高帝。帝即位，拜护军将军。后御膳不宰牲，显达上熊蒸一盘，上即以充饭。后拜都督、益州刺史。

武帝即位，进号镇西将军。益部山险，多不宾服。大度村獠，前刺史不能制。显达遣使责其租赕，獠帅曰："两眼刺史尚不敢调我。"遂杀其使。显达分部将吏，声将出猎，夜往袭之，男女无少长皆斩之。自此山夷震服。

永明二年，征为侍中、护军将军。显达累任在外，经高帝之忧。及见武帝，流涕悲咽，上亦泣，心甚嘉之。八年，为征南大将军、江州刺史。显达谦厚有智计，自以人微位重，每迁官常有愧惧之色。子十余人，诫之曰："我本意不及此，汝等勿以富贵陵人。"家既豪富，诸子与王敬则诸儿并精车牛，丽服饰，当世快牛称陈世子青、王三郎乌、吕文显折角、江瞿昙白鼻，而皆集陈舍。显达知此不悦。及子休尚为郢府主簿,过九江拜别,显达曰:"凡奢侈者,鲜有不败。麈尾蝇拂,是王、谢家许,汝不须捉此自遂。"即取于前烧除之。其静退如此。豫废郁林之勋,延兴元年,为司空,进爵为公。

明帝即位,进太尉,封鄱阳郡公,加兵二百人,给油络车。后以太尉封鄱阳郡公,为三公事,而职典连率,人以为格外三公。上欲悉除高、武诸孙,上微言问显达,答曰:"此等岂足介虑。"上乃止。显达建武世心怀不安,深自贬退,车乘朽败,导从卤簿皆用羸小。侍宴,酒后启上借枕,帝令与之。显达抚枕曰:"臣年已老,富贵已足,唯少枕枕死,特就陛下乞之。"上失色曰:"公醉矣。"以年老告退,不许。

永泰元年,乃遣显达北侵。永元元年,显达督平北将军崔慧景众军四万,围南乡界马圈城,去襄阳三百里。攻之四十日,魏军食尽,啖死人肉及树皮。外围急,魏军突走。显达入据其城,遣军主庄丘黑进取南乡县。魏孝文帝自领十余万骑奄至,军主崔恭祖、胡松以乌布幔盛显达,数人担之,出均水口,台军缘道奔退,死者三万余人。显达素有威名,著于外境,至是大损丧焉。御史中丞范岫奏免显达官,又表解职,并不许。以为江州刺史,镇盆城。初,王敬则事起,始安王遥光启明帝虑显达为变,欲追军还,事平乃寝。显达亦怀危怖。及东昏立,弥不乐还都,得此授甚喜。寻加领征南大将军,给三望车。

显达闻都下大相杀戮,徐孝嗣等皆死,传闻当遣兵袭江州。显达惧祸,十一月十五日举兵,欲直袭建邺,以掩不备,又遥指郢州刺史建安王宝寅为主。朝廷遣后军将军胡松等据梁山,显达率众数千人发寻阳,与松战于采石,大破之,都下震恐。

十二月,潜军度取石头,北上袭城,宫掖大骇,闭门守备。显达马槊从步军数百人,于西州前与台军战,再合大胜,槊折,手犹杀十余人。官军继至,显达不能抗,退走至西州后乌榜村。骑官赵潭注槊刺落马,斩之篱侧,血涌湔篱,似淳于伯之被刑。时年七十三。

显达在江州遇疾,不疗之而差,意甚不悦。是时连冬大雪,枭首朱雀而雪不集,诸子皆伏诛。

　　张敬儿，南阳冠军人也。父丑，为郡将军，官至节府参军。敬儿年少便弓马，有胆气，好射猛兽，发无不中。南阳新野风俗出骑射，而敬儿尤多膂力。

　　稍宦至宁蛮行参军，随郡人刘胡伐襄阳诸山蛮，深入险阻，所向皆破。又击胡阳蛮，官军引退，敬儿单马在后，贼不能抗。

　　山阳王休祐镇寿阳，求善骑射士，敬儿及襄阳俞湛应选。敬儿善事人，遂见宠，为长兼行参军。泰始初，随府转骠骑参军，署中兵，领军讨义嘉贼，与刘胡相拒于鹊尾洲，启明帝乞本郡。事平，除南阳太守。

　　敬儿之为襄阳府将也，家贫，每休假辄佣赁自给。尝为城东吴泰家担水，通泰所爱婢。事发，将被泰杀，逃卖棺材中，以盖加上，乃免。及在鹊尾洲，启明帝云："泰以丝助雍州刺史袁觊为弩弦，党同逆，若事平之日，乞其家财。"帝许之。至是，收籍吴氏，唯家人保身得出，僮役财货直数千万，敬儿皆有之。先所通婢，即以为妾。

　　后为越骑校尉。桂阳王事起，隶齐高帝顿新亭。贼矢石既交，休范白服乘舆劳楼下。敬儿与黄回白高帝，求诈降以取之。高帝曰："卿若办事，当以本州相赏。"敬儿相与出城南，放仗走，大呼称降。休范喜，召至舆侧。回阳致高帝密意，休范信之。回目敬儿，敬儿夺取休范防身刀斩之，其左右百人皆散。敬儿持首归新亭。除骁骑将军，加辅国将军。高帝置酒谓敬儿曰："非卿之功，无今日。"高帝以敬儿人位既轻，不欲使便为襄阳重镇。敬儿求之不已，乃微动高帝曰："沈攸之在荆州，公知其欲何所作？不出敬儿以防之，恐非公之利也。"帝笑而无言，乃除雍州刺史，加都督，封襄阳县侯。

　　部伍泊沔口，敬儿乘舴艋过江，诣晋熙王燮。中江遇风船覆，左右丁壮者各洇水走，余二小史没船下，求敬儿救，敬儿两掖挟之，随船仰得在水上，如此翻覆行数十里，方得迎接。失所持节，更给之。

　　至镇，厚结攸之，得其事迹，密白高帝，终无二心。又与攸之司马刘攘兵情款。及苍梧废，敬儿疑攸之当因此起兵，密问攘兵所言，寄敬儿马镫一只，敬儿乃为备。升明元年冬，攸之乃遣使报敬儿，劳接周至，为设食讫，列仗于听事前斩之。集部曲，顿攸之下，当袭江陵。敬儿告变使至，高帝大喜，进号镇军将军，改督。

攸之至郢城，败走，其子元琰与兼长史江乂、别驾傅宣等还江陵。敬儿军至白水，元琰闻城外鹤唳，谓是叫声，恐惧欲走。其夜，乂、宣开门出奔，城溃，元琰奔宠洲见杀。敬儿至江陵，诛攸之亲党，没入其财物数千万，善者悉以入私，送台者百不一焉。攸之于汤渚村自经死，居人送首荆州。敬儿使盾擎之，盖以青伞，徇诸市郭，乃送建邺。进爵为公。

敬儿在雍州贪残，人间一物堪用，莫不夺取。于襄阳城西起宅，聚物货，宅大小殆侔襄阳。又欲移羊叔子堕泪碑，于其处置台。纲纪谏曰："此羊太傅遗德，不宜迁动。"敬儿曰："太傅是谁？我不识。"

及齐受禅，转侍中、中军将军，迁散骑常侍、车骑将军，置佐史。高帝崩，遗诏加开府仪同三司。于家窃泣曰："官家大老天子可惜，太子年少，向我所不及也。"及拜，王敬则戏之，呼为褚彦回。敬儿曰："我马上所得，终不能作华林阁勋也。"敬则甚恨焉。

初，敬儿微时，有妻毛氏，生子道门，而乡里尚氏女有色貌，敬儿悦之，遂弃毛氏，而纳尚氏为室。及居三司，尚氏犹居襄阳宅。虑不复外出，乃迎家口悉下至都。启武帝，不蒙劳问，敬儿心自疑。及垣崇祖死，愈恐惧。

性好卜术，信梦尤甚，初征荆州，每见诸将帅，不遑有余计，唯叙梦云："未贵时，梦居村中，社树欻高数十丈。及在雍州，又梦社树直上至天。"以此诱说部曲，自云贵不可言。由是不自测量，无知。又使于乡里为谣言，使小儿辈歌曰："天子在何处？宅在赤谷口，天子是阿谁？非猪如是狗。"敬儿家在冠军，宅前有地名赤谷。既得开府，又望班剑，语人曰："我车边犹少班兰物。"

敬儿长自荒远，少习武事，既从容都下，又四方宁靖，益不得志。其妻尚氏亦曰："吾昔梦一手热如火，而君得南阳郡。元徽中，梦一髀热如火，君得本州。建元中，梦半体热，寻得开府。今复举体热矣。"以告所亲,言其妻初梦次梦,又言"今举体热矣"。阉人闻其言说之,事达武帝。敬儿又遣使与蛮中交关,武帝疑有异志。永明元年,敕朝臣华林八关斋,于坐收敬儿。初,左右雷仲显常以盈满诫敬儿,不能从,至是知有变,抱敬儿泣,敬儿脱冠貂投地曰:"用此物误我。"及子道门、道畅、道休并伏诛,少子道庆见宥。后数年,上与豫章王嶷三日曲水内宴,舮艒船流至御坐前覆没,上由是言及敬儿,悔杀之。

敬儿始不识书,及为方伯,乃习学,读《孝经》、《论语》。初征为护军,乃潜于密室中屏人,学揖让答对,空中俯仰,妾侍窃窥笑焉。将拜三司,谓其妻嫂曰:"我拜后府开黄阁。"因口自为鼓声。初得鼓吹,羞便奏之。又于新林慈姥庙为妾祈子祝神,口自称三公,其鄙俚如此。

始,其母于田中卧,梦犬子有角舐之,已而有娠,而生敬儿,故初名苟儿。又生一子,因苟儿之名复名猪儿。宋明帝嫌苟儿名鄙,改为敬儿。故猪儿亦改为恭儿,位正员郎,谢病归本县,常居上保村,不肯出仕,与居人不异。与敬儿爱友甚笃。及闻敬儿败,走入蛮。后首出,原其罪。

崔慧景字君山,清河东武城人也。祖构,奉朝请。父系之,州别驾。

慧景少有志业,仕宋为长水校尉。齐高帝在淮阴,慧景与宗人祖思同时自结。及高帝受禅,封乐安县子,为都督、梁南秦二州刺史。永明四年,为司州刺史。母丧,诏起复本任。慧景每罢州,辄倾资献奉,动数百万,武帝以此嘉之。十年,为都督、豫州刺史。郁林即位,慧景以少主新立,密与魏通,朝廷疑之。明帝辅政,遣梁武帝至寿春安慰之。慧景密启送诚劝进。建武四年,为度支尚书,领太子左率。

东昏即位,为护军。时辅国将军徐世标专权号令,慧景备员而已。帝既诛戮将相,旧臣皆尽,慧景自以年宿位重,转不自安。及裴叔业以寿阳降魏,即授慧景平西将军、假节、侍中,护军如故,率军水路征寿阳。军顿白下将发,帝长围屏除,出琅邪城送之。帝戎服坐楼上,召慧景骑进围内,无一人自随,裁交数言,拜辞而去。慧景出至白下甚喜,曰:“颈非复小竖等所折也。”子觉为直阁将军,慧景密与之期。

时江夏王宝玄镇京口,闻慧景北行,遣左右余文兴说之曰:“朝廷任用群小,猜害忠贤,江、刘、徐、沈,君之所见,身虽鲁、卫,亦不知灭亡何时。君今段之举,有功亦死,无功亦死,欲何求所免。机不可失,今拥强兵,北取广陵,收吴、楚劲卒,身举州以相应,取大功如反掌耳。”慧景常不自安,闻言响应。

于时庐陵王长史萧寅、司马崔恭祖守广陵城,慧景以宝玄事告恭祖。恭祖先无宿契,口虽相和,心实不同。还以事告寅,共为闭城计。寅心谓恭祖与慧景同,谓曰:“废昏立明,人情所乐,宁可违拒?”恭祖犹执不同。俄而慧景至,恭祖闭门不敢出。慧景知其异己,泣数行而去。中兵参军张庆延、明岩卿等劝慧景袭取广陵,及密遣军主刘灵运间行突入。慧景俄系至,遂据其城。子觉至,仍使领兵袭京口。宝玄本谓大军并来,及见人少,极失所望,拒觉,击走之。恭祖及觉精兵八千济江。恭祖心本不同反,至蒜山,欲斩觉以军降京口,事既不果而止。

觉等军器精严,柳灯、沈佚等谓宝玄曰:“崔护军威名既重,乃诚可见,既已唇齿,忽中道立异。彼以乐归之众,乱江而济,谁能拒之。”于是登北固楼,并千蜡烛为烽火,举以应觉。帝闻变,以右卫将军左兴盛假节,督都下水陆众军。慧景停二日,便率大众一时俱济江,趣京口,宝玄仍以觉为前锋,恭祖次之,慧景领大都督,为众军节度。东府、石头、白下、新亭诸城皆溃,左兴盛走,不得入宫,逃淮渚荻船中,慧景禽杀之。慧景称宣德皇后令,废帝为吴王。

时柳灯别推宝玄,恭祖为宝玄羽翼,不复承奉,慧景嫌之。巴陵王昭胄先逃人间,出投慧景,意更向之,故犹豫未知所立。此声颇泄,灯、恭祖始贰于慧景。又恭祖劝慧景射火箭烧北掖楼,慧景以大事垂定，后若更造，费用功多，不从其计。性好谈义，兼解佛理，顿法轮寺，对客高谈，恭祖深怀怨望。

先是，卫尉萧懿为豫州刺史，自历阳步道征寿阳，帝遣密使告之。懿率军主胡松、李居士等，自采石济岸，顿越城举火，台城中鼓叫称庆。恭祖先劝慧景遣二千人断西岸军，令不得度，慧景以城旦夕降，外救自然应散，不许。恭祖请击义师，又不许。乃遣子觉将精甲数千人度南岸，义师昧旦进战，觉大败。慧景人情离沮。

恭祖顿军兴皇寺，于东宫掠得女妓，觉来逼夺，由是忿恨。其夜，崔恭祖与骁将刘灵运诣城降。慧景乃将腹心数人潜去，欲北度江，城北诸军不知，犹为拒战。城内出荡，杀数百人，慧景余众皆奔。

慧景围城凡十二日，军旅散在都下，不为营垒。及走，众于道稍散，单马至蟹浦，投渔人太叔荣之。荣之故为慧景门人，时为蟹浦戍，谓之曰：“吾以乐赐汝，汝为吾觅酒。”既而为荣之所斩，以头内鳅篮中担送都。

恭祖者，慧景宗人，骁果便马槊，气力绝人，频经军阵。讨王敬则，与左兴盛军容袁文旷争敬则首，诉明帝曰：“恭祖秃马绛衫，手刺倒敬则，故文旷得斩其首。以死易勋而见枉夺。若失此勋，要当刺杀左兴盛。”帝以其勇健，谓兴盛曰：“何容令恭祖与文旷争功。”慧景平后，恭祖系尚方，少时杀之。

觉亡命为道人，见执伏法。

觉弟偃，年十八便身长八尺，博涉书记，善虫篆。为始安内史，藏窜得免。和帝西台立，以为宁朔将军。中兴元年，诣公车尚书申冤，言多指斥，寻下狱死。

先是，东阳女子娄逞变服诈为丈夫，粗知围棋，解文义，遍游公卿，仕至扬州议曹从事。事发，明帝驱令还东。逞始作妇人服而去，叹曰：“如此伎，还为老妪，岂不惜哉。”此人妖也。阴而欲为阳，事不果故泄，敬则、遥光、显达、慧景之应也。

旧史裴叔业有传，事终于魏，今略之云。

　　论曰：光武功臣所以能终身名者，岂唯不任职事，亦以继奉章、明，心存正嫡。王、陈拔迹奋飞，则建元、永明之运，身报鼎将，则建武、永元之朝。勋非往时，位逾昔等，礼授虽重，情分不交。加以主猜政乱，危亡虑及，举手捍头，人思自免。干戈既用，诚沦犯上之迹，敌国起于同舟，况又疏于此也。敬儿挟震主之勇，当鸟尽之运，内惑邪梦，迹涉觊觎，其至歼亡，亦其理也。慧景以乱济乱，能无及乎。

南史卷四六
列传第三六

李安人 子元履　戴僧静　桓康
焦度　曹武 子世宗　吕安国
周山图　周盘龙 子奉叔
王广之 子珍国　张齐

　　李安人,兰陵承人也。祖巍,卫军将军。父钦之,薛令。安人少有大志,常拊髀叹曰:“大丈夫处世,富贵不可希,取三将五校,何难之有。”随父在县,宋元嘉中,县被魏克,安人寻率部曲自拔南归。

　　明帝时,稍迁武卫将军,领水军讨晋安王子勋,所向克捷。事平,明帝大会新亭楼,劳诸军主。撒蒱官赌,安人五掷皆卢,帝大惊,目安人曰:“卿面方如田,封候相也。”安人少时贫,有一人从门过,相之曰:“君后当大富贵,与天子交手共戏。”至是,安人寻此人,不知所在。

　　后为广陵太守,行南兖州事。齐高帝在淮阴,安人遥相结事。元徽初,除司州刺史,领义阳太守。及桂阳王休范起事,安人遣军援都。建平王景素起兵,安人破其军于葛桥。景素诛,留安人行南徐州事。城局参军王回,素为安人所亲,盗绢二匹,安人流涕谓曰:“我与卿契阔备尝,今日犯王法,乃卿负我也。”于军门斩之,厚为敛祭,军府皆震服。转东中郎司马,行会稽郡事。时苍梧纵虐,齐高帝忧迫无计。安人白高帝，欲于东奉江夏王跻起兵。高帝不许，乃止。

高帝即位，为中领军，封康乐候。自宋泰始以来，内外频有贼寇，将帅以下，各募部曲，屯聚都下。安人上表，以为自非淮北常备，其外余军，悉皆输遣，若亲近宜立随身者，听限人数。上纳之，故诏断众募。时王敬则以勋诚见亲，至于家国密事，上唯与安人论议。谓曰："署事有卿名，我便不复细览也。"

寻为领军将军。魏攻寿春，至马头，诏安人御之。魏军退，安人沿淮进寿春。先是，宋时亡命王元初聚党六合山，僭大号，自云垂手过膝。州郡讨不能禽，积十余年。安人生禽之，斩建康市。

高帝崩，遗诏加侍中。武帝即位，为丹阳尹，迁尚书左仆射。安人时屡启密谋见赏，又善结尚书令王俭，故世传俭启有此授。寻上表，以年疾求退，为吴兴太守。于家载米往郡，时服其清。吴兴有项羽神护郡听事，太守到郡，必须祀以轭下牛。安人奉佛法，不与神牛，著屐上听事，又于听上八关斋。俄而牛死，葬庙侧，今呼为李公牛冢。安人寻卒，世以神为祟。谥肃候。

子元履，幼有操业，甚闲政体，为司徒竟陵王子良法曹参军。与王融游狎，及王融诛，郁林敕元履随右卫将军王广之北征，密令于北杀之。广之先为安人所厚，又知元履无过，甚拥护之。会郁林败死，元履拜谢广之，曰："二十二载，父母之年，自此以外，丈人之赐也。"仕梁为吴郡太守，度支尚书，衡、广、青、冀四州刺史。

戴僧静，会稽永兴人也。少有胆力，便弓马。事刺史沈文秀，俱被魏虏。后将家属叛还淮阴。齐高帝抚畜，常在左右。后于都私赍锦出，事发，系南兖州狱。高帝遣薛深饷僧静酒食，以刀子置鱼腹中。僧静与狱吏饮酒，及醉，以刀刻械，手自折锁，发屋而出，归高帝。帝匿之斋内，以其家贫，年给谷千斛。

会魏军至，僧静应募出战，单刀直前。魏军奔退，又追斩三级。时天寒甚，乃脱衣，口衔三头，拍浮而还。

沈攸之事起，高帝入朝堂，遣僧静将腹心先至石头经略袁粲。

时苏烈据仓城门，僧静射书与烈，夜缒入城。綮登城西南门，列烛火坐，台军至射之，火乃灭。回登东门，其党孙昙瓘骁勇善战，每荡一合，辄大杀伤，官军死者百余人。军主王天生殊死拒战，故得相持。自亥至丑，有流星赤色照地坠城中，僧静率力攻仓门，手斩綮于东门，外军烧门入。以功除前军将军、宁朔将军。

高帝即位，封建昌县侯，位太子左卫率。武帝践阼，出为北徐州刺史。买牛给贫人，令耕种，甚得荒情。后除南中郎司马、淮南太守。永明八年，巴东王子响杀僚佐，武帝召僧静使领军向江陵。僧静面启上曰："巴东王年少，长史，司马捉之太急，忿不思难故耳。天子儿过误杀人，有何大罪，今急遣军西上，人情惶惧、无所不至。臣不敢奉敕。"上不答，而心善之。徙庐陵王中军司马、高平太守。卒，谥壮侯。

桓康，北兰陵承人也。勇果骁悍。宋大明中，随齐高帝为军容，从武帝在赣县。泰始初，武帝起义，为郡所絷，众皆散。康装担，一头贮穆后，一头贮文惠太子及竟陵王子良，自负置山中。与门客萧欣祖等四十余人相结，破郡狱，出武帝。郡追兵急，康等死战破之。随武帝起兵，摧坚陷阵，膂力绝人。所经村邑，恣行暴害，江南人畏之，以其名怖小儿，画其形于寺中。病疟者写形帖著床壁，无不立愈。

后除襄贲令。桂阳王休范事起，康弃县还都，就高帝。会事已平，除员外郎。元徽五年七月六日夜，少帝微行至领军府，帝左右人曰："一府皆眠，何不缘墙入？"帝曰："我今夕欲一处作适，待明日夜。"康与高帝所养健儿卢荒、向黑于门间听得其语。明旦，王敬则将帝首至，扣府门。康谓是变，与荒、黑拔白刃欲出，仍随高帝入宫。高帝镇东府，除武陵王中兵、宁朔将军、带兰陵太守，常卫左右。高帝诛黄回，回时为南兖州，部曲数千，欲收恐为乱，召入东府，停外斋，使康数回罪，然后杀之。时人为之语曰："欲俯张，问桓康。"除后军将军、直阁将军、南濮阳太守。

建元元年，封吴平县候。高帝谓康曰："卿随我日久，未得方伯，亦当未解我意，正欲与卿先共灭虏耳。"三年，魏军动，康大破魏军于淮阳。武帝即位，卒于骁骑将军。

焦度字文绩，南安氐也。祖文圭，避难居仇池。宋元嘉中，裴方明平杨难当，度父明与千余家随居襄阳，乃立天水郡略阳县以居之。

度少有气干，便弓马。孝武初，青州刺史颜师伯出镇滑台，度领幢主送之，与魏豹皮公遇，交槊斗，豹皮公堕地，禽其具装马，手杀数十人。师伯启孝武，称度气力、弓马并绝人，帝召还充左右。见度形状，谓师伯曰："此真健人也。"

补晋安王子勋夹毂队主，随镇江州。子勋起兵，以度为龙骧将军，为前锋，所向无不胜。事败，逃宫亭湖为贼。朝廷闻其勇，甚患之，使江州刺史王景文诱降之。景文以为己镇南参军，领中军直兵，厚待之。

随景文还都，常在府州内。景文被害夕，度大怒，劝景文拒命，景文不从。明帝不知也，以度武勇，补晋熙王燮防阁，随镇夏口。武陵王赞代燮为郢州，度仍留镇，为赞前军参军。沈攸之事起，转度中直兵。齐高帝又使假度辅国将军、屯骑校尉，转右将军。

度容貌壮丑，皮肤若漆，质直木讷，口不能出言。晋熙王夹毂主周彦与度俱在郢州，彦有左右人与度父同名，彦常呼其名使役之。度积忿，呵责彦曰："汝知我讳《明》，而恒呼明，何也！"及在郢城，尤为沈攸之所忿。攸之大众至夏口，将直下都，留偏兵守郢而已。度于城楼上肆言骂辱攸之，至自发露形体秽辱之，故攸之怒，改计攻城。度亲力战，攸之众蒙楯将登，度令投以秽器，贼众不能冒。后呼此楼为焦度楼。事宁，度功居多，封东昌县子、东宫直阁将军。还都，为贵戚追叙郢城时褰露秽亵之事，其戆如此。

为人朴涩，欲就高帝求州，比及见，竟不涉一语。帝以其不闲政事，竟不用。后求竟陵郡，不知所以置辞，亲人授之辞百余言，度习诵数日，皆得上口。会高帝履行石头城，度于大众中欲自陈，临时卒忘所教，乃大言曰："度启公，度启公，度无食。"帝笑曰："卿何忧无食。"即赐米百斛。建元四年，乃除淮陵太守。性好酒，醉辄暴怒，上常使人节之。年虽老，而气力如故。除游击将军，卒。

曹武字士威，下邳人也。本名虎头。齐高帝镇东府，使武与戴僧静各领白直三百人。后为屯骑校尉，带南城令。石头平，封罗江县男。及高帝受禅，改封监利县。武帝即位，累迁骁骑将军。帝以虎头名鄙，敕改之。郁林即位，进号前将军。隆昌元年，为雍州刺史。建武二年，进爵为侯。东昏即位，为前将军、镇军司马。永元元年，始安王遥光反，武领军屯青溪大桥。事宁，转散骑常侍、右卫将军。

武形干甚毅，善于诱纳。晚节在雍州，致见钱七千万，皆厚轮大郭，他物称是，马八百匹。仆妾蔬食，膳无膏腴。尝为梅虫儿、茹法珍设女伎，金翠曜眼，器服精华，虫儿等因是欲诬而夺之。人传武每好风景，辄开库招拍张武戏。帝疑武旧将领，兼利其财，新除未及拜，遇诛。

及收兵至，叹曰："诸人知我无异意，所以杀我，政欲取吾财货伎女耳。恨令众辈见之。"诸子长成者皆见诛，唯子世宗兄弟三人未冠，系尚方，梁武帝兵至得免。

武虽武士，颇有知人鉴。梁武及崔慧景之在襄阳，于时崔方贵盛，武性俭啬，无所饷遗，独馈梁武，谓曰："卿必大贵，我当不及见，今以弱子相托。"每密送钱物并好马。时帝在戎多乏，就武换借，未尝不得，遂至十七万。及帝即位，忘其惠。天监二年，帝忽梦如田塍下行，两边水深无底，梦中甚惧。忽见武来负，武帝得过，曰："卿今为天下主，乃尔忘我顾托之言邪？我儿饥寒无依，昔所换十七万，可还其市宅。"帝觉，即使主书送钱还之，使用市宅。子世澄、世宗并蒙抽擢，三二年间，迭为大郡。

世宗性严明，颇识兵势，末遂封侯富显。历位太子左卫率。卒，赠左散骑常侍、左卫将军，谥曰壮侯。

吕安国，广陵人也。宋大明末，以将领见任，隐重有干局，为刘勔所称。泰始二年，为勔军副，征殷琰，以功封锺武县男。累迁兖州刺史。及沈攸之事起，齐高帝以安国为湘州刺史。建元元年，进爵为侯。转右卫将军，加给事中。后改封湘乡侯。武帝即位，累迁光禄大夫，加散骑常侍。安国欣有文授，谓其子曰："汝后勿裤褶驱使，单衣犹恨不称，当为朱衣官也。"历都官尚书，太子左率，领军将军。安国累居将率，在朝以宿旧见遇。寻迁散骑常侍、金紫光禄大夫，给扶。永明八年，卒，谥肃侯。

周山图，字季寂，义兴义乡人也。家世寒贱。年十五六，气力绝众，食啖恒兼数人。乡里猎戏集聚，常为主帅，指麾处分皆见从。不事产业，恒愿为将，虽勇健而不闲弓马。于书题甚拙，谨直少言，不尝说人短长。与人周旋，皆白首不异。

宋元嘉二十七年，魏军至瓜步，台符取健儿，山图应募，领白衣队主。军功除员外郎，加振武将军。及镇军将军张永侵魏，山图领二千人迎运至武原，为魏军所追，合战多伤杀，魏军称其勇，呼为武原将。及永军大败，山图收散卒，守下邳城。还除给事中、冗从仆射、直阁将军。

山图好酒多失，明帝数加怒诮，后遂自改。累迁淮南太守。时盗发桓温冢，大获宝物，客窃取以遗山图。山图不受，簿以还官。迁左中郎将。

齐高帝辅政，山图密启沈攸之久有异图，宜为之备，帝笑而纳之。攸之事起，武帝为西讨都督，启山图为军副。攸之攻郢城，武帝令山图量其形势。山图曰："攸之为人，性度险刻，无以结固士心。如顿兵坚城之下，适所以为离散之渐耳。"及攸之败，高帝谓曰："周公前言，可谓明于见事矣。"

建元元年，封晋兴县男。武帝践阼，迁竟陵王镇北司马，带南平昌太守。以盆城之旧，出入殿省，甚见亲信。义乡县长风庙神姓邓，先经为县令，死遂发灵，山图启乞加神位辅国将军，上答曰："足狗肉便了事，何用阶级为。"转黄门郎，领羽林监、四厢直卫。山图于新林立墅舍，晨夜往还。上谓曰："卿罢万人都督而轻行郊外，自今往墅，可以仗身自随，以备不虞。"及疾，上手敕问疾。寻卒，年六十四。

周盘龙，北兰陵人也。胆气过人，尤便弓马。宋泰始中，以军功封晋安子。元徽二年，桂阳构难，盘龙时为冗从仆射，随齐高帝顿新亭。稍至骁骑将军，改封沌阳侯。

高帝即位，进号右将军。建元元年，魏攻寿春，以盘龙为军主，假节，助豫州刺史垣崇祖拒魏，大破之。上闻之喜，下诏称美，送金钗以二十枚，与其爱妾杜氏。手敕曰："饷周公阿杜。"

明年，魏攻淮阳，围角城。先是，上遣军主成买戍角城，辞于王俭曰："今段之行，必以死报。衡门蓬户，不朱斯白。小人弱息当得一子。"俭问其故，答曰："若不杀贼，便为贼杀。弱息不为世子，便为孝子。孝子则门加素垩，世子则门施丹赭。"至是，买被围，上遣领军将军李安人救之，敕盘龙率马步下淮阳就李安人。买与魏拒战，手所伤杀无数。晨起，手中忽有数升血，其日遂战死。首见斩，犹尸据鞍奔还军，然后僵。

盘龙子奉叔单马率二百余人陷阵，魏军万余骑张左右翼围之。一骑走还，报奉叔已没，盘龙方食，弃筋，驰马奋槊直奔魏阵，自称"周公来"。魏人素畏盘龙骁名，莫不披靡。时奉叔已大杀魏军，得出在外，盘龙不知，乃东西触击，魏军莫敢当。奉叔见其父久不出，复跃马入阵，父子两骑萦搅数万人，魏军大败。盘龙父子由是名播北国。形甚羸，而临军勇果，诸将莫逮。

永明五年，为大司马，加征虏将军、济阳太守。武帝数讲武，尝令盘龙领马军，校骑骋槊。后以疾，为光禄大夫。寻出为兖州刺史，进爵为侯。角城戍将张蒲与魏潜通，因大雾乘船入清中采樵，载魏人直向城东门，坐为有司所奏，诏白衣领职。八坐寻奏复位，加领东平太守。盘龙表年老才弱，不可镇边，求解职，见许。还为散骑常侍、光禄大夫。武帝戏之曰:"卿著貂蝉,何如兜鍪?"盘龙曰:"此貂蝉从兜鍪中生耳。寻病卒,年七十九。

子奉叔,勇力绝人,少随盘龙征讨,所在暴掠。为东宫直阁将军。

郁林在西州,奉叔密得自进。及即位,与直阁将军曹道刚为心膂。奉叔善骑马,帝从其学骑,尤见亲宠,得入内,无所忌惮。陵轹朝士,就司空王敬则换米二百斛,敬则以百斛与之,不受。敬则大惧,乃更饷二百斛并金铃等物。敬则有一内妓,帝令奉叔求。奉叔不通迳前,从者执单刀皆半拔,敬则跣走入内。既而自计不免,乃出,遥呼奉叔曰:"弟那忽能顾?"奉叔宣旨求妓,意乃得释。

与綦母珍、曹道刚、朱隆之共相唇齿,煽弄威权。奉叔常翼单刀二十口,出入禁闱,既无别诏,门卫莫敢诃。每语人云:"周郎刀不识君。"求武帝御角及舆,并求御仗以给左右,事无不从。又求黄门郎,明帝作辅,固执不能得,乃令萧谌,萧坦之说帝出奉叔为外镇,树腹心。又说奉叔以方伯之重,奉叔纳其言。

隆昌元年,出为青、冀二州刺史。奉叔就帝求千户侯,帝许之,明帝以为不可。忽谓萧谌曰:"若不能见与千户侯,不复应减五百户,不尔,周郎当就刀头取办耳。"既而封曲江县男,奉叔大怒,于众中攘刀,厉目切齿。明帝说谕乃受。及将之镇,明帝虑其不可复制,因其早入,引往后堂,执送廷尉尽之。

王广之字士林,一字林之,沛郡相人也。少好弓马,便捷有勇力。

初为马队主,随刘勔征殷琰。兵既盛而合肥戍又阻兵为寇。勔宣令军中,求征合肥者,以大郡赏之。广之曰:"若得将军所乘马,判能制之。"勔幢主皇甫肃谓勔曰:"广之敢夺节下马,可斩。"勔曰:"观其意,必能立功。"即推鞍下马与之。及行,合肥果拔,勔大赏之,即擢为军主。广之于勔前谓肃曰:"节下若从卿言,非唯斩壮士,亦自无以平贼。卿不赏才乃至此邪!"广之由此知名。初封蒲圻子。肃有学术，善举止，广之亦雅相推慕。勔亡后，肃更依广之，广之盛相赏接，启武帝以为东海太守，不念旧恶如此。

广之后以征伐功，位给事中、冠军将军，改封宁都县子。齐高帝废苍梧，出广之为徐州刺史，锺离太守。沈攸之事起，广之留都下，豫平石头，仍从高帝顿新亭。高帝诛黄回，回弟驷及从弟马、兄子奴亡逸。高帝与广之书曰："黄回虽有微勋，而罪过转不可容。近遂启请御大小二舆为刺史服饰，吾乃不惜为其启闻，政恐得舆复求画轮车。此外罪不可胜数，弟自悉之。今启依法。"令广之于江西搜捕驷等。

建元元年，进爵为侯。武帝即位，累迁右卫将军、散骑常侍、前军将军。延兴元年，为豫州刺史。豫废郁林，后拜镇南将军、江州刺史，进应城县公。建武中，位侍中，镇军将军，给扶。后卒，赠车骑将军，谥壮公。

子珍国字德重，仕齐为南谯太守。有能名。时郡境苦饥，乃发米散财以振穷乏。高帝手敕云："卿爱人活国，甚副吾意。"

永明初，迁桂阳内史，讨捕贼盗，境内肃清。罢任还都，路经江州，刺史柳世隆临渚饯别，见珍国还装轻素，叹曰："此真良二千石也。"还为大司马中兵参军。武帝雅相知赏，谓其父广之曰："珍国应堪大用，卿可谓老蚌也。"广之曰："臣不敢辞。"帝大笑。帝每叹曰："晚代将家子弟如珍国者少矣。"累迁游击将军，父忧去职。

建武末，魏军围司州，明帝使徐州刺史裴叔业攻拔涡阳，以为声援，起珍国为辅国将军助焉。魏将杨大眼大众奄至，叔业惧，弃军走。珍国率其众殿，故不至大败。及会稽太守王敬则反，珍国又率众拒之。永元中，为北徐州刺史，将军如故。

梁武起兵，东昏召珍国以众还都，使出屯朱雀门，为王茂所败。乃入城，密遣郗纂奉明镜献诚于梁武帝，帝断金以报之。时侍中、卫尉张稷都督众军，珍国潜结稷腹心张齐要稷，稷许之。十二月丙寅旦，珍国引稷于卫尉府勒兵，入自云龙门，杀东昏于内殿，与稷会尚书仆射王亮等于西锺下，使国子博士范云等奉东昏首归梁武。

后因侍宴，帝曰：“卿明镜尚存，昔金何在？”珍国曰：“黄金谨在臣肘，不敢失坠。”历位左卫将军，加散骑常侍，封滠阳侯。迁都官尚书。初，珍国自以废杀东昏，意望台鼎。先是出为梁、秦二州刺史，心常郁怏，酒后于坐启云：“臣近入梁山便哭。”帝大惊曰：“卿若哭东昏则已晚，若哭我，我复未死。”珍国起拜谢，竟不答，坐即散，因此疏退，久方有此进。

天监五年，魏任城王澄攻钟离，帝遣珍国为援，因问讨贼方略，对曰：“臣常患魏众少，不苦其多。”武帝壮其言，乃假节与众军同赴。魏军退，班师。又出为南秦、梁二州刺史，会梁州长史夏侯道迁以州降魏，珍国步道出魏兴，将袭之，不果，遂留镇焉。改封宜阳县侯，累迁丹阳尹。卒，赠车骑将军，谥曰威。子僧度嗣。

张齐字子响，冯翊郡人。少有胆气。初事荆州司马垣历生，历生酗酒，愚下严酷，不礼之。及吴郡张稷为荆府司马，齐复从之，甚见重，以为腹心。齐尽心事稷，稷为南兖州，擢为府中兵参军。

梁武帝起兵，东昏征稷归，都督宫城诸军事。齐夜引珍国就稷，齐手自执烛定谋。明旦，与稷、珍国即东昏于殿内，齐手杀焉。武帝受禅，封齐安昌侯，位历阳太守。齐手不知书，目不识字，在郡清整，吏事甚修。

天监四年，魏将王足攻蜀，围巴西。帝以齐为辅国将军，救蜀，未至，足退。齐进戍南安。迁巴西太守。初，南郑没于魏，乃于益州西置南梁州。州镇草创，皆仰益州取足。齐上夷獠义租，得米二十万斛。十一年，进假节，督益州外水诸军。齐在益部累年，讨击蛮獠，身无宁岁。其居军中，能身亲劳辱，与士卒同勤苦，自顿舍城垒，皆委曲得其便。调给衣粮资用，人无困乏。既为物情所归，蛮獠亦不敢犯，是以威名行于庸蜀。

巴西郡居益州之半，又当东道冲要，刺史经过，军府远涉多穷匮。齐缘路聚粮食，种蔬菜，行者皆取给焉。历南梁州刺史，迁信武将军、征西鄱阳王司马、新兴永宁二郡太守。未发，卒，谥曰壮。

　　论曰:宋氏将季,乱离日兆,家怀逐鹿,人有异图。高帝观衅深视,将符兴运。李安人、戴僧静、桓康、焦度、曹武、吕安国、周山图、周盘龙、王广之等,或早见诚款,或备尽心力,或受委方面,或功成麾下,其所以自致荣宠,夫岂徒然,盖亦验人心之有归,乐推之非妄也。《语》云:"勇而无礼则乱。"观夫奉叔取进之道,不亦几于乱乎。其致屠戮,亦其宜矣。珍国明镜虽在,而断金莫验,报骂之义,理则宜然,台辅之冀,其何爽也。张齐人位本下,志望易充,绩宣所莅,其殆优也。

南史卷四七
列传第三七

荀伯玉　　崔祖思 <small>祖思叔父景真</small>

<small>景真子元祖　祖思宗人文仲</small>　苏侃　虞惊

胡谐之　<small>范柏年</small>　虞玩之

刘休　江祏 <small>刘暄</small>

　　荀伯玉字弄璋，广陵人也。祖永，南谯太守。父阐之，给事中。伯玉仕宋为晋安王子勋镇军行参军。泰始初，随子勋举事。及事败，还都，卖卜自业。

　　齐高帝镇淮阴，伯玉为高帝冠军刑狱参军。高帝为宋明帝所疑，被征为黄门郎，深怀忧虑，见平泽有群鹤，仍命笔咏之曰："八风舞遥翮，九野弄清音，一摧云间志，为君苑中禽。"以示伯玉深指，伯玉劝高帝遣数十骑入魏界，安置标榜。魏果遣游骑数百履行界上，高帝以闻。犹惧不得留，令伯玉占。伯玉言"不成行"，而帝卒复本任。由是见亲待。高帝有故吏东莞竺景秀，尝以过系作部，高帝谓伯玉："卿比看景秀不？"答曰："数往侯之，备加责诮，云'若许某自新，必吞刀刮肠，饮灰洗胃'。"帝善其答，即释之，卒为忠信士。后随高帝还都，除奉朝请，高帝使主家事。武帝罢广兴还，立别宅，遣人于大宅掘树数株，伯玉不与，驰以闻。高帝善之。

　　高帝为南兖州，伯玉从转镇军中兵参军，带广陵令。初，高帝在淮阴,伯玉假还广陵,梦上广陵城南楼,上有二青衣小儿语伯玉云:"草中肃,九五相追逐。"伯玉视城下人头皆有草。泰始七年,又梦高帝乘船在广陵北渚,两腋下有翅不舒。伯玉问:"何当舒?"帝曰:"却后三年。"伯玉梦中自谓是咒师,凡六唾咒之,有六龙出,两腋下翅皆舒,还复敛。元徽二年,而高帝破桂阳,威名大震。五年,而废苍梧,谓伯玉曰:"卿梦今旦效矣。"

升平初,仍为高帝骠骑中兵参军,带济阳太守。霸业既建,伯玉忠勤尽心,常卫左右,加前将军,大见委信。齐建元元年,封南丰县子,为豫章王司空谘议,太守如故。时武帝在东宫,自以年长,与高帝同创大业,朝事大小悉皆专断,多违制度。左右张景真偏见任遇,又多僭侈。武帝拜陵还,景真白服乘画舸舳,坐胡床。观者咸疑是太子,内外祗畏,莫敢有言者。骁骑将军陈胤叔先已陈景真及太子前后得失,伯玉因武帝拜陵之后,密启之,上大怒。豫章王嶷素有宠,政以武帝长嫡,又南郡王兄弟并列,故武帝为太子,至是有改易之意。武帝东还,遣文惠太子、闻喜公子良宣敕诘责,并示以景真罪状,使以太子令收景真杀之。胤叔因白武帝,皆言伯玉以闻。武帝忧惧,称疾月余日。上怒不解,昼卧太阳殿,王敬则直入叩头,启请往东宫以慰太子。高帝无言,敬则因大声宣旨往东宫,命装束。又敕太官设馔,密遣人报武帝,令奉迎。因呼左右索舆,高帝了无动意。敬则索衣以衣高帝,仍牵上舆,遂幸东宫,召诸王宴饮,因游玄圃园。长沙王晃捉华盖,临川王映执雉尾扇,闻喜公子良持酒铛,南郡王行酒,武帝与豫章王嶷及敬则自捧肴馔。高帝大饮,赐武帝以下酒,并大醉尽欢,日暮乃去。是日微敬则,则东宫殆废。

高帝重伯玉尽心,愈见信,使掌军国密事,权动朝右。每暂休外,轩盖填门。尝遭母忧,成服日,左率萧景先、侍中王晏共载吊之。五更使巾车,未到伯玉宅二里许,王侯朝士已盈巷,至下鼓尚未得前,司徒褚彦回、卫军王俭俱进,继后方得前,又倚听事久之。中诏遣中书舍人徐希秀断哭止客,久方得吊。比出,二人饥乏,气息惙然,切齿形于声貌。明日入宫,言便云:"臣等所见二宫门及斋阁,方荀伯玉宅,政可设雀罗。"续复言:"外论云,千敕万令,不如荀公一命。"

武帝深怨伯玉,高帝临崩,指伯玉以属武帝。即位,伯玉忧惧。上闻之,以其与垣崇祖善,崇祖田业在江西,虑相扇为乱,加意抚之,伯玉乃安。永明元年,与崇祖并见诬,伏诛,而胤叔为太子左率。吕文显叹曰:"伯玉能谋太祖,而不能自谋,岂非天哉!"

初,伯玉微时,有善相墓者谓其父曰:"君墓当出暴贵者,但不得久耳。又出失行女子。"伯玉闻之曰:"朝闻道,夕死可矣。"顷之,伯玉姊当嫁,明日应行,今夕逃随人去,家寻求不能得,后遂出家为尼。伯玉卒败亡。

崔祖思字敬元,清河东武城人,魏中尉琰七世孙也。祖諲,宋冀州刺史。父僧护,州秀才。

祖思少有志气,好读书。年十八,为都昌令,随青州刺史垣护之入尧庙,庙有苏侯神偶坐,护之曰:"唐尧圣人,而与苏侯神共坐,今欲正之何如?"祖思曰:"使君若清荡此坐,则是尧庙重去四凶。"由是诸杂神并除。

齐高帝在淮阴,祖思闻风自结,为上辅国主簿,甚见亲待,参豫谋议。宋朝初议封高帝为梁公,祖思启高帝曰:"谶云:'金刀利刃齐刘之'。今宜称齐,实应天命。"从之。自相国从事中郎迁齐国内史。高帝既为齐王,置酒为乐,羹脍既至,祖思曰:"此味故为南北所推。"侍中沈文季曰:"羹脍吴食,非祖思所解。"祖思曰:"炰鳖脍鲤,似非句吴之诗。"文季曰:"千里莼羹,岂关鲁,卫。"帝甚悦,曰:"莼羹故应还沈。"

帝之辅政,众议将加九锡,内外皆赞成之,祖思独曰:"公以仁恕匡社稷,执股肱之义。君子爱人以德,不宜如此。"帝闻而非之,曰:"祖思远同荀令,岂孤所望也。"由此不复处任职之官,而礼见甚重。垣崇祖受密旨参访朝臣,光禄大夫垣阏曰:"身受宋氏厚恩,复蒙明公眷接,进不敢同,退不敢异。"祖思又曰:"公退让诚节,故宜

受之以礼。"次问冠军将军崔文仲，文仲问崇祖曰："卿意云何?"对
曰："圣人云'知几其神'，又云'见几而作'。"文仲抚髀曰："政与吾
意同。"崇祖具说之。及帝受禅，闳存故爵，文仲、崇祖皆封侯，祖思
加官而已。除给事中、黄门侍郎。

　　武帝即位，祖思启陈政事，以为"自古开物成务，必以教学为
先。宜太庙之南，弘修文序，司农以北，广开武校"。又曰："刘备取
帐构铜铸钱，以充国用;魏武遣女皂帐，婢十人;东阿妇以绣衣赐
死;王景兴以折米见诮。宋武节俭过人，张妃房唯碧绡蚊帱、三齐茈
席，五盏盘桃花米饭，殷仲文劝令畜伎，答云:'我不解声。'仲文曰:
'但畜自解。'又答:'畏解故不畜。'历观帝王，未尝不以约素兴、侈
丽亡也。伏惟陛下体唐成俭，蹈虞为朴，寝殿则素木卑构，膳器则陶
瓢充御。琼簪玉笏，碎以为尘，珍裘绣服，焚之如草。宜察朝土有柴
车蓬馆，高以殊等，驰禽荒色，长违清编，则调风变俗，不俟终日。"
又曰："宪律之重，由来尚矣。实宜清置廷尉，茂简三官，汉来习律有
家，子孙并传其业。今廷尉律生，乃令史门户，刑之不厝，抑此之
由。"又曰："案前汉编户千万，太乐伶官方八百二十九人，孔光等奏
罢不合经法者四百四十一人，正乐定员唯置三百八十八人。今户口
不能百万，而太乐雅郑，元徽时校试千有余人，后堂杂伎不在其数。
糜费力役，伤败风俗。今欲拨邪归道，莫若罢杂伎，王庭唯置锺虡羽
戚登歌而已。"上诏报答。

　　后为青，冀二州刺史，在政清勤，而谦卑下士，言议未尝及时
事，上更以敬重之。未几，卒，上深加叹惜。

　　祖思叔父景真，位平昌太守，有惠政，常悬一蒲鞭而未尝用。去
任之日，土人思之为立祠。

　　子元祖，有学行，好属文，仕至射声校尉。武帝取为延昌主帅。
从驾至何美人墓，上为悼亡诗，特诏元祖使和，称以为善。永明九
年，魏使李道固及蒋少游至。元祖言："臣甥少游有班，倕之功，今来
必令模写宫掖，未可令反。"上不从。少游果图画而归。元祖历位骁
骑将军，出为东海太守。上每思之，时节恒赐手敕，赏赐有加。时青

州刺史张冲启：“淮北频岁不熟，今秋始稔。此境邻接戎寇，弥须沃实，乞权断谷过淮南。”而徐、兖、豫、司诸州又各私断谷米，不听出境。自是江北荒俭，有流亡之弊。元祖乃上书，谓宜丰俭均之。书奏见从。

祖思宗人文仲，位徐州刺史，封建阳县子。在政为百姓所惧。除黄门侍郎，领越骑校尉，徙封随县。尝献高帝缠须绳一枚，上纳受。后卒于汝阴太守。赠徐州刺史，谥襄子。

苏侃字休烈，武邑人也。祖护，本郡太守。父端，州中从事。侃涉猎书传。薛安都反，引侃为其府参军，使掌书记。侃自拔南归，齐高帝在淮上，便自委结。高帝镇淮阴，取为冠军录事参军。

时高帝在兵久，见疑，乃作《塞客吟》以喻志曰：

宝纬紊宗，神经淡序，德晦河、晋，历宣江、楚。云雷兆壮，天山缅武。直发指秦关，凝精越汉渚。秋风起，塞草衰，雕鸿思，边马悲。平原千里顾，但见转蓬飞。星严海净，月澈河明，清晖映幕，素液凝庭。金筄夜厉，羽辔晨征。翰晴潭而怅泗，枻松洲而悼情。兰涵风而写艳，菊笼泉而散英。曲绕首燕之叹，吹轸绝越之声。歗园琴之孤弄，想庭藿之余馨。青关望断，白日西斜，恬源靓雾，垄首晖霞。戒旋鹬，跃还波。情绵绵而方远，思袅袅而遂多。粤击秦中之筑，因为塞上之歌。歌曰：朝发兮江泉，日夕兮陵山。惊飚兮沸汨，淮流兮潺湲。胡埃兮云聚，楚旆兮星悬。愁墉兮思宇，恻怆兮何言。定寰中之逸鉴，审雕陵之迷泉。悟樊笼之或累，怅遐心以栖玄。

侃达高帝此旨，更自勤厉，遂见委府事，深被知待。

桂阳之难，帝以侃为平南录事，领军主，从顿新亭，使分金银赋赐将士。后为帝太尉谘议。侃事高帝既久，备悉起居，乃与丘巨源撰《萧太尉记》，载帝征伐之功。封新建县侯。齐台建，为黄门郎，领射声校尉，任以心膂。帝即位，侃撰《圣皇瑞命记》一卷，奏之。建元元年，卒，上惜之甚至，谥质侯。

虞惊字景豫，会稽余姚人也。祖啸父，晋左户尚书。父秀之，黄门郎。惊少以孝闻，父病不欲见人，虽子弟亦不得前。时惊年十二三，昼夜伏户外，问内竖消息，问未知，转鸣咽流涕，如此者百余日。及亡，终丧日唯食麦饼二枚。

仕宋位黄门郎。宋明帝诛山阳王休佑，至葬日，寒雪厚三尺，故人无至者，唯惊一人来赴。初，齐武帝始从宦，家尚贫薄，惊数相分遗。每行必呼帝同载，帝甚德之。齐建元初，为太子中庶子，累迁豫章内史。

惊家富于财，而善为滋味。豫章王嶷盛馔享宾，谓惊曰："肴羞有所遗不？"惊曰："何曾《食疏》有黄颔臛，恨无之。"累迁太子右率。永明八年，大水，百官戎服救太庙，惊朱衣乘车卤簿，于宣阳门外入行马内驱逐人，被奏见原。上以惊布衣之旧，从容谓惊曰："我当令卿复祖业。"转侍中，朝廷咸惊其美。迁祠部尚书。武帝幸芳林园，就惊求味，惊献糒及杂肴数十舆，大官鼎味不及也。上就惊求诸饮食方，惊秘不出。上醉后体不快，惊乃献醒酒鲭鲊一方而已。

郁林王立，兼大匠卿，起休安陵，于陵所受局下牛酒，坐免官。隆昌元年，以白衣领职。郁林废，惊窃叹曰："王、徐遂缚裤废天子，天下岂有此理耶？"延兴元年，领右军。明帝立，惊称疾不陪位。帝使尚书令王晏赍废立事示惊，以惊旧人，引参佐命。惊谓晏曰："主上圣明，公卿戮力，宁假朽老以匡赞惟新乎，不敢闻命。"因恸不自胜。朝议欲纠之，仆射徐孝嗣曰："此亦古之遗直。"众议乃止。惊称疾笃还东，诏赐假百日。转给事中、光禄大夫，寻加正员常侍，卒。惊性敦实，与人知识，必相存访，亲疏皆有终始，世以此称之。

胡谐之，豫章南昌人也。祖廉之，书侍御史。父翼之，州辟不就。谐之仕宋，为邵陵王左军谘议。齐武帝为江州，以谐之为别驾，委以事任。建元二年，为给事中、骁骑将军。上方欲奖以贵族盛姻，以谐之家人语奚音不正，乃遣宫内四五人往谐之家教子女语。二年后，帝问曰："卿家人语音已正未？"谐之答曰："宫人少，臣家人多，非唯不能得正音，遂使宫人顿成奚语。"帝大笑，遍向朝臣说之。

永明五年，为左卫将军，加给事中。谐之风采瑰润，善自居处，兼以旧恩见遇，朝士多与交游。六年，迁都官尚书。上欲迁谐之，尝从容谓曰："江州有几侍中邪？"答曰："近世唯程道惠一人而已。"上曰："当令有二。"后以语尚书令王俭，俭意更异，乃以为太子中庶子，领左卫率。

谐之有识具，每朝廷官缺及应迁代，密量上所用人，皆如其言。虞悰以此称服之。既居权要，多所征求。就梁州刺史范柏年求佳马，柏年患之，谓使曰："马非狗子，那可得为应无极之求。'"接使人薄，使人致恨归，谓谐之曰："柏年云：'胡谐是何奚狗，无厌之求。'"谐之切齿致忿。时王玄邈代柏年，柏年称疾推迁不时还。谐之言于帝曰："柏年恃其山川险固，聚众欲擅一州。"及柏年下，帝欲不问，谐之又言："见兽格得而放上山。"于是赐死。十年，谐之转度支尚书，领卫尉。明年，卒。谥肃侯。

柏年本梓潼人，土断属梁州华阳郡。初为州将，刘亮使出都谐事，见宋明帝。帝言次及广州贪泉，因问柏年："卿州复有此水不？"答曰："梁州唯有文川、武乡、廉泉、让水。"又问："卿宅在何处？"曰："臣所居廉、让之间。"帝嗟其善答，因见知。历位内外，终于梁州刺史。

虞玩之字茂瑶，会稽余姚人也。祖宗，晋尚书库部郎。父玫，通直常侍。玩之少闲刀笔，泛涉书史。仕宋为乌程令。路太后外亲朱仁弥犯罪，玩之依法案之。太后怨，诉孝武，坐免官。

元徽中，为尚书右丞。齐高帝参政，与玩之书曰："张华为度支尚书，事不徒然。今漕藏有阙，吾贤居右丞，已觉金粟可积也。"玩之上表，陈府库钱帛，器械役力，州县转多，兴用渐广，虑不支月。朝议优报之。高帝镇东府，朝廷致敬，玩之为少府，犹蹑屐造席。高帝取屐亲视之，讹黑斜锐，莫断以芒接之。问曰："卿此屐已几载？"玩之曰：“初释褐拜征北行佐买之，著已三十年，贫士竟不办易。”高帝咨嗟，因赐以新屐。玩之不受，帝问其故，答曰：“今日之赐，恩华俱重，但著簪弊席，复不可遗，所以不敢当。”帝善之，拜骠骑谘议参军。霸府初开，宾客辐凑，高帝留意简接。玩之与乐安任遐俱以应对有席上之美，齐名见遇。玩之迁黄门郎。

先时，宋世人籍欺巧，及高帝即位，敕玩之与骁骑将军傅坚意检定之。建元二年，诏朝臣曰：“黄籍，人之大纲，国之政端。自顷氓俗巧伪，乃至窃注爵位，盗易年月，增损三状，贸袭万端。或户存而文书已绝，或人在而反托死叛，停私而云隶役，身强而称六疾。此皆政之巨蠹，教之深疵。若约之以刑，则人伪已远，若绥之以德，则胜残未易。诸贤并深明政体，各献嘉谋。”玩之表言便宜，多见采纳。于是朝廷乃别置校籍官，置令史，限人一日得数巧，以防懈怠。既连年不已，货贿潜通，百姓怨望。

富阳人唐寓之侨居桐庐，父祖相传图墓为业。寓之自云其家墓有王气，山中得金印，转相诳惑。永明二年冬，寓之聚党，遂陷富阳。至钱唐僭号，置太子。贼遂据郡，又遣伪会稽太守孙泓取山阴。时会稽太守王敬则朝正，故寓之谓可乘虚而袭。泓至浦阳江，而郡丞张思祖遣浃口戍主杨休武拒战，大破之。朝廷遣禁兵东讨，至钱唐，一战便散，禽斩寓之。进兵平诸郡县，台军乘胜，百姓颇被强夺。军还，上闻之，收军主、前军将军陈天福弃市。天福善马槊，为诸将法，上宠将也。既伏诛，内外莫不震肃。

玩之以久宦衰疾，上表告退，许之。玩之于人物好臧否，宋末，王俭举员外郎孔逿使魏，玩之言论不相饶，逿、俭并恨之。至是，玩之东归，俭不出送，朝廷无祖饯者。中丞刘休与亲知书曰：“虞公散发海隅，同古人之美，而东都之送，殊不蔼蔼。”玩之归家数年卒。其后，员外郎孔瑄就俭求会稽五官，俭方盥，投皂荚于地曰：“卿乡俗恶，虞玩之至死烦人。”

刘休字弘明，沛郡相人也。初为驸马都尉。宋明帝居藩，休为湘东国常侍，不为帝所知。袭祖南乡侯。友人陈郡谢俨同丞相义宣反，休坐匿之，被系尚方。孝武崩，乃得出。泰始初，诸州反，休素能筮，知明帝当胜，静处不预异谋。休之系尚方也，尚方令吴喜爱其才，后投吴喜，为喜辅师府录事参军。喜进之明帝，得在左右，板桂阳王征北参军。

帝颇有好尚，尤嗜饮食。休多艺能，爱至鼎味，莫不闲解，遂见亲赏，长直殿内。后宫孕者，帝使筮其男女，无不如占。帝憎妇人妒，尚书右丞劳彦远以善棋见亲，妇妒伤其面，帝曰："我为卿断之，何如？"彦远率尔从旨。其夕，遂赐药杀其妻。休妻王氏亦妒，帝闻之，赐休妾，敕与王氏二十杖。令休于宅后开小店，使王氏亲卖皂荚扫帚，以此辱之。其见亲如此。

寻除员外郎，领辅国司马，中书通事舍人，带南城令。后为都水使者，南康相。善谈政体，而在郡无异绩。齐建元初，为御史中丞。顷之启言："宋世载祀六十，历斯任者五十有三，校其年月，不过盈岁。于臣叨滥，宜请骸骨。"四年，出为豫章内史，卒。

宋末，造指南车，高帝以休有思理，使与王僧虔对共监试。又元嘉中，羊欣重王子敬正隶书，世共宗之，右军之体微轻，不复见贵。及休始好右军法，因此大行云。

江祏字弘业，济阳考城人也。祖遵，宁朔参军。父德麟，司徒右长史。祏姑为齐高帝兄始安贞王道生妃，追谥景皇后，生齐明帝。祏少为明帝所亲，恩如兄弟。明帝为吴兴，以祏为郡丞。后除通直郎，补南徐州别驾。明帝辅政，委以腹心，引为骠骑谘议参军，领南平昌太守。时新立海陵，人情未服，祏每说明帝以君臣大节，明帝转顾而不言。明帝胛上有赤痣，常秘不传，既而祏劝帝出以示人。晋寿太守王洪范罢任还，上祖示之曰："人皆谓此是日月相，卿幸无泄之。"洪范曰："公日月在躯，如何可隐？转当言之公卿。"上大悦。会直后张伯、尹瓒等屡谋窃发，祏忧虞无计，每夕辄托事外出。及明帝入纂议定，加祏宁朔将军。明帝为宣城王，太史密奏图纬云："一号当得十四年。"祏入,帝喜以示祏曰:"得此复何所望。"及即位,迁守卫尉,安陆县侯。祏祖遵以后父赠金紫光禄大夫,父德麟以帝舅亦赠光禄。

建武二年,迁左卫将军,掌甲仗廉察。四年,转太子詹事。祏以外戚亲要,权冠当时。魏军南伐,明帝欲以刘暄为雍州。暄时方希内职,不愿远役,投于祏。祏谓明帝曰:"昔人相暄得一州便蹶,今为雍州,傥相中乎。"上默然。俄召梁武帝谓曰:"今使卿为雍州,阃外一以相委。"祏既见任,遂远致饷遗,或取诸王名书好物,然家行甚睦,待子侄有恩。

永泰元年,明帝寝疾,转祏侍中,中书令,出入殿省。及崩,遗诏转尚书左仆射,祏弟卫尉祀为侍中,皇后弟刘暄为卫尉,与始安王遥光、徐孝嗣、萧坦之等辅政。诫东昏曰:"五年中,汝勿厝意。过此自览,勿复委人。"及即位,祏参掌选事。明帝虽顾命群臣,而意寄多在祏兄弟,至是更直殿内,动止关谘。

永元元年,领太子詹事。刘暄迁散骑常侍、右卫将军。帝稍欲行意,徐孝嗣不能夺。萧坦之虽时有异同,而祏坚意执制,帝深忌之。孝嗣谓祏曰:"主上稍有异同,讵可为相乖反?"祏曰:"但以见付,必无所忧。"左右小人会稽茹法珍、吴兴梅虫儿、东海祝灵勇、东冶军人俞灵韵、右卫军人丰勇之等,并为帝所委任。祏常裁折之,群小切齿。

帝失德既彰,祏议欲立江夏王宝玄。刘暄初为宝玄郢州行事,执事过刻。有人献马,宝玄欲看之,暄曰:"马何用看。"妃索煮肫,帐下谘暄,暄曰:"且已煮鹅,不烦复此。"宝玄恚曰:"舅殊无渭阳之情。"暄闻之亦不悦。至是,不同祏议,欲立建安王宝寅。密谋于遥光,遥光自以年长,属当鼎命,微旨动祏,祏弟祀以少主难保,劝祏立遥光。暄以遥光若立,已失元舅之望,不肯同。故祏迟疑久不决。遥光大怒,遣左右黄昙庆于青溪桥道中刺杀暄。昙庆见暄部伍人多,不敢发。事觉,暄告祏谋,帝处分收祏兄弟。祀时直在殿内,疑有异,遣信报祏曰:"刘暄似有谋,今作何计?"祏曰:"政当静以镇之。"俄而召祏入见，停中书省。先是，直斋袁文旷以王敬则勋当封，祏执不与。帝使文旷取祏，以刀环筑其心，曰："复能夺我封不？"祏、祀同日见杀。

祏任寄虽重，而不忘财利，论者以此少之。

祏等既诛，帝恣意游走，单骑奔驰，谓左右曰："祏常禁吾骑马，小子若在，吾岂能得此。"因问祏亲亲余谁，答曰："江祥今犹在冶。"乃于马上作敕，赐祥死。

祀字景昌，位晋安王镇北长史，南东海太守，行府州事。祀弟禧，早卒。有子廞，字伟卿，年十二，闻收至，谓家人曰："伯既如此，无心独存。"赴井死。

刘暄字士穆，彭城人。及闻祏等戮，眠中大惊，投出户外。问左右："收至未？"良久意定，还坐，大悲曰："不念江，行自痛也。"遥光事起，以讨暄为名。事平，暄迁领军将军，封平都县侯。其年，茹法珍、梅虫儿、徐世标谮暄有异志，帝曰："领军是我舅，岂应有此？"世标曰："明帝是武帝同堂，恩遇如此，尚灭害都尽，舅复焉可信。"乃诛之。暄为人性软弱，当轴居政，每事护江祏，群弟不得进官。死之日，皆怨之。

和帝中兴元年，赠祏卫将军，暄散骑常侍、抚军将军，并开府仪同三司，祀散骑常侍、太常卿。

论曰："君老不事太子"，义烈之遗训也，欲夫专心所奉，在节无二。伯玉始遵其事，旋及诛夷，有以验"行之惟艰"，且知齐武之非弘量矣。高帝作牧淮、衮，将兴霸业，崔、苏睹微知著，自同奔走。虞悰箪饵之恩，谐之心腹之寄，并得攀光日月，亦各时运之所跻乎。玩之臧否之尤，著在悬车之日，是知嗣宗所诫，盖亦远有致乎。江祏立辟非时，竟蹈龙逢之血，"人之多僻"，盖诗人所深惧也。

南史卷四八
列传第三八

陆澄　陆慧晓 子僟　孙缮　兄子闲

闲子绛　绛弟厥　厥弟襄　襄兄子云公

云公子琼　琼子从典　琼从弟琰　琰弟瑜　瑜从兄玠

从弟琛　陆杲 子罩

陆澄字彦深，吴郡吴人也。祖劭，临海太守。父瑗，州从事。澄少好学，博览无所不知，行坐眠食，手不释卷。

宋泰始初，为尚书殿中郎，议皇后讳，班下应依旧称姓。左丞徐爰案司马孚议皇后，《春秋》"逆王后于齐"，并不言姓。澄以意立议，坐免官，白衣领职。郎官旧坐杖，有名无实，澄在官积前后罚凡至千数。后兼左丞。泰始六年，诏皇太子朝服衮冕九章，澄与仪曹郎丘仲起议："服冕以朝，实著经文，秦除六冕，汉明还备。魏、晋以来，不欲令臣下服衮冕，故位公者加侍官。今皇太子礼绝群后，宜遵圣王盛典，革近代之制。"

累迁御史中丞。齐建元元年，骠骑谘议沈宪等家奴客为劫，子弟被劫，宪等晏然。左丞任遐奏澄不纠，请免澄官。上表自理，言"旧例无左丞纠中丞之义"。诏外详议。尚书令褚彦回检宋以来左丞纠正而中丞不纠免官者甚众，奏澄"谀闻肤见，贻挠后昆，上掩皇明，下笼朝议。请以见事，免澄所居官"。诏澄以白衣领职。

永明元年，累迁度支尚书，寻领国子博士。尚书令王俭谓之曰："昔曹志、缪悦为此官，以君系之，始无惭德。"俭尝问澄曰："崇礼门有鼓而未尝鸣,其义安在?"答曰:"江左草创,崇礼闼皆是茅茨,故设鼓,有火则扣以集众,相传至今。"又与俭书陈:"王弼注《易》,玄学之所宗。今若弘儒,郑注不可废。并言《左氏》杜学之长。《谷梁》旧有麋信,近益以范宁,不足两立。世有一《孝经》,题为郑玄注。观其用辞,不与注书相类。案玄自序所注众书,亦无《孝经》。且为小学之类,不宜列在帝典。"俭答曰:"《易》体微远,实贯群籍,岂可专据小王便为该备,依旧存郑,高同来说。元凯注传,超迈前儒,《谷梁》小书,无俟两注。存麋略范,率由旧式。凡此诸议,并同雅论。疑《孝经》非郑所注,仆以此书明百行之首,实人伦所先,《七略》、《艺文》并陈之六艺,不与《苍颉》、《凡将》之流也。郑注虚实,前代不嫌,意谓可安,仍旧立置。"俭自以博闻多识,读书过澄。澄谓曰:"仆少来无事,唯以读书为业,且年位已高。令君少便辚掌王务,虽复一览便谙,然见卷轴未必多仆。"俭集学士何宪等盛自商略,澄待俭语毕,然后谈所遗漏数百千条,皆俭所未睹,俭乃叹服。俭在尚书省出巾箱几案杂服饰,令学士隶事事多者与之,人人各得一两物,澄后来,更出诸人所不知事,复各数条,并旧物夺将去。

转散骑常侍,秘书监,吴郡中正,光禄大夫,加给事中,寻领国子祭酒。竟陵王子良得古器,小口方腹,而底平,可容十八升。以问澄,澄曰:"此名服匿,单于以与苏武。"子良详视器底有字,彷佛可识,如澄所言。隆昌元年,以老疾转光禄大夫,加散骑常侍。未拜,卒。谥静子。澄当世称为硕学,读《易》三年不解文义,欲撰《宋书》竟不成。王俭戏之曰:"陆公,书厨也。"家多坟籍,人所罕见。撰地理书及杂传,死后乃出。

澄弟鲜,得罪宋世,当死。澄于路见舍人王道隆叩头流血,以此见原。扬州主簿顾测以两奴就鲜质钱,鲜死,子晖诬为买券。澄为中丞,测遂为澄所抑,世以此少之。

陆慧晓字叔明,吴郡吴人,晋太尉玩之玄孙也。自玩至慧晓祖万载,世为侍中,皆有名行。慧晓伯父仲元,又为侍中,时人方之金、张二族。

父子真，仕宋为海陵太守。时中书舍人秋当见幸，家在海陵，假还葬父，子真不与相闻。当请发人修桥，又以妨农不许。彭城王义康闻而赏之。王僧达，贵公子孙，以才傲物，为吴郡太守，入昌门曰："彼有人焉。顾琛一公两掾，英英门户。陆子真五世内侍，我之流亚。"子真自临海太守眼疾归，为中散大夫，卒。

慧晓清介正立，不杂交游，会稽内史同郡张绪称之曰："江东裴、乐也。"初应州郡辟，举秀才，历诸府行参军。以母老还家侍养，十余年不仕。齐高帝辅政，除为尚书殿中郎。邻族来相贺，慧晓举酒曰："陆慧晓年逾三十，妇父领选，始作尚书郎，卿辈乃复以为庆邪？"高帝表禁奢侈，慧晓撰答诏草，为帝所赏，引为太傅东阁祭酒。齐建元初，迁太子洗马。

庐江何点常称"慧晓心如照镜，遇形触物，无不朗然。王思远恒如怀冰，暑月亦有霜气"。当时以为实录。慧晓与张融并宅，其间有池，池上有二株杨柳。点叹曰："此池便是醴泉，此木便是交让。"及武陵王晔守会稽，上为精选僚吏，以慧晓为征虏功曹，与府参军沛国刘琎同从述职。琎，清介士也，行至吴，谓人曰："吾闻张融与慧晓并宅，其间有水，此必有异味。"故命驾往，酌而饮之，曰："饮此水，则鄙吝之萌尽矣。"何点荐慧晓于豫章王嶷，补司空掾，加以恩礼。累迁安西谘议，领冠军录事参军。

武帝第三子庐陵王子卿为南豫州刺史，帝称其小名谓司徒竟陵王子良曰："乌熊痴如熊，不得天下第一人为行事，无以压一州。"既而曰："吾思得人矣。"乃使慧晓为长史、行事。别帝，问曰："卿何以辅持庐陵？"答曰："静以修身，俭以养性。静则人不扰，俭则人不烦。"上大悦。

后为司徒右长史，时陈郡谢朏为左长史，府公竟陵王子良谓王融曰："我府前世谁比？"融曰："明公二上佐，天下英奇，古来少见其比。"子良西邸抄书，令慧晓参知其事。寻迁西阳王征虏、巴陵王后军、临汝公辅国三府长史，行府州事。复为西阳王左军长史，领会稽郡丞,行郡事。隆昌元年,徙为晋熙王冠军长史、江夏内史,行郢州事。慧晓历辅五政,立身清肃,僚佐以下造诣,必起送之。或谓慧晓曰:"长史贵重,不宜妄自谦屈。"答曰:"我性恶人无礼,不容不以礼处人。"未尝卿士大夫,或问其故,慧晓曰:"贵人不可卿,而贱者乃可卿,人生何容立轻重于怀抱。"终身常呼人位。

建武初,除西中郎长史,行事、内史如故。俄征黄门郎,未拜,迁吏部郎。尚书令王晏选门生补内外要局,慧晓为用数人而止。晏恨之,送女妓一人,欲与申好,慧晓不纳。吏曹郎令史历政来谘执选事,慧晓任已独行,未尝与语。帝遣主书单景俊谓曰:"都令史谙悉旧贯,可共参怀。"慧晓谓景俊曰:"六十之年,不复能谙都令史为吏部郎也。上若谓身不堪,便当拂衣而退。"帝甚惮之。后欲用为侍中,以形短小乃止。

出为晋安王镇北司马、征北长史、东海太守,行府州事。入为五兵尚书,行扬州事。崔慧景事平,领右军将军,出监南徐州。朝议又欲以为侍中,王亮曰:"济、河须人,今且就朝廷借之,以镇南兖州。"王莹、王志皆曰:"侍中弥须英华,方镇犹应有选者。"亮曰:"角其二者,则貂珰缓,拒寇功。当今朝廷甚弱,宜从功者。"乃以为辅国将军、南兖州刺史,加督。至镇,俄尔以疾归。卒,赠太常。

三子:僚、任、倕,并有美名,时人谓之三陆。初授慧晓兖州,三子依次第各作一让表,辞并雅丽,时人叹伏。僚学涉子史,长于微言,美姿容,须眉如画。位西昌侯长史、蜀郡太守。

倕字佐公,少勤学,善属文。于宅内起两茅屋,杜绝往来,昼夜读书,如此者数岁。所读一遍,必诵于口。尝借人《汉书》,失《五行志》四卷,乃暗写还之,略无遗脱。幼为外祖张岱所异。岱尝谓诸子曰:"此儿,汝家阳元也。"十七,举本州秀才。刺史竟陵王子良开西邸,延英俊,倕预焉。

梁天监初,为右军安成王主簿,与乐安任昉友,为《感知己赋》以赠昉,昉因此名以报之。及昉为中丞,簪裾辐凑,预其宴者,殷芸、到溉、刘苞、刘孺、刘显、刘孝绰及倕而已,号曰:"龙门之游"。虽贵公子孙不得预也。迁临川王东曹掾。梁武帝雅爱倕才，乃敕撰《新漏刻铭》，其文甚美。迁太子中舍人。又诏为《石阙铭》，敕褒美之，赐绢三十匹。累迁太常卿，卒。子缵早慧，七岁通经，为童子郎，卒。次缅，有似于倕，一看殆不能别。

缮字士儒，倕兄子也。父任，御史中丞。幼有志尚，以雅正知名。梁承圣中，为中书侍郎，掌东宫管记。魏平江陵，缮微服遁还建邺。绍泰元年，除司徒右长史、御史中丞，以父任所终，固辞。陈武帝作辅，为司徒司马。及受命，位侍中。出为新安太守。文帝嗣位，征为中庶子，领步兵校尉，掌东宫管记。缮仪表端丽，进退闲雅，趋步蹑履，文帝使太子、诸王咸取则焉。后复拜御史中丞，犹以父所终固辞，不许，乃权换廨宇，徙以居之。太建中，历度支尚书，侍中，太子詹事，尚书右仆射。寻迁左仆射，参掌选事。别敕与徐陵等七人参议政事。卒，赠特进，谥曰安子。以缮东宫旧臣，特赐祖奠。

缮子辩慧，年数岁，诏引入殿内，进止有父风，宣帝因赐名辩慧，字敬仁。缮兄子见贤，亦方雅，位少府卿，卒。

闲字遐业，慧晓兄子也。有风概，与人交，不苟合。少为同郡张绪所知。仕至扬州别驾。齐明帝崩，闲谓所亲人曰："宫车晏驾，百司将听冢宰。主上地重才弱，必不能振，难将至矣。"乃感心疾，不复预州事。永元末，刺史始安王遥光据东府作乱，或劝去之。闲曰："吾为人吏，何可逃死。"台军攻陷城，闲以纲佐被收，至杜姥宅，尚书令徐孝嗣启闲不预逆谋。未及报，徐世标命杀之。

闲四子：厥、绛、完、襄也。

绛字魏卿，时随闲，抱颈求代死，不获，遂以身蔽刀刃，行刑者俱害之。

厥字韩卿，少有风概，好属文。齐永明九年，诏百官举士，同郡司徒左西曹掾顾皓之表荐厥，州举秀才。

时盛为文章，吴兴沈约、陈郡谢朓、琅邪王融，以气类相推毂，汝南周颙善识声韵。约等文皆用宫商，将平上去入四声，以此制韵，有平头、上尾、蜂腰、鹤膝。五字之中，音韵悉异，两句之内，角徵不

同,不可增减。世呼为"永明体"。沈约《宗书·谢灵运传》后又论其事,厥与约书曰:

范詹事《自序》:"性别宫商,识清浊,特能适轻重,济艰难。古今文人多不全了斯处,纵有会此者,不必从根本中来。"尚书亦云:"自灵均以来,此秘未睹。或暗与理合,匪由思至。张、蔡、曹、王曾无先觉,潘、陆、颜、谢去之弥远。"大旨欲"宫商相变,低昂舛节,若前有浮声,则后须切响,一简之内,音韵尽殊,两句之中,轻重悉异"。辞既美矣,理又善焉。但观历代众贤,似不都暗此处,而云"此秘未睹",近于诬乎。案范云"不从根本中来"。尚书云"匪由思至",斯则揣情谬于玄黄,摘句著其音律也。范又云"时有会此者",尚书云"或暗与理合"。则美咏清讴,有辞章调韵者,虽有差谬,亦有会合。推此以往,可得而言。夫思有合离,前哲同所不免,文有开塞,即事不得无之。子建所以好人讥弹,士衡所以遗恨终篇。既曰遗恨,非尽美之作。理可诋诃,君子执其诋诃,便谓合理为暗,岂如指其合理,而寄诋诃为遗恨邪。

自魏文属论,深以清浊为言,刘桢奏书,大明体势之致。龃龉妥帖之谈,操末续巅之说,兴玄黄于律吕,比五色之相宣。苟此秘未睹,兹论为何所指邪?愚谓前英已早识宫徵,但未屈曲指的,若今论所申。至于掩瑕藏疾,合少谬多,则临淄所云"人之著述,不能无病"者也。非知之而不改,谓不改则不知,斯曹、陆又称"竭情多悔无,不可力强"者也。今许以有病有悔为言,则必自知无悔无病之地。引其不了不合为暗,何独诬其一合一了之地乎?意者亦质文时异,今古好殊,将急在情物,而缓于章句。情物,文之所急,美恶犹且相半;章句,章之所缓,故合少而谬多。义兼于斯,必非不知明矣。《长门》、《上林》,殆非一家之赋,《洛神》、《池雁》,便成二体之作。孟坚精正,《咏史》无亏于东主,平子恢富,《羽猎》不累于凭虚。王粲《初征》,他文未能称是,扬脩敏捷,《暑赋》弥日不献。率意寡尤,则事促乎一日,翳翳愈伏,而理赊于七步。一人之思,迟速天悬,一家之文,工拙壤隔,何独宫商律吕,必责其如一邪?论者乃可言未穷其致,不得言曾无先觉也。

约答曰:

宫商之声有五,文字之别累万。以累万之繁,配五声之约,高下低昂,非思力所学,又非止若斯而已。十字之文,颠倒相配,字不过十,巧历已不能尽,何况复过于此者乎?灵均以来,未经用之于怀抱,固无从得其仿佛矣。若斯之妙,而圣人不尚,何耶?此盖曲折声韵之巧,无当于训义,非圣哲玄言之所急也,是以子云譬之。"雕虫篆刻",云"壮夫不为"。自古辞人岂不知宫羽之殊、商徵之别?虽知五音之异,而其中参差变动,所昧实多,故鄙意所谓"此秘未睹"者也。以此而推,则知前世文士,便未悟此处。若以文章之音韵,同弦管之声曲,美恶妍蚩,不得顿相乖反,譬犹子野操曲,安得忽有阐缓失调之声。以《洛神》比陈思他赋,有似异手之作,故知天机启,则律吕自调,六情滞,则音律顿舛也。士衡虽云焕若缛锦,宁有濯色江波,其中复有一片是卫文之服。此则陆生之言,即复不尽者矣。韵与不韵,复有精粗,轮扁不能言之,老夫亦不辩尽此。

约论四声,妙有诠辩,而诸赋亦往往与声韵乖。

时有王斌者,不知何许人,著《四声论》行于时。斌初为道人,博涉经籍,雅有才辩,善属文,能昌导而修容仪。尝弊衣于瓦官寺听云法师讲《成实论》,无复坐处,唯僧正慧超尚空席,斌直坐其侧。慧超不能平,乃骂曰:"那得此道人,禄蔌似队父唐突人。"因命驱之。斌笑曰:"既有叙勋僧正,何为无队父道人。"不为动。而抚机问难,辞理清举,四座皆属目。后还俗,以诗乐自乐,人莫能名之。

永元元年,始安王遥光反,厥父闲被诛,厥坐系尚方。寻有赦,厥感恸而卒,年二十八。文集行于世。

时有会稽虞炎,以文学与沈约俱为文慧太子所遇,意眄殊常,官至骁骑将军。

襄字师卿，厥第四弟也。本名衰，字赵卿。有奏事者误字为襄，梁武帝乃改为襄，字师卿。

天监三年，都官尚书范岫表荐襄，起家著作佐郎。后昭明太子统闻襄业行，启武帝引与游处。自庐陵王记室除太子洗马，迁中舍人，并掌管记。出为扬州中从事，以父终此官，固辞。武帝不许，听与府司马换解居之。

昭明太子敬耆老，襄母年将八十，与萧琛、傅昭、陆杲每月常遣存问，加赐珍羞衣服。襄母尝卒患心痛，医方须三升粟浆。时冬月，日又逼暮，求索无所，忽有老人诣门货浆，量如方剂，始欲酬直，无何失之，时以襄孝感所致。后为太子家令，复掌管记。母忧去职，襄年已五十，毁顿过礼，太子忧之，日遣使诫喻。

大通七年，为鄱阳内史。先是，郡人鲜于琛服食修道法，常入山采药，拾得五色幡眊，又于地中得石玺，窃怪之。琛先与妻别室，望琛所处常有异气，益以为神。大同元年，遂结门徒，杀广晋令王筠，号上愿元年，署置官属。其党转相诳惑，有众万余人，将出攻郡。襄先已率人吏修城隍为备，及贼至，破之，生获琛。时邻郡豫章、安成等守宰，案其党与，因求货贿，皆不得其实。或有善人尽室罹祸，唯襄郡枉直无滥。人作歌曰：“鲜于抄后善恶分，人无横死赖陆君。”

又有彭、李二家，先因忿争，遂相诬告。襄引入内室，不加责诮，但和言解喻之。二人感恩，深自悔咎。乃为设酒食，令其尽欢，酒罢同载而还，因相亲厚。人又歌曰：“陆君政，无怨家。斗既罢，仇共车。”在政六年，郡中大宁。郡人李睨等四百二十人诣阙拜表，陈襄德化，求于郡立碑，降敕许之。又表乞留襄，固乞还。

太清元年，为度支尚书。侯景围台城，以襄直侍中省。城陷，襄逃还吴。景将宋子仙进攻钱唐，会海盐人陆黯举义袭郡，杀伪太守苏单于，推襄行郡事。时淮南太守文成侯萧宁逃贼入吴，襄遣迎宁为盟主，遣黯及兄子映公帅众蹑子仙，与战，黯败走，吴下军闻之亦散。襄匿于墓下，一夜忧愤卒。

襄弱冠遭家祸，释服犹若居忧，终身蔬食布衣，不听音乐，口不言杀害五十年。侯景平，元帝赠侍中，追封余干县侯。

云公字子龙，襄兄完子也。完位宁远长史，琅邪、彭城二郡丞。云公五岁诵《论语》、《毛诗》，九岁读《汉书》，略能记忆。从祖倕与沛国刘显质问十事，云公对无所失，显叹异之。及长，好学，有才思。

为平西湘东王绎行参军。云公先制《太伯庙碑》，吴兴太守张缵罢郡经途，读其文，叹曰："今之蔡伯喈也。"缵至都掌选，言之武帝，召为尚书仪曹郎，入直寿光省，以本官知著作郎事。累迁中书、黄门郎，兼掌著作。

云公善弈棋，尝夜侍坐，武冠触烛火，帝笑谓曰："烛烧卿貂。"帝将用为侍中，故以此戏之。时天泉池新制鳊鱼舟，形狭而短，帝暇日常泛此舟，朝中唯引太常刘之遴、国子祭酒到溉、右卫朱异，云公时年位尚轻，亦预焉。

太清元年卒，张缵时为湘州，与云公叔襄兄晏子书曰："都信至，承贤兄子贤弟黄门殂逝，非唯贵门丧宝，实有识同悲。"其为士流称重如此。

云公从父兄才子，亦有才名，位太子中庶子，廷尉。与云公并有文集行于世。

云公子琼，字伯玉，幼聪慧，有思理。六岁为五言诗，颇有词采。

大同末，云公受梁武帝诏校定《棋品》，到溉、朱异以下并集。琼时年八岁，于客前覆局，由是都下号曰神童。异言之武帝，召见，琼风神警亮，进退详审，帝甚异之。十一，丁父忧，毁瘠有至性，从祖襄叹曰："此儿必荷门基，所谓一不为少。"及侯景作逆，携母避地于县之西乡，勤苦读书，昼夜无怠，遂博学，善属文。

陈天嘉中，以文学累迁尚书殿中郎。琼素有令名，深为陈文帝所赏。及讨周迪，陈宝应等，都官符及诸大手笔，并中敕付琼。迁新安王文学，掌东宫管记。及宣帝为司徒，妙简僚佐，吏部尚书徐陵荐琼于宣帝，言琼"识具优敏，文史足用，进居郎署，岁月过淹，左西掾缺，允膺兹选，虽阶次小逾，其屈滞已积"。乃除司徒左西掾。寻兼通直散骑常侍，聘齐。太建中，为给事黄门侍郎，转中庶子，领大著作，撰国史。后主即位，直中书省，掌诏诰。至德元年，除度支尚书，参选事，掌诰诏，并判廷尉、建康二狱事。初，琼父云公奉梁武敕撰《嘉瑞记》，琼述其旨而续焉，自永定讫于至德，勒成一家之言。迁吏部尚书，著作如故。琼详练谱牒，雅有识鉴。先是吏部尚书宗元饶卒，尚书左仆射袁宪举琼，宣帝未之用。至是居之，号为称职。

琼性谦俭，不自封植，虽位望日隆，而执志逾下。园池室宇，无所改作，车马衣服，不尚鲜华，四时禄俸，皆散之宗族，家无余财。暮年深怀止足，思避权要，恒谢疾不视事。俄丁母忧。初，琼之侍东宫，母随在官舍，及丧还乡，诏加赠，后主自制志铭，朝野荣之。琼哀慕过毁，以至德四年卒。有集二十卷，行于世。

子从典字由仪，幼聪敏。年八岁，读沈约集，见《回文研铭》，援笔拟之，便有佳致。十二作《柳赋》，其词甚美。从父瑜特所赏爱。及瑜将终，命家中坟籍皆付之，从典乃集瑜文为十卷，仍制集序，其文甚工。从典笃好学业，博涉群书。位太子洗马，司徒左西掾。陈亡入隋，位著作佐郎。尚书右仆射杨素奏从典续司马迁《史记》迄于隋，其书未就，坐弟受汉王谅职免。后卒于南阳县主簿。

琰字温玉，琼之从父弟也。父令公，梁中军宣城王记室参军。

琰幼孤，好学，有志操。州举秀才，累迁宣惠始兴王外兵参军，直嘉德殿学士。陈文帝听览余暇，颇留心史籍，以琰博学善占诵，引置左右。尝使制《刀铭》，琰援笔即成，无所点窜，帝嗟赏久之，赐衣一袭。俄兼通直散骑常侍，副琅邪王厚聘齐。至邺而厚卒，琰为使主，时年二十余，风气韶亮，占对闲敏，齐士大夫甚倾心焉。太建初，为武陵王明威府功曹史，兼东宫管记。丁母忧，去官，卒。至德二年，追赠司农卿。

琰寡欲，鲜矜竞，游心经籍，晏如也。所制文笔，多不存本，后主求其遗文，撰成二卷。

弟瑜字干玉，少笃学，美词藻。州举秀才，再迁军师晋安王外兵参军，东宫学士。兄琰时为管记，并以才学娱侍左右，时人比之二应。太建中，累迁太子洗马，中舍人。瑜聪敏强记，常受《庄》、《老》

于汝南周弘正,学《成实论》于僧滔法师,并通大旨。时皇太子好学,欲博览群书,以子集繁多,命瑜抄撰,未就而卒。太子为之流涕,亲制祭文,仍与詹事江总论述其美,词甚伤切。至德二年,追赠光禄卿。有集十卷。瑜有从父兄玠,从父弟琛。

玠字润玉,梁大匠卿晏子之子也。弘雅有识度,好学能属文。后主在东宫,征为管记,仍兼中舍人。寻以疾失明,将还乡里,太子解衣赠之,为之流涕。太建八年,卒。至德二年,追赠少府卿。有集十卷。

琛字洁玉,宣毅临川王长史丘公之子也。少警俊,事后母以孝闻。后主嗣位,为给事黄门侍郎,中书舍人,参掌机密。琛性颇疏,坐漏泄禁中语,诏赐死。

陆杲字明霞,吴郡吴人也。祖徽,字休猷,宋补建康令。清平无私,为文帝所善。元嘉十五年,除平越中郎将、广州刺史,加督。清名亚王镇之,为士庶所爱咏。二十三年,为益州刺史,亦加督,恤隐有方,威惠兼著,寇盗静息,人物殷阜,蜀土安之。卒于官。身亡之日,家无余财。文帝甚痛惜之,谥曰简子。父睿,扬州中从事。

杲少好学,工书画。舅张融有高名,杲风韵举止颇类。时称曰"无对日下,唯舅与甥"。为尚书殿中曹郎,拜日,八坐丞郎并到上省交礼,而杲至晚,不及时刻,坐免官。后为司徒从事中郎。

梁台建,为相国西曹掾。天监五年,位御史中丞。性婞直,无所顾望。时山阴令虞肩在任赃污数百万,杲奏收劾之。中书舍人黄睦之以肩事托杲,杲不答。梁武闻之以问杲,杲答曰:"有之。"帝曰:"识睦之不?"答曰:"臣不识其人。"时睦之在御侧,上指示曰:"此人是也。"杲谓曰:"君小人,何敢以罪人属南司。"睦之失色。领军将军张稷是杲从舅,杲尝以公事弹稷,稷因侍宴诉帝曰:"陆杲是臣亲通,小事弹臣不贷。"帝曰:"杲职司其事,卿何得为嫌。"杲在台,号不畏强御。

为义兴太守,在郡宽惠,为下所称。历左户尚书,太常卿,出为临川内史。将发，辞武帝，于坐通启，求募部曲。帝问："何不付所由呈闻？"杲答："所由不为受"。帝颇怪之，以其临路不咎问。后入为金紫光禄大夫，特进。卒，谥质子。

杲素信佛法，持戒甚精，著《沙门传》三十卷。

弟煦，学涉有思理，位太子家令，撰晋书未就，又著《陆史》十五卷，《陆氏骊泉志》一卷，并行于时。

子罩字洞元，少笃学，多所该览，善属文。简文居蕃，为记室参军，撰帝集序。稍迁太子中庶子，掌管记，礼遇甚厚。大同七年，以母老求去，公卿以下祖道于征虏亭，皇太子赐黄金五十斤，时人方之疏广。母终，后位终光禄卿。初，简文在雍州，撰《法宝联璧》，罩与群贤并抄掇区分者数岁。中大通六年，而书成，命湘东王为序。其作者有侍中、国子祭酒南兰陵萧子显等三十人，以比王象、刘邵之《皇览》焉。

论曰：陆澄学称博古，而用不合今。夫干将见重于时，贵其所以立断，于事未能周务，书厨得所讥矣。叔明持身有检，殆为人望，雅道相传，可谓载德者也。杲谅直见称，罩文以取达，亦足美乎。旧陆徽著传，事迹盖寡，今以附孙杲上云。

南史卷四九
列传第三九

庾杲之 叔父羕　王谌 从叔摛　何宪
孔逿　孔珪　刘怀珍 子灵哲
从父弟峻　刘沼　从子怀慰　怀慰子霁　杳　歆
怀珍从孙讦　怀珍族弟善明

庾杲之字景行，新野人也。祖深之，位义兴太守，以善政闻。父粲，为宋南郡王义宣丞相城局参军，王举兵，见杀。杲之幼有孝行，宋司空刘勔见而奇之，谓曰："见卿足使江汉崇望，杞梓发声。"

解褐奉朝请，稍迁尚书驾部郎。清贫自业，食唯有韭菹瀹韭生韭杂菜。任昉尝戏之曰："谁谓庾郎贫，食鲑尝有二十七种。"

累迁尚左丞。王俭谓人曰："昔袁公作卫军，欲用我为长史，虽不获就，要是意向如此。今亦应须如我辈人也。"乃用杲之为卫将军长史。安陆侯萧缅与俭书曰："盛府元僚，实难其选。庾景行泛渌水，依芙蓉，何其丽也。"时人以入俭府为莲花池，故缅书美之。

历位黄门、吏部郎，御史中丞，参大选。美容质，善言笑，尝兼侍中夹侍，柳世隆在御坐，谓齐武帝曰："庾杲之为蝉冕所映，弥有华采，陛下故当与其即真。"上甚悦。王俭仍曰："国家以杲之清美，所以许其假职。若以其即真，当在胡谐之后。"

武帝尝与朝臣商略，酒后谓群臣曰："我后当得何谥？"群臣莫有答者，王俭因目杲之，从容曰："陛下寿等南山，方与日月齐明，千载之后，岂是臣子轻所仰量。"时人雅叹其辩答。

杲之尝兼主客郎，对魏使。使问杲之曰："百姓那得家家题门帖卖宅？"答曰："朝廷既欲扫荡京洛，克复神州，所以家家卖宅耳。"魏使缩鼻而不答。

时诸王年少，不得妄称接人，敕杲之及济阳江淹五日一诣诸王，使申游好。再迁尚书吏部郎，参大选事，太子右卫率，加通直常侍。九年，卒。上甚惜之，谥曰贞子。

莘字休野，杲之叔父也。仕齐为骠骑功曹史。博涉群书，有口辩。永明中，与魏和亲，以莘兼散骑常侍，报使。还，拜散骑侍郎，知东宫管记事。

后为荆州别驾，前后纪纲皆致富饶，莘再为之，清身率下，杜绝请托，布被蔬食，妻子不免饥寒。齐明帝闻而嘉焉，手敕褒美，州里荣之。初，梁州人益州刺史邓元起功勋甚著，名地卑琐，愿名挂士流。时始兴忠武王憺为州将，元起位已高，而解巾不先州官，则不为乡里所悉，元起乞上籍出身州从事，憺命莘用之，莘不从。憺大怒，召莘责之曰："元起已经我府，卿何苟惜从事？"莘曰："府是尊府，州是莘州，宜须品藻。"憺不能折，遂止。

累迁会稽郡丞，行郡府事。时承凋弊之后，百姓凶荒，米斗至数千，人多流散。莘抚循甚有理，唯守公禄，清节愈厉，至有经日不举火。太守永阳王闻而馈之，莘谢不受。天监元年，卒。停尸无以敛，柩不能归。梁武帝闻之，诏赐绢百疋，谷五百斛。

初，莘为西楚望族，兄子杲之又有宠于齐武帝，莘早历显官。乡人乐蔼有干用，素与莘不平，互相陵竞。蔼事齐豫章王嶷，嶷薨，蔼仕不得志，自步兵校尉求助戍归荆州。时莘为州别驾，益忽蔼。及梁武帝践阼，蔼以西朝勋，为御史中丞，莘始得会稽行事，既耻之矣；会职事微有谴，帝以蔼其乡人也，使宣旨诲之。莘大愤，故发病卒。

子乔，复仕为荆州别驾，时元帝为荆州刺史，而州人范兴话以寒贱仕叨九流，选为州主簿，又皇太子令及之，故元帝勒乔听兴话到职。及属元日，府州朝贺，乔不肯就列，曰："庾乔忝为端右，不能与小人范兴话为雁行。"元帝闻,乃进乔而停兴话。兴话羞惭,还家愤卒。世以乔为不坠家风。

乔子夐,少聪慧,家富于财,好宾客,食必列鼎。又状貌丰美,颐颊开张,人皆谓夐必为方伯,无馁乏之虑。及魏克江陵,卒致饿死。时又有水军都督褚萝,面甚尖危,有从理入口,竟保衣食而终。

王谌字仲和,东海郯人,晋少傅雅玄孙也。祖庆,员外常侍。父元闵,护军司马。

宋大明中,沈昙庆为徐州,辟谌为迎主簿,又为州迎从事,湘东王彧国常侍,镇北行参军。及彧即帝位,是为明帝,除司徒参军,带薛令,兼中书舍人。谌有学义,见亲遇,常在左右。帝所行惨僻,谌屡谏不从,请退,坐此系尚方。后拜中书侍郎。明帝好围棋,置围棋州邑,以建安王休仁为围棋州都大中正,谌与太子右率沈勃、尚书水部郎庾珪之、彭城丞王抗四人为小中正,朝请褚思庄、傅楚之为清定访问。后为尚书左丞,领东观祭酒,即明帝所置总明观也。迁黄门郎。

齐永明初,累迁豫章王太尉司马。武帝与谌相遇于宋明之世,甚委任之。历黄门郎,领骁骑将军,太子中庶子。谌贞正和谨,朝廷称为善人,多与之厚。八年,转冠军将军、长沙王车骑长史,徙庐江王中军长史,又徙西阳王子明征虏长史,行南兖府州事。谌少贫,常自纺绩,及通贵后,每为人说之,世称其达。九年,卒。

谌从叔摛,以博学见知。尚书令王俭尝集才学之士,总校虚实,类物隶之,谓之"隶事",自此始也。俭尝使宾客隶事多者赏之,事皆穷,唯庐江何宪为胜,乃赏以五花簟,白团扇。坐簟执扇,容气甚自得。摛后至,俭以所隶示之曰:"卿能夺之乎?"摛操笔便成,文章既奥,辞亦华美,举坐击赏。摛乃命左右抽宪簟,手自擎取扇,登车而去。俭笑曰:"所谓大力者负之而趋。"竟陵王子良校试诸学士,唯摛问无不对。

为秣陵令,清直,请谒不行。羽林队主潘敞有宠二宫,势倾人主。妇弟犯法，敞为之请摛，摛投书于地，更鞭四十。敞怒，潜之，明日而见代。永明八年，天忽黄色照地，众莫能解。司徒法曹王融上《金天颂》，摛曰："是非金天，所谓荣光。"武帝大悦，用为永阳郡。后卒于尚书左丞。

何宪字子思，庐江灊人。博涉该通，群籍毕览，天阁宝秘，人间散逸，无遗漏焉。任昉、刘沨共执秘阁四部书，试问其所知，自甲至丁，书说一事，并叙述作之体，连日累夜，莫见所遗。宗人何遁，退让士也，见而美之，愿与为友。宪位本州别驾，国子博士。永明十年，使于魏。

时又有孔逿，字世远，会稽山阴人也。好典故学，与王俭至交。升明中，为齐台尚书仪曹郎，屡箴阙礼，多见信纳。上谓王俭曰："逿真所谓仪曹，不忝厥职也。"俭为宰相，逿常谋议幄帐，每及选用，颇失乡曲情。俭从容启上曰："臣有孔逿，犹陛下之有臣。"永明中为太子家令，卒。时人呼孔逿、何宪为王俭三公。及卒，俭惜之，为撰祭文。

孔珪字德璋，会稽山阴人也。祖道隆，位侍中。父灵产，泰始中，晋安太守，有隐遁之志。于禹井山立馆，事道精笃。吉日于静屋四向朝拜，涕泣滂沱。东出过钱唐北郭，辄于舟中遥拜杜子恭墓。自此至都，东向坐，不敢背侧。元徽中，为中散大夫。颇解星文，好术数。齐高帝辅政，沈攸之起兵，灵产白高帝曰："攸之兵众虽强，以天时冥数而观，无能为也。"高帝验其言，擢迁光禄大夫，以籧盛灵产上灵台，令其占候。饷灵产白羽扇、素隐几，曰："君有古人之风，故赠君古人之服。"当世荣之。

珪少学涉，有美誉，太守王僧虔见而重之，引为主簿。举秀才，再迁殿中郎。高帝为骠骑，取为记室参军，与江淹对掌辞笔。为尚书左丞，父忧去官。与兄仲智还居父山舍。仲智姜李氏骄妒无礼，珪白太守王敬则杀之。永明中，历位黄门郎，太子中庶子，廷尉。江左承用晋时张、杜律二十卷，武帝留心法令，数讯囚徒，诏狱官详正旧注。先是尚书删定郎王植撰定律，奏之，削其烦害，录其允衷，取张斐注五百三十一条，杜预注七百九十一条，或二家两释于义乃备者，以取一百七条，其注相同者，取一百三条，集为一书，凡一千五百三十二条，为二十卷。请付外详校，摘其违谬。诏从之。于是公卿八座参议，考正旧注，有轻重处，竟陵王子良下意多使从轻。其中朝议不能断者，则制旨平决。至九年，珪表上《律文》二十卷，《录序》一卷，又立律学助教，依五经例，诏报从之。事竟不行。转御史中丞。

建武初，为平西长史、南郡太守。珪以魏连岁南伐，百姓死伤，乃上表陈通和之策，帝不从。征侍中，不行，留本任。珪风韵清疏，好文咏，饮酒七八斗。与外兄张融情趣相得，又与琅邪王思远、庐江何点、点弟胤并款交，不乐世务。居宅盛营山水，凭几独酌，傍无杂事。门庭之内，草莱不剪。中有蛙鸣，或问之曰：“欲为陈蕃乎？”珪笑答曰：“我以此当两部鼓吹，何必效蕃。”王晏尝鸣鼓吹侯之，闻群蛙鸣，曰：“此殊聒人耳。”珪曰：“我听鼓吹，殆不及此。”晏甚有惭色。

永元元年，为都官尚书，迁太子詹事，加散骑常侍。三年，珪疾，东昏屏除，以床舁之走，因此疾甚，遂卒。赠金紫光禄大夫。

刘怀珍字道玉，平原人，汉胶东康王寄之后也。其先刘植为平原太守，因家焉。祖昶，从慕容德南度河，因家于北海都昌。宋武帝平齐，以为青州中从事，位至员外常侍。伯父奉伯，宋世位至陈、南顿二郡太守。

怀珍幼随奉伯至寿阳，豫州刺史赵伯符出猎，百姓聚观，怀珍独避不视，奉伯异之，曰：“此儿方兴吾家。”本州辟主簿。

元嘉二十八年，亡命司马顺则聚党东阳，州遣怀珍将数千人讨平之。宋文帝问破贼事，怀珍让功不肯当，亲人怪问焉，怀珍曰：“昔国子尼耻陈河间之级，吾岂能论邦域之捷哉。”时人称之。江夏王义恭出镇盱台，道遇怀珍，以应对见重，取为骠骑长史，兼墨曹行参军。孝建初，为义恭大司马参军、直阁将军，随府转侍太宰参军。大明二年，以军功拜乐陵、河间二郡太守，赐爵广晋县侯。司空竟陵王诞反，郡人王弼门族甚盛，劝怀珍起兵助诞，怀珍杀之。帝嘉其诚，除豫章王子尚车骑参军。母忧去职。服阕，见江夏王义恭，义恭曰："别子多年，那得不老？"对曰："公恩未报，何敢便老。"义恭善其对。

累迁黄门郎，领虎贲中郎将。桂阳王休范反，加怀珍前将军，守石头。出为豫州刺史，加督。建平王景素反，怀珍遣子灵哲领兵赴建邺。沈攸之在荆楚，遣使人许天保说结怀珍，斩之，送首于齐高帝，封中宿县侯，进平南将军，增督二州。初，宋孝武世，齐高帝为舍人，怀珍为直阁，相遇早旧。怀珍假还青州，高帝有白骢马，啮人，不可骑，送与怀珍别。怀珍报上百匹绢。或谓怀珍曰："萧公此马不中骑，是以与君耳。君报百匹，不亦多乎？"怀珍曰："萧君局量堂堂，宁应负人此绢。吾方欲以身名托之，岂计钱物多少。"高帝辅政，以怀珍内资未多，征为都官尚书，领前将军。以第四子晃代为豫州刺史。或疑怀珍不受代，高帝曰："我布衣时，怀珍便推怀投款，况在今日，宁当有异。"晃发经日，疑论不止，上乃遣军主房灵人领百骑进送晃。谓灵人曰："论者谓怀珍必有异同，我期之有素，必不应尔。卿是其乡里，故遣卿行，非唯卫新，亦以迎故。"怀珍还，乃授相国右司马。及齐台建，朝士人人争为臣吏，以怀珍为宋台右卫。怀珍谓帝曰："人皆迎新，臣独送故，岂以臣笃于本乎？"齐建元元年，转左卫将军，加给事中，改封霄城侯。

怀珍年老，以禁旅辛勤，求为闲职，转光禄大夫。卒，遗言薄葬。赠雍州刺史，谥敬侯。

子灵哲字文明，位齐郡太守、前军将军。灵哲所生母尝病，灵哲躬自祈祷，梦见黄衣老公与药曰："可取此食之，疾立可愈。"灵哲惊觉，于枕间得之，如言而疾愈。药似竹根，于斋前种，叶似凫茈。嫡母崔氏及兄子景焕，泰始中，为魏所获。灵哲为布衣，不听乐。及怀珍卒，当袭爵，灵哲固辞，以兄子在魏，存亡未测，无容越当茅土。朝廷义之。灵哲倾产赎嫡母及景焕，累年不能得。武帝哀之，令北使者请之，魏人送以还南，袭怀珍封爵。灵哲位兖州刺史，隆昌元年卒。

峻字孝标，本各法武，怀珍从父弟也。父珽之，仕宋为始兴内史。峻生期月而珽之卒，其母许氏携峻及其兄法凤还乡里。宋泰始初，魏克青州，峻时年八岁，为人所略为奴至中山。中山富人刘宝愍峻，以束帛赎之，教以书学。魏人闻其江南有戚属，更徙之代都。居贫不自立，与母并出家为尼僧，既而还俗。峻好学，寄人庑下，自课读书，常燎麻炬，从夕达旦。时或昏睡，爇其须发，及觉复读，其精力如此。时魏孝文选尽物望，江南人士，才学之徒，咸见申擢，峻兄弟不蒙选拔。

齐永明中，俱奔江南，更改名峻，字孝标。自以少时未开悟，晚更厉精，明慧过人。苦所见不博，闻有异书，必往祈借。清河崔慰祖谓之"书淫"。于是博极群书，文藻秀出。故其《自序》云："黄中济济皆升堂，亦有愚者解衣裳。"言其少年鲁钝也。**时竟陵王子良招学士**，峻因人求为子良国职。吏部尚书徐孝嗣抑而不许，用为南海王侍郎，不就。至齐明帝时，萧遥欣为豫州，引为府刑狱，礼遇甚厚。遥欣寻卒，久不调。

梁天监初，召入西省，与学士贺踪典校秘阁。峻兄孝庆时为青州刺史，峻请假省之，坐私载禁物，为有司所奏免官。安成王秀雅重峻，及安成王迁荆州，引为户曹参军，给其书籍，使撰《类苑》。未及成，复以疾去，因游东阳紫岩山，筑室居焉。为《山栖志》，其文甚美。

初，梁武帝招文学之士，有高才者多被引进，擢以不次。峻率性而动，不能随众沉浮。武帝每集文士策经史事，时范云、沈约之徒皆引短推长，帝乃悦，加其赏赉。曾策锦被事，咸言已罄，帝试呼问峻，峻时贫悴冗散，忽请纸笔，疏十余事，坐客皆惊，帝不觉失色。自是恶之，不复引见。及峻《类苑》成，凡一百二十卷，帝即命诸学士撰《华林遍略》以高之，竟不见用。乃著《辩命论》以寄其怀。论成，中山刘沼致书以难之，凡再反，峻并为申析以答之。会沼卒，不见峻后报者，峻乃**为书以序其事**。其文论并多不载。

峻又尝为《自序》，其略云：

余自比冯敬通，而有同之者三，异之者四。何则？敬通雄才冠世，志刚金石；余虽不及之，而节亮慷慨。此一同也。敬通逢中兴明君，而终不试用；余逢命世英主，亦摈斥当年。此二同也。敬通有忌妻，至于身操井臼；余有悍室，亦令家道坎坷。此三同也。敬通当更始世，手握兵符，跃马肉食；余自少迄长，戚戚无欢。此一异也。敬通有子仲文，官成名立；余祸同伯道，永无血胤。此二异也。敬通膂力刚强，老而益壮；余有犬马之疾，溘死无时。此三异也。敬通虽芝残蕙焚，终填沟壑，而为名贤所慕，其风流郁烈芬芳，久而弥盛；余声尘寂莫，世不吾知，魂魄一去，将同秋草。此四异也。所以力自为序，遗之好事云。

峻本将门，兄法凤自北归，改名孝庆，字仲昌。早有干略，齐末为兖州刺史，举兵应梁武，封余干男，历官显重。峻独笃志好学，居东阳，吴、会人士多从其学。普通三年，卒，年六十。门人谥曰玄靖先生。

刘沼，字明信，中山魏昌人。六世祖舆，晋骠骑将军。沼幼善属文，及长，博学，位终秣陵令。

怀慰字彦泰，怀珍从子也。祖奉伯，宋元嘉中，为冠军长史。父乘人，冀州刺史，死于义嘉事。怀慰持丧，不食醯酱，冬日不用絮衣，养孤弟妹，事寡叔母，皆有恩义。仕宋为尚书驾部郎。怀慰宗从善明等为齐高帝心腹，怀慰亦预焉。

齐国建，上欲置齐郡于都下，议者以江右土沃，流人所归，乃置于瓜步，以怀慰为辅国将军、齐郡太守。上谓怀慰曰："齐邦是王业所基，吾方欲以为显任，经理之事，一以委卿。"有手敕曰："有文事必有武备，今赐卿玉环刀一口。"怀慰至郡，修城郭，安集居人，垦废田二百顷，决沉湖灌溉。不受礼谒，人有饷其新米一斛者，怀慰出所食麦饭示之曰："食有余，幸不烦此。"因著《廉吏论》以达其意。高帝闻之，手敕褒赏。进督秦、沛二郡，妻子在都，赐米三百石。兖州刺史柳世隆与怀慰书曰："胶东流化，颍川致美，以今方古，曾何足云。"

怀慰本名闻慰,武帝即位,以与舅氏名同,敕改之。后兼安陆王北中郎司马,卒。明帝即位,谓仆射徐孝嗣曰:"刘怀慰若在,朝廷不忧无清吏也。"子霁、杳、歊。

霁字士溰,九岁能诵《左氏传》。十四居父忧,有至性,每哭辄呕血。家贫,与弟杳、歊,励志勤学。及长,博涉多通。梁天监中,历位西昌相,尚书主客侍郎,海监令。霁前后宰二邑,并以和理称。后除建康令,不拜。母明氏寝疾,霁年已五十,衣不解带者七旬,诵《观世音经》数万遍。夜中感梦,见一僧谓曰:"夫人筹尽,君精诚笃志,当相为申延。"后六十余日乃亡。霁庐于墓,哀恸过礼,常有双白鹤循翔庐侧,处士阮孝绪致书抑譬焉。霁思慕不已,未终丧而卒。著《释俗语》八卷,文集十卷。

杳字士深,年数岁,征士明僧绍见之,抚而言曰:"此儿实千里之驹。"十三,丁父忧,每哭哀感行路。梁天监中,为宣惠豫章王行参军。杳博综群书,沈约、任昉以下,每有遗忘,皆访问焉。尝于约坐语及宗庙牺樽,约云:"郑玄答张逸谓为画凤凰尾婆娑然。今无复此器,则不依古。"杳曰:"此言未必可安。古者樽彝皆刻木为鸟兽,凿顶及背,以出内酒。魏时,鲁郡地中得齐大夫子尾送女器,有牺樽作牺牛形。晋永嘉中,贼曹嶷于青州发齐景公冢又得二樽,形亦为牛象。二处皆古之遗器,知非虚也。"约大以为然。约又云:"何承天纂文奇博,其书载张仲师及长颈王事,此何所出?"杳曰:"仲师长尺二寸,唯出《论衡》。长颈是毗骞王,朱建安《扶南以南记》云:'古来至今不死'。"约即取二书寻检,一如杳言。约郊居宅时新构阁斋,杳为赞二首,并以所撰文章呈约,约即命工书人题其赞于壁。仍报杳书,共相叹美。又在任昉坐,有人饷昉樝酒而作摭字,昉问杳:"此字是不?"杳曰:"葛洪《字苑》作木旁否。"昉又曰:"酒有千日醉,当是虚言。"杳曰:"桂阳程乡有千里酒,饮之至家而醉。亦其例。"昉大惊曰:"吾自当遗忘,实不忆此。"杳云:"出杨元凤所撰《置郡事》。元凤是魏代人,此书仍载其赋'三重五品,商溪摭里'。"昉即检杨记,言皆不差。王僧孺被使撰谱，访杳血脉所因。杳云："桓谭《新论》云：'太史《三代世表》旁行邪上，并效周谱。'以此而推，当起周代。"僧孺叹曰："可谓得所未闻。"周舍又问杳："尚书著紫荷橐，相传云挈囊，竟何所出？"杳曰："《张安世》传云：'持橐簪笔，事孝武皇帝数十年。'韦昭，张晏注并曰：'橐，囊也。簪笔以待顾问。'"范岫撰《字书音训》又访杳焉。寻佐周舍撰国史。

出为临津令，有善绩，秩满，县三百余人诣阙请留，敕许焉。后詹事徐勉举杳及顾协等五人，入华林撰《遍略》，书成，以晋安王府参军兼廷尉正，以足疾解。因著《林庭赋》，王僧孺见而叹曰："《郊居》以后，无复此作。"累迁尚书仪曹郎，仆射徐勉以台阁文议专委杳焉。出为余姚令，在县清洁。湘东王绎发教褒美之。

大通元年，为步兵校尉，兼东宫通事舍人。昭明太子谓曰："酒非卿所好，而为酒府之职，政为卿不愧古人耳。"太子有瓠食器，因以赐焉，曰："卿有古人之风，故遗卿古人之器。"俄有敕代裴子野知著作郎事。昭明太子薨，新宫建，旧人例无停者，敕特留杳焉。仆射何敬容奏转杳王府谘议，武帝曰："刘杳须先经中书。"仍除中书侍郎。寻为平西湘东谘议参军，兼舍人、著作如故。迁尚书左丞，卒。

杳清俭无所嗜好，自居母忧，便长断腥膻，持斋蔬食。临终遗命："敛以法服，载以露车，还葬旧墓，随得一地，容棺而已。不得设灵筵及祭醊。"其子遵行之。

撰《要雅》五卷，《楚辞草木疏》一卷，《高士传》二卷，《东宫新旧记》三十卷，《古今四部书目》五卷，文集十五卷，并行于世。

歆字士光，生夕有香气，氛氲满室。幼有识慧，四岁丧父，与群儿同处，独不戏弄。六岁诵《论语》、《毛诗》，意所不解，便能问难。十二读《庄子·逍遥篇》，曰："此可解耳。"客问之，随问而答，皆有情理，家人每异之，谓为神童。及长，博学有文才，不娶不仕，与族弟诩并隐居求志，邀游林泽，以山水书籍相娱而已。

奉母兄以孝悌称，寝食不离左右。母意有所须，口未及言，歆已先知，手自营办，狼狈供奉。母每疾病，梦歆进药，及翌日转有间效，其诚感如此。性重兴乐，尤爱山水，登危履险，必尽幽遐，人莫能及，皆叹其有济胜之具。常欲避人世，以母老不忍违。每随兄霁、杳从宦。

少时好施，务周人之急，人或遗之，亦不拒也。久而叹曰："受人者必报，不则有愧于人。吾固无以报人，岂可常有愧乎。"

天监十七年，忽著《革终论》，以为：

> 形者，无知之质；神者，有知之性。有知不独存，依无知以自立，故形之于神，逆旅之馆耳。及其死也，神去此馆，速朽得理。是以子羽沉川，汉伯方圹，文楚黄壤，士安麻索：此四子者，得理也。若从四子而游，则平生之志得矣。然积习生常，难卒改革，一朝肆志，傥不见从。今欲翦截烦厚，务存俭易，进不保尸，退毕常俗，不伤存者之念，有合至人之道，且张奂止用幅巾，王肃唯盟手足，范冉敛毕便葬，爰珍无设筵几，文度故舟为棺，子廉牛车载枢，叔起诫绝坟陇，康成使无卜吉。此数公者，尚或如之，况为吾人，而尚华泰。今欲仿佛景行，以为轨则。气绝不须复魂，盥漱而敛。以一千钱市成棺，单故裙衫，衣巾枕履。此外送往之具，棺中常物，一不得有所施。世多信李、彭之言，可谓惑矣。余以孔、释为师，差无此惑。敛讫，载以露车，归于旧山，随得一地，地足为坎，坎足容棺。不须砖甓，不劳封树，勿设祭飨，勿置几筵。其蒸尝继嗣，言象所绝，事止余身，无伤世教。

初，许之疾，歆尽心救疗。及卒，哀伤，为之诔，又著《悲友赋》以序哀情。忽有老人无因而至，谓曰："君心力坚猛，必破死生。但运会所至，不得久留一方耳。"弹指而去。歆心知其异，试遣寻之，莫知其所，于是信心弥笃，既而寝疾，恐贻母忧，乃自言笑，勉进汤药。谓兄霁、杳曰："两兄禄仕，足伸供养。歆之归泉，复何所憾。愿深割无益之悲。"十八年，年三十二，卒。

始沙门释宝志遇歆于兴皇寺，惊起曰："隐居学道，清净登仙。"如此三说。歆未死之春，有人为其庭中栽柿，歆谓兄子弇曰："吾不见此实，尔其勿言。"至秋而亡，人以为知命。亲故诔其行迹，谥曰贞节处士。

先是，有太中大夫琅邪王敬胤以天监八年卒，遗命："不得设复魄旌旐，一芦蘧藉下，一枚覆上。吾气绝便沐浴，蓝舆载尸，还忠侯大夫隧中。若不行此，则戮吾尸于九泉。"敬胤外甥许慧诏因阮研以闻。诏曰："敬胤令其息崇素，气绝便沐浴，藉以二芦蘧，凿地周身，归葬忠侯。此达生之格言，贤夫玉匣石椁远矣。然子于父命，亦有所从，有所不从。今崇素若信遗意，土周浅薄，属辟不施，一朝见侵狐鼠，戮尸已甚。父可以训子，子亦不可行之。外内易棺，此自奉亲之情，藉土而葬，亦通人之意。宜两舍两取，以达父子之志。棺周于身，土周于椁，去其牲奠，敛以时服。一可以申情，二可以称家。礼教无达，生死无辱，此故当为安也。"

诩字彦度，怀珍从孙也。祖承宗，宋太宰参军。父灵真，齐镇西谘议、武昌太守。

诩幼称纯孝，数岁父母继卒，诩居丧哭泣孺慕，几至灭性，赴吊者莫不伤焉。后为伯父所养，事伯母及昆姊，孝友笃至，为宗族所称。自伤早孤，人有误触其讳者，未尝不咸结流涕。长兄絜为娉妻，克日成婚，诩闻而逃匿，事息乃还。

本州刺史张稷辟为主簿，主者檄召诩，乃持檄于树而逃。陈留阮孝绪博学，隐居，不交当世，恒居一鹿床，环植竹木，寝处其中，时人造之，未尝见也。诩经一造，孝绪即顾以神交。诩族兄歆，又履高操，三人日夕招携，故都下谓之三隐。

诩善玄言，尤精意释典，曾与歆听讲锺山诸寺，因共卜筑宋熙寺东涧，有终焉之志。尚书郎何炯尝遇之于路，曰："此人风神颖俊，盖荀奉倩，卫叔宝之流也。"命驾造门，拒而不见。族祖孝标与书称之曰："诩超超越俗，如半天朱霞。歆矫矫出尘，如云中白鹤。皆俭岁之梁稷，寒年之纤纩。"诩尝著谷皮巾，披纳衣，每游山泽，辄留连忘返。神理闲正，姿貌甚华，在林谷之间，意气弥远，或有遇之者，皆谓神人。家甚贫苦，并日而食，隆冬之月，或无毡絮，诩处之晏然，人不觉其饥寒也。自少至长，无喜愠之色。每于可竞之地，辄以不竞胜之。或有加陵之者，莫不退而愧服，由是众论咸归重焉。

天监十七年，卒于歆舍。临终执歆手曰："气绝便敛，敛毕即埋，灵筵一不须立。勿设飨祀，无求继嗣。"歆从而行之。宗人至友，相与刊石立铭，谥曰玄贞处士。

善明，怀珍族弟也。父怀人，仕宋为齐、北海二郡太守。元嘉末，青州饥荒，人相食。善明家有积粟，躬食饘粥，开仓以救，乡里多获全济，百姓呼其家田为续命田。

善明少而静处读书，刺史杜骥闻名候之，辞不相见。年四十，刺史刘道隆辟为中从事。怀人谓善明曰："我已知汝立身，复欲见汝立官也。"善明应辟，仍举秀才。宋孝武见其策强直，甚异之。

泰始初，徐州刺史薛安都反，青州刺史沈文秀应之。时州居东阳城，善明家在郭内，不能自拔。伯父弥之诡说文秀求自效，文秀使领军主张灵庆等五千人援安都。弥之出门，密谓部曲曰："始免祸坑矣。"行至下邳，乃背文秀。善明从伯怀恭为北海太守，据郡相应。善明密契，收集门宗部曲，得三千人，夜斩关奔北海。族兄乘人又聚众勃海以应朝廷。而弥之寻为薛安都所杀，明帝赠青州刺史。以乘人为冀州刺史，善明为北海太守，除尚书金部郎。乘人病卒，仍以善明为冀州刺史。文秀既降，除善明海陵太守，郡境边海，无树木，善明课人种榆楸杂果，遂获其利。还为直阁将军。

五年，魏克青州，善明母在焉，移置代郡。善明布衣蔬食，哀戚如持丧，明帝每见，为之叹息。转巴西、梓潼二郡太守。善明以母在魏，不愿西行，泣涕固请，见许。朝廷多哀善明心事，元徽初遣北使，朝议令善明举人。善明举州乡北平田惠绍使魏，赎母还。

时宋后废帝新立，群臣执政，善明独事齐高帝，委身归诚。出为西海太守，行青冀二州刺史。善明从弟僧副与善明俱知名于乡里，泰始初，魏攻淮北，僧副将部曲二千人东依海岛。齐高帝在淮阴，壮其所为，召与相见，引为安成王抚军参军。后废帝肆暴，高帝忧恐，常令僧副微行，伺察声论。使密告善明及东海太守垣崇祖，使动魏兵。善明劝静以待之,高帝纳焉。

废帝见杀,善明为高帝骠骑谘议、南东海太守,行南徐州事。沈攸之反,高帝深以为忧。善明献计曰:"沈攸之控引八州,纵情蓄敛,苞藏贼志,于焉十年。性既险躁,才非持重,起逆累旬,迟回不进,岂应有所待也?"一则暗于兵机,二则人情离怨,三则有掣肘之患,四则天夺其魄。本疑其轻速,掩袭未备。今六师齐奋,诸侯同举,此已笼之鸟耳。"事平,高帝召善明还都,谓曰:"卿策沈攸之,虽张良、陈平,适如此耳。"仍迁太尉右司马。

齐台建,为右卫将军,辞疾不拜。司空褚彦回谓善明曰:"高尚之事,乃卿从来素意,今朝廷方相委待,讵得便学松、乔邪?"善明答曰:"我本无宦情,既逢知己,所以戮力驱驰。天地廓清,朝廷济济,鄙吝既申,不敢昧于富贵矣。"高帝践阼,以善明勋诚,欲与之禄,召谓曰:"淮南近畿,国之形胜,非亲贤不居,卿与我卧理之。"乃代明帝为淮南宣城二郡太守。遣使拜授,封新涂伯。善明至郡,上表陈事,凡一十一条:其一以为"天地开创,宜存问远方,广宣慈泽"。其二以为"京都远近所归,宜遣医药,问其疾苦,年九十以上及六疾不能自存者,随宜量赐"。其三以为"宋氏赦令,蒙原者寡。愚谓今下赦书,宜令事实相副"。其四以为"刘昶犹存,容能送死境上,诸城宜应严备"。其五以为"宜除宋氏大明以来苛政细制,以崇简易"。其六以为"凡诸土木之费,且可权停"。其七以为"帝子王女,宜崇俭约"。其八以为"宜诏百官及府、州、郡、县,各贡谠言,以弘广唐、虞之美"。其九以为"忠贞孝悌,宜擢以殊阶,清俭苦节,应授以政务"。其十以为"革命惟始,宜择才北使"。其十一以为"交州险复,要荒之表,宋末政苛,遂至怨叛。今宜怀以恩德,未应远劳将士,摇动边甿"。又撰《贤圣杂语》奏之,托以讽谏。上优诏答之。

又谏起宣阳门,表陈:"宜明守宰赏罚,立学校,制齐礼,开宾馆以接邻国。"上答曰:"夫赏罚以惩守宰,饰馆以待遐荒,皆古之善政,吾所宜勉。更撰新礼,或非易制。国学之美,已敕公卿。宣阳门今敕停。寡德多阙,思复有闻。"

善明身长七尺九寸,质素不好声色,所居茅斋,斧木而已。床榻几案,不加划削。少立节行,常云:"在家当孝,为吏当清,子孙楷式足矣。"及累为州郡,颇黩财贿。崔祖思怪而问之,答曰:"管子云,夷吾知我。"因流涕曰:"方寸乱矣,岂暇为廉。"所得金钱皆以赎母。及母至,清节方峻。所历之职,廉简不烦,俸禄散之亲友。

与崔祖思友善,祖思出为青、冀二州,善明遗书叙旧,因相勖以忠概。及闻祖思死,恸哭,仍得病。建元二年,卒。遗命薄殡。赠左将军、豫州刺史,谥烈伯。子涤嗣。

善明家无遗储,唯有书八千卷。高帝闻其清贫,赐涤家葛塘屯谷五百斛,曰:"葛屯亦吾之垣下,令后世知其见异。"

善明从弟僧副,字士云,位前将军,封丰阳男。卒于巴西、梓潼二郡太守。上图功臣像赞,僧副亦在焉。

兄法护,字士伯,有学业,位济阴太守。

论曰:《诗》称"抑抑威仪,惟人之则。"又云:"其仪不忒,正是四国。"观夫杲之风流所得,休野行已之度,盖其有焉。仲和性履所遵,德璋业尚所守,殆人望也。怀珍宗族文质斌斌,自宋至梁,时移三代,或以隐节取高,或以文雅见重。古人云立言立德,斯门其有之乎。

南史卷五〇
列传第四〇

刘瓛　弟琳　族子显　毅　　**明僧绍**
　子山宾　**庾易**　子黔娄　於陵　肩吾
刘虬　子之遴　之亨　虬从弟坦

　　刘瓛字子珪,沛郡相人,晋丹阳尹惔六世孙也。祖弘之,给事中。父惠,临贺太守。瓛笃志好学,博通训义。年五岁,闻舅孔熙先读《管宁传》,欣然欲读,舅更为说之,精意听受,曰:"此可及也。"

　　宋大明四年,举秀才,兄璲亦有名,先应举,至是别驾东海王元曾与瓛父惠书曰:"此岁贤子充秀,州闾可谓得人。"除奉朝请,不就。兄弟三人共处蓬室一间,为风所倒,无以葺之,怡然自乐,习业不废。聚徒教授,常有数十。丹阳尹袁粲于后堂夜集,闻而请之,指听事前古柳树谓瓛曰:"人谓此是刘尹时树,每想高风。今复见卿清德,可谓不衰矣。"荐为秘书郎,不见用。后拜安成王抚军行参军,公事免。瓛素无宦情,自此不复仕。袁粲诛,瓛微服往哭,并致赙助。

　　齐高帝践祚,召瓛入华林园谈语,问以政道,答曰:"政在《孝经》。宋氏所以亡,陛下所以得之是也。"帝咨嗟曰:"儒者之言,可宝万世。"又谓瓛曰:"吾应天革命,物议以为何如?"瓛曰:"陛下戒前轨之失,加之以宽厚,虽危可安,若循其覆辙,虽安必危。"及出,帝谓司徒褚彦回曰:"方直乃尔。学士故自过人。"敕瓛使数入,而瓛自非诏见,未尝到宫门。上欲用瓛为中书郎,使吏部尚书何戢喻旨。戢谓瓛曰:"上意欲以凤池相处,恨君资轻,可且就前除。少日当转国子博士,便即所授。"瓛笑曰:"平生无荣进意,今闻得中书郎而拜记室,岂本心哉。"后以母老阙养,拜彭城郡丞,司徒褚彦回宣旨喻之,答曰:"自省无廊庙才,所愿唯保彭城丞耳。"上又以瓛兼总明观祭酒,除豫章王骠骑记室参军,丞如故。瓛终不就。武陵王晔为会稽太守,上欲令瓛为晔讲,除会稽郡丞。学徒从之者转众。

永明初,竟陵王子良请为征北,司徒记室,瓛与张融,王思远书曰:

> 奉教使恭召,会当停公事;但念生平素抱,有乖恩顾。吾性拙人间,不习仕进,昔尝为行佐,便以不能及公事免黜,此眷者所共知也。量已审分,不敢期荣,凤婴贫困,加以疏懒,衣裳容发,有足骇者。中以亲老供养,褰裳徒步,脱尔逮今,二代一纪。先朝其更自修正,勉励于阶级之次,见其褴褛,或复赐以衣裳。袁、褚诸公,咸加劝励,终于不能自反也。一不复为,安可重为哉?昔人有以冠一免,不重加于首,每谓此得进止之仪。又上下年尊,益不愿居官次废晨昏也。先朝为此,曲申从许,故得连年不拜。既习此岁久,又齿长疾侵,岂宜摄斋河间之听,厕迹东平之僚?本无绝俗之操,亦非能偃蹇为高,此又听览所当深察者也。近初奉教,便自希得托迹客游之末,而固辞荣级,其故何邪?以古之王侯大人,或以此延四方之士,有追申、白而入楚,羡邹、枚而游梁,吾非敢叨夫曩贤,庶欲从九九之遗迹,既于闻道集泮不殊,而幸无职司拘碍,可得奉温清,展私计,志在此耳。

除步兵校尉,不拜。

瓛姿状纤小,儒业冠于当时,都下士子贵游,莫不下席受业,当世推其大儒,以比古之曹、郑。性谦率,不以高名自居,之诣于人,唯一门生持胡床随后。主人未通,便坐门待答。住在檀桥,瓦屋数间,上皆穿漏,学徒敬慕,不敢指斥,呼为青溪焉。竟陵王子良亲往修谒。七年,表武帝为瓛立馆,以杨烈桥故主第给之。生徒皆贺,瓛曰:

“室美岂为人哉，此华宇岂吾宅邪？幸可诏作讲堂，犹恐见害也。”未及徙居，遇疾。子良遣从瓛学者彭城刘绘、顺阳范缜将厨于瓛宅营斋。及卒，门人受学者并吊服临送。

瓛有至性，祖母病疽经年，手持膏药，渍指为烂。母孔氏甚严明，谓亲戚曰：“阿称便是今世曾子。”称，瓛小名也。年四十余，未有婚对。建元中，高帝与司徒褚彦回为瓛娶王氏女。王氏穿壁挂履，土落孔氏床上，孔氏不悦。瓛即出其妻。及居母忧，住墓下不出庐，足为之屈，杖不能起。此山常有鹐鸹鸟，瓛在山三年不敢来，服释还家，此鸟乃至。梁武帝少时尝经伏膺，及天监元年，下诏为瓛立碑，谥曰贞简先生。所著文集行于世。

初，瓛讲《月令》毕，谓学生严植之曰：“江左以来，阴阳律数之学废矣。吾今讲此，曾不得其仿佛。”学者美其退让，时济阳蔡仲熊礼学博闻，谓人曰：“五音本在中土，故气韵调平。今既东南土气偏诐，故不能感动木石。”瓛亦以为然。仲熊执经议论，往往与时宰不合，亦终不改操求同。故坎壈不进，历年方至尚书左丞，当时恨其不遇。

又东阳娄幼瑜，字季玉，著《礼捃拾》三十卷。

瓛弟琁，字子璇，方轨正直，儒雅不及瓛，而文采过之。宋泰豫中，为明帝挽郎。齐建元初，为武陵王晔冠军征虏参军。晔与僚佐饮，自割鹅炙。琁曰：“应刃落俎，是膳夫之事。殿下亲执鸾刀，下官未敢安席。”因起请退。与友人会稽孔逷同舟入东，于塘上遇一女子，逷目送曰：“美而艳。”琁曰：“斯岂君子所宜言乎，非吾友也。”于是解裳自隔。或曰：与友孔彻同舟入东，彻留目观岸上女子。琁举席自隔，不复同坐。兄瓛夜隔壁呼琁，琁不答，方下床著衣立，然后应。瓛怪其久，琁曰：“向束带未竟。”其立操如此。文惠太子召琁入侍东宫，每上事辄削草。寻署射声校尉，卒于官。

时济阳江重欣亦清介，虽处暗室，如对严宾，而不及琁也。重欣位至射声校尉。

显字嗣芳，瓛族子也。父觊字仲翔，博识强正，名行自居。幼为外祖臧质所鞠养。质既富盛，恒有音乐。质亡后，母没十许年，飐每闻丝竹之声，未尝不歔欷流涕。梁天监初，终于晋安内史。

显幼而聪敏，六岁能诵《吕相绝秦》、贾谊《过秦》。琅邪王思远、吴国张融见而称赏，号曰神童。族伯瓛，儒学有重名，卒无嗣，齐武帝诏显为后，时年八岁。本名颐，齐武以字难识，改名显。天监初，举秀才，解褐中军临川王行参军，俄署法曹。

显博涉多通。任昉尝得一缺简，文字零落，示诸人莫能识者。显见，云是古文《尚书》所删逸篇。昉检《周书》，果如其说。昉因大相赏异。丁母忧，服阕，尚书令沈约时领太子少傅，引为少傅五官。约为丹阳尹，命驾造焉，于坐策显经史十事，显对其九。约曰："老夫昏忘，不可受策。虽然，聊试数事，不可至十。"显问其五，约对其二。陆倕闻之击席喜曰："刘郎子可谓差人，虽吾家平原诣张壮武，王粲谒伯喈，必无此对。"其为名流推赏如此。

五兵尚书傅昭掌著作，撰国史。显自兼廷尉正被引为佐。及革选尚书五都，显以法曹兼吏部郎。后为尚书仪曹郎。尝为《上朝诗》，沈约见而美之，命工书人题之于郊居宅壁。后兼中书通事舍人，再迁骠骑鄱阳王记室，兼中书舍人。后为中书郎，舍人如故。

显与河东裴子野、南阳刘之遴、吴郡顾协连职禁中，递相师友，人莫不慕之。显博闻强记，过于裴、顾。时波斯献生师子，帝问曰："师子有何色?"显曰："黄师子超不及白师子超。"魏人送古器，有隐起字无识者，显按文读之无滞，考校年月，一字不差。武帝甚嘉焉。

迁尚书左丞，除国子博士。时有沙门讼田，帝大署曰"贞"。有司未辩，遍问莫知。显曰："贞字文为与上人。"帝因忌其能，出之。后为云麾邵陵王长史、寻阳太守。魏使李谐至闻之，恨不相识，叹曰："梁德衰矣。善人国之纪也，而出之，无乃不可乎。"王迁镇郢州，除平西府谘议参军。久在府不得志。大同九年，终于夏口，时年六十三。凡佐两府，并事骄王，人为之忧，而反见礼重。友人刘之遴启皇太子为之铭志，葬于秣陵县刘真长旧茔。

子荛、恁、臻。臻早有名，载《北史》。

显从弟彀字仲宝。形貌短小，儒雅博洽，善辞翰。随湘东王在蕃十余年，宠寄甚深。当时文檄皆其所为。位吏部尚书、国子祭酒。魏克江陵，入长安。

明僧绍字休烈，平原鬲人，一字承烈。其先吴太伯之裔，百里奚子孟明，以名为姓，其后也。祖玩，州中从事。父略，给事中。僧绍明经，有儒术。宋元嘉中，再举秀才，永光中，镇北府辟功曹，并不就。隐长广郡崂山，聚徒立学。魏克淮南，乃度江。

升明中，齐高帝为太傅，教辟僧绍及顾欢、臧荣绪，以旌币之礼征为记室参军，不至。僧绍弟庆符为青州，僧绍乏粮食，隋庆符之郁洲，住弇榆山，栖云精舍，欣玩水石，竟不一入州城。

泰始季年，岷、益有山崩，淮水竭齐郡，僧绍窃谓其弟曰："夫天地之气，不失其序，若夫阳伏而不泄，阴迫而不蒸，于是乎有山崩川竭之变。昔伊、洛竭而夏亡，河竭而殷亡，三川竭岐山崩而周亡，五山崩而汉亡。夫有国必依山川而为固，山川作变，不亡何待？今宋德如四代之季，尔志吾言而勿泄也。"竟如其言。

齐建元元年冬，征为正员郎，称疾不就。其后帝与崔祖思书，令僧绍与庆符俱归。僧绍又曰："不食周粟而食周薇，古犹发议，在今宁得息谈邪？聊以为笑。"

庆符罢任，僧绍随归，住江乘摄山。僧绍闻沙门释僧远凤德，往侯定林寺。高帝欲出寺见之，僧远问僧绍曰："天子若来，居士若为相对？"僧绍曰："山薮之人，政当凿坏以遁；若辞不获命，便当依戴公故事。"既而遁还摄山，建栖霞寺而居之。高帝甚以为恨。昔戴颙高卧牖下，以山人之服加其身，僧绍故云。高帝后谓庆符曰："卿兄高尚其事，亦尧之外臣。朕梦想幽人，固已勤矣。所谓'迳路绝，风云通'。"仍赐竹根如意、笋箨冠，隐者以为荣焉。勃海封延伯者，高行士也，闻之叹曰："明居士身弥后而名弥先，亦宋、齐之儒仲也。"永明中，征国子博士，不就，卒。

僧绍长兄僧胤，能言玄，仕宋为江夏王义恭参军，王别为立榻，比之徐孺子。位冀州刺史。子慧照，元徽中，为齐高帝平南主簿，从拒桂阳，累至骠骑中兵参军，与荀伯玉对领直。建元元年，为巴州刺史，绥怀蛮蜓，上许为益州刺史，未迁，卒。

僧胤次弟僧皓，亦好学。宋大明中，再使魏，于时新诛司空刘诞，孝武谓曰："若问广陵之事，何以答之？"对曰："周之管、蔡，汉之淮南。"帝大悦。及至魏，魏问曰："卿衔此命，当缘上国无相逾者邪？"答曰："聪明特达，举袂成帷，比屋之甿，又无下仆。晏子所谓'看国善恶'。故再辱此庭。"位至青州刺史。

僧绍子元琳、仲璋、山宾，并传家业。山宾最知名。

山宾字孝若，七岁，能言名理。十三，博通经传。居丧尽礼。起家奉朝请。兄仲璋痼疾，家道屡空，山宾乃行干禄，后为广阳令，顷之去官。会诏使公卿举士，左卫将军江祏上书荐山宾才堪理剧。齐明帝不重学，谓祏曰："闻山宾谈书不辍，何堪官邪。"遂不用。

梁台建，累迁右军记室参军，掌吉礼。时初置五经博士，山宾首应其选。历中书侍郎，国子博士，太子率更令，中庶子。天监十五年，出为持节，都督缘淮诸军事、北兖州刺史。普通二年，征为太子右卫率，加给事中。迁御史中丞，以公事左迁黄门侍郎。四年，为散骑常侍。东宫新置学士，又以山宾居之。俄以本官兼国子祭酒。

初，山宾以州，所部平陆县不稔，启出仓米以赈百姓。后刺史检州曹，失簿，以山宾为耗损。有司追责，籍其宅入官。山宾不自理，更市地造宅。昭明太子闻筑室不就，有令曰："明祭酒虽出抚大蕃，拥旄推毂，珥金拖紫，而恒事屡空。闻构宇未成，今送薄助。"并诒诗曰："平仲古称奇，夷齐昔擅美。令则挺伊贤，东秦固多士。筑室非道傍，置宅归仁里。庚桑方有系，原生今易拟。必来三径人，将招五经士。

山宾性笃实，家中尝乏困，货所乘牛，既售受钱，乃谓买主曰："此牛经患漏蹄，疗差已久，恐后脱发，无容不相语。"买主遽追取钱。处士阮孝绪闻之，叹曰："此言足使还淳反朴，激薄停浇矣。"五年，又假节，摄北兖州事。后卒官，赠侍中，谥曰质子。

山宾累居学官，甚有训导之益，然性颇疏通，接于诸生多狎比，人皆爱之。所著《吉礼仪注》二百二十四卷，《礼仪》二十卷，《孝经丧服义》十五卷。

子震，字兴道，亦传父业。位太子舍人，尚书祠部郎，余姚令。

山宾弟少遐，字处默，亦知名，位都官尚书。简文谓人曰："我不喜明得尚书，更喜朝廷得人。"后拜青州刺史。太清之乱奔魏，仕北齐，卒于太子中庶子。子罕，司空记室。

明氏南度虽晚，并有名位，自宋至梁，为刺史者六人。

庾易字幼简，新野人也，徙居江陵。祖玫，巴郡太守。父道骥，安西参军。

易志性恬静，不交外物，齐临川王映临州，表荐之，饷麦百斛。易谓使人曰："走樵采麋鹿之伍，终其解毛之衣，驰骋日月之车，得保自耕之禄，于大王之恩亦已深矣。"辞不受，以文义自乐。安西长史袁彖钦其风，赠以鹿角书格、蚌盘、蚌研、白象牙笔，并赠诗曰："白日清明，青云辽亮，昔闻巢、许，今观台、尚。"易以连理几，竹翘书格报之。

建武三年，诏征为司空主簿，不就，卒。子黔娄嗣。

黔娄字子贞，一字贞正。少好学，多所讲诵。性至孝，不曾失色于人。南阳士刘虬、宗测并叹异之。

仕齐为编令，政有异绩。先是县境多猛兽暴，黔娄至，猛兽皆度往临沮界，时以为仁化所感。

徙孱陵令，到县未旬，易在家遘疾，黔娄忽心惊，举身流汗，即日弃官归家。家人悉惊其忽至。时易疾始二日，医云："欲知差剧，但尝粪甜苦。"易泄利，黔娄辄取尝之，味转甜滑，心愈忧苦。至夕，每稽颡北辰，求以身代。俄闻空中有声曰："征君寿命尽，不复可延。汝诚祷既至，政得至月末。"晦而易亡。黔娄居丧过礼，庐于冢侧。

梁台建，黔娄自西台尚书仪曹郎，为益州刺史邓元起表为府长史，巴西、梓潼二郡太守。及成都平，城中珍宝山积，元起悉分与僚佐,唯黔娄一无所取。元起恶其异众,厉声曰:"长史何独为高?"黔娄示不违之,请书数箧。寻除蜀郡太守,在职清素,百姓便之。元起死于蜀郡,部曲皆散,黔娄身营殡敛,携持丧柩归乡里。

东宫建,以中军记室参军侍皇太子读,甚见知重。诏与太子中庶子殷钧、中舍人到洽、国子博士明山宾,递日为太子讲五经义。迁散骑侍郎,卒。弟於陵。

於陵字介,七岁能言玄理。及长,清警博学,有才思。齐随王子隆为荆州,召为主簿,使与谢朓,宗夬抄撰群书。"子隆代还,又以为送故主簿。子隆为明帝所害,僚吏畏避莫至,唯於陵与夬独留经理丧事。永元末,除东阳遂安令,为人吏所称。

梁天监初,为建康狱平,迁尚书功论郎,待诏文德殿。后兼中书通事舍人,拜太子洗马。旧东宫官属通为清选,洗马掌文翰,尤其清者。近代用人,皆取甲族有才望者,时於陵与周舍并擢充此职。武帝曰:"官以人清,岂限甲族。"时论以为美。累迁中书、黄门侍郎,舍人如故。后终于鸿胪卿。弟肩吾。

肩吾字慎之,八岁,能赋诗,为兄于陵所友爱。

初为晋安王国常侍,王每徙镇,肩吾常随府。在雍州,被命与刘孝威、江伯摇、孔敬通、申子悦、徐防、徐摛、王囿、孔铄、鲍至等十人抄撰众籍,豈其果馔,号高斋学士。王为皇太子,兼东宫通事舍人。后为安西湘东王中录事,谘议参军,太子率更令,中庶子。简文开文德省,置学士,肩吾子信、徐摛子陵、吴郡张长公、北地傅弘、东海鲍至等充其选。

齐永明中,王融、谢朓、沈约文章始用四声,以为新变,至是转拘声韵,弥为丽靡,复逾往时。简文与湘东王书论之曰:

比见京师文体,懦钝殊常,竞学浮疏,争事阐缓,既殊比兴,正背《风》《骚》。若夫六典三礼,所施则有地,吉凶嘉宾,用之则有所,未闻吟咏情性,反拟《内则》之篇,操笔写志,更模《酒诰》之作。迟迟春日,翻学《归藏》,湛湛江水,遂同《大传》。

吾既拙于为文,不敢轻有掎摭,但以当世之作,历万古之才人,远则杨、马、曹、王、近则潘、陆、颜、谢,观其遣辞用心,了不相似。若以今文为是,则昔贤为非,若以昔贤可称,则今体宜弃。俱为盍各,则未之敢许。又时有效谢康乐、裴鸿胪文者,亦颇有惑焉。何者?谢客吐言天拔,出于自然,时有不拘,是其糟粕。裴氏乃是良史之才,了无篇什之美。是为学谢则不届其精华,但得其冗长,师裴则义绝其所长,唯得其所短。谢故巧不可阶,裴亦质不宜慕。故胸驰臆断之侣,好名忘实之类,决羽谢生,岂三千之可及,伏膺裴氏,惧两唐之不传。故玉晖金铣,反为拙目所嗤,《巴人》《下俚》,更合郢中之听。《阳春》高而不和,妙声绝而不寻。竟不精讨锱铢,覆量文质,有异巧心,终愧妍耳。是以握瑜怀玉之士,瞻郑邦而知退,章甫翠履之人,望闽乡而叹息。诗既若此,笔又如之。徒以烟墨不言,受其驱染,纸札无情,任其摇襞。甚矣哉!文章横流,一至于此。

至如近世谢朓、沈约之诗,任昉、陆倕之笔,斯文章之冠冕,述作之楷模。张士简之赋,周升逸之辩,亦成佳手,难可复遇。文章未坠,必有英绝,领袖之者,非弟而谁?每欲论之,无可与晤,思吾子建,一共商榷。辨兹清浊,使如泾、渭,论兹月旦,类彼汝南。朱白既定,雌黄有别,使夫怀鼠知惭,滥竽自耻。相思不见,我劳如何!

及简文即位,以肩吾为度支尚书。时上流蕃镇,并据州拒侯景,景矫诏遣肩吾使江州,喻当阳公大心,大心乃降贼,肩吾因逃入东。后贼宋子仙破会稽,购得肩吾,欲杀之,先谓曰:“吾闻汝能作诗,今可即作,若能,将贷汝命。”肩吾操笔便成,辞采甚美,子仙乃释,以为建昌令。仍间道奔江陵。历江州刺史,领义阳太守,封武康县侯。卒,赠散骑常侍、中书令。子信。

刘虬字灵预,一字德明,南阳涅阳人,晋豫州刺史乔七世孙也。徙居江陵。

虬少而抗节好学,须得禄便隐。宋泰始中,仕至晋平王骠骑记室、当阳令。罢官归家，静处，常服鹿皮袷，断谷，饵术及胡麻。齐建元初，豫章王嶷为荆州，教辟虬为别驾，与同郡宗测，新野庾易并遗书礼请之。虬等各修笺答而不应命。永明三年，刺史庐陵王子卿表虬及同郡宗测、宗尚之、庾易、刘昭五人，请加蒲车束帛之命。诏征为通直郎，不就。竟陵王致书通意，虬答曰："虬四节卧疾病，三时营灌植，畅余阴于山泽，托暮情于鱼鸟，宁非唐、虞重恩，周、邵宏施。"

虬精信释氏，衣粗布，礼佛长斋，注《法华经》，自讲佛义。以江陵西沙洲去人远，乃徙居之。建武二年，诏征国子博士，不就。其冬，虬病，正昼有白云徘徊檐户之内，又有香气及磬声。其日，卒，年五十八。虬子之遴。

之遴字思贞，八岁，能属文。虬曰："此儿必以文兴吾宗。"常谓诸子曰："若比之颜氏，之遴得吾之文。"由是州里称之。时有沙门僧惠有异识，每诣虬必呼之遴小字曰："僧伽福德儿。"握手而进之。

年十五，举茂才，明经对策，沈约、任昉见而异之。吏部尚书王瞻尝候任昉，遇之遴在坐，昉谓瞻曰："此南阳刘之遴，学优未仕，水镜所宜甄擢。"即辟为太学博士。昉曰："为之美谈，不如面试。"时张稷新除尚书仆射，托昉为让表，昉令之遴代作，操笔立成。昉曰："荆南秀气，果有异才，后仕必当过仆。"御史中丞乐蔼，即之遴之舅，宪台奏弹，皆令之遴草焉。后为荆州中从事，梁简文临荆州，仍迁宣惠记室。之遴笃学明审，博览群籍，时刘显、韦棱并称强记，之遴每与讨论，咸不过也。

累迁中书侍郎，后除南郡太守。武帝谓曰："卿母年德并高，故令卿衣锦还乡，尽荣养之理。"转西中郎湘东王绎长史，太守如故。初，之遴在荆府，常寄居南郡，忽梦前太守袁象谓曰："卿后当为折臂太守，即居此中。"之遴后牛□坠车折臂，右手偏直，不复得屈伸，书则以手就笔，叹曰："岂黥而王乎？"周舍尝戏之曰："虽复并坐可横，政恐陋□无枕。"后连相两王，再为此郡，历秘书监。出为郢州行事，之遴意不愿出，固辞曰："去岁命绝离巽，不敢东下，今年所忌又在西方。"武帝手敕曰："朕闻妻子具，孝衰于亲，爵禄具，忠衰于君。

卿既内足,理忘奉公之节。"遂为有司奏免。后为都官尚书,太常卿。

之遴好古爱奇,在荆州聚古器数十百种。有一器似瓯,可容一斛,上有金错字,时人无能知者。又献古器四种于东宫。其第一种,镂铜鸥夷榼二枚,两耳有银镂,铭云:"建平二年造。"其第二种,金银错镂古镈二枚,有篆铭云:"秦容成侯适楚之岁造。"其第三种,外国澡灌一口,有铭云:"元封二年,龟兹国献。"其第四种,古制澡盘一枚,铭云:"初平二年造。"

时鄱阳嗣王范得班固所撰《汉书》真本,献东宫,皇太子令之遴与张缵、到溉、陆襄等参校异同,之遴录其异状数十事,其大略云:

　　　按古本汉书称"永平十六年五月二十一日己酉,郎班固上",而今本无上书年月日子。又按古本《叙传》号为《中篇》,今本称为《叙传》,载班彪事行,而古本云"彪自有传"。又今本《纪》及《表》《志》列《传》不相合为次,而古本相合为次,总成三十八卷。又今本《外戚》在《西域》后,古本《外戚》次《帝纪》下。又今本《高五子》、《文三王》、《景十三王》、《孝武六子》、《宣元六王》杂在诸传表中,古本诸王悉次《外戚》下,在《陈项传》上。又今本《韩彭英卢吴述》云:"信惟饿隶,布实黥徒,越亦狗盗,芮尹江湖。云起龙骧,化为侯王。"古本述云:"淮阴毅毅,伏剑周章,邦之杰子,实惟彭、英。化为侯王,云起龙骧。"又古本第三七卷解音释义,以助雅诂,而今本无此卷也。"

之遴好属文,多学古体,与河东裴子野、沛国刘显恒共讨论古籍,因为交好。时《周易》、《尚书》、《礼记》、《毛诗》并有武帝义疏,唯《左氏传》尚阙,之遴乃著《春秋大意》十科,《左氏》十科,《三传同异》十科。合三十事上之。帝大悦,诏答曰:"省所撰《春秋》义,比事论书,辞微旨远,编年之教,言阐义繁。丘明传洙、泗之风,公羊宗西河文学,铎椒之解不追,瑕丘之说无取,继踵胡母,仲舒云盛。因循《谷梁》,千秋最笃。张苍之传《左氏》,贾谊之袭荀卿。源本分镳,指归殊致,详略纷然,其来旧矣。昔在弱年,久经研味,一从遗置,迄将五纪。兼晚秋暑促,机事罕暇,夜分求衣,未遑披括。须待夏景,试欲推寻，若温故可求，别酬所问也。"

始武帝于齐代为荆府谘议，时之遴父虬隐在百里洲，早相知闻。帝偶匮乏，遣就虬换谷百斛。之遴时在父侧，曰："萧谘议踬士，云何能得春，愿与其米。"虬从之。及帝即位，常怀之。

侯景初以萧正德为帝，之遴时落景所，将使授玺绂。之遴预知，仍剃发披法服，乃免。先是，平昌伏挺出家，之遴为诗嘲之曰："《传》闻伏不斗，化为支道林。"及之遴遇乱，遂披染服，时人笑之。寻避难还乡，湘东王绎尝嫉其才学，闻其西上至夏口，乃密送药杀之。不欲使人知，乃自制志铭，厚其赙赠。前后文集五十卷。

子三达，字三善，数岁能清言及属文。州将湘东王绎闻之，盛集宾客，召而试之。说义属诗，皆有理致。年十二，听江陵令贺革讲《礼》还，仍覆述，不遗一句。年十八，卒。之遴深怀悼恨，乃题墓曰"梁妙士"以旌之。之遴、弟之亨。

之亨宇嘉会，年四岁，出后叔父嵩。及长，好学，美风姿，善占对。武帝之临荆州，唯与虬谈。虬见之遴、之亨，帝曰："之遴必以文章显，之亨当以功名著。"

后州举秀才，除大学博士，仍代兄之遴为中书通事舍人，累迁步兵校尉，湘东王绎谘议参军，敕赐金策并赐诗焉。

大通六年，出师南郑，诏湘东王节度诸军。之亨以司农卿为行台承制，途出本州北界，总督众军，杖节而西，楼船戈甲甚盛。老小缘岸观，曰："是前举秀才者。"乡部伟之。是行也，大致克复，军士有功皆录，唯之亨为兰钦所讼，执政因而陷之，故封赏不行，但复本位而已。久之，帝读《陈汤传》，恨其立功绝域而为文吏所抵，宦者张僧胤曰："外闻论者，窃谓刘之亨似之。"帝感悟，乃封为临江子。固辞不拜。

之亨美绩嘉声，在朱异之右，既不协，惧为所害，故美出之，以代之遴为安西湘东王绎长史、南郡太守。上问朱异曰："之亨代兄喜不？兄弟因循，岂直大冯、小冯而已。"又谓尚书令何敬容曰："荆州长史、南郡太守，皆是仆射出入。今者之亨，便是九转。"在郡有异绩，吏人称之。卒，荆土怀之，不复称名，号为大南郡、小南郡。

子广德，亦好学，负才任气。承圣中，位湘东太守。魏平荆州，依于王琳。琳平，陈太建中，历河东太守，卒官。

之亨弟之迟，位荆州中从事史。子仲威，少有志气，颇涉文史。梁承圣中，为中书侍郎。萧庄称尊号，以为御史中丞。随庄终邺中。

坦字德度，虬从弟也。仕齐历屏陵令，南中郎录事参军，所居以干济称。

梁武帝起兵，时辅国将军杨公则为湘州刺史，帅师赴夏口。西朝议行州事者，坦求行，乃除辅国长史、长沙太守，行湘州刺史。坦尝在湘州，多旧恩，道迎者甚众。齐东昏遣安成太守刘希祖，破西台所选太守范僧简于平都，希祖移檄湘部，于是始兴内史王僧粲应之，湘部诸郡，悉皆蜂起。州人咸欲泛舟逃走，坦闻悉聚船焚之。前湘州镇军钟玄绍潜应僧粲，坦闻其谋，伪为不知，因理讼至夜，城门遂不闭以疑之。玄绍未及发，明旦诣坦问其故。久留与语，密遣亲兵收其家。玄绍在坐未起，而收兵已报，具得其文书本末。玄绍即首伏，于坐斩之，焚其文书，余党悉无所问。

梁天监初，论功封荔浦子。三年，迁西中郎长史、蜀郡太守，行益州事。未至蜀，道卒。

论曰：刘瓛弟兄，僧绍父子，并业盛专门，饰以儒行，持身之节，异夫苟得患失者焉。庾易、刘虬，取高一代，其所以行已，事兼隐德，诸子学业之美，各著家声。显及之遴，见嫉时主，或以非罪而斥，或以非疾而亡，异夫自古哲王屈已下贤之道，有以知武皇之不弘，元后之多忌。梁祚之不永也，不亦宜哉。

南史卷五一
列传第四一

梁宗室上

吴平侯景 子励 劝 勔 勃 弟昌 昂
昱 **长沙宣武王懿** 子业 孙孝俨
业弟藻 猷 猷子韶 骏 猷弟朗 明
永阳昭王敷　衡阳宣王畅
桂阳简王融 子象 象子慥
临川靖惠王宏 宏子正仁 正义 正德
正德子见理 正德弟正则 正则弟正立
正立子贲 正立弟正表 正信

　　吴平侯景字子照,梁武帝从父弟也。祖道赐,以礼让称,居乡有争讼,专赖平之,又周其疾急。乡里号曰"墟王"。皆窃言曰"其后必大"。仕宋终于书侍御史,齐末追赠左光禄大夫。三子:长曰尚之,次曰文帝,次曰崇之。

　　尚之敦厚有器业,为司徒建安王中兵参军,一府称为长者。迁步兵校尉,卒官。梁天监初,追谥曰文宣侯。子灵钧,仕齐为广德令。武帝起兵,行会稽郡事。顷之,卒。追封东昌县侯。子謇嗣。崇之仕齐官至东阳太守,以干能显,政尚严厉。永明中,钱唐唐㝢之反,别众破东阳,崇之遇害。天监初,追谥忠简候。

景,崇之子也。八岁,随父在郡,居丧以毁闻。及长,好学,才辩有识断。仕齐为永宁令,政为百城最。永嘉太守范述曾居郡,号称廉平,雅服景为政,乃榜郡门曰:"诸县有疑滞者,可就永宁令决。"以疾去官。永嘉人胡仲宣等千人,诣阙表请景为郡,不许。永元二年,以长沙宣武王懿勋,除步兵校尉。是冬,懿遇害,景亦逃难。

武帝起兵,以景行南兖州事。时天下未定,沔北伧楚,各据坞壁。景示以威信,渠帅相率面缚请罪,旬日境内皆平。武帝践祚,封吴平县候,南兖州刺史,加都督。诏景母毛氏为国太夫人,礼如王国太妃,假金章紫绶。景居州清恪,有威裁,明解吏职,文案无拥,下不敢欺,吏人畏敬如神。会年荒,计口振恤,又为饘粥于路以赋之,死者给棺具,人甚赖焉。

天监七年,为左骁骑将军,兼领军将军。领军管天下兵要,宋孝建以来,制局用事,与领军分权,典事以上皆得呈奏,领军垂拱而已。及景在职峻切,官曹肃然,制局监皆近幸,颇不堪命,以是不得久留中。

寻出为宁蛮校尉、雍州刺史,加都督。八年,魏荆州刺史元志攻潺沟,驱迫群蛮,群蛮悉度汉水来降。议者以为蛮累为边患,可因此除之。景曰:"穷来归我,诛之不祥。且魏人未侵,每为矛盾,若悉诛蛮,则魏军无碍,非长策也。"乃开樊城受降,因命司马朱思远、宁蛮长史曹义宗、中兵参军孟惠俊,击志于潺沟,大破之。景初到州,省除参迎羽仪器服,不得烦扰吏人。修葺城垒,申警边备,理辞讼,劝农桑,郡县皆改节自励,州内清静,抄盗绝迹。

十三年,复为领军将军,直殿省,知十州损益事,月加禄五万。景为人雅有风力,长于辞令。其在朝廷,为众所瞻仰。于武帝虽属为从弟,而礼寄甚隆,军国大事,皆与议决。十五年,加侍中。及太尉、扬州刺史临川王宏坐法免,诏景以为安右将军、监扬州,置佐史,即宅为府。景越亲居扬州,固让至于涕泣,帝弗许。在州尤称明断,符教严整。有田舍老姥诉得符,还至县,县吏未即发,姥语曰:

"萧监州符如火,汝手何敢留之!"其为人所畏敬如此。

迁都督、郢州刺史。将发,帝幸建兴苑饯别,为之流涕。在州复有能名。齐安,竟陵郡接魏界,多盗贼,景移书告示,魏即焚坞戍保境,不复侵略。卒于州,赠开府仪同三司,谥曰忠。子励。

励字文约,弱不好弄,喜愠不形于色。位太子洗马,母忧去职,殆不胜丧。每一思至,必徒步之墓。或遇风雨,仆卧中路,坐地号恸,起而复前,家人不能禁。景特所钟爱,曰:"吾百年后,其无此子乎。"使左右节哭。服阕,除太子中舍人。景薨于郢镇,或以路远,秘其凶问,以疾渐为辞。励乃奔波,届于江夏,不进水浆者七日。庐于墓所,亲友隔绝。会叔父县下诏狱,励乃率昆弟群从,同诣大理,虽门生故吏,莫能识之。后袭封吴平候,对扬王人,悲恸呜咽,傍人亦为陨涕。

除淮南太守,以善政称。迁宣城内史,郡多猛兽,常为人患,及励在任,兽暴为息。又迁豫章内史,道不拾遗,男女异路。徙广州刺史,去郡之日,吏人悲泣,数百里中,舟乘填塞,各赍酒肴以送励。励人为纳受,随以钱帛与之。至新淦县圻山村,有一老姥以盘擎鳅鱼,自送舟侧,奉上之,童儿数十人入水扳舟,或歌或泣。

广州边海,旧饶,外国舶至,多为刺史所侵,每年舶至不过三数。及励至,纤豪不犯,岁十余至。俚人不宾,多为海暴,励征讨。所获生口宝物,军赏之外,悉送还台。前后刺史皆营私蓄,方物之贡,少登天府。自励在州,岁中数献,军国所须,相继不绝。武帝叹曰:"朝廷便是更有广州。"有诏以本号还朝,而江西俚帅陈文彻出寇高要,又诏励重申蕃任。未几,文彻降附。励以南江危险,宜立重镇,乃表台于高凉郡立州。敕仍以为高州,以西江督护孙固为刺史。徵为太子左卫率。

励性率俭,而器度宽裕,左右尝将羹至胸前翻之,颜色不异,徐呼更衣。聚书至三万卷,披玩不倦,尤好《东观汉记》,略皆诵忆。刘显执卷策励,酬应如流,乃至卷次行数亦不差失。少交结,唯与河东裴子野,范阳张缵善。卒于道,赠侍中,谥曰光候。励弟劝。

劝字文肃,少以清静自立,封西乡侯,位南康内史,太舟卿。大宝元年，与南康王会理谋诛侯景，事发遇害。劝弟劢。

劢字文袛，封东乡侯，位太子洗马。及劝同见害。

劢弟勃，位定州刺史，封曲江乡侯。大宝初，广州刺史元景仲将谋应侯景，西江督护陈霸先攻景仲，迎勃为刺史。时湘东王绎在荆州，虽承制授职，力不能制，遂从之。勃乃镇岭南，为广州刺史。后江表定，以王琳代为广州，以勃为晋州刺史。魏克江陵，勃复据广州。敬帝承制，加司徒。绍泰中，为太尉，寻进为太保。及陈武禅代之际，举兵不从，寻败，遇害。

昌字子建，景弟也。位衡州刺史。性好酒，在州每醉，径出入人家，或独诣草野，刑戮颇无期度，醉时所杀，醒或求焉，亦无悔也。累迁兼宗正卿，屡为有司所劾。久留都，忽忽不乐，遂纵酒虚悸。在石头东斋，引刀自刺而卒。弟昂。

昂字子明，位轻车将军，监南兖州。初，兄景再为兖州，德惠在人。及昂来代，时人方之冯氏。征为琅邪，彭城二郡太守。时有女子年二十许，散发黄衣，在武窟山石室中，无所修行，唯不甚食。或出人间，时饮少酒，鹅卵一两枚，人呼为圣姑。就求子往往有效，造者充满山谷。昂呼问，无所对，以为妖惑，鞭之二十，创即差，失所在。中大通元年，为领军将军。久之，封湘阴侯，出为江州刺史。卒，谥曰恭侯。

昂弟昱，字子真，少而狂狷，不拘礼度，异服危冠，交游冗杂。尤善屠牛，业以为常。于宅内酤酒，好骑射。历位中书侍郎。每求试边州，武帝以其轻脱无威望，抑而不许。迁给事黄门侍郎，上表请自解，帝手诏责之，坐免官。因此杜门绝朝觐。

普通五年，坐于宅内铸钱，为有司所奏，下廷尉，得免死，徙临海郡。行至上虞，有敕追还，令受菩萨戒。既至，恂恂尽礼，改意蹈道，持戒又精洁。帝甚嘉之。

为晋陵太守，下车励名迹，除烦苛，明法宪，严于奸吏。旬日之间，郡中大安。俄而暴卒，百姓行号巷哭，市里为之喧沸，设祭奠于郡庭者四百余人。田舍有妇女夏氏，年百余岁，扶曾孙出郡，悲泣不自胜。其惠化所感如此。百姓相率为立庙建碑，以纪其德，又诣都表求赠谥。诏赠湘州刺史，谥曰恭子。

文帝十男：张皇后生长沙宣武王懿、永阳昭王敷、武帝、衡阳宣王畅，李太妃生桂阳简王融。融为东昏所害，敷、畅齐建武中卒，武帝践祚，并追封郡王。陈太妃生临川靖惠王宏、南平元襄王伟，吴太妃生安成康王秀、始兴忠武王憺。费太妃生鄱阳忠烈王恢。

长沙宣武王懿字元达，文帝长子也。少有令誉，解褐齐安南邵陵王行参军，袭爵临湘县侯。历位晋陵太守，以善政称。永明末，为梁、南秦二州刺史，加督。是岁，魏军入汉中，遂围南郑。懿随机拒击，乃解围遁去。又遣氐帅杨元秀攻取魏历城等六戍。魏人震惧，边境遂宁。

永元二年，裴叔业据豫州反，懿以豫州刺史领历阳、南谯二郡太守讨之。叔业惧，遂降魏。武帝时在雍州，遣典签赵景悦说懿兴晋阳之甲，诛君侧之罪，懿不答。既而平西将军崔慧景入寇，奉江夏王宝玄围台城，齐室大乱，驰信召懿。懿时方食，投箸而起，率锐卒三千人入援。武帝驰遣虞安福下都说懿曰："诛贼之后，则有不赏之功，当明君贤主，尚或难立，况于乱朝，何以自免？若贼灭之后，仍勒兵入宫，行伊、霍故事，此万世一时。若不欲尔，便放表还历阳，托以外拒为事，则威振内外，谁敢不从。一朝放兵，受其厚爵，高而无人，必生后悔。"长史徐曜甫亦苦劝，并不从。慧景遣其子觉来拒，懿击大破之，乘胜而进，慧景众溃，追斩之。授中书令、都督征讨水陆诸军事。

时东昏肆虐，茹法珍，王咺之等执政，宿臣旧将，并见诛夷。懿既勋高，独居朝右，深为法珍等所惮，乃说东昏，将加酷害。徐曜甫知之，密具舟江渚，劝令西奔。懿不从，曰："古皆有死，岂有叛走中书令邪？"寻见留省赐药，与弟融俱殒。谓使者曰："家弟在雍，深为朝廷忧之。"中兴元年，赠司徒。宣德太后临朝，改赠太傅。天监元年,追崇丞相,封长沙郡王,谥曰宣武。给九旒鸾辂,黄屋左纛,葬礼依晋安平王故事。

懿名望功业素重,武帝本所崇敬。帝以天监元年四月丙寅即位,是日即见褒崇。戊辰,乃始赠第二兄敷、第四弟畅、第五弟融。至五月,有司方奏追皇考、皇妣尊号,迁神主于太庙。帝不亲奉,命临川王宏侍从。七月,帝临轩,遣兼太尉、散骑常侍王份奉策上太祖文皇帝、献皇后及德皇后尊号。既先卑后尊,又临轩命策,识者颇致讥议焉。

懿子业,字静旷,幼而明敏。仕齐为太子舍人。宣武之难,与二弟藻,象俱逃匿于王严秀家。东昏知之,收严秀付建康狱,考掠备极,乃以钳拔手爪,至死不言,竟以免祸。

天监二年,袭封长沙王,历位秘书监、侍中、都督、南兖州刺史。运私邸米,僦人作甓以砌城,武帝善之。徙湘州,尤著善政。零陵旧有二猛兽为暴,无故相枕而死。郡人唐睿见猛兽傍一人曰:"刺史德感神明,所以两猛兽自毙。"言讫不见,众并异之。

业性敦笃,所在留惠。普通四年,为侍中、金紫光禄大夫。薨,谥曰元王。文集行于世。子孝俨嗣。

孝俨字希庄,射策甲科,除秘书郎,太子舍人。从幸华林园,于坐献《相风乌》、《华光殿》、《景阳山》等颂,其文甚美,帝深赏异之。薨,谥曰章。子眘嗣。业弟藻。

藻字靖艺,仕齐位著作佐郎。天监元年,封西昌县侯,为益州刺史。时邓元起在蜀,自以有克刘季连功,恃宿将,轻少藻。藻怒,乃杀之。既天下草创,边徼未安,州人焦僧护聚众数万,据郫、繁作乱。藻年未弱冠,集僚佐议,欲自击。或陈不可,藻大怒,斩之阶侧。乃乘平肩舆,巡行贼垒。贼聚弓乱射,矢下如雨,从者举盾御箭,又命除之,由此人心大安,贼乃夜遁。藻命骑追击,平之。

九年,征为太子中庶子。初,邓元起之在蜀也,崇于聚敛,财货山积。金玉珍帛为一室,名为内藏,绮縠锦罽为一室,号曰外府。藻以外府赐将帅,内藏归王府,不有私焉。及是还朝,轻装就路。再迁侍中。

藻性谦退，不求闻达，善属文，尤好古体。自非公宴，未尝妄有所为，纵有小文，成辄弃本。历雍、兖二州刺史。频莅州镇，人吏咸称之。推善下人，常如弗及。普通六年，为军师将军，与西丰侯正德北侵涡阳，辄班师，为有司奏，免官削爵土。八年，复封爵。中大通三年，为中军将军、太子詹事，出为丹阳尹。帝每称其小字，叹曰："子弟并如迦叶，吾复何忧。"入为尚书左仆射，加侍中，固辞，不许。大同五年，迁中卫将军、开府仪同三司、中书令，侍中如故。

藻性恬静，独处一室，床有膝痕，宗室衣冠，莫不楷则。常以爵禄太过，每思屏退，门庭闲寂，宾客罕通。简文尤敬爱之。自遭家祸，恒布衣蒲席，不食鲜禽，非公庭不听音乐。武帝每以此称之。

出为南徐州刺史。侯景乱，藻遣世子彧率兵入援。及城开，加散骑常侍。侯景遣其仪同萧邕代之据京口，藻因感气疾。或劝奔江北，藻曰："吾国之台铉，任寄特隆，既不能诛翦逆贼，正当同死朝廷耳。"因不食而薨。

藻弟猷，封临汝侯，为吴兴郡守。性倜傥，与楚王庙神交，饮至一斛。每酹祀，尽欢极醉，神影亦有酒色，所祷必从。

后为益州刺史，侍中，中护军。时江阳人齐苟儿反，众十万攻州城。猷兵粮俱尽，人有异心，乃遥祷请救。是日，有田老逢一骑浴铁从东方来，问："去城几里？"曰："百四十。"时日已晡，骑举槊曰："后人来，可令之疾马，欲及日破贼。"俄有数百骑如风，一骑过请饮，田老问为谁，曰："吴兴楚王来救临汝侯。"当此时，庙中请祈无验。十余日，乃见侍卫土偶皆泥湿如汗者。是月，猷大破苟儿。猷在州颇僭滥，客筵内遂有香橙，不置连榻。武帝末知之，以此为慍。还都，以忧愧成疾，卒。谥曰灵，以与神交也。

猷子韶，字德茂，初封上甲县都乡侯。太清初为舍人。城陷，奉诏西奔。及至江陵，人士多往寻觅，令韶说城内事，韶不能人人为说，乃疏为一卷，客问者便示之。湘东王闻而取看，谓曰："昔王韶之为《隆安纪》十卷，说晋末之乱离。今之萧韶亦可为《太清纪》十卷矣。"韶乃更为《太清纪》。其诸议论,多谢吴为之。韶既承旨撰著,多非实录,湘东王德之,改超继宣武王,封长沙王,遂至郢州刺史。

韶昔为幼童,庾信爱之,有断袖之欢,衣食所资,皆信所给。遇客,韶亦为信传酒。后为郢州,信西上江陵,途经江夏,韶接信甚薄,坐青油幕下,引信入宴,坐信别榻,有自矜色。信稍不堪,因酒酣,乃径上韶床,践蹋肴馔,直视韶面,谓曰:"官今日形容大异近日。"时宾客满坐,韶甚惭耻。

韶弟骏,字德款,善草隶,工文章。晚更习武,膂力绝人,与永安侯确相类。位尚书殿中郎、超武将军,封南安侯。城陷,为贼任约所礼。谋召鄱阳嗣王范袭约,反为所害。

猷弟郎,字靖彻,天监五年,例以王子封侯。历太子洗马,桂州刺史,加都督。性倨而虐,群下患之。记室庾丹以忠谏见害,帝闻之,使于岭表以功自效。

丹父景休位御史中丞。丹少有隽才,与伏挺、何子郎俱为周舍所狎。初,景休罢巴东郡,颇有资产,丹负钱数百万,责者填门。景休怒,不为之偿。既而朝贤之丹,不之景休,景休悦,乃悉为还之。为建康正,坐事流广州。

朗弟明,字靖通,少被武帝亲爱,封贞阳侯。太清元年,为豫州刺史,百姓诣阙拜表,言其德政,树碑于州门内。及碑匠采石出自肥陵,明乃广营厨帐,多召人物,躬自率领牵至州。识者笑之,曰:"王自立碑,非州人也。"

武帝既纳侯景,大举北侵,使南康王会理总兵,明乃拜表求行。固请,乃许之。会理已至宿预,诏以明代为都督水陆诸军,趣彭城,大图进取。敕曰:"侯景志清邺、洛,以雪仇耻。其先率大军,随机抚定。汝等众军,可止于寒山筑堰,引清水以灌彭城。大水一泛,孤城自殄,慎勿妄动。"明师次吕梁十八里,作寒山堰以灌彭城,水及于堞,不没者三板。魏遣将慕容绍宗赴救,明谋略不出,号令莫行。诸将每谘事,辄怒曰:"吾自临机制变,勿多言。"众乃各掠居人,明亦不能制,唯禁其一军无所侵掠。绍宗至,决堰水,明命将救之,莫肯出。魏军转逼,人情大骇。胡贵孙谓赵伯超曰:"不战何待?"伯超惧,不能对。贵孙乃入陈苦战,伯超拥众弗敢救,曰:"与战必败,不如全军早归。"乃使具良马,载其爱妾自随。贵孙遂没。伯超子威方将赴战,伯超惧其出,使人召之,遂相与南还。

明醉不能兴,众军大败,明见俘执。北人怀其不侵掠,谓之义王。及至魏,魏帝引见明及诸将帅,释其禁,送晋阳。勃海王高澄礼明甚重,谓曰:"先王与梁主和好十有余年,闻彼礼佛文,常云奉为魏主并及先王,此甚是梁主厚意。不谓一朝失信,致此纷扰。"因欲与梁通和,使人以明书告武帝,方致书以慰高澄。

东魏除明散骑常侍。及闻社稷沦荡,哀泣不舍昼夜。魏平江陵,齐文宣使送明至梁,并前所获梁将湛海珍等,皆听从明归,令上党王涣率众送之。是时,太尉王僧辩、司空陈霸先在建康,推晋安王方智为太宰、都督中外诸军事,承制置百官。涣军渐进,明与僧辩书求迎,僧辩不从。及涣破东关,斩裴之横,僧辩惧,乃纳明。于是梁舆东度,齐师北反。

明至,望朱雀门便长恸,迄至所止,道俗参问,皆以哭对之。及称尊号,改承圣四年为天成元年,大赦境内。以方智为太子,授王僧辩大司马,遣其子章驰到齐拜谢。齐遇明及僧辩使人,在馆供给宴会丰厚,一同武帝时使。及陈霸先袭杀僧辩,复奉晋安王,是为敬帝,而以明为太傅、建安王。报齐云:"僧辩阴谋篡逆,故诛之。"仍请称臣于齐,永为蕃国。齐遣行台司马恭及梁人盟于历阳。明年,齐人征明,霸先犹称蕃,将遣使送明,疽发背死。时王琳与霸先相抗,齐文宣遣兵纳永嘉王庄主梁祀,追谥明曰闵皇帝。

永阳昭王敷字仲达,文帝第二子也。少有学业,仕齐为随郡内史。招怀远近,士庶安之,以为前后之政莫及。明帝谓徐孝嗣曰:"学士旧闻例不解理官,闻萧随郡唯置酒清言,而路不拾遗,行何风化以至于此?"答曰:"古者修文德以来远人,况止郡境而已。"帝称善,征为庐陵王谘议参军,卒。武帝即位,赠司空,封永阳郡王,谥曰昭。天监二年,子伯游嗣。

伯游字士仁,位会稽太守。薨,谥曰恭。

衡阳宣王畅,文帝第四子也。有美名,仕齐位太常,封江陵县
侯,卒。天监元年,追赠开府仪同三司,封衡阳郡王,谥曰宣。

三年,子元简位郢州刺史,卒于官,谥曰孝。葬将引,柩有声,议
者欲开视,王妃柳氏曰:"晋文已有前例,不闻开棺。无益亡者之生,
徒增生者之痛。"遂止。少子献嗣。

桂阳简王融,文帝第五子也。仕齐位太子洗马,与宣武王懿俱
迁害。天监元年,赠抚军大将军,封桂阳郡王,谥曰简。无子,诏以
长沙宣武王第九子象嗣。

象字世翼,容止闲雅,简于交游,事所生母以孝闻。位丹阳尹。
象生长深宫,始亲庶政,举无失德,朝廷称之。再迁湘州刺史,加都
督。湘州旧多猛兽为暴,及象任州日,四猛兽死于郭外,自此静息。
故老咸政德所感。历位太常卿,加侍中,兼迁秘书监。薨,谥曰敦。
子慥嗣。

慥字元贞,位信州刺史,有威惠。太清二年,赴援台城,遇救还
蕃。寻为张缵所构,书报湘东王曰:"河东、桂阳二蕃,掎角欲袭江
陵。"湘东乃水步兼行至荆镇。慥尚军江津,不以为意,湘东至,乃召
慥,深加慰喻,慥心乃安。后留止省内,慥心知祸及,遂肆丑言。湘
东大怒,付狱杀之。

临川靖惠王宏字宣达,文帝长六子也。长八尺,美须眉,容止可
观。仕齐为北中郎桂阳王功曹史。宣武之难,兄弟皆被收。道人释
惠思藏宏。及武帝师下,宏至新林奉迎。建康平,为中护军,领石头
戍事。

天监元年,封临川郡王,位扬州刺史,加都督。四年,武帝诏宏
都督诸军侵魏。宏以帝之介弟,所领皆器械精新,军容甚盛,北人以

为百数十年所未之有。军次洛口,前军克梁城。宏部分乖方,多违朝制。诸将欲乘胜深入,宏闻魏援近,畏懦不敢进,召诸将欲议旋师。吕僧珍曰:"知难而退,不亦善乎。"宏曰:"我亦以为然。"柳惔曰:"自我大众所临,何城不服,何谓难乎?"裴邃曰:"是行也,固敌是求,何难之避?"马仙琕曰:"王安得亡国之言。天子扫境内以属王,有前死一尺,无却生一寸。"昌义之怒须尽磔,曰:"吕僧珍可斩也。岂有百万之师,轻言可退,何面目得见圣主乎!"朱僧勇、胡辛生拔剑而起曰:"欲退自退,下官当前向取死!"议者已罢,僧珍谢诸将曰:"殿下昨来风动,意不在军,深恐大致沮丧,欲使全师而反。"又私裴邃曰:"王非止全无经略,庸怯过甚。吾与言军事,都不相入。观此形势,岂能成功。"宏不敢便违群议,停军不前。魏人知其不武,遗以巾帼。北军歌曰:"不畏萧娘与吕姥,但畏合肥有韦武。"武谓韦睿也。僧珍叹曰:"使始兴、吴平为元帅,我相毗辅,中原不足平。今遂敌人见欺如此。"乃欲遣裴邃分军取寿阳,大众停洛口。宏固执不听,乃令军中曰:"人马有前行者斩。"自是军政不和,人怀愤怒。

魏奚康生驰遣扬大眼谓元英曰:"梁人自克梁城已后,久不进军,其势可见,当是惧我。王若进据洛水,彼自奔败。"元英曰:"萧临川虽呆,其下有好将韦、裴之属,亦未可当。望气者言九月贼退,今且观形势,未可便与交锋。"

张惠绍次下邳,号令严明,所至独克,下邳人多有欲来降。惠绍曰:"我若得城,诸卿皆是国人,若不能破贼,徒令公等失乡,非朝廷吊人本意也。今且安堵复业,勿妄自辛苦。"降人咸悦。

九月,洛口军溃,宏弃众走。其夜暴风雨,军惊,宏与数骑逃亡。诸将求宏不得。众散而归,弃甲投戈,填满水陆,捐弃病者,强壮仅得脱身。宏乘小船济江,夜至白石垒,款城门求入。临汝侯登城谓曰:"百万之师,一朝奔溃,国之存亡,未之可知也。恐奸人乘间为变,城门不可夜开。"宏无辞以对,乃缒食馈之。惠绍闻洛口败,亦退军。

六年,迁司徒,领太子太傅。八年,为司空,扬州刺史。十一年正月,为太尉。其年冬,以公事左迁骠骑大将军、开府同三司之仪。

未拜,迁扬州刺史。十二年,加司空。十五年,所生母陈太妃薨,去职。寻起为中书监,骠骑大将军、扬州刺史如故。

宏妾弟吴法寿性粗狡,恃宏无所畏忌,辄杀人,死家诉,有敕严讨。法寿在宏府内,无如之何。武帝制宏出之,即日偿辜。南司奏免宏司徒、骠骑、扬州刺史。武帝注曰:"爱宏者,兄弟私亲;免宏者王者正法。所奏可。"宏自洛之败,常怀愧愤,都下每有窃发,辄以宏为名,屡为有司所奏,帝每贳之。十七年,帝将幸光宅寺,有士伏于骠骑航待帝夜出。帝将行,心动,乃于朱雀航过。事发,称为宏所使。帝泣谓宏曰:"我人才胜汝百倍,当此犹恐颠坠,汝何为者?我非不能为周公、汉文,念汝愚故。"宏顿首曰:"无是!无是!"于是以罪免,而纵恣不悛,奢侈过度,修第拟于帝宫,后庭数百千人,皆极天下之选。所幸江无畏,服玩侔于齐东昏潘妃,宝屧直千万。好食鲫鱼头,常日进三百,其他珍膳盈溢,后房食之不尽,弃诸道路。江本吴氏女也,世有国色,亲从子女,遍游王侯后宫,男免兄弟九人,因权势横于都下。

宏未几复为司徒。普通元年,迁太尉、扬州刺史,侍中如故。七年四月,薨,自疾至薨,舆驾七出临视。及薨,诏赠侍中、大将军、扬州牧、假黄钺,并给羽葆、鼓吹一部,增班剑为六十人,谥曰靖惠。

宏以介弟之贵,无他量能,恣意聚敛。库室垂有百间,在内堂之后,关龠甚严。有疑是铠仗者,密以闻。武帝于友于甚厚,殊不悦。宏爱妾江氏寝膳不能暂离,上他日送盛馔与江曰:"当来就汝欢宴。"唯携布衣之旧射声校尉丘佗卿往,与宏及江大饮。半醉后谓曰:"我今欲履行汝后房。"便呼后阁舆径往屋所。宏恐上见其贿货,颜色怖惧。上意弥信是仗,屋屋检视。宏性爱钱,百万一聚,黄榜标之,千万一库,悬一紫标,如此三十余间。帝与佗卿屈指计,见钱三亿余万,余屋贮布绢丝绵漆蜜纻蜡朱沙黄屑杂货,但见满库,不知多少。帝始知非仗,大悦,谓曰:"阿六,汝生活大可。"方更剧饮,至夜举烛而还。兄弟情方更敦睦。

宏都下有数十邸出悬钱立券,每以田宅邸店悬上文券,期讫便驱券主,夺其宅。都下东土百姓,失业非一。帝后知,制悬券不得复驱夺。自此后,贫庶不复失居业。晋时有《钱神论》,豫章王综以宏贪吝,遂为《钱愚论》,其文甚切。帝知以激宏,宣旨与综:"天下文章何限,那忽作此?"虽令急毁,而流布已远,宏深病之,聚敛稍改。

宏又与帝女永兴主私通,因是遂谋弑逆,许事捷以为皇后。帝尝为三日斋,诸主并豫,永兴乃使二僮衣以婢服。僮逾阈失屦,阍帅疑之,密言于丁贵嫔。欲上言,惧或不信,乃使宫帅图之。帅令内舆人八人,缠以纯绵,立于幕下。斋坐散,主果请间,帝许之。主升阶,而僮先趣帝后。八人抱而擒之,帝惊坠于庌。搜僮得刀,辞为宏所使。帝秘之,杀二僮于内,以漆车载主出。主恚死,帝竟不临之。帝诸女临安、安吉、长城三主,并有文才,而安吉最得令称。

宏性好内乐酒,沉湎声色,侍女千人,皆极绮丽。慎卫寡方,故屡致降免。

宏子十人许,可知者七人,长子正仁,字公业,位秘书丞。早卒,谥哀世子。正仁弟正义嗣。

正义字公威,初以王子封平乐侯,位太常卿,南徐州刺史。属武帝幸朱方,正义修解宇以待舆驾。初,京城之西有别岭入江,高数十丈,三面临水,号曰北固。蔡谟起楼其上,以置军实。是后崩坏,顶犹有小亭,登降甚狭。及上升之,下辇步进。正义及广其路,傍施栏盾。翌日上幸,遂通小舆。上悦,登望久之,敕曰:"此岭不足须固守,然京口实乃壮观。"乃改曰"北顾"。赐正义束帛。后为东扬州刺史,薨。正义弟正德。

正德字公和,少而凶慝,招聚亡命,破家屠牛,兼好弋猎。齐建武中,武帝胤嗣未立,养以为子。及平建康,生昭明太子,正德还本。天监初,封西丰县侯,累迁吴郡太守。正德自谓应居储嫡,心常怏怏,每形于言。普通三年,以黄门侍郎为轻车将军,置佐史。顷之奔魏。初去之始,为诗一绝,内火笼中,即咏《竹火笼》,曰:"桢干屈曲尽,兰麝氛氲销,欲知怀炭日,正是履冰朝。"至魏,称是被废太子。时齐萧宝寅先在魏,乃上表魏帝曰:"岂有伯为天子,父作扬州,弃

彼密亲,远投他国。不若杀之。”魏既不礼之,正德乃杀一小儿称为
已子,远营葬地,魏人不疑,又自魏逃归。见于文德殿,至庭叩头。武
帝泣而诲之,特复本封。

正德志行无悛,常公行剥掠。时东府有正德及乐山侯正则,潮
沟有董当门子遄,世谓之董世子者也,南岸有夏侯夔世子洪。此四
凶者,为百姓巨蠹,多聚亡命,黄昏多杀人于道,谓之“打稽”。时勋
豪子弟多纵恣,以淫盗屠杀为业,父祖不能制,尉逻莫能御。车服牛
马,号“西丰骆马”,“乐山乌牛”。董遄金帖织成战袄,直七百万。后
正则为劫,杀沙门,徙岭南,死。洪为其父夔奏系东冶,死于徒。遄
坐与永阳王妃王氏乱,诛。三人既除,百姓少安。正德淫虐不革,寻
除给事黄门侍郎。

六年为轻车将军,随豫章王北侵。正德辄弃军委走,为有司所
奏下狱。帝复诏曰:“汝以犹子,情兼常爱,故越先汝兄,剖符连郡。
往年在蜀,昵近小人,犹谓少年情志未定。更于吴郡杀戮无辜,劫盗
财物,雅然无畏。及还京师,专为逋逃,乃至江乘要道,湖头断路,遂
使京邑士女,早闭晏开。又夺人妻妾,略人子女,徐敷非直失其配
匹,乃横尸道路,王伯敖列卿之女,诱为妾媵。我每加掩抑,冀汝自
新,了无悛革,怨仇逾甚。遂匹马奔亡,志怀反噬。遣信慰问,冀汝
能还,果能来归,遂我夙志。谓汝不好文史,志在武功,令汝杖节,董
戎前驱。岂谓汝狼心不改,包藏祸胎,志欲覆败国计,以快汝心。今
当宥汝以远,无令房累自随。敕所在给汝禀饩。王新妇、见理等,当
停太尉间,汝余房累,悉许同行。”于是免官削爵土,徙临海郡。未至
徙所,道追赦之。八年,复封爵。

正德北还,求交朱异。帝既封昭明诸子,异言正德失职。大通
四年,特封临贺郡王。后为丹阳尹,坐所部多劫盗,复为有司所奏,
去职。出为南兖州,在任苛刻,人不堪命。广陵沃壤,遂为之荒,至
人相食啖。既累试无能,从是黜废,转增愤恨,乃阴养死士,常思国
衅。聚蓄米粟,宅内五十间室,并以为仓。自征虏亭至于方山,悉略
为墅。蓄奴僮数百,皆黥其面。

太清二年秋,侯景反,知其有奸心。景党徐思玉在北经与正德相知,至是景遣思玉至建邺,具以事告。又与正德书曰:"今天子年尊,奸臣乱国,以景观之,计日必败。大王属当储贰,中被废辱,天下义士,窃所忿慨。大王岂得顾此私情,弃兹亿兆。景虽不武,实思自奋。"正德得书大喜,曰:"侯景之意,暗与人同,天赞我也。"遂许之。及景至,正德潜运空舫,诈称迎获,以济景焉。朝廷未知其谋,以正德为平北将军,屯朱雀航。景至,正德乃北向望阙,三拜跪辞,歔欷流涕,引贼入宣阳门。与景交揖马上,退据左卫府。先是,其军并著绛袍,袍里皆碧,至是悉反之。贼以正德为天子,号曰正平元年。初童谣有之,故以应也。又世人相很,必称正平耳。正德乃以长子见理为太子,以女妻景。景为丞相,与约曰:"平城之日,不得全二宫。"又令:畿内王侯三日不出者,诛之。及台城开,正德率众挥刀欲入,贼先使其徒守门,故正德不果。乃复太清之号,降正德为侍中、大司马。正德入问讯,拜且泣。武帝曰:"惭其泣矣,何嗟及矣。"正德知为贼所卖,深自咎悔,密书与鄱阳嗣王契,以兵入。贼遮得书,乃矫诏杀之。

先是,正德妹长乐主适陈郡谢禧,正德奸之,烧主第,缚一婢,加玉钏于手,以金宝附身,声云主被烧死,检取婢尸并金玉葬之。仍与主通,呼为柳夫人,生二子焉。日月稍久,风声渐露。后黄门郎张准有一雉媒,正德见而夺之。寻会重云殿为净供,皇储以下莫不毕集。准于众中吒骂曰:"张准雉媒,非长乐主,何可略夺!"皇太子恐帝闻之,令武陵王和止之,乃休。及出,送雉媒还之。其后梁室倾覆既由正德,百姓至闻临贺郡名亦不欲道。童谣云:"宁逢五虎入市,不欲见临贺父子。"其恶之如是。

见理字孟节,性甚凶粗,长剑短衣,出入廛里,不为宗室所齿。及肆逆,甚得志焉。招聚群盗,每夜辄掠劫,于大航为流矢所中死。正德弟正则。

正则字公衡,天监初,以王子封乐山侯。累迁太子洗马、舍人。恒于第内私械百姓令养马,又盗铸钱。大通二年,坐匿劫盗,削爵徙郁林。帝敕广州日给酒肉,南中官司犹处以侯礼。正则滋怨诸父,与西江督护靳山顾通室,招诱亡命,将袭番禺。未及期而事发,遂鸣鼓会将攻州城。刺史元景仲命长史元孝深讨之。正则败,逃于厕,村人缚送之,诏斩于南海。有司请绝属籍,收妻子。诏听绝属籍,妻子特原。正则弟正立。

正立字公山,初封罗平侯。母江有宠。初,正仁之亡,宏溺情曲制,以正立为世子。正立微有学,宏薨后,知非朝议,表求让兄,帝甚嘉焉。诸侯例封五百户,正立改封实土建安县侯,食邑一千户。后位丹阳尹。薨,谥曰敏。子贲嗣。

贲字世文,性躁薄。正德为侯景所立,贲出投之,专监造攻具,以攻台城,常为贼耳目。南康嗣王会理谋袭景,贲与中宿世子子邕告之,贼矫封贲竟陵王,子邕随郡王,并改姓侯氏。贲为宗正卿,子邕都官尚书,专权陵蔑朝政,居尝昼卧,见柳敬礼、萧劝入室殴之,贲惊起乞恩。俄而贼恶其翻覆,杀之。

正立弟正表,封封山侯,后奔乐山。表弟正信。

正信字公理,封武化侯。与正立同生,亦被宏锺爱。然幼不慧,常执白团扇,湘东王取题八字铭玩之。正信不知嗤之,终常摇握。位给事中,卒。

南史卷五二
列传第四二

梁宗室下

安成康王秀 秀子机 机弟推

南平元襄王伟 伟子恪 恪弟恭 恭子静

恭弟祗 **鄱阳忠烈王恢** 恢子范 范子嗣

范弟谘 谘弟循 循弟泰 **始兴忠武王憺**

憺子亮 亮弟映 映弟晔

安成康王秀字彦达,文帝第七子也。年十三,吴太妃亡,秀母弟始兴王憺时年九岁,与秀并以孝闻。居丧累日不进饮,文帝亲取粥授之。哀其早孤,命侧室陈氏并母二子。陈亦无子,有母德,视二子如己生。秀美风仪,性方静,虽左右近侍,非正衣冠弗之见,由是亲友及家人咸敬焉。

仕齐为太子舍人。长沙王懿平崔慧景后,为尚书令,居端右。衡阳王畅为卫尉,掌管籥。东昏日夕逸游,众颇劝懿废之,懿弗听。东昏左右恶懿勋高,又虑废立,并间懿。懿亦危之,自是诸亲咸为之备。及难作,临川王宏以下诸弟侄俱隐人间,罕有发泄,唯桂阳王融及祸。武帝兵至新林,秀及诸亲并自拔赴军。建康平,为南徐州刺史。天监元年,封安成郡王。京口自崔慧景乱后,累被兵革,人户流散,秀招怀抚纳,惠爱大行。仍属饥年,以私财赡百姓,所济甚多。

六年，为江州刺史。将发，主者求坚船以为斋舫。秀曰："吾岂爱财而不爱士。"乃教以牢者给参佐，下者载斋物。既而遭风，斋舫遂破。及至州，闻前刺史取徵士陶潜曾孙为里司，叹曰："陶潜之德，岂可不及后胤。"即日辟为西曹。时夏水泛长，津梁断绝，外司请依旧儆度，收其价。秀教曰："刺史不德，水潦为患，可利之乎。"给船而已。

七年，遭慈母陈太妃忧，诏起视事。寻迁荆州刺史，加都督。立学校，招隐逸。辟处士河东韩怀明、南平韩望，南郡庾承先、河东郭麻等。是岁，魏县瓠城人反，杀豫州刺史司马怀悦，引司州刺史马仙琕，仙琕签荆州求应赴。众咸谓宜待台报，秀曰："彼待我为援，援之宜速，待敕非应急也。"即遣兵赴之。及沮水暴长，颇败人田，秀以谷二万斛赡之。使长史萧琛简州贫老单丁吏，一日散遣百余人，百姓甚悦。荆州尝苦旱，咸欲徙市开渠，秀乃责躬，亲祈楚望。俄而甘雨即降，遂获有年。又武宁太守为弟所杀，乃伪云士反，秀照其奸慝，望风首款，咸谓之神。于荆州起天居寺，以武帝游梁馆也。及去任，行次大雷，风波暴起，船舻沦溺，秀所问唯恐伤人。

十三年，为郢州刺史，加都督。郢州地居冲要，赋敛殷烦，人力不堪，至以妇人供作。秀务存约已，省去游费，百姓安堵，境内晏然。夏口常为战地，多暴露骸骨。秀于黄鹤楼下祭而埋之，一夜梦数百人拜谢而去。每冬月，常作襦裤以赐冻者。时司州叛蛮田鲁生、鲁贤、超秀据蒙笼来降，武帝以鲁生为北司州刺史，鲁贤北豫州刺史，超秀定州刺史，为北境捍蔽。而鲁生、超秀互相谗毁，有去就心。秀抚喻怀纳，各得其用，当时赖之。

迁雍州刺史，在路薨。武帝闻之，甚痛悼焉。遣南康王绩缘道迎候。初，秀之西也，郢州人相送出境，闻其疾，百姓商贾咸为请命。及薨，四州人裂裳为白帽，哀哭以迎送之。雍州蛮迎秀，闻薨，祭哭而去。丧至都，赠司空，谥曰康。

秀美容仪，每在朝，百僚属目。性仁恕，喜愠不形于色。左右尝以石掷杀所养鹄，斋帅请按其罪，秀曰："吾岂以鸟伤人。"在都且临公事，厨人进食，误覆之，去而登车，竟朝不饭，亦弗之诮也。时诸王并下士，建安、安成二王尤好人物，世以二安重士，方之"四豪"。

秀精意学术，搜集经记，招学士平原刘孝标使撰《类苑》，书未及毕，而已行于世。秀于武帝，布衣昆弟，及为君臣，小心畏敬，过于疏贱者，帝益以此贤之。少偏孤，于始兴王憺尤笃。憺久为荆州刺史，常以所得奉中分秀，秀称心受之，不辞多也。昆弟之睦，时议归之。佐史夏侯亶等表立墓碑志，诏许焉。当世高才游王门者，东海王僧孺、吴郡陆倕、彭城刘孝绰、河东裴子野，各制其文，欲择用之，而咸称实录，遂四碑并建。世子机嗣。

机字智通，位湘州刺史，薨于州。机美姿容，善吐纳，家既多书，博学强记。然而好弄尚力，远士子，迩小人，为州专意聚敛，无政绩，频被案劾。将葬，有司请谥，诏曰："王好内怠政，宜谥曰炀。"所著诗赋数千言。元帝集而序之。子操嗣。

机弟推，字智进，少清敏，好属文，深为简文所亲赏。普通六年，以王子封南浦侯。历淮南、晋陵、吴郡太守，所临必赤地大旱，吴人号"旱母"焉。侯景之乱，守东府，城陷，推握节死之。

南平元襄王伟字文达，文帝第八子也。幼清警，好学，仕齐为晋安王骠骑外兵参军。武帝为雍州，虑天下将乱，求迎伟及始兴王憺。俄闻已入沔，帝欣然谓佐史曰："阿八、十一行至，吾无忧矣。"及起兵，留行雍州州府事。及帝克郢、鲁，下寻阳，围建邺，而巴东太守萧惠训子璝及巴西太守鲁休烈起兵逼荆州，萧颖胄忧愤暴卒，西朝凶惧，征兵于伟。伟乃割州府将吏配始兴王憺往赴之。憺至，璝等皆降。齐和帝诏以伟为都督、雍州刺史。

天监元年，封建安王。初，武帝军东下，用度不足，伟取襄阳寺铜佛，毁以为钱。富僧藏镪，多加毒害，后遂恶疾。十三年，累迁为左光禄大夫，加亲信四十人，岁给米万斛，药直二百四十万，厨供月二十万，并二卫两营杂役二百人，倍先置防阁、白直、左右职局一百人。以疾甚，故不复出蕃，而加奉秩。

十五年，所生母陈太妃薨，毁顿过礼，水浆不入口累日，帝每临幸抑譬之。伟虽奉诏，而殆不胜丧，恶疾转增，因求改封。十七年，改封南平郡，位侍中、左光禄大夫、开府仪同三司。大通四年，为中书令、大司马。薨，赠侍中、太宰，谥曰元襄。

伟性端雅，持轨度。少好学，笃诚通恕。趋贤重士，常如弗及，由是四方游士、当时知名者莫不毕至。疾瘂丧明，便不复出。齐世青溪宫改为芳林苑，天监初，赐伟为第。又加穿筑，果木珍奇，穷极凋靡，有侔造化。立游客省，寒暑得宜，冬有笼炉，夏设饮扇，每与宾客游其中，命从事中郎萧子范为之记。梁蕃邸之盛无过焉。而性多恩惠，尤愍穷乏。常遣腹心左右历访闾里，人士有贫困吉凶不举者，即遣赡恤之。平原王曼颖卒，家贫无以殡，友人江革往哭之。其妻儿对革号诉，革曰：“建安王当知，必为营理。”言未讫，而伟使至，给其丧事，得周济焉。每祁寒积雪，则遣人载樵米，随乏绝者赋给之。晚年崇信佛理，尤精玄学，著《二暗义》，制《性情》、《几神》等论。义僧宠及周舍、殷钧、陆倕并名精解，而不能屈。朝廷得失，时有匡正。子侄邪僻，义方训诱。斯人斯疾，而不得助主兴化，梁政渐替，自公薨焉。世子恪嗣。

世子恪字敬则，弘雅有风则，姿容端丽。位雍州刺史。年少未闲庶务，委之群下，百姓每通一辞，数处输钱，方得闻彻。宾客有江仲举、蔡远、王台卿、庾仲容四人，俱被接遇，并有蓄积。故人间歌曰：“江千万，蔡五百，王新车，庾大宅。”遂达武帝。帝接之曰：“主人愦愦不如客。”寻以庐陵王代为刺史。恪还奉见，武帝以人间语问之，恪大惭，不敢一言。后折节学问，所历以善政称。

太清中，为郢州刺史。及乱，邵陵王至郢，恪郊迎之，让位焉，邵陵不受。及王僧辩至郢，恪归荆州。元帝以为尚书令、司空。贼平，为扬州刺史。时帝未迁都，以恪宗室令誉，故先使归镇社稷。大宝三年，薨于长沙，未之镇也。赠太尉，谥曰靖节王。恪弟恭。

恭字敬范，天监八年，封衡山县侯。初，乐山侯正则有罪，敕让诸王，独谓元襄王曰：“汝儿非直无过，并有义方。”

历位监南徐州事。时衡州刺史武会超在州,子侄纵暴,州人朱朗聚党反,武帝以恭为刺史。时朗已围始兴,恭至,缓服徇贼,示以恩信,群贼伏其勇,是夜退三舍以避。军吏请追,恭曰:"贼以政苛致叛,非有陈、吴之心。缓之则自溃,急之则并力,诸君置之。"明日,朗遣使请降,恭杖节受之,一无所问。即日收始兴太守张宝生及会超弟之子子仁,斩之军门,以其贿而虐也。有司奏恭,纵罪人,专戮二千石。有诏宥之。

迁湘州刺史。善解吏事,所在见称。而性尚华侈,广营第宅,重斋步阁,模写宫殿。尤好宾友,酣宴终辰,坐客满筵,言谈不倦。时元帝居蕃,颇事声誉,勤心著述,厄酒未尝妄进。恭每从容谓曰:"下官历观时人,多有不好欢兴,乃仰眠床上,看屋梁而著书,千秋万岁,谁传此者。劳神苦思,竟不成名。岂如临清风,对朗月,登山泛水,肆意酣歌也。"

寻除宁蛮校尉、雍州刺史,便道之镇。简文少与恭游,特被赏狎,至是手令勖以政事。恭至州,政绩有声,百姓请于城南立碑颂德,诏许焉,名为政德碑。是夜,闻数百人大叫碑石,明旦视之,碑涌起一尺。恭命以大柱置于碑上,使力士数十人抑之不下,又以酒脯祭之,使人守视,俄而自复,视者竟不见之。恭闻而恶焉。

先是,武帝以雍为边镇,运数州粟以实储仓。恭乃多取官米,还赡私宅。又典签陈保印侵克百姓,为荆州刺史庐陵王所启,被诏征还。在都朝谒,白服随列。帝曰:"白衣者为谁?"对曰:"前衡山侯恭。"帝厉色曰:"不还我陈保印,吾当白汝未已。"而保印实投湘东王,王改其姓名曰袁逢。恭竟不叙用。侯景乱,卒于城中,诏特复本封。元帝追谥曰僖侯。

子静字安仁,少有美名,号为宗室后进。有文才,而笃志好学。既内足于财,多聚经史,散书满席,手自雠校。何敬容欲以女妻之,静忌其太盛,拒而不纳,时论服焉。然好戏笑,轻论人物,时以此少之。位给事黄门侍郎,深为简文所爱赏。太清三年卒,赠侍中。

恭弟祇,字敬谟,美风仪,幼有令誉。天监中,封定襄县侯。后历位北兖州刺史。侯景乱，与从弟湘潭侯退谋起兵内援，会州人反城应景，祗遂奔东魏。

鄱阳忠烈王恢字弘达，文帝第十子也。幼聪颖，七岁能通《孝经》、《论语》义，发摘无遗。及长，美风仪，涉猎史籍。仕齐位北中郎外兵参军，前军主簿。宣武王之难，逃在都下。武帝起兵，恢藏伏得免。大军至新林，乃奉迎。

天监元年，封鄱阳郡王，除郢州刺史，加都督。初，郢城内疾疫死者甚多，不及藏殡。恢下车，遽命埋瘗，又遣四使巡行州部，境内大宁。时有进筒中布者，恢以奇货异服，即命焚之，于是百姓仰德。累迁都督、益州刺史。成都去新城五百里，陆路往来，悉订私马，百姓患焉，累政不能改。恢乃市马千匹，以付所订之家，须则以次发之，百姓赖焉。再迁开府仪同三司、都督、荆州刺史。普通七年，薨于州。诏赠侍中、司徒，谥曰忠烈。

恢美容质，善谈笑，爱文酒，有士大夫风则。所在虽无皎察，亦不伤物。有孝性，初镇蜀，所生费太妃犹停都。后于都不豫，恢未之知，一夜忽梦还侍疾。及觉，忧惶废寝食。俄而都信至，太妃已瘳。后有目疾，久废视瞻。有道人慧龙得疗眼术，恢请之。及至，空中忽见圣僧。及慧龙下针，豁然开朗，咸谓精诚所致。

恢性通恕，轻财好施，凡历四州，所得奉禄，随而散之。在荆州，尝从容问宾僚曰："中山好酒，赵王好吏，二者孰愈？"众未有对者。顾谓长史萧琛曰："汉时王侯，蕃屏而已，视事亲人，自有其职。中山听乐，可得任悦，彭祖代史，近于侵官。今之王侯，不守蕃国，当佐天子临人，清白其忧乎。"坐者咸服。

有男女百人，男封者三十九人，女主三十八人。世子范嗣。

范字世仪，温和有器识。为卫尉卿，每夜自寻巡警，武帝嘉其劳苦。出为益州刺史。行至荆州，而忠烈王薨，因停自解。武帝不许，诏权监荆州。及湘东王至，范依旧述职，遣弟湘潭侯退随丧而下。大同元年，以开通剑道，克复华阳增封。寻征为领军将军、侍中。

范虽无学术,而以筹略自命。爱奇玩古,招集文才,率意题章,亦时有奇致。尝得旧琵琶,题云"齐竟陵世子"。范嗟人往物存,揽笔为咏,以示湘东王,王吟咏其辞,作《琵琶赋》和之。

后为都督、雍州刺史。范作牧莅人,甚得时誉,抚循将士,尽获欢心。于是养士马,修城郭,聚军粮于私邸。时庐陵王为荆州,既是都督府,又素不相能,乃启称范谋乱。范亦驰启自理,武帝恕焉。时论者犹谓范欲为贼。又童谣云:"莫忽忽,且宽公,谁当作天子,草覆车边已。"时武帝年高,诸王莫肯相服。简文虽居储贰,亦不自安,而与司空邵陵王纶特相疑阻。纶时为丹阳尹,威震都下。简文乃选精兵以卫宫内。兄弟相贰,声闻四方。范以名应谣言而求为公,未几,加开府仪同三司。范心密喜,以为谣验,武帝若崩,诸王必乱,范既得众,又有重名,谓可因机以定天下。乃更收士众,希望非常。

太清元年,大举北侵。初谋元帅,帝欲用范。时朱异取急外还,闻之,遽入曰:"嗣王雄豪盖世,得人死力,然所至残暴非常,非吊人之材。昔陛下登北顾亭以望,谓江右有反气,骨肉为戎首。今日之事,尤宜详择。"帝默然曰:"会理何如?"对曰:"陛下得之,臣无恨矣。"会理懦而无谋,所乘檽舆施版屋,冠以牛皮。帝闻不悦,行至宿预,贞阳侯明请行,又以明代之,而以范为征北大将军、总督汉北征讨诸军事,寻迁南豫州刺史。

侯景败于涡阳,退保寿阳,乃改范为合州刺史,镇合肥。时景不臣迹露,范屡启言之,朱异每抑而不奏。及景围都,范遣世子嗣与裴之高等入援。迁开府仪同三司。台城不守,范乃弃合肥,出东关,请兵于魏,遣二子为质。魏人据合肥,竟不助范。范进退无计,乃溯流西上,军于嶷阳,遣信告寻阳王大心。大心要还九江,欲共兵西上。范得书大喜,乃引军至盆城,以晋照为晋州。遣子融为刺史,江州郡县,辄更改易。于是寻阳政令所行,唯存一郡,又疑畏范,市籴不通。范乃复遣其弟观宁侯永将兵通南川,助庄铁。时二镇相猜,无复图贼之志。范数万之众,皆无复食,人多饿死。范竟发背而薨。众秘不发丧,奉弟南安侯恬为主,有众数千。范将侯瑱袭庄铁于豫章,杀之,尽并其军。乃迎丧往郡,于松门遇风,柩沉于水,钩求得之。及于庆之逼豫章,侯瑱以范子十六人降贼,贼尽于石头坑杀之。

世子嗣字长胤,容貌丰伟,腰带十围。性骁果,有胆略,倜傥不护细行,而复倾身养士,皆得死力。范之薨也,嗣犹据晋熙,城中食尽,士皆乏绝。侯景遣任约攻嗣,时贼方盛,咸劝且止。嗣按剑叱曰:"今日之战,萧嗣效命死节之秋也。"及战,遇流矢中颈,不许拔,带箭手杀数人。贼退方命拔之,应时气绝。妻子为任约所禽。初,范既与寻阳王大心相持,及嗣之死,犹未敢发范丧。

范弟谘,字世恭,位卫尉卿,封武林侯。简文即位之后,景周卫转严,外人莫得见,唯谘及王克、殷不害并以文弱得出入卧内,晨昏左右,天子与之讲论六艺,不辍于时。及南康王会理事败,克、不害惧祸,乃自疏,谘不忍离帝,朝觐无绝。贼恶之,令其仇人刁戌刺杀谘于广莫门外。

谘弟脩,字世和,封宜丰侯。局力贞固,风仪严整。九岁通《论语》,十一能属文。鸿胪卿裴子野见而赏之。性至孝,年十二,丁所生徐氏艰,自荆州反葬,中江遇风,前后部伍多致沉溺,脩抱柩长号,血泪俱下,随波摇荡,终得无佗。葬讫,因庐墓次。先时山中多猛兽,至是绝迹。野鸟驯狎,栖宿檐宇。武帝嘉之,以班告宗室。

为兼卫尉卿,美姿貌,每屯兵周卫,武帝视之移辇。初,嗣王范为卫尉,夜中行城,常因风便鞭棰宿卫,欲令帝知其勤。及脩在职,夜必再巡,而不欲人知。或问其故,曰"夜中警逻,实有其劳,主上慈爱,闻之容或赐止。违诏则不可,奉诏则废事。且胡质之清,尚畏人知,此职司之常,何足自显"。闻者叹服。

时王子侯多为近几小郡,历试有绩,乃得出为边州。帝以脩识量宏达,自卫尉出镇钟离,徙为梁,秦二州刺史。在汉中七年,移风改俗,人号慈父。长史范洪胄有田一顷,将秋遇蝗,脩躬至田所,深自咎责。功曹史琅邪王廉劝脩捕之,脩曰:"此由刺史无德所致,捕之何补。"言卒,忽有飞鸟千群蔽日而至,瞬息之间,食虫遂尽而去,莫知何鸟。适有台使见之,具言于帝,玺书劳问,手诏曰:"犬牙不入,无以过也。"州人表请立碑颂德。嗣王范在盆城,颇有异论,武陵王大生疑防,流言噂沓。脩深自分释,求送质子,并请助防。武陵王乃遣从事中郎萧固谘以当世之事,具观脩意。脩泣涕为言忠臣孝子之节,王敬纳之。故终脩之时,不为不义。一夕,忽有狗据脩所卧床而卧。脩曰:"此其戎乎。"因大修城垒。

承圣元年,魏将达奚武来攻,脩遣记室参军刘璠至益州,求救于武陵王纪,遣将扬乾运援之,拜脩随郡王。璠还至嶓冢,乃降于魏,乾运班师。璠至城下,说城中降魏。脩数之曰:"卿不能死节,反为说客邪!"命射之。间信遣至荆州,元帝遣与相闻。脩中直兵参军陈晷,甚勇有口,求为觇侯,见获,以辞烈被害。乃遣谘议虞馨致武牛酒,武谓曰:"梁已为侯景所败,王何为守此孤城?"脩答:"守之以死,誓为断头将军。"魏相安定公宇文泰遣书喻之,力屈乃降。安定公礼之甚厚,未几,令还江陵,厚遣之,以文武千家为纲纪之仆。元帝虑其为变,中使觇伺,不绝于道。至之夕,命劫窃之。及旦,脩表输马仗而后帝安。脩入觐,望阙悲不自胜,元帝亦恻,尽朝皆泣。

寻拜湘州刺史。长沙频遇兵荒,人户凋弊。脩劝穑务分,未期,流人至者三千余家。元帝多忌,动加诛翦。脩静恭自守,埋声晦迹。元帝亦以宗室长年,深相敬礼。及江陵被围问至,即日登舟赴救。至巴陵西,而江陵覆灭。敬帝立,遥授脩太尉,迁太保。时王室浸微,脩虽图义举,力弱不能自振,遂发背欧血而薨,年五十二。

脩弟泰,字世怡,封丰城侯。历位中书舍人,倾竭财产,以事时要,超为谯州刺史。江北人情犷强,前后刺史并绥抚之。泰至州,便偏发人丁,使担腰舆扇伞等物,不限士庶。耻为之者,重加杖责,多输财者,即放免之,于是人皆思乱。及侯景至,人无战心,乃先覆败。

始兴忠武王憺字僧达,文帝第十一子也。仕齐为西中郎外兵参军。武帝起兵,憺为相国从事中郎,与南平王伟留守。齐和帝即位,以憺为给事黄门侍郎。时巴东太守萧惠训子瑰等兵逼荆州,萧颍胄暴卒,尚书仆射夏侯详议迎憺行荆州事。憺率雍州将吏赴之,以书喻瑰等皆降。是冬,武帝平建邺。明年,和帝诏以憺为都督、荆州刺史。

天监元年,加安西将军,封始兴郡王。时军旅之后,公私匮乏,憺厉精为政,广辟屯田,减省力役,存问兵死之家,供其穷困,人甚安之。是岁,嘉禾生,一茎六穗,甘露降于黄阁。四年,荆州大旱,憺使祠于天井,有巨蛇长二丈,出绕祠坛,俄而注雨,岁大丰。憺自以少年始居重任,开导物情,辞讼者皆立待符教,决于俄顷,曹无留事,下无滞狱。

六年,州大水,江溢堤坏,憺亲率将吏,冒雨赋丈尺筑之,而雨甚水壮,众皆恐。或请避焉。憺曰:“王尊尚欲身塞河堤,我独何心以免。”乃登堤叹息,终日辍膳,刑白马祭江神,酹酒于流,以身为百姓请命,言终而水退堤立。邴洲在南岸,数百家见水长惊走,登屋缘树。憺募人救之,一口赏一万。估客数十人应募,洲人皆以免,吏人叹服,咸称神勇。又分遣诸郡,遭水死者给棺槥,失田者与粮种。是岁,嘉禾生于州界,吏人归美焉。

七年,慈母陈太妃薨,水浆不入口六日,居丧过礼,武帝优诏勉之,使摄州任。是冬,诏征以本号还朝。人歌曰:“始兴王,人之爹,徒我反赴人急,如水火,何时复来哺乳我。”荆土方言谓父为爹,故云。后为中卫将军、中书令,领卫尉卿。憺性好谦,降意接士,常与宾客连榻坐,时论称之。

九年,拜都督、益州刺史。旧守宰丞尉岁时乞丐,躬历村里,百姓苦之,习以为常。憺至州,停断严切,百姓以苏。又兴学校,祭汉蜀郡太守文翁,由是人多向方者。

十四年,迁都督、荆州刺史。同母兄安成王秀将之雍州,薨于道。憺闻丧,自投于地,席槁哭泣,不饮不食者数日,倾财产赗送,部伍大小皆取足焉,天下称其悌。十八年,征为侍中、中抚军将军、开府仪同三司、领军将军,即开府黄阁。薨,二宫悲惜,舆驾临幸者七焉。赠司徒,谥曰忠武。憺未薨前,梦改封中山王,策授如他日,意颇恶之,数旬而卒。憺有惠西土,荆州人闻薨,皆哭于巷,嫁娶有吉日，移以避哀。子亮嗣。

亮弟映，字文明，年十二，为国子生。天监十七年，诏诸生口策，宗室可否。帝知映聪解，特令问策，又口对，并见奇。谓祭酒袁昂曰："吾家千里驹也。"

起家淮南太守，诸兄未有除命，乃抗表让焉。映美容仪。普通二年，封广信县侯。丁父忧，隆冬地席，哭不绝声，不尝谷粒，唯饮冷水，因患症结。除太子洗马。诏以憺艰难王业，追增国封。嗣王陈让，既不获许，乃乞颁邑诸弟。帝许之，改封新渝县侯。后居太妃忧，泣血。三年服阕，为吴兴太守。郡累不稔，中大通三年，野谷生武康，凡二十二处，自此丰穰。

映制《嘉谷颂》以闻，中诏称美。

后为北徐州刺史，在任弘恕，人吏怀之。常载粟帛游于境内，遇有贫者，即以振焉。胜境名山，多所寻履。及征将还，锺离人顾思远挺叉行部伍中。映见甚老，使人问，对曰："年一百一十二岁。凡七娶，有子十二，死亡略尽。今唯小者，年已六十，又无孙息，家阙养乏，是以行役。"映大异之，召赐之食，食兼于人。检其头有肉角长寸，遂命后舟载还都，谒见天子。与之言往事，多异所传，擢为散骑侍郎，赐以奉宅，朝夕进见，年百二十卒。又普通中北侵，攻穰城，城内有人年二百四十岁，不复能食谷，唯饮曾孙妇乳。简文帝命劳之，赐以束帛。荆州上津乡人张元始，年一百一十六岁，膂力过人，进食不异，至年九十七方生儿，儿遂无影。将亡，人人告别，乃至山林树木处处履行，少日而终，时人以为知命。湘东王爱奇重异，遂留其枕。

映后历给事黄门侍郎，卫尉卿，广州刺史。卒官，谥曰宽侯。

映弟晔，字通明，美姿容，善谈吐。初封安陆侯。憺特所钟爱，常目送之曰："吾所深忧。"左右问其故，答曰："其过俊发，恐必无年。"及憺不豫，侍疾衣不释带，言与泪并。憺薨，扶而后起。服阕，改封上黄侯，位兼宗正卿。简文入居监抚，晔献《储德颂》，迁给事黄门侍郎。

出为晋陵太守。美才仗气,言多激扬。常乘折角牛,谷木履,被服必于儒者。名盛海内,为宗室推重,特被简文友爱。与新渝、建安、南浦并预密宴,号东宫四友。简文日有五六使来往。晔初至郡,属旱,躬自祈祷,果获甘润。郡雀林村旧多猛兽为害,晔在政六年,此暴遂息。卒于郡。初,晔寝疾历年,官曹壅滞,有司案《谥法》"言行相违曰替",乃谥替侯。

论曰:自昔王者创业,莫不广植亲亲,割袭州国,封建子弟。是以大㭔少帛,崇于鲁、卫,盘石犬牙,寄深梁、楚。梁武远遵前轨,藩屏懿亲,至于戚枝,咸被任遇。若萧景才辩,固亦梁之令望者乎。临川不才,频叨重寄,古者睦亲之道,粲而不殊,加之重名,则有之矣。而宏屡黩彝典,一挠师徒,梁之不纲,于斯为甚。正德秽行早显,逆心凤构,比齐襄而迹可匹,似吴濞而势不侔,徒为贼景之阶梯,竟取国败而身灭,哀哉!安成、南平、鄱阳、始兴,俱以名迹著美,盖亦有梁之间、平也。

南史卷五三
列传第四三

梁武帝诸子

昭明太子统　河东王誉　豫章王综
南康简王绩 子会理 乂理
庐陵威王续　邵陵携王纶 子坚 确
武陵王纪 子圆照 圆正

武帝八男：丁贵嫔生昭明太子统、简文皇帝、庐陵威王续，阮修容生孝元皇帝，吴淑媛生豫章王综，董昭仪生南康简王绩，丁充华生邵陵携王纶。葛修容生武陵王纪。

昭明太子统字德施，小字维摩，武帝长子也。以齐中兴元年九月，生于襄阳。武帝既年垂强仕，方有冢嗣。时徐元瑜降，而续又荆州使至，云"萧颖胄暴卒"。时人谓之三庆。少日而建邺平，识者知天命所集。

天监元年十一月，立为皇太子。时年幼，依旧于内，拜东宫官属，文武皆入直永福省。五年六月庚戌，出居东宫。

太子生而聪睿，三岁受《孝经》、《论语》，五岁遍读五经，悉通讽诵。性仁孝，自出宫，恒思恋不乐。帝知之，每五日一朝，多便留永福省。或五日三日乃还宫。八年九月，于寿安殿讲《孝经》，尽通大义。讲毕,亲临释奠于国学。

年十二,于内省见狱官将谳事,问左右曰:"是皂衣何为者?"曰:"廷尉官属。"召视其书,曰:"是皆可念,我得判否?"有司以统幼,绐之曰:"得。"其狱皆刑罪上,统皆署杖五十。有司抱具狱,不知所为,具言于帝,帝笑而从之。自是数使听讼,每有欲宽纵者,即使太子决之。建康县谳诬人诱口,狱翻,县以太子仁爱,故轻当杖四十。令曰:"彼若得罪,便合家孥戮,今纵不以其罪罪之,岂可轻罚而已,可付冶十年。"

十四年正月朔旦,帝临轩,冠太子于太极殿。旧制:太子著远游冠,金蝉翠緌缨。至是,诏加金博山。太子美姿容,善举止,读书数行并下,过目皆忆。每游宴祖道,赋诗至十数韵,或作剧韵,皆属思便成,无所点易。帝大弘佛教,亲自讲说。太子亦素信三宝,遍览众经。乃于宫内别立慧义殿,专为法集之所。招引名僧,自立三谛,法义。普通元年四月,甘露降于慧义殿,咸经为至德所感。时俗稍奢,太子欲以己率物,服御朴素,身衣浣衣,膳不兼肉。

三年十一月,始兴王憺薨。旧事以东宫礼绝傍亲,书翰并依常仪。太子以为疑,命仆刘孝绰议其事。孝绰议曰:"案张镜撰《东宫仪记》,称'三朝发哀者,逾月不举乐。鼓吹寝奏,服限亦然'。寻傍绝之义,义在去服,服虽可夺,情岂无悲。铙歌辍奏,良亦为此。既有悲情,宜称兼慕。卒哭之后,依常举乐,称悲竟。此理例相符。谓犹应称兼慕,请至卒哭。"仆射徐勉、左率周舍、家令陆襄并同孝绰议。太子令曰:"张镜《仪记》云:'依《士礼》,终服月称慕悼。'又云:'凡三朝发哀者,逾月不举。'刘仆议云:'傍绝之义,义在去服,服虽可夺,情岂无悲。卒哭之后,依常举乐,称悲竟。此理例相符。'寻情悲之说,非止卒哭之后,缘情为论,此自难一也。用张镜之'举乐',弃张镜之'称悲'。一镜之言,取舍有异,此自难二也。陆家令止云'多历年所',恐非事证。虽复累稔所用,意常未安。近亦尝以此问外,由来立意,谓犹应有慕悼之言。张岂不知举乐为大,称悲事小。所以用小而忽大,良亦有以。至如元正六佾,事为国章,虽情或未安，而礼不可废。铙吹军乐，比之亦然，书疏方之，事则成小。差可缘心。声乐自外，书疏自内，乐自他，书自己。刘仆之议，即情未安。可令诸贤更共详衷。"司农卿明山宾、步兵校尉朱异议，称"慕悼之辞，宜终服月"。于是付典书遵用，以为永准。七年十一月，贵嫔有疾，太子还永福省，朝夕侍疾，衣不解带。及薨，步从丧还宫，至殡，水浆不入口，每哭辄恸绝。武帝敕中书舍人顾协宣旨曰："毁不灭性，圣人之制，不胜丧比于不孝。有我在，那得自毁如此。可即强进饮粥。"太子奉敕，乃进数合，自是至葬，日进麦粥一升。武帝又敕曰："闻汝所进过少，转就羸瘦。我比更无余病，政为汝如此，胸中亦填塞成疾。故应强加饘粥，不俟我恒尔悬心。"虽屡奉敕劝逼，终丧日，止一溢，不尝菜果之味。体素壮，腰带十围，至是减削过半。每入朝，士庶见者莫不下泣。

太子自加元服，帝便使省万机，内外百司奏事者填塞于前。太子明于庶事，每所奏谬误巧妄，皆即辩析，示其可否，徐令改正，未尝弹纠一人。平断法狱，多所全宥，天下皆称仁。性宽和容众，喜愠不形于色。引纳才学之士，赏爱无倦。恒自讨论坟籍，或与学士商榷古今。继以文章著述，率以为常。于时东宫有书几三万卷，名才并集，文学之盛，晋、宋以来未之有也。

性爱山水，于玄圃穿筑，更立亭馆，与朝士名素者游其中。尝泛舟后池，番禺侯轨盛称此中宜奏女乐。太子不答，咏左思《招隐诗》云："何必丝与竹，山水有清音。"轨惭而止。出宫二十余年，不畜音声。未薨少时，敕赐太乐女伎一部，略非所好。

普通中，大军北侵，都下米贵。太子因命菲衣减膳。每霖雨积雪，遣腹心左右周行间巷，视贫困家及有流离道路，以米密加振赐，人十石。又出主衣绢帛，年常多作襦裤，各三千领，冬月以施寒者，不令人知。若死亡无可敛，则为备棺椁。每闻远近百姓赋役勤苦，辄敛容变色。常以户口未实，重于劳扰。吴郡屡以水灾不熟，有上言：当漕大渎，以泻浙江。中大通二年春，诏遣前交州刺史王弈，假节发吴、吴兴、信义三郡人丁就役。太子上疏曰："伏闻当遣王弈等上东三郡人丁开漕沟渠，导泄震泽，使吴兴一境，无复水灾，暂劳永逸，必获后利。未萌难睹，窃有愚怀。所闻吴兴累年失收，人颇流移，吴郡十城，亦不全熟，唯信义去秋有稔，复非恒役之民。即日东境谷稼犹贵，劫盗屡起，在所有司，皆不闻奏。今征戍未归，强丁疏少，此虽小举，窃恐难合。吏一呼门，动为人蠹。又出丁之处，远近不一，比得齐集，已妨蚕农。去年称为丰岁，公私未能足食。如复今兹失业，虑恐为弊更深。且草窃多伺候人间虚实，若善人从役，则抄盗弥增。吴兴未受其益，内地已离其弊。不审可得权停此功，待优实以不？"武帝优诏以喻焉。

太子孝谨天至，每入朝，未五鼓便守城门开。东宫虽燕居内殿，一坐一起，恒向西南面台，宿被召当入，危坐达旦。三年三月，游后池，乘雕文舸摘芙蓉。姬人荡舟，没溺而得出，因动股，恐贻帝忧，深诚不言，以寝疾闻。武帝敕看问，辄自力手书启。及稍笃，左右欲启闻，犹不许，曰："云何令至尊知我如此恶。"因便呜咽。四月乙巳，暴恶，驰启武帝，比至已薨，时年三十一。帝临哭尽哀，诏敛以衮冕，谥曰昭明。五月庚寅，葬安宁陵，诏司徒左长史王筠为哀册文。朝野惋愕，都下男女奔走宫门，号泣满路。四方氓庶及疆徼之人，闻丧哀恸。

太子性仁恕，见在宫禁防捉荆子者，问之，云以清道驱人。太子恐复致痛，使捉手板代之。频食中得蝇虫之属，密置盘边，恐厨人获罪，不令人知。又见后阁小儿摊戏，后属有狱牒摊者法，士人结流徒，庶人结徒。太子曰："私钱自戏，不犯公物，此科太重。"令注刑止三岁，士人免官。狱牒应死者，必降长徒，自此以下莫不减半。

所著文集二十卷，又撰古今典诰文言为《正序》十卷，五言诗之善者为《英华集》二十卷，《文选》三十卷。

薨后，长子东中郎将、南徐州刺史华容公欢封豫章郡王，次子枝江公誉封河东郡王，曲江公督封岳阳郡王，謩封武昌郡王，鉴封义阳郡王，各三千户。女悉同正主。蔡妃供侍，一同常仪，唯别立金华宫为异。帝既废嫡立庶，海内口噂嗒，故各封诸子大郡，以慰其心。岳阳王督流涕受拜,累日不食。

初,丁贵嫔薨,太子遣人求得善墓地,将斩草,有卖地者因阉人俞三副求市,若得三百万,许以百万与之。三副密启武帝,言太子所得地不如今所得地于帝吉,帝末年多忌,便命市之。葬毕,有道士善图墓,云"地不利长子,若厌伏或可申延"。乃为蜡鹅及诸物埋墓侧长子位。有宫监鲍邈之、魏雅者,二人初并为太子所爱,邈之晚见疏于雅,密启武帝云:"雅为太子厌祷。"帝密遣检掘,果得鹅等物。大惊,将穷其事,徐勉固谏得止,于是唯诛道士,由是太子迄终以此惭慨,故其嗣不立。后邵陵王临丹阳郡,因邈之与乡人争婢,议以为诱略之罪牒宫,简文追感太子冤,挥泪诛之。邈之兄子僧隆为宫直,前未知邈之侄,节日驱出。

先是,人间谣曰:"鹿子开城门,城门鹿子开,当开复未开,使我心徘徊。城中诸少年,逐欢归去来。"鹿子开者,反语为来子哭,云帝哭也。欢前为南徐州,太子果薨,遣中书舍人臧厥追欢于崇正殿解发临哭。欢既嫡孙,次应嗣位,而迟疑未决。帝既新有天下,恐不可以少主主大业,又以心衔故,意在晋安王,犹豫自四月上旬至五月二十一日方决。欢止封豫章王,还任。往谣言"心徘徊"者,未定也。"城中诸少年,逐欢归去来",复还徐方之象也。欢字孟孙,位云麾将军、江州刺史。薨,谥安王。子栋嗣。

栋字元吉,及简文见废,侯景奉以为主。栋方与妃张氏锄葵,而法驾奄至,栋惊不知所为,泣而升辇。及即位,升武德殿,欻有回风从地涌起,翻飞华盖,径出端门,时人知其不终。于是年号天正,追尊昭明太子曰昭明皇帝,安王为安皇帝,金华敬妃蔡氏为敬皇后,太妃王氏为皇太后,妃为皇后。未几,行禅让礼,栋封淮阴王,及二弟桥、樛,并锁于密室。景败走,兄弟相扶出,逢杜崱于道,崱去其锁。弟曰:"今日免横死矣。"栋曰:"倚伏难知,吾犹有惧。"初,王僧辩之为都督,将发,谘元帝曰:"平贼之后,嗣君万福,未审有何仪注?"帝曰:"六门之内,自极兵威。"僧辩曰:"平贼之谋,臣为己任,成济之事,请别举人。"由是帝别敕宣猛将军朱买臣使行忍酷。会简文已被害,栋等与买臣遇见,呼往船共饮,未竟,并沉于水。

河东王誉字重孙,普通二年,封枝江县公。中大通三年,改封河东郡王。累迁南中郎将、湘州刺史。未几,侯景寇建业,誉入援,至青草湖,台城没。有诏班师,誉还湘镇。

时元帝军于武城,新除雍州刺史张缵密报元帝曰:"河东起兵,岳阳聚米,将来袭江陵。"元帝甚惧,沉米断缆而归。因遣咨议周弘直至誉所督其粮众,誉曰:"各自军府,何忽隶人。"使三反,誉并不从。元帝大怒,遣世子方等征之,反为誉败死。又令信州刺史鲍泉讨誉,并陈示祸福。誉谓曰:"欲前即前,无所多说。"泉军于石椁寺,誉逆击,不利而还。泉进军橘洲,誉攻之,又见败。于是遂围之。誉幼而有骁勇,马上用弩,兼有胆气,能抚士卒,甚得众心。元帝又遣领军王僧辩代鲍泉攻誉。誉将溃围而出,会其麾下将慕容华引僧辩入城,遂被执。谓守者曰:"勿杀我,得一见七官,申此谗贼,死无恨。"主者曰:"奉令不许。"遂斩首,送荆镇。元帝返其首以葬焉。

初,誉之将败,引镜照面,不见其头。又见长人盖屋,两手据地啖其脐。又见白狗大如驴,从城出,不知所在。誉甚恶之,俄而城陷。

豫章王综字世谦,武帝第二子也。天监三年,封豫章郡王。累迁北中郎将、南徐州刺史。入为侍中、镇右将军。

初,综母吴淑媛在齐东昏宫,宠在潘、余之亚。及得幸于武帝,七月而生综,宫中多疑之。淑媛宠衰怨望。及综年十四五,恒梦一年少肥壮,自掣其首对综,如此非一。综转成长,心惊不已。频密问淑媛曰:"梦何所如?"梦既不一,淑媛问梦中形色,颇类东昏,因密报之曰:"汝七月日生儿,安得比诸皇子。汝今太子次弟,幸保富贵勿泄。"综相抱哭,每日夜恒泫泣。又每靖室闭户,藉地被发席藁。轻财好士,分施不辍,唯留身上故衣,外斋接客,分粗服。厨库恒致罄乏。常于内斋布沙于地,终日跣行,足下生胝,日能行三百里。尝有人士姓王,以屯蹶投告综。于时大乏,唯有眠床故皂复帐,即下付之。其降意下士，以伺风云之会，诸侯王妃主及外人，并知此怀，唯武帝不疑。

及长，有才学，善属文。武帝御诸子以礼，朝见不甚数。综恒怨不见知，每出蕃，淑媛恒随之至镇。时年十五，尚裸袒嬉戏于前，昼夜无别。妃袁氏，尚书令昂之女也。淑媛恒节其宿止，遇袁妃尤不以道，内外咸有秽声。综后在徐州，政刑酷暴，又有勇力，制及奔马，搛杀驹犊。常阴服微行，著乌丝布帽，夜出无有期度。招引道士，探求数术。性聪敏多通，每武帝有敕疏至，辄忿恚形于颜色。帝性严，群臣不敢轻言得失，凡综所行，弗之知也。于徐州还，频裁表陈便宜，求经略边境。帝并优敕答之。徐州所有练树，并令斩杀，以帝小名练故。累致意尚书仆射徐勉，求出镇襄阳。勉未敢言，因是怒勉，饷以白团扇，图《伐檀》之诗，言其贿也。

在西州，于别室岁时设席，祠齐氏七庙。又累微行至曲阿拜齐明帝陵。然犹无以自信，闻俗说以生者血沥死者骨渗，即为父子。综乃私发齐东昏墓，出其骨，沥血试之。既有征矣，在西州生次男月余日，潜杀之。既瘗，夜遣人发取其骨又试之，其酷忍如此。每对东宫及诸王，辞色不恭逊。尝改岁后，问讯临川王宏，出至中阁，登宏羊车次遗粪而出。居都下所为多如此者。

普通四年，为都督、南兖州刺史，颇勤于事，而不见宾客。其辞讼则隔帷理之。方幅出行，垂帷于舆，每云恶人识其面也。初，齐故建安王萧宝寅在魏，综求得北来道人释法鸾，使入北通问于宝寅，谓为叔父。襄阳人梁话母死，法鸾说综厚赐之，言终可任使。综遗话钱五万。及葬毕，引在左右。法鸾在广陵，往来通魏尤数，每舍淮阴苗文宠家。言文宠于综，综引为国常侍。六年，魏将元法僧以彭城降，帝使综都督众军，权镇彭城，并摄徐州府事。武帝晓别玄象，知当更有败军失将，恐综为北所擒，手敕综令拔军。每使居前，勿在人后。综恐帝觉，与魏安丰王元延明相持，夜潜与梁话、苗文宠三骑开北门，涉汴河，遂奔萧城。自称队主，见延明而拜。延明坐之，问其名氏，不答，曰："殿下问人有见识者。"延明召使视之，曰"豫章王也"。延明喜,下地执其手,答其拜,送于洛阳。及旦,斋内诸阁犹闭不开,众莫知所以,唯见城外魏军叫曰:"汝豫章王昨夜已来,在我军中。"城中既失王所在,众军乃退,不得还者甚众。湘州益阳人任焕常有骓马,乘之退走。焕脚为抄所伤,人马俱弊,焕于桥下歇,抄复至。焕脚痛不复得上马,于是向马泣曰:"骓子,我于此死矣。"马因跪其前脚,焕乃得上马,遂免难。综长史江革、太府卿祖暄并为魏军所禽,武帝闻之惊骇。

综至魏,位侍中、司空、高平公、丹阳王,梁话、苗文宠并为光禄大夫。综改名缵,字德文,追服齐东昏斩衰,魏太后及群臣并吊。八月,有司奏削爵土,绝其属籍,改子直姓悖氏。未及旬日,有诏复属籍,封直永新侯。久之,乃策免吴淑媛,俄遇鸩而卒。有诏复其品秩,谥曰敬,使直主其丧。

及萧宝寅据长安反,综复去洛阳欲奔之。魏法,度河桥不得乘马。综乘马而行,桥吏执之送洛阳。魏孝庄初,历位司徒、太尉,尚帝姊寿阳长公主。陈庆之之至洛也,送综启求还。时吴淑媛尚在,敕使以综小时衣寄之。信未达而庆之败。未几,终于魏。

初,综在魏不得志,尝作《听钟鸣》、《悲落叶》以申其志,当时莫不悲之。后梁人盗其柩来奔,武帝犹以子礼祔葬陵次。

直字思方,位晋陵太守,沙州刺史。

南康简王绩字世谨,小字四果,武帝第四子也。天监七年,封南康郡王。十年,为南徐州刺史。时年七岁,主者有受货洗改解书,长史王僧孺弗之觉,绩见而诘之,便即首服,众咸叹其聪警。十七年,为都督、南兖州刺史,在州以善政称。寻有诏征还,百姓曹乐等三百七十人诣阙上表,称绩尤异一十五条,乞留为州任。优诏许之。普通四年,征为侍中、云麾将军,领石头戍军事。五年,出为江州刺史。

丁董淑媛忧,居丧过礼。固求解职,乃征授安右将军,领石头戍军事,寻加护军。羸瘠,不亲视事。大通三年,因感疾薨于任。赠开府仪同三司,谥曰简。

绩寡玩好,少嗜欲,居无仆妾,躬事俭约。所有租秩,悉寄天府。及薨后,少府有南康国无名钱数千万。子会理嗣。

会理字长才,少聪慧,好文史。年十一而孤,特为武帝所爱,衣服礼秩与正王不殊。十五为湘州刺史,多信左右。行事刘纳每禁之,会理心不平,证以赃货,收送建邺。纳叹曰:"我一见天子,使汝等知。"会理厚送资粮,数遣慰喻。令心腹于青草湖为盗,杀纳百口俱尽。累迁都督、南兖州刺史。太清元年,督众军北侵,至彭城,为魏师所败,退归本镇。

二年,侯景围城,会理入援。会北徐州刺史封山侯正表将应其兄正德,外托赴援,实谋袭广陵。会理击破之,方得进路。台城陷,会理归镇。侯景遣前临江太守董绍先以武帝手敕召会理。其僚佐曰:"绍先书岂天子意。"咸欢拒之。会理用其典签范子鸾计,曰:"天子年尊,受制贼虏,今有手敕召我入朝,臣子之心,岂得违背。且处江北,功业难成,不若身赴京都,图之肘腋。"遂纳绍先。绍先入,以乌幡麾众,单马遣之至都。景以为司空,兼尚书令。虽在寇手,每思匡复,与西乡侯欢等潜布腹心,要结壮士。时范阳祖皓斩董绍先,据广陵城起义,期以会理为内应。皓败,辞相连及。侯景矫诏免会理官,犹以白衣领尚书令。是冬,景往晋熙,都下虚弱,会理复与柳敬礼及北兖州司马成钦谋之。敬礼曰:"举大事必有所资,今无寸兵,安可以动。"会理曰:"湖熟有吾故旧三千余人,昨来相知,克期响集。计贼守兵不过千人,若大兵外攻,吾等内应,直取王伟,事必有成。纵景后归,无能为也。"敬礼曰"善"。于时百姓厌贼,咸思用命。建安侯贲以谋告王伟,伟遂收会理及其弟通理。

时有钱唐褚冕,会理之旧,亦囚于省,问事之所起,考掠千计,终无所言。会理隔壁闻之,遥曰:"褚郎,卿岂不为吾致此邪,然勿言。"王伟害会理等,冕竟以不服,伟赦之。

会理弟通理,字仲宣,位太子洗马,封祈阳侯。至是亦遇害。

通理弟义理字季英。生十旬,而简王薨。至三岁能言,见内人分散,涕泣相送,问其故,或曰:"此简王宫人丧毕去耳。"乂理便号泣,悲不自胜。诸宫人见之,莫不哀感,为之停者三人。服阕,见武帝,升殿,又悲不自胜。帝为之收涕,谓左右曰:"此儿大必为奇士。"大同八年,封安乐县侯。

乂理慷慨慕立功名,每读书见忠臣烈士,未尝不废卷叹曰:"一生之内,当无愧古人。"博览多识,有文才。尝祭孔文举墓,并为立碑,制文甚美。

及侯景内寇,乂理聚客赴南兖州,随兄会理入援。及城陷,又随会理还广陵,因入齐为质乞师。行二日,会景遣董绍先据广陵,遂追获之,防严不得与兄相见。乃伪请先还都,入辞母,因谓其姊固安主曰:"兄若至,愿使善为计自勉,勿顾以为念。前途亦思立效,但未知天命何如耳。"至都,以魏降人元贞忠正,可以托孤,乃以玉柄扇赠之。贞怪不受,乂理曰:"后当见忆。"会祖皓起兵,乂理奔长芦,为景所害。元贞始悟其前言,往收葬焉。

庐陵威王续字世欣,武帝第五子也。天监八年,封庐陵王。少英果,膂力绝人,驰射应发命中。武帝叹曰:"此我之任城也。"尝驰射于帝前,续中两獐,冠于诸人。帝大悦。中大通二年,为都督、雍州刺史、宁蛮校尉。大同元年,迁江州刺史。又为骠骑将军、开府仪同三司。又为都督、荆州刺史。薨,赠司空,谥曰威。

始元帝母阮修容得幸,由丁贵嫔之力,故元帝与简文相得,而与庐陵王少相狎,长相谤。元帝之临荆州,有宫人李桃儿者,以才慧得进,及还,以李氏行。时行宫户禁重,续具状以闻。元帝泣对使诉于简文,简文和之不得。元帝犹惧,送李氏还荆州,世所谓"西归内人"者。自是,二王书问不通。及续薨,元帝时为江州,闻问,入阁而跃,屧为之破。寻自江州复为荆州,荆州人迎于我境,帝数而遣之,吏人失望。续多聚马仗,蓄养骄雄,耽色爱财,极意收敛,仓储库藏盈溢。临终有启,遣中录事参军谢宣融送所上金银器千余件,武帝始知其富。以为财多德寡,因问宣融曰:"王金尽于此乎?"宣融曰:

"此之谓多,安可加也。夫王之过如日月之蚀,欲令陛下知之,故终而不隐。"帝意乃解。

世子凭,以罪前诛死。次子应嗣。应不慧,王薨,至内库阅珍物,见金铤,问左右曰:"此可食不?"答曰:"不可。"应曰:"既不可食,并特乞汝。"他皆此类。

邵陵携王纶字世调,小字六真,武帝第六子也。少聪颖,博学善属文,尤工尺牍。天监十三年,封邵陵郡王。

普通五年,以西中郎将权摄南徐州事。在州轻险躁虐,喜怒不恒,车服僭拟,肆行非法,遨游市里,杂于厮隶。尝问卖鲳者曰:"刺史何如?"对者言其躁虐,纶怒,令吞鲳以死,自是百姓惶骇,道路以目。尝逢丧车,夺孝子服而著之,匍匐号叫。签帅惧罪,密以闻。帝始严责,纶不能改,于是遣代。纶悖慢逾甚,乃取一老公短瘦类帝者,加以衮冕,置之高坐,朝以为君,自陈无罪。使就坐剥褫,捶之于庭。忽作新棺木,贮司马崔会意,以辒车挽歌以为送葬之法,使妪乘车悲号。会意不堪,轻骑还都以闻。帝恐其奔逸,以禁兵取之,将于狱赐尽,昭明太子流涕固谏,得免。免官削爵土还第。大通元年,复封爵。

中大通四年,为扬州刺史。纶素骄纵,欲盛器服,遣人就市赊买锦采丝布数百匹,拟与左右职局防阁为绛衫、内人帐幔。百姓并关闭邸店不出。台续使少府市采,经时不能得。敕责,府丞何智通具以闻,因被责还第。恒遣心腹马容戴子高、戴瓜、李撤、赵智英等,于路寻目智通,于白马巷逢之,以槊刺之,刃出于背。智通以血书壁作"邵陵"字乃绝,遂知之。帝悬钱百万购贼,有西州游军将宋鹊子条姓名以启,敕遣舍人诸县綮领斋仗五百人围纶第,于内人槛中禽瓜、撤、智英。子高骁勇,逾墙突围,遂免。智通子敞之割炙食之,即载出新亭,四面火炙之焦熟,敞车载钱设盐蒜,雇百姓食撤一脔,赏钱一千。徒党并母肉遂尽。

纶锁在第,舍人诸县綮并主帅领仗身守视。免为庶人,经三旬乃脱锁，顷之复封爵。后预饯衡州刺史元庆和，于坐赋诗十二韵，末云："方同广川国，寂寞久无声。"大为武帝赏，曰："汝人才如此，何虑无声。"旬日间，拜郢州刺史。

太清二年，位中卫将军、开府仪同三司。侯景构逆，加征讨大都督，率众讨景。将发，帝诫曰："侯景小竖，颇习行阵，未可以一战即殄，当以岁月图之。"纶发白下，中江而浪起，有物荡舟将覆，识者尤异之。及次钟离，景已度采石，纶乃昼夜兼道，旋军入赴。济江，中流风起，人马溺者十一二。遂率西丰公大春、新涂公大成等步骑三万发京口，将军赵伯超请从径路直指钟山，出其不意，纶从之。众军奄至，贼徒大骇，分为三道攻纶，纶大破之。翌日，贼又来攻，日晚贼稍退。南安侯骏以数十骑驰之，贼回拒骏，骏部乱，贼因逼大军，大军溃。纶至钟山战败，奔还京口。军主霍俊见获，贼送于城下，逼云已禽邵陵王。俊伪许之，乃曰："王小失利，政为粮尽还京口。俊为托逻所获，非军败也。"贼以刀背驱其髀，俊色不变，贼义而舍之。俊，中书舍人灵超子也。

三年正月，纶与东扬州刺史大连等入援，至骠骑洲，进位司空。台城陷，纶奔禹穴，东土皆附。临城公大连惧将害己，乃图之，纶觉乃去。至寻阳，寻阳公大心欲以州让之，不受。大宝元年，纶至郢州，刺史南平王恪让州于纶，纶不受。乃上纶为假黄钺、督中外诸军事。纶于是置百官，改听事为正阳殿，内外斋省悉题署焉。而数有变怪，祭城隍神，将烹牛，有赤蛇绕牛口出。南浦施安幄帐，无何风起，飘没于江。

于时元帝围河东王誉于长沙既久，誉请救于纶。纶欲往救之，为军粮不继遂止。乃与元帝书曰："道之斯美，以和为贵，况天时地利不及人和。岂可手足肱支，自相屠害。即日大敌犹强，天仇未雪。余尔昆弟，在外三人，如不匡救，安用臣子。如使逆寇未除，家祸仍构，料今访古，未或弗亡。夫征战之理，义在克胜。至于骨肉之战，愈胜愈酷，捷则非功，败则有丧，劳兵损义，亏失多矣。侯景之军所以未窥江外者，政为蕃屏盘固，宗镇强密。若自相鱼肉，是谓代景行师,景便不劳兵力,坐致成效,丑徒闻此,何快如之!"元帝复书,陈誉有罪不可解围之状。纶省书流涕曰:"天下之事,一至于斯!"左右闻之,莫不掩泣。于是大修器甲,将讨侯景。

元帝闻其盛,乃遣王僧辩帅舟师一万以逼纶。纶将刘龙武等降僧辩,纶遂与子颙等十余人轻舟走武昌。沙门法磬与纶有旧,藏之严石之下。时纶长史韦质、司马姜伟先在外,闻纶败,驰往迎。元帝复遣将徐文盛追攻之。纶复收卒屯于齐昌郡,将引魏军共攻南阳。侯景将任约袭纶,纶败走。定州刺史田龙祖迎纶,纶惧为所执,复归齐昌。行收兵至汝南,魏所署汝南城主李素孝者,纶之故吏,开城纳之。纶乃修复城池,收集士卒,将攻竟陵。魏闻之,遣大将杨忠、仪同侯几通攻破城,执纶,纶不为屈。通乃卧大鼓,使纶坐上杀之,投于江岸,经日色不变,鸟兽莫敢近。时飞雪飘零,尸横道路,周回数步,独不沾洒。旧主帅安陆人郝破敌敛之于襄阳。葬之日,黄雪雾糅,唯冢圹所独不下雪。杨忠知而悔焉,使以太牢往祭殡焉。百姓怜之,为立祠庙。岳阳王詧遣迎丧,葬于襄阳望楚山南,赠太宰,谥曰安。后元帝议追加谥,尚书左丞刘毂议,《谥法》"急政交外曰携"。从之。

纶任情卓越,轻财爱士,不竞人利,府无储积。闻有辄求,既得即散,士亦以此归之。初镇京口,大造器甲,既涉声论,投之于江。及后出征,戎备颇阙,乃叹曰:"吾昔造仗,本备非常,无事涉疑,遂使零散。今日讨抄,卒无所资。"初,昭明之薨,简文入居监抚,纶不谓德举,而云"时无豫章,故以次立"。及庐陵之没,纶觖望滋甚,于是伏兵于莽,用伺车驾。而台舍人张僧胤知之,其谋颇泄。又纶献曲阿酒百器,上以赐寺人,饮之而毙。上乃不自安,颇加卫士,以警宫内。于是传者诸相疑阻,而纶亦不惧。武帝竟不能有所废黜,卒至宗室争竞,为天下笑。

长子坚字长白,大同元年,以例封汝南侯。亦善草隶,性颇庸短,尝与所亲书,题云"嗣王"。其人得书大骇,执以谏坚,坚曰:"并言戏耳。"人曰:"不愿以此为戏耳。"侯景围城,坚屯太阳门,终日蒲饮，不扶军政。吏士有功，未尝申理，疫疠所加，亦不存恤，士咸愤怨。太清三年，坚书佐董勋华、白昙朗等以坚私室酝酿，亟有烹宰，不相沾及，忿恨，夜遣贼登楼，城遂陷，坚遇害。弟确。

确字仲正，少骁勇，有文才，尤工楷隶。公家碑碣，皆使书之。除秘书丞。武帝谓曰："为汝能文，所以特有此授。"大同二年，封为正阶侯，复徙封永安。常在第中习骑射，学兵法，时人以为狂。左右或进谏，确曰："听吾为国家破贼，使汝知之。"

钟山之役，确所向披靡，群贼惮之。确每临阵对敌，意甚详赡，带甲据鞍，自朝及夕，驰骤往返，不以为劳，诸将服其壮勇。军败，贼使负炮，不之知也。确因隙自拔，得达朱方。及后侯景乞盟，惮确及赵威方在外，虑为后患，启求召确入城。诏乃召确为南中郎将、广州刺史。确知此盟多贰，城必沦没，欲先遣赵威方入，确因南奔。纶闻之，逼确使入。确犹不肯，纶流涕谓曰："汝欲反邪！"时台使周石珍在坐，确出："侯景虽云欲去，而不解长围，以意而推，其事可见。今召我入，未见益也。"石珍曰："敕旨如此，侯岂得辞。"确执意犹坚，纶大怒，谓赵伯超曰："谯州，卿为我斩之。当赍首赴阙。"伯超挥刃眄曰："我只君耳，刀岂识君。"确流涕而出，遂入城。及景背盟复围城，城陷，确排闼入启。时武帝方寝，确出："城已陷矣。"帝曰："犹可一战不？"对曰："人心不可。臣向格战不禁，缒下仅得至此。"武帝叹曰："自我得之，自我失之，亦复何恨，幸不累子孙。"乃使确为慰劳文，谓曰："尔速去谓汝父，无以二宫为念。"

及出见景，景爱其膂力，恒令在左右。后从景，仰见飞鹅，群贼争射不中，确射之，应弦即落。贼徒忿嫉，咸劝除之。先是纶遣典签唐法隆密导确，确谓使者曰："侯景轻佻，可一夫力致。确不惜死，欲手刃之。卿还启家王，愿勿以一子为念。"后与景猎钟山，同逐禽，引弓将射景，弦断不得发，贼觉，杀之。

武陵王纪字世询，武帝第八子也。少而宽和，喜怒不形于色，勤学有文才。天监十三年，封武陵王。寻授扬州刺史。中书诏成，武帝加四句曰："贞白俭素,是其清也;临财能让,是其廉也;知法不犯,是其慎也;庶事无留,是其勤也。"纪特为帝爱,故先作牧扬州。大同三年,为都督、益州刺史。以路远固辞,帝曰:"天下方乱,唯益州可免,故以处汝,汝其勉之。"纪歔欷,既出复入。帝曰:"汝尝言我老,我犹再见汝还益州也。"纪在蜀,开建宁、越嶲或西,贡献方物,十倍前人。朝嘉其绩,加开府仪同三司。

初,天监中,震太阳门城,字曰:"绍宗梁位唯武王。"解者以武陵王当之,于是朝野属意焉。及侯景陷台城,上甲侯韶西一至硖,出武帝密敕,加纪侍中、假黄钺、都督征讨诸军事、骠骑大将军、太尉、承制。大宝元年六月辛酉,纪乃移告诸州征镇,遣世子圆照领二蜀精兵三万,受湘东王绎节度。绎命圆照且顿白帝,未许东下。七月甲辰,湘东王绎遣鲍检报纪以武帝崩问。十一月壬寅,纪总戎将发益镇,绎使胡智监至蜀,以书止之曰:"蜀中斗绝,易动难安,弟可镇之,吾自当灭贼。"又别纸云:"地拟孙、刘,各安境界,情深鲁、卫,书信恒通。"

二年四月乙丑,纪乃僭号于蜀,改年曰天正,暗与萧栋同名。识者尤之,以为于文"天"为二人,"正"为一止,言各一年而止也。纪又立子圆照为皇太子,圆正为西阳王,圆满竟陵王,圆普南谯王,圆肃宜都王。以巴西、梓潼二郡太守永丰侯㧑为征西大将军、益州刺史,封秦郡王。司马王僧略、直兵参军徐怦并固谏,皆杀之。僧略,僧辩弟;怦,勉从子也。以谏,且以怦与将帅书云"事事往人口具",以为反于己,诛之。永丰侯㧑叹曰:"王不克矣。夫善人国之基也,今乃诛之,不亡何待?"又谓所亲曰:"昔桓玄年号大亨,识者为谓'二月了',而玄之败实在仲春。今年曰天正,在文为'一止',其能久乎!"丁卯,元帝遣万州刺史宋簉袭圆照于白帝,圆照弟圆正时为西阳太守,召至,锁于省内。

初,杨乾运求为梁州刺史不得,纪以为潼州刺史。杨法深求为黎州刺史亦不得,以为沙州刺史。二憾不茂所请,各遣使通西魏。及闻魏军侵蜀,纪遣其将谯淹回军赴援,魏将尉迟迥逼涪水,杨乾运降之。迥即趋成都。五月己巳，纪次西陵，军容甚盛。元帝命护军将军陆法和立二城于峡口，名七胜城，锁江以断峡。时陆纳未平，蜀军复逼，元帝甚忧。法和告急，旬日相继。元帝乃拔任约于狱，以为晋安王司马，撤禁兵以配之。并遣宣猛将军刘棻共约西赴。六月，纪筑连城，攻绝铁锁。元帝复于狱拔谢答仁为步兵校尉，配众一旅上赴。纪之将发也，江水可揭，前部不得行。及登舟，无雨而水长六尺。刘孝胜喜曰："殆天赞也。"将至峡，有黑龙负舟，其将帅咸谓天助。及顿兵日久，频战不利，师老粮尽，智力俱殚。又魏人入剑阁。成都虚弱，忧懑不知所为。

先是，元帝已平侯景，执所俘馘，频遣报纪。世子圆照镇巴东，留执不遣。启纪云："侯景未平，宜急征讨。已闻荆镇为景所灭，疾下大军。"纪谓为实然，故仍率众沿江急进。于路方知侯景已平，便有悔色，召圆照责之。圆照曰："侯景虽诛，江陵未服，宜速平荡。"纪亦以既居尊位，宣言于众，敢谏者死。蜀中将卒日夜思归。所署江州刺史王开业进曰："宜还救根本，更思后圆。"诸将金以为然。圆照、刘孝胜独言不可，纪乃止。既而闻王琳将至，潜遣将军侯睿傍险出法和后，临水筑垒，御琳及法和。元帝书遗纪，遣光州刺史郑安中往喻意于纪，许其还蜀，专制岷方。纪不从命，报书如家人礼。既而侯睿为任约、谢答仁所破，又陆纳平，诸军并西赴，元帝乃与纪书曰："甚苦大智！季月烦暑，流金铄石，聚蚊成雷，封狐千里。以兹玉体，辛苦行阵，乃眷西顾，我劳如何。自獯丑凭陵，羯胡叛换，吾年为一日之长，属有平乱之功，膺此乐推，事归当璧。傥遣使乎，良所希也。如曰不然，于此投笔。友于兄弟，分形共气，兄肥弟瘦，无复相代之期，让枣推梨，长罢欢愉之日。上林静拱，闻四鸟之哀鸣，宣室披图，嗟万始之长逝。心乎爱矣，书不尽言。"大智，纪别字也。帝又为诗曰："回首望荆门，惊浪且雷奔，四鸟嗟长别，三声悲夜猿。"圆正在狱中连句曰："水长二江急，云生三峡昏，愿贳淮南罪，思报阜陵恩。"帝看诗而泣。

纪频败，知不振，遣署度支尚书乐奉业往江陵论和缉之计。元帝知纪必破,遂拒而不许,于是两岸十余城遂俱降。游击将军樊猛率所领至纪所,纪在船中绕床而走,以金掷猛等曰:"此顾卿送我一见七官,卿必当富贵。"猛曰:"天子何由可见。杀足下,此金何之。"犹不敢逼,围而守之。法和驰启,上密敕樊猛曰:"生还不成功也。"猛率甲士祝文简、张天成拔刃升舟,犹左右奔掷。第五子圆满驰来就父,纪首既落,圆满躯亦分。法和收太子圆照兄弟三人,问圆照曰:"阿郎何以至此?"圆照曰:"失计,愿为公作奴。"法和叱遣之。

圆照字明周,中大同初,为益州东斋郎,宋宁、宋兴二郡太守。远镇诸王世子皆在建邺质守,帝特爱纪,故遣以副纪。纪之构衅,悉其谋也。次弟圆正,先见锁在江陵,及纪既以兵终,元帝使谓曰:"西军已败,汝父不知存亡。"意欲使其自裁。而圆正既奉此问,便号哭尽哀。以祸难之兴皆由圆照,于是唯哭世子,言不绝声。上谓圆正闻问悲感,必应自杀,频看知不能死,又付廷尉狱。及见圆照曰:"阿兄,何乃乱人骨肉,使酷痛如此。"圆照更无所言,唯云计误。并命绝食于狱,啮臂啖之,十三日死,天下闻而悲之。

圆正字明允,纪第二子。美风仪,善谈论,宽和好施,爱接士人。封江安侯。历西阳太守,有惠政。既居上流,人附者甚众。及侯景作逆,圆正收兵众且一万,后遂跋扈中流,不从王命。及景破,复谋入蜀。元帝将图之。署为平南将军。及至弗见,使南平嗣王恪等醉而囚之。

时纪称梁王。及纪败死,为有司奏,请绝纪属籍,元帝许之。赐姓饕餮氏。纪最为武帝所爱。武帝诸子罕登公位,唯纪以功业显著,先启黄扉。兄邵陵王纶,屡以罪黜,心每不平。及闻纪为征西,纶扶枕叹曰:"武陵有何功业,而位乃前我?朝廷愦愦,似不知人。"武帝闻之大怒曰:"武陵有恤人拓境之勋,汝有何绩!"

太清初,帝思之,使善画者张僧繇至蜀图其状。在蜀十七年,南开宁州、越嶲,西通资陵、吐谷浑。内修耕桑盐铁之功,外通商贾远方之利,故能殖其财用,器甲殷积。马八千匹,上足者置之内厩,开寝殿以通之,日落,辄出步马。便骑射,尤工舞槊。九日讲武,躬领幢队。及闻国难，谓僚佐曰："七官文士，岂能匡济。"既东下，黄金一斤为饼，百饼为簏，至有百簏。银五倍之，其他锦罽缯采称是。每战则悬金帛以示将士，终不赏赐。宁州刺史陈知祖请散金银募勇士，不听，恸哭而去。自是人有离心，莫肯为用。纪颇学观占，善风角，亦知不复能济。瞻望气色，叹咤天道，椎床声闻于外。有请事者，以疾辞不见。既死，埋于沙洲，不封无梓。元帝以刘孝胜付廷尉，寻免之。

初，纪将僭号，祆怪不一，内寝殿柱绕节生花，其茎四十有六，霍靡可爱，状似荷花。识者曰："王敦祆花，非佳事也。"时蜀知星人说纪曰："官若东下，当用申年，太白出西，从之为利。申岁发蜀，酉年入荆，不可失也。发蜀之岁，太白在西，比及明年，则已东出矣。

论曰：甚矣！谗佞之为巧也。夫言附正直，迹在恭敬，悦目会心，无施不可。至乃离父子，间兄弟，废楚嫡，疏汉嗣，可为太息，良非一涂。以昭明之亲之贤，梁武帝之爱之信，谤言一及，至死不能自明，况于下此者也。综处秦政之疑，怀负尺之志，肆行狂悖，卒致奔亡。庐陵多财为累，雄心自立，未及骋暴，早没为幸。南康为政有方，居丧以礼，惜乎早夭，不拯危季。邵陵少而险躁，人道顿亡，晚致勤王，其殆优矣。武陵地居势胜，卒致倾覆，才轻志大，能无及乎。

南史卷五四
列传第四四

梁简文帝诸子

哀太子大器　　寻阳王大心
临川王大款　　南海王大临
南郡王大连　　安陆王大春
桂阳王大成　　汝南王大封
浏阳公大雅　　新兴王大庄
西阳王大钧　　武宁王大盛
皇子大训　　建平王大球
义安王大昕　　绥建王大挚
乐良王大圜

元帝诸子

忠烈世子方等　　忠惠世子方诸
愍怀太子方矩　　始安王方略

简文二十子：王皇后生哀太子大器、南郡王大连，陈淑容生寻阳王大心，左夫人生南海王大临、安陆王大春，谢夫人生浏阳公大雅，张夫人生新兴王大庄，包昭华生西阳王大钧。范夫人生武宁王大盛，褚修华生建平王大球，陈夫人生义安王大昕，朱夫人生绥建王大挚。其临川王大款、桂阳王大成、汝南王大封、乐良王大圜，并不知母氏。潘美人生皇子大训，早亡无封。其余不知不载。

哀太子大器字仁宗，简文嫡长子也。中大通四年，封宣城郡王。太清二年十月，侯景寇建邺，敕太子为台内大都督。三年五月，简文即位。六月癸酉，立为皇太子。

大宝二年八月，景废简文，将害太子。时景党称景命召之，太子方讲《老子》，将下床而刑人掩至。太子颜色不变，徐曰：“久知此事，嗟其晚耳。”刑者将以衣带绞之，太子曰：“此不能见杀。”乃指系帐竿下绳。命取绞之而绝。时年二十八。

太子性宽和，兼神用端嶷，在贼中每不屈意。左右窃问其故，答曰：“贼若未须见杀，虽复陵傲呵叱，其终不敢言。若见害时至，虽一日百拜，无益于死。”问者又曰：“官今忧逼而神貌怡然，未喻此意。”答曰：“吾自度死必在贼前，若诸叔外来，平夷揭寇，必前见杀，然后就死。若其遂开拓上流，必先见杀，后取富贵。何能以无益之愁，横忧必死之命。”景之西上，携太子同行，及败归，船往往相失。所乘船入枞阳浦，舟中腹心并劝因此入北，太子曰：“自国家丧败，志不图生。主上蒙尘，宁忍违离。吾今若去，乃是叛父，非谓避贼。天下岂有无父之国。”便涕泗呜咽，命即前进。贼以太子有器度，每惮之。恐为后患，故先及祸。承圣元年四月，追谥哀太子。祔太庙阴室。

寻阳王大心字仁恕，简文第二子也。幼而聪朗，善属文。中大通四年，以皇孙封当阳县公。大同元年，为都督、郢州刺史，时年十三。简文以其幼，戒之曰：“事无大小，悉委行事。”大心虽不亲州务，发言每合于理，众皆惊服。太清元年，为云麾将军、江州刺史。贪冒财贿,不能绥接百姓。二年,侯景寇都,大心招集士卒,与上流诸军赴援宫阙。三年,台城陷,上甲侯萧韶南奔宣密诏,加散骑常侍,进号平南将军。大宝元年,封寻阳王。

初,历阳太守庄铁以城降侯景,既而又奉其母来奔。大心以铁旧将,厚为其礼,军旅之事,悉以委之,以为豫章内史。景数遣军西上寇抄,大心辄令铁击破之,禽其将赵加娄,贼不能进。时鄱阳王范率众弃合肥。屯于栅口。待援兵总集,欲俱进。大心闻之,遣要范西上,以盆城处之,廪馈甚厚,欲与戮力,共除祸难。会铁据豫章反,大心令中兵参军韦约讨之,铁败乞降。鄱阳世子嗣先与铁善,乃谓范曰:“昔与铁游处,其人才略从横,若降江州,必不全其首领,请援之。”乃遣将侯瑱救铁,夜破韦约等营。大心大惧,于是二蕃衅起。

景将任约略地至盆城,大心遣司马韦质拒战,败绩。时帐下犹有勇士千余人,咸说曰:“既无粮储,难以守固。若轻骑往建州,以图后举,策之上也。”其母陈淑容不从,扶胸恸哭,大心乃止,遂与约和。二年,将遇害,绕床谓贼厢公王僧贵曰:“我以全州归命,何忍相苦。”乃见射而殒。

临川王大款字仁师,简文第三子也。初封石城县公,位中书侍郎。太清三年,简文即位,封江夏郡王。大宝元年,奔江陵。湘东王承制,改封临川王。魏克江陵,遇害。

南海王大临字仁宣,简文帝第四子也。大同二年,封宁国县公。少而敏慧。年十一,遭左夫人忧,哭泣毁瘠,以孝闻。后入国学,明经射策甲科,拜中书侍郎,迁给事黄门侍郎。十一年,长兼侍中,出为琅邪、彭城二郡太守。侯景乱,屯端门,都督城南诸军事。大宝元年,封南海郡王,出为都督、东扬州刺史,又除吴郡太守。时张彪起义于会稽,吴人陆令公、颍川庾孟卿等劝大临投之,大临曰:“彪若成功,不藉我力;如其挠败,以我说焉。不可往也。”二年,遇害。

南郡王大连字仁靖,简文第五子也。少俊爽,能属文,举止风流,雅有巧思,妙达音乐,兼善丹青。大同二年,封临城县公。七年,与南海王俱入国学,并射策甲科,皆拜中书侍郎。十年,武帝幸朱方,大连与兄大临并从。武帝问曰:"汝等习骑不?"对曰:"臣等未奉诏,不敢辄习。"敕令给马试之。大连兄弟据鞍往还,各得驰骤之节。帝大悦,即赐所乘马。及为启谢,辞又甚美。帝他日谓简文曰:"昨见大临、大连,风韵可爱,足慰吾老年。"迁给事黄门侍郎,转侍中。

太清元年,出为东扬州刺史。侯景入寇建邺,大连率众四万来赴。及台城没,援军散还东扬州。会稽丰沃,粮仗山积,东人惩景苛虐,咸乐为用,而大连恒沉湎于酒。宋子仙攻之,大连弃城走,追及于信安县,大连犹醉弗之觉。于是三吴悉为贼有。大宝元年,封南郡王。贼遣将赵伯超、刘神茂来攻,大连专委部将留异,以城应贼,大连弃走,为贼所获。侯景以为江州刺史。二年,遇害。

安陆王大春字仁经,简文第六子也。少博涉书记,善吹笙。天性孝谨,体貌瑰伟,腰带十围。大同六年,封西丰县侯,拜中书侍郎。后为宁远将军,知石头戍军事。侯景内寇,大春奔京口。随邵陵王入援,战于钟山。军败,肥大不能行,为贼所获。大宝元年,封安陆郡王,出为东扬州刺史。二年,遇害。

桂阳王大成字仁和,简文第八子也。初封新涂公。太清三年,简文即位,封山阳郡王。大宝元年,奔江陵。湘东王承制,改封桂阳王。大成性甚凶粗,兼便弓马。至江陵,被甲夜出,人谓为劫,斫之,遂失左髻。魏克江陵,遇害。

汝南王大封字仁睿,简文第九子也。初封临汝公。太清三年,简文即位,封宜都郡王。大宝元年,奔江陵。湘东王承制,封汝南王。魏克江陵,遇害。

浏阳公大雅字仁风，简文第十二子也。大同九年，封浏阳县公。少聪警，美姿仪，特为武帝所爱。台城陷，大雅犹命左右格战。贼至渐众，乃自缒而下，发愤感疾薨。

新兴王大庄字仁礼，简文第十三子也。性躁动。大同九年，封高唐县公。大宝元年，封新兴郡王，位南徐州刺史。二年遇害。

西阳王大钧字仁博，简文第十四子也。性厚重，不妄戏弄。年七岁，武帝尝问读何书，对曰学《诗》。因令讽诵，即诵《周南》，音韵清雅。帝重之，因赐王羲之书一卷。大宝元年，封西阳郡王，位丹阳尹。一年，监扬州，遇害。

武宁王大威字仁容，简文第十五子也。美风仪，眉目如画。大宝元年，封武宁郡王。二年，为丹阳尹，遇害。

皇子大训字仁德，简文第十六子也。少而脚疾，不敢蹑履。太清三年，未封而亡，年十岁。

建平王大球字仁玉，简文帝第十七子也。大宝元年，封建安郡王。性明慧凤成。初，侯景围台城，武帝素归心释教，每发誓愿，恒云："若有众生应受诸苦，讳身代当。"时大球年甫七岁，闻而惊谓母曰："官家尚尔，儿安敢辞。"乃六时礼佛，亦云："凡有众生应获苦报，悉大球代受。"其早慧如此。二年，遇害。

义安王大昕字仁朗，简文第十八子也。年四岁，母陈夫人卒，便哀毁有若成人，晨夕涕泣，眼为之伤。及武帝崩，大昕奉慰简文，呜噎不自胜，左右莫不掩泣。大宝元年，封义安郡王。二年，遇害。

绥建王大挚字仁瑛，简文第十九子也。幼雄壮，有胆气。及台城陷，乃叹曰："大丈夫会当灭虏属。"奶媪惊掩其口，曰："勿妄言，祸将及！"大挚笑曰："祸至非由此。"大宝元年，封。二年，遇害。

乐良王大圜，简文第二十子也。大宝元年，封。后入周。仕隋位内史侍郎。

元帝诸子：徐妃生忠烈世子方等，王贵嫔生贞惠世子方诸、始安王方略，袁贵人生愍怀太子方矩，夏贵妃生敬皇帝。自余不显。

忠烈世子方等字实相，元帝长子也。少聪敏，有俊才，善骑射，尤长巧思。

性爱林泉，特好散逸。尝著论曰："人生处世，如白驹过隙耳。一壶之酒，足以养性，一箪之食，足以怡形。生在蒿蓬，死葬沟壑，瓦棺石椁，何以异兹。吾尝梦为鱼，因化为鸟。方其梦也，何乐如之，及其觉也，何忧斯类，良由吾之不及鱼鸟者远矣。故鱼鸟飞浮，任其志性。吾之进退，恒在掌握。举首惧触，摇足恐堕。若使吾终得与鱼鸟同游，则去人间如脱屣耳。"初，徐妃以嫉妒失宠，方诸母王氏以冶容幸嬖。及王夫人终，元帝归咎徐妃，方等意不自安。元帝闻之，又恶方等。方等益惧，故述此论，以申其志。

时武帝年高，欲见诸王长子。元帝遣方等，方等欣然升舟，冀免忧辱。行至潊水，遇侯景乱，元帝召之，方等启曰："昔申生不爱其死，方等岂顾其生。"元帝省书叹息，知无还意，乃配步骑一万，使援台城。贼每来攻，方等必身当矢石。城陷，方等归荆州，收集士马，甚得众和。元帝始叹其能。方等又劝修筑城栅，以备不虞。既成，楼雉相望，周回七十余里。元帝观之甚悦，入谓徐妃曰："若更有一子如此，吾复何忧。"徐妃不答，垂泣而退。元帝忿之，因疏其秽行，榜于大阁。方等入见，益以自危。

时河东王为湘州刺史，不受令。方等求征之，元帝谓曰："汝有水厄，深宜慎之。"拜为都督，令南讨。方等临行，谓所亲曰："吾此段出征，必死无二，死而获所，吾岂爱生。"及至麻溪，军败溺死，求尸不得。元帝闻之心喜，不以为戚。后追思其才，赠侍中、中军将军、扬州刺史，谥忠壮世子，并招魂以葬之。

方等注范晔《后汉书》，未就。所撰《三十国春秋》及《笃静子》行于世。

元帝即位，改谥武烈世子。封子庄为永嘉王。及魏克江陵，庄年甫七岁，为人家所匿。后王琳迎送建邺。及敬帝立，出质于齐。敬帝太平二年，陈武帝将受禅，王琳请庄于齐，以主梁嗣，自盆城济江。二月，即帝位于郢州，年号天启，置百官。王琳总其军国。明年，庄为陈人所败，其御史中丞刘仲威奉以奔寿阳，遂入齐。齐武平元年，授特进、开府仪同三司，封梁王。齐朝许以兴复，竟不果而齐亡，庄在邺饮气而死。

贞惠世子方诸字明智，元帝第二子也。幼聪警，博学，明《老》、《易》，善谈玄，风采清越，特为元帝所爱，母王氏又有宠。及方等败后，元帝谓曰："不有所废，其何以兴。勿以汝兄为念。"因拜中抚军将军以自副。又出为郢州刺史，镇江夏，以鲍泉为行事。时元帝遣徐文盛与侯景将任约相持，方诸年十五，童心未革，恃文盛在近，不恤军政，日与鲍泉蒲酒为乐。侯景知之，乃遣其将宋子仙从间道袭之。百姓奔告，方诸与鲍泉并不信，曰："文盛大军在下，虏安得来？"始命闭门，贼已入城。方诸方踞泉腹，以五色毦辫其须。子仙执方诸以归。王僧辩军至蔡洲，景遂害之。元帝追谥贞惠世子。

愍怀太子方矩字德规，元帝第四子也。少勤学，美容止。初封南安侯。太清初，累迁侍中、中卫将军。元帝承制，拜王太子，改名元良。承圣元年十一月丙子，立为皇太子。及升储位，昵狎群下，好著微服。尝入朝，公服中著碧丝布裤，抠衣高，元帝见之大怪，遣尚书周弘正责之，因使太子师弘正。它日，弘正谒见，元帝问曰："太子比颇受卿导不？"对曰："太子圣德乃未极日新，幸无大过。"帝曰：

“卿以我父子故未直言，从容之间，无失和峤之对。”便有废立计。未及行，而江陵丧亡，遇害。太子聪颖、凶暴、猜忍，俱有元帝风。敬帝承制，追谥愍怀太子。

　始安王方略，元帝第十子，贞惠世子母弟也。母王氏，王琳之次姊，元帝即位，拜贵嫔。次妹又为良人，并蒙宠幸。方略益钟爱。侯景乱，元帝结好于魏，方略年数岁便遣入关。元帝亲送近畿，执手歔欷，既而旋驾忆之，赋诗曰：“如何吾幼子，胜衣已别离，十日无由宴，千里送远垂。”至长安即得还，赠遗甚厚。江陵丧亡，遇害。贵嫔、良人并更诞子，未出阁，无封失名。

　论曰：简文提挈寇戎，元帝崎岖危乱，诸子之备践艰棘，盖时运之所钟乎。武烈以干蛊之材，居冢嗣之任，竟亦当年摈落，通塞亦云命也，哀哉！

南史卷五五
列传第四五

王茂　　曹景宗　　席阐文

夏侯详 子亶 夔 鱼弘 　　吉士瞻

蔡道恭　　杨公则　　邓元起

罗研 李膺 　张惠绍 子登

冯道根　　康绚　　昌义之

王茂字休连，一字茂先，太原祁人也。祖深，北中郎司马。父天生，宋末为列将，克司徒袁粲，以勋历位郡守，封上黄县男。茂年数岁，为大父深所异，常曰："此吾家千里驹，成门户者必此儿也。"及长，好读兵书，究其大指。性隐不交游，身长八尺，洁白美容仪。齐武帝布衣时尝见之，叹曰："王茂先年少堂堂如此，必为公辅。"

后为台郎，累年不调，亦知齐之将亡，求为边职。久之，为雍州长史、襄阳太守。梁武便以王佐许之，事无大小，皆询焉。人或潜茂反，帝弗之信。潜者骤言之，遣视其甲槊，则虫网焉，乃诛言者。或云茂与帝不睦，帝诸腹心并劝除之，而茂少有骁名，帝又惜其用，曰："将举大事，便害健将，此非上策。"乃令腹心郑绍叔往候之，遇其卧，因问疾。茂曰："我病可耳。"绍叔曰："都下杀害日甚，使君家门涂炭，今欲起义，长史那犹卧。"茂因掷枕起，即裤褶随绍叔入见。武帝大喜，下床迎，因结兄弟，被推赤心，遂得尽力。

发雍部,遣茂为前驱。郢、鲁既平,从武帝东下为军锋。师次秣陵,东昏遣大将王珍国盛兵朱雀门,众号二十万。及战,梁武军引却,茂下马单刀直前,外甥韦欣庆勇力绝人,执铁缠槊翼茂而进,故大破之。茂勋第一,欣庆力也。

建康城平,以茂为护军将军,迁侍中、领军将军。时东昏妃潘玉儿有国色,武帝将留之,以问茂。茂曰:“亡齐者此物,留之恐贻外议。”帝乃出之。军主田安启求为妇,玉儿泣曰:“昔者见遇时主,今岂下匹非类。死而后已,义不受辱。”及见缢,洁美如生。舆出,尉吏俱行非礼。乃以余妃赐茂,亦潘之亚也。群盗之烧神兽门,茂率所领应赴,为盗所射。茂跃马而进,群盗反走。茂以不能式遏奸盗,自表解职,优诏不许。加镇军将军,封望蔡县公。

是岁,江州刺史陈伯之叛,茂出为江州刺史,南讨之,伯之奔魏。时九江新经军寇,茂务农省役,百姓安之。四年,魏攻汉中,茂受诏西御,魏乃班师。历位侍中,中卫将军,太子詹事,车骑将军,开府仪同三司,丹阳尹。时天下无事,武帝方敦文雅,茂心颇怏怏,侍宴醉后,每见言色。武帝宥而不责。进位司空。

茂性宽厚,居官虽无美誉,亦为吏人所安。居处方正,在一室衣冠俨然,虽仆妾莫见其惰容。姿表瑰丽,须眉如画,为众所瞻望。徙骠骑将军、开府同三司之仪、江州刺史。在州不取奉,狱无滞囚,居处被服,同于儒者。薨于州。武帝甚悼惜之,诏赠太尉,谥曰忠烈公。初,茂以元勋,武帝赐钟磬之乐。茂在州,梦钟磬在格,无故自堕,心恶之,及觉,命奏乐,既成列,钟磬在格,果无故编皆绝堕地。茂谓长史江诠曰:“此乐,天子所以惠劳臣也。乐既极矣,能无忧乎。”俄而病卒。

子贞秀嗣,以居忧无礼,为有司所奏,徙越州。后诏留广州。与魏降人杜景欲袭州城,刺史萧昂斩之。

曹景宗字子震,新野人也。父欣之,仕宋位徐州刺史。景宗幼善骑射,好畋猎,常与少年数十人泽中逐獐鹿,每众骑赴鹿,鹿马相乱,景宗于众中射之,人皆惧中马足,鹿应弦辄毙,以此为乐。未弱冠,欣之于新野遣出州,以匹马将数人,于中路卒逢蛮贼数百围之。景宗带百余箭,每箭杀蛮,蛮遂散走。因以胆勇闻。颇爱史书,每读《穰苴》、《乐毅传》,辄放卷叹息曰:"丈夫当如是!"少与州里张道门善。道门,车骑将军敬儿少子也,为武陵太守。敬儿诛,道门于郡伏法,亲属故吏莫敢收,景宗自襄阳遣船到武陵,收其尸,迎还殡葬。乡里以此义之。

仕齐,以军功累加游击将军。建武四年,随太尉陈显达北围马圈,以奇兵二千破魏援中山王英四万人。及克马圈,显达论功,以景宗为后。景宗退无怨言。魏孝文率众大至,显达宵奔,景宗导入山道,故显达父子获全。

梁武为雍州刺史,景宗深自结附,数请帝临其宅。时天下方乱。帝亦厚加意焉,表为竟陵太守。及帝起兵,景宗聚众并率五服内子弟三百人从军,遣亲人杜思冲劝先迎南康王于襄阳即位,武帝不从。及至竟陵,以景宗为军锋。道次江宁,东昏将李居士以重兵镇新亭,景宗被甲驰战,居士弃甲奔走,景宗皆获之。又与王茂、吕僧珍掎角,破王珍国于大航。景宗军士皆桀黠无赖,御道左右莫非富室,抄掠财物,略夺子女,景宗不能禁。及武帝入顿西城,严申号令,然后稍息。

城平,封湘西县侯,除郢州刺史,加都督。天监元年,改封竟陵县侯。景宗在州,鬻货聚敛,于城南起宅,长堤以东,夏口以北,开街列门,东西数里。而部曲残横,部下厌之。二年十月,魏攻司州,围刺史蔡道恭,城中负板而汲。景宗望关门不出,但耀军游猎而已。及司州城陷,为御史中丞任昉所奏。帝以功臣不问,征为右卫将军。

五年,魏中山王英攻钟离,围徐州刺史昌义之。武帝诏景宗督众军援义之,豫州刺史韦睿亦援焉,而受景宗节度。诏景宗顿道人洲,待众军齐集俱进。景宗欲专其功,乃违敕而进,遇暴风卒起,颇有沉溺,复还守先顿。帝闻之,曰:"此所以破也。景宗不进,盖天意乎。若孤军独往,城不时立,必见狼狈。今得待军同进,始可大捷矣。"及韦睿至,与景宗进顿邵阳洲,立垒与魏城相去百余步。魏连战不能却,伤杀者十二三,自是魏军不敢逼。景宗等器甲精新,魏人望而夺气。魏将杨大眼对桥北岸立城,以通粮运。每牧人过岸伐刍藁,皆为大眼所略。景宗乃募勇敢士千余人,径度大眼城南数里筑垒,亲自举筑。大眼来攻,景宗破之,因得垒成。使别将赵草守之,因谓为赵草城。是后恣刍牧马,大眼遣抄掠,辄为赵草所获。

先是,诏景宗等预装高舰,使与魏桥等,为火攻计。令景宗与睿各攻一桥,睿攻其南,景宗攻其北。六年三月,因春水生,淮水暴长六七尺。睿遣所督将冯道根、李文钊、裴邃、韦寂等乘舰登岸,击魏洲上军尽殪。景宗使众军复鼓噪乱登诸城,呼声震天地。大眼于西岸烧营,英自东岸弃城走,诸垒相次土崩,悉弃其器甲,争投水死,淮水为之不流。景宗命军主马广蹑大眼,至涉水上四十余里,伏尸相枕。义之出逐英至洛口,英以匹马入梁城,缘淮百余里尸骸相藉。虏五万余人,收其军粮器械山积,牛马驴骡不可称计。景宗乃搜所得生口万余人,马千匹,遣献捷。

先是旱甚,诏祈蒋帝神求雨,十旬不降。帝怒,命载荻欲焚蒋庙并神影。尔日开朗,欲起火,当神上忽有云如伞,倏忽骤雨如写,台中宫殿皆自振动。帝惧,驰诏追停,少时还静。自此帝畏信遂深。自践阼以来,未尝躬自到庙,于是备法驾将朝臣修谒。是时,魏军攻围钟离,蒋帝神报敕,必许扶助。既而无雨水长,遂挫敌人,亦神之力焉。凯旋之后,庙中人马脚尽有泥湿,当时并目睹焉。

景宗振旅凯入,帝于华光殿宴饮连句,令左仆射沈约赋韵。景宗不得韵,意色不平,启求赋诗,帝曰:"卿技能甚多,人才英拔,何必止在一诗。"景宗已醉,求作不已,诏令约赋韵。时韵已尽,唯余竞病二字。景宗便操笔,斯须而成。其辞曰:"去时儿女悲,归来笳鼓竞。借问行路人,何如霍去病。"帝叹不已,约及朝贤惊嗟竟日,诏令上左史。于是进爵为公,拜侍中、领军将军。

景宗为人自恃尚胜,每作书字,有不解,不以问人,皆以意造,虽公卿无所推。唯以韦睿年长,且州里胜流,特相敬重,同宴御筵,亦曲躬谦逊。武帝以此嘉之。

景宗好内，妓妾至数百，穷极锦绣。性躁动，不能沉默。出行常欲褰车帷幔，左右辄谏以位望隆重，人所具瞻，不宜然。景宗谓所亲曰："我昔在乡里，骑快马如龙，与年少辈数十骑，拓弓弦作霹雳声，箭如饿鸱叫，平泽中逐獐，数肋射之，渴饮其血，饥食其胃，甜如甘露浆，觉耳后生风，鼻头出火。此乐使人忘死，不知老之将至。今来扬州作贵人，动转不得。路行开车幔，小人辄言不可。闭置车中，如三日新妇，此邑邑使人气尽。"为人嗜酒好乐，腊月于宅中使人作邪呼逐除，遍往人家乞酒食。本以为戏，而部下多剽轻，因弄人妇女，夺人财货。帝颇知之，景宗惧，乃止。

帝数宴见功臣，共道故旧，景宗酒后谬妄，或误称下官。帝故纵之，以为笑乐。后为江州刺史，赴任卒于道。赠雍州刺史、开府仪同三司，谥曰壮。子皎嗣。

景宗齐永元初任竟陵郡，其第九弟义宗年少，未有位宦，居在雍州。既方伯之弟，又是豪强之门，市边富人姓向以见钱百万欲埤义宗，以妹适之。义宗遣人送书竟陵咨景宗，景宗题书后答曰："买犹未得，云何已卖。"义宗贪锱遂成。后随武帝西下，历位梁、秦二州刺史。向家兄弟凭附曹氏，位登列卿。后义宗为都督，征穰城。军败，见获于魏，卒。

席阐文，安定临泾人也。孤贫，涉猎书史。齐初，为雍州刺史萧赤斧中兵参军，由是与其子颖胄善。复历西中郎中兵参军，领城局。梁武帝之将起兵，阐文劝颖胄同焉，仍遣客田祖恭私报帝，并献银装刀，帝以金如意。和帝称尊号。为卫尉卿。颖胄暴卒，州府骚扰，阐文以和帝幼弱，中流任重，时始兴王憺留镇雍部，乃与西朝群臣迎憺总州事，故赖以宁辑。帝受禅，除都官尚书，封山阳伯。出为东阳太守，在郡有能名。冬至，悉放狱中囚，依期而至。改封湘西侯。卒官，谥曰威。

　　夏侯详字叔业,谯郡谯人也。年十六,遭父艰,居丧哀毁,三年庐于墓侧。尝有三足雀来集其庐户,众咸异焉。

　　仕宋为新汲令,政有异绩。豫州刺史段佛荣班下境内,为属城表。转中从事史,仍迁别驾。历事八将,州部称之。齐明帝为刺史,雅相器遇。及辅政,引详及裴叔业日夜与语,详辄不酬。帝以问叔业,叔业以告详,详曰:"不为福始,不为祸先。"由此微有忤。出为征虏长史、义阳太守。

　　及南康王为荆州,详为西中郎司马、新兴太守。梁武帝起兵,长史萧颖胄同创大举,虑详不同,以告柳忱。忱曰:"易耳。近详求昏未之许,令成昏而告之,不忧立异。"于是以女适其子夔。大事方建,西台以详为中领军,加散骑常侍、南郡太守。凡军国大事,颖胄多决于详。顷之,颖胄卒,梁武弟始兴王憺留守襄阳,详乃遣使迎憺共参军国。迁侍中、尚书右仆射,寻授荆州刺史,详又固让于憺。

　　天监元年,征为侍中、车骑将军,封宁都县侯。详累让,乃更授右光禄大夫,侍中如故,给亲信二十人,改封丰城县公。三年,迁湘州刺史。详善吏事,在州四载,为百姓所称。州城南临水有峻峰,旧传云"刺史登此山辄代",由是历政莫敢至。详于其地起台榭,延僚属,以表损挹之志。后征为尚书左仆射、金紫光禄大夫,道病卒。上为素服举哀,赠开府仪同三司,谥曰景。子亶嗣。

　　亶字世龙,齐永元末,父详为西中郎南康王司马,随府镇荆州,亶留都下,为东昏听政主帅。及崔慧景作乱,亶以捍御功,除骁骑将军。及梁武起兵,详与长史萧颖胄协同,密遣迎亶。亶乃赍宣德皇后令,令南康王纂承大统。建邺平,以亶为尚书吏部郎,俄迁侍中,奉玺于帝。

　　天监六年,累迁南郡太守。父忧解职,居丧尽礼,庐于墓侧,遗财悉推诸弟。八年,起为司州刺史,领安陆太守。服阕,袭封丰城县公。居州甚有威惠,为边人悦服。历都官尚书,迁给事中,右卫将军。累迁吴兴太守。在郡复有惠政,吏人图其像,立碑颂美焉。普通五年，为中护军。

六年，大举北侵，先遣豫州刺史裴邃帅谯州刺史湛僧智等，自南道攻寿阳，未克而邃卒，乃加亶使持节，代邃，与魏将河间王琛、临淮王或等相拒，频战克捷。寻敕班师合肥，须堰成复进。七年夏，淮堰水盛，寿阳城将没，武帝复遣北道军元树帅彭宝孙、陈庆之等稍进。亶帅湛僧智、鱼弘、张澄等通清流涧将入淮、肥。魏军夹肥筑城出亶后，亶与僧智还袭破之。进攻黎浆，贞威将军韦放自北道会焉。两军既合，所向皆降，凡降城五十二，获男女口七万五千人。诏以寿阳依前代置豫州，合肥镇改为南豫州，以亶为豫、南豫二州刺史，加都督。寿春久离兵荒，百姓多流散。亶轻刑薄赋，务农省役，顷之人户充复。

卒于州镇。帝闻之，那日素服举哀，赠车骑将军，谥曰襄。州人夏侯简等表请为亶立碑置祠，诏许之。

亶美风仪，宽厚有器量，涉猎文史，能专对。宗人夏侯溢为衡阳内史，辞日，亶侍御坐，帝谓亶曰："夏侯溢于卿疏近？"亶答云："是臣从弟。"帝知溢于亶已疏，乃曰："卿伧人，如何不辨族从？"亶对曰："臣闻服属易疏，所以不忍言族。"时以为能。亶历六郡三州，不为产业，禄赐所得，随散亲故。性俭率，居处服用充足而已，不事华侈。晚年颇好音乐，有妓妾十数人，并无被服姿容。每有客，常隔帘奏之，时谓帘为夏侯妓衣。子谊袭封丰城县公。

亶弟夔，字季龙，位大匠卿，累迁司州刺史，领安陆太守。帅壮武将军裴之礼、直阁将军任思祖出义阳道，攻平静、穆陵、阴山三关，克之。时谯州刺史湛僧智围东豫州刺史元庆和于广陵，入其郛。魏将元显伯率军赴援，僧智逆击破之。夔自武阳出会僧智，断魏军归路。庆和于内筑栅自固，及夔至，遂请降，凡降男女口万余人。显伯闻之，夜遁，众军追虏二万余人，斩获不可胜数，由是义阳北道遂与魏绝。及郢州刺史元显达降，诏改为北司州，以夔为刺史，兼督司州，封保城县侯。

中大通六年，为豫州刺史，加督。豫州积岁连兵，人颇失业。夔

乃率军人于苍陵立堰,溉田千余顷,岁收谷百余万石,以充储备,兼
赡贫人,境内赖之。夒兄亶先经此任,至是夒又居焉,兄弟并有恩惠
于乡里。百姓歌曰:"我之有州,频得夏侯。前兄后弟,布政优优。"
夒在州七年,远近多附之。有部曲万人,马二千匹,并服习精强,为
当时之盛。姓奢豪,后房伎妾曳罗绮饰金翠者百数。爱好人士,不
以贵位自高,文武宾客常满坐,时亦以此称之。卒于州,谥曰桓。子
撰嗣,官至太仆卿。

　撰弟譒,少粗险薄行,常停乡里,领其父部曲,为州助防。刺史
贞阳侯明引为府长史。明被魏囚,复为侯景长史。景反,譒前驱济
江,顿兵士林馆,破邸第及居人富室,子女财货,尽略有之。明在州
有四妾章、於、王、阮,并有国色。明被魏囚,其妾并还都第,譒至破
第纳焉。

　鱼弘,襄阳人。身长八尺,白晳美姿容。累从征讨,常为军锋。
历南谯、盱眙、竟陵太守。尝谓人曰:"我为郡有四尽:水中鱼鳖尽,
山中獐鹿尽,田中米谷尽,村里人庶尽。丈夫生如轻尘栖弱草,白驹
之过隙。人生但欢乐,富贵何时。"于是恣意酣赏。侍妾百余人,
不胜金翠;服玩车马,皆穷一时之惊绝。有眠床一张,皆是蘑柏,四
面周帀,无一有异,通用银镂金花寿福两重为脚。

　为湘东王镇西司马,述职西上,道中乏食,缘路采菱,作菱米饭
给所部。弘度之所,后人觅一菱不得。又于穷洲之上,捕得数百猕
猴,脯以为脯,以供酒食。比及江陵,资食复振。逢敕迎瑞像,王令
送像下都,弘率部曲数百,悉衣锦袍,赫弈满道,颇为人所慕。涂经
夏首,李抗敩其为人,抗舅元法僧闻之,杖抗三百。后为新兴、永宁
太守,卒官。

　吉士瞻字梁容,冯翊莲勺人也。少有志气,不事生业。时征士
吴苞见其姿容,劝以经学,因诵鲍照诗云:"竖儒守一经,未足识行
藏。"拂衣不顾。年逾四十,忽忽不得志,乃就江陵卜者王先生计禄
命,王生曰:"君拥旄杖节非一州,后一年当得戎马大郡。"及梁武起

兵,义阳太守王抚之、天门太守王智逊、武陵太守萧强等并不从命,镇军萧颖胄遣士瞻讨平之。齐和帝即位,以为领军司马。士瞻少时尝于南蛮国中掷博,无裈裹露,为侪辈所侮。及平鲁休烈军,得绢三万匹,乃作百裈,其外并赐军士,不以入室。以军功,除辅国将军、步兵校尉。建康平,为巴东相、建平太守。

初,士瞻为荆府城局参军,浚万人仗库防池,得一金革钩,隐起镂甚精巧,篆文曰:“锡尔金钩,且公且侯。”士瞻娶夏侯详兄女,女窃以与详,详喜佩之。及是革命,详果封侯,而士瞻不锡茅土。

天监二年,入为直阁将军,历位秦、梁二州刺史,加都督。后为太子右卫率,又出为西阳、武昌二郡太守。在郡清约,家无私积。始士瞻梦得一积鹿皮,从而数之,有十一领。及觉喜曰:“鹿者禄也,吾当居十一禄乎。”自其仕进所莅已九,及除二郡,心恶之,遇疾不肯疗。普通七年,卒于郡,赠左卫将军,谥曰胡子。

子琨时在戎役,闻问一踊而绝,良久乃苏。不顾军制,辄离所部,遂以孝闻。诏下旌异。

蔡道恭字怀俭,南阳冠军人也。父那,宋益州刺史。道恭少宽厚有大量。仕齐为西中郎中兵参军,加辅国将军。梁武帝起兵,萧颖胄以道恭素著威略,专相委任。齐和帝即位,为右卫将军,出为司州刺史。梁天监初,论功封汉寿县伯,进号平北将军。

三年,魏围司州,时城中众不满五千人,食裁半岁。魏军攻之,昼夜不息,乃作大车载土,四面俱前,欲以填堑。道恭堑内列艨艟斗舰,以待之。魏人不得进,又潜作伏道以决堑水,道恭载土豚塞之。相持百余日,前后斩获不可胜计。魏大造梯冲,攻围日急。道恭用四石乌漆大弓射,所中皆洞甲饮羽,一发或贯两人,敌人望弓皆靡。又于城内作土山,多作大槊,长二丈五尺,施长刃,使壮士执以刺魏人。魏军甚惮之,将退。会道恭疾笃,乃呼兄子僧勰、从弟灵恩及将率谓曰:“吾所苦势不能久,汝等当以死固节,无令吾没有遗恨。”又令取所持节授僧勰曰:“禀命出疆,既不得奉以还朝,方欲携之同逝。可与棺枢相随。”众皆流涕。其年五月,卒。

魏知道恭死,攻之转急。先是,朝廷遣郢州刺史曹景宗赴援,景宗不前。至八月,城内粮尽,魏克之。赠镇西将军,并寻购丧榇。八年,魏许还道恭丧,其家以女乐易之。葬襄阳。传国至孙固,早卒,国除。

杨公则字君翼,天水西县人也。父仲怀,为宋豫州刺史,殷琰将叛,辅国将军刘勔讨琰,仲怀力战,死于横塘。公则随父在军,年未弱冠,冒阵抱尸号哭,气绝良久。勔命还仲怀首。公则敛毕,徒步负丧归乡里,由此著名。

后梁州刺史范柏年板为宋熙太守,领白马戍主。时氐贼李乌奴攻白马,公则矢尽粮竭,陷于寇,抗声骂贼,乌奴壮之,要与同事。公则伪许而图之,谋泄,单马逃归。齐高帝下诏褒美,除晋寿太守,在任清洁自守。迁扶风太守,母忧去官。雍州刺史陈显达起为宁朔将军,复领太守。顷之,荆州刺史巴东王子响构乱,公则进讨。事平,迁武宁太守,百姓便之。入为前军将军。

和帝为荆州刺史,公则为西中郎中兵参军。及萧颖胄协同梁武,以公则为辅国将军,领西中郎咨议参军,率兵东下。和帝即位,授湘州刺史。梁武军次沔口,公则率湘府之众会于夏口。时荆州诸军悉受公则节度,虽萧颖达宗室之贵亦隶焉。郢城平,武帝命众军即日俱下,公则受命先驱。江州既定,连旌东下,直造建邺。公则号令严明,秋豪不犯,所在莫不赖焉。大军至新林,公则自越城移屯领军府垒北楼,与南掖门相对。尝登楼望战,城中遥见麾盖,纵神锋弩射之,矢贯胡床,左右皆失色,公则曰:“虏几中吾脚。”谈笑如初。东昏夜选勇士攻公则栅,军中惊扰,公则坚卧不起,徐命击之,东昏乃退。公则所领多是湘溪人,性懦怯,城内轻之,以为易与,每出荡,辄先犯公则垒。公则奖厉军士,克获更多。及城平,城内出者或被剥夺,公则亲率麾下,列陈东掖门,卫送公卿士庶,故出者多由公则营焉。进号左将军,还镇南藩。

初，公则东下，湘部诸郡多未宾从，及公则还州，然后诸屯聚并散。天监元年，进号平南将军，封宁都县侯。湘州寇乱累年，人多流散。公则轻刑薄敛，顷之户口充复。为政虽无威严，然励己廉慎，为吏人所悦。湘俗单门多以赂求州职，公则至皆断之，所辟皆州郡著姓。武帝班下诸州以为法。

四年，征中护军。代至，乘二舸便发，送故一无所取。迁卫尉卿。时朝廷始议北侵，公则威名素著，至都，诏假节，先屯洛口。公则受命将发，遘疾，谓亲人曰："昔廉颇、马援以年老见遗，犹自力请用。今国家不以吾朽懦，任以前驱，方于古人，见知重矣。虽临涂疾苦，岂可鼋勉辞事。马革还葬，此吾志也。"遂强起登舟。至洛口，寿春士女归降者数千户。魏豫州刺史薛恭度遣长史石荣等前锋接战，即斩石荣，逐北至寿春，去城数十里而返。疾笃，卒于师。武帝深痛惜之，即日举哀，谥烈侯。

公则为人敦厚慈爱，居家笃睦，视兄子过于己子，家财悉委焉。性好学，虽居军旅，手不辍卷，士大夫以此称之。

子暄嗣，有罪国除。帝以公则勋臣，特听庶长子眺嗣。眺固让历年，乃受。

邓元起字仲居，南郡当阳人也。少有胆干，性任侠。仕齐为武宁太守。梁武起兵，萧颖胄与书招之，即日上道，率众与武帝会于夏口。齐和帝即位，拜广州刺史。中兴元年，为益州刺史，仍为前军。建康城平，进号征虏将军。天监初，封为当阳县侯，始述职焉。

初，梁武之起，益州刺史刘季连持两端。及闻元起至，遂发兵拒守。元起至巴西，巴西太守朱士略开门以待。先时，蜀人多逃亡，至是，竞出投元起，皆称起义应朝廷。元起在道久，军粮乏绝，或说之曰："蜀郡政慢，若检巴西郡籍注，因而罚之，所获必厚。"元起然之。涪令李膺谏曰："使君前有严敌，后无继援，山人始附，于我观德。若纠以刻薄，人必不堪。众心一离，虽悔无及。膺请出图之，不患资粮不足也。"元起曰："善，一以委卿。"膺退，率富人上军资米，俄得三万斛。元起进屯西平,季连始婴城自守。时益州兵乱既久,人废耕农,内外苦饥,人多相食,道路断绝。季连计穷。会明年,武帝使赦季连罪,许之降,季连即日开城纳元起,元起送季连于建康。

元起以乡人庾黔娄为录事参军,又得荆州刺史萧遥欣故客蒋光济,并厚待之,任以州事。黔娄甚清洁,光济多计谋,并劝为善政。元起之克季连也,城内财宝无所私,勤恤人事,口不论财色。性能饮酒,至一斛不乱,及是绝之,为蜀土所称。元起舅子梁矜孙,性轻脱,与庾黔娄志行不同,乃言于元起曰:“城中称有三刺史,节下何以堪之。”元起由此疏黔娄,而政迹稍损。

在政二年,以母老乞归供养,诏许焉。征为右卫将军,以西昌侯萧藻代之。时梁州长史夏侯道迁以南郑叛,引魏将王景胤、孔陵攻东、西晋寿,并遣告急。众劝元起急救之,元起曰:“朝廷万里,军不卒至,若寇贼浸淫,方须扑讨,董督之任,非我而谁?何事匆匆,便相催督。”黔娄等苦谏之,皆不从。武帝亦假元起节、都督征讨诸军,将救汉中。比是,魏已攻克两晋寿。

萧藻将至,元起颇营还装,粮储器械略无遗者。萧藻入城,求其良马,元起曰:“年少郎子,何用马为。”藻恚,醉而杀之。元起麾下围城,哭且问其故。藻惧曰:“天子有诏。”众乃散。遂诬以反,帝疑焉。有司追劾削爵土,诏减邑之半,封松滋县侯。故吏广汉罗研诣阙讼之,帝曰:“果如我所量也。”使让藻曰:“元起为汝报仇,汝为仇报仇,忠孝之道如何?”乃贬藻号为冠军将军。赠元起征西将军,给鼓吹,谥忠侯。

罗研字深微,少有材辩。元起平蜀,辟为主簿,后为信安令。故事,置观农谒者,围桑度田,劳扰百姓。研请除其弊,帝从之。鄱阳忠烈王恢临蜀,闻其史,请为别驾。及西昌侯藻重为刺史,州人为之惧,研举止自若。侯谓曰:“非我无以容卿,非卿无以事我。”齐苟儿之役,临汝侯嘲之曰:“卿蜀人乐祸贪乱,一至于此。”对曰:“蜀中积弊,实非一朝。百家为村,不过数家有食,穷迫之人,什有八九,束缚之使,旬有二三。贪乱乐祸,无足多怪。若令家畜五母之鸡,一母之豕,床上有百钱布被,甑中有数升麦饭,虽苏、张巧说于前,韩、白按剑于后,将不能使一夫为盗,况贪乱乎?"大通二年,为散骑侍郎。嗣王范将西,忠烈王恢谓曰:"吾昔在蜀,每事委罗研,汝遵而勿失。"范至,复以为别驾,升堂拜母,蜀人荣之。数年卒官。蜀土以文达者,唯研与同郡李膺。

膺字公胤,有才辩。西昌侯藻为益州,以为主簿。使至都,武帝悦之,谓曰:"今李膺如何昔李膺?"对曰:"今胜昔。"问其故,对曰:"昔事桓、灵之主,今逢尧、舜之君。"帝嘉其对,以如意击席者久之。乃以为益州别驾。著《益州记》三卷,行于世。

初,元起在荆州,刺史随王板元起为从事,别驾庾荜坚执不可,元起恨之。及大军至都,荜在城内甚惧。城平,而元起先遣迎荜,语人曰:"庾别驾若为乱兵所杀,我无以自明。"因厚遗之。少时又尝至其西沮田舍,有沙门造之乞,元起有稻几二千斛,悉以施之,时人称其二者有大度。元起初为益州,过江陵,迎其母,母事道方居馆,不肯出。元起拜请同行,母曰:"汝贫贱家儿,忽得富贵,讵可久保。我宁死此,不能与汝共入祸败。"及至巴东,闻蜀乱,使蒋光济筮之,遇《蹇》,喟然叹曰:"吾岂邓艾,而及此乎?"后果如筮。子铿嗣。

张惠绍字德继,义阳人也。少有武干,仕齐为竟陵横桑戍主。母丧归乡里。闻梁武帝起兵,乃自归,累有战功。武帝践阼,封石阳县侯,位骁骑将军、直阁、左细仗主。时东昏余党数百人窃入南、北掖门,夜烧神兽门,害卫尉张弘策。惠绍驰率所领赴战,贼乃散走。迁太子右卫率,以军功累增爵邑。历位卫尉卿,左卫将军,司州刺史,领安陆太守。在州和理,吏人亲爱之。征还为左卫将军,加通直散骑常侍,甲仗百人,直卫殿中。卒,谥曰忠。

子登嗣。累有战功,与湛僧智、胡绍世、鱼弘并为当时骁将。历官卫尉卿,太子左卫率。卒官,谥曰愍。

冯道根字巨基,广平郐人也。少孤家贫,佣赁以养母,行得甘肥，未尝先食，必遽还以遗母。年十三，以孝闻。郡召为主簿，不就，曰："吾当使封侯庙食，安能为儒吏邪。"年十六，乡人蔡道班为湖阳戍主，攻蛮锡城，反为蛮困。道根救之，匹马转战，提双剑左右奋击，杀伤甚多，道班以免，由是知名。

齐建武末，魏孝文攻陷南阳等五郡，明帝遣太尉陈显达争之，师入沔口，道根说显达曰："沔均水急，不如悉弃船于邺城，方道步进。"显达不听，道根犹以私属从军。及显达败，夜走，赖道根指路以全。

寻为沔口戍副。以母丧还家。闻梁武帝起兵，乃谓所亲曰："金革夺礼，古人不避，扬名后世，岂非孝乎。"因率乡人归武帝，隶于王茂，常为前锋。武帝即位，为骁骑将军，封增城县男。

天监二年，为南梁太守，领阜陵城戍。初到阜陵，修城隍，远斥候，如敌将至者。众颇笑之。道根曰："怯防勇战，此之谓也。"修城未毕，魏将党法宗、傅竖眼率众二万奄至城下。道根堑垒未固，城中众少，莫不失色。道根命开城门，缓服登城，选精锐二百人，出与魏军战，败之，魏军因退。迁辅国将军。

六年，魏攻钟离，武帝诏豫州刺史韦睿救之。道根为睿前驱，至徐州，建计据邵阳洲，筑垒掘堑逼魏城。道根能走马步地，计马足以赋功，城隍立办。及淮水长，道根乘战舰断魏连桥，魏军败绩。进爵为伯，改封豫宁县。八年，拜豫州刺史，领汝阴太守。为政清简，境内安之。累迁右卫将军。

道根性谨厚，木讷少言，为将能检御部曲。所过村陌，将士不敢虏掠。每征伐，终不言功。其部曲或怨非之，道根喻曰："明主自鉴功之多少，吾将何事。"武帝尝指道根示尚书令沈约，美其口不论勋，约曰："此陛下之大树将军也。"历处州郡，和理清静，为下所怀。在朝廷虽贵显，而性俭约，所居宅不修墙屋，无器服侍卫，入室则萧然如素士之贫贱者。当世服其清退，武帝亦雅重之。微时不学，既贵粗读书，自谓少文，尝慕周勃之器量。

十六年，复为豫州。将行，武帝引朝臣宴别道根于武德殿，召画工使图其形，道根踧踖谢曰："臣所可报国，唯余一死，但天下太平，恨无可死之地。"豫部重得道根，人皆喜悦。武帝每称曰："冯道根所在，能使朝廷不复忆有一州。"居州少时，遇疾，乞还。朝廷征为散骑常侍、左军将军。卒于官。是日，舆驾春祠二庙，及出宫，有司以闻。帝问中书舍人朱异曰："吉区同日，今可行乎？"对曰："昔柳庄寝疾，卫献公当祭，请尸曰：'有臣柳庄，非寡人之臣，社稷之臣也。闻其死，请往。'不释祭服而往，遂以襚之。道根虽未为社稷臣，亦有劳王室。临之礼也。"帝即驾幸其宅，哭之甚恸。谥曰威。子怀嗣。

康绚字长明，华山蓝田人也。其先出自康居。初，汉置都护，尽臣西域，康居亦遣侍子待诏河西，因留不去，其后遂氏焉。晋时，陇右乱，迁于蓝田。绚曾祖因为苻坚太子詹事，生穆。穆为姚苌河南尹。宋永初中，穆率乡族三千余家入襄阳之岘南，宋为置华山郡蓝田县，寄立于襄阳，以穆为秦、梁二州刺史。未拜，卒。绚伯元隆、父元抚，并为流人所推，相继为华山太守。

绚少倜傥，有志气。仕齐为华山太守，推诚抚循，荒余悦服。梁武起兵，绚举郡以应。天监元年，封南阳县男，除竟陵太守。累迁太子左卫率，甲仗百人，与领军萧景直殿内。绚身长八尺，容貌绝伦，虽居显职，犹习武艺。帝幸德阳殿戏马，敕绚马射，抚弦贯的，观者悦之。其日，上使画工图绚形，遣中使持以问绚曰："卿识此图不？"其见亲如此。

时魏降人王足陈计，求堰淮水以灌寿阳。足引北方童谣曰："荆山为上格，浮山为下格，潼沱为激沟，并灌巨野泽。"帝以为然，使水工陈承伯、材官将军祖暅视地形，咸谓淮内沙土漂轻，不坚实，其功不可就。帝弗纳，发徐、扬人率二十户取五丁，以筑之。假绚节，都督淮上诸军事，并护堰作役人及战士，有众二十万，于钟离南起浮山，北抵巉石，依岸筑土，合脊于中流。十四年四月，堰将合，淮水漂疾，复决溃。众患之，或谓江、淮多蛟，能乘风雨决坏崖岸，其性恶铁。因是引东、西二冶铁器，大则釜鬲，小则锋锄，数千万斤沉于堰所,犹不能合。乃伐树为干,填以巨石,加土其上。缘淮百里内,冈陵木石元臣细必尽,负提者肩穿。夏日疾疫,死者相枕,蝇虫尽夜声合。武帝愍之,遣尚书右仆射袁昂、侍中谢举假节慰劳,并加醪复。是冬寒甚,淮、泗尽冻,士卒死者十七八。帝遣赐以衣裤。

十一月,魏遣将杨大眼扬声决堰,绚命诸军撤营露次以待之。遣其子悦挑战,斩魏咸阳王府司马徐方兴,魏军小却。十五年四月,堰成,其长九里,下阔一百四十丈,上广四十五丈,高二十丈,深十九丈五尺,夹之以堤,并树杞柳,军人安堵,列居其上。其水清洁,俯视邑居填墓,了然皆在其下。或谓绚曰:“四渎天所以节宣其气,不可久塞,若凿湫东注,则游波宽缓,堰得不坏。”绚然之,开湫东注。又纵反间于魏曰:“梁所惧开湫。”魏人信之,果凿山深五丈,开湫北注。水日夜分流,湫犹不减。其月,魏军竟溃而归。水之所及,夹淮方数百里地。魏寿阳城戍稍徙顿八公山。此南居人散就冈垄。

初,堰起徐州界,刺史张豹子谓己必尸其事。既而绚以它官来监作,豹子甚惭,由是谮绚与魏交通。帝虽不纳,犹以事毕征绚。寻除司州刺史,领安陆太守。绚征还,豹子不修堰,至其秋,淮水暴长,堰坏,奔流于海,杀数万人。其声若雷,闻三百里。水中怪物随流而下,或人头鱼身,或龙形马首,殊类诡状,不可胜名。祖暅坐下狱。

绚在州三年,大修城隍,号为严整。普通元年,除卫尉卿,未拜,卒。舆驾即日临哭,谥曰壮。绚宽和,少喜惧,在朝廷见人如不能言,号为长厚。在省每寒,见省官有褴褛者,辄遣遗以缯衣,其好施如此。子悦嗣。

昌义之,历阳乌江人也。少有武干,为冯翊戍主。梁武帝为雍州,因事帝,帝亦厚遇之。及起兵,板为辅国将军、军主。每战必捷。

天监元年,封永丰侯。累迁北徐州刺史,镇钟离。四年,大举北侵,临川王宏督众军向洛口,义之为前军,攻魏梁城戍,克之。五年冬,武帝以征役久,诏班师。魏中山王元英乘势追蹑,攻没马头等城。城内粮贮,魏悉移归北,议者咸谓无复南向。帝曰:“此必进兵,非其实也。"乃遣修钟离城，敕义之为战守备。是冬，英果率众才十万围钟离，冲车毁西堭。时城中众才三千，义之督帅，随方抗御，前后杀伤万计，魏军死者与城平。六年，帝遣曹景宗、韦睿率众二十万救焉，大破魏军，义之率轻兵追至洛口而还。以功进号军师将军，再迁都督、南兖州刺史。坐以禁物出蕃，为有司所奏免。十三年，累迁左卫将军。是冬，帝遣太子右卫率康绚督众军作荆山堰，魏将李县定大众逼荆山，扬声决堰。诏假义之节救绚，军未至，绚等已破魏军。魏又遣大将军李平攻硖石，义之又率朱衣直阁王神念救之。魏克硖石，义之班师，为有司所奏，帝以其功臣不问。十五年，授北徐州刺史。

义之不知书，所识不过十字。性宽厚，为将能得人死力。及居藩任，吏人安之。改封营道县侯，征为护军将军。卒于官。帝深痛惜之，谥曰烈。子宝景嗣。

论曰：永元之季，虽时主昏狂，荆、雍二州，尚未有衅。武皇迹缘家酷，首唱孟津之师，王茂等运接昌期，自致勤王之举。若非天人启期，岂得若斯之速乎。其隆名显级，亦各风云之感会也。元起勤乃胥附，功惟辟土，劳之不图，祸机先陷。冠军之贬，于罚已轻，梁之政刑，于斯为失。私戚之端，自斯而启，年之不永，不亦宜乎。张惠绍、冯道根、康绚、昌义之攀附之始，其功则未。及群盗焚门，张以力战自著。钟离、邵阳之逼，冯、昌劳效居多。浮山之役，而康绚实典其事。互有厥劳，宠进宜矣。先是，镇星守天江而堰实兴，退舍而决。岂人事乎？其天道也。

南史卷五六
列传第四六

张弘策 _{子缅 缵 绾}　庾域 _{子子舆}
郑绍叔　吕僧珍　乐蔼
子法才

　　张弘策字真简,范阳方城人,梁文献皇后之从父弟也。父安之,青州主簿、南蛮行参军。弘策幼以孝闻,母尝有疾,五日不食,弘策亦不食。母强为进粥,弘策乃食母所余。遭母忧,三年不食盐菜,几至灭性。兄弟友爱,不忍暂离。虽各有室,常同卧起,世比之姜肱兄弟。

　　弘策与梁武帝年相辈,幼见亲狎,恒随帝游处。每入室,常觉有云气,体辄肃然,弘策由此特加敬异。建武末,与兄弘胄从武帝宿,酒酣,移席星下,语及时事,帝曰:"天下方乱,舅知之乎?冬下魏军方动,则亡汉北。王敬则猜嫌已久,当乘间而作。"弘策曰:"敬则张两赤眼,容能立事?"帝曰:"敬则庸才,为天下唱先尔。主上运祚尽于来年,国权当归江、刘。而江甚隘,刘又暗弱,都下当大乱,死人如乱麻。齐之历数,自兹亡矣。梁、楚、汉当有英雄兴。"弘策曰:"瞻乌爰止,于谁之屋?"帝笑曰:"光武所云'安知非仆'。"弘策起曰:"今夜之言,是天意也。请定君臣之分。"帝曰:"舅欲教邓晨乎?"

　　是冬,魏军攻新野,齐明帝密诏武帝代曹武监雍州事。弘策闻之心喜,谓帝曰:"夜中言当验。"帝笑曰:"且勿多言。"弘策从帝西行,仍参帷幄,身亲劳役,不惮辛苦。齐明帝崩,遗诏以帝为雍州刺史，乃表弘策为录事参军，带襄阳令。帝观海内方乱，有匡济之心，密为储备。谋献所及，唯弘策而已。

时帝长兄懿罢益州还，为西中郎长史，行郢州事。帝使弘策到郢，陈计于懿曰："昔晋惠庸主，诸王争权，遂内难九兴，外寇三作。方今丧乱有甚于此，六贵争权，人握王宪，制主画敕，各欲专成。且嗣主在宫，本无令誉，蝶近左右，蜂目忍人。一居万机，恣其所欲，岂肯虚坐主诺，委政朝臣。积相嫌贰，必大诛戮。始安欲为赵伦，形迹已露，塞人上天，信无此理。且性甚猜狭，徒取祸机，所可当轴，江、刘而已。祐怯而无断，暄弱而不才，折鼎覆𫗧，跂踵可待。萧坦胸怀猜忌，动言相伤。徐孝嗣才非柱石，听人穿鼻。若隙开衅起，必中外土崩。今得外藩，幸图身计。及今猜防未生，宜召诸弟，以时聚集。郢州控带荆、湘，西注汉、沔。雍州士马，呼吸数万。时安则竭诚本朝，时乱则为国剪暴。如不早图，悔无及也。"懿闻之变色，心未之许。

及懿遇祸，帝将起兵，夜召弘策、吕僧珍入定议，旦乃发兵。以弘策为辅国将军、主领万人，督后部事。及郢城平，萧颖达、杨公则诸将皆欲顿军夏口，帝以为宜乘胜长驱，直指建邺，弘策与帝意合。又访宁朔将军庾域，域又同。即日上道，凡矶浦、村落，军行宿次，立顿处所，弘策预为图，皆在目中。城平，帝遣弘策与吕僧珍先往清宫，封检府库。于时城内珍宝委积，弘策申勒部曲，秋毫无犯。迁卫尉卿，加给事中。天监初，加散骑常侍，封洮阳县侯。弘策尽忠奉上，知无不为，交友故旧，随才荐拔，缙绅皆趋焉。

时东昏余党孙文明等初逢赦令，多未自安。文明又尝梦乘马至云龙门，心惑其梦，遂作乱。帅数百人，因运荻炬束仗，得入南、北掖门，至夜烧神兽门、总章观，入卫尉府。弘策逾垣匿于龙厩，遇贼见害。贼又进烧尚书省及阁道、云龙门，前军司马吕僧珍直殿省，帅羽林兵邀击，不能却。上戎服御前殿，谓僧珍曰："贼夜来，是众少，晓则走矣。"命打五鼓。贼谓已晓，乃散，官军捕文明斩于东市，张氏亲属脔食之。帝哭之恸，曰："痛哉卫尉，天下事当复与谁论？"诏赠车骑将军,谥曰闵侯。

弘策为人宽厚通率,笃旧故。及居隆重,不以贵地自高,故人宾客接之如布衣,禄赐皆散之亲友。及遇害,莫不痛惜焉。子缅嗣。

缅字元长,年数岁,外祖中山刘仲德异之,曰:"此儿非常器,非止为张氏宝,方为海内令名也。"齐永元末,兵起,弘策从武帝向都,留缅襄阳,年始十岁。每闻军有胜负,忧喜形于颜色。及弘策遇害,缅丧过于礼,武帝每遣喻之。服阕,袭封洮阳县侯。

起家秘书郎。出为淮南太守,时年十八。武帝疑其年少,未闲吏事,遣主书封取郡曹文案,见其断决允惬,甚称赏之。再迁云麾外兵参军。

缅少勤学,自课读书,手不辍卷,有质疑者,随问便对,略无遗失。殿中郎缺,帝谓徐勉曰:"此曹旧用文学,且雁行之首,宜详择其人。"勉举缅充选。顷之,为武陵太守,还拜太子洗马、中舍人。缅母刘氏以父没家贫,葬礼有阙,遂终身不居正室,不随子入官府。缅在郡所得俸禄不敢用,至乃妻子不易衣裳,及还都,并供之母振遗亲属。虽累载所蓄,一朝随尽,缅私室常阒然如贫素者。

累迁豫章内史。缅为政任恩惠,不设钩距,吏人化其德,亦不敢欺。故老咸云"数十年未有也"。后为御史中丞,坐收捕人与外国使斗,左降黄门,兼领先职,俄复旧任。缅居宪司,推绳无所顾望,号为劲直。武帝乃遣图其形于台省,以励当官。迁侍中,未拜,卒。诏便举哀。昭明太子亦往临哭。

缅抄《后汉》、《晋书》,抄三十卷,又抄《江左集》未及成,文集五卷。缅弟缵。

缵字伯绪,出继从伯弘籍,武帝舅也,梁初赠廷尉卿。缵年十一,尚武帝第四女富阳公主,拜驸马都尉,封利亭侯。召补国子生。起家秘书郎,时年十七。身长七尺四寸,眉目疏朗,神采爽发。武帝异之,尝曰:"张壮武云'后八世有逮吾者',其此子乎。"缵好学,兄缅有书万余卷,昼夜披读,殆不辍手。秘书郎四员,宋、齐以来,为甲族起家之选,待次入补,其居职例不数十日便迁任。缵固求不徙,欲遍观阁内书籍。尝执四部书目曰："君读此毕，可言优仕矣。"如此三载，方迁太子舍人，转洗马，中舍人，并掌管记。

缵与琅邪王锡齐名。普通初，魏使彭城人刘善明通和，求识缵与锡。缵时年二十三，善明见而嗟服。累迁尚书吏部郎，俄而长兼侍中，时人以为早达。河东裴子野曰："张吏部有喉唇之任，已恨其晚矣。"子野性旷达，自云年出三十不复诣人。初未与缵遇，便虚相推重，因为忘年之交。大通中，为吴兴太守，居郡省烦苛，务清静，人吏便之。大同二年，征为吏部尚书。后门寒素一介者，皆见引拔，不为贵门屈意，人士翕然称之。

负其才气，无所与让。定襄侯祗无学术，颇有文性，与兄衡山侯恭俱为皇太子爱赏。时缵从兄谧、聿并不学问，性又凡愚。恭、祗尝预东宫盛集，太子戏缵曰："丈人谧、聿皆何在？"缵从容曰："缵有谧、聿，亦殿下之衡、定。"太子色惭。或云缵从兄聿及弥愚短，湘东王在坐，问缵曰："丈人二从事聿、弥艺业何如？"缵曰："下官从弟虽并无多，犹贤殿下之有衡、定。"举坐愕然，其忤物如此。

五年，武帝诏曰："缵外氏英华，朝中领袖，司空已后，名冠范阳。可尚书仆射。"缵本寒门，以外戚显重，高自拟伦，而诏有"司空"、"范阳"之言，深用为狭。以朱异草诏，与异不平。初，缵与参掌何敬容意趣不协，敬容居权轴，宾客辐凑，有过诣缵，缵辄距不前，曰："吾不能对何敬容残客。"及是迁，为让表曰："自出守股肱，入居衡尺，可以仰首伸眉，论列是非者矣。而寸衿所滞，近蔽耳目，深浅清浊，岂有能预。加以矫心饰貌，酷非所闲，不喜俗人，与之共事。"此言以指敬容也。在职议南郊："御乘素辇，适古今之衷。"又议印绶："官若备朝服，宜并著绶。"时并施行。

改为湘州刺史，述职经涂，作《南征赋》。初，吴兴吴规颇有才学，邵陵王纶引为宾客，深相礼遇。及纶作牧郢蕃，规随从江夏。遇缵出之湘镇，路经郢服，纶饯之南浦。缵见规在坐，意不能平，忽举杯曰："吴规，此酒庆汝得陪今宴。"规寻起还，其子翁孺见父不悦，问而知之，翁孺因气结，尔夜便卒。规恨缵恸儿，愤哭兼至，信次之间又致殒。规妻深痛夫、子,翌日又亡。时人谓张缵一杯酒杀吴氏三人,其轻傲皆此类也。

至州,务公平,遣十郡慰劳,解放老疾吏役,及关市戍逻,先所防人,一皆省并。州界零陵、衡阳等郡有莫徭蛮者,依山险为居,历政不宾服,因此向化。益阳县人作田二顷,皆异亩同颖。在政四年,流人自归,户口增十余万,州境大宁。晚颇好积聚,多写图书数万卷,有油二百斛,米四千石,它物称是。

太清二年,徙授领军,俄改雍州刺史。初闻邵陵王纶当代己为湘州,其后更用何东王誉。缵素轻少王,州府供及资待甚薄,誉深衔之。及至州,誉遂托疾不见缵,仍检括州府度事,留缵不遣。会闻侯景寇建邺,誉当下援。湘东王时镇江陵,与缵有旧,缵将因之以毙誉兄弟。时湘东王与誉及信州刺史桂阳王慥,各率所领入援台,下峡至江津,誉次江口,湘东王届郢州之武城。属侯景已请和,武帝诏罢援军。誉自江口将旋湘镇,欲待湘东至,谒督府,方还州。缵乃贻湘东书曰:“河东戴櫂上水,欲袭江陵,岳阳在雍,共谋不逞。”江陵游军主朱荣又遣使报云:“桂阳住此,欲应誉、祭。”湘东信之,乃凿船沉米,斩缆而归。至江陵,收慥杀之。荆、湘因构嫌隙。

缵寻弃其部曲,携其二女,单舸赴江陵。湘东遣使责让誉,索缵部下,仍遣缵向雍州。前刺史岳阳王詧推迁未去镇,但以城西白马寺处之。会闻贼陷台城,詧因不受代。州助防杜岸绐缵曰:“观岳阳不容使君,使君素得物情,若走入西山义举,事无不济。”缵以为然。因与岸兄弟盟,乃要雍州人席引等于西山聚众。乃服妇人衣,乘青布舆,与亲信十余人奔引等。杜岸驰告詧,詧令中兵参军尹正等追讨。缵以为赴期,大喜,及至并禽之。缵惧不免,请为沙门,名法绪。詧袭江陵,常戴缵随后,逼使为檄,固辞以疾。及军退败,行至澧水南,防守缵者虑追兵至,遂害之,弃尸而去。元帝承制,赠开府仪同三司,谥简宪公。

元帝少时,缵便推诚委结。及帝即位,追思之,尝为《诗序》云:“简宪之为人也,不事王侯,负才任气。见余则申旦达夕,不能已已。

怀夫人之德，何日忘之。”

缵著《鸿宝》一百卷，文集二十卷。初，缵之往雍州，赀产悉留江陵。性既贪婪，南中贶贿填积。及死，湘东王皆使收之，书二万卷并连还齐，珍宝财物悉付库，以粽蜜之属还其家。

次子希，字子颜，早知名，尚简文第九女海盐公主。承圣初，位侍中。缵弟绾。

绾字孝卿，少与兄缵齐名。湘东王绎尝策之百事，绾对阙其六，号为“百六公”。

位员外散骑常侍、中军宣城王长史。迁御史中丞。武帝遣其弟中书舍人绚宣旨曰：“为国之急，唯在执宪直绳，用人之本，不限升降。晋、宋时。周闵、蔡廓兼以侍中为之，卿勿疑是左迁。”时宣城王府望重，故有此旨焉。大同四年元日，旧制：仆射、中丞坐位，东西相当，绾兄缵为仆射，及百司就列，兄弟并导驺分趋两涂，前代未有，时人荣之。出为豫章内史，在郡述《制旨礼记正言义》，四姓衣冠士子听者，常数百人。八年，安成人刘敬宫挟妖道，遂聚党攻郡，进寇豫章，刺史湘东王遣司马王僧辩讨贼，受绾节度。旬月间，贼党悉平。十年，复为御史中丞。绾再为宪司，弹纠无所回避，豪右惮之。时城西开士林馆聚学者，绾与右卫朱异、太府卿贺琛递述《制旨礼记中庸义》。

太清三年，为吏部尚书，宫城陷，奔江陵，位尚书右仆射。魏克江陵，朝士皆俘入关，绾以疾免，卒于江陵。

次子交，字少游，尚简文第十一女定阳公主。承圣二年，官至秘书丞，掌东宫管记。

庾域字司大，新野人也。少沉静，有名乡曲。梁文帝为郢州，辟为主簿，叹美其才曰：“荆南杞梓，其在斯乎。”加以恩礼。长沙宣武王为梁州，以为录事参军，带华阳太守。时魏军攻围南郑，州有空仓数十所，域手自封题，指示将士曰：“此中粟皆满，足支二年。但努力坚守。”众心以安。军退，以功拜羽林监。及长沙王为益州，域随为怀宁太守。罢任还家,妻子犹事井臼,而域所衣大布,余奉专充供养。母好鹤唳,域在位营求,孜孜不息,一旦双鹤来下,论者以为孝感所致。

永元初,南康王板西中郎咨议参军,母忧去职。梁武帝举兵,起为宁朔将军,领行选。武帝东下,师次杨口,和帝遣御史中丞宗夬劳军。域乃讽夬曰:"黄钺未加,非所以总率侯伯。"夬反,西台即授武帝黄钺。萧颖胄既都督中外诸军事,论者谓武帝应致笺,域争不听,乃止。郢城平,域及张弘策议与武帝意同,即命众军便下,域谋多被纳用。霸府初开,为咨议参军。

天监初,封广牧县子,后军司马。出为宁朔将军,巴西、梓潼二郡太守。梁州长史夏侯道迁降魏,魏袭巴西,域固守。城中粮尽,将士皆龁草供食,无有离心。魏军退,进爵为伯。于时,兵后人饥,域上表振贷,不待报辄开仓,为有司所纠。上迁域西中郎司马、辅国将军、宁蜀太守。卒于官。子子舆。

子舆字孝卿,幼而歧嶷。五岁读《孝经》,手不释卷。或曰:"此书文句不多,何用自苦?"答曰:"孝,德之本,何谓不多。"齐永明末,除州主簿。时父在梁州遇疾,子舆奔侍医药,言泪恒并。长沙宣武王省疾见之,顾曰:"庾录事虽危殆,可忧更在子舆。"寻丁母忧,哀至辄呕血,父戒以灭性,乃禁其哭泣。

梁初为尚书郎。天监三年,父出守巴西,子舆以蜀路险艰,启求侍从以孝养,获许。父迁宁蜀,子舆亦相随。父于路感心疾,每至必叫,子舆亦闷绝。及父卒,哀恸将绝者再。奉丧还乡,秋水犹壮。巴东有滟滪,石高出二十许丈,及秋至,则才如见焉。次有瞿塘大滩,行旅忌之,部伍至此,石犹不见。子舆抚心长叫,其夜五更,水忽退减,安流南下。及度,水复旧,行人为之语曰:"滟滪如襆本不通,瞿塘水退为庾公。"初发蜀,有双鸠巢舟中,及至,又栖庐侧,每闻哭泣之声,必飞翔檐宇,悲鸣激切。欲为父立佛寺,未有定处。梦有僧谓曰:"将修胜业,岭南原即可营造。"明往履历,果见标度处所,有若人功,因立精舍。居墓所以终丧,服阕,手足枯挛,待人而起。仍布衣蔬食，志守坟墓。叔该谓曰："汝若固志，吾亦抽簪。"于是始仕。虽以嫡长袭爵，国秩尽推诸弟。累迁兼中郎司马。

大通二年，除巴陵内史，便道之官，路中遇疾。或劝上郡就医，子舆曰："吾疾患危重，全济理难，岂可贪官，陈尸公廨。"因勒门生不得辄入城市，即于渚次卒。遗令单衣帢履以敛，酒脯施灵而已。

郑绍叔字仲明，荥阳开封人也，累世居寿阳。祖琨，宋高平太守。绍叔年二十余，为安丰令，有能名。后为本州中从事史。时刺史萧诞弟谌被诛，台遣收诞，兵使卒至，左右惊散，绍叔独驰赴焉。诞死，侍送丧枢，众咸称之。到都，司空徐孝嗣见而异之，曰："祖邆之流也"。

梁武帝临司州，命为中兵参军，领长流。因是厚自结附。帝罢州还都，谢遣宾客，绍叔独固请愿留。帝曰："卿才幸自有用，我今未能相益，宜更思它涂。"固不许。于是乃还寿阳。刺史萧遥昌将苦要引，绍叔终不受命。遥昌将囚之，乡人救解得免。及帝为雍州，绍叔间道西归，补宁蛮长史、扶风太守。东昏既害朝宰，颇疑于帝。绍叔兄植为东昏直后，东昏遣至雍州，托侯绍叔，潜使为刺客。绍叔知之，密白帝。及植至，帝于绍叔处置酒宴之，戏植曰："朝廷遣卿见图，今日闲宴，是见取良会也。"宾主大笑。令植登城隍，周观府署，士卒器械，舟舻戎马，莫不富实。植退谓绍叔曰："雍州实力，未易图也。"绍叔曰："兄还具为天子言之。兄若取雍州，绍叔请以此众一战。"送兄于南岘，相持恸哭而别。续复遣主帅杜伯符，亦欲为刺客，诈言作使，上亦密知，宴接如常。伯符惧不敢发。上后即位，作五百字诗具及之。

初起兵，绍叔为冠军将军，改骁骑将军，从东下。江州平，留绍叔监州事，曰："昔萧何镇关中，汉祖得成山东之业。寇恂守河内，光武建河北之基。今之九江，昔之河内，我故留卿以为羽翼。前途不捷，我当其咎，粮运不继，卿任其责。"绍叔流涕拜辞，于是督江、湘粮运无阙乏。

天监初，入为卫尉卿。绍叔少孤贫，事母及祖母以孝闻，奉兄恭谨。及居显要，粮赐所得及四方遗饷，悉归之兄室。忠于事上，所闻纤豪无隐。每为帝言事，善则曰："臣愚不及，此皆圣主之策。"不善，则曰："臣智虑浅短，以为其事当如是，殆以此误朝廷也。臣之罪深矣。"帝甚亲信之。母忧去职。绍叔有至性，帝常使人节其哭。顷之，封营道县侯，复为卫尉卿。以营道县户凋弊，改封东兴县侯。

三年，魏围合肥，绍叔以本号督众军，镇东关。事平，复为卫尉。既而义阳入魏，司州移镇关南，以绍叔为司州刺史。绍叔至，创立城隍，缮兵积谷，流人百姓安之。性颇矜躁，以权势自居，然能倾心接物，多所举荐。士亦以此归之。

征为左卫将军，至家疾笃，诏于宅拜授，舆戴还府。中使医药，一日数至。卒于府舍。帝将临其殡，绍叔宅巷陋，不容舆驾，乃止。诏赠散骑常侍、护军将军，谥曰忠。绍叔卒后，帝尝潜然谓朝臣曰："郑绍叔立志忠烈，善必称君，过则归己，当今殆无其比。"见赏惜如此。子贞嗣。

吕僧珍字元瑜，东海范阳人也。世居广陵，家甚寒微。童儿时从师学，有相工历观诸生，指僧珍曰："此儿有奇声，封侯相也。"

事梁文帝，为门下书佐。身长七尺七寸，容貌甚伟，曹辈皆敬之。文帝为豫州刺史，以为典签，带蒙令。帝迁领军将军，补主簿。妖贼唐宇之寇东阳，文帝率众东讨，使僧珍知行军众局事。僧珍宅在建阳门东，自受命当行，每日由建阳门道，不过私室。文帝益以此知之。司空陈显达出军沔北，见而呼坐，谓曰："卿有贵相，后当不见减，深自努力。"

建武二年，魏军南攻，五道并进。武帝师师援义阳，僧珍从在军中。时长沙宣武王为梁州刺史，魏军围守连月，义阳与雍州路断。武帝欲遣使至襄阳，求梁州问，众莫敢行。僧珍固请充使，即日单舸上道。及至襄阳，督遣援军，且获宣武王书而反，武帝甚嘉之。

东昏即位，司空徐孝嗣管朝政，欲要僧珍与共事。僧珍知不久当败,竟弗往。武帝临雍州,僧珍固求西归,得补邛令。及至,武帝命为中兵参军,委以心膂。僧珍阴养死士,归之者甚众。武帝颇招武猛,士庶响从,会者万余人。因命按行城西空地,将起数千间屋为止舍。多伐材竹,沉于檀溪,积茅盖若山阜,皆未之用。僧珍独悟其指,因私具橹数百张。及兵起,悉取檀溪材竹,装为船舰,葺之以茅,并立办。众军将发,诸将须橹甚多,僧珍乃出先所具,每船付二张,争者乃息。

武帝以僧珍为辅国将军、步兵校尉,出入卧内,宣通意旨。大军次江宁,武帝使僧珍与王茂率精兵先登赤鼻逻。其日,东昏将李居士来战,僧珍等大破之,乃与茂进白板桥。垒立,茂移顿越城,僧珍守白板。李居士知城中众少,直来薄城。僧珍谓将士曰:"今力不敌,不可战,亦勿遥射。须至堑里,当并力破之。"俄而皆越堑,僧珍分人上城,自率马步三百人出其后,内外齐击,居士等应时奔散。及武帝受禅,为冠军将军、前军司马,封平固县侯。再迁左卫将军,加散骑常侍,入直秘书省,总知宿卫。天监四年,大举北侵,自是僧珍昼直中省,夜还秘书。五年,旋军,以本官领太子中庶子。

僧珍去家久,表求拜墓,武帝欲荣以本州,乃拜南兖州刺史。僧珍在任,见士大夫迎送过礼,平心率下,不私亲戚。兄弟皆在外堂,并不得坐。指客位谓曰:"此兖州刺史坐,非吕僧珍床。"及别室,促膝如故。从父兄子先以贩葱为业,僧珍至,乃弃业求州官。僧珍曰:"吾荷国重恩,无以报效,汝等自有常分,岂可妄求叨越? 当速反葱肆耳。"僧珍旧宅在市北,前有督邮廨。乡人咸劝徙廨以益其宅,僧珍怒曰:"岂可徙官廨以益吾私宅乎!"姊适于氏,住市西小屋临路,与列肆杂。僧珍常导从卤簿到其宅,不以为耻。

在州百日,征为领军将军,直秘书省如先。常以私车辇水洒御路。僧珍既有大勋,任总心膂,性甚恭慎。当直禁中,盛暑不敢解衣。每侍御坐,屏气鞠躬,对果食未尝举箸。因醉后取一甘食,武帝笑谓曰:"卿今日便是大有所进。"禄俸外,又月给钱十万,其余赐赉不绝于时。

初,武帝起兵,攻郢州久不下,咸欲走北,僧珍独不肯,累日乃见从。一夜,僧珍忽头痛壮热,及明,而颡骨益大,其骨法盖有异焉。十年,疾病,车驾临幸,中使医药日有数四。僧珍语亲旧曰:"吾昔在蒙县,热病发黄,时必谓不济。主上见语:'卿有富贵相,必当不死。'俄而果愈。吾今已富贵,而复发黄,所苦与昔政同,必不复起。"竟如言。卒于领军官舍。武帝即日临殡,赠骠骑将军、开府仪同三司,谥曰忠敬。武帝痛异之,言为流涕。子淡嗣。

初,宋季雅罢南康郡,市宅居僧珍宅侧。僧珍问宅价,曰"一千一百万"。怪其贵,季雅曰:"一百万买宅,千万买邻。"及僧珍生子,季雅往贺,署函曰"钱一千"。阍人少之,弗为通,强之乃进。僧珍疑其故,亲自发,乃金钱也。遂言于帝,陈其才能,以为壮武将军、衡州刺史。将行,谓所亲曰:"不可以负吕公。"在州大有政绩。

乐蔼字蔚远,南阳淯阳人,晋尚书令广之六世孙也。家居江陵。方颐隆准,举动酝藉。其舅雍州刺史宗悫尝陈器物,试诸甥侄。蔼时尚幼,而无所取,悫由此奇之。又取史传各一卷授蔼等,使读毕言所记。蔼略读具举,悫益善之。

齐豫章王嶷为荆州刺史,以蔼为骠骑行参军,领州主簿,参知州事。嶷尝问蔼城隍风俗、山川险易,蔼随问立对,若案图牒,嶷益重焉。州人嫉之,或谮蔼廨门如市,嶷遣觇之,方见蔼闭阁读书。后为大司马记室。

永明八年,荆州刺史巴东王子响称兵反,及败,焚烧府舍,官曹文书一时荡尽。齐武帝见蔼,问以西事,蔼占对详敏,帝悦,用为荆州中从事,敕付以修复府州事。蔼还州,缮修廨署数百区,顷之咸毕。豫章王嶷薨,蔼解官赴丧,率荆、湘二州故吏建碑墓所。南康王为西中郎,以蔼为咨议参军。萧颖胄引蔼及宗夬、刘坦,任以经略。

天监初,累迁御史中丞。初,蔼发江陵,无故于船得八车辐,如中丞健步避道者,至是果迁焉。性公强,居宪台甚称职。时长沙宣武王将葬,而车府忽于库失油络,欲推主者。蔼曰:"昔晋武库火,张华以为积油万石必然。今库若灰，非吏罪也。"既而检之，果有积灰，时称其博物弘恕。

二年，出为平越中郎将、广州刺史。前刺史徐元瑜罢归，遇始兴人士反，逐内史崔睦舒，因掠元瑜财产。元瑜走归广州，借兵于蔼，托欲讨贼，而实谋袭蔼。蔼觉，诛之。寻卒于官。

蔼姊适征士同郡刘虬，亦明识有礼训。蔼为州，迎姊居官舍，三分禄秩以供焉，西土称之。子法才。

法才字元备，幼与弟法藏俱有美名。沈约见之，曰："法才实才子。"为建康令，不受奉秩，比去将至百金，县曹启输台库。武帝嘉其清节，曰"居职若斯，可以为百城表矣"。迁太舟卿，寻除南康内史。耻以让奉受名，辞不拜。历位少府卿，江夏太守，因被代，表求便道还乡。至家，割宅为寺，栖心物表。寻卒。法藏，位征西录事参军，早亡。子子云，美容貌，善举止。位江陵令，承制除光禄卿。魏克江陵，众奔散。呼子云，子云曰："终为虏矣，不如守以死节。"遂仆地，卒于马蹄之下。

论曰：张弘策惇厚慎密，首预帝图，其位遇之隆，岂徒外戚云尔。至如太清板荡，亲属离贰，缵不能叶和蕃岳。克济陶冶之功，而苟尽怀私怨，以成衅隙之首。风格若此，而为梁之乱阶，惜乎！庾域、郑绍叔、吕僧珍等，或忠诚亮尽，或恪勤匪懈，缔构王业，皆有力焉。僧珍之肃恭禁省，绍叔之勤诚靡贰，盖有人臣之节矣。蔼虽异帷幄之勋，亦赞云雷之业，其当官任事，宠秩不亦宜乎。

南史卷五七
列传第四七

沈约 子旋 孙众　范云 从兄缜

沈约字休文,吴兴武康人也。昔金天氏有裔子曰昧,为玄冥师,生子允格、台骀。台骀能业其官,宣汾洮,障大泽,以处太原。帝颛顼嘉之,封诸汾川。其后四国:沈、姒、蓐、黄。沈子国,今汝南平舆沈亭是也。春秋之时,列于盟会。鲁昭四年,晋使蔡灭沈,其后因国为氏。自兹以降,谱谍罔存。

秦末有沈逞,征丞相不就。汉初,逞曾孙保封竹邑侯。保子遵自本国迁居九江之寿春,官至齐王太傅,封敷德侯。遵生骠骑将军达,达生尚书令乾,乾生南阳太守弘,弘生河内太守勖,勖生御史中丞奋,奋生将作大匠恪,恪生尚书、关内侯谦,谦生济阳太守靖,靖生戎。

戎字威卿,仕为州从事,说降剧贼尹良,汉光武嘉其功,封为海昏县侯,辞不受,因避地徙居会稽乌程县之余不乡,遂家焉。顺帝永建元年,分会稽为吴郡,复为吴郡人。灵帝初平五年,分乌程、余杭为永安县。吴孙皓宝鼎二年,分吴郡为吴兴郡。晋太康三年,改永安为武康县,复为吴兴武康人焉。虽邦邑屡改,而筑室不迁。

戎子酆,字圣通,位零陵太守,致黄龙芝草之瑞。第二子仲高,安平相。少子景,河间相。演之、庆之、昙庆、怀文,其后也。仲高子鸾,字建光,少有高名,州举茂才,公府辟,州别驾、从事史。时广陵太守陆稠,鸾之舅也,以义烈政绩显名汉朝,复以女妻鸾,早卒。子直,字伯平,州举茂才,亦有清名,卒。子瑜、仪,俱少有至行。瑜十岁,仪九岁,而父亡,居丧毁瘁,过于成人。外祖会稽盛孝章,汉末名士也,深加忧伤,每抚慰之,曰:"汝并黄中英爽,终成奇器,何遽逾制自取殄灭邪?"三年礼毕,殆至灭性,故兄弟并以孝著。瑜早卒。仪字仲则,笃学有雅才,以儒素自业。时海内大乱,兵革并起,经术废弛,士少全行。而仪淳深隐默,守道不移,风操贞整,不妄交纳,唯与族子仲山、叔山及吴郡陆公纪友善。州郡礼请,二府交辟,公车征,并不屈,以寿终。子曼,字元禅,左中郎、新都都尉、定阳侯,才志显于吴朝。子矫,字仲桓,以节气立名,仕为立武校尉、偏将军。孙皓时,有将帅之称。吴平,为郁林、长沙二郡太守,不就。太康末,卒。子陵,字景高,晋元帝之为镇东将军,命参军事。子延,字思长,颍川太守,始居县东乡之博陆里余乌村。延子贺,字子宁,桓冲南中郎参军。

贺子警,字世明,惇笃有行业,学通《左氏春秋》,家产累千金。后将军谢安命为参军,甚相敬重。警内足于财,为东南豪士,无进仕意,谢病归。安固留不止,乃谓曰:"沈参军,卿有独善之志,不亦高乎。"警曰:"使君以道御物,前所以怀德而至,既无用佐时,故遂饮啄之愿尔。"还家积载,以素业自娱。前将军王恭镇京口,与警有旧好,复引为参军。手书殷勤,苦相招致,不得已而应之。寻复谢去。

子穆夫,字彦和,少好学,通《左氏春秋》。王恭命为前将军主簿,谓警曰:"足下既执不拔之志,高卧东南,故屈贤子共事,非吏职婴之也。"初,钱唐人杜炅,字子恭,通灵有道术,东土豪家及都下贵望并事之为弟子,执在三之敬。警累世事道,亦敬事子恭。子恭死,门徒孙泰、泰弟子恩,传其业,警复事之。隆安三年,恩于会稽作乱,自称征东将军,三吴皆响应。穆夫在会稽,恩以为余姚令。及恩为刘牢之所破,穆夫见害。先是,穆夫宗人沈预与穆夫父警不协,至是告警及穆夫弟仲夫、任夫、预夫、佩夫,并遇害。唯穆夫子深子、云子、田子、林子、虔子获全。田子、林子知名。

田子字敬光,从武帝克京城,进平建邺,参镇军事,封营道县五等侯。帝北伐广固,田子领偏师与龙骧将军孟龙符为前锋。龙符战没,田子力战破之。及芦循逼都,帝遣田子与建威将军孙季高海道袭破广州,还除太尉参军、淮陵内史,赐爵都乡侯。义熙八年,从讨刘毅。十一年,从讨司马休之,除振武将军、扶风太守。十二年,武帝北伐,田子与顺阳太守傅弘之各领别军,从武关入,屯据青泥。姚泓将自御大军,虑田子袭其后,欲先平田子,然后倾国东出,乃率步骑数万,奄至青泥。田子本为疑兵,所领裁数百,欲击之,傅弘之曰:"彼众我寡,难可与敌。"田子曰:"师贵用奇,不必在众。"弘犹固执,田子曰:"众寡相倾,势不两立,若使贼围既固,人情丧沮,事便去矣。及其未整,薄之必克,所谓先人有夺人之志也。"便独率所领,鼓噪而进。贼合围数重,田子乃弃粮毁舍,躬勒士卒,前后奋击,贼众一时溃散,所杀万余人,得泓伪乘舆服御。武帝表言其状。长安既平,武帝宴于文昌殿,举酒赐田子曰:"咸阳之平,卿之功也,即以咸阳赏。"即授咸阳、始平二郡太守。

大军既还,桂阳公义真留镇长安,以田子为安西中兵参军、龙骧将军、始平太守。时赫连勃勃来寇,田子与安西司马王镇恶俱此地御之。初,武帝将还,田子及傅弘之等并以镇恶家在关中,不可保信,屡言之。帝曰:"今留卿文武将士,精兵万人,彼若欲为不善,政足自灭耳。勿复多言。"及俱出北地,论者谓镇恶欲尽杀诸南人,以数十人送义真南还,因据关中反叛。田子乃于弘之营内请镇恶计事,使宗人敬仁于坐杀之,率左右数十人自归义真。长史王脩收杀田子于长安槁仓门外。是岁,十四年正月十五日也。武帝表天子,以田子卒发狂易,不深罪也。

林子字敬士,少有大度。年数岁,随王父在京口,王恭见而奇之,曰:"此儿王子师之流也。"尝与众人共见遗宝,咸争趋之,林子直去不顾。年十三,遇家祸,既门陷妖党,兄弟并应从诛,而沈预家甚强富,志相陷灭,林子兄弟沉伏山泽,无所投厝。会孙恩屡出会稽,武帝致讨,林子乃自归陈情,率老弱归罪请命,因流涕哽咽,三军为之感动。帝甚奇之,乃载以别船,遂尽室移京口,帝分宅给焉。

　　林子博览众书，留心文义，从克京城，进平都邑。时年十八，身长七尺五寸。沈预虑林子为害，常被甲持戈，至是林子与兄田子还东报仇。五月夏节日至，预政大集会，子弟盈堂。林子兄弟挺身直入，斩预首，男女无论长幼悉屠之，以预首祭父祖墓。及帝为扬州，辟为从事，领建熙令，封资中县五等侯。从伐慕容超，平卢循，并著军功。后从征刘毅，参太尉军事。复从讨司马休之。武帝每征讨，林子辄推锋居前。时贼党郭亮之招集蛮、晋，屯据武陵，武陵太守王镇恶出奔。林子率军讨之，斩亮之于七里涧，而纳镇恶。武陵既平，复讨鲁轨于石城，轨弃众走襄阳，复追蹑之。襄阳既定，权留守江陵。

　　武帝伐姚泓，复参征西军事，加建武将军。统军为前锋，从汴入河。伪并州刺史、河东太守尹昭据蒲坂，林子于陕城与冠军檀道济同攻蒲坂，龙骧王镇恶攻潼关。姚泓闻大军至，遣伪东平公姚绍争据潼关。林子谓道济曰：“潼关天阻，所谓形胜之地。镇恶孤军，势危力屈，若使姚绍据之，则难图也。及其未至，当并力争之。若潼关事捷，尹昭可不战而服。”道济从之。及至，绍举关右之众，设重围，围林子及道济、镇恶等。道济议欲度河避其锋，或欲弃捐辎重还赴武帝，林子按剑曰：“下官今日之事，自为将军办之。然二三君之或同业艰难，或荷恩罔极，以此退挠，亦何以见相公旗鼓邪？”塞井焚舍，示无全志。率麾下数百人，犯其西北。绍众小靡，乘其乱而薄之，绍乃大溃，俘虏以千数，悉获绍器械资实。时诸将破贼，皆多其首级，而林子献捷书至，每以实闻。武帝问其故，林子曰：“夫王者之师，本有征无战，岂可复增张虏获，以示夸诞。昔魏尚以盈级受罚，此亦后乘之良辙也。”武帝曰：“乃所望于卿也。”

　　初，绍退走，还保定城，留伪武卫将军姚鸾精兵守崄，林子衔枚夜袭，即屠其城，剿鸾而坑其众。绍复遣抚军将军姚赞将兵屯河上，林子连破之。绍又遣长史姚伯子等屯据九泉，凭河固险，以绝粮援。武帝复遣林子累战大破之，即斩伯子，所俘获悉以还绍，使知王师之弘。绍志节沉勇，林子每战辄胜，白武帝曰：“姚绍气盖关右，而力

以势屈,但恐凶命先尽,不得以衅齐斧尔。"寻绍疽发背死。武帝以
林子之验,乃赐书嘉美之。于是赞统后军复袭林子,林子御之,连战
皆捷。

　　帝至阌乡,姚泓扫境内兵屯峣柳。时田子自武关北入,屯军蓝
田,泓自率大众攻之。帝虑众寡不敌,遣林子步自秦岭以相接援。比
至,泓已破走。田子欲穷追,进取长安,林子止之曰:"往取长安,如
指掌尔。复克贼城,便为独平一国,不赏之功也。"田子乃止。林子
威震关中,豪右望风请附。帝以林子、田子绥略有方,频赐书褒美,
并令深慰纳之。长安既平,姚氏十余万口西奔陇上,林子追讨至寡
妇水,转斗至槐里。大军东归,林子领水军于石门以为声援。还至
彭城,帝令林子差次勋勤,随才授用。

　　文帝出镇荆州,议以林子及谢晦为蕃佐,帝曰:"吾不可顿无二
人,林子行则晦不宜出。"乃以林子为西中郎中兵参军,领新兴太
守。林子以行役久,士有归心,乃深陈事宜,并言:"圣王所以戒慎祗
肃,非以崇威立武,实乃经国长叱。宜广建蕃屏,崇严宿卫。"武帝深
相训纳。俄而谢翼谋反,帝叹曰:"林子之见,何其明也。"文帝进号
镇西,随府转,加建威将军、河东太守。时武帝以方隅未静,复欲亲
戎。林子固谏。帝答曰:"吾辄当不复自行。"帝践祚,以佐命功,封
汉寿县伯。固让,不许。永初三年,卒,追赠征虏将军。元嘉二十五
年,谥曰怀。少子璞嗣。

　　璞字道真,童孺时神意闲审。文帝召见,奇璞应对,谓林子曰:
"此非常儿也。"初除南平王左常侍,文帝引见,谓之曰:"吾昔以弱
年出蕃,卿家以亲要见辅。今日之授,意在不薄。王家之事,一以相
委。勿以国官乖清涂为闷闷也。"元嘉十七年,始兴王浚为扬州刺
史,宠爱殊异,以为主簿。时顺阳范晔为长史,行州事。晔性颇疏,
文帝谓璞曰:"范晔性疏,必多不同。卿腹心所寄,当密以在意。彼
行事,其实卿也。"璞以任遇既深,所怀辄以密启,每至施行,必从中
出。晔政谓圣明留察,故深更恭慎,而莫见其际也。在职八年,神州
大宁,又无谤黩,璞有力焉。二十二年,范晔坐事诛,时浚虽曰亲览,

州事一以付璞。浚年既长,璞固求辞事。以璞为浚始兴国大农,累迁淮南太守。三十年,元凶弑立,璞以奉迎之晚见杀。

有子曰约,其制《自序》,大略如此。

约十三而遭家难,潜窜,会赦乃免。既而流寓孤贫,笃志好学,昼夜不释卷。母恐其以劳生疾,常遣减油灭火。而昼之所读,夜辄诵之,遂博通群籍,善属文。济阳蔡兴宗闻其才而善之,及为郢州,引为安西外兵参军,兼记室。兴宗常谓其诸子曰:"沈记室人伦师表,宜善师之。"及为荆州,又为征西记室,带厥西令。

齐初,为征虏记室,带襄阳令,所奉主即齐文惠太子。太子入居东宫,为步兵校尉,管书记,直永寿省,校四部图书。时东宫多士,约特被亲遇,每旦入见,景斜方出。时王侯到宫,或不得进,约每以为言,太子曰:"吾生平懒起,是卿所悉,得卿谈论,然后忘寝。卿欲我夙兴,可恒早入。"迁太子家令。后为司徒右长史,黄门侍郎。时竟陵王招士,约与兰陵萧琛、琅邪王融、陈郡谢朓、南郡范云、乐安任昉等皆游焉,当世号为得人。隆昌元年,除吏部郎,出为东阳太守。齐明帝即位,征为五兵尚书,迁国子祭酒。明帝崩,政归冢宰,尚书令徐孝嗣使约撰定遗诏。永元中,复为司徒左长史,进号征虏将军、南清河太守。

初,梁武在西邸,与约游旧。建康城平,引为骠骑司马。时帝勋业既就,天人允属。约尝扣其端,帝默然而不应。它日又进曰:"今与古异,不可以淳风期万物。士大夫攀龙附凤者,皆望有尺寸之功,以保其福禄。今童儿牧竖悉知齐祚之终,且天文人事表革运之征,永元以来,尤为彰著。谶云'行中水,作天子'。此又历然在记。天心不可违,人情不可失。"帝曰:"吾方思之。"约曰:"公初起兵樊、沔,此时应思。今日王业已就,何所复思。昔武王伐纣,始入人便曰吾君。武王不违人意,亦无所思。公自至京邑,已移气序,比于周武,迟速不同。若不早定大业,稽天人之望,脱一人立异,便损威德。且人非金石,时事难保,岂可以建安之封,遗之子孙。若天子还都,公卿在位,则君臣分定,无复异图。君明于上,臣忠于下,岂复有人方

更同公作贼。"帝然之。约出,召范云告之,云对略同约旨。帝曰:
"智者乃尔暗同,卿明早将休文更来。"云出语约,约曰:"卿必待
我。"云许诺。而约先期入,帝令草其事。约乃出怀中诏书并诸选置,
帝初无所改。俄而云自外来,至殿门不得入,徘徊寿光阁外,但云
"咄咄"。约出,云问曰:"何以见处?"约举手向左,云笑曰:"不乖所
望。"有顷,帝召云谓曰:"生平与沈休文群居,不觉有异人处,今日
才智纵横,可谓明识。"云曰:"公今知约,不异约今知公。"帝曰:"我
起兵于今三年矣,功臣诸将实有其劳,然成帝业者乃卿二人也。"

　　梁台建,为散骑常侍、吏部尚书,兼右仆射。及受禅,为尚书仆
射,封建昌县侯。又拜约母谢为建昌国太夫人。奉策之日,吏部尚
书范云等二十余人咸来致拜,朝野以为荣。俄迁右仆射。天监二年,
遭母忧,舆驾亲出临吊,以约年衰,不宜致毁,遣中书舍人断客节
哭。起为镇军将军、丹阳尹,置佐史。服阕,迁侍中、右光禄大夫,领
太子詹事,奏尚书八条事。迁尚书令,累表陈让,改授左仆射,领中
书令。寻迁尚书令,领太子少傅。九年,转左光禄大夫。

　　初,约久处端揆,有志台司,论者咸谓为宜,而帝终不用。乃求
外出,又不见许。与徐勉素善,遂以书陈情于勉,言已老病,百日数
旬,革带常应移孔,以手握臂,率计月小半分,欲谢事,求归老之秩。
勉为言于帝,请三司之仪,弗许,但加鼓吹而已。

　　约性不饮酒,少嗜欲,虽时遇隆重,而居外俭素。立宅东田,瞩
望郊阜,常为《郊居赋》以序其事。寻加特进,迁中军将军、丹阳尹,
侍中、特进如故。十二年,卒官,年七十三。谥曰隐。

　　约左目重瞳子,腰有紫志,聪明过人,好坟籍,聚书至二万卷,
都下无比,少孤贫,约干宗党得米数百斛,为宗人所侮,覆米而去。
及贵不以为憾,用为郡部传。尝侍宴,有妓婢师是齐文惠宫人,帝问
识座中客不,曰:"唯识沈家令。"约伏地流涕,帝亦悲焉,为之罢酒。
约历仕三代,该悉旧章,博物洽闻,当世取则。谢玄晖善为诗,任彦
升工于笔,约兼而有之,然不能过也。自负高才,昧于荣利,乘时射
势,颇累清谈。及居端揆,稍弘止足,每进一官,辄殷勤请退,而终不

能去,论者方之山涛。用事十余年,未常有所荐达,政之得失,唯唯而已。

初,武帝有憾于张稷,及卒,因与约言之。约曰:"左仆射出作边州刺史,已往之事,何足复论。"帝以为约昏家相为,怒约曰:"卿言如此,是忠臣邪!"乃辇归内殿。约惧,不觉帝起,犹坐如初。及还,未至床,凭空顿于户下,因病。梦齐和帝剑断其舌,召巫视之,巫言如梦。乃呼道士奏赤章于天,称禅代之事不由己出。先此,约尝侍宴,会豫州献栗,径寸半。帝奇之,问栗事多少,与约各疏所忆,少帝三事。约出谓人曰:"此公护前,不让即羞死。"帝以其言不逊,欲抵其罪,徐勉固谏乃止。及疾,上遣主书黄穆之专知省视,穆之夕还,增损不即启闻,惧罪,窃以赤章事因上省医徐奘以闻,又积前失。帝大怒,中使谴责者数焉。约惧,遂卒。有司谥曰"文",帝曰:"怀情不尽曰隐。"故改为隐。

约少时常以晋氏一代竟无全书,年二十许,便有撰述之意。宋泰始初,征西将军蔡兴宗为启,明帝有敕许焉。自此逾二十年,所撰之书方就,凡一百余卷。条流虽举,而采缀未周。永明初,遇盗,失第五帙。又齐建元四年,被敕撰国史。永明二年,又兼著作郎,撰次起居注。五年春,又被敕撰《宋书》。六年二月,毕功,表上之。其所撰国史为《齐纪》二十卷。天监中,又撰《梁武纪》十四卷,又撰《迩言》十卷,《谥例》十卷,《文章志》三十卷,文集一百卷,皆行于世。又撰《四声谱》,以为"在昔词人累千载而不悟,而独得胸衿,穷其妙旨"。自谓"入神之作"。武帝雅不好焉,尝问周舍曰:"何谓四声?"舍曰:"天子圣哲是也。"然帝竟不甚遵用约也。

子旋字士规,袭爵,位司徒右长史,太子仆。以母忧去官,因蔬食辟谷。服除,犹绝粳粱。终于南康内史,谥曰恭。集注《迩言》,行于世。

旋弟趋,字孝鲤,亦知名,位黄门郎。旋卒,子实嗣。实弟众。

众字仲兴,好学,颇有文词。仕梁为太子舍人。时梁武帝制《千文诗》,众为之注解。与陈郡谢景同时召见于文德殿,帝令众为《竹赋》，赋成奏之，手敕答曰：“卿文体翩翩，可谓无忝尔祖。”

累迁太子中舍人，兼散骑常侍，聘魏。还，为骠骑卢陵王咨议参军。侯景之乱，表求还吴兴召募故义部曲以讨贼，梁武许之。及景围台城，众率宗族及义附五千余人入援都，军容甚整，景深惮之。梁武于城内遥授太子右卫率。台城陷，众乃降景。景平，元帝以为司徒左长史。魏克江陵，见虏，寻亦逃归。

陈武帝受命，位中书令。帝以众州里知名，甚敬重之，赏赐超于时辈。性吝啬，财帛亿计，无所分遗。自奉甚薄，每朝会中，衣裳破裂，或躬提冠履。永定二年，兼起部尚书，监起太极殿。恒服布袍芒屩，以麻绳为带，又囊麦饭饼以啖之，朝士咸共诮其所为。众性猜急，因忿恨，遂历诋公卿，非毁朝廷。武帝大怒，以众素有令望，不欲显诛，因其休假还武康，遂于吴中赐死。

范云字彦龙，南乡舞阴人，晋平北将军汪六世孙也。祖璩之，宋中书侍郎。云六岁，就其姑夫袁叔明读《毛诗》，日诵九纸。陈郡殷琰名知人，侯叔明见之，曰“公辅才也”。云性机警，有识具，善属文，下笔辄成，时人每疑其宿构。父抗，为郢府参军，云随在郢。时吴兴沈约、新野庾杲之与抗同府，见而友之。

起家郢州西曹书佐，转法曹行参军。俄而沈攸之举兵围郢城，抗时为府长流，入城固守，留家属居外。云为军人所得，攸之召与语，声色甚厉。云容貌不变，徐自陈说。攸之笑曰：“卿定可儿，且出就舍。”明旦又召云令送书入城内，饷武陵王酒一石，犊一头，饷长史柳世隆脟鱼二十头，皆去其首。城内或欲诛云，云曰：“老母弱弟，悬命沈氏。若其违命，祸必及亲。今日就戮，甘心如荠。”世隆素与云善，乃免之。

后除员外散骑郎。齐建元初，竟陵王子良为会稽太守，云为府主簿。王未之知。后克日登秦望山，乃命云。云以山上有秦始皇刻石，此文三句一韵，人多作两句读之，并不得韵，又皆大篆，人多不识，乃夜取《史记》读之，令上口。明日登山，子良令宾僚读之，皆茫然不识。末问云,云曰:"下官尝读《史记》,见此刻石文。"进乃读之如流。子良大悦,因以为上宾。自是宠冠府朝。王为丹阳尹,复为主簿,深相亲任。时进见齐高帝,会有献白乌,帝问此何瑞,云位卑,最后答,曰:"臣闻王者敬宗庙则白乌至。"时谒庙始毕,帝曰:"卿言是也。感应之理,一至此乎。"

子良为南徐州、南兖州,云并随府迁,每陈朝政得失于子良。寻除尚书殿中郎。子良为云求禄,齐武帝曰:"闻范云谄事汝,政当流之。"子良对曰:"云之事臣,动相箴谏,谏书存者百有余纸。"帝索视之,言皆切至,咨嗟良久,曰:"不意范云乃尔,方令弼汝。"

子良为司徒,又补记室。时巴东王子响在荆州杀上佐,都下匈匈,人多异志。而豫章王嶷镇东府,多还私邸,动移旬日。子良筑第西郊,游戏而已。而梁武帝时为南郡王文学,与云俱为子良所礼。梁武劝子良还石头,并言大司马宜还东府,子良不纳。梁武以告云,时廷尉平王植为齐武帝所狎,云谓植曰:"西夏不静,人情甚恶,大司马讵得久还私第?司徒亦宜镇石头。卿入既数,言之差易。"植因求云作启自呈之。俄而二王各镇一城。

文惠太子尝幸东田观获稻,云时从。文惠顾云曰:"此刈甚快。"云曰:"三时之务,亦甚勤劳,愿殿下知稼穑之艰难,无徇一朝之宴逸也。"文惠改容谢之。及出,侍中萧缅先不相识,就车握云手曰:"不谓今日复见谠言。"

永明十年,使魏。魏使李彪宣命,至云所,甚见称美。彪为设甘蔗、黄甘、粽,随尽绝益。彪笑谓云:"范散骑小复俭之,一尽不可复得。"使还,再迁零陵内史。初,零陵旧政,公田奉米之外,别杂调四千石。及云至郡,止其半,百姓悦之。深为齐明帝所知,还除正员郎。

时高、武王侯并惧大祸,云因帝召次曰:"昔太宰文宣王语臣,言尝梦在一高山上,上有一深坑,见文惠太子先坠,次武帝,次文宣。望见仆射在室坐御床,备王者羽仪,不知此是何梦,卿慎勿向人道。"明帝流涕曰:"文宣此惠亦难负。"于是处昭胄兄弟异于余宗室。

云之幸于子良,江祐求云女婚姻,酒酣,巾箱中取篲刀与云,曰:"且以为娉。"云笑受之。至是祐贵,云又因酣曰:"昔与将军俱为黄鹄,今将军化为凤皇,荆布之室,理隔华盛。"因出篲刀还之,祐亦更姻他族。及祐败,妻子流离,每相经理。

又为始兴内史。旧郡界得亡奴婢,悉付作,部曲即货去,买银输官。云乃先听百姓志之,若百日无主,依判送台。又郡相承后堂有杂工作,云悉省还役,并为帝所赏。郡多豪猾大姓,二千石有不善者,辄共杀害,不则逐之。边带蛮俚,尤多盗贼,前内史皆以兵刃自卫。云入境,抚以恩德,罢亭候,商贾露宿,郡中称为神明。

迁广州刺史、平越中郎将。至任,遣使祭孝子南海罗威唐颂、苍梧丁密顿琦等墓。时江祐姨弟徐艺为曲江令,祐深以托云。有谭俨者,县之豪族,艺鞭之,俨以为耻,至都诉云,云坐征还下狱,会赦免。

初,梁武为司徒祭酒,与云俱在竟陵王西邸,情好欢甚。永明末,梁武与兄懿卜居东郊之外,云亦筑室相依。梁武每至云所,其妻常闻跸声。又尝与梁武同宿顾皓之舍,皓之妻方产,有鬼在外曰:"此中有王、有相。"云起曰:"王当仰属,相以见归。"因是尽心推事。及帝起兵,将至都,云虽无官,自以与帝素款,虑为昏主所疑,将求入城,先以车迎太原孙伯翳谋之。伯翳曰:"今天文显于上,灾变应于下,萧征东以济世雄武,挟天子而令诸侯,天时人事,宁俟多说。云曰:"此政会吾心,今羽翮未备,不得不就笼槛,希足下善听之。"及入城,除国子博士,未拜,而东昏遇弑。侍中张稷使云衔命至石头,梁武恩待如旧,遂参赞谟谋,毗佐大业。仍拜黄门侍郎,与沈约同心翊赞。俄迁大司马咨议参军,领录事。

梁台建,迁侍中。武帝时纳齐东昏余妃,颇妨政事。云尝以为言,未之纳。后与王茂同入卧内,云又谏,王茂因起拜曰:"范云言是,公必以天下为念,无宜留惜。"帝默然,云便疏令以余氏赉茂,帝贤其意而许之。明日,赐云、茂钱各百万。及帝受禅,柴燎南郊,云以侍中参乘。礼毕,帝升辇,谓云曰:"朕之今日,所谓懔乎若朽索之驭六马。"云对曰:"亦愿陛下日慎一日。"帝善其言,即日迁散骑常侍、吏部尚书。以佐命功,封霄城县侯。

云以旧恩,超居佐命,尽诚诩亮,知无不为。帝亦推心仗之,所奏多允。云本大武帝十三岁,尝侍宴,帝谓临川王宏、鄱阳王恢曰:"我与范尚书少亲善,申四海之敬。今为天下主,此礼既革,汝宜代我呼范为兄。"二王下席拜,与云同车还尚书下省,时人荣之。帝尝与云言及旧事,云:"朕司州还,在三桥宅,门生王道牵衣云:'闻外述图谶云,齐祚不久,别应有王者。官应取富贵。'朕斋中坐读书,内感其言,而外迹不得无怪,欲呼人缚之,道叩头求哀,乃不复敢言。今道为羽林监、文德主帅,知管籥。"云曰:"此乃天意令道发耳。"帝又云:"布衣时,尝梦拜两旧妾为六宫,有天下,此妪已卒,所拜非复其人,恒以为恨。"

其年,云以本官领太子中庶子。二年,迁尚书右仆射,犹领吏部。顷之,坐违诏用人,免吏部,犹为右仆射。

云性笃睦,事寡嫂尽礼,家事必先咨而后行。好节尚奇,专趋人之急。少与领军长史王畋善,云起宅新成,移家始毕,畋亡于官舍,尸无所归,云以东箱给之。移尸自门入,躬自营含,招复如礼,时人以为难。及居选官,任寄隆重,书牍盈案,宾客满门,云应答如流,无所壅滞。官曹文墨,发摘若神,时人咸服其明赡。性颇激厉,少威重,有所是非,形于造次,士或以此少之。初,云为郡,号廉洁,及贵重,颇通馈遗,然家无蓄积,随散之亲友。

武帝九锡之出,云忽中疾,居二日半,召医徐文伯视之。文伯曰:"缓之,一月乃复;欲速即时愈,政恐二年不复可救。"云曰:"朝闻夕死,而况二年。"文伯乃下火于床焉,重衣以覆之。有顷,汗流于此即起。二年,果卒。帝为流涕,即日舆驾临殡。诏赠侍中、卫将军,礼官请谥曰宣,敕赐谥曰文。有集三十卷。子孝才嗣。

孙伯翳,太原人,晋秘书监盛之玄孙。曾祖放,晋国子博士、长沙太守。父康,起部郎,贫常映雪读书,清介,交游不杂。伯翳位终骠骑鄱阳王参军事。

云从父兄缜。

缜字子真。父蒙,奉朝请,早卒。缜少孤贫,事母孝谨。年未弱冠,从沛国刘瓛学,瓛其奇之,亲为之冠。在瓛门下积年,恒芒屦布衣,徒行于路。瓛门下多车马贵游,缜在其间,聊无耻愧。及长,博通经术,尤精《三礼》。性质直,好危言高论,不为士友所安。唯与外弟萧琛善,琛名曰口辩,每服缜简诣。年二十九,发白皤然,乃作《伤暮诗》、《白发咏》以自嗟。

仕齐位尚书殿中郎。永明中,与魏氏和亲,简才学之士以为行人,缜及从弟云、萧琛、琅邪颜幼明、河东裴昭明相继将命,皆著名邻国。时竟陵王子良盛招宾客,缜亦预焉。尝侍子良,子良精信释教,而缜盛称无佛。子良问曰:"君不信因果,何得富贵贫贱?"缜答曰:"人生如树花同发,随风而堕,自有拂帘幌坠于茵席之上,自有关篱墙落于粪溷之中。坠茵席者,殿下是也;落粪溷者,下官是也。贵贱虽复殊途,因果竟在何处。"子良不能屈,然深怪之。退论其理,著《神灭论》,以为:"神即形也,形即神也,形存则神存,形谢则神灭。形者神之质,神者形之用。是则形称其质,神言其用,形之与神,不得相异。神之于质,犹利之于刀;形之于用,犹刀之于利。利之名非刀也,刀之名非利也。然而舍利无刀,舍刀无利。未闻刀没而利存,岂容形亡而神在。"此论出,朝野喧哗。子良集僧难之,而不能屈。太原王琰乃著论讥缜曰:"呜呼范子!曾不知其先祖神灵所在。"欲杜缜后对。缜又对曰:"呜呼王子!知其祖先神灵所在,而不能杀身以从之。"其险诣皆此类也。子良使王融谓之曰:"神灭既自非理,而卿坚执之,恐伤名教。以卿之大美,何患不至中书郎,而故乖剌为此,可便毁弃之。"缜大笑曰:"使范缜卖论取官,已至令仆矣,何但中书郎邪。"

后为宜都太守。性不信神鬼,时夷陵有伍相庙、唐汉三神庙、胡里神庙,缜乃下教断不祠。后以母忧去职,居于南州。梁武至,缜墨缞来迎。武帝与缜有西邸之旧,见之甚悦。及建康城平,以缜为晋安太守。在郡清约,资公禄而已。迁尚书左丞,及还,虽亲戚无所遗,唯饷前尚书令王亮。缜在齐时,与亮同台为郎,旧相友爱。至是亮挨弃在家,缜自以首迎武帝,志在权轴,而所怀未满,亦怏怏,故私相亲结,以矫于时。竟坐亮徙广州。在南累年,追为中书郎,国子博士。卒。文集十五卷。

子胥,字长才,传父业,位国子博士,有口辩。大同中,常兼主客郎,应接北使,卒于鄱阳内史。

论曰:齐德将谢,昏虐君临,喋喋黔黎,命悬晷刻。梁武抚兹归运,啸召风云。范云恩结龙潜,沈约情深惟旧,并以兹文义,首居帷幄,追踪乱杰,各其时之遇也。而约以高才博洽,名亚董、迁,末迹为踬,亦凤德之衰乎。缜幸直之节,著于终始,其以王亮为尤,亦不足非也。

南史卷五八
列传第四八

韦睿　兄纂　阐　睿子放　孙粲　放弟正　正子载
鼎　正弟棱　棱弟黯　裴邃　邃子之礼
兄子之高　之高弟之平　子忌　之高弟之横

韦睿字怀文,京兆杜陵人也。世为三辅著姓。祖玄,避吏隐长安南山。宋武帝入关,以太尉掾征,不至。伯父祖征,宋末为光禄勋。父祖归,宁远长史。睿事继母以孝闻。祖征谓累为郡守,每携睿之职,视之如子。时睿内兄王憕、姨弟杜恽,并有乡里盛名。祖征谓睿曰:"汝自谓何如憕、恽?"睿谦不敢对。祖征曰:"汝文章或小减,学识当过之。然干国家,成功业,皆莫汝逮也。"

外兄杜幼文,为梁州刺史,要睿俱行。梁土富饶,往者多以贿败,睿虽幼,独以廉闻。宋永光初,袁顗为雍州刺史,见而异之,引为主簿。顗到州,与邓琬起兵,睿求出为义成郡,故免顗之祸。累迁齐兴太守,本州别驾,长水校尉,右军将军。齐末多故,欲还乡里,求为上庸太守。

俄而太尉陈显达、护军将军崔慧景频逼建邺,人心惶骇。西土人谋之,睿曰:"陈虽旧将,非高人才,崔颇更事,懦而不武。天下真人,殆兴吾州矣。"乃遣其二子自结于梁武。及兵起檄至,睿率郡人伐竹为筏,倍道来赴,有众二千,马二百匹。帝见睿甚悦,抚几曰:"它日见君之面,今日见君之心。吾事就矣!"师克郢、鲁,平加茄湖,睿多建策,皆见用。

　　大军发郢，谋留守将，上难其人。久之，顾睿曰："弃骐骥而不乘，焉遑遑而更索。"即日以为江夏太守，行郢州府事。初，郢城之拒守也，男女垂十万，闭垒经年，疾疫死者十七八，皆积尸于床下，而生者寝处其上，每屋盈满。睿料简隐恤，咸为营理，百姓赖之。

　　梁台建，征为大理。武帝即位，迁廷尉，封梁都子。天监二年，改封永昌。再迁豫州刺史，领历阳太守。魏遣众来伐，睿率州兵击走之。

　　四年，侵魏，诏睿都督众军。睿遣长史王超宗、梁郡太守冯道根攻魏小岘城，未能拔。睿巡行围栅，魏城中忽出数百人陈于门外，睿欲击之，诸将皆曰："向本轻来，请还授甲而后战。"睿曰："魏城中二千余人，闭门坚守，足以自保。今无故出人于外，必其骁勇，若能挫之，其城自拔。"众犹迟疑，睿指其节曰："朝廷授此，非以为饰，韦睿之法，不可犯也。"乃进兵，魏军败，因急攻之，中宿而城拔。遂进讨合肥。

　　先是，右军司马胡景略至合肥，久未能下，睿案行山川曰："吾闻汾水可以灌平阳，即此是也。"乃堰肥水。顷之堰成水通，舟舰继至。魏初分筑东西小城，夹合肥。睿先攻二城。既而魏援将杨灵胤帅军五万奄至，众惧不敌，请表益兵。睿曰："贼已至城下，方复求军。且吾求济师，彼亦征众。'师克在和'，古人之义也。"因战，破之，军人少安。

　　初，肥水堰立，使军主王怀静筑城于岩守之。魏攻陷城，乘胜至睿城下。军监潘灵祐劝睿退还巢湖，诸将又请走保三丈。睿怒曰："将军死绥，有前无却。"因令取伞扇麾幢树之堤下，示无动志。睿素羸，每战不尝骑马，以板舆自载，督励众军。魏兵凿堤，睿亲与争。魏军却，因筑垒于堤以自固。起斗舰高与合肥城等，四面临之。城溃，俘获万余，所获军实，无所私焉。

　　初，胡景略与前军赵祖悦同军交恶，志相陷害，景略一怒，自啮其齿，齿皆流血。睿以将帅不和，将致患祸，酌酒自劝景略曰："且愿两武勿复私斗。"帮终于此役，得无害焉。

睿每昼接客旅,夜算军书,三更起,张灯达曙,抚循其众,常如不及,故投募之士争归之。所至顿舍修立,馆字藩篱墙壁皆应准绳。

合肥既平,有诏班师,去魏军既近,惧为所蹑。睿悉遣辎重居前,身乘小舆殿后,魏人服睿威名,望之不敢逼,全军而还。于是迁豫州于合肥。

五年,魏中山王元英攻北徐州,围刺史昌义之于钟离,众兵百万,连城四十余。武帝遣征北将军曹景宗拒之。次邵阳洲,筑垒相守,未敢进。帝怒,诏睿会焉,赐以龙环御刀,曰:"诸将有不用命者,斩之。"睿自合肥径阴陵大泽,过涧谷,辄飞桥以济师。人畏魏军盛,多劝睿缓行,睿曰:"钟离今凿穴而处,负户而汲,车驰卒奔,犹恐其后,而况缓乎。"旬日而至邵阳。初,帝敕景宗曰:"韦睿卿乡望,宜善敬之。"景宗见睿甚谨。帝闻,曰:"二将和,师必济矣。"睿于景宗营前二十里,夜掘长堑,树鹿角,截洲为城,比晓而营立。元英大惊,以杖击地曰:"是何神也!"景宗虑城中危惧,乃募军士言文达、洪骐骝等赍敕入城,使固城守,潜行水底,得达东城。城中战守日苦,始知有援,于是人百其勇。

魏将杨大眼将万余骑来战。大眼以勇冠三军,所向皆靡。睿结车为阵,大眼聚骑围之。睿以强弩二千一时俱发,洞甲穿中,杀伤者众。矢贯大眼右臂,亡魂而走。明旦,元英自率众来战,睿乘素木舆,执白角如意以麾军,一日数合,英甚惮其强。魏军又夜来攻城,飞矢雨集。睿子黯请下城以避箭,睿不许。军中惊,睿于城上厉声呵之乃定。

魏人先于邵阳洲两岸为两桥,树栅数百步,跨淮通道。睿装大舰,使梁郡太守冯道根、芦江太守裴邃、秦郡太守李文钊等为水军。会淮水暴长,睿即遣之,斗舰竞发,皆临贼垒。以小船载草,灌之以膏,从而焚其桥。风怒火盛,敢死之士拔栅斫桥,水又漂疾,倏忽之间,桥栅尽坏。道根等皆身自搏战,军人奋勇,呼声动天地,无不一当百。魏人大溃,元英脱身遁走。魏军趋水死者十余万,斩首亦如之,其余释甲稽颡乞为囚奴犹数十万。睿遣报昌义之,义之且悲且喜,不暇答,但叫曰"更生!更生!"帝遣中书郎周舍劳军于淮上。睿积所获于军门,舍观之,谓睿曰:"君此获复与熊耳山等矣。"以功进爵为侯。

七年,迁左卫将军,俄为安西长史、南郡太守。会司州刺史马仙琕自北还军,为魏人所蹙,三关扰动。诏睿督众军援焉。睿至安陆,增筑城二丈余,更开大堑,起高楼。众颇讥其示弱,睿曰:"不然。为将当有怯时。"是时,元英复追仙琕,将复邵阳之耻,闻睿至乃退,帝亦诏罢军。

十三年,为丹阳尹,以公事免。十四年,为雍州刺史。初,睿起兵乡中,客阴双光泣止睿,睿还为州,双光道候。睿笑曰:"若从公言,乞食于路矣。"饷耕牛十头。睿于故旧无所惜,士大夫年七十以上,多与假板县令,乡里甚怀之。

十五年,拜表致仕,优诏不许。征拜护军,给鼓吹一部,入直殿省。居朝廷恂恂,未尝忤视,武帝甚礼敬之。性慈爱,抚孤兄子过于己子,历官所得禄赐,皆散之亲故,家无余财。后为护军,居家无事,慕万石、陆贾之为人,因画之于壁以自玩。时虽老,暇日犹课诸儿以学。第三子棱尤明经史,世称其洽闻。睿每坐使棱说书,其所发摘,棱犹弗之逮。武帝方锐意释氏,天下咸从风而化。睿自以信受素薄,位居大臣,不欲与众俯仰,所行略如它日。

普通元年,迁侍中、车骑将军,未拜,卒于家,年七十九。遗令薄葬,敛以时服。武帝即日临哭甚恸,赠车骑将军、开府仪同三司,谥曰严。

睿雅有旷世之度,莅人以爱惠为本,所居必有政绩。将兵仁爱,士卒营幕未立,终不肯舍,井灶未成,亦不先食。被服必于儒者,虽临阵交锋,常缓服乘舆,执竹如意以麾进止,与裴邃俱为梁世名将,余人莫及。初,邵阳之役,昌义之甚德睿,请曹景宗与睿会,因设钱二十万官赌之。景宗掷得雉,睿徐掷得卢,遽取一子反之,曰"异事",遂作塞。景宗时与群帅争先启之捷,睿独居后,其不尚胜率多如是,世尤以此贤之。

睿兄纂、阐，并早知名。纂仕齐位司徒记室。特进沈约尝称纂于上曰："恨陛下不与此人同时，其学非臣辈也。"阐为建宁县，所得俸禄百余万，还家悉委伯父处分，乡里宗事之。位通直郎。

睿子放字元直，身长七尺七寸，腰带八围，容貌甚伟。袭封永昌县侯，位竟陵太守。在郡和理，为吏人所称。

大通元年，武帝兼遣领军曹仲宗等攻涡阳，又以被为明威将军，总兵会之。魏大将军费穆帅众奄至，放军营未立，麾下止有二百余人。放从弟洵骁果有勇力，单骑击刺，屡折魏军，洵马亦被伤不能进，放胄又三贯矢。众皆失色，请放突去，放厉声叱之曰："今日唯有死尔！"乃免胄下马，据胡床处分。士卒皆殊死战，莫不一当百，遂北至涡阳。魏又遣常山王元昭、大将军李奖、乞伏宝、费穆等五万人来援，放大破之。涡阳城主王伟以城降。魏人弃诸营垒，一时奔溃。众军乘之，斩获略尽，禽穆弟超并王伟送建邺，还为太子右卫率。中大通二年，徙北徐州刺史。卒于镇，谥曰宣侯。

放性弘厚笃实，轻财好施，于诸弟尤雍穆。每将远别及行役初还，常同一室卧起，时比之三姜。初，放与吴郡张率皆有侧室怀孕，因指为昏姻。其后各产男女，未及成长而率亡，遗嗣孤弱，放常赠恤之。及为北徐州，时有贵族请昏者，放曰："吾不失信于故友。"乃息岐娶率女，又以女适率子，时称放能笃旧。子粲。

粲字长倩，少有父风，好学仗气，身长八尺，容观甚伟。

初为云麾晋安王行参军，后为外兵参军，兼中兵。时颍川庾仲容，吴郡张率，前辈才名，与粲同府，并忘年交好。及王为皇太子，粲自记室迁步兵校尉，入为东宫领直。后袭爵永昌县侯，累迁右卫率，领直。粲以旧恩，任寄绸密，虽居职累徙，常留宿卫，颇擅权诞倨，不为时辈所平。右卫朱异尝于酒席厉色谓粲曰："卿何得已作领军面向人！"

大同中，帝尝不豫，一日暴剧，皇太子以下并入侍疾，内外咸云帝崩。粲将率宫甲度台，微有喜色，问所由那不见办长梯，以为大行，幸前殿，须长梯以复也。帝后闻之，怒曰："韦粲愿我死。"有司奏推之，帝曰："各为其主，不足推。"故出为衡州刺史。皇太子出饯新亭。执粲手曰："与卿不为久别。"久之，帝复召还为散骑常侍。

还至庐陵，闻侯景作逆，便简阅部下，倍道赴援。至豫章，即就内史刘孝仪共谋之。孝仪曰："必如此，当有敕，安可轻信单使，妄相惊动。或恐不然。"时孝仪置酒，粲怒以杯抵地曰："贼已度江，便逼宫阙，水陆阻断，何暇有报。假令无敕，岂得自安。韦粲今日何情饮酒。即驰马出，部分将发。会江州刺史当阳公大心遣使要粲，粲乃分麾下配第八弟助、第九弟警为前军。粲驰往见大心，曰："上游蕃镇，江州去都最近，殿下情计，实宜在先。但中流任重，当须应接，不可阙镇。今宜张军声势，移镇盆城，遣偏将赐随，于事便足。"大心然之，遣中兵柳昕帅兵二千随粲。粲悉留家累于江州，以轻舸就路。至南洲，粲外弟司州刺史柳仲礼亦帅步骑万余人至横江。粲即送粮仗给之，并散私金帛以赏其战士。

先是，安北鄱阳王范亦自合肥遣西豫州刺史裴之高与其世子嗣帅江西之众赴都，屯于张公洲，待上流诸军。至是，之高遣船度仲礼，与粲合军进屯新林王游苑。粲建议推仲礼为大都督，报下流众军。裴之高自以年位高，耻居其下，乃云："柳节下已是州将，何须我复鞭板。"累日不决。粲乃抗言于众曰："今同赴国难，义在除贼，所以推柳司州者，政以久捍边疆，先为侯景所惮。且士马精锐，无出其前。若论位次，柳在粲下，语其年齿，亦少于粲，直以社稷之计，不得复论。今日贵在将和，若人心不同，大事去矣。裴公朝之旧齿，岂应复挟私以阻大计。粲请为诸君解释之。"乃单舸至之高营切让之。之高泣曰："吾荷国荣，自应帅先士卒，顾恨衰老，不能效命，企望柳使君共平凶逆。前谓众议已定，无俟老夫尔。若必有疑，当剖心相示。"于是诸将定议，仲礼方得进军。

次新亭，贼列阵于中兴寺，相持至晚，各解归。是夜，仲礼入粲营，部分众军，且日将战，诸将各有据守。令粲顿青塘，当石头中路。粲虑栅垒未立，贼争之，颇以为惮，谓仲礼曰："下官才非御侮，直欲以身徇国，节下善量其宜，不可致有亏丧。"仲礼曰："青塘立营，迫近淮渚,欲以粮储船乘尽就迫之。此事大,非兄不可。若疑兵少,当更差军相助。"粲帅所部水陆俱进。时昏雾,军人失道,比及青塘,夜已过半,垒栅至晓未合。景登禅灵寺门,望粲营未立,便率锐卒来攻。军败,乘胜入营,左右高冯牵粲避贼,粲不动,兵死略尽,遂见害。粲子尼及三弟助、警、构、从弟昂皆战死,亲戚死者数百人。贼传粲首阙下,以示城内。简文闻之流涕,谓御史中丞萧恺曰:"社稷所寄,唯在韦公,如何不幸,先死行阵。"诏赠护军将军。元帝平侯景,追谥忠贞。

子谅,以学业为陈始兴王叔陵所引,为中录事参军,兼记室。叔陵败,伏诛。放弟正。

正字敬直,位襄陵太守。初,正与东海王僧孺善,及僧孺为吏部郎,参掌大选,宾友故人莫不倾意,正独谵然。及僧孺摈废,正复笃素分,有逾曩日,论者称焉。卒于给事黄门侍郎。子载。

载字德基,少聪慧,笃志好学。年十二,随叔父棱见沛国刘显,显问《汉书》十事,载随问应,无疑滞。及长,博涉文史,沉敏有器局。

仕梁为尚书三公郎。侯景之乱,元帝承制,以为中书侍郎。寻为寻阳太守,随都督王僧辩东讨侯景。景平,历位琅邪、义兴太守。陈武帝诛王僧辩,乃遣周文育袭载,载婴城自守。载所属县,并陈武旧兵,多善用弩,载收提数十人,系以长锁,令所亲监之,使射文育军。约曰:"十发不两中者死。"每发辄中,所中皆毙,相持数旬。陈武帝闻文育军不利,以书喻载以诛王僧辩意,并奉梁敬帝敕,敕载解兵。载得书,乃以众降。陈武帝引载恒置左右,与之谋议。

徐嗣徽、任约等引齐军济江,据石头城。帝问计于载,载曰:"齐军若分兵先据三吴之路,略地东境,则时事去矣。今可急于淮南即侯景故垒筑城,以通东道转输,别令轻兵绝其粮运,使进无所虏,退无所资,则齐将之首,旬日可致。"帝从之。

永定中,位散骑常侍、太子右卫率。天嘉元年,以疾去官。载有田十余顷,在江乘县之白山。至是遂筑室而居,屏绝人事,吉凶庆吊,无所往来,不入篱门者几十载。卒于家。载弟鼎。

鼎字超盛，少通晓，博涉经史，明阴阳逆刺，尤善相术。

仕梁起家湘东王法曹参军。遭父忧，水浆不入口者五日，哀毁过礼，殆将灭性。服阕，为邵陵王主簿。侯景之乱，鼎兄昂于京口战死，鼎负尸出，寄于中兴寺，求棺无所得。鼎哀愤恸哭，忽见江中有物流至鼎所，窃异之，往视乃新棺也，因以充敛。元帝闻之，以为精诚所感。

侯景平，司徒王僧辩以为户曹属，累迁中书侍郎。陈武帝在南徐州，鼎望气知其当王，遂寄孥焉。因谓陈武帝曰："明年有大臣诛死，后四岁，梁其代终。天之历数，当归舜后。昔周灭殷氏，封妫汭于宛丘，其裔子孙，因为陈氏。仆观明公，天纵神武，继绝统者，无乃是乎。"武帝阴有图僧辩意，闻其言大喜，因而定策。及受禅，拜黄门侍郎。太建中，以廷尉卿为聘周使，加散骑常侍。后为太府卿。

至德初，鼎尽货田宅，寓居僧寺。友人大匠卿毛彪问其故，答曰："江东王气尽于此矣，吾与尔当葬长安。期运将及，故破产尔。"初，鼎之聘周也，尝遇隋文帝，谓曰："观公容貌，不久必大贵，贵则天下一家。岁一周天，老夫当委质，愿深自爱。"及陈亡，驿召入京，授上仪同三司，待遇甚厚，每公宴，鼎恒预焉。性简贵，虽为亡国之臣，未尝俯仰当世。时吏部尚书韦世康兄弟显贵，隋文帝从容谓鼎曰："世康与公远近？"对曰："臣宗族南徙，昭穆非臣所知。"帝曰："卿百代卿族，岂忘本也。"命官给酒肴，遣世康请鼎还杜陵。鼎乃自楚太傅孟以下二十余世，并考论昭穆，作《韦氏谱》七卷示之，欢饮十余日乃还。时兰陵公主寡，上为之求夫，选亲卫柳述及萧玚等以示鼎，鼎曰："玚当封侯，而无贵妻之相；述亦通显，而守位不终。"上曰："位由我尔。"遂以主降述。上又问鼎："诸儿谁为嗣位？"答曰："至尊皇后所最爱者，当与之，非臣敢预知也。"上笑曰："不肯显言乎？"

开皇十三年，除光州刺史，以仁义教导，务弘清静。州中有土豪，外修边幅，而内行不轨，常为劫盗。鼎于都会时谓之曰："卿是好人，那忽作贼。"因条其徒党奸谋逗遛，其人惊惧，即自首伏。又有人客游，通主家之妾，及其还去，妾盗珍物，于夜逃亡，寻于草中为人所杀。主家知客与妾通，因告客杀之。县司鞫问，具得奸状，因断客死。狱成，上于鼎。鼎览之，曰："此客实奸，而不杀也。乃某寺僧讼妾盗物，令奴杀之，赃在某处。"即放此客，遣人掩僧，并获赃物。自是部内肃然，咸称其神，道无拾遗。寻追入京，顷之，而卒于长安，年七十九。正弟棱。

棱字威直，性恬素，以书史为业，博物强记，当世士咸就质疑。位终光禄卿。著《汉书续训》二卷。棱弟黯。

黯字务直，性强正，少习经史，位太府卿。侯景济江，黯屯六门，寻改为都督城西面诸军。时景于城外起东西二土山，城内亦应之，简文亲自负土，哀太子以下，躬执畚锸，黯守西土山，昼夜苦战。以功授轻车将军，加持节，卒于城内。初，黯为太仆卿，而兄子粲为左卫率，黯以常怏怏，谓人曰："韦粲已落骅骝前，朝廷是能用才不？"识者颇以此窥之。

裴邃字深明，河东闻喜人，魏冀州刺史徽之后也。祖寿孙，寓居寿阳，为宋武帝前军长史。父仲穆，骁骑将军。

邃十岁能属文，善《左氏春秋》。齐东昏践阼，始安王萧遥光为扬州刺史，引邃为参军。遥光败，邃还寿阳，会刺史裴叔业以寿阳降魏，邃遂随众北徙。魏宣武帝雅重之。仕魏为魏郡太守。魏遣王肃镇寿阳，邃固求随肃，密图南归。梁天监初，自拔南还，除后军咨议参军。

邃求边境自效，以为庐江太守。五年，征邵阳洲，魏人为长桥断淮以济，邃筑垒逼桥，每战辄克，于是密作没突舰。会甚雨，淮水暴溢，邃乘舰径造桥侧，进击，大破之。以功封夷陵县子。

迁广陵太守，与乡人共入魏武庙，因论帝王功业。其妻甥王篆之密启梁武帝云："裴邃多大言，有不臣迹。"由是左迁安太守。邃志立功边陲，不愿闲远，乃致书于吕僧珍曰："昔阮咸、颜延有二始之叹，吾才不逮古人，今为三始，非其愿也，将如之何？"后为竟陵太守,开置屯田数,公私便之。再迁西戎校尉,北梁、秦二州刺史,复开创屯田数千顷,仓廪盈实,省息边运。人吏获安,乃相率饷绢千余匹,邃从容曰:"汝等不应尔,吾又不可逆。"纳其二匹而已。入为大匠卿。

普通二年,义州刺史文僧明以州入魏,魏军来援,以邃为信武将军,督众军讨焉。邃深入魏境,出其不意。魏所署义州刺史封寿据檀公岘,邃击破之,遂围其城。寿请降,义州平。除豫州刺史,加督,镇合肥。

四年,大军北侵,以邃督征讨诸军事。先袭寿阳,攻其郛,斩门而入,一日战九合。为后军蔡秀成失道不至,邃以援绝拔还。于是邃复整兵,收集士卒,令诸将各以服色相别。邃自为黄袍骑,先攻拔狄丘、甓城、黎浆、又屠安成、马头、沙陵等戍。明年,略地至汝、颍间,所在响应。魏寿阳守将长孙承业、何间王元琛出城挑战,邃临淮叹曰:"今日不破河间,方为谢玄所笑。"乃为四甄以待之。令直阁将军李祖怜伪遁以引,承业等悉众追之,四甄竞发,魏众大败,斩首万余级。承业奔走,闭门不敢复出。在军疾笃,命众军守备,送丧还合肥。寻卒。赠侍中、左卫将军,进爵为侯,谥曰烈。

邃沉深有思略,为政宽明,能得士心,居身方正,有威重。将吏惮之,少敢犯法。及卒,淮、肥间莫不流涕,以为邃不死,当大辟土宇。子之礼嗣。

之礼字子义,美容仪,能言玄理。为西豫州刺史。母忧居丧,唯食麦饭。邃庙在光宅寺西,堂宇弘敞,松柏郁茂。范云庙在三桥,蓬蒿不翦。梁武帝南郊,道经二庙,顾而叹曰:"范为已死,裴为更生。"大同初,都下旱蝗,四篱门外,桐凋尽,唯邃墓犬牙不入,当时异之。

历位黄门侍郎。武帝设无遮会,舞象惊,排突陛卫,王公皆散,唯之礼与散骑常侍臧盾不动。帝壮之,以之礼为壮勇将军、北徐州刺史,盾兼中领军将军。之礼卒于少府卿,谥曰壮。

子政,承圣中,位给事黄门侍郎。魏克江陵,随例入长安。

之高字如山,邃兄中散大夫髦之子也。颇读书,少负意气,常随叔父遙征讨，所在立功，甚为遙所器重，戎政咸以委焉。寿阳之役，遙卒于军所，之高隶夏侯夔平寿阳，仍除梁郡太守，封都城县男。时魏汝阴来附，敕之高应接，仍除颍州刺史。父忧还都，起为光远将军，令讨平阴陵盗，以为谯州刺史。

侯景之乱，之高为西豫州刺史，率众入援。南豫州刺史鄱阳嗣王范命之高总督江右援军诸军事，顿张公洲。柳仲礼至横江，之高遣船舸迎致仲礼，与韦粲等俱会青塘。及城陷，之高还合肥，与鄱阳王范西上。元帝遣召之，以为侍中、护军将军，到江陵。时之高第六弟之悌在侯景中。或传之悌斩侯景，元帝使兼中书舍人黄罗汉报之高，之高竟无言，直云：“贼自杀贼，非之高所闻。”元帝深嗟其介直。承制除特进、金紫光禄大夫。卒，谥曰恭。

子畿，官至太子右卫率。魏克江陵，力战死之。

之高第五弟之平，字如原，少倜傥有志略，以军功封费县侯。承圣中，累迁散骑常侍、太子詹事。陈文帝初，除光禄大夫、慈训宫卫尉，并不就。乃筑山穿池，植以卉木，居处其中，有终焉志。天康元年，卒，谥曰僖子。子忌。

忌字无畏，少聪敏，有识量，颇涉史传，为当时所称。侯景之乱，招集勇力，乃随陈武帝征讨。及陈武帝诛王僧辩，僧辩弟僧智举兵据吴郡。陈武帝遣黄他攻之，不能克，命忌勒部下精兵，自钱唐直趣吴郡。夜至城下，鼓噪薄之。僧智疑大军至，轻舟奔杜龛，忌入据吴郡。陈武帝嘉之，表授吴郡太守。

天嘉五年，累迁卫尉卿，封东兴县侯。及华皎称兵上流，宣帝时为录尚书辅政，尽命众军出讨，委忌总知中外城防诸军事。宣帝即位，改封乐安县侯，历位都官尚书。及吴明彻督众北伐，诏忌以本官监明彻军。淮南平，授豫州刺史。

忌善于绥抚，甚得人和。及明彻进军彭、汴，以忌为都督，与明彻俱进。吕梁军败，见囚于周，授上开府。隋开皇十四年，卒于长安，年七十三。之高第十二弟之横。

之横字如岳，少好宾游，重气侠，不事产业。之高以其纵诞，乃为狭被蔬食,以激厉之。之横叹曰:"大丈夫富贵,必作百幅被。"遂与僮属数百人于芍陂大营田墅,遂致殷积。梁简文在东宫,闻而要之,以为河东王常侍。迁直阁将军。

侯景之乱,隶鄱阳王范讨景。景济江,仍与范世子嗣入援台城。城陷,退还合肥。侯景遣任约逼晋熙,范令之横下援,未及至,范薨,之横乃还。时寻阳王大心在江州,范副梅思立密要大心袭盆城,之横斩思立而拒大心。大心以州降侯景,之横与兄之高归元帝,位廷尉卿、河东内史,随王僧辩拒侯景。景退,迁东徐州刺史,封豫宁侯。又随僧辩破景。景东奔,僧辩命之横与杜崱入守台城。及陆纳据湘州叛,又隶僧辩南讨,斩纳将李贤明,平之。又破武陵王于峡口。还除吴兴太守,乃作百幅被以成其志。

魏克江陵,齐遣上党王高涣挟贞阳侯明攻东关。晋安王承制,以之横为徐州刺史,都督众军,出守蕲城。之横营垒未周,而齐军大至,兵尽矢穷,遂于阵没。赠司空,谥曰忠壮。子凤宝嗣。

论曰:韦、裴少年励操,俱以学尚自立,晚节驱驰,各著功于戎马。观睿制胜之道,谓为魁梧之杰,然而形甚羸瘠,身不跨鞍,板舆指麾,隐如敌国,其器分有在,隆名岂虚得乎。邃自效边疆,盛绩克举,其志不遂,良可悲夫。二门子弟,各著名节,与梁终始,克荷隆构。"将门有将",斯言岂曰妄乎。

南史卷五九
列传第四九

江淹　任昉　王僧孺

　　江淹字文通,济阳考城人也。父康之,南沙令,雅有才思。淹少孤贫,常慕司马长卿、梁伯鸾之为人,不事章句之学,留情于文章。早为高平檀超所知,常升以上席,甚加礼焉。

　　起家南徐州从事,转奉朝请。宋建平王景素好士,淹随景素在南兖州。广陵令郭彦文得罪,辞连淹,言受金,淹被系狱。自狱中上书曰:

　　昔者,贱臣叩心,飞霜击于燕地;庶女告天,振风袭于齐台。下官每读其书,未尝不废卷流涕。何者?士有一定之论,女有不易之行。信而见疑,贞而为戮,是以壮夫义士伏死而不顾者,以此也。下官闻仁不可恃,善不可依,谓徒虚语,乃今知之。伏愿大王暂停左右,少加矜察。

　　下官本蓬户桑枢之人,布衣韦带之士,退不饰《诗》《书》以惊愚,进不买声名于天下。日者,谬得升降承明之阙,出入金华之殿,何尝不局影凝严,侧身扃禁者乎。窃慕大王之义,复为门下之宾,备鸣盗浅术之余,豫三五贱伎之末。大王惠以恩光,顾以彦色,实佩荆卿黄金之赐,窃感豫让国士之分矣。常欲结缨伏剑,少谢万一,剖心摩踵,以报所天。不图小人固陋,坐贻谤缺,迹坠昭宪,身限幽圄,履影吊心,酸鼻痛骨。下官闻亏名为辱,亏形次之,是以每一念来,忽若有遗。加以涉旬月,迫季秋,天光沉阴，左右无色。身非木石，与狱吏为伍。此少卿所以仰天捶心，泣尽而继之以血者也。下官虽乏乡曲之誉，然尝闻君子之行矣：其上则隐于帝肆之间，卧于岩石之下；次则结绶金马之庭，高议云台之上；退则房南越之君，系单于之颈。俱启丹册，并图青史。宁争分寸之末，竞锥刀之利哉！下官闻积毁销金，积谗摩骨，远则直生取疑于盗金，近则伯鱼被名于不义。彼之二才，犹或如是，况在下官，焉能自免？昔上将之耻，绛侯幽狱，名臣之羞，史迁下室。至如下官，当何言哉！夫以鲁连之智，辞禄而不反，接舆之贤，行歌而忘归，子陵闭关于东越，仲蔚杜门于西秦，亦良可知也。若使下官事非其虚，罪得其实，亦当钳口吞舌，伏匕首以殒身，何以见齐鲁奇节之人，燕赵悲歌之士乎。

方今圣历钦明，天下乐业，青云浮洛，荣光塞河，西洎临洮、狄道，北距飞狐、阳原，莫不浸仁沐义，照景饮醴而已。下官抱痛圆门，含愤狱户，一物之微，有足悲者。仰惟大王少垂明白，则梧丘之魂不愧于沉首，鹄亭之鬼无恨于灰骨。

景素览书，即日出之。寻举南徐州秀才，对策上第，再迁府主簿。

景素为荆州，淹从之镇。少帝即位，多失德，景素专据上流，咸劝因此举事。淹每从容进谏，景素不纳。及镇京口，淹为镇军参军，领南东海郡丞。景素与腹心日夜谋议，淹知祸机将发，乃赠诗十五首以讽焉。会东海太守陆澄丁艰，淹自谓郡丞应行郡事。景素用司马柳世隆，淹固求之，景素大怒，言于选部，黜为建安吴兴令。

及齐高帝辅政，闻其才，召为尚书驾部郎、骠骑参军事。俄而荆州刺史沈攸之作乱，高帝谓淹曰："天下纷纷若是，君谓何如？"淹曰："昔项强而刘弱，袁众而曹寡，羽卒受一剑之辱，绍终为奔北之虏，此所谓'在德不在鼎'，公何疑哉。"帝曰："试为我言之。"淹曰："公雄武有奇略，一胜也；宽容而仁恕，二胜也；贤能毕力，三胜也；人望所归，四胜也；奉天子而伐叛逆，五胜也。彼志锐而器小，一败也；有威无恩，二败也；士卒解体，三败也；缙绅不怀，四败也；悬兵数千里、而无同恶相济,五败也。虽豺狼十万,而终为我获焉。"帝笑曰:"君谈过矣。"

桂阳之役,朝廷周章,诏檄久之未就。齐高帝引淹入中书省,先赐酒食,淹素能饮啖,食鹅炙垂尽,进酒数升讫,文诰亦办。相府建,补记室参军。高帝让九锡及诸章表,皆淹制也。

齐受禅,复为骠骑豫章王嶷记室参军。建元二年,始置史官,淹与司徒左长史檀超共掌其任,所为条例,并为王俭所驳,其言不行。淹任性文雅,不以著述在怀,所撰十三篇竟无次序。又领东武令,参掌诏策。后拜中书侍郎,王俭尝谓曰:"卿年三十五,已为中书侍郎,才学如此,何忧不至尚书、金紫。所谓富贵卿自取之,但问年寿何如尔。"淹曰:"不悟明公见眷之重。"永明三年,兼尚书左丞。时襄阳人开古冢,得玉镜及竹简古书,字不可识。王僧虔善识字体,亦不能谙,直云似是科斗书。淹以科斗字推之,则周宣王之前也。简殆如新。

少帝初,兼御史中丞。明帝作相,谓淹曰:"君昔在尚书中,非公事不妄行,在官宽猛能折衷。今为南司,足以振肃百僚也。"淹曰:"今日之事,可谓当官而行,更恐不足仰称明旨尔。"于是弹中书令谢朏、司徒左长史王缋、护军长史庾弘远,并以托疾不预山陵公事。又奏收前益州刺史刘悛、梁州刺史阴智伯,并赃货巨万,辄收付廷尉。临海太守沈昭略、永嘉太守庾昙隆及诸郡二千石并大县官长,多被劾,内外肃然。明帝谓曰:"自宋以来,不复有严明中丞,君今日可谓近世独步。"

累迁秘书监,侍中,卫尉卿。初,淹年十三时,孤贫,常采薪以养母,曾于樵所得貂蝉一具,将鬻以供养。其母曰:"此故汝之休征也,汝才行若此,岂长贫贱也。可留待得侍中著之。"至是,果如母言。

永元中,崔慧景举兵围都,衣冠悉投名刺,淹称疾不往。及事平,时人服其先见。东昏末,淹以秘书监兼卫尉,又副领军王莹。及梁武至新林,淹微服来奔,位相国右长史。天监元年,为散骑常侍、左卫将军,封临沮县伯。淹乃谓子弟曰:"吾本素宦,不求富贵,今之忝窃,遂至于此。平生言止足之事,亦以备矣。人生行乐,须富贵何时。吾功名既立,正欲归身草莱耳。"以疾迁金紫光禄大夫,改封醴陵侯,卒。武帝为素服举哀,谥曰宪。

淹少以文章显,晚节才思微退,云为宣城太守时罢归,始泊禅灵寺渚,夜梦一人自称张景阳,谓曰:"前以一匹锦相寄,今可见还。"淹探怀中数尺,与之,此人大恚曰:"那得割截都尽!"顾见丘迟,谓曰:"余此数尺,既无所用,以遗君。"自尔淹文章踬矣。又尝宿于冶亭,梦一丈夫自称郭璞,谓淹曰:"吾有笔在卿处多年,可以见还。"淹乃探怀中得五色笔一以授之,尔后为诗,绝无美句,时人谓之才尽。凡所著述,自撰为前、后集,并《齐史》十《志》,并行于世。尝欲为《赤县经》以补《山海》之阙,竟不成。子芃嗣。

任昉字彦升,乐安博昌人也。父遥,齐中散大夫。遥兄遐,字景远,少敦学业,家行甚谨,位御史中丞、金紫光禄大夫。始兴永明中,遐以罪将徙荒裔,遥怀名请诉,言泪交下,齐武帝闻而哀之,竟得免。

遥妻河东裴氏,高明有德行,尝昼卧,梦有五色采旗盖四角悬铃,自天而坠,其一铃落入怀中,心悸因而有娠。占者曰:"必生才子。"及生昉,身长七尺五寸,幼而聪敏,早称神悟。四岁诵诗数十篇,八岁能属文,自制《月仪》,辞义甚美。褚彦回尝谓遥曰:"闻卿有令子,相为喜之。所谓百不为多,一不为少。"由是闻声藉甚。年十二,从叔晷有知人之量,见而称其小名曰:"阿堆,吾家千里驹也。"昉孝友纯至,每侍亲疾,衣不解带,言与泪并,汤药饮食,必先经口。

初为奉朝请,举兖州秀才,拜太学博士。永明初,卫将军王俭领丹阳尹,复引为主簿。俭每见其文,必三复殷勤,以为当时无辈,曰:"自傅季友以来,始复见于任子。若孔门是用,其入室升堂。"于是令昉作一文,及见,曰:"正得吾腹中之欲。"乃出自作文,令昉点正,昉因定数字,俭拊几叹曰:"后世谁知子定吾文!"其见知如此。

后为司徒竟陵王记室参军。时琅邪王融有才俊,自谓无对当时,见昉之文,恍然自失。以父丧去官,泣血三年,杖而后起。齐武帝谓昉伯遐曰:“闻昉哀瘠过礼,使人忧之,非直亡卿之宝,亦时才可惜。宜深相全譬。”避使进饮食,当时勉励,回即欧出。昉父遥本性重槟榔,以为常饵,临终尝求之,剖百许口,不得好者,昉亦所嗜好,深以为恨,遂终身不尝槟榔。遭继母忧,昉先以毁瘠,每一恸绝,良久乃苏,因庐于墓侧,以终丧礼。哭泣之地,草为不生。昉素强壮,腰带甚充,服阕后不复可识。

齐明帝深加器异,欲大相擢引,为爱憎所白,乃除太子步兵校尉,掌东宫书记。齐明帝废郁林王,始为侍中、中书监、骠骑大将军、开府仪同三司、扬州刺史、录尚书事,封宣城郡公,使昉具草。帝恶其辞斥,甚愠,昉亦由是,终建武中位不过列校。

昉尤长为笔,颇慕傅亮才思无穷,当时王公表奏无不请焉。昉起草即成,不加点窜。沈约一代辞宗,深所推挹。永元中,纤意于梅虫儿,东昏中旨用为中书郎。谢尚书令王亮,亮曰:“卿宜谢梅,那忽谢我。”昉惭而退。末为司徒右长史。

梁武帝克建邺,霸府初开,以为骠骑记室参军,专主文翰。每制书草,沈约辄求同署。尝被急召,昉出而约在,是后文笔,约参制焉。始梁武与昉遇竟陵王西邸,从容谓昉曰:“我登三府,当以卿为记室。”昉亦戏帝曰:“我若登三事,当以卿为骑兵。”以帝善骑也。至是引昉,符昔言焉。昉奉笺云:“昔承清宴,属有绪言,提挈之旨,形乎善谑。岂谓多幸,斯言不渝。”盖为此也。梁台建,禅让文诰,多昉所具。

奉世叔父母不异严亲,事兄嫂恭谨。外氏贫阙,恒营奉供养。禄奉所收,四方饷遗,皆班之亲戚,即日便尽。性通脱,不事仪形,喜愠未尝形于色,车服亦不鲜明。

武帝践阼,历给事黄门侍郎,吏部郎。出为义兴太守。岁荒民散,以私奉米豆为粥,活三千余人。时产子者不举,昉严其制,罪同杀人。孕者供其资费,济者千室。在郡所得公田奉秩八百余石,昉五分督一,余者悉原,儿妾食麦而已。友人彭城到溉、溉弟洽从昉共为山泽游。及被代登舟，止有绢七匹，米五石。至都无衣，镇军将军沈约遣裙衫迎之。

重除吏部郎，参掌大选，居职不称。寻转御史中丞，秘书监。自齐永元以来，秘阁四部，篇卷纷杂，昉手自雠校，由是第目定焉。

出为新安太守，在郡不事边幅，率然曳杖，徒行邑郭。人通辞讼者，就路决焉。为政清省，吏人便之。卒于官，唯有桃花米二十石，无以为敛。遗言不许以新安一物还都，杂木为棺，浣衣为敛。阖境痛惜，百姓共立祠堂于城南，岁时祠之。武帝闻问，方食西苑绿沉瓜，投之于盘，悲不自胜。因屈指曰：“昉少时常恐不满五十，今四十九，可谓知命。”即日举哀，哭之甚恸。追赠太常，谥曰敬子。

昉好交结，奖进士友，不附之者亦不称述，得其延誉者多见升擢，故衣冠贵游莫不多与交好，坐上客恒有数十。时人慕之，号曰任君，言如汉之三君也。在郡尤以清洁著名，百姓年八十以上者，遣户曹掾访其寒温。尝欲营佛斋，调枫香二石，始入三斗，便出教长断，曰：“与夺自己，不欲贻之后人。”郡有蜜领及杨梅，旧为太守所采，昉以冒险多物故，即时停绝，吏人咸以百余年未之有也。为《家诫》，殷勤甚有条贯。陈郡殷芸与建安太守到溉书曰：“哲人云亡，仪表长谢。元龟何寄，指南何托？”其为士友所推如此。

昉不事生产，至乃居无室宅。时或讥其多乞贷，亦随复散之亲故，常自叹曰：“知我者亦以叔则，不知我者亦以叔则。”既以文才见知，时人云“任笔沈诗”。昉闻甚以为病。晚节转好著诗，欲以倾沈，用事过多，属辞不得流便，自尔都下士子慕之，转为穿凿，于是有才尽之谈矣。博学，于书无所不见，家虽贫，聚书至万余卷，率多异本。及卒后，武帝使学士贺纵共沈约勘其书目，官无者就其家取之。所著文章数十万言，盛行于时。东海王僧孺尝论之，以为“过于董生、杨子。昉乐人之乐，忧人之忧，虚往实归，忘贫去吝，行可以厉风俗，义可以厚人伦，能使贪夫不取，懦夫有立”。其见重如此。

有子东里、西华、南容、北叟，并无术业，坠其家声。兄弟流离不能自振，生平旧交莫有收恤，西华冬月著葛帔练裙，道逢平原刘孝

标,泫然矜之,谓曰:"我当为卿作计。"乃著《广绝交论》以讥其旧交曰:

客问主人曰:"朱公叔《绝交论》,为是乎,为非乎?"主人曰:"客奚此之间?"客曰:"夫草虫鸣则阜螽跃,雕虎啸而清风起,故氛氲相感,雾涌云蒸,嘤鸣相召,星流电激。是以王阳登则贡公喜,罕生逝而国子悲。且心同琴瑟,言郁郁于兰茞,道叶胶漆,志婉娈于埙篪。圣贤以此镂金板而镌盘盂,书玉牒而刻钟鼎。若乃匠石辍成风之妙巧,伯牙息流波之雅引,范、张款款于下泉,尹、斑陶陶于永夕。骆驿从横,烟霏雨散,巧历所不知,心计莫能测。而朱益州汨彝叙粤谟训,捶直切,绝交游,视黔首以鹰鹯,媲人灵于豺虎。蒙有猜焉,请辩其惑。"

主人听然曰:"客所谓抚弦徽音,未达燥湿变响,张罗沮泽,不睹鸿雁高飞。盖圣人握金镜,阐风烈,龙马蠖屈,从道污隆。日月连璧,赞寡寡之弘致,云飞雷薄,显棣华之微旨。若五音之变化,济九成之妙曲,此朱生得玄珠于赤水,谟神睿以为言。至夫组织仁义,琢磨道德,欢其愉乐,恤其陵夷,寄通灵台之下,遗迹江湖之上,风雨急而不辍其音,霜雪零而不渝其色,斯贤达之素交,历万古而一遇。逮叔世人讹,狙诈飚起,溪谷不能逾其险,鬼神无以究其变,竞毛羽之轻,趋锥刀之末。于是素交尽,利交兴,天下蚩蚩,鸟惊雷骇。然利交同源,派流则异,较言其略,有五术焉:

"若其宠均董、石,权厌梁、窦,雕刻百工,炉锤万物,吐噏兴云雨,呼吸下霜露,九域耸其风尘,四海叠其熏灼。靡不望影星奔,藉响川骛。鸡人始唱,鹤盖成阴,高门旦开,流水接轸,皆愿摩顶至踵,隳胆抽肠。约同要离焚妻子,誓列荆卿湛七族。是曰势交。其流一也。

"富埒陶、白,赀巨程、罗,山擅铜陵,家藏金穴,出平原而联骑,居里闬而鸣钟。则有穷巷之宾,绳枢之士,冀宵烛之末光,邀润屋之微泽。鱼贯凫踊,飒沓鳞萃,分雁鹜之稻粱,沾玉罍之余沥。衔恩遇，进款诚，援青松以示心，指白水而旌信。是曰贿交。其流二也。

"陆大夫宴喜西都，郭有道人伦东国，公卿贵其籍甚，缙绅羡其登仙。加以颔颐蹙頞，涕唾流沫，骋黄马之剧谈，纵碧鸡之雄辩。叙寒燠则寒谷成暄，论严苦则春丛零叶，飞沉出其顾指，荣辱定其一言。于是有弱冠王孙，绮纨公子，道不挂于通人，声未遒于云阁，攀其鳞翼，丏其余论，附骥骥之旄端，轶归鸿于碣石。是曰谈交。其流三也。

"阳舒阴惨，生灵大情，忧合欢离，品物恒性。故鱼以泉涸而呴沫，鸟因将死而鸣哀。同病相怜，缀河上之悲曲，恐惧置怀，昭《谷风》之盛典，斯则断金由于湫隘，刎颈起于苦盖。是以伍员濯溉于宰嚭，张王抚翼于陈相。是曰穷交。其流四也。

"驰骛之俗，浇薄之伦，无不操权衡，执织纩。衡所以揣其轻重，纩所以属其鼻息。若衡不能举，纩不能飞，虽颜、冉龙翰凤雏，曾、史兰薰雪白，舒、向金玉泉海，卿、云黻黻河汉，视若游尘，遇同土梗，莫肯费其半菽，罕有落其一毛。若衡重锱铢，纩微飘撇，虽共工之搜慝，欢兜之掩义，南荆之跋扈，东陵之巨猾，皆为匍匐委蛇，折支舐痔。金膏翠羽将其意，脂韦便辟导其诚。故轮盖所游，必非夷、惠之室，包苴所入，实行张、霍之家。谋而后动，芒豪寡忒。是曰量交。其流五也。

"凡斯五交，义同贾鬻，故桓谭譬之于阛阓，林回谕之于甘醴。夫寒暑递进，盛衰相袭，或前荣而后悴，或始富而终贫，或初存而末亡，或古约而今泰。循环翻覆，迅若波澜，此则徇利之情未尝异，变化之道不得一。由是观之，张、陈所以凶终，萧、朱所以隙末，断焉可知矣。而翟公方规规然勒门以箴客，何所视之晚乎？然因此五交，是生三衅：败德殄义，禽兽相若，一衅也；难固易携，仇讼所聚，二衅也；名陷饕餮，贞介所羞，三衅也。古人知三衅之为梗，惧五交之速尤，故王丹威子以檟楚，朱穆昌言而示绝。有旨哉！有旨哉！

“近世有乐安任昉，海内髦杰，早绾银黄，夙昭人誉。遒文丽藻，方驾曹、王，英峙俊迈，联衡许、郭。类田文之爱客，同郑庄之好贤。见一善则盱衡扼腕，遇一才则扬眉抵掌。雌黄出其唇吻，朱紫由其月旦。于是冠盖辐凑，衣掌云合，辐轳击轙，坐客恒满。蹈其阃阈，若升阙里之堂，入其陬隅，谓登龙门之坂。至于顾眄增其倍价，翦拂使其长鸣，彯组云台者摩肩，趋走丹墀者叠迹。莫不缔恩狎，结绸缪。想慧、庄之清尘，庶羊、左之徽烈。及瞑目东粤，归骸洛浦，缌帐犹悬，门罕渍酒之彦，坟未宿草，野绝动轮之宾。藐尔诸孤，朝不谋夕，流离大海之南，寄命瘴疠之地。自昔把臂之英，金兰之友，曾无羊舌下泣之仁，宁慕郇成分宅之德。呜呼！世路险巇，一至于此。太行孟门，岂云崭绝，是以耿介之士，疾其若斯，裂裳裹足，弃之长骛。独立高山之顶，欢与麋鹿同群，皦皦然绝其雾浊，诚耻之也，诚畏之也。”

到溉见其论，抵几于地，终身恨之。

昉撰杂传二百四十七卷，《地记》二百五十二卷，文章三十三卷。东里位尚书外兵郎。

王僧孺字僧孺，东海郯人也。魏卫将军肃八世孙也。曾祖雅，晋左光禄大夫、仪同三司。祖准之，宋司徒左长史。父延年，员外常侍，未拜，卒。

僧孺幼聪慧，年五岁，便机警。初读《孝经》，问授者曰：“此书何所述？”曰：“论忠、孝二事。”僧孺曰：“若尔，愿常读之。”又有馈其父冬李，先以一与之，僧孺不受，曰：“大人未见，不容先尝。”七岁能读十万言。及长，笃爱坟籍。家贫，常佣书以养母，写毕讽诵亦了。

仕齐为太学博士，尚书仆射王晏深相赏好。晏为丹杨尹，召补功曹，使撰《东宫新记》。司徒竟陵王子良开西邸，招文学，僧孺与太学生虞羲、丘国宾、萧文琰、丘令楷、江洪、刘孝孙，并以善辞藻游焉，而僧孺与高平徐夤俱为学林。文慧太子欲以为宫僚，乃召入直崇明殿。会薨，出为晋安郡丞，仍除侯官令。建武初，举士，为始安王遥光所荐，除仪曹郎，迁书侍御史，出为钱唐令。初，僧孺与乐安任昉遇于竟陵王西邸，以文学会友，及将之县，昉赠诗曰："唯子见知，唯余知子，观行视言，要终犹始。敬之重之，如兰如芷，形应影随，暴行今止。百行之首，立人斯著，子之有之，谁毁谁誉。修名既立，老至何遽，谁其执鞭，吾为子御。刘《略》班《艺》，虞《志》荀《录》，伊昔有怀，交相欣勖。下帷无倦，升高有属，嘉尔晨登，惜余夜烛。"其于士友推重如此。

梁天监初，除临川王后军记室，待诏文德省。出为南海太守。南海俗杀牛，曾无限忌，僧孺至便禁断。又外国舶物、高凉生口，岁数至，皆外国贾人以通货易。旧时州郡就市，回而即卖，其利数倍，历政以为常。僧孺叹曰："昔人为蜀郡长史，终身无蜀物，吾欲遗子孙者，不在越装。"并无所取。视事二岁，声绩有闻。诏征将还，郡中道俗六百人诣阙请留，不许。至，拜中书侍郎，领著作，复直文德省，撰《起居注》、《中表簿》，迁尚书左丞，俄兼御史中丞。僧孺幼贫，其母鬻纱布以自业，尝携僧孺至市，道遇中丞卤簿，驱迫坠沟中。及是拜日，引驺清道，悲感不自胜。顷之，即真。

时武帝制《春景明志诗》五百字，敕沈约以下辞人同作，帝以僧孺为工。历少府卿，尚书吏部郎，参大选，请谒不行。出为仁威南康王长史、兰陵太守，行府、州、国事。初，帝问僧孺妾媵之数，对曰："臣室无倾视。"及在南徐州，友人以妾寓之，行还，妾遂怀孕。为王典签汤道愍所纠，逮诣南司，坐免官，久之不调。友人庐江何炯犹为王府记室，僧孺乃与炯书以见其意。后为安成王参军事，镇右中记室参军。

僧孺工属文，善楷隶，多识古事。侍郎金元起欲注《素问》，访以砭石。僧孺答曰："古人当以石为针，必不用铁。《说文》有此砭字，许慎云：'以石刺病也。'《东山经》：'高氏之山多针石。'郭璞云：'可以为砭针。'《春秋》：'美疢不如恶石。'服子慎注云：'石，砭石也。'季世无复佳石，故以铁代之尔。"

　　转北中郎谘议参军，入直西省，知撰谱事。先是，尚书令沈约以为"晋咸和初，苏峻作乱，文籍无遗。后起咸和二年以至于宋，所书并皆详实，并在下省左户曹前厢，谓之晋籍，有东、西二库。此籍既并精详，实可宝惜，位宦高卑，皆可依案。宋元嘉二十七年，始以七条征发，既立此科，人奸互起，伪状巧籍，岁月滋广。以至于齐，患其不实，于是东堂校籍，置郎令史以掌之。竞行奸货，以新换故，昨日卑细，今日便成士流。凡此奸巧，并出愚下，不辨年号，不识官阶。或注隆安在元兴之后，或以义熙在宁康之前。此时无此府，此时无此国。元兴唯有三年，而猥称四、五，诏书甲子，不与长历相应，校籍诸郎亦所不觉，不才令史固自忘言。臣谓宋、齐二代，士庶不分，杂役减阙，职由于此。窃以晋籍所余，宜加宝爱。"武帝以是留意谱籍，州郡多离其罪，因诏僧孺改定《百家谱》。始晋太元中，员外散骑侍郎平阳贾弼笃好簿状，乃广集众家，大搜群族，所撰十八州，一百一十六郡，合七百一十二卷。凡诸大品，略无遗阙，藏在秘阁，副在左户。及弼子太宰参军匪之，匪之子长水校尉深，世传其业。太保王弘、领军将军刘湛，并好其书。弘日对千客，不犯一人之讳。湛为选曹，始撰百家以助铨序，而伤于寡略。齐卫将军王俭复加去取，得繁省之衷。僧孺之撰，通范范阳张等九族，以代雁门解等九姓，其东南诸族，别为一部，不在百家之数焉。普通二年，卒。

　　僧孺好坟籍，聚书至万余卷，率多异本，与沈约、任昉家书埒。少笃志精力，于书无所不睹，其文丽逸，多用新事，人所未见者，时重其富博。集《十八州谱》七百一十卷，《百家谱集抄》十五卷，《东南谱集抄》十卷，文集三十卷，《两台弹事》不入集，别为五卷，及《东宫新记》，并行于世。

　　虞羲字士光，会稽余姚人，盛有才藻，卒于晋安王侍郎。丘国宾，吴兴人，以才志不遇，著书以讥杨雄。萧文琰，兰陵人。丘令楷，吴兴人。江洪，济阳人。竟陵王子良尝夜集学士，刻烛为诗，四韵者则刻一寸，以此为率。文琰曰："顿烧一寸烛，而成四韵诗，何难之有。"乃与令楷、江洪等共打铜钵立韵，响灭则诗成，皆可观览。刘孝孙,彭城人,博学通敏,而仕多不遂,常叹曰:"古人或开一说而致卿相,立谈间而降白璧,书籍妄耳。"徐贲,高平人,有学行。父荣祖,位秘书监,尝有罪系狱,旦日原之,而发皓白。齐武问其故,曰:"臣思愆于内,而发变于外。"当时称之。

　　论曰:二汉求士,率先经术,近代取人,多由文史。观江、任之所以效用,盖亦会其时焉。而淹实先觉,加之以沉静;昉乃旧恩,持之以内行。其所以名位自毕,各其宜乎。僧孺硕学,而中年遭踬,非为不遇,斯乃穷通之数也。

南史卷六〇
列传第五〇

范岫　傅昭 _{弟映}　孔休源
江革 _{子德藻}　徐勉　许懋 _{子亨}
殷钧 _{宗人芸}

范岫字懋宾,济阳考城人也。高祖宣,晋征士。父羲,宋尚书殿中郎,本州别驾。竟陵王诞反,羲在城中,事平遇诛。

岫幼而好学,早孤,事母以孝闻。外祖颜延之早相题目,以为中外之宝。蔡兴宗临荆州,引为主簿。及蔡将卒,以岫贫乏,遣旨赐钱二十万,固辞拒之。

仕齐为太子家令。文惠太子之在东宫,沈约之徒以文才见引,岫亦预焉。岫文虽不逮约,而名行为时辈所与。博涉多通,尤悉魏、晋以来吉凶故事。约常称曰:“范公好事该博,胡广无以加。”南乡范云谓人曰:“诸君进止威仪,当问范长头。”以岫多识前代旧事也。迁国子博士。岫长七尺八寸,姿容奇伟。永明中,魏使至,诏妙选朝士有辞辩者,接使于界首,故以岫兼淮阴长史迎焉。入为尚书左丞。丁母忧,居丧过礼。朝廷频起,并不拜。朝廷亮其哀款,得终丧制。出为安成内史,创立钩折行仓,公私弘益。征黄门侍郎,兼御史中丞,吏将送,一无所纳。永元末,为辅国将军、冠军晋安王长史,行南徐州事。梁武帝平建邺,承制征为尚书吏部郎,参大选。天监五年,为散骑常侍、光禄大夫,侍皇太子,给扶。累迁祠部尚书,金紫光禄大夫。卒官。

岫恭敬俨恪，进止以礼，自亲丧后，蔬食布衣以终身。每所居官，恒以廉洁著称。为长城令时，有梓材巾箱，至数十年，经贵遂不改易。在晋陵唯作牙管笔一双，犹以为费。所著文集、《礼论》、《杂仪》、《字训》行于世。二子褒、伟。

傅昭字茂远，北地灵州人，晋司隶校尉咸七世孙也。祖和之，父淡，善《三礼》，知名宋世。淡事宋竟陵王诞，诞反坐诛。

昭六岁而孤，哀毁如成人，为外祖所养。十岁，于朱雀航卖历日，雍州刺史袁颙见而奇之。颙尝来昭所，昭读书自若，神色不改。颙叹曰：“此儿神情不凡，必成佳器。”司待建安王休仁闻而悦之，固欲致昭。昭以宋氏多故，遂不往。或有称昭于廷尉虞愿，乃遣车迎昭。时愿宗人通之在坐，并当时名流。通之贻昭诗曰：“英妙擅山东，才子倾洛阳，清尘谁能嗣，及尔遘遗芳。”太原王延秀荐昭于丹阳尹袁粲，深见礼，辟为郡主簿，使诸子从昭受学。会明帝崩，粲造哀策文，乃引昭定其所制，昭有其半焉。粲每经昭户，辄叹曰：“经其户寂若无人，披其帷其人斯在，岂非名贤。”寻为总明学士、奉朝请。

齐永明中，累迁尚书仪曹郎。先是，御史中丞刘休荐昭于齐武帝，永明初，以昭为南郡王侍读。王嗣帝位，故时臣隶争求权宠，唯昭及南阳宗夬保身而已，守正无所参入，竟不罹祸。明帝践阼，引昭为中书通事舍人。时居此职者，皆权倾天下，昭独廉静无所干豫，器服率陋，身安粗粝。常插烛板床，明帝闻之，赐漆合烛盘，敕曰：“卿有古人之风，故赐卿古人之物。”累迁尚书左丞。

梁武帝素重昭，梁台建，以为给事黄门侍郎，领著作，兼御史中丞。天监三年，兼五兵尚书，参选事。四年，即真。历位左户尚书，安成内史。郡自宋来，兵乱相接，府舍称凶。每昏旦间，人鬼相触，在任者鲜以吉终。及昭至，有人夜见甲兵出，曰：“傅公善人，不可侵犯。”乃腾虚而去。有顷风雨总至，飘郡听事入隍中，自是郡遂无患，咸以昭贞正所致。郡溪无鱼，或有暑月荐昭鱼者，昭既不纳，又欲拒,遂馁于门侧。郡多猛兽为害,常设槛阱,昭曰:"人不害猛兽,猛兽亦不害人。"乃命去槛阱,猛兽竟不为害。历秘书监,太常卿,迁临海太守。郡有蜜岩,前后太守皆自封固,专收其利。昭以周文之囿,与百姓共之,大可喻小,乃教勿封。县令尝饷栗,置绢于薄下,昭笑而还之。普通五年,为散骑常侍、金紫光禄大夫。

昭所莅官,常以清静为政,不尚严肃。居朝廷,无所请谒,不畜私门生,不交私利。终日端居,以书记为乐,虽老不衰。博极古今,尤善人物。魏晋以来,官宦簿阀,姻通内外,举而论之,无所遗失,世称为学府。性尤笃慎,子妇尝得家饷牛肉以进昭,昭召其子曰:"食之则犯法,告之则不可。取而埋之。"其居身行己,不负暗室,类皆如此。后进宗其学,重其道,人人自以为不逮。卒,谥曰贞。

长子谌,位尚书郎,湘东王外兵参军。谌子准,有文才,梁宣帝时,位度支尚书。

昭弟映,字徽远,三岁而孤。兄弟友睦,修身励行,非礼不动。始昭之守临海,陵倕饯之,宾主俱欢,日暮不反。映以昭年高,不可连夜极乐,乃自往侯接,同乘而归。兄弟并已斑白,时人美而服焉。及昭卒,映丧之如父,年逾七十,哀戚过礼,服制虽除,每言辄恸。天监中,位乌程令,卒于太中大夫。子弘。

孔休源字庆绪,会稽山阴人,晋尚书冲之八世孙,冲即开府仪同三司愉之世父也。曾祖遥之,宋尚书水部郎。父佩,齐通直郎。

休源十一而孤,居丧尽礼,每见父手所写书,必哀恸流涕不能自胜,见者莫不为之垂泣。后就吴兴沈麟士受经,略通大义。州举秀才,太尉徐孝嗣省其策,深善之,谓同坐曰:"董仲舒、华令思何以尚此,可谓后生之准的也。观此足称王佐之才。"琅邪王融雅相友善,乃荐之于司徒竟陵王,为西邸学士。

梁台建,与南阳刘之遴同为太学博士,当时以为美选。休源初到都,寓于宗人少府孔登。曾以祠事入庙,侍中范云一与相遇,深加褒赏,曰:"不期忽观清颜,顿祛鄙吝,观天披雾,验之今日。"后云命驾到少府,登便拂筵整带,谓当诣己,备水陆之品。云驻筋命休源,及至,命取其常膳,正有赤仓米饭,蒸鲍鱼。云食休源食,不举主人之馔。高谈尽日,同载还家。登深以为愧。尚书令沈约当朝贵显,轩盖盈门,休源或时后来,必虚襟引接,处之坐右,商略文义。其为通人所推如此。

武帝尝问吏部尚书徐勉,求一有学艺、解朝仪者,为尚书仪曹郎,勉曰:"孔休源识见清通,详练故事,自晋、宋起居注,诵略上口。"武帝亦素闻之,即日除兼尚书仪曹郎。时多所改作,每逮访前事,休源即以所诵记随机断决,曾无疑滞。吏部郎任昉常谓之为"孔独诵"。

迁建康狱正,平反辩析,时罕冤人。后有选人为狱司者,帝常引休源以励之。除中书舍人。后为尚书左丞,弹肃礼闱,雅允朝望。时周舍撰《礼疑义》,自汉、魏至于齐、梁,并皆搜采,休源所有奏议,咸预编录。再迁长兼御史中丞,正色直绳,无所回避,百僚惮之。

后为晋安王长史、南郡太守,行荆州府、州事。帝谓曰:"荆州总上流冲要,义高分陕,今以十岁儿委卿,善匡翼之,勿惮周昌之举也。"乃敕晋安王曰:"孔休源人伦仪表,汝年尚幼,当每事师之。"寻始兴王憺代镇荆州,复为憺府长史,太守、行府事如故。在州累政,甚有政绩,平必决断,请托弗行。帝深嘉之。历秘书监,复为晋安王府长史、南兰陵太守,别敕专行南徐州事。休源累佐名蕃,甚得人誉,王深相倚杖,常于中斋别施一榻,云"此是孔长史坐",人莫得预焉,其见敬如此。历都官尚书。

普通七年,扬州刺史临川王宏薨,武帝与群臣议代居州任者,时贵戚王公咸望迁授,帝曰:"朕已得人,孔休源才识通敏,实应此选。"乃授宣惠将军、监扬州事。休源初为临川王行佐,及王薨而管州任,时论荣之。神州都会,簿领殷繁,休源剖断如流,傍无私谒。中大通二年,加金紫光禄大夫。在州昼决辞讼,夜览坟籍。每车驾巡幸,常以军国事委之。昭明太子薨,有敕夜召休源入宴居殿,与群公参定谋议,立晋安王纲为皇太子。自公卿珥貂插笔奏决于休源前,休源怡然无愧,时人名为兼天子。

四年,卒。遗令薄葬,节朔荐蔬菲而已。帝为之流涕,顾谢举曰:"孔休源居职清忠,方欲共康政道,奄至陨没,朕甚痛之。"举曰:"此人清介强直,臣窃为陛下惜之。"谥曰贞子。

休源风范强正,明练政体,常以天下为己任。武帝深委仗之。累居显职,性缜密,未尝言禁中事。聚书盈七千卷,手自校练。凡奏议、弹文,勒成十五卷。

长子云章,颇有父风,位东扬州别驾。少子宗范,聪敏有识度,位中书郎。

江革字休映,济阳考城人也。祖齐之,宋都水使者、尚书金部郎。父柔之,齐尚书仓部郎,有孝行,以母忧毁卒。

革幼而聪敏,早有才思,六岁便解属文。柔之深加赏器,曰:"此儿必兴吾门。"九岁,丁父艰,与第四弟观同生,少孤贫,傍无师友,兄弟自相勖,读书精力不倦。十六,丧母,以孝闻。服阕,与观俱诣太学,补国子生,举高第。齐中书郎王融、吏部郎谢朓雅相钦重。朓尝行还过候革,时大寒雪,见革弊絮单席,而耽学不倦,嗟叹久之,乃脱其所著襦,并手割半毡与革充卧具而去。司徒竟陵王闻其名,引为西邸学士。

弱冠举南徐州秀才。时豫章胡谐之行州事,王融与谐之书令荐革。谐之方贡琅邪王泛,便以革代之。仆射江柘深相引接,柘为太子詹事,启革为丞。柘时权倾朝右,以革才堪经国,令参掌机务,诏诰文檄皆委以具。革防杜形迹,外人不知。柘诛,宾客皆罹其罪,革独以智免。除尚书驾部郎。

中兴元年,梁武帝入石头,时吴兴太守袁昂据郡拒义不从,革制书与昂,于坐立成,辞义典雅,帝深赏叹之,令与徐勉同掌书记。建安王为雍州刺史,表求管记,以革为征北记室参军,带中庐令。与弟观少长共居,不忍离别,苦求同行。以观为征北行参军,兼记室。时吴兴沈约、乐安任昉与革书云:"比闻雍府妙选英才,文房之职,总卿昆季,可谓驭二龙于长途,骋骐骥于千里。"途次江夏,观卒。革在雍州,为府王所礼,款若布衣。

后为建康正,频迁秣陵、建康令、为政明肃,豪强惮之。历中书舍人,尚书左丞,晋安王长史、寻阳太守、行江州府事。徙庐陵王长史,太守,行事如故。以清严为属城所惮。时少王行事,多倾意于签帅,革以正直自居,不与典签赵道智坐。道智因还都启事,面陈革堕事好酒,以琅邪王县聪代为行事。南州士庶为之语曰:"故人不道智,新人佞散骑,莫知度不度,新人不如故。"迁御史中丞,弹奏豪权,一无所避。

后为镇北豫章王长史、广陵太守。时魏徐州刺史元法僧降附,革被敕随府王镇彭城。域既失守,革素不便马,泛舟而还。途经下邳,为魏人所执。魏徐州刺史安丰王延明闻革才名,厚加接待。革称脚疾不拜,延明将害之,见革辞色严正,更加敬重。时祖暅同被拘絷,延明使暅作《欹器漏刻铭》,革唾骂暅曰:"卿荷国厚恩,已无报答,乃为虏立铭,孤负朝廷。"延明闻之,乃令革作《丈八寺碑》并《祭彭祖文》,革辞以囚执既久,无复心思。延明将加棰扑,革厉色曰:"江革年六十,不能杀身报主,今日得死为幸,誓不为人执笔。"延明知不可屈,乃止。日给脱粟三升,仅余性命。会魏帝请中山王元略反北,乃放革及祖暅还朝。上大宴,举酒劝革曰:"卿那不畏延明害?"对曰:"臣行年六十,死不为夭,岂畏延明。"帝曰:"今日始见苏武之节。"于是以为太尉临川王长史。

时帝惑于佛教,朝贤多启求受戒。革精信因果,而帝未知,谓革不奉佛法,乃赐革《觉意诗》五百字,云:"唯当勤精进,自强行胜修,岂可作底突,如彼必死囚。"以此告革,并及诸贵游。又手敕曰:"果报不可不信,岂得底突如对元延明邪?"革因乞受菩萨戒。

时武陵王纪在东州,颇骄纵,上以臧盾性弱,不能匡正,召革慰遣,乃除武陵王长史、会稽郡丞,行府州事。革门生故吏,家多在东,闻革应至,并赍持缘道迎候。革曰:"我通不受饷,不容独当故人筐筐。"至镇,唯资公俸,食不兼味。郡境殷广,辞讼日数百,革分判辩析，曾无疑滞，人安吏畏，百城震恐。琅邪王骞为山阴令，赃货狼籍，望风自解。府王惮之。每侍宴，言论必以《诗》、《书》，王因此耽学好文。典签沈炽文以王所制诗呈武帝，帝谓仆射徐勉曰："革果称职。"乃除都官尚书。将还，赠遗一无所受，送故依旧訂舫，革并不纳，唯乘台所给一舸。舸艚偏欹，不得安卧。或请济江徙重物以迮轻艚，革既无物，乃于西陵岸取石十余片以实之。其清贫如此。寻监吴郡，时境内荒俭，劫盗公行。革至郡，唯有公给仗身二十人，百姓皆惧不能静寇，革乃省游军尉，百姓逾恐。革乃广施恩惠，盗贼静息。

武陵王出镇江州，乃曰："我得江革文，得革清贫，岂能一日忘之，当与其同饱。"乃表革同行。除南中郎长史、寻阳太守。征入为度支尚书。好奖进闾阎，为后生延誉，由是衣冠士子翕然归之。时尚书令何敬容掌选，序用多非其人。革性强直，每朝宴恒有褒贬，以此为权贵所疾。乃谢病还家，除光禄大夫，优游闲放，以文酒自娱。卒，谥曰强子。有集二十卷行于世。革历官八府长史，四王行事，三为二千石，傍无姬侍，家徒壁立，时以此高之。长子敏，早卒，次子德藻。

德藻字德藻，好学，美风仪，身长七尺四寸。性至孝，事亲尽礼。与异产昆弟居，恩惠甚笃。涉猎经籍，善属文。仕梁为尚书比部郎，以父忧去职。服阕后，容貌毁瘠，如居丧时。及陈武帝受禅，为秘书监，兼尚书左丞。寻以本官兼中书舍人。天嘉中，兼散骑常侍，与中书郎刘师知使齐，著《北征道里记》三卷。还除太子中庶子。迁御史中丞，坐公事免。后自求宰县，补新渝令。政尚恩惠，颇有异绩。卒于官。文帝赠散骑常侍。文笔十五卷。子椿，亦善属文，位尚书右丞。

德藻弟从简，少有文情，年十七，作《采荷调》以刺何敬容，为当时所赏。位司徒从事中郎。侯景乱，为任约所害。子兼叩头流血，乞代父命，以身蔽刃，遂俱见杀，天下痛之。

徐勉字脩仁，东海郯人也。祖长宗，宋武帝霸府行参军。父融，南昌相。勉幼孤贫，早励清节。年六岁，属霖雨，家人祈霁，率尔为文，见称耆宿。及长，好学。宗人孝嗣见之，叹曰："此所谓人中之骐骥，必能致千里。"又尝谓诸子曰："此人师也，尔等则而行之。"年十八，召为国子生，便下帷专学，精力无怠。同时侪辈，肃而敬之。祭酒王俭每见，常目送之，曰："此子非常器也。"每称有宰辅之量。

射策甲科，起家王国侍郎，补太学博士。

时每有议定，勉理证明允，莫能贬夺，同官咸取则焉。迁临海王西中郎田曹行参军，俄徙署都曹。时琅邪王融一时才俊，特相慕悦，尝请交焉。勉谓所亲曰："王郎名高望促，难可轻褫衣裾。"融后果陷于法，以此见推识鉴。累迁领军长史。

初与长沙宣武王游，梁武帝深器赏之。及武帝兵至建邺，勉于新林谒见，帝甚加恩礼，使管书记。及帝即位，拜中书侍郎，进领中书通事舍人，直内省。迁临川王后军咨议，尚书左丞。自掌枢宪，多所纠举，时论以为称职。天监三年，除给事黄门侍郎，尚书吏部郎，参掌大选。迁侍中。时师方侵魏，侯驿填委。勉参掌军书，劬劳夙夜，动经数旬，乃一还家。群犬惊吠，勉叹曰："吾忧国忘家，乃至于此。若吾亡后，亦是传中一事。"

六年，除给事中、五兵尚书，迁吏部尚书。勉居选官，彝伦有序。既闲尺牍，兼兼辞令，虽文案填积，坐客充满，应对如流，手不停笔。又该综百氏，皆避其讳。尝与门人夜集，客有虞皓求詹事五官，勉正色答云："今夕止可谈风月，不宜及公事。"故时人服其无私。天监初，官名互有省置，勉撰立选簿奏之，有诏施用。其制开九品为十八班，自是贪冒苟进者以财货取通，守道沦退者以贫寒见没矣。

后为左卫将军，领太子中庶子，侍东宫。昭明太子尚幼，敕知宫事，太子礼之甚重，每事询谋。尝于殿讲《孝经》，临川王宏、尚书令沈约备二傅，勉与国子祭酒张充为执经，王莹、张稷、柳恽、王暕为侍讲。时选极亲贤，妙尽人誉。勉陈让数四，又与沈约书，求换侍讲，诏弗许，然后就焉。旧扬、徐首迎主簿，尽选国华中正，取勉子崧充南徐选首。帝敕之曰："卿寒士，而子与王志子同迎。偃王以来，未

之有也。”勉耻以其先为戏,答旨不恭,由是左迁散骑常侍,领游击
将军。

后为太子詹事,又迁尚书右仆射,詹事如故。时人间丧事多不
遵礼,朝终夕殡,相尚以速。勉上疏曰:“《礼记问丧》云:‘三日而后
敛者,以俟其生也。三日而不生,亦不生矣。’顷来不遵斯制,送终之
礼,殡以期日。润屋豪家,乃或半晷。衣衾棺椁,以速为荣。亲戚徒
隶,各念休反。故属纩才毕,灰钉已具。忘狐鼠之顾步,愧燕雀之徊
翔,伤情戚理,莫此为大。且人子承衾之时,志懑心绝,丧事所资,悉
关他手。爱憎深浅,事实难原。如觇视或爽,存没违滥,使万有其一,
怨酷已多,岂不缓其告敛之辰,申其望生之冀。请自今士庶宜悉依
古,三日大敛。如其不奉,加以纠绳。”诏可其奏。

又除尚书仆射、中卫将军。勉以旧恩,继升重位,尽心奉上,知
无不为。爰自小选迄于此职,常参掌衡石,甚得士心。禁省中事,未
尝漏泄,每有表奏,辄焚藁草。博通经史,多识前载。齐世王俭居职
已后,莫有逮者。朝仪国典,昏冠吉凶,勉皆预图议。

初,勉受诏知撰五礼。普通六年,功毕,表上之曰:

夫礼以安上化人,弘风训俗,经国家,利后嗣者也。唐、虞、
三代,咸必由之。在乎有周,宪章尤备,因殷革夏,损益可知。虽
复经礼三百,曲礼三千,经文三百,威仪三千,其大归有五,即
宗伯所掌典礼,吉为上,凶次之,宾次之,军次之,嘉为下也。故
祠祭不以礼,则不齐不庄;丧纪不以礼,则背死忘生者众;宾客
不以礼,则朝觐失其仪;军旅不以礼,则致乱于师律;冠昏不以
礼,则男女失其时。为国修身,于斯攸急。洎周室大坏,王道既
衰,官守斯文,日失其序。暴秦灭学,扫地无余。汉氏郁兴,日
不暇给,犹命叔孙于外野,方知帝王之为贵。末叶纷纶,递有兴
毁。及东京曹褒,南宫制述,集其散略,百有余篇。虽写以尺简,
而终阙平奏。其后兵革相寻,异端互起,章句既沦,俎豆斯辍。
方领矩步之容,事灭于旌鼓,兰台石室之典,用尽于帷盖。至乎
晋氏,爰定新礼,荀颛制之于前,挚虞删之于末。既而中原丧

乱，罕有所遣，江左草创，因循而已。厘革之风，是则未暇。

伏惟陛下睿明启运，光天改物，拨乱惟武，经俗以文。作乐在乎功成，制礼弘于业定。伏寻所定五礼，起齐永明二年，太子步兵校尉伏曼容表求制一代礼乐。于时参议，置新旧学士十人，止修五礼，咨禀卫将军、丹阳尹王俭，学士亦分住郡中，制作历年，犹未克就。及文宪薨，遗文散逸，又以事付国子祭酒何胤，经涉九载，犹复未毕。建武四年，胤还东山，齐明帝敕委尚书令徐孝嗣，旧事本末，随在南第。永元中，孝嗣于此遇祸，又多零落。当时鸠集所余，权付尚书左丞蔡仲熊、骁骑将军何佟之，共掌其事。时礼局住在国子学中门外，东昏之时，频有军火，其所散失，又逾太半。天监元年，佟之启审省置之宜，敕使外详。时尚书参详，以天地初革，庶务权舆，宜俟隆平，徐议删撰。欲且省礼局，并还尚书仪曹。诏旨云：“礼坏乐缺，故国异家殊，实宜以时修定，以为永准。”于是尚书仆射沈约等参议，请五礼各置旧学士一人，人各自举学士二人相助，抄撰其中。有疑者依前汉石渠、后汉白虎，随源以闻，请旨断决。乃以旧学士右军记室参军明山宾掌吉礼，中军骑兵参军严植之掌凶礼，中军田曹行参军兼太常丞贺玚掌宾礼，征虏记室参军陆琏掌军礼，右军参军事司马褧掌嘉礼，尚书右丞何佟之总参其事。佟之亡后，以镇北咨议参军伏暅代之。后又以暅代严植之掌凶礼。暅寻迁官，以五经博士缪昭掌凶礼。复以礼仪深广，记载残缺，宜须博论，共尽其致，更使镇军将军、丹阳尹沈约、太常卿张充及臣三人同参厥务，臣又奉别敕总知其事。末又使中书侍郎周舍、庾于陵二人复豫参知。若有疑义，所掌学士当职先立议，通咨五礼旧学士及参知，各言同异，条牒启闻，决之制旨。疑事既多，岁时又积，制旨裁断，其数不少。莫不网罗经诰，玉振金声。凡诸奏决，皆载篇首，具列圣旨，为不刊之则。宁孝宣之能拟，岂孝章之足云。

五礼之职，事有繁简，及其列毕，不得同时。《嘉礼仪注》以

天监六年五月七日上尚书,合十有二帙,一百一十六卷,五百
三十六条。《宾礼仪注》以天监六年五月二十日上尚书,合十有
七帙,一百三十三卷,五百四十五条。《军礼仪注》以天监九年
十月二十九日上尚书,合十有八帙,一百八十九卷,二百四十
条。《吉礼仪注》以天监十一年十一月十日上尚书,合二十有六
帙,二百二十四卷,一千五条。《凶礼仪注》以天监十一年十一
月十七日上尚书,合四十有七帙,五百一十四卷,五千六百九
十三条。大凡一百二十帙,一千一百七十六卷,八千一十九条。
又列副秘阁及五经典书各一通,缮写校定,以普通五年二月始
获洗毕。

　　窃以撰正履礼,历代罕就,皇明在运,厥功克成。周代三
千,举其盈数,今之八千,随事附益。质文相变,故其数兼倍,犹
如八卦之爻,因而重之,错综成六十四也。臣以庸识,谬司其
任,淹留历稔,允当斯责。兼勒成之初,未遑表上,实由才轻务
广,思力不周,永言惭惕,无忘寤寐。自今春舆驾将亲六师,搜
寻军礼,阅其条章,靡不该备,可以悬诸日月,颁之天下者矣。
诏有司案以遵行。

　　寻加中书令,勉以疾求解内任,诏不许,乃令停下省,三日一
朝,有事遣主书论决。患脚转剧,久阙朝觐,固陈求解,诏许疾差还
省。

　　勉虽居显职,不营产业,家无畜积,奉禄分赡亲族之贫乏者。门
人故旧或从容致言,勉乃答曰:"人遗子孙以财,我遗之清白。子孙
才也,则自致辎𫐄;如不才,终为它有。"尝为书戒其子崧曰:

　　吾家本清廉,故常居贫素。至于产业之事,所未尝言,非直
不经营而已。薄躬遭逢,遂至今日,尊官厚禄,可谓备之。每念
叨窃若斯,岂由才致,仰藉先门风范及以福庆,故臻此尔。古人
所谓"以清白遗子孙,不亦厚乎"。又云"遗子黄金满籝,不如一
经。"详求此言,信非徒语。吾虽不敏,实有本志,庶得遵奉斯
义,不敢坠失。所以显贵以来,将三十载,门人故旧,承荐便宜,

或使创辟田园,或劝兴立邸店,又欲舳舻运致,亦令货殖聚敛。若此众事,皆距而不纳。非谓拔葵去织,且欲省息纷纭。

中年聊于东田开营小园者,非存播艺以要利,政欲穿池种树,少寄情赏。又以郊祭闲旷,终可为宅,傥获悬车致事,实欲歌哭于斯。慧日、十住等既应营昏,又须住止。吾清明门宅无相容处,所以尔者,亦复有以。前割西边施宣武寺,既失西厢,不复方幅,意亦谓此逆旅舍尔,何事须华。常恨时人谓是我宅。古往今来,豪富继踵,高门甲第,连闼洞房,宛其死矣,定是谁室?但不能不为培塿之山。聚石移果,杂以花卉,以娱休沐,用托性灵。随便架立,不存广大,唯功德处小以为好,所以内中逼促,无复房宇。近修东边儿孙二宅,乃藉十住南还之资,其中所须,犹为不少,既牵挽不至,又不可中途而辍,郊间之园,遂不办保,货与韦黯,乃获百金。成就两宅,已消其半。寻园价所得,何以至此?由吾经始历年。粗已成立,桃李茂密,桐竹成阴,塍陌交通,渠畎相属。华楼迥榭,颇有临眺之美,孤峰丛薄,不无纠纷之兴。溇中并饶苻莜,湖里殊富芰莲。虽云人外,城阙密迩,韦生欲之,亦雅有情趣。追述此事,非有吝心,盖是事意所至尔。忆谢灵运《山家诗》云:“中为天地物,今成鄙夫有。”吾此园之计载,今为天地物,物之与线,相校几何哉。此直所余,今以分汝营小田舍,亲累既多,理亦须此。且释氏之教,以财物谓之外命。外典亦称“何以聚人曰财”。况汝常情,安得忘此。闻汝所买湖熟田地,甚为舄卤,弥复可安,所以如此,非物竞故也。虽事异寝丘,聊可仿佛。孔子曰:“居家理事,可移于官。”既已营之,宜使成立,进退两亡,更贻耻笑。若有所收获,汝可自分赡内外大小,宜令得所,非吾所知,又复应沾之诸女尔。汝既居长,故有此及。

凡为人长,殊复不易,当使中外谐缉,人无间言,先物后已,然后可贵。老生云:“后其身而身先。”若能尔者,更招巨利。汝当自勖,见贤思齐,不宜忽略以弃日也。弃日乃是弃身,身名美恶,岂不大哉,可不慎欤! 今之所敕,略言此意。政谓为家以来,不事资产,暨立墅舍,似乖旧业,陈其始末,无愧怀抱。兼吾年时朽暮,心力稍单,牵课奉公,略不克举,其中余暇,裁可自休。或复冬日之阳。夏日之阴,良辰美景,文案间隙,负仗蹑履,逍遥陋馆,临池观鱼,披林听鸟,浊酒一杯,弹琴一曲,求数刻之暂乐,庶居常以待终,不宜复劳家间细务。汝交关既定,此书又行,凡所资须,付给如别。自兹以后,吾不复言及田事,汝亦勿复与吾言之。假使尧水汤旱,岂如之何。若其满庾盈箱,尔之幸遇,如斯之事,过并无俟令吾知也。《记》云:"夫孝者,善继人之志,善述人之事。"今且望汝全吾此志,则无所恨矣。

第二子悱卒,痛悼甚至,不欲久废王务,乃为《答客》以自喻焉。普通末,武帝自算择后宫《吴声》、《西曲》女妓各一部,并华少,赉勉,因此颇好声酒。禄奉之外,月别给钱十万,信遇之深,故无与匹。

中大通中,又以疾自陈,移授特进、右光禄大夫、侍中、中卫将军,置佐史,扶如故,增亲信四十人。两宫参问,冠盖结辙。有敕每欲临幸,勉以拜伏有亏,频启停出,诏许之,遂停舆驾。及卒,帝闻而流涕,即日车驾临殡,赠右光禄大夫、开府仪同三司。皇太子亦举哀朝堂。有司奏谥"居苟行简曰简",帝益"执心决断曰肃",因谥简肃公。勉虽骨鲠不及范云,亦不阿意敬合,后知政事者莫及。梁世之言相者,称范、徐云。

善属文,勤著述,虽当机务,下笔不休。常以起居注烦杂,乃撰为《流别起居注》六百六十卷,《左丞弹事》五卷。在选曹,撰《选品》三卷。齐时撰《太庙祝文》二卷。以孔、释二教,殊途同归,撰《会林》五十卷。凡所著前后二集五十卷,又为人《章表集》十卷。大同三年,故佐史尚书左丞刘览等诣阙陈勉行状,请刊石纪德,即降诏立碑于墓焉。

悱字敬业,幼聪敏,能属文,位太子舍人,掌书记。累迁洗马、中舍人,犹管书记。出入宫坊者历稔。以足疾出为湘东王友,俄迁晋安内史。

　　许懋字昭哲,高阳新城人,魏镇北将军允九世孙也。五世祖询,晋征士。祖珪,宋给事、著作郎,桂阳太守。父勇慧,齐太子家令、冗从仆射。懋少孤,性至孝,居父忧,执丧过礼。笃志好学,为州党所称。十四入太学,受《毛诗》,旦领师说,晚而覆讲,坐下听者常数十百人,因撰《风雅比兴义》十五卷,盛行于时。尤明故事,称为仪注学。

　　起家后为豫章王行参军,转法曹。举秀才,迁骠骑大将军仪同中记室。文惠太子闻而召之,侍讲于崇明殿。后兼国子博士,与司马褧同志友善。仆射江祏甚推重之,号为经史笥。

　　梁天监初,吏部尚书范云举懋参详五礼,除征西鄱阳王咨议参军,兼著作郎,待诏文德省。时有请会稽封禅者,武帝因集儒学士草封禅仪,将行焉,懋建议独以为不可。帝见其议,嘉纳之,由是遂停。十年,转太子家令。凡诸礼仪,多所刊正。以足疾,出为始平太守,政有能名。加散骑常侍,转天门太守。中大通三年,皇太子召与诸儒录《长春义记》。四年,拜中庶子。是岁卒。

　　撰《述行记》四卷,有集十五卷。子亨。

　　亨字亨道,少传家业,孤介有节行。博通群书,多识前代旧事,甚为南阳刘之遴所重。

　　梁太清初,为西中郎记室,兼太常丞。侯景之乱,避地郢州。会梁邵陵王自东至,引为咨议参军。王僧辩之袭郢州,素闻其名,召为仪同从事中郎。迁太尉从事中郎,与吴兴沈炯对掌书记,府政朝务,一以委之。晋安王承制,授给事黄门侍郎。

　　陈武帝受禅,为太中大夫,领大著作,知梁史事。初,僧辩之诛也,所同收僧辩及其子颁尸,于方山同坎埋瘗,至是无敢言者。亨以故吏抗表请葬之,与故义徐陵、张种、孔奂等,相率以家财营葬,凡七柩,皆改窆焉。

　　光大中,宣帝入辅,以亨贞正有古人风,甚相钦重,常以师礼事之。及到仲举之谋出宣帝,宣帝问亨,亨劝勿奉诏。宣帝即位,拜卫尉卿。卒于官。

亨初撰《齐书》并《志》五十卷，遇乱亡失。后撰《梁史》，成者五十八卷。梁太清之后，所制文笔六卷。

子善心，位尚书度支侍郎。

殷钧字季和，陈郡长平人，晋荆州刺史仲堪五世孙也。曾祖元素，宋南康相，坐元凶事诛。元素娶尚书仆射琅邪王僧朗女，生子宁早卒，宁遗腹生子睿，亦当从戮，僧朗启孝武救之得免。睿有口辩，司徒褚彦回甚重之，谓曰："诸殷自荆州以来无出卿。"睿敛容答曰："殷族衰悴，诚不如昔，若此旨为虚，故不足降，此旨为实，弥不可闻。"仕齐历司徒从事中郎。睿妻琅邪王奂女，奂为雍州刺史，启睿为府长史。奂诛，睿亦见害。

钧九岁以孝闻，及长，恬静简交游，好学有思理，善隶书，为当时楷法。南乡范云、乐安任昉并称美之。梁武帝与睿少故旧，以女永兴公主妻钧，拜驸马都尉。历秘书丞，在职启校定秘阁四部书，更为目录。又受诏料检西省法书古迹，列为品目。累迁侍中，东宫学士。

自宋、齐以来，公主多骄淫无行，永兴主加以险虐。钧形貌短小，为主所憎，每被召入，先满壁为殷睿字，钧辄流涕以出，主命婢束而反之。钧不胜怒而言于帝，帝以犀如意击主碎于背，然犹恨钧。

自侍中出为王府咨议，后为明威将军、临川内史。钧体羸多疾，闭阁卧理，而百姓化其德，劫盗皆奔出境。尝禽劫帅，不加考掠，所言诮责。劫帅稽颡乞改过，钧便命遣之，后遂为善人。郡旧多山疟，更暑必动，自钧在任，郡境无复疟疾。

母忧去职，居丧过礼，昭明太子忧之，手书诫喻。服阕，为散骑常侍，领步兵校尉，侍东宫。改领中庶子，后为国子祭酒。卒，谥贞。二子构、渥。钧宗人芸。

芸字灌蔬，倜傥不拘细行，然不妄交游，门无杂客。励精勤学，博洽群书。幼而庐江何宪见之，深相叹赏。天监中，位秘书监、司徒左长史。后直东宫学士省，卒。

　　论曰：范懋宾之德美，傅茂远之清令，孔休源之政事，江休映之强直，并加之以学植，饰之以文采，其所以取高时主，岂徒然哉。徐勉少而励志，发愤忘食，修身慎行，运属兴王，依光日月，致位公辅，提衡端执，时无异议，为梁氏宗臣，信为美矣。许懋业艺，以经笥见推。亨怀道好古，以博览归誉，其所以折议封禅，求葬僧辩，正直存焉，岂唯文义而已。古人云"仁者有勇"，斯言近之。殷钧德业自居，又加之以政绩，文质斌斌，亦足称也。

南史卷六一
列传第五一

陈伯之　　陈庆之 子昕 暄　　兰钦

　　陈伯之,济阴睢陵人也。年十三四,好著獭皮冠,带刺刀,候邻里稻熟,辄偷刈之。尝为田主所见,呵之曰:"楚子莫动!"伯之曰:"君稻幸多,取一担何苦。"田主将执之。因拔刀而进,曰:"楚子定何如!"田主皆反走,徐担稻而归。及年长,在钟离数为劫盗,尝援面觇人船,船人斫之,获其左耳。后随乡人车骑将军王广之,广之爱其勇,每夜卧下榻,征伐常将自随。频以战功,累迁骠骑司马,封鱼复县伯。

　　梁武起兵,东昏假伯之节,督前驱诸军事、豫州刺史。转江州,据寻阳以拒梁武。郢城平,武帝使说伯之,即以为江州刺史,子武牙为徐州刺史。伯之虽受命,犹怀两端。帝及其犹豫逼之,伯之退保南湖,然后归附,与众军俱下建康。城未平,每降人出,伯之辄唤与耳语。帝疑其复怀翻覆,会东昏将郑伯伦降,帝使过伯之,谓曰:"城中甚忿卿,欲遣信诱卿,须卿降,当生割卿手脚。卿若不降,复欲遣刺客杀卿。"伯之大惧,自是无异志矣。城平,封丰城县公,遣之镇。

　　伯之不识书,及还江州,得文牒辞讼,唯作大诺而已。有事,典签传口语,与夺决于主者。伯之与豫章人邓缮、永兴人戴承忠并有旧,缮经藏伯之息免祸,伯之尤德之。及在州,用缮为别驾,承忠为记室参军。河南褚緭,都下之薄行者,武帝即位,频造尚书范云,云不好谓,坚拒之。緭益怒,私语所知曰:"建武以后,草泽底下,悉成贵人，吾何罪而见弃！今天下草创，丧乱未可知。陈伯之拥强兵在江州，非代来臣，有自疑之意。且复荧惑守南斗，讵非为我出？今者一行，事若无成，入魏，何减作河南郡。"于是投伯之书佐王思穆事之，大见亲狎。及伯之乡人朱龙符为长流参军，并乘伯之愚暗，恣行奸险。

伯之子武牙，时为直阁将军，武帝手疏龙符罪亲付武牙，武牙封示伯之。帝又遣代江州别驾邓缮，伯之并不受命，曰："龙符健儿，邓缮在事有绩。台所遣别驾，请以为中从事。"缮于是日夜说伯之云："台家府库空竭，无复器仗，三仓无米。此万世一时，机不可失。"缋、承忠等每赞成之。伯之谓缮："今段启卿，若复不得，便与卿共下。"使反，武帝敕部内一郡处缮。伯之于是集府州佐史，谓曰："奉齐建安王教，率江北义勇十万已次六合，见使以江州见力运粮速下。我荷明帝厚恩，誓以死报。"使缋诈为萧宝寅书以示僚佐，于听事前为坛，杀牲以盟。伯之先歃，长史以下次第歃。缋说伯之："今举大事，宜引人望。程元冲不与人同心，临川内史王观，僧虔之孙，人身不恶，可召为长史，以代元冲。"伯之从之，仍以缋为寻阳太守，承忠辅义将军，龙符豫州刺史。

豫章太守郑伯伦起郡兵拒守。程元冲既失职，于家合率数百人，使伯之典签吕孝通、戴元则为内应。伯之每旦常作伎，日晡辄卧，左右仗身皆休息。元冲因其解弛，从北门入，径至听事前。伯之闻叫，自率出荡。元冲力不能敌，走逃庐山。伯之遣使还报武牙兄弟，武牙等走盱眙，盱眙人徐文安、庄兴绍、张显明邀击之，不能禁，反见杀。武帝遣王茂讨伯之，败走，间道亡命出江北，与子武牙及褚缋俱入魏。魏以伯之为使持节、散骑常侍、都督淮南诸军事、平南将军、光禄大夫、曲江县侯。

天监四年，诏太尉临川王宏北侵，宏命记室丘迟私与之书曰：

陈将军足下，无恙，幸甚，幸甚。将军勇冠三军，才为世出。弃燕雀之毛羽，慕鸿鹄以高翔。昔因机变化，遭遇时主，立功立事，开国称孤，朱轮华毂，拥旄万里，何其壮也！如何一旦为奔亡之虏，闻鸣镝而股战，对穹庐以屈膝，又何劣邪？寻君去就之际，非有他故，直以不能内审诸己，外受流言，沉迷猖蹶，以至于此。

圣朝赦罪责功，弃瑕录用，推赤心于天下，安反侧于万物，此将军之所知，非假仆一二谈也。昔朱鲔涉血于友于，张绣剚刃于爱子，汉主不以为疑，魏君待之若旧。况将军无昔人之罪，而勋重于当代。夫迷途知反，往哲是与，不远而复，先典攸高。主上屈法申恩，吞舟是漏。将军松柏不翦，亲戚安居，高堂未倾，爱妾尚在。悠悠尔心，亦何可言。当今功臣名将，雁行有序，佩紫怀黄，赞帷幄之谋，乘轺建节，奉疆场之任。并刑马作誓，传之子孙。将军独靦颜借命，驱驰毡裘之长，宁不哀哉！

夫以慕容超之强，身送东市，姚泓之盛，面缚西都。故知霜露所均，不育异类，姬汉旧邦，无取杂种。北虏僭号中原，多历年所，恶积祸盈，理至焦烂。况伪孽昏狡，自相夷戮，部落携离，酋豪猜贰。方当系颈蛮邸，县首藁街。而将军鱼游于沸鼎之中，燕巢于飞幕之上，不亦惑乎！

暮春三月，江南草长，杂花生树，群莺乱飞。见故国之旗鼓，感生平于畴日，抚弦登陴，岂不怆恨。所以廉公之思赵将，吴子之泣西河，人之情也，将军独无情哉？想早励良规，自求多福。

当今皇帝盛明，天下安乐，白环西献，楛矢东来，夜郎、滇池解辫请职，朝鲜、昌海蹶角受化。唯北狄野心，掘强沙塞之间，欲延岁月之命耳。中军临川殿下，明德茂亲，总兹戎重，方吊人洛汭，伐罪秦中，若遂不改，方思仆言。聊布往怀，君其详之。

伯之得书，乃于寿阳拥众八千归降。武牙为魏人所杀。伯之既至，以为平北将军、西豫州刺史、永新县侯。未之任，复为骁骑将军，又为太中大夫。久之，卒于家。其子犹有在魏者。

褚緭在魏，魏人欲用之。魏元会，緭戏为诗曰："帽上著笼冠，裤上著朱衣,不知是今是,不知非昔非。"魏人怒,出为始平太守。日日行猎,堕马而死。

陈庆之字子云,义兴国山人也。幼随从梁武帝。帝性好棋,每从夜至旦不辍,等辈皆寐,唯庆之不寝,闻呼即至,甚见亲赏。从平建邺,稍为主书,散财聚士,恒思立效。除奉朝请。

普通中,魏徐州刺史元法僧于彭城求入内附,以庆之为武威将军,与胡龙牙、俊成景俊率诸军应接。还除宣猛将军、文德主帅。仍率军送豫章王综入镇徐州。魏遣安丰王元延明、临淮王元彧率众十万来拒。延明先遣其别将丘大千观兵近境,庆之击破之。后豫章王弃军奔魏,庆之乃斩关夜退,军士获全。

普通七年,安西将军元树出征寿春,除庆之假节、总知军事。魏豫州刺史李宪遣其子长钧别筑两城相拒,庆之攻拔之,宪力屈遂降,庆之入据其城。转东宫直阁。

大通元年,隶领军曹仲宗伐涡阳。魏遣常山王元昭等东援,前军至驼涧,去濡阳四十里。韦放曰:"贼锋必是轻锐,战捷不足为功,如不利,沮我军势,不如勿击。"庆之曰:"魏人远来,皆已疲倦,须挫其气,必无不败之理。"于是与麾下五百骑奔击,破其前军,魏人震恐。庆之还共诸将连营西进,据濡阳城,与魏相持,自春至冬,各数十百战。师老气衰,魏之援丘复欲筑垒于军后。仲宗等恐腹背受敌,谋退。庆之杖节军门,曰:"须虏围合,然后与战。若欲班师,庆之别有密敕。"仲宗壮其计,乃从之。魏人掎角作十三城,庆之陷其四垒。九城兵甲犹盛,乃陈其俘馘,鼓噪攻之,遂奔溃,斩获略尽,涡水咽流。诏以涡阳之地置西徐州,众军乘胜前顿城父。武帝嘉焉,手诏慰勉之。

大通初,魏北海王元颢来降,武帝以庆之为假节、飚勇将军,送颢还北。颢于涣水即魏帝号,授庆之前军大都督。自铚县进,遂至睢阳。魏将丘大千有众七万,分筑九垒以拒。庆之自旦至中,攻陷其三,大千乃退。时魏济阴王元徽业,率羽林庶子二万人来救梁、宋,进屯考城。庆之攻陷其城,禽徽业,仍趣大梁。颢进庆之徐州刺史、武都郡王,仍率众而西。

魏左仆身杨昱等率御仗羽林宗子庶子众七万,据荥阳拒颢,兵强城固,魏将元天穆大军复将至,先遣其骠骑将军尔朱兆、骑将鲁安等援杨昱,又遣右仆射尔朱世隆、西荆州刺史王罴据虎牢。时荥阳未拔,士众皆恐。庆之乃解鞍秣马,宣喻众曰:“我等才有七千,贼众四十余万。今日之事,义不图存,须平其城垒。”一鼓悉使登城,壮士东阳宋景休、义兴鱼天愍逾堞而入,遂克之。俄而魏阵外合,庆之率精兵三千大破之。鲁安于阵乞降,天穆、兆单骑获免。进赴虎牢,尔朱世隆弃城走。魏孝庄出居河北。其临淮王彧、安丰王延明,率百僚备法驾迎颢入洛阳宫,御前殿,改元,大赦。颢以庆之为车骑大将军。魏上党王元天穆又攻拔大梁,分遣王老生、费穆据虎牢,刁宣、刁双入梁、宋,庆之随方掩袭,并降,天穆与十余骑北度河。

庆之麾下悉著白袍,所向披靡。先是洛中谣曰:“名军大将莫自牢,千兵万马避白袍。”自发铚县至洛阳,十四旬平三十二城,四十七战,所向无前。

初,魏庄帝单骑度河,宫卫嫔侍无改于常。颢既得志,荒于酒色,不复视事,与安丰、临淮计将背梁,以时事未安,且资庆之力用。庆之心知之,乃说颢曰:“今远来至此,未伏尚多,宜启天子,更请精兵,并勒诸州有南人没此者,悉须部送。”颢欲从之,元延明说颢曰:“庆之兵不出数千,已自难制,今更增其众,宁肯为用?魏之宗社,于斯而灭。”颢由是疑庆之,乃密启武帝停军。洛下南人不出一万,魏人十倍。军副马佛念言于庆之曰:“勋高不赏,震主身危,二事既有,将军岂得无虑?今将军威震中原,声动河塞,屠颢据洛,则千载一时。”庆之不从。颢前以庆之为徐州刺史,因求之镇,颢心惮之,遂不遣。

魏将尔朱荣、尔朱世隆、元天穆、尔朱兆等,众号百万,挟魏帝来攻颢。颢据洛阳六十五日,凡所得城一时归魏,庆之度河守北中郎城。三日十一战,伤杀甚众。荣将退还,时有善天文人刘灵助谓荣曰:"不出十日,河南大定。"荣乃为筏,济自硖石,与颢战于河桥。颢大败,走至临颍被禽,洛阳复入魏。庆之马步数千,结阵东反,荣亲自来追,军人死散。庆之乃落须发为沙门,间行至豫州,州人程道雍等潜送出汝阴。至都,仍以功除右卫将军,封永兴侯。

出为北兖州刺史、都督缘淮诸军事。会有妖贼沙门僧强自称为帝,土豪蔡伯宠起兵应之,攻陷北徐州。诏庆之讨焉。庆之斩伯宠、僧强,传其首。

中大通二年,除南、北司二州刺史,加都督。庆之至镇,遂围县瓠,破魏颍州刺史娄起、扬州刺史是云宝于溱水。又破行台孙腾、豫州刺史尧雄、梁州刺史司马恭于楚城。罢义阳镇兵,停水陆转运,江、湘诸州并得休息。开田六千顷,二年之后,仓廪充实。又表省南司州,复安陆郡,置上明郡。大同二年,魏遣将侯景攻下楚州,执刺史桓和。景仍进军淮上,庆之破之。时大寒雪,景弃辎重走。是岁豫州饥,庆之开仓振给,多所全济。州人李升等八百人表求树碑颂德,诏许焉。

五年,卒,谥曰武。庆之性祗慎,每奉诏敕,必洗沐拜受。俭素不衣纨绮,不好丝竹。射不穿札,马非所便,而善抚军士,能得其死力。长子昭嗣。

梁世寒门达者,唯庆之与俞药。药初为武帝左右,帝谓曰:"俞氏无先贤,世人云'俞钱',非君子所宜,改姓喻。"药曰:"当令姓自于臣。"历位云旗将军,安州刺史。

庆之第五子昕,字君章,七岁能骑射。十二随父入洛,遇疾还都,诣鸿胪卿朱异。异访北间事,昕聚土画城,指麾分别,异甚奇之。庆之在县瓠,魏骁将尧雄子宝乐特为敢勇,求单骑校战,昕跃马直趣宝乐,雄即溃散。后为临川太守。

太清二年,侯景围历阳,敕召昕还。昕启云:"采石急须重镇,王质水军轻弱,恐虏必济。"乃板昕为云骑将军,代质。未及下渚,景已度江,为景所禽。令收集部曲将用之,昕誓而不许。景使其仪同范桃棒严禁之,昕因说桃棒令率所领归降,袭杀王伟、宋子仙。桃棒许之。遂立盟射城中,遣昕夜縋而入。武帝大喜,敕即受降。简文迟疑,累日不决。外事泄,昕弗之知,犹依期而下。景邀得之,逼昕令更射书城中,云"桃棒且轻将数十人先入"。景欲裹甲随之。昕不从,遂见害。

少弟暄,学不师受,文才俊逸。尤嗜酒,无节操,遍历王公门,沉湎暄谑,过差非度。其兄子秀常忧之,致书于暄友人何胥,冀以讽谏。暄闻之,与秀书曰:

且见汝书与孝典,陈吾饮酒过差。吾有此好五十余年,昔吴国张长公亦称耽嗜,吾见张时,伊已六十,自言引蒲大胜少年时。吾今所进亦多于往日。老而弥笃,唯吾与张季舒耳。吾方与此子交欢于地下,汝欲夭吾所志邪?昔阮咸、阮籍同游竹林,宣子不闻斯言。王湛能玄言巧骑,武子呼为痴叔。何陈留之风不嗣,太原之气岿然,翻成可怪!

吾既寂漠当世,朽病残年,产不异于颜原,名未动于卿相,若不日饮醇酒,复欲安归?汝以饮酒为非,吾以不饮酒为过。昔周伯仁度江唯三日醒,吾不以为少,郑康成一饮三百杯,吾不以为多。然洪醉之后,有得有失。成厮养之志,是其得也,使次公之狂,是其失也。吾常譬酒之犹水,亦可以济舟,亦可以覆舟。故江咨议有言:"酒犹兵也,兵可千日而不用,不可一日而不备。酒可千日而不饮,不可一饮而不醉。"美哉江公! 可与共论酒矣。汝惊吾堕马侍中之门,陷池武陵之第,遍布朝野,自言焦悚。"丘也幸,苟有过,人必知之"。吾生平所愿,身没之后,题吾墓云"陈故酒徒陈君之神道"。若斯志意,岂避南征之不复,贾谊之恸哭者哉!何水曹眼不识杯铛,吾口不离瓢杓,汝宁与何同日而醒,与吾同日而醉乎? 政言其醒可及,其醉不可及也。速营糟丘,吾将老焉。尔无多言,非尔所及。

暄以落魄不为中正所品,久不得调。陈太康中,徐陵为吏部尚书,精简人物,缙绅之士皆响慕焉。暄以玉帽簪插髻,红丝布裹头,袍拂踝,靴至膝,不陈爵里,直上陵坐。陵不之识,命吏持下。暄徐步而出,举止自若,竟无怍容。作书谤陵,陵甚病之。

　　后主之在东宫,引为学士。及即位,迁通直散骑常侍,与义阳王叔达、尚书孔范、度支尚书袁权、侍中王瑳、金紫光禄大夫陈褒、御史中丞沈瓘,散骑常侍王仪等,恒入禁中陪侍游宴,谓为狎客。暄素通脱,以俳优自居,文章谐谬,语言不节,后主甚亲昵而轻侮之。尝倒县于梁,临之以刃,命使作赋,仍限以晷刻。暄援笔即成,不以为病,而傲弄转甚。后主稍不能容,后遂抟艾为帽,加于其首,火以爇之,然及于发,垂泣求哀,声闻于外,而弗之释。会卫尉卿柳庄在坐,遽起拨之,拜谢曰:“陈暄无罪,臣恐陛下有玩人之失,辄矫赦之。造次之愆,伏待刑宪。”后主素重庄,意稍解,敕引暄出,命庄就坐。经数日,暄发悸而死。

　　兰钦字休明,中昌魏人也。幼而果决,矫捷过人。宋末随父子云在洛阳,恒于市骑橐驼。后子云还南,梁天监中以军功至冀州刺名。钦兼文德主帅,征南中五郡诸洞反者,所至皆平。

　　钦有谋略,勇决善战,步行日二百里,勇武过人。善抚驭,得人死力。以军功封安怀县男。累迁都督,梁、南秦二州刺史,进爵为侯。

　　征梁、汉,事平,进号智武将军。改授都督、衡州刺史。未及述职,会西魏攻围南郑,梁州刺史杜怀宝来请救,钦乃大破魏军,追入斜谷,斩获略尽。魏相安定公遣致马二千匹,请结邻好。钦百日之中再破魏军,威振邻国。诏加散骑常侍,仍令述职。经广州,因破俚帅陈文彻兄弟,并禽之。至衡州,进号平南将军,改封曲江县公。在州有惠政,吏人诣阙请立碑颂德,诏许焉。

　　后为广州刺史。前刺史新渝侯映之薨,南安侯恬权行州事,冀得即真。及闻钦至岭,厚货厨人,涂刀以毒,削瓜进之,钦及爱妾俱死。帝闻大怒,槛车收恬,削爵土。

　　钦子夏礼,侯景至历阳,率其部曲邀景,兵败死之。

　　论曰:陈伯之虽轻狡为心,而勇劲自立,其累至爵位,盖有由焉。及丧乱既平,去就不已,卒得其死,亦为幸哉。庆之初同燕雀之游,终怀鸿鹄之志,及乎一见任委,长驱伊、洛,前无强阵,攻靡坚城,虽南风不竞,晚致倾覆,其所克捷,亦足称之。兰钦战有先鸣,位非虚受,终逢鸩毒,唯命也夫。

南史卷六二
列传第五二

贺玚 子革 弟子琛　司马褧　朱异
顾协　徐摛 子陵 陵子俭 份 仪
陵弟孝克　鲍泉 鲍行卿 行卿弟客卿

贺玚字德琏，会稽山阴人，晋司空循之玄孙也。世以儒术显。伯祖道养，工卜筮，经遇工歌女人病死，为筮之曰："此非死也，天帝召之歌耳。"乃以土块加其心上，俄顷而苏。祖道之，善《三礼》，有盛名，仕宋为尚书三公郎，建康令。父损，亦传家业。

玚少聪敏，齐时沛国刘瓛为会稽府丞，见玚深器异之。尝与俱造吴郡张融，指玚谓曰："此生将来为儒者宗矣。"荐之为国子生，举明经。后为太学博士。

梁天监初，为太常丞，有司举修宾礼，召见说《礼》义。武帝异之，诏朝朔望，预华林讲。四年，初开五馆，以玚荐兼五经博士。别诏为皇太子定礼，撰《五经义》。时武帝方创定礼乐，玚所建议，多见施行。七年，拜步兵校尉，领五经博士。卒于馆。所著《礼》、《易》、《老》、《庄》讲疏，朝廷博士议数百篇，《宾礼仪注》一百四十五卷。玚于《礼》精，馆中生徒常数百，弟子明经对策至数十人。

二子革、季，弟子琛，并传玚业。

革字文明，少以家贫，躬耕供养，年二十，始辍耒，就文受业，精力不息。有六尺方床，思义未达，则横卧其上，不尽其义，终不肯食。

通三《礼》。及长，遍修《孝经》、《论语》、《毛诗》、《左传》，为兼太学博士。长七尺八寸，雍容都雅，吐纳蕴藉。敕于永福省为邵陵、湘东、武陵三王讲《礼》。后为国子博士，于学讲授，生徒常数百人。出为西中郎湘东王咨议参军，带江陵令。王于州置学，以革领儒林祭酒，讲三《礼》，荆楚衣冠听者甚众。前后再监南平郡，为人吏所怀。寻兼平西长史、南郡太守。

革至孝，常恨食禄代耕，不及为养。在荆州历为郡县，所得俸秩，不及妻孥，专拟还乡造寺，以申感思。子徽，美风仪，能谈吐，深为革爱，先革卒。革哭之，因遘疾而卒。

季亦明《三礼》，位中书黄门郎，兼著作。

琛字国宝，幼孤，伯父玚授其经业，一闻便通义理。玚异之，常曰："此儿当以明经致贵。"玚卒后，琛家贫，常往还诸暨贩粟以养母。虽自执舟楫，闲则习业。尤精三《礼》。年二十余，玚之门徒稍从问道。

初，玚于乡里聚徒教授，四方受业者三千余人。玚天监中亡，至是复集，琛乃筑室郊郭之际，茅茨数间，年将三十，便事讲授。既世习《礼》学，究其精微，占述先儒，吐言辩洁，坐之听授，终日不疲。

湘东王幼年临郡，彭城到溉为行事，闻琛美名，命驾相造。会琛正讲，学侣满筵，既闻上佐忽来，莫不倾动。琛说经无辍，曾不降意。溉下车，欣然就席，便申问难，往复从容，义理该赡。溉叹曰："通儒硕学，复见贺生。今且还城，寻当相屈。"琛了不酬答，神用颓然。溉言之王，请补郡功曹史。琛辞以母老，终于固执。

俄遭母忧，庐于墓所。服阕，犹未还舍，生徒复从之。琛哀毁积年，骨立而已，未堪讲授。诸生营救，稍稍习业。

普通中，太尉临川王宏临州，召补祭酒从事，琛年已四十余，始应辟命。武帝闻其有学术，召见文德殿，与语悦之，谓仆射徐勉曰："琛殊有门业。"仍补王国侍郎，稍迁兼中书通事舍人，参军礼事。累迁尚书左丞。诏琛撰《新谥法》，便即施用。时皇太子议大功之末，可以冠子嫁女。琛驳议曰：

令旨以"大功之末,可得冠子嫁女,不自冠自嫁"。推以《记》文,窃犹致惑。案嫁冠之礼,本是父之所成。无父之人,乃可自冠,故《记》称大功小功并以"冠子嫁子"为文,非关唯得为子,己身不得也。小功之末,既得自嫁娶,而亦云"冠子娶妇",其义益明。故先列二服,每明冠子嫁子,结于后句,方显自娶之义。既明小功自娶,即知大功自冠矣。盖是约言而见旨。若谓缘父服大功,子服小功,小功服轻,故得为子冠嫁,大功服重,故不得自嫁自冠者,则小功之末,非明父子服殊,不应复云"冠子嫁子"也。若谓小功之文,言己可娶,大功之文,不言已冠,故知身有大功,不得自行嘉礼,但得为子冠嫁。窃谓有服不行嘉礼,本为吉凶不可相干。子虽小功之末,可得行冠嫁,犹应须父得为其冠嫁。若父于大功之末,可以冠子嫁子,是于吉凶礼无碍。吉凶礼无碍,岂不得自冠自嫁?若自冠自嫁于事有碍,则冠子嫁子宁独可通?今许其冠子,而塞其自冠,是琛之所惑也。

又令旨推"下殇小功不可娶妇,则降服大功亦不得为子冠嫁"。伏寻此旨,若为降服大功不可冠子嫁子,则降服小功亦不可自冠自嫁,是为凡厥降服大功小功皆不得冠娶矣。《记》文应云降服则不可,宁得唯称下殇?今不言降服,的举下殇,实有其义。夫出嫁出后,或有再降,出后之身,于本姊妹降为大功,若是大夫服士父,又以尊降,则成小功,其于冠嫁义无以异。所以然者,出嫁则有受我,出后则有传重,并欲使薄于此而厚于彼。此服虽降,彼服则隆。昔实期亲,虽复再降,犹依小功之礼,可冠可娶。若夫期降大功,大功降为小功,止是一等,降杀有伦,服末嫁冠,故无有异。唯下殇之服特明不娶之义者,盖缘以为幼弱之故。夭丧情深,既无受厚他姓,又异传重彼宗,嫌其年幼,顿成杀略,故特明不娶,以示本重之恩。是以凡厥降服,冠嫁不殊,唯在下殇,乃明不娶。其义若此,则不得言大功之降服皆不冠嫁也。且《记》云"下殇小功",言下殇则不得通于中上,语小功又不兼于大功。若实大功小功降服皆不冠嫁,上中二殇亦不冠嫁者，《记》不得直云"下殇小功则不可"。恐非文意，此又琛之所疑也。

遂从琛议。加员外散骑常侍。旧尚书南坐无貂，貂自琛始也。迁御史中丞，参礼仪如先。

琛性贪啬，多受赇赂，家产既丰，买主第为宅，为有司奏，坐免官。后为通直散骑常侍，领尚书左丞，参礼仪事。琛前后居职，凡郊庙诸仪多所创定，每进见武帝，与语常移晷刻，故省中语曰："上殿不下有贺雅。"琛容止闲雅，故时人呼之。迁散骑常侍，参礼仪如故。

时武帝年高，任职者缘饰奸诌，深害时政。琛启陈事条封奏，大略其一曰："今北边稽服，政是生聚教训之时，而天下户口减落，诚当今之急务。国家之于关外，赋税盖微，乃至年常租调，动致逋积，而人失安居，宁非牧守之过？"其二事曰："今天下宰守所以皆尚贪残，罕有廉白者，良由风俗侈靡使之然也。欲使人守廉隅，吏尚清白，安可得邪？今诚宜严为禁制，导之以节俭，贬黜雕饰，纠奏浮华，使众皆知变其耳目，改其好恶，则易于反掌。"其三事曰："斗筲之人，诡竞求进，运掣瓶之智，徼分外之求，以深刻为能，以绳逐为务，长弊增奸，实由于此。今诚愿责其公平之效，黜其残愚之心，则下安上谧，无徼幸之患矣。"其四事曰："自征伐北境，帑藏空虚，今天下无事，而犹日不暇给，良有以也。夫国弊则省其事而息其费，事省则养人，费息则财聚。若言小费不足害财，则终年不息矣；以小役不足妨人，则终年不止矣。"书奏，武帝大怒，召主书于前，口受敕责琛曰："朕有天下四十余年，公车谠言，日闻听览。每若倥偬，更增惝惑。卿珥貂纡组，博问洽闻，不宜同于阘茸，止取名字，言我能上事，恨朝廷不能受。卿云'今北边稽服，政是生聚教训之时，而人失安居，牧守之过'。但大泽之中有龙有蛇，纵不尽善，不能皆恶。卿可分明显出其人。卿云'宜导之以节俭'。又云'至道者必以淳素为先'。此言大善。夫子言'其身正，不令而行，其身不正，虽令不从'。朕绝房室三十余年，不与女人同屋而寝亦三十余年，于居处不过一床之地，雕饰之物不入于宫，此亦人所共知。受生不饮酒，受生不好音声，所以朝中曲宴未尝奏乐。朕三更出理事，随事多少。事或少，中前得竟，事多，至日昃方得就食。既常一食，若昼若夜，无有定时，疾苦之日，或亦再食。昔腰过于十围，今之瘦削，裁二尺余。旧带犹存，非为妄说。为谁为之？救物故也。《书》云：'股肱惟人，良臣惟圣。'向使朕有股肱，可得中主，今乃不免居九品之下。'不令而行'，徒虚言耳。卿又云'百司莫不奏事，诡竞求进'。今不许外人呈事，于义可否？以噎废餐，此之谓也。若断呈事，谁尸其任？专委之人，云何可得？是故古人云'专听生奸，独任成乱'。何者是宜，具以奏闻。"琛奉敕但谢过而已，不敢有所指斥。

太清二年，为中军宣城王长史。侯景陷城，琛被创未死，贼求得之，舆至阙下，求见仆射王克、领军朱异，劝开城纳贼。克等让之，涕泣而止。贼复舆送庄严寺疗之。明年，台城不守，琛逃归乡里。其年，贼寇会稽，复执琛送出都，以为金紫光禄大夫。卒。琛所撰《三礼讲疏》、《五经滞义》及诸仪注凡百余篇。

子翊，位巴山太守。

司马褧字元表，河内温人也。曾祖纯之，晋大司农、高密敬王。祖让之，员外常侍。父燮，善三《礼》，仕齐位国子博士。

褧少传家业，强力专精，手不释卷。沛国刘瓛为儒者宗，嘉其学，深相尝好。与乐安任昉善，昉亦推重之。梁天监初，诏通儒定五礼，有举褧修嘉礼，除尚书祠部郎。时创定礼乐，褧所建议，多见施行。兼中书通事舍人，每吉凶礼，当时名儒明山宾、贺玚等疑不能断者，皆取决焉。累迁御史中丞。十六年，出为宣毅南康王长史，行府国并石头戍军事。褧虽居外官，有敕预文德、武德二殿长名问讯，不限日。

迁晋安王长史，卒。王命记室庾肩吾集其文为十卷。所撰《嘉礼仪注》一百一十二卷。

朱异字彦和，吴郡钱唐人也。祖昭之，以学解称于乡。

　　叔父谦之，字处光，以义烈知名。年数岁，所生母亡，昭之假葬于田侧，为族人朱幼方燎火所焚。同产姊密语之，谦之虽小，便哀感如持丧，长不昏娶。齐永明中，手刃杀幼方，诣狱自系。县令申灵勖表上之，齐武帝嘉其义，虑相报复，乃遣谦之随曹武西行。将发，幼方子怿于津阳门伺杀谦之。谦之兄巽之，即异父也，又刺杀怿。有司以闻。武帝曰："此皆是义事，不可闻。"悉赦之。吴兴沈颙闻而叹曰："弟死于孝，兄殉于义，孝友之节，萃此一门。"

　　巽之字处林，有志节，著《辩相论》。幼时，顾欢见而异之，以女妻焉。仕齐官至吴平令。

　　异年数岁，外祖顾欢抚之，谓其祖昭之曰："此儿非常器，当成卿门户。"年十余，好群聚蒲博，颇为乡党所患。及长，乃折节从师。梁初开五馆，异服膺于博士明山宾。居贫，以佣书自业，写毕便诵。遍览五经，尤明《礼》、《易》。涉猎文史，兼通杂艺，博弈书算，皆其所长。年二十，出都诣尚书令沈约，面试之，因戏异曰："卿年少，何乃不廉？"异逡巡未达其旨，约乃曰："天下唯有文义棋书，卿一时将去，可谓不廉也。"寻上书言建康宜置狱司，比廷尉。敕付尚书详议，从之。

　　旧制，年二十五方得释褐。时异适二十一，特敕擢为扬州议曹从事史。寻有诏求异能之士，五经博士明山宾表荐异："年时尚少，德备老成，在独无散逸之想，处暗有对宾之色。器宇弘深，神表峰峻。金山万丈，缘陟未登，玉海千寻，窥映不测。加以圭璋新琢，锦组初构，触响铿锵，遇采便发。观其信行，非唯十室所稀，若使负重遥途，必有千里之用。"武帝召见，使说《孝经》、《周易》义，甚悦之，谓左右曰："朱异实异。"后见明山宾曰："卿所举殊得人。"仍召直西省，俄兼太学博士。其年，帝自讲《孝经》，使异执读。迁尚书仪曹郎，入兼中书通事舍人。后除中书郎，时秋日，始拜，有飞蝉正集异武冠上，时咸谓蝉珥之兆。迁太子右卫率。

　　普通五年，大举北侵，魏徐州刺史元法僧遣使请举地内属，诏有司议其虚实。异曰："自王师北讨，克获相继，徐州地转削弱，咸愿归罪。法僧惧祸,其降必非伪也。"帝仍遣异报法僧,并敕众军应接,受异节度。及至,法僧遵承朝旨,如异策焉。迁散骑常侍。

异容貌魁梧,能举止,虽出自诸生,甚闲军国故实。自周舍卒后,异代掌机密,其军旅谋谟,方镇改换,朝仪国典,诏诰敕书,并典掌之。每四方表疏,当局簿领,咨详请断,填委于前,异属辞落纸,览事下议,纵横敏赡,不暂停笔,顷刻之间,诸事便了。

迁右卫将军。启求于仪贤堂奉述武帝《老子义》,敕许之。及就讲,朝士及道俗听者千余人,为一时之盛。时城西又开士林馆以延学士,异与左丞贺琛递日述武帝《礼记中庸义》。皇太子又召异于玄圃讲《易》。

大同八年,改加侍中。异博解多艺,围棋上品,而贪财冒贿,欺罔视听,以伺候人主意,不肯进贤黜恶。四方饷馈,曾无推拒,故远近莫不忿疾。起宅东陂,穷乎美丽,晚日来下,酣饮其中。每迫曛黄,虑台门将阖,乃引其卤簿自宅至城,使捉城门停留管籥。既而声势所驱,薰灼内外,产与羊侃相埒。好饮食,极滋味声色之娱,子鹅臛鳢不辍于口,虽朝谒,从车中必赍饴饵。而轻傲朝贤,不避贵戚。人或诲之,异曰:"我寒士也,遭逢以至今日。诸贵皆恃枯骨见轻,我下之,则为蔑尤甚。我是以先之。"

自徐勉、周舍卒后,外朝则何敬容,内省则异。敬容质悫无文,以纲维为己任。异文华敏洽,曲营世誉。二人行异而俱见幸。异在内省十余年,未尝被谴。司农卿傅岐尝谓异曰:"今圣上委政于君,安得每事从旨。顷者外闻殊有异论。"异曰:"政言我不能谏争耳。当今天子圣明,吾岂可以其所闻干忤天听。"太清二年,为中领军,舍人如故。初,武帝梦中原尽平,举朝称庆,甚悦,以语异曰:"吾生平少梦,梦必有实。"异曰:"此宇内方一之征。"及侯景降,敕召群臣廷议,尚书仆射谢举等以为不可许。武帝欲纳之,未决,尝夙兴至武德阁口,独言:"我国家犹若金瓯,无一伤缺,承平若此,今便受地,讵是事宜?脱至纷纭,悔无所及。"异探帝微旨,答曰:"圣明御宇,上应苍玄,北土遗黎,谁不慕仰,为无机会,未达其心。今侯景分魏国太半,远归圣朝,若不容受,恐绝后来之望。"帝深纳异言,又感前梦,遂纳之。及贞阳侯败没,帝忧曰:"今勿作晋家事乎?"寻而贞阳自魏遣使述魏相高澄欲申和睦,敕有司定议。异又议以和为允,帝从之。其年六月,遣建康令谢挺、通直郎徐陵使北通好。时侯景镇寿春,疑惧,累启请绝和,及致书与异饷金二百两,又致书于制局监周石珍,令具申闻。异纳其金而不停北使,景遂反。

初,景谋反,合州刺史鄱阳王范、司州刺史羊鸦仁并累有启闻。异以景孤立寄命,必不应尔,乃谓使曰:"鄱阳王遂不许国家有一客!"并不为闻奏。及贼至板桥,使前寿州司马徐思玉先至求见于上,上召问之,思玉给称反贼,请闲陈事。上将屏左右,舍人高善宝曰:"思玉从贼中来,情伪难测,安可使其独在殿上。"时异侍坐,乃曰:"徐思玉岂是刺客邪?何言之僻。"善宝曰:"思玉已将临贺入北,讵可轻信。"言未卒,思玉果出贼启,异大惭。贼遂以讨异及陆验为名。及景至城下,又射启言"朱异等蔑弄朝权,轻作威福,臣为谗臣所陷,欲加屠戮。陛下诛异等,臣敛辔北归"。帝问简文曰:"有是乎?"对曰:"然"。帝召有司将诛之,简文曰:"贼特以异等为名耳,今日杀异,无救于急,适足贻笑将来。若妖氛既息,诛之未晚。"帝乃止。

异之方幸,在朝莫不侧目,虽皇太子亦不能平。至是城内咸尤异,简文为四言《愍乱诗》曰:"愍彼阪田,嗟斯氛雾。谋之不臧,赛我土度。"又制《围城赋》,末章云:"彼高冠及厚履,并鼎食而乘肥。升紫霄之丹地,排玉殿之金扉。陈谋谟之启沃,宣政刑之福威。四郊以之多垒,万邦以之未绥。问豺狼其何者?访虺蜴之为谁?"并以指异。又帝登南楼望贼,顾谓异曰:"四郊多垒,谁之罪欤?"异流汗不能对,惭愤发病卒,时年六十七。诏赠尚书右仆射。旧尚书官不以为赠,及异卒,武帝悼惜之,方议赠事,左右有善异者,乃启曰:"异生平所怀,愿得执法。"帝因其宿志,特有此赠。

异居权要三十余年,善承上旨,故特被宠任。历官自员外常侍至侍中,四官皆珥貂,自右卫率至领军,四职并驱卤簿,近代未之有也。异及诸子自潮沟列宅至青溪，其中有台池玩好，每暇日与宾客游焉。四方馈遗，财货充积，性吝啬，未尝有散施。厨下珍羞恒腐烂，每月常弃十数车，虽诸子别房亦不分赡。所撰《礼》、《易》讲疏及仪注、文集百余篇。

子肃，位国子博士。次闾，司徒掾。并遇乱卒。

顾协字正礼，吴郡吴人，晋司空和六世孙也。幼孤，随母养于外氏。外从祖右光禄大夫张永尝携内外孙侄游虎丘山，协年数岁，永抚之曰："儿欲何戏？"协曰："儿政欲枕石漱流。"永叹息曰："顾氏兴于此子。"及长，好学，以精力称。外氏诸张多贤达，有识鉴，内弟率尤推重焉。

初为扬州议曹从事，举秀才。尚书令沈约览其策而叹曰："江左以来，未有斯作。"为兼廷尉正。太尉临川王闻其名，召掌书记，仍侍西丰侯正德读。正德为巴西、梓潼郡，协除所部新安令。未至县遭母忧，刺史始兴王厚资遣之，送丧还。于峡江遇风，同旅皆漂溺，唯协一舫触石得泊焉。咸谓精诚所致。

张率尝荐之于帝，问协年，率言三十有五。帝曰："北方高凉，四十强仕，南方卑湿，三十已衰。如协便为已老，但其事亲孝，与友信，亦不可遗于草泽。卿便称敕唤出。"于是以协为兼太学博士。累迁湘东王参军，兼记室。

普通中，有诏举士，湘东王表荐之，即召拜通直散骑侍郎，兼中书通事舍人。大通三年，霆击大航华表然尽。建康县驰启，协以为非吉祥，未即呈闻。后帝知之，曰："霆之所击，一本罚恶龙，二彰朕之有过。协掩恶扬善，非曰忠公。"由是见免。后守鸿胪卿，员外散骑常侍，卿、舍人并如故。

自为近臣，便繁几密，每有述制，敕前示协，时辈荣之。卒官无斂以敛，为士子所嗟叹。武帝悼惜之，为举哀。赠散骑常侍，谥曰温子。

协少清介，有志操。初为廷尉正，冬服单薄，寺卿蔡法度欲解襦

与之,惮其清严,不敢发口,谓人曰:"我愿解身上襦与顾郎,顾郎难
衣食者。"竟不敢以遗之。及为舍人,同官者皆润屋,协在省十六载,
器服饮食不改于常。有门生始来事协,知其廉洁,不敢厚饷,止送钱
二千。协发怒,杖二十,因此事者绝于馈遗。自丁艰忧,遂终身布衣
蔬食。少时将聘舅息女,未成昏而协母亡,免丧后不复娶。年六十
余,此女犹未他适,协义而迎之。晚虽判合,卒无胤嗣。

协博极群书,于文字及禽兽、草木尤称精详,撰《异姓苑》五卷,
《琐语》十卷,文集十卷,并行于世。

徐摛字士秀,东海郯人也,一字士缋。祖凭道,宋海陵太守。父
超之,梁天监初,位员外散骑常侍。

摛幼好学,及长,遍览经史,属文好为新变,不拘旧体。晋安王
纲出戍石头,武帝谓周舍曰:"为我求一人,文学俱长,兼有行者,欲
令与晋安游处。"舍曰:"臣外弟徐摛,形质陋小,若不胜衣,而堪此
选。"帝曰:"必有仲宣之才,亦不简貌。"乃以摛为侍读。大通初,王
总戎北侵,以摛兼宁蛮府长史,参赞戎政,教命军书,多自摛出。王
入为皇太子,转家令,兼管记,寻带领直。

摛文体既别,春坊尽学之,"宫体"之号,自斯而始。帝闻之怒,
召摛加诮责,及见,应对明敏,辞义可观,乃意释。因问《五经》大义,
次问历代史及百家杂记,末论释教。摛商较从横,应答如响,帝甚加
叹异,更被亲狎,宠遇日隆。领军朱异不悦,谓所亲曰:"徐叟出入两
宫,渐来见逼,我须早为之所。"遂承闲白帝曰:"摛年老,又爱泉石,
意在一郡自养。"帝谓摛欲之,乃召摛曰:"新安大好山水,任昉等并
经为之,卿为我临此郡。"中大通三年,遂出为新安太守。为政清静,
教人礼义,劝课农桑,期月风俗便改。秩满,为中庶子。

时临城公纳夫人王氏,即简文妃侄女。晋、宋以来,初昏三日,
妇见舅姑,众宾皆列观,引《春秋》义云"丁丑,夫人姜氏至。戊寅,公
使大夫宗妇觌用币"。戊寅即丁丑之明日,故礼官据此皆云"宜依旧
观"。简文问摛,摛议曰:"《仪礼》云:'质明赞见妇于舅姑。'《杂记》

又云：'妇见舅姑，兄弟姊妹皆立于堂下。'政言妇是外宗，未审娴令，所以舅延外客，姑率内宾，堂下之仪，以备盛礼。近代妇于舅姑本有戚属，不相瞻者。夫人乃妃侄女，有异他姻，觌见之仪，谓应可略。"简文从其议。除太子左卫率。

及侯景攻陷台城，时简文居永福省。贼众奔入，侍卫走散，莫有存者。摛独侍立不动，徐谓景曰："侯公当以礼见，何得如此。"凶威遂折，侯景乃拜。由是常惮摛。简文嗣位，进授左卫将军，固辞不拜。简文被闭，摛不获朝谒，因感气疾而卒，年七十八。赠侍中、太子詹事，谥贞子。长子陵，最知名。

陵字孝穆。母臧氏，尝梦五色云化为凤，集左肩上，已而诞陵。年数岁，家人携以候沙门释宝志，宝志摩其顶曰："天上石麒麟也。"光宅寺慧云法师每嗟陵早就，谓之颜回。八岁属文，十三通《庄》、《志》义。及长，博涉史籍，从横有口辩。父摛为晋安王咨议，王又引陵参宁蛮府军事。王立为皇太子，东宫置学士，陵充其选。稍迁尚书度支郎。

出为上虞令。御史中丞刘孝仪与陵先有隙，风闻劾陵在县赃污，因坐免。久之，为通直散骑侍郎。梁简文在东宫，撰《长春殿义记》，使陵为序。又令于少傅府述今所制《庄子义》。

太清二年，兼通直散骑常侍，使魏。魏人授馆宴宾。是日甚热，其主客魏收嘲陵曰："今日之热，当由徐常侍来。"陵即答曰："昔王肃至此，为魏始制礼仪。今我来聘，使卿复知寒暑。"收大惭。齐文襄为相，以收失言，囚之累日。

及侯景入寇，陵父摛先在围城之内，陵不奉家信，便蔬食布衣，若居哀恤。会齐受魏禅，梁元帝承制于江陵，复通使于齐。陵累求复命，终拘留不遣，乃致书于仆射杨遵彦，不报。及魏平江陵，齐送贞阳侯明为梁嗣，乃遣陵随还。太尉王僧辩初拒境不纳，明往复致书，皆陵辞也。及明入，僧辩得陵大喜，以为尚书吏部郎，兼掌诏诰。其年陈武帝诛僧辩，仍进讨韦载，而任约、徐嗣徽乘虚袭石头，陵感僧辩旧恩，往赴约。约平，武帝释陵不问，以为尚书左丞。

绍泰二年，又使齐。还除给事黄门侍郎，秘书监。陈受禅，加散骑常侍。天嘉四年，为五兵尚书，领大著作。六年，除散骑常侍、御史中丞。时安成王顼为司空，以帝弟之尊，权倾朝野。直兵鲍僧睿假王威风，抑塞辞讼，大臣莫敢言，陵乃奏弹之。文帝见陵服章严肃，若不可犯，为敛容正坐。陵进读奏状，时安成王殿上侍立，仰视文帝，流汗失色，陵遣殿中郎引王下殿。自是朝廷肃然。迁吏部尚书，领大著作。陵以梁末以来，撰授多失其所，于是提举纲维，综核名实。时有冒进求官，驰竞不已者，乃为书宣示之曰："永定之时，圣朝草创，干戈未息，尚无条序。府库空虚，尝赐悬乏，白银难得，黄札易营，权以官阶代于钱绢，义在抚接，无计多少。致令员外常侍，路上比肩，咨议参军市中无数，岂是朝章应其如此。今衣冠礼乐，日富年华，何可犹作旧意，非理望也。所见诸君多逾本分，犹言大屈，未谕高怀。若问梁朝朱领军异亦为卿相，此不逾其本分耶？此是天子所拔，非关选序。梁武帝云：'世间人言有目色，我特不目色范悌。'宋文帝亦云：'人岂无运命，每有好官缺，辄忆羊玄保。'此则清阶显职，不由选也。既忝衡流，诸贤深明鄙意。"自是众咸服焉。时论比之毛玠。

及宣帝入辅，谋黜异志者，引陵预其议。废帝即位，封建昌县侯。太建中，为尚书左仆射，抗表推周弘正、王劢等。帝召入内殿，曰："卿何为固辞而举人乎？"陵曰："弘正旧藩长史，王劢太平中相府长史，张种帝乡贤戚，若选贤旧，臣宜居后。"固辞累日，乃奉诏。

及朝议北侵，宣帝命举元帅，众议在淳于量，陵独曰："不然。吴明彻家在淮左，悉彼风俗，将略人才，当今无过者。"于是争论数日不能决，都官尚书裴忌曰："臣同徐仆射。"陵应曰："非但明彻良将，忌即良副也。"是日，诏明彻为大都督，令忌监军事，遂克淮南数十州地。宣帝因置酒，举杯属陵曰："赏卿知人。"

七年，领国子祭酒，以公事免侍中、仆射。寻加侍中，给扶。十三年，为中书监，领太子詹事。以年老累表求致事，宣帝亦优礼之，诏将作为造大斋，令陵就第摄事。后主即位，迁左光禄大夫、太子少傅。至德元年卒,年七十七。诏赠特进。初,后主为文示陵,云他人所作。陵嗤之曰:"都不成辞句。"后主衔之,至是谥曰章伪侯。

陵器局深远,容止可观,性又清简,无所营树,俸禄与亲族共之。太建中,食建昌户,户送米至水次,亲戚有贫匮者,皆召令取焉,数日便尽。陵家寻таго乏绝,府僚怪问其故,陵云:"我有车牛衣裳可卖,余家有可卖不?"其周给如此。

少而崇信释教,经论多所释解。后主在东宫,令陵讲《大品经》,义学名僧自远云集,每讲筵商较,四坐莫能与抗。目有青精,时人以为聪慧之相也。自陈创业,文檄军书及受禅诏策,皆陵所制,为一代文宗。亦不以矜物,未尝诋诃者。其于后进,接引无倦。文、宣之时,国家有大手笔,必命陵草之。其文颇变旧体,缉裁巧密,多有新意。每一文出,好事者已传写成诵,遂传于周、齐,家有其本。后逢丧乱,多散失,存者三十卷。陵有四子:俭、份、仪、傅。

俭一名报,幼而修立,勤学有志操。汝南周弘直重其为人,妻之以女。梁元帝召为尚书金部郎中。常侍宴赋诗,元帝叹赏之,曰:"徐氏之子,复有文矣。"魏平江陵,还建邺,累迁中书侍郎。

太建初,广州刺史欧阳纥举兵反,宣帝令俭持节喻旨。纥见俭,盛列仗卫,言辞不恭。俭曰:"吕嘉之事,诚当已远,将军独不见周迪、陈宝应乎?"纥默然不答。惧俭沮众,不许入城,置俭于孤园寺。纥尝出见俭,俭谓曰:"将军业已举事,俭须还报天子。俭之性命虽在将军,将军成败不在于俭。幸不见留。"纥于是遣俭。从间道驰还。宣帝乃命章昭达讨纥,以俭监昭达军。纥平,为兼中书通事舍人。

后主立,累迁寻阳内史,为政严明,盗贼静息。迁散骑常侍,袭封建昌侯。入为御史中丞。俭公平无所阿附,尚书令江总望重一时,为俭所劾,后主深委任焉。祯明二年、卒。

份少有父风。九岁为《梦赋》,陵见之,谓所亲曰:"吾幼属文亦不加此。"为海盐令,有政绩。入为太子洗马。性孝弟,陵尝疾笃,份烧香泣涕,跪诵《孝经》,日夜不息,如是者三日,陵疾豁然而愈,亲戚皆谓份孝感所致。先陵卒。

仪少聪警,仕陈位尚书殿中郎。陈亡,隐于钱唐之赭山。隋炀帝召为学士,寻除著作佐郎。大业四年,卒。

陵弟孝克,有口辩,能谈玄理。性至孝,遭父忧,殆不胜丧。所生母陈氏尽就养之道。梁末,侯景寇乱,孝克养母,饘粥不能给。妻东莞臧氏,领军将军盾女也,甚有容色。孝克乃谓曰:"今饥荒如此,供养交阙,欲嫁卿与当世人,望彼此俱济,于卿如何?"臧氏弗许之。时有孔景行者,为侯景将,多从左右逼而迎之,臧氏涕泣而去,所得谷帛,悉以遗母。孝克又剃发为沙门,改名法整,兼乞食以充给焉。臧臧氏亦深念旧恩,数私致馈饷,故不乏绝。后景行战死,臧氏伺孝克于途中,累日乃见,谓孝克曰:"往日之事,非为相负,今既得脱,当归供养。"孝克默然无答。于是归俗,更为夫妻。

后东游,居钱唐之佳义里,与诸僧讨论释典,遂通《三论》。每日二时讲,旦讲佛经,晚讲《礼传》,道俗受业者数百人。天嘉中,除剡令,非其好,寻去职。太建四年,征为秘书丞,不就。乃蔬食长斋,持菩萨戒,昼夜讲诵《法华经》。宣帝甚嘉其操行。

后为国子祭酒。孝克每侍宴,无所食啖,至席散,当其前膳羞损减。帝密记以问中书舍人管斌,斌自是伺之,见孝克取珍果纳绅带中。斌当时莫识其意,后寻访,方知其以遗母。斌以启,宣帝嗟叹良久,乃敕自今宴享,孝克前馔,并遣将还,以饷其母。时论美之。

至德中,皇太子入学释奠。百司陪列。孝克发《孝经》题,后主诏皇太子北面致敬。

祯明元年,入为都官尚书。自晋以来,尚书官僚,皆携家属居省。省在台城内下舍门中,有阁道东西跨路,通于朝堂。其第一即都官省,西抵阁道,年代久远,多有鬼怪。每夜昏之际,无故有声光,或见人著衣冠从井中出,须臾复没;或门阁自然开闭。居多死亡,尚书周确卒于此省。孝克代确,便即居之,经两载,妖变皆息,时人咸以为贞正所致。

孝克性清素,好施惠,故不免饥寒。后主敕以石头津税给之,孝克悉用设斋写经,随尽。二年,为散骑常侍,侍东宫。陈亡,随例入长安。家道壁立,所生母患,欲粳米为粥,不能常办。母亡后,孝克遂常咬麦,有遗粳米者,孝克对而悲泣,终身不复食焉。开皇十二年,长安疾疫,隋文帝闻其名行,召令于尚书都堂讲《金刚般若经》。寻授国子博士。后侍长宫,讲《礼传》。十九年,以疾卒,年七十三。临终政念佛,室内有非常香气,邻里皆惊异之。子万载,位太子洗马。

鲍泉字润岳,东海人也。父几,字景玄,家贫,以母老诣吏部尚书王亮干禄,亮一见嗟赏,举为春陵令。后为明山宾所荐,为太常丞。以外兄傅昭为太常,依制缌服不得相临,改为尚书郎。终于湘东王咨议参军。

泉美须髯,善举止,身长八尺,性甚警悟。博涉史传,兼有文笔。少事元帝为国常侍,早见擢任,谓曰:“我文之外无出卿者。”后为通直侍郎。常乘高幰车,从数十左右,伞盖服玩甚精。道逢国子祭酒王承,承疑非旧贵,遣访之,泉从者答曰:“鲍通直”。承怪焉,复欲辱之,遣逼车问:“鲍通直复是何许人,而得如此!”都下少年遂为口实,见尚豪华人,相戏曰“鲍通直复是何许人,而得如此”,以为笑谑。

及元帝承制,累迁至信州刺史。方等之败,元帝大怒,泉与王僧辩讨之。僧辩曰:“计将安出?”泉曰:“事等沃雪,何所多虑。”僧辩曰:“君言文士常谈耳,河东少有武干,非精兵一万不可以往。竟陵甲卒不久当至,犹可重申,欲与卿入言之。”泉许诺,及僧辩如向言,泉默然不继。元帝大怒,于是械系僧辩,时人比泉为郦寄。

泉既专征长沙,久而不克。元帝乃数泉二十罪,为书责之曰:“面如冠玉,还疑木偶,须似猬毛,徒劳绕喙。”乃从狱中起王僧辩代泉为都督,使舍人罗重欢领斋仗三百人与僧辩往。及至长沙,遣通泉曰:“罗舍人被令送王竟陵来。”泉愕然,顾左右曰:“得王竟陵助我经略,贼不足平矣。”乃拂席坐而待之。僧辩入,乃背泉而坐曰:“鲍郎,卿有罪,令旨使我锁卿,卿勿以故意见期。”命重欢出令示泉,锁之床下。泉颜色自若,了无惧容,曰:"稽缓王师,罪乃甘分,但恐后人更思鲍泉之愦愦耳。"僧辩色甚不平,泉乃启陈淹迟之罪。元帝寻复其任,令与僧辩等东逼邵陵王于郢州。

郢州平,元帝以世子方诸为刺史,泉为长史,行州府事。方诸见泉和弱,每有咨陈未尝用,使泉伏床,骑背为马,书其衣作其姓名,由是州府尽相欺。侯景密遣将宋子仙、任约袭之,方诸与泉不恤军政,唯蒱酒自乐,云"贼何由得至"。既而传告者众,始命阖门。城陷,贼执方诸及泉送之景所。后景攻王僧辩于巴陵,不克,败还,乃杀泉于江、夏,沉其尸于黄鹤矶。

初,泉梦著朱衣行水上。及死,举身带血而沉于江,如其梦。泉于《仪礼》尤明,撰《新仪》三十卷行于世。

时又有鲍行卿,以博学大才称,位后军临川王录事,兼中书舍人,迁步兵校尉。上《玉壁铭》,武帝发诏褒赏。好韵语,及拜步兵,面谢帝曰:"作舍人,不免贫,得五校,实大校。"例皆如此。有集二十卷,撰《皇室仪》十三卷,《乘舆龙飞记》二卷。

弟客卿,位南康太守。客卿三子:检、正、至,并才艺知名,俱为湘东王五佐。正好交游,无日不适人,人为之语曰:"无处不逢鸟噪,无处不逢鲍佐。"正不为湘东王所知,献书告退,王恨之。及建邺城陷,正为尚书外兵郎,病不能起,景杂于死尸焚之。王闻之曰:"忠非纪信,利非象齿,焚如弃如,于是乎得。"君子以此知湘东王不仁。检为湘东镇西府中记室,使蜀,不屈于武陵王,见害。

论曰:夏侯胜云:"士患不明经术,经术明,取青紫如拾地芥耳",于贺玚、贺琛、朱异、司马褧,其得之矣。而异遂徼宠幸,任事居权,不能以道佐时,苟取容媚。及延寇败国,实异之由,祸难既彰,不明其罪,亦既身死,宠赠犹殊。罚既弗加,赏亦斯滥。夫太清之乱,固其宜矣。顾协清介,足以追踪古人,徐摛贞正,仁者信乎有勇。孝穆聪明特达,缔构兴王,献替谋猷,亮直斯在。泉本文房之士,每处荷戈之任,非材之责,胜任不亦难乎。

南史卷六三
列传第五三

王神念 子僧辩　　羊侃 子球 显
羊鸦仁

王神念，太原祁人也。少好儒术，尤明内典。仕魏位颍川太守，与子僧辩据郡归梁，封南城县侯。历安成、武阳、宣城内史，皆著政绩。后为青、冀二州刺史。神念性刚正，所更州郡，必禁止淫祠，时青州东北有石鹿山临海，先有神庙，妖巫，欺惑百姓，远近祈祷，糜费极多。及神念至，便令毁撤，风俗遂改。后征为右卫将军，卒于官，谥曰壮。及元帝初，追赠侍中、中书令，改谥忠公。

神念少善骑射，及老不衰。尝于武帝前手执二刀盾，左右交度，驰马往来，冠绝群伍。时复有杨华者，能作惊军骑，亦一时妙捷，帝深赏之。华本名白花，武都仇池人，父大眼为魏名将。华少有勇力，容貌瑰伟，魏胡太后逼幸之。华惧祸，及大眼死，拥部曲，载父尸，改名华，来降。胡太后追思不已，为作《杨白花歌辞》，使宫人昼夜连臂蹋蹄歌之，声甚凄断。华后位太子左卫率，卒于侯景军中。

神念长子遵业，位太仆卿。次子僧辩。

僧辩字君才，学涉该博，尤明《左氏春秋》。言辞辩捷，器宇肃然，虽射不穿札，而有陵云之气。元帝后为江州刺史，僧辩随府为中兵参军。时人安成望族刘敬躬者，田间得白蛆化为金龟，将销之，龟生光照室。敬躬以为神而祷之。所请多验，无赖者多依之。平生有德有怨者必报，遂谋作乱，远近响应。元帝命中直兵参军曹子郢讨之，使僧辩袭安成。子郢既破其军，敬躬走安成，僧辩禽之。又讨平安州反蛮，由是以勇略称。

元帝除荆州，僧辩为贞毅府咨议参军，代柳仲礼为竟陵太守。及侯景反，元帝命僧辩总督舟师一万赴援。及至，台城陷没，侯景悉收其军实而厚加绥抚，遣归竟陵。于是倍道兼行，西就元帝。元帝承制，以为领军将军。及荆、湘疑贰，元帝令僧辩及鲍泉讨之。时僧辩以竟陵间部下皆劲勇，犹未尽来，意欲待集然后上顿。与泉俱入，使泉先言之，泉入不敢言。元帝问僧辩，僧辩以情对。元帝性忌，以为迁延不去，大怒，厉声曰：“卿惮行拒命，欲同贼邪？今唯死耳。”僧辩对曰：“今日就戮甘心，但恨不见老母。”帝自斫之，中其髀，流血至地，闷绝，久之方苏。即送廷尉，并收其子侄并系之。其母脱簪珥待罪，帝意解，赐以良药，故不死。会岳阳军袭江陵，人情搔扰。元帝遣就狱出僧辩以为城内都督。俄而岳阳奔退，而鲍泉力不能克长沙，帝命僧辩代之。僧辩仍部分将师，并力攻围，遂平湘土。还复领军将军。

侯景浮江西冠，军次夏首。僧辩为大都督，军次巴陵。景既陷郢城，将进寇荆州，于是缘江屯戍，望风请服。僧辩并沉公私船于水，分命众军乘城固守，偃旗卧鼓，安若无人。翌日，贼众济江，轻骑至城下，谓城中曰：“语王领军，何不早降？”僧辩使答曰：“大军但向荆州，此城自当非碍。僧辩百口在人掌握，岂得便降。”景军内薄苦攻，城内同时鼓噪，矢石雨下，贼乃引退。元帝又命平北将军胡僧祐率兵援僧辩。是日，贼复攻城不克，又为火舰烧栅，风不便，自焚而退。有流星堕其营中，贼徒大骇，相顾失色。贼师任约又为陆法和所禽，景乃烧营夜遁，旋师夏首。

元帝以僧辩为征东将军、开府仪同三司、江州刺史，封长宁县公，命即率巴陵诸军沿流讨景。攻拔鲁山，仍攻郢，即入罗城。又有大星如车轮坠贼营，去地十丈变成火，一时碎散。有龙自城出，五色光曜，入城前鹦鹉洲水中。景闻之，倍道归建邺。贼帅宋子仙等困蹙，求输郢城，身还就景。僧辩伪许之。子仙谓为信然，浮舟将发。

僧辩命杜龛鼓噪掩至,大破之,禽子仙、丁和等送江陵。元帝命生钉和舌胾杀之。

鄢州既平,僧辩进师寻阳。军人多梦周、何二庙神云:"吾已助天子讨贼。"自称征讨大将军,并乘朱舫。俄而反曰:"已杀景。"同梦者数十百焉。元帝加僧辩侍中、尚书令、征东大将军。僧辩频表劝进,并蒙优答。于是发江州直指建邺,乃先命南兖州刺史侯瑱袭南陵、鹊头等戍,并克之。

先是,陈武帝率众五万出自南江,前军五千行至盆口。陈武名盖僧辩,僧辩惮之。既至盆口,与僧辩会于白茅洲为盟,于是升坛歃血,共读盟文,辞气慷慨,皆泪下沾衿。及发鹊头,中江而风浪,师人咸惧。僧辩再拜告天曰:"僧辩忠臣,奉辞伐罪,社稷中兴,当使风息。若鼎命中沦,请从此逝。"言讫风止,自此遂泛安流。有群鱼跃水飞空引导,贼望官军上有五色云,双龙挟舰,行甚迅疾。

景自出战于石头城北,僧辩等大破之。卢晖略闻景战败,以石头城降。僧辩引军入据之。景走朱方,僧辩命众将人据台城。其夜,军人失火,烧太极殿及东西堂。僧辩虽有灭贼之功,而驭下无法,军人卤掠,驱逼居人。都下百姓,父子兄弟相哭,自石头至于东城,被执缚者,男女裸露,袒衣不免。缘淮号叫,翻思景焉。

僧辩命侯瑱,裴之横东追景,伪行台赵伯超自吴松江降侯瑱,瑱送至僧辩,僧辩谓曰:"卿荷国重恩,遂复同逆,今日之事,将欲如何?"因命送江陵。伯超既出,僧辩顾坐客曰:"朝廷昔唯知有赵伯超,岂识王僧辩乎。社稷既倾,为我所复,人之兴废,亦复何常。"宾客皆前称叹功德,僧辩惧然,乃谬答曰:"此乃圣上威德,群帅用命,老夫虽滥居戎首,何力之有焉。"于是逆寇悉平。

元帝即位,授镇卫将军、司徒,加班剑二十人,改封永宁郡公,侍中、尚书令如故。先是,天监中沙门释宝志为谶云:"太岁龙,将无理。萧以霜,草应死。余人散,十八子。"时言萧氏当灭,李氏代兴。及湘州贼陆纳等攻破衡州刺史丁道贵,而李洪雅又自零陵称助讨纳。既而朝迁未达其心,诏征僧辩就宜丰侯循南征,为都督东上诸军事,以陈武帝为都督西下诸军事。先是,陈武让都督于僧辩,僧辩不受,故元帝分为东、西都督而俱南讨焉。寻而洪雅降纳,纳以为应符,于是共议拜洪雅为大将军,尊事为主。洪雅乘平肩大舆,伞盖、鼓吹,羽仪悉备,翼从入长沙城。时纳等据车轮,夹岸为城,士卒皆百战之余,器甲精严,徒党勇锐,蒙冲斗舰,亘水陵山。时天日清明,初无云雾,军发之际,忽然风雨,时人谓为泣军,百姓窃言,知其败也。三月庚寅,有两龙自城西江中腾跃升天,五色分明,遥映江水。百姓咸仰面目之,父老或聚而悲,窃相谓曰:"地龙已去,国其亡乎!"初,纳造大舰,一名曰三王舰者,邵陵王、河东王、桂阳嗣王,三人并为元帝所害,故立其像于舰,祭以太牢,加其节盖羽仪鼓吹,每战辄祭之以求福。又造二舰,一曰青龙舰,一曰白虎舰,皆衣以牛皮,并高十五丈,选其中尤勇健者乘之。僧辩惮之,稍作连城以逼焉。贼不敢交锋,并怀懈息。僧辩因其无备,亲执旗鼓以诚进止,群贼大败,归保长沙。僧辩乃命筑垒围之,而自出临视,贼知不设备,其党吴藏、李贤明等蒙盾直进,僧辩尚据胡床不为之动,指麾勇敢,遂斩贤明,贼乃退归。初,陵纳作逆,以王琳为辞,云"若放琳,则自服"。时众军未之许,而武陵王纪拥众上流,内外骇惧。元帝乃遣琳和解之,湘州乃平。因被诏会众军西讨。寻而武陵败绩。

　　是时,齐遣郭元建谋袭建邺,又遣其大将东方老等继之。陈武帝闻之,驰报江陵。元帝即诏僧辩急下赴援。僧辩次姑熟,即留镇焉。先命豫州刺史侯瑱筑垒于东关,以拒北军,征吴郡太守张彪、吴兴太守裴之横会瑱而大败之。僧辩振旅归建邺。

　　承圣三年二月,诏以僧辩为太尉、车骑大将军。顷之丁母忧。母姓魏氏,性甚安和,善于绥接,家门内外,莫不怀之。初,僧辩下狱,母流泪徒行,将入谢罪,元帝不与相见。时贞惠世子有宠,母诣阁自陈无训,涕泗呜咽,众并矜之。及僧辩罪免,母深相责厉,辞色俱严,虽克复旧都,功盖宇宙,母恒自谦损,不以富贵骄物。朝野称之,谓为明哲妇人。及亡,甚见愍悼,且以僧辩勋重,故丧礼加焉。命侍中、谒者监护丧事,谥曰贞敬太夫人。灵柩将归建康,又遣谒者至舟渚吊祭。其年十月，魏遣兵及梁王詧合众将袭江陵，元帝征僧辩于建邺，为大都督、荆州刺史。未至，而荆州已灭。及敬帝初即梁王位，僧辩预援立功，承制进骠骑大将军、中书监、都督中外诸军事、录尚书。与陈武帝参谋讨伐。

时齐文宣又纳贞阳侯明以为梁嗣，与僧辩书，并贞阳亦频与僧辩书，论还国继统之事。僧辩不纳。及贞阳与齐上党王高涣至东关，散骑常侍裴之横军败，僧辩遂谋纳贞阳，仍书定君臣之礼。因遣第七子显、显所生刘、并弟子珍往充质，遣左户尚书周弘正至历阳迎明。又遣吏部尚书王通送启，因求以敬帝为皇太子。明报书许之。僧辩遣使送质于邺，贞阳求度卫士三千，僧辩虑其为变，止受散卒千人而已，并遣龙舟法驾往迎。贞阳济江之日，僧辩拥楫中流，不敢就岸，末乃同会于江宁浦。明践位，授僧辩大司马，领太子太傅、扬州牧，余如故。

陈武帝时为司空、南徐州刺史，因自京口举兵袭之。僧辩常处石头城，是日视事，军人已逾城北而入，南门又白有兵来。僧辩与子颋遽走出阁，计无所出，乃据南门楼拜请求哀。陈武纵火焚之，方共颋下就执。陈武谓曰："我有何辜，公欲与齐师赐讨？"又曰："何意全无防备？"僧辩曰："委公北门，何谓无备？"是夜，及子颋俱被绞杀。

初，僧辩平建邺，遣陈武守京口，推以赤心，结廉、蔺之分。且为第三子颋许娶陈武章后所生女，末昏而僧辩母亡，虽然情好甚密，其长子颙屡谏不听。至是，会江淮人报云"齐兵大举至寿春"，僧辩谓齐军必出江表，因遣记室参军江旰以事报陈武，仍使整舟舰器械。陈武宿有图僧辩志，及闻命，留旰城中，衔枚而进。知谋者唯侯安都、周文育而已，外人但谓江旰征兵捍北。安都舟舰将趣石头，陈武控马未进。安都大惧，乃追陈武骂曰："今日作贼，事势已成，生死须决，在后欲何所望？若败俱死，后期得免斫头邪？"陈武曰："安都嗔我。"乃敢进，遂克之。时寿春竟无齐军，又非陈武之谲，殆天授也。

颋承圣初，位侍中。魏克江陵，随王琳入齐，为竟陵郡守。齐遣王琳镇寿春，将图江左。及陈平淮南杀琳，颙闻之，乃出郡城南登高冢上号哭，一恸而绝。

颙弟颁，少有志节，恒随梁元帝。及荆州覆灭，入于魏。

僧辩既亡，弟僧智得就任约。约败走，僧智肥不能行，又遇害。

僧智弟僧愔，位谯州刺史，征萧勃，及闻兄死，引军还。时吴州刺史羊亮隶在僧愔下，与僧愔不平，密召侯瑱，见禽。僧愔以名义责瑱，乃委罪于将羊鲲，斩之。僧愔复得奔齐，与徐嗣徽等挟齐军攻陈。军败，窜逸荒野，莫知所之，仰天叹曰："仇耻不雪，未欲身膏野草，若精诚有感，当得道路，誓不受辱人手。"拔刀将自刎，闻空中催令急去，僧愔异之，勉力驰进，行一里许，顾向处已有陈人。逾越江山，仅得归齐。

徐嗣徽，高平人。父云伯，自青部南归，位终新蔡太守。侯景之乱，嗣徽归荆州，元帝以为罗州刺史，及弟嗣宗、嗣产并有武用。嗣徽从征巴丘，以功为太子右卫率、监南荆州。徐州之亡，任秦州刺史。嗣产先在建邺，嗣宗自荆州灭亡中逃得至都。从弟嗣先，即僧辩之甥，复为比丘慧暹藏，得脱俱还。及僧辩见害，兄弟抽刀裂眦，志在立功，俱逃就兄嗣徽，密结南豫州刺史任约与僧辩故旧，图陈武帝。帝遣江旰说之，嗣徽执旰送邺乞师焉。齐文宣帝授为仪同，命将应赴。及石头败退，复请兵于齐，与任约、王晔、席毗同心度江。及战败，嗣徽堕马，嗣宗援兄见害。嗣产为陈武军所禽，辞色不挠而死。任约、王晔得北归。

羊侃字祖忻，泰山梁父人也。父祉，《北史》有传。侃少而瑰伟，身长七尺八寸，雅爱文史。弱冠随父在梁州立功，初为尚书郎，以力闻。魏帝常谓曰："郎官谓卿为虎，岂羊质虎皮乎？试作虎状。"侃因伏，以手抉殿没指。魏帝壮之，赐以珠剑。正光中，秦州羌莫折念生据州反，仍遣其弟天生攻陷岐州，寇雍州。侃为偏将，隶萧宝寅往讨之，射杀天生，其众即溃。以功为征东大将军、东道行台，领泰山太守，进爵钜平侯。

初，其父祉恒使侃南归，侃至是将举济、河以成先志。其从兄兖州刺史敦密知之，据州拒侃，侃乃率精兵三万袭之，不克，仍筑十余城以守之。梁朝赏授一与元法僧同。魏帝闻之，使授侃骠骑大将军、司徒、泰山郡公，长为兖州刺史。侃斩其使，魏人大骇，令仆射于晖率众十万及高欢、尔朱阳都等相继而至。栅中矢尽，南军不进，乃夜溃围而出。一日一夜，乃出魏境。至渣口，众尚万余人，马二千匹。将入南，士卒竟夜悲歌，侃乃谢曰："卿等怀土，幸适去留。"各拜辞而去。

侃以大通三年至建邺，授徐州刺史，并其兄默及三弟忱、给、元皆拜刺史。侃封高昌县侯，累迁太子左卫率，侍中。车驾幸乐游苑，侃预宴。时少府奏新造两槊成，长二丈四尺，围一尺三寸。帝因赐侃河南国紫骝令试之。侃执槊上马，左右击刺，特尽其妙。观者登树。帝曰："此树必为侍中折矣。"俄而果折，因号此槊为折树槊。北人降者，唯侃是衣冠余绪，帝宠之逾于他者，谓曰："朕少时捉槊，形势似卿，今失其旧体，殊觉不奇。"上又制《武宴诗》三十韵示侃，侃即席上应诏。帝览曰："吾闻仁者有勇，今见勇者有仁，可谓邹、鲁遗风，英贤不绝。"是日，诏入直殿省。启尚方仗不堪用，上大怒，坐者非一。及侯景作逆，果弊于仗粗。

后迁都官尚书，尚书令何敬容用事，与之并省，未尝游造。左卫兰钦同侍宫宴，词色少交，侃于坐折之曰："小子！汝以铜鼓买朱异作父，韦粲作兄，何敢无宜适。"朱时在席。后华林法会，钦拜谢于省中。王铨谓钦曰："卿能屈膝廉公，弥见尽美；然羊公意犹未释，容能更置一拜？"钦从之。宦者张僧胤尝候侃，侃曰："我床非阉人所坐。"竟不前之。时论美其贞正。

太清元年，为侍中。会大举北侵，以侃为冠军将军，监作寒山堰事。堰立，侃劝元帅贞阳侯明乘水攻彭城，不见纳。既而魏援大至，侃频言乘其远来可击，且日又劝出战，并不从。侃乃率所领顿堰上。及众军败，侃结阵徐还。

二年，复为都官尚书。侯景反，攻陷历阳，帝问侃讨景之策。侃求以二千人急据采石，令邵陵王袭取寿春，使景进不得前，退失巢窟，乌合之众，自然瓦解。议者谓景未敢便逼都，遂寝其策。令王质往。侃曰："今兹败矣。"乃令侃率千余骑顿望国门。景至新林，追侃入副宣城王都督城内诸军事。

时景既卒至，百姓竞入，公私混乱，无复次序。侃乃区分防拟，皆以宗室间之。军人争入武库，自取器甲，所司不能禁，侃命斩数人方得止。是时梁兴四十七年，境内无事，公卿在位，及闾里士大夫莫见兵甲。贼至卒迫，公私骇震。时宿将已尽，后进少年并出在外，城中唯有侃及柳津、韦黯。津年老且疾，黯懦而无谋，军旅指抚，一决于侃，胆力俱壮，简文深仗之。

及贼逼城，众皆凶惧，侃伪称得外射书，云"邵陵、西昌侯已至近路"，众乃少安。贼攻东掖门，纵火甚盛，侃以水沃灭火，射杀数人，贼乃退。加侍中、军师将军。有诏送金五千两、银万两、绢万匹赐战士。侃辞不受，部曲千余人并私加赏赉。贼为尖顶木驴攻城，矢石所不能制。侃作雉尾炬，施铁镞，以油灌之，掷驴上焚之，俄尽。贼又东西起二土山以临城，城中震骇。侃命为地道，潜引其土山，不能立。贼又作登城楼车，高十余丈，欲临射城中。侃曰："车高堑虚，彼来必倒，可卧而观之。"及车动果倒，众皆服焉。贼既频攻不捷，乃筑长围。朱异、张绾议出击之。帝以问侃，侃曰："不可，贼多日攻城，既不能下，故立长围。欲引城中降者耳。今击之，出人若少，不足破贼；若多，则一旦失利，门隘桥小，必大致挫衄。"不从，遂使千余人出战。未及交锋，望风退走，果以争桥赴水，死者太半。

初，侃长子鷟为景所获，执来城下示侃。侃谓曰："我倾宗报主，犹恨不足，岂复计此一子？幸早杀之。"数日，复持来，侃谓鷟曰："久以汝为死，犹在邪？吾以身许国，誓死行阵，终不以尔而生进退。"因引弓射之。贼以其忠义，亦弗之害。

景遣仪同傅士哲呼侃与语曰："侯王远来问讯天子，何为闭拒不时进纳？尚书国家大臣，宜启朝廷。"侃曰："侯将军奔亡之后，归命国家，重镇方城，悬相任寄，何所患苦，忽致称兵，岂有人臣而至于此。吾不能妄受浮说,开门揖盗。"士哲曰:"在北之日,久挹风猷,愿去戎服,得一相见。"侃为免胄,士哲瞻望久之而去,其为北人所钦慕如此。

后大雨,城内土山崩,贼乘之垂入,苦战不能禁。侃乃令多掷火,为火城以断其路,徐于城内筑城,贼不能进。寻以疾卒于城内,赠侍中、护军将军。子球嗣。

侃少雄勇,膂力绝人,所用弓至二十石,马上用六石弓。尝于兖州尧庙蹋壁,直上至五寻,横行得七迹。泗桥有数石人,长八尺,大十围。侃执以相击,悉皆破碎。性豪侈,善音律,自造《采莲》、《棹歌》两曲,甚有新致。姬姜列侍,穷极奢靡。有弹筝人陆太喜著鹿角爪,长七寸。舞人张净琬腰围一尺六寸,时人咸推能掌上舞。又有孙荆玉能反腰贴地,衔得席上玉簪。敕赍歌人王娥儿,东宫亦赍歌者屈偶之,并妙尽奇曲,一时无对。初赴衡州,于两艑艖起三间通梁水斋,饰以珠玉,加之锦缋,盛设帷屏,列女乐。乘潮解缆,临波置酒,缘塘傍水,观者填咽。大同中,魏使阳斐与侃在北尝同学,有诏命侃延斐同宴。宾客三百余人,食器皆金玉杂宝,奏三部女乐。至夕,侍婢百余人俱执金花烛。侃不饮酒而好宾游,终日献酬,同其醉醒。

性宽厚,有器局。尝南还至涟口置酒,有客张孺才者,醉于船中失火,延烧七十余艘,所燔金帛不可胜数。侃闻聊不挂意,命酒不辍。孺才惭惧自逃,侃慰喻使还,待之如旧。

第三子鹍,字子鹏,随侃台内,城陷,窜于阳平。侯景以其妹为小妻,呼还,待之甚厚,以为库真都督。及景败,鹍密图之,乃随其东走。景于松江战败,惟余三舸,下海欲向蒙山。会景昼寝,鹍语海师:"此中何处有蒙山,汝但听我处分。"遂直向京口,至胡豆洲,景觉,大惊。问岸上,云"郭元建犹在广陵"。景大喜,将依之。鹍拔刀叱海师使向京口。鹍与王元礼、谢答仁弟葳蕤,并景之昵也,三人谓景曰:"我等为王百战百胜,自谓无敌,卒至于此,岂非天乎。今就王乞头以取富贵。"景欲透水,鹍抽刀斫之。景乃走入船中,以小刀抉船。

鹍以槊入刺杀之。景仆射索超世在别船,藏蕤以景命召之,斩于京口。元帝以鹍为青州刺史,封昌国县侯,又领东阳太守。征陆纳,加散骑常侍,除西晋州刺史。破郭元建于东关,迁东晋州刺史。承圣三年,西魏围江陵,鹍赴援不及。从王僧愔征萧勃于岭表,闻僧辩败,乃还,为侯瑱所破,遇害,年二十八。

羊鸦仁字孝穆,泰山巨平人也。少骁勇,仕郡为主簿。普通中,率兄弟自魏归梁,封广晋侯。征伐青、齐间,累有功绩,位至都督、北司州刺史。

及侯景降,诏鸦仁督土州刺史桓和之、仁州刺史湛海珍等,趣县瓠应接。景至,仍为都督,司、豫二州刺史,镇县瓠。会侯景败于涡阳,魏军渐逼,鸦仁恐粮运不继,遂还北司,上表陈谢。帝大怒鸦仁,鸦仁惧,顿军于淮上。及侯景反,鸦仁率所部入援。太清二年,景既背盟,鸦仁乃与赵伯超及南康王会理共攻贼于东府城,反为贼败。台城陷,景以为五兵尚书。鸦仁常思奋发,谓所亲曰:"吾以凡流,受宠朝廷,竟无报效,以答重恩。今若以此终,没有余责。"因泣下,见者伤焉。

三年,出奔江西,将赴江陵,至东莞,为故北徐州刺史荀伯道子晷所害。临死以报效不终,因而泣下。后鸦仁兄子海珍知之,掘晷父伯道并祖及所生母合五丧,各分其半骨,共棺焚之,半骨杂他骨,作五袋盛之,铭袋上曰"荀晷祖父母某之骨"。

鸦仁子亮,侯景乱后,移至吴州刺史,随王琳,以名将子见礼甚陆。为人多酒无赖,酒醉为阉坚所杀。

论曰:王神念、羊侃、羊鸦仁等,自北徂南,咸受宠任。既而侃及鸦仁晚遇屯剥,侃则临危不挠,鸦仁则守义以殒。古人所谓"心同铁石",此之谓乎。僧辩风格秀举,有文武奇才,而逢兹酷滥,几致陨覆。幸全首领,卒树奇功,事人之道,于斯为得。及时钟交丧,地居元宰,内有奥主而外求君,遂使尊卑易位,亲疏贸序,既同儿戏,且类弈棋。延敌开衅，实基于此，丧国倾宗，为天下笑。岂天将启陈，何斯人而斯谬也，哀哉！

南史卷六四
列传第五四

江子一　胡僧祐　徐文盛
阴子春 子铿　杜崱 兄岸　弟幼安
兄子龛　王琳　张彪

江子一字元亮,济阳考城人,晋散骑常侍统之七世孙也。父法成,奉朝请。子一少慷慨有大志。家贫,以孝闻,苦侍养多阙,因终身蔬食。

仕梁,起家为王国侍郎、奉朝请。上书言事,为当轴所排,乃拜表求入北为刺客,武帝异之。又启求观书秘阁,武帝许之,有敕直华林省。其姑夫左卫将军朱异权要当朝,休下之日,宾客辐凑。异不为物议所归,欲引子一为助,子一未尝造门,其高洁如此。为遂昌、曲阿令,皆著美绩。后为南津校尉。

弟子四,历尚书金部郎。大同初,迁右丞。兄弟性并刚烈。子四自右丞上封,极言得失,武帝甚善之,诏曰:“屋漏在上,知之在下,其令尚书祥择,施于时政。”左户郎沈炯、少府丞顾玙尝奏事不允,帝厉色呵责之,子四趋前代炯等对。对甚激切,帝怒,呼缚之,子四乃据地不受。帝怒亦歇,乃释之,犹坐免职。

及侯景攻陷历阳,自横江将度,子一帅舟师千余人于下流欲邀之,其副董桃生走,子一乃退还南洲,收余众步赴建邺。见于文德殿。帝怒之,具以事对,且曰:“臣以身许国,常恐不得其死,今日之事,何所复惜。不死阙前,终死阙后耳。"及城被围,开承明门出战。子一及弟尚书左丞子四、东宫直殿主帅子五,并力战直前,贼坐甲不起。子一引槊撞之,贼纵突骑,众并缩。子一刺其骑,骑倒槊折,贼解其肩,时年六十二。弟曰:"与兄俱出,何面独旋。"乃免胄赴敌。子四槊洞胸死,子五伤脰,还至堑,一恸而绝。贼义子一之勇,归之,面如生。诏赠子一给事黄门侍郎,子四中书侍郎,子五散骑侍郎。侯景平,元帝又追赠子一侍中,谥义子;子四黄门侍郎,谥毅子;子五中书侍郎,谥烈子。

子一续《黄图》及班固《九品》,并辞赋文章数十篇,行于世。

胡僧祐字愿果,南阳冠军人也。少勇决,有武干。仕魏位银青光禄大夫,以大通三年避尔朱氏之难归梁。频上封事,武帝器之,拜文德主帅,归使戍项城。魏克项城,因入北。中大通元年,陈庆之送魏北海王元颢入洛阳,僧祐又归梁,除南天水、天门二郡太守,有善政。

性好读书,爱缉缀,然文辞鄙野,多被嘲谑,而自谓实工,矜伐弥甚。

晚事梁元帝。侯景之乱,西沮蛮反,元帝令僧祐讨之,使尽诛其渠帅。僧祐谏,忤旨,下狱。大宝二年,景围王僧辩于巴陵,元帝乃引僧祐于狱,拜为假节、武猛将军,封新市县侯,令援僧辩。将发泣下,谓其子玘曰:"汝可开朱白二门,吾不捷则死,吉则由朱,凶则由白也。"元帝闻而壮之。前至赤沙亭,会陆法和至,乃与并军,大败景将任约军,禽约送江陵。侯景闻之遂遁。

后拜领军将军,厚自封植,以所加鼓吹恒置斋中,对之自娱。人曰:"此是羽仪,公名望隆重,不宜若此。"答曰:"我性爱之,恒须见耳。"或出游亦以自随,人士笑之。承圣二年,为车骑将军、开府仪同三司。及魏军至,以僧祐为都督城东诸军事。俄中流矢卒,城遂溃。

徐文盛字道茂,彭城人也。家本魏将。父庆之,梁天监初自北归南，未至，道卒。文盛仍统其众，稍立功绩。

大同末，为宁州刺史。州在僻远，群蛮劫窃相寻，前后刺史莫能制。文盛推心抚慰，夷人感之，风俗遂改。

太清二年，闻国难，乃召募得数万人来赴。元帝以为秦州刺史，加都督，授以东讨之略。东下至武昌，遇侯景将任约，遂与相持。元帝又命护军将军尹悦、平东将军杜幼安、巴州刺史王徇等会之，并受文盛节度，大败约于贝矶。约退保西阳，文盛进据芦洲，又与相持。景闻之，率大众西上援约，至西阳。诸将咸曰："景水军轻进，又甚饥疲，击之必大捷。"文盛不许。

文盛妻石氏先在建邺，至是，景载以还之。文盛深德景，遂密通信使，都无战心，众咸愤怨。杜幼安、宋箎等乃率所领独进，大破景，获其舟舰以归。会景密遣骑间道袭陷郢州，军中惧，遂大溃，文盛奔还荆州。元帝仍以为城北面大都督。又聚敛赃污甚多，元帝大怒，下令数其十罪，除其官爵。文盛私怀怨望，帝闻之，乃以下狱。时任约被禽，与文盛同禁。文盛谓约曰："何不早降，令我至此。"约曰："门外不见卿马迹，使我何处得降。"文盛无以答，遂死狱中。

阴子春字幼文，武威姑臧人也。晋义熙末，曾祖袭随宋武帝南迁，至南平，因家焉。父智伯与梁武帝邻居，少相善，尝入帝卧内，见有异光成五色，因握帝手曰："公后必大贵，非人臣也。天下方乱，安苍生者其在君乎。"帝曰："幸勿多言。"于是情好转密，帝每有求，如外府焉。及帝践阼，官至梁、秦二州刺史。

子春仕历位朐山戍主、东莞太守。时青州石鹿山临海，先有神庙，刺史王神念以百姓祈祷糜费，毁神影，坏屋舍。当坐栋上有一大蛇长丈余，役夫打扑不禽，得入海水。尔夜，子春梦见人通名诣子春云："有人见苦，破坏宅舍。既无所托，钦君厚德，欲憩此境。"子春心密记之。经二日而知之，甚惊，以为前所梦神。因办牲醑请召，安置一处。数日，复梦一朱衣人相闻，辞谢云："得君厚惠，当以一州相报。"子春心喜，供事弥勤。经月余，魏欲袭朐山，间谍前知，子春设伏摧破之，诏授南青州刺史，镇朐山。又迁都督，梁、秦二州刺史。

子春虽无它才行，临人以廉洁称。闺门混杂，而身服垢污，脚数年一洗，言每洗则失财败事，云在梁州，以洗足致梁州败。太清二年，征为左卫将军，迁侍中。属侯景乱，元帝令子春随王僧辩攻平邵陵王。又与左卫将军徐文盛东讨景，至贝矶与景遇，子春力战，恒冠诸军。会郢州陷没，军遂退，卒于江陵。子铿。

铿字子坚，博涉史传，尤善五言诗，被当时所重。为梁湘东王法曹行参军。初，铿尝与宾友宴饮，见行觞者，因回酒炙以授之，众坐皆笑。铿曰："吾侪终日酣酒，而执爵者不知其味，非人情也。"及侯景之乱，铿尝为贼禽，或救之获免。铿问之，乃前所行觞者。陈天嘉中，为始兴王中录事参军。文帝尝宴群臣赋诗，徐陵言之，帝即日召铿预宴，使赋新成安乐宫。铿援笔便就，帝甚叹赏之。累迁晋陵太守、员外散骑常侍。顷之，卒。有文集三卷行于世。

杜崱，京兆杜陵人也。其先自北归南，居于雍州之襄阳，子孙因家焉。

父怀宝，少有志节。梁天监中累有军功，后又立功南郑，位梁、秦二州刺史。大同初，魏军复围南郑，怀宝命第三子崿帅二百人马魏前锋战于光道寺，流矢中其目，失马，敌人交槊将至，崿斩其一骑而上，驰以归。崿膂力绝人，便马善射，一日中战七八合。所佩霜明朱弓四石余力，斑丝缠槊长二丈五，同心敢死士百七十人。每出杀伤数百人，敌人惮之，号为"杜彪"。怀宝卒于州，谥曰桓侯。

崿位西荆州刺史，时谶言"独梁之下有瞎天子"，元帝以嶷其人也。会嶷改葬父祖，帝敕图墓者恶为之，逾年而嶷卒。

崱，嶷弟也。幼有志气，居乡里以胆勇称，后为新兴太守。太清三年，随岳阳王来袭荆州，元帝与崱兄岸有旧，密书邀之。崱乃与岸、弟幼安、兄子龛等夜归元帝，以为武州刺史，封枝江县侯，令随领军王僧辩东讨侯景。至巴陵，景遁。加侍中，进爵为公，仍随僧辩追景至石头。景败，崱入据台城。景平，加散骑常侍、江州刺史。是月,齐将郭元建攻秦州刺史严超达于秦郡,王僧辩令崱赴援,陈武帝亦自欧阳来会。元建众却,崱因纵兵大破之,元建遁。时元帝执王琳于江陵,琳长史陆纳等于长沙反。元帝征崱与王僧辩讨之。及纳等战于车轮,大败之。后纳等降,崱又与王僧辩西讨平武陵王于硖石。旋镇,遘疾卒,谥曰武。

崱兄弟九人,兄嵩、岑、巕、岌、巚、岸及弟岷、幼安并知名。

岸字公衡,太清中,与崱随岳阳王詧攻荆州,同归元帝。帝以为北梁州刺史,封江陵县侯。岸请以五百骑袭襄阳,去城三十里,城中觉之。詧夜知其将掩襄阳,以岸等襄阳豪帅,于是夜遁归襄阳。岸等知詧至,遂奔其兄南阳太守巚于广平。詧遣将尹正、薛晖等攻拔之,获巚、岸等并其母妻子女,并斩于襄阳北门。詧母袭保林数岸于众,岸曰:“老婢教汝儿杀汝叔,乃枉杀忠良。”詧命拔其舌,脔杀而烹之。尽诛诸杜宗族亲者,幼弱下蚕室,又发其坟墓,烧其骸骨,灰而扬之,并以为漆腕。及建邺平,崱兄弟发安宁陵焚之,以报漆腕之酷,元帝亦不责也。

幼安性至孝宽厚,雄勇过人,与兄崱同归元帝。帝以为西荆州刺史,封华容县侯。与王僧辩讨河东王誉于长沙,平之。又令助徐文盛东讨侯景,至贝矶,大破景将任约,斩其仪同叱罗子通、湘州刺史赵威方等。仍进军大举汉口,别攻拔武昌。景度卢洲上流以压文盛,幼安与众军大败之。会景密遣骑袭陷郢州,执刺史方诸,人情大骇。文盛由汉口遁归,众军大败,幼安降景。景以其多反覆,杀之。

龛,岑之子也,少骁勇,善用兵,与诸父归元帝,帝以为郧州刺史,封中卢县侯。与王僧辩讨平河东王誉。又随僧辩下,继徐文盛军至巴陵。闻侯景陷郢州西上将至,乃与僧辩等守巴陵。景至围之数旬,不克而遁。迁太府卿、定州刺史。及众军至姑熟,景将侯子鉴逆战,龛与陈武帝、王琳等击之,大败子鉴,遂至石头。景亲会战,龛与众大破之。论功为最,授东扬州刺史。又与王僧辩降陆纳,平武陵王。

及魏平江陵,后齐纳贞阳侯明以绍梁嗣,以龛为震州刺史、吴兴太守,迁南豫州刺史,封溧阳县侯,又加散骑常侍、镇南大将军。
龛,僧辩婿也,始为吴兴太守,以陈武帝既非素贵,及为之本郡,以
法绳其宗门,无所纵舍。武帝衔之切齿。及僧辩败,龛乃据吴兴以
拒之,频败陈文帝军。龛好饮酒,终日恒醉,勇而无略。部将杜泰私
通于文帝,说龛降文帝,龛然之。其妻王氏曰:"霸先仇隙如此,何可
求和。"因出私财赏募,复大败文帝军。后杜泰降文帝。龛尚醉不觉,
文帝遣人负出项王寺前斩之。王氏因截发出家,杜氏一门覆矣。

　　王琳字子珩,会稽山阴人也。本兵家。元帝居蕃,琳姊妹并入
后庭见幸,琳由此未弱冠得在左右。少好武,遂为将帅。

　　太清二年,帝遣琳献米万石,未至,都城陷,乃中江沉米,轻舸
还荆。稍迁岳阳内史,以军功封建宁县侯。侯景遣将宋子仙据郢州,
琳攻克之,禽子仙。又随王僧辩破景。后拜湘州刺史。

　　琳果劲绝人,又能倾身下士,所得赏物不以入家,麾下万人,多
是江淮群盗。平景之勋,与杜龛俱为第一。恃宠纵暴于建邺,王僧
辩禁之不可,惧将为乱,启请诛之。琳亦疑祸,令长史陆纳率部曲前
赴湘州,身轻上江陵陈谢。将行谓纳等曰:"吾若不反,子将安之?"
咸曰"请死"。相泣而别。及至,帝以下吏,而使廷尉卿黄罗汉、太舟
卿张载宣喻琳军。陆纳等及军人并哭对使者,莫肯受命,乃絷黄罗
汉,杀张载。载性刻,为帝所信,荆州疾之如仇,故纳等因人之欲,抽
其肠系马脚,使绕走,肠尽气绝,又脔割备五刑而斩之。

　　元帝遣王僧辩讨纳,纳等败走长沙。是时湘州未平,武陵王兵
下又甚盛,江陵公私恐惧,人有异图。纳启申琳无罪,请复本位,求
为奴婢。元帝乃锁琳送僧辩。时纳出兵方战,会琳至,僧辩升诸楼
车以示之。纳等投戈俱拜,举军皆哭,曰:"乞王郎入城即出。"乃放
琳入,纳等乃降。湘州平,仍复琳本位,使拒武陵王纪。纪平,授衡
州刺史。

　　元帝性多忌,以琳所部甚盛,又得众心,故出之岭外。又授都
督、广州刺史。其友人主书李膺,帝所任遇,琳告之曰:"琳蒙拔擢,

常欲毕命以报国恩。今天下未平,迁琳岭外,如有万一不虞,安得琳力。忄宦官正疑琳耳,琳分望有限,可得与官争为帝乎?何不以琳为雍州刺史,使镇武宁。琳自放兵作田,为国御捍,若警急动静相知。孰若远弃岭南,相去万里,一日有变,将欲如何?琳非愿长坐荆南,政以国计如此耳。"膺然其言而不敢启,故遂率其众镇岭南。

元帝为魏围逼,乃征琳赴援,除湘州刺史。琳师次长沙,知魏平江陵,已立梁王督,乃为元帝举哀,三军缟素。遣别将侯平率舟师攻梁,琳屯兵长沙,傅檄诸方,为进趣之计。时长沙蕃王萧韶及上游诸将推琳主盟。侯平虽不能度江,频破梁军,又以琳兵威不接,翻更不受指麾,琳遣将讨之,不克。又师老兵疲不能进,乃遣使奉表诣齐,并献驯象;又使献款于魏求其妻子;亦称臣于梁。

陈武帝既杀王僧辩,推立敬帝,以侍中、司空征琳。不从命,乃大营楼舰,将图义举。琳将张平宅乘一舰,每将战胜,舰则有声如野猪,故琳战舰以千数,以野猪为名。陈武帝遣将侯安都、周文育等讨琳,仍受梁禅。安都叹曰:"我其败乎,师无名矣。"逆战于沌口。琳乘平肩舆,执钺而麾之,禽安都、文育,其余无所漏,唯以周铁武一人背恩,斩之。锁安都、文育,置琳所坐舰中,令一阉竖监守之。琳乃移湘州军府就郢城,带甲十万,练兵于白水浦。琳巡军而言曰:"可以为勤王之师矣,温太真何人哉!"南江渠帅熊昙朗、周迪怀贰,琳遣李孝钦、樊猛与余孝顷同讨之。三将军败,并为迪所因。安都、文育等尽逃还建邺。

初,魏克江陵之时,永嘉王庄年甫七岁,逃匿人家。后琳迎还湘中,卫送东下。及敬帝立,出质于齐,请纳庄为梁主。齐文宣遣兵援送,仍遣兼中书令李骝骅册拜琳为梁丞相、都督中外诸军、录尚书事。又遣中书舍人辛悫、游诠之等赍玺书江表宣劳,自琳以下皆有颁赐。琳乃遣兄子叔宝率所部十州刺史子弟赴邺,奉庄纂梁祚于郢州。庄授琳侍中、使持节、大将军、中书监,改封安成郡公,其余并依齐朝前命。

及陈文帝立,琳乃辅庄次于濡须口。齐遣扬州道行台慕容俨率众临江,为其声援。陈遣安州刺史吴明彻江中夜上,将袭盆城。琳遣巴陵太守任忠大败之,明彻仅以身免。琳兵因东下,陈遣太尉侯瑱、司空侯安都等拒之。瑱等以琳军方盛,引军入芜湖避之。时西南风至急,琳谓得天道,将直取扬州,侯瑱等徐出芜湖蹑其后。比及兵交,西南风翻为瑱用,琳兵放火燧以掷瑱船者,皆反烧其船。琳船舰溃乱,兵士透水死者十二三。其余皆弃船上岸,为陈军所杀殆尽。

初,琳命左长史袁泌、御史中丞刘仲威同典兵侍卫庄,及军败,泌遂降陈。仲威以庄投历阳,又送寿阳。琳寻与庄同入齐,齐孝昭帝遣琳出合肥,鸠集义故,更图进取。琳乃缮舰,分遣招募淮南伧楚,皆愿戮力。陈合州刺史裴景晖,琳兄珉之婿也,请以私属导引齐师,孝昭委琳与行台左丞卢潜率兵应赴。沉吟不决,景晖惧事泄,挺身归齐。齐孝昭赐琳玺书,令镇寿阳,其部下将帅悉听以从,乃除琳骠骑大将军、开府仪同三司、扬州刺史,封会稽郡公。又增兵秩,兼给铙吹。琳水陆戒严,将观衅而动,属陈氏结好于齐,使琳更听后图。

琳在寿阳,与行台尚书芦潜不协,更相是非,被召还邺。齐武成置而不问,除沧州刺史。后以琳为特进、侍中。所居屋背无故剥破,出赤蛆数升,落地化为血,蠕动。有龙出于门外之池,云雾起,昼晦。会陈将吴明彻寇齐,齐帝敕领军将军尉破胡等出援秦州,令琳共为经略。琳谓所亲曰:"今太岁在东南,岁星居牛斗分,太白已高,皆利为客,我将有丧。"又谓破胡曰:"吴兵甚锐,宜长策制之,慎勿轻斗。"破胡不从,战,军大败。琳单马突围,仅而获免。还至彭城,齐令便赴寿阳,并许召募。又进封琳巴陵郡王。陈将吴明彻进兵围之,堰肥水灌城。而齐将皮景和等屯于淮西,竟不赴救。明彻昼夜攻击,城内水气转侵,人皆患肿,死病相枕。从七月至十月,城陷被执,百姓泣而从之。吴明彻恐其为变,杀之城东北二十里,时年四十八。哭者声如雷。有一叟以酒脯来至,号酹尽哀,收其血怀之而去。传首建康,悬之于市。

琳故吏梁骠骑府仓曹参军朱玚,致书陈尚书仆射徐陵求琳首,曰：

　　窃以朝市迁贸，时传骨鲠之风，历运推移，间表忠贞之迹。故典午将灭，徐广为晋家遗老，当涂已谢，马孚称魏室忠臣。用能播美于前书，垂名于后世。梁故建宁公琳，洛滨余胄，沂川旧族，立功代邸，效绩中朝。当离乱之辰，总蕃伯之任。尔乃轻躬殉主，以身许国，实追踪于往彦，信躐武于前修。而天厌梁德，尚思匡继，徒蕴包胥之念，终遘苌弘之眚。洎王业光启，鼎祚有归，于是远迹山东，寄命河北。虽轻旅臣之叹，犹怀客卿之礼。感兹知己，忘此捐躯。至使身没九泉，头行万里。诚复马革裹尸，遂其生平之志，原野暴骸，会彼人臣之节。然身首异处，有足悲者，封树靡卜，良可怆焉。

　　场早篷末僚，预参下席，降薛君之吐握，荷魏公之知遇。是用沾巾雨袂，痛可识之颜，回肠疾首，切犹生之面。伏惟圣恩博厚，明诏爰发，赦王经之哭，许田横之葬。场虽刍贱，窃亦有心。琳经莅寿阳，颇存遗爱，曾游江右，非无旧德。比肩东阁之吏，继踵西园之宾，愿归彼境，还修窀穸。庶孤坟既筑，或飞衔土之燕，丰碑式树，时留堕泪之人。近故旧王绾等已有论牒，仰蒙制议，不遂所陈。昔廉公告逝，即肥川而建茔域，孙叔云亡，仍芍陂而植楸檟。由此言之，抑有其例。不使寿春城下，唯传报葛之人，沧洲岛上，独有悲田之客。昧死陈祈，伏待刑宪。

陵嘉其志节，又明彻亦数梦琳求首，并为启陈主而许之。仍与开府主簿刘韶慧等持其首还于淮南，权瘗八公山侧，义故会葬者数千人。场等乃间道北归，别议迎接。寻有扬州人茅智胜等五人密送丧枢达于邺，赠十五州诸军事、扬州刺史、侍中、特进、开府、录尚书事，谥曰忠武王，葬给辒辌车。

　　琳体貌闲雅，立发委地，喜怒不形于色。虽无学业，而强记内敏，军府佐史千数，皆识其姓名。弄罚不滥，轻财爱士，得将卒之心，少为将帅，屡经丧乱，雅有忠义之节。虽本图不遂，齐人亦以此重之，待遇甚厚。及败，为陈军所执，吴明彻欲全之，而其下将领多琳故吏,争来致请,并相资给,明彻由此忌之,故及于难。当时田夫野老,知与不知,莫不为之歔欷流泣。观其诚信感物,虽李将军之恂恂善诱,殆无以加焉。

琳十七子,长子敬,在齐袭王爵,武平末,通直常侍。第九子衍,隋开皇中,开府仪同三司,大业初,卒于渝州刺史。

张彪不知何许人,自云家本襄阳,或云左卫将军、衡州刺史兰钦外弟也。少亡命在若邪山为盗,颇有部曲。临城公大连出牧东扬州,彪率所领客焉。始为防阁,后为中兵参军,礼遇甚厚。及侯景将宋子仙攻下东扬州,复为子仙所知。后去子仙,还入若邪举义,征子仙不捷,仍走向剡。

赵伯超兄子棱,为侯景山阴令,去职从彪。后怀异心,伪就彪计,请酒为盟,引刀子披心出血自歃。彪信之,亦取刀刺血报之。刀始至心,棱便以手案之,望入彪心,刀斜伤得不深。棱重取刀刺彪,头面被伤顿绝。棱谓已死,因出外告彪诸将,言已杀讫,欲与求富贵。彪左右韩武入视,彪已苏,细声谓曰:“我尚活,可与手。”于是武遂诛棱。彪不死,复奉表元帝,帝甚嘉之。

及侯景平,王僧辩遇之甚厚,引为爪牙,与杜龛相似,世谓之张、杜。贞阳侯践位,为东扬州刺史,并给鼓吹。室富于财,昼夜乐声不息。剡令王怀之不从,彪自征之。留长史谢岐居守。会僧辩见害,彪不自展拔。时陈文帝已据震泽,将及会稽,彪乃遣沈泰、吴宝真还州助岐保城。彪后至,泰等反,与岐迎陈文帝入城。彪因其未定,逾城而入。陈文帝遂走出,彪复城守。沈泰说陈文帝曰:“彪部曲家口并在香岩寺,可往收取。”遂往,尽获之。彪将申进密与泰相知,因又叛彪,彪复败走,不敢还城。据城之西山楼子,及暗得与弟昆仑、妻杨氏去。犹左右数人追随,彪疑之,皆发遣,唯常所养一犬名黄苍在彪前后,未曾舍离。乃还入若邪山中。

沈泰说陈文帝遣章昭达领千兵重购之,并图其妻。彪眠未觉,黄苍惊吠劫来,便啮一人,中喉即死。彪拔刀遂之,映火识之,曰:

"何忍举恶？卿须我者但可取头，誓不生见陈茜。劫曰："官不肯去，谓就平地。"彪知不免，谓妻杨呼为乡里曰："我不忍令乡里落它处，今当先杀乡里然后就死。"杨引颈受刀，曾不辞惮。彪不下刀，便相随下岭到平处，谓劫曰："卿须我头，我身不去也。"呼妻与诀，曰："生死从此而别。若见沈泰、申进等为语曰，功名未立，犹望鬼道相逢。"劫不能生得，遂杀彪并弟，致二首于昭达。黄苍号叫彪尸侧，宛转血中，若有哀状。

昭达进军，迎彪妻便拜，称陈文帝教迎为家主。杨便改啼为笑，欣然意悦，谓昭达殡彪丧。坟冢既毕，黄苍又俯伏冢间，号叫不肯离。杨还经彪宅，谓昭达曰："妇人本在容貌，辛苦日久，请暂过宅庄饰。"昭达许之。杨入屋，便以刀割发毁面，哀哭恸绝，誓不更行。陈文帝闻之，叹息不已，遂许为尼。后陈武帝军人求取之，杨投井决命。时寒，比出之垂死，积火温燎乃苏，复起投于火。彪始起于若邪，兴于若邪，终于若邪。及妻、犬皆为时所重异。杨氏，天水人，散骑常侍暾之女也。有容貌，先为河东裴仁林妻，因乱为彪所纳。彪友人吴中陆山才嗤泰等翻背，刊吴昌门为诗一绝曰："田横感义士，韩王报主臣，若为留意气，持寄禹川人。"

论曰：忠义之道，安有常哉！善言者不必能行，蹈之者恒在所忽。江子一、胡僧祐，太清之季，名宦盖微。江则自致亡躯，胡亦期之殒命，然则贞劲之节，岁寒自有性也。文盛克终有鲜，诗人得所诫焉。子春战乃先鸣，幽通有助，及乎梁州之败，而以濯足为尤。杜氏终致覆亡，亦云图墓之咎。吉凶之兆，二者岂易知乎。王琳乱朝忠节，志雪仇耻，然天方相陈，义难弘济，斯则大厦落构，岂一木所能支也。张彪一遇何怀，死而后已。唯妻及犬，义悉感人。记传所陈，何以加此，异乎！

南史卷六五
列传第五五

陈宗室诸王

　　永脩侯拟　　遂兴侯详　　宜黄侯慧纪

　　衡阳献王昌　子伯信

　　南康愍王昙朗　子方泰　方庆

文帝诸子

　　始兴王伯茂　　鄱阳王伯山

　　新安王伯固　　晋安王伯恭

　　庐陵王伯仁　　江夏王伯义

　　武陵王伯礼　　永阳王伯智

　　桂阳王伯谋

宣帝诸子

始兴王叔陵　　豫章王叔英
长沙王叔坚　　建安王叔卿
宜都王叔明　　河东王叔献
新蔡王叔齐　　晋熙王叔文
淮南王叔彪　　始兴王叔重
寻阳王叔俨　　岳阳王叔慎
义阳王叔达　　巴山王叔雄
武昌王叔虞　　湘东王叔平
临贺王叔敖　　阳山王叔宣
西阳王叔穆　　南安王叔俭
南郡王叔澄　　沅陵王叔兴
岳山王叔韶　　新兴王叔纯
巴东王叔谟　　临海王叔显
新会王叔坦　　新宁王叔隆
新昌王叔荣　　太原王叔匡

后主诸子

太子深　吴兴王胤　南平王嶷
永嘉王彦　南海王虔　信义王祗
邵陵王兢　会稽王庄　东阳王恮

吴郡王藩　钱塘王恬

永脩侯拟字公正,陈武帝之疏属也。少孤贫,质直强记。武帝南征交址,拟从焉。梁绍泰二年,除员外散骑常侍、明威将军,以雍州刺史资,监南徐州事。武帝践阼,广封宗室,诏:从子监南徐州拟封永脩县侯,北徐州刺史褒封钟陵县侯,晃封建城县侯,炅封上饶县侯;从孙明威将军诊封虔化县侯,吉阳县侯谊仍前封,信威将军祐封豫宁县侯,青州刺史详封遂兴县侯,贞威将军慧纪封宜黄县侯,敬雅封宁都县侯,敬泰封平固县侯。文帝嗣位,拟除丹阳尹,坐事以白衣知郡,寻复本职。卒,谥曰定。天嘉二年,配享武帝庙庭。子党嗣。

遂兴侯详字文几,少出家为沙门。善书记,谈论清雅。武帝讨侯景,召令还俗,配以兵马,从定建邺。永定二年,封遂兴县侯。天嘉三年,累迁吴州刺史。五年,讨周迪,战败死之。以所统失律,无赠谥。子正理嗣。

宜黄侯慧纪字元方,武帝之从孙也。涉猎书史,负材任气。从武帝平侯景。及帝践阼,封宜黄县侯,除黄门侍郎。

太建十年,吴明彻北侵败绩,以慧纪为缘江都督、兖州刺史。至德二年,为都督、荆州刺史。及梁安平王萧岩、晋熙王萧𤩅等诣慧纪请降,慧纪以兵迎之。以应接功,位开府仪同三司。

祯明三年,隋师济江,慧纪率将士三万人,船舰千余乘,沿江而下,欲趣台城。遣南康太守吕肃将兵据巫峡,以五条铁锁横江,肃竭其私财以充军用。隋将杨素奋兵击之,四十余战,争马鞍山及磨刀涧守险。隋军死者五千余人,陈人尽取其鼻,以求功赏。既而隋军屡捷,获陈之士,三纵之,肃乃遁保延洲。别帅廖世宠领大舫诈降,欲烧隋舰,更决一死战。于是有五黄龙备众色,各长十余丈,骧首连接,顺流而东,风浪大起,云雾晦冥,陈人震骇,不觉火自焚。隋军乘高舰,张大弩以射之,陈军大败,风浪应时顿息。肃收余众东走。慧纪时至汉口,为隋秦王俊拒,不得进。闻肃败,尽烧公安之储,伪引兵东下,因推湘州刺史晋熙王叔文为盟主。水军都督周罗睺与郢州刺史荀法尚守江夏。及建邺平,隋晋王广遣一使以慧纪子正业来喻,又使樊毅喻罗睺,其上流城戍悉解甲。于是慧纪及巴州刺史毕宝并恸哭俱降。

慧纪入隋,依例授仪同三司,卒。子正平,颇有文学。

衡阳献王昌字敬业,武帝第六子也。梁太清末,武帝南征李贲,命昌与宣后随沈恪还吴兴。及武帝东讨侯景,昌与宣后、文帝并为景囚。景平,拜长城国世子、吴兴太守,时年十六。

昌容貌伟丽,神情秀朗,雅性聪辩,明习政事。武帝遣陈郡谢哲、济阳蔡景历辅昌临郡,又遣吴郡杜之伟授昌以经。昌读书一览便诵,明于义理,剖析如流。

寻与宣帝及往荆州。魏克荆州,又与宣帝俱迁长安。武帝即位,频遣使请宣帝及昌,周人许而未遣。信武帝崩,乃遣之。时王琳作梗中流,昌不得还,居于安陆。王琳平后,天嘉元年二月,昌发自安陆,由鲁山济江。而巴陵王萧沇等率百僚上表,请以昌为湘州牧,封衡阳郡王,诏曰"可"。三月甲戌入境,诏令主书舍人缘道迎接。丙子济江,于中流殒之,使以溺告。四月庚寅,丧柩至都,上亲临哭。乃下诏赠假黄钺、都督中外诸军事、太宰、扬州牧,葬送之仪,一依汉东平宪王、齐豫章文献王故事,谥曰献。无子,文帝以第七皇子伯信嗣。

伯信字孚之,位西衡州刺史。及隋师济江,与临汝侯方庆并为东衡州刺史王勇所害。

南康愍王昙朗,武帝母弟忠壮王休先之子也。休先少倜傥有大志,梁简文之在东宫,深被知遇,为文德主帅,顷之,卒。敬帝即位,追赠徐州刺史,封武康县公。武帝受禅,赠司徒,封南康郡王,谥曰忠壮。

昙朗少孤,尤为武帝所爱。有胆力,善绥御。侯景平后,起家著作郎。武帝诛王僧辩,留昙朗镇京口,知留府事。绍泰元年,除中书侍郎,监南徐州。二年,齐兵攻逼建邺,因请和,求武帝子侄为质。时四方州郡,并多未宾,本根虚弱,粮运不继,在朝文武,咸愿与齐和亲。武帝难之,而重违众议,乃决遣昙朗。恐昙朗惮行,或当奔窜,乃自率步骑往京口迎之,使质于齐。齐背约,遣萧轨等随徐嗣徽度江。武帝大破之,虏萧轨、东方老等诛之,齐人亦害昙朗于晋阳。

时陈与齐绝,弗之知。武帝践阼,犹以昙朗袭封南康郡王,奉忠壮王祀,礼秩一同皇子。天嘉二年,齐人结好,始知其亡,文帝诏赠开府仪同三司、南徐州刺史,谥曰愍。乃遣兼中郎令随聘使江德藻迎昙朗丧枢,三年春,至都。

初,昙朗未质于齐,生子方泰、方庆;及将适齐,以二妾自随,在北又生二子方华、方旷,亦同得还。

方泰少粗犷,与诸恶少年群聚,游逸无度。文帝以南康王故,特宽宥之。天嘉二年,以为南康王世子。及闻昙朗薨,于是袭爵南康王。太建四年,为都督、广州刺史,为政残暴,为有司奏免。六年,授豫章内史,在郡不修政事。秩满之际,屡放部曲为劫,又纵火延烧邑居,因行暴掠,驱录富人,征求财贿。代至,又淹留不还。至都,以为宗正卿。未拜,为御史中丞宗元饶所劾,免官,以王还第。

十一年,起为宁远将军,直殿省。寻加散骑常侍。其年八月,宣帝幸大壮观,因大阅武。命都督任忠领步骑十万阵于玄武湖,都督陈景领楼舰五百出于瓜步江。上登玄武门观,宴群臣以观之。因幸乐游苑,设丝竹会。仍重幸大壮观,集众军振旅而还。时方泰当从,启称所生母疾,不行。因与亡命杨钟期等二十人微行往人间,淫淳于岑妻,为州长流所录。又率人仗抗拒,伤损禁司,为有司所奏。上大怒,下方泰狱。方泰初承行淫,不承拒格禁司。上曰:"不承则上测。"方泰乃投列承引。于是兼御史中丞徐君整奏请解方泰所居官，下宗正削爵土，上可其奏。

祯明初，为侍中。陈亡，与后主俱入长安。隋大业中，为掖县令。

方庆少清警，涉猎书传。及长，有干略。天嘉中，封临汝县侯。至德二年，累迁智武将军、武州刺史。

初，广州刺史马靖久居岭表，大得人心，士马强盛，朝廷疑之，以方庆为广州刺史，以兵袭靖。靖诛，进号宣毅将军。方庆性清谨，甚得人和。

祯明三年，隋师济江，都督、东衡州刺史王勇征兵于方庆，欲与赴援台城。时隋行军总管韦洸帅兵度岭，宣隋文帝敕云："若岭南平定，留勇与丰州刺史郑万顷且依旧职。"方庆闻之，恐勇卖己，且欲观变，乃不从。勇使戴智烈斩方庆于广州，而收其兵。

郑万顷，荥阳人，梁司州刺史绍叔之始族子也。父旻，梁末入魏。万顷通达有材干，周武帝时，为司城大夫，出为温州刺史。至德中，与司马消难奔陈，拜散骑常侍、昭武将军、丰州刺史。在州甚有惠政，吏人表请立碑，诏许焉。初，万顷在周，甚被隋文帝知遇，及隋文帝践阼，常思还北。及王勇杀方庆，万顷乃率州兵拒勇降隋。隋授上仪同，寻卒。

文帝十三男：沈皇后生废帝、始兴王伯茂。严淑媛生鄱阳王伯山、晋安王伯恭，潘容华生新安王伯固。刘昭华生衡阳王伯信。王充华生庐陵王伯仁，张修容生江夏王伯义，韩修华生武陵王伯礼，江贵妃生永阳王伯智，孔贵妃生桂阳王伯谋。二男早卒，无名。伯信出继衡阳王昌。

始兴王伯茂字郁之，文帝第二子也。初，武帝兄始兴昭烈王道谈仕梁为东宫直阁将军，侯景之乱，援台，中流矢卒。绍泰二年，赠南兖州刺史，封长城县公，谥曰昭烈。武帝受禅，重赠太傅，改封始兴郡王。道谈生文帝及宣帝。宣帝以梁承圣末迁于长安，至是，武帝遥以宣帝袭封始兴嗣王,以奉昭烈王祀。武帝崩,文帝入纂帝位。时宣帝在周未还,文帝以本宗乏飨,徙封宣帝为安成王,封伯茂为始兴王,以奉昭烈王祀。赐天下为父后者爵一级。旧制:诸王受封未加戎号者,不置佐史。于是尚书八坐奏加伯茂宁远将军,置佐史,除扬州刺史。

伯茂性聪敏好学,谦恭下士,又以太子母弟,文帝深爱重之。时人于丹徒盗发晋郗昙墓,大获晋右军将军王羲之书及诸名贤遗迹。事觉,其书并没县官,藏于秘府。文帝以伯茂好古,多以赐之。由是伯茂大工草隶书,甚得右军法。

迁东扬州刺史、镇东将军、开府仪同三司。废帝时,伯茂在都,刘师知等矫诏出宣帝,伯茂劝成之。师知等诛后,宣帝恐伯茂扇动朝廷,乃进号中卫将军,令入居禁中,专与废帝游处。时四海之望,咸归宣帝,伯茂深不平,数肆恶言。宣帝以其无能,不以为意。及建安人蒋裕与韩子高等谋反,伯茂并阴豫其事。光大二年,皇太后令黜废帝为临海王,其日又下令降伯茂为温麻侯。时六门之外有别馆,以为诸王冠昏之所,名为昏第。至是命伯茂出居之,宣帝遣盗殒之于车中,年十八。

鄱阳王伯山字静之,文帝第三子也。伟容仪,举止闲雅,喜愠不形于色。

武帝时,天下草创,诸王受封,仪注多阙。及伯山受封,文帝欲重其事,天嘉元年七月丙辰,尚书八坐奏封鄱阳郡王,乃遣度支尚书萧睿持节兼太宰告于太庙,又遣五兵尚书王质持节兼太宰告于太社,其年十月,上临轩策命,策讫,令王公以下,并宴于王第。

六年,为缘江都督、平北将军、南徐州刺史。宣帝辅政,不欲令伯山处边,光大元年,徙为东扬州刺史。累迁征南将军、护军将军,加开府仪同三司,给鼓吹并扶。

伯山性宽厚,美风仪,又于诸王最长,后主深敬重之。每朝庭有冠昏飨宴,恒使为主。及遭所生忧,居丧以孝闻。后主尝幸吏部尚书蔡征宅，因往吊之，伯山号恸殆绝，因起为镇卫将军，乃谓群臣曰："鄱阳王至性可嘉，又是西第之长，豫章已兼司空，其亦须迁太尉。未及发诏，祯明三年薨。寻属陈亡，遂无赠谥。

长子君范，未袭爵而隋师至。时宗室王侯在都者百余人，后主恐其为变，乃并召入，屯朝堂，使豫章王叔英总督之，又阴为之备。六军败绩，相率出降，因从后主入长安。隋文帝并配陇右及河西诸州，各给田业以处之。大业二年，隋炀帝以后主第六女婤为贵人，绝爱幸，因召陈氏子弟尽还京师，随才叙用，由是并为守宰，遍于天下。君范位温县令。

新安王伯固字牢之，文帝第五子也。生而龟胸，目通睛扬白，形状眇小，而俊辩善言论。天嘉六年，立为新安郡王。太建七年，累迁都督、南徐州刺史。

伯固性嗜酒，不好积聚，所得禄奉，用度无节。酣醉以后，多所乞丐，于诸王中最为贫窭。宣帝每矜之，特加赏赐。性轻率，好行鞭捶。在州不知政事，日出田猎。或乘眠舆至于草间，辄呼人从游，动至旬日。所捕獐鹿，多使生致。宣帝颇知之，遣使责让者数矣。

十年，为国子祭酒。颇知玄理，而堕业无所通；至于摘句问难，往往有奇意。为政严苛，国学有堕游不修习者，重加榎楚，生徒惧焉，由是学业颇进。

十三年，为都督、扬州刺史。后主初在东宫，与伯固甚亲狎。伯固又善嘲谑，宣帝每宴集，多引之。叔陵在江州，心害其宠，阴求瑕疵，将中以法。及叔陵入朝，伯固惧罪，诣求其意，乃共讪毁朝贤，历诋文武，虽耆年高位，皆面折无所畏忌。伯固性好射雉，叔陵又好开发冢墓，出游田野，必与偕行，于是情好大协，遂谋不轨。伯固侍禁中，每有密语，必报叔陵。及叔陵奔东府，遣使告之，伯固单马驰赴，助叔陵指麾。知事不捷，便欲走。会四门已闭，不得出，因趣白杨道。台马客至，为乱兵所杀，尸于昌馆门，时年二十八。诏特许以庶人礼葬。子及所生王氏，并特宥为庶人，国除。

晋安王伯恭字肃之,文帝第六子。天嘉六年封。寻为吴郡太守。时年十余岁,便留心政事,官曹缉理。历位尚书左仆射,后为中卫将军、右光禄大夫。陈亡,入长安。大业初,为成州刺史、太常少卿。

庐陵王伯仁字寿之,文帝第八子。天嘉六年立。为侍中、国子祭酒,领太子中庶子。陈亡,卒于长安。

江夏王伯义字坚之,文帝第九子。天嘉六年封。位金紫光禄大夫。陈亡,入长安。迁于瓜州,道卒。

武陵王伯礼字用之,文帝第十子。天嘉六年立。太建初,为吴兴太守。在郡恣行暴掠,后为有司所劾。十一年,被代征还,遂迁延不发,为御史中丞徐君整所劾,免。陈亡,入长安。大业中,为临洮太守。

永阳王伯智字策之,文帝第十二子。少敦厚,有器局,博涉经史。太建中立。累迁尚书左仆射,后为特进。陈亡,入长安。大业中,为国子司业。

桂阳王伯谋字深之,文帝第十三子。太建中立。位散骑常侍,薨。子郧,大业中,为番禾令。

宣帝四十二男:柳皇后生后主。彭贵人生始兴王叔陵。曹淑华生豫章王叔英。何淑仪生长沙王叔坚、宜都王叔明。魏昭华生建安王叔卿。钱贵妃生河东王叔献。刘昭仪生新蔡王叔齐。袁昭容生晋熙王叔文、义阳王叔达、新会王叔坦。王姬生淮南王叔彪、巴山王叔雄。吴姬生始兴王叔重。徐姬生寻阳王叔俨。淳于姬生岳阳王叔慎。王修华生武昌王叔虞。韦修容生湘东王叔平。施姬生临贺王叔敖、沅陵王叔兴。曾姬生阳山王叔宣。杨姬生西阳王叔穆。申婕妤生南安王叔俭、南郡王叔澄、岳山王叔韶、太原王叔匡。袁姬生新兴王叔纯。吴姬生巴东王叔谟。刘姬生临海王叔显。秦姬生新宁王叔隆、新昌王叔荣。其皇子叔睿、叔忠、叔泓、叔毅、叔训、叔武、叔处、叔封八人，并未及封。三子早卒，无名。

始兴王叔陵字子嵩，宣帝之第二子也。梁承圣中，生于江陵。魏克江陵，宣帝迁关右，叔陵留穰城。宣帝之还，以后主及叔陵为质。天嘉三年，随后主还朝，封康乐县侯。

叔陵少机辩，循声名，强梁无所推屈。太建元年，封始兴王，奉昭烈王祀。位都督、江州刺史，时年十六，政自己出，僚佐莫预焉。性严刻，部下慑惮，诸公子侄及罢县令长，皆逼令事己。豫章内史钱法成诣府进谒，即配其子季卿将，领马仗。季卿惭耻，不时至，叔陵大怒，侵辱法成，法成愤怨，自缢而死。州县非其部内，亦征摄案之。朝贵及下吏有乖忤者，辄诬奏其罪，陷以重辟。

四年，迁都督、湘州刺史。诸州镇闻其至，皆震恐股栗。叔陵日益横，征伐夷、獠，所得皆入己，丝毫不以赏赐。征求役使，无有纪极。夜常不卧，执烛达晓，呼召宾客，说人间细事，戏谑无所不为。性不饮酒，唯多置肴胾，昼夜食啖而已。自旦至中，方始寝寐。曹局文案，非呼不得辄白。笞罪者皆系狱，动数年不省视。潇、湘以南，皆逼为左右，廛里殆无遗者。其中脱有逃窜，辄杀其妻子。州县无敢上言，宣帝弗之知。

九年，除都督、扬州刺史。十年，至都，加扶，给油幢车。叔陵居东府，事务多关涉省阁，执事之司，承意顺旨，即讽上进用之。微致违忤，必抵大罪，重者至殊死。道路藉藉，皆言其有非常志。叔陵修饰虚名，每入朝，常于车中马上，执卷读书，高声长诵，阳阳自若。归坐斋中，或自执斧斤，为沐猴百戏。又好游冢墓间，遇有茔表主名可知者，辄命左右发掘，取其石志、古器并骸骨肘胫，持为玩弄，藏之府库。人间少妻处女，微有色貌者，并即逼纳。

十一年，丁所生母彭氏忧，去职。顷之，起为本职。晋世王公贵人，多葬梅岭，及彭氏卒，叔陵启求梅岭葬之，乃发故太傅谢安旧墓，弃去安柩，以葬其母。初丧日，伪为哀毁，自称刺血写《涅槃经》。未及十旬，乃日进甘膳。又私召左右妻女，与庄之奸合，所作尤不轨，侵淫上闻。宣帝责御史中丞王政以不举奏，免政官。又黜其典签、亲事，仍加鞭捶。宣帝素爱叔陵，不绳以法，但责让而已。服阕，又为侍中、中军大将军。

及宣帝不豫，后主诸王并入侍疾。叔陵阴有异志，命典药吏砺切药刀。及仓卒之际，又命左右取剑，左右不悟，乃取朝服所佩木剑以进，叔陵怒。及翌日小敛，后主哀顿俯伏，叔陵以锉药刀斫后主中项，太后驰来救焉，叔陵又斫太后数下。后主乳媪乐安君吴氏时在太后侧，自后掣肘，后主因得起。叔陵仍持后主衣，后主自奋得免。长沙王叔坚以手扼叔陵，夺去其刀，仍牵就柱，以其褶缚之，弃池水中，将杀之，问后主曰："即尽之，为待也？"时吴媪已扶后主避贼，叔坚求后主所在，将受命。叔陵多力，因奋袖得脱，突出云龙门，驰车还东府，呼其甲士断青溪桥道。放东城囚，以充战士。又遣人往新林追所部兵马。仍自被甲，著白帽，登城西门，招募百姓，散金银以赏赐。外召诸王将帅，无有应者，唯新安王伯固闻而赴之。叔陵聚兵仅得千人，欲据城保守。

时众军并缘江防守，台内空虚，叔坚白太后，使太子舍人司马申急召右卫将军萧摩诃，将兵至府西门。叔陵事急，遣记室韦谅送鼓吹与摩诃，谓曰："事捷，以公为台鼎。"摩诃绐报曰："须王心膂节将自来，方敢从命。"叔陵即遣，遣戴温、谭骐麟二人诣摩诃。摩诃执以送台，斩于阁道下，持其首徇东城，仍悬于朱雀门。叔陵自知不济，遂入沉其妃张氏及宠妾七人于井中。叔陵有部下兵先在新林，于是率人马数百，自小航度，欲趣新林，以舟舰入北。行至白杨路，为台军所邀。伯固见兵至，旋避入巷，叔陵拔刀追之，伯固复还。叔陵部下多弃甲溃散，摩诃马容陈智深迎刺叔陵，阉竖王飞禽斫之数十下，马容陈仲华就斩首送台。自寅至已乃定。尚书八坐奏："请依宋世故事，流尸江中，污潴其室，并毁其所生彭氏坟庙，还谢氏之茔。”后主从所奏。叔陵诸子，即日并赐死。

豫章王叔英字子烈，宣帝第三子也。宽厚仁爱。太建元年封。后位司空。隋大业中，位涪陵太守，卒。

长沙王叔坚字子成，宣帝第四子也。母本吴中酒家婢，相者言当生贵子。宣帝微时，因饮通焉，生叔坚。及贵，召拜淑仪。

叔坚少而严整，又颇使酒，兄弟惮之。好数术，卜筮、风角、熔金、琢玉，并究其妙。初封丰城侯。太建元年封。累迁丹阳尹。初，叔坚与始兴王叔陵并招聚宾客，各争权宠，甚不平。每朝会卤簿，不肯为先后，必分道而趋，左右或争道而斗，至有死者。及宣帝不豫，叔坚与叔陵等并从后主侍疾。叔陵阴有异志，叔坚疑之，微伺其所为。及行逆，赖叔坚以免。以功进骠骑将军、开府仪同三司、扬州刺史。寻迁司空，将军、刺史如故。

时后主患创，不能视事，政无大小，悉决于叔坚，权倾朝廷，后主由是疏忌之。孔范、管斌、施文庆等，并东宫旧臣，日夕阴持其短。至德元年，乃诏令即本号用三司之仪，出为江州刺史。未发，寻以为司空，实欲夺其权。又阴令人造其厌魅，刻木为偶人，衣以道士服，施机关，能拜跪，昼夜于星月下醮之，祝诅于上。又令人上书告其事，案验令实。后主召叔坚囚于西省，将黜之，令近侍宣敕数之。叔坚自陈为佞人所构，死日惭见叔陵。后主感其前功，乃赦之，免所居官，以王还第。后位中军大将军、开府仪同三司、荆州刺史。秩满迁都。

陈亡入隋，迁于瓜州。叔坚素贵，不知家人生产，至是与妃沈氏酤酒，不以耕种为事。大业中，为遂宁郡守，卒。

建安王叔卿字子弼，宣帝第五子也。性质直，有材器，容貌甚伟。太建四年立。位中书监。陈亡入隋。大业中，为都官郎，上党通守。

宜都王叔明字子昭,宣帝第六子也。仪容美丽,举止和柔,状似妇人。太建五年立。位侍中。陈亡入隋。大业中,为鸿胪少卿。

河东王叔献字子恭,宣帝第九子也。性恭谨,聪敏好学。太建五年立。位南徐州刺史。薨,赠司空,谥康简。子孝宽嗣,隋大业中,为汶城令。

新蔡王叔齐字子肃,宣帝第十一子也。风采明赡,博涉经史,善属文。太建七年立。位侍中。陈亡入隋。大业中,为尚书主客郎。

晋熙王叔文字子才,宣帝第十二子也。性轻险,好虚誉,颇涉书史。太建七年立。位都督、湘州刺史。征为侍中。未还而隋军济江。隋秦王至汉口,时叔文自湘州迁朝,至巴州,乃率巴州刺史毕宝等请降,致书于秦王。王遣使往巴州迎劳叔文。叔文与毕宝、荆州刺史陈慧纪及文武将吏赴汉口,秦王并厚待之。及至京,隋文帝坐于广阳门观,叔文从后主至朝堂。文帝使内史令李德林宣旨,责其君臣不能相弼,以致丧亡。后主与其群臣并愧惧拜伏,莫能仰视,叔文独欣然有自得志。后上表陈在巴州先送款,望异常例。文帝嫌其不忠,而方怀柔江表,遂授开府、宜州刺史。

淮南王叔彪字子华,宣帝第十三子也。少聪慧,善属文。太建八年立。位侍中。入隋,卒于长安。

始兴王叔重字子厚,宣帝第十四子也。性质朴,无伎艺。宣帝崩,始兴王叔陵为逆,诛。其年,立叔重为始兴王,以奉昭烈王后。位江州刺史。隋大业中,为太府少卿。

寻阳王叔俨字子思,宣帝第十五子也。性凝重,举止方正。后主即位立。位侍中。入隋卒。

岳阳王叔慎字子敬,宣帝第十六子也。少聪敏,十岁能属文。太建十四年立。至德中,为丹阳尹。时后主尤爱文章,叔慎与衡阳王伯信、新蔡王叔齐等,日夕陪侍赋诗,恒被嗟赏。

祯明元年,出为湘州刺史,加都督。及隋师济江,清河公杨素兵下荆门,遣将庞晖略地至湘州,州内将士,克日请降。叔慎置酒会文武,酒酣,叹曰:"君臣之义,尽于此乎!"长史谢基伏而流涕。湘州助防遂兴侯正理在坐,起曰:"主辱臣死,诸君独非陈国臣乎?纵其无成,犹见臣节,青门之外,有死不能。今日后应者斩。"众咸许诺,乃刑牲结盟。遣人诈奉降书于庞晖,叔慎伏甲待之。晖入,伏兵发,缚晖等以徇,皆斩之。叔慎招士众,数日中,兵至五千人。隋遣内阳公薛胄为湘州刺史,闻庞晖死,乃益请兵。隋又遣行军总管刘仁恩救之。未至,薛胄禽叔慎,秦王斩之汉口。

义阳王叔达字子聪,宣帝第十七子也。太建十四年立。位丹阳尹。入隋,大业中,为内史舍人,绛郡通守。武德中,位侍中,封江国公,历礼部尚书,卒。

巴山王叔雄字子猛,宣帝第十八子也。太建十四年立。入隋,卒于长安。

武昌王叔虞字子安,宣帝第十九子也。太建十四年立。入隋,大业中,为高苑令。

湘东王叔平字子康,宣帝第二十子也。至德元年立。入隋,大业中,为胡苏令。

　　临贺王叔敖字子仁，宣帝第二十一子也。至德元年立。入隋，大业中，位仪同三司。

　　阳山王叔宣字子通，宣帝第二十二子也。至德元年立。入隋，大业中，为泾城令。

　　西阳王叔穆字子和，宣帝第二十三子也。至德元年立。入隋，卒于长安。

　　南安王叔俭字子约，宣帝第二十四子也。至德元年立。入隋，卒于长安。

　　南郡王叔澄字子泉，宣帝第二十五子也。至德元年立。入隋，大业中，为灵武令。

　　沅陵王叔兴字子推，宣帝第二十六子也。至德元年立。入隋，大业中，为给事郎。

　　岳山王叔韶字子钦，宣帝第二十七子也。至德元年立。位丹阳尹。入隋，卒于长安。

　　新兴王叔纯字子洪，宣帝第二十八子也。至德元年立。入隋，大业中，为河北令。

　　巴东王叔谟字子轨，宣帝第二十九子也。至德四年立。入隋，大业中，为汧阳令。

　　临海王叔显字子亮，宣帝第三十子也。至德四年立。入隋，大业中，为鹑觚令。

新会王叔坦字子开,宣帝第三十一子也。至德四年立。入隋,大业中,为涉县令。

新宁王叔隆字子远,宣帝第三十二子也。至德四年立。入隋,卒于长安。

新昌王叔荣字子彻,宣帝第三十三子也。祯明三年立。入隋,大业中,为内黄令。

太原王叔匡字子佐,宣帝第三十四子也。祯明二年立。入隋,大业中,为寿光令。

后主二十二男:张贵妃生太子深、会稽王庄。孙姬生吴兴王胤。高昭仪生南平王嶷。吕淑媛生永嘉王彦、邵陵王兢。龚贵嫔生南海王虔、钱唐王恬。张淑华生信义王祗。徐淑仪生东阳王恮。孔贵人生吴郡王蕃。其皇子总、观、明、纲、统、冲、洽、韬、绰、威、辩十一人,并未及封。

太子深字承源,后主第四子也。少聪慧,有志操,容止俨然,左右近侍,未尝见其喜愠。以母张贵妃故,特为后主所爱。至德元年,封始安王。位扬州刺史。祯明二年,皇太子胤废,后主乃立深为皇太子。隋师济江,隋将韩擒自南掖门入,百僚奔散,深时年十余岁,闭阁而坐,舍人孔伯鱼侍。隋军排阁入,深使宣令劳之曰:“军旅在道,不乃劳也。”军人咸致敬焉。隋大业中,为枹罕太守。武德初,为秘书丞,卒官。

吴兴王胤字承业,后主长子也。太建五年二月乙丑生于东宫。母孙姬,因产卒,沈皇后哀而养之,以为己子。后主年长未有嗣,宣帝命以为嫡孙,诏为父后者赐爵一级。十年,封永康公。后主即位,为皇太子。胤性聪敏好学,执经肄业,终日不倦,博通大义,兼善属文。时张贵妃、孔贵嫔并爱幸,独沈皇后无宠,日夜构成后及太子之短。孔范之徒,又于外合成其事。祯明二年,废为吴兴王,加侍中、中卫将军。入隋,卒于长安。

南平王嶷字承岳,后主第二子也。方正有器局,年数岁,风采举动有若成人。至德元年立。位扬州刺史。迁都督、郢州刺史。入隋,卒于长安。

永嘉王彦字承懿,后主第三子也。至德元年立。位都督、江州刺史。入隋,大业中,为襄武令。

南海王虔字承恪,后主第五子也。至德元年立。位南徐州刺史。入隋,大业中,为涿令。

信义王祗字承敬,后主第六子也。至德元年立。位琅邪、彭城二郡太守。入隋,大业中,为通议郎。

邵陵王兢字承检,后主第七子也。祯明元年立。入隋,大业中,为国子监丞。

会稽王庄字承肃,后主第八子也。容貌最陋。性严酷,数岁时,左右有不如意,辄剟刺其面,或加烧爇。性嗜酒,爱博。以母张贵妃宠,后主甚爱之。至德四年立。位扬州刺史。入隋,大业中,为昌隆令。

东阳王恮字承原,后主第九子也。祯明二年立。入隋,大业中,为通议郎。

吴郡王蕃字承广，后主第十子也。祯明二年封。隋大业中，为任城令。

钱唐王恬字承恢，后主第十一子也。祯明二年封。入隋，卒于长安。

江左承西晋，诸王开国，并以户数相差为大小三品。大国置上、中、下三将军，又置司马一人。次国置中、下二将军。小国置将军一人。余官亦准此为差。武帝受命，自永定讫于祯明，唯衡阳王昌特加礼命，至五千户，自余大国不过二千，小国则千户云。

论曰：有陈受命，虽疆土日蹙，然封建之典，无革先王。永脩等并以疏属列居蕃屏，慧纪始终之迹，其殆优乎。衡阳、南康，地皆懿戚，提携以殒，惟命也夫！文、宣二帝，诸子不一。鄱阳、岳阳，风迹可纪。古所谓维城盘石，叔慎其近之乎。

南史卷六六
列传第五六

杜僧明　**周文育** 子宝安　　**侯瑱**
侯安都　**欧阳颎** 子纥　　**黄法氍**
淳于量　**章昭达**　**吴明彻**
裴子烈

　　杜僧明字弘照,广陵临泽人也。形貌眇小,而有胆气,善骑射。梁大同中,卢安兴为广州刺史、南江督护,僧明与兄天合及周文育并为安兴所启,请与俱行。频征俚、獠有功,为新州助防。天合亦有材干,预在征伐。安兴死,僧明复副其子子雄。及交州豪士李贲反,逐刺史萧咨,咨奔广州。台遣子雄与高州刺史孙冏讨贲。时春草已生,瘴疠方起,子雄请待秋讨之,广州刺史新渝侯萧映不听,萧咨又促之,子雄等不得已遂行。至合浦,死者十六七,众并惮役溃散。禁之不可,乃引其余兵退还。萧咨启子雄及冏与贼交通,逗遛不进,梁武帝敕于广州赐死。子雄弟子略、子烈并豪侠,家属在南江。天合谋于众曰:“卢公累叶待遇我等亦甚矣,今见枉死而不能为报,非丈夫也。我弟僧明,万人之敌,若围州城,召百姓,谁敢不从。城破斩二侯,然后待台使至,束手诣廷尉,死犹胜生。纵其不捷,亦无恨矣。”众咸慷慨曰:“是所愿也,唯足下命之。”乃与周文育等率众结盟,奉子雄弟子略为主,以攻刺史萧映。子略顿城南,天合顿城北,僧明、文育分据东西。吏人并应之,一日之中,众至数万。陈武帝时在高要，闻事起，率众来讨，大破之。杀天合，禽僧明及文育等，并释之，引为主帅。

武帝征交阯及讨元景仲，僧明、文育并有功。侯景之乱，俱随武帝入援建邺。武帝于始兴破兰裕，僧明为前锋，斩裕。又与蔡路养战于南野，僧明马被伤，武帝驰救之，以所乘马授僧明。僧明上马复进，杀数十人，因而乘之，大败路养。高州刺史李迁仕又据大皋，入赣石，以逼武帝。武帝遣周文育为前军，与僧明击走之。迁仕与宁都人刘孝尚并力将袭南康，陈武又令僧明与文育等拒之。相持连战百余日，卒禽迁仕，送于武帝。及帝下南康，留僧明顿西昌，督安成、庐陵二郡军事。梁元帝承制，授新州刺史、临江县子。

侯景遣于庆等冠南江，武帝顿豫章，命僧明为前驱，所向克捷。武帝表僧明为长史，仍随东讨。军至蔡洲，僧明率麾下烧贼水门大舰。及景平，除南兖州刺史，进爵为侯，仍领晋陵太守。及荆州覆亡，武帝使僧明率吴明彻等随侯瑱西援。于江州病卒，赠散骑常侍，谥曰威。陈文帝即位，追赠开府仪同三司，配享武帝庙庭。子晋嗣。

周文育字景德，义兴阳羡人也。少孤贫，本居新安寿昌县，姓项氏，名猛奴。年十一，能反覆游水中数里，跳高六尺，与群儿聚戏，众莫能及。义兴人周荟为寿昌浦口戍主，见而奇之，因召与语。文育对曰："母老家贫，兄弟姊并长大，困于贱役。"荟哀之，乃随文育至家，就其母请文育养为己子，母遂与之。及荟秩满，与文育还都，见太子詹事周舍，请制名字，舍因为立名为文育，字景德。命兄子弘让教之书计。弘让善隶书，写蔡邕《劝学》及古诗以遗之，文育不之省，谓弘让曰："谁能学此，取富贵但有大槊耳。"弘让壮之，教之骑射，文育大悦。

司州刺史陈庆之与荟同郡，素相善，启荟为前军军主。庆之使荟将五百人往新蔡悬瓠慰劳白水蛮，谋执荟以入魏，事觉，荟与文育拒之。时贼徒甚盛，一日中战数十合，文育前锋陷阵，勇冠军中。荟于阵战死，文育驰取其尸，贼不敢逼。及夕，各引去。文育身被九创，创愈，辞请还葬，庆之壮其节，厚加赗遗而遣之。葬讫，会卢安兴为南江督护，启文育同行。累征有功，除南海令。安兴死后，文育与杜僧明攻广州，为陈武帝所败，帝赦之。

后监州王劢以文育为长流，深被委任。劢被代，文育欲与劢俱下。至大庾岭，诣卜者。卜者曰：“君北下不过作令长，南入则为公侯。”文育曰：“足钱便可，谁望公侯。”卜人又曰：“君须臾当暴得银至二千两，若不见信，以此为验。”其夕，宿逆旅，有贾人求与文育博，文育胜之，得银二千两。旦辞劢，劢问其故，文育以告，劢乃遣之。武帝闻其还，大喜，分麾下配焉。

武帝之讨侯景，文育与杜僧明为前军，克兰裕，援欧阳頠，皆有功。武帝破蔡路养于南野，文育为路养所围，四面数重，矢石雨下，所乘马死，文育右手搏战，左手解鞍，溃围而出。与杜僧明等相得，并力复进，遂大败之。武帝乃表文育为府司马。

李迁仕之据大皋，遣其将军杜平虏入赣石鱼梁作城。武帝命文育击之，平虏弃城走，文育据其城。迁仕闻平虏败，留老弱于大皋，悉选精兵自将以攻文育。文育与战，迁仕稍却，相持未解。会武帝遣杜僧明来援，别破迁仕水军，迁仕众溃，不敢过大皋，直走新淦。梁元帝授文育义州刺史。迁仕又与刘孝尚谋拒义军，武帝遣文育与侯安都、杜僧明、徐度、杜棱筑城于白口拒之。文育频出与战，遂禽迁仕。

武帝发自南康，遣文育将兵五千开通江路。侯景将王伯丑据豫章，文育击走之，遂据其城。累功封东迁县侯。武帝军至白茅湾，命文育与杜僧明常为军锋。及至姑熟，与侯景将侯子鉴战，破之。景平，改封南移县侯，累迁散骑常侍。

武帝诛王僧辩，令文育督众军，会文帝于吴兴，围克杜龛。又济江袭会稽太守张彪，得其郡城。及文帝为彪所袭，文育时顿城北香岩寺，文帝夜往趋之。彪又来攻，文育苦战，遂破平彪。

武帝以侯瑱拥据江州，命文育讨之，仍除南豫州刺史，率兵袭盆城。未克，徐嗣徽引齐人度江，据芜湖，诏征文育还都。嗣徽等乃列舰于青墩至于七矶,以断文育归路。及夕,文育鼓噪而发,嗣徽等不能制。至旦,反攻嗣徽,嗣徽骁将鲍砰独以小舰殿,文育乘单舴艋,跳入砰舰,斩砰,仍牵其舰而还。贼众大骇,因留船芜湖,自丹阳步上。时武帝拒嗣徽于白城,适与文育会。将战,风急,武帝曰:"矢不逆风。"文育曰:"事急矣,当决之,何用古法。"抽槊上马而进,众军随之,风亦寻转,杀伤数百人。嗣徽等移营莫府山,文育徙顿对之。频战功最,进爵寿昌县公,给鼓吹一部。

及广州刺史萧勃举兵逾岭,诏文育督众军讨之。时新吴洞主余孝顷举兵应勃,遣其弟孝劢守郡城,自出豫章,据于石头。勃使其子孜将兵与孝顷相会,又遣其别将欧阳頠顿军苦竹滩,傅泰据墌口城,以拒官军。官军船少,孝顷有舴艋三百艘、舰百余乘在上牢,文育遣军主焦僧度、羊柬潜军袭之,悉取而归,仍于豫章立栅。时官军食尽,欲退还,文育不许。乃使人间行,遗周迪书,约为兄弟,并陈利害。迪得书甚喜,许馈以粮。于是文育分遣老小,乘故船舫沿流俱下,烧豫章所立栅,伪退。孝顷望之大喜,因不设备。文育由间道宿达芊韶。芊韶上流则欧阳頠、萧勃,下流则傅泰、余孝顷,文育据其中间,筑城飨士,贼徒大骇。欧阳頠乃退入泥溪,作城自守。文育遣严威将军周铁武与长史陆山才袭頠,禽之。于是盛陈兵甲,与頠乘舟而宴,以巡傅泰城下,因攻泰,克之。萧勃在南康,闻之,众皆股栗。其将谭世远斩勃欲降,为人所害。世远军主夏侯明彻持勃首以降。萧孜、余孝顷犹据石头,武帝遣侯安都助文育攻之,孜降文育,孝顷退走新吴,广州平。文育还顿豫章,以功授开府仪同三司。

王琳拥据上流,诏侯安都为西道都督,文育为南道都督,同会武昌。与琳战于沌口,为琳所执,后得逃归,请罪,诏不问,复其官爵。及周迪破余孝顷,孝顷子公扬,弟孝劢犹据旧栅,扰动南土,武帝复遣文育及周迪、黄法氍等讨之,豫章内史熊昙朗亦率众来会。文育遣吴明彻为水军,配周迪运粮,自率众军入象牙江,筑城于金口。公扬伪降,谋执文育,事觉,文育囚之送都,以其部曲分隶众军。乃舍舟为步军,进据三陂。

王琳遣将曹庆救孝劢，分遣主帅常众爱与文育相拒，自帅所领攻周迪、吴明彻军。迪等败，文育退据金口。熊昙朗因其失利，谋文育以应众爱。文育监军孙白象颇知其事，劝令先之，文育曰："不可。我旧兵少，客军多，若取昙朗，人皆惊惧，亡立至矣，不如推心抚之。"初，周迪之败，弃船走，莫知所在。及得迪书，文育喜，赍示昙朗，昙朗害之于坐。武帝闻之，即日举哀，赠侍中、司空，谥曰忠愍。

初文育之据三陂，有流星坠地，其声如雷，地陷方一丈，中有碎炭数斗。又军市中忽闻小儿啼，一市并惊，听之在土下，军人掘焉，得棺，长三尺，文育恶之。俄而迪败，文育见杀。天嘉二年，有诏配享武帝庙庭。子宝安嗣。

文育本族兄景曜，因文育官至新安太守。

宝安字安人，年十余岁，便习骑射。以贵公子骄蹇游逸，好狗马，乐驱驰，麾衣愉食。文育之为晋陵，以征讨不遑之郡，令宝安监知郡事，尤聚恶少年，武帝患之。及文育西征败绩，絷于王琳，宝安便折节读书，与士君子游，绥御文育士卒，甚有威惠。文育归，复除吴兴太守。文育为熊昙朗所害，征宝安还，起为猛烈将军，领其旧兵，仍令南讨。文帝即位，深器重之，寄以心膂，精卒多配焉。及平王琳，颇有功。周迪之破熊昙朗，宝安南入，穷其余烬。天嘉二年，重拜吴兴太守，袭封寿昌县公。三年，征留异，为侯安都前军。异平，除给事黄门侍郎、卫尉卿。再迁左卫将军，领卫尉卿。卒，谥曰成。子翾嗣，位晋陵、定远二郡太守。

侯瑱字伯玉，巴西充国人也。父弘远，累世为西蜀酋豪。蜀贼张文萼据白崖山，有众万人，梁益州刺史鄱阳王萧范命弘远讨之。弘远战死。瑱固请复仇，每战先锋，遂斩文萼，由是知名。因事范，范委以将节之任。山谷夷、獠不附者，并遣瑱征之。累功授轻车府中兵参军、晋康太守。范为雍州刺史，瑱除冯翊太守。范迁镇合肥，瑱又随之。

侯景围台城，范乃遣瑱辅其世子嗣入援都。及城陷，瑱、嗣同退还合肥。仍随范徙镇盆城。俄而范及嗣皆卒,瑱领其众,依于豫章太守庄铁。铁疑之,瑱惧不自安,诈引铁谋事,因刃之,据豫章之地。后降于侯景将于庆。庆送瑱于景,景以瑱与己同姓,托为宗族,待之甚厚。留其妻子及弟为质,遣瑱随庆平蠡南诸郡。及景败巴陵,景将宋子仙、任约等并为西军所获,瑱乃诛景党与以应义师,景亦诛其弟及妻子。梁元帝授瑱南兖州刺史,郫县侯。仍随都督王僧辩讨景,恒为前锋。既复台城,景奔吴郡,僧辩使瑱追景,大败之于吴松江。以功除南豫州刺史,镇姑熟。

及齐遣郭元建出濡须,僧辩遣瑱捍之,大败元建。魏攻荆州,王僧辩以瑱为前军赴援,未至而魏克荆州。瑱顿九江,因卫晋安王还都。承制以瑱为侍中、江州刺史,加都督,改封康乐县公。及司徒陆法和据郢州,引齐兵来寇,乃使瑱西讨,未至而法和入齐。齐遣慕容恃德镇夏首,瑱攻之,恃德食尽请和,瑱还镇豫章。僧辩使其弟僧愔与瑱共讨萧勃。及陈武帝诛僧辩,僧愔阴欲图瑱而夺其军。瑱知之,尽收僧愔徒党,僧愔奔齐。

是时瑱据中流,甚强,又以本事王僧辩,虽外示臣节,未肯入朝。初,余孝顷为豫章太守,及瑱镇豫章,乃于新吴县别立城栅,与瑱相拒。瑱留军人妻子于豫章,令从弟翕知后事,悉众以攻孝顷,自夏迄冬弗能克。翕与其部下侯方儿不协,方儿下攻翕,虏瑱军府妓妾金玉,归于武帝。瑱既失根本,轻归豫章,豫章人拒之,乃趋盆城,就其将焦僧度。僧度劝瑱投齐,瑱以武帝有大量,必能容己,乃诣阙请罪,武帝复其爵位。永定二年,进位司空。文帝即位,进授太尉。

王琳至栅口,又以瑱为都督,侯安都等并隶焉。天嘉元年二月,王琳引合肥巢湖之众,舳舻相次而下。瑱率军进兽槛洲,明日合战,琳军少却。及夕,东北风吹其舟舰并坏。夜中有流星坠于贼营。及旦风静,琳入浦,以鹿角绕岸,不敢复出。时西魏将史宁蹑其上流,瑱闻之,知琳不能持久,收军却据湖浦,以待其弊。及史宁至,围郢州,琳恐众溃,乃率船东下,去芜湖十里而泊。明日,齐人遣兵助琳,瑱令军中晨炊蓐食,顿芜湖洲尾以待之。将战,有微风至自东南,众军施拍纵火，定州刺史章昭达乘平虏大舰中江而进，琳军大败，脱走以免者十二三，琳因此入齐。

其年，诏以瑱为都督五州诸军事，镇盆城。周将贺若敦、独孤盛等来攻巴、湖，又以瑱为西讨都督，大败盛军。以功授湘州刺史，改封零陵郡公。二年，薨。赠大司马，谥曰壮肃，配享武帝庙庭。子净藏嗣，尚文帝女富阳公主。

侯安都字成师，始兴曲江人也。为郡著姓。父捍，少仕州郡，以忠谨称。安都贵后，官至光禄大夫、始兴内史。安都工隶书，能鼓琴，涉猎书传，为五言诗颇清靡，兼善骑射，为邑里雄豪。

侯景之乱，招集兵甲，至三千人。陈武帝入援台城，安都引兵从武帝，攻蔡路养，破李迁仕，克户侯景，并力战有功，封富川果子。随武帝镇京口，除兰陵太守。

武帝谋袭王僧辩，唯与安都定计。仍使安都率水军自京口趣石头，武帝自从江乘罗落会之。安都至石头北，弃舟登岸，僧辩弗之觉。石头城北接冈阜，不甚危峻，安都被甲，带长刀，军人捧之，投于女垣内，众随而入，进逼僧辩卧室。武帝大军亦至，与僧辩战于听事前，安都自内阁出，腹背击之，遂禽僧辩。以功授南徐州刺史。

武帝东讨杜龛，安都留台居守。徐嗣徽、任约等引齐寇入据石头，游骑至于阙下。安都闭门示弱，令城中："登陴看贼者斩。"及夕，贼收军还石头。安都夜令士卒密营御敌之具。将旦，贼骑至，安都与战，大败之，贼乃退还石头，不敢逼台城。及武帝至，以安都为水军。于中流断贼粮运。又袭秦郡，破嗣徽栅，收其家口，得嗣徽所弹琵琶及所养鹰，遣信饷之，曰："昨至弟住处，得此，今以相还。"嗣徽等见之大惧，寻求和，武帝听其还北。及嗣徽等济江，齐之余军犹据采石，守备甚严，又遣安都攻之，多所俘获。

明年春，诏安都率兵镇梁山以备齐。徐嗣徽等复入，至湖熟，武帝追安都还拒之，战于耕坛南。安都率十二骑突其阵，破之，禽齐仪同乞伏无芳，又刺齐将东方老堕马，会贼骑至，救老，获免。贼北度蒋山,安都又与齐将王敬宝战于龙尾,使从弟晓、军主张纂前犯其阵,晓被创坠马,张纂死之。安都驰往救晓,斩其骑士十二人,取纂尸而还,齐军不敢逼。武帝与齐军战于莫府山,命安都自白下横击其后,大败之。以功进爵为侯,又进号平南将军,改封西江县公。

仍督水军出豫章,助豫州刺史周文育讨萧勃。安都未至,文育已斩勃,并禽其将欧阳頠、傅泰等。唯余孝顷与勃子孜犹于豫章之石头作两城,孝顷与孜各据其一,又多设船舰,夹水而阵。安都至,乃衔枚夜烧其舰。文育率水军,安都领步骑,登岸结阵。孝顷俄断后路,安都乃令军士竖栅,引营渐进,频致克获,孜乃降。孝顷奔归新吴,请入子为质,许之。以功加开府仪同三司。

仍率众会武昌,与周文育西讨王琳。将发,王公以下饯于新林,安都跃马度桥,人马俱坠水中。又坐舳内坠于橹井,时以为不祥。至武昌,琳将樊猛弃城走,文育亦自豫章至。时两将俱行,不相统摄,因部下交争,稍不平。军至郢州,琳将潘纯于城中遥射官军,安都怒,围之。未克,而王琳至弇口,安都乃释郢州,悉众往沌口以御之,遇风不得进。琳据东岸,官军据西岸,相持数日,乃合战。安都等败,与周文育、徐敬成并为琳囚,总以一长锁系之,置于舳下,令所亲宦者王子晋掌视之。琳下至盆城白水浦,安都等甘言许赂子晋,子晋乃伪以小船依住舳而钓,夜载安都、文育、敬成上岸,入深草,步投官军。还都自劾,诏并赦之,复其官爵。

寻为丹阳尹,出为南豫州刺史,令继周文育攻余孝劢及王琳将曹庆、常众爱等。安都自宫亭湖出松门,蹑众爱后。文育为熊昙朗所害,安都回取大舰,遇琳将周炅、周协南归,与战,破之,禽炅、协。孝劢弟獻率部下四千家,欲就王琳,遇炅败,乃诣安都降。安都又进军于禽奇洲,破曹庆、常众爱等,焚其船舰。众爱奔庐山,为村人所杀,余众悉平。

还军至南皖,而武帝崩,安都随文帝还朝,乃与群臣议,翼奉文帝。时帝谦让弗敢当,太后又以衡阳王故,未肯下令,群臣不能决。安都曰:"今四方未定,何暇及远。临川王有功天下,须共立之。今日之事，后应者斩。"便按剑上殿，白太后出玺，又手解文帝发，推就丧次。文帝即位，迁司空，仍授南徐州刺史，给扶。

王琳下至栅口，大军出顿芜湖。时侯瑱为大都督，而指麾经略多出安都。及王琳入齐，安都进军盆城，讨琳余党，所向皆下。

仍别奉中旨，迎衡阳献王昌。初，昌之将入，致书于文帝，辞甚不逊。帝不怿，召安都，从容而言曰："太子将至，须别求一蕃，吾其老焉。"安都对曰："自古岂人被代天子，愚臣不敢奉诏。"因自迎昌，中流而杀之。以功进爵清远郡公。自是威名甚重，群臣无出其右。

安都父捍为始兴同内史，卒于官，文帝征安都为发丧。寻起复本官，赠其父散骑常侍、金紫光禄大夫，拜其母为清远国太夫人，仍迎赴都。母固求停乡里，上乃下诏，改桂阳郡之汝城县为卢阳郡，分衡州之始兴、安远二郡，合三郡为东衡州，以安都从弟晓为刺史。安都第三子秘年九岁，上以为始兴内史，并令在乡侍养。改封安都桂阳郡公。

王琳败后，周兵入据巴、湘，安都奉诏西捍。及留异拥据东阳，又奉诏东讨。异本谓台军自钱唐江上，安都乃步由会稽之诸暨，出永康。异大恐，奔桃枝岭，处岩谷间，竖栅以拒守。安都躬自接战，为流矢所中，血流至踝。安都乘舆麾军，容止不变。因其山陇为堰。属夏潦水涨，安都引船入堰，楼舰与异城等，放拍碎其楼。异与第二子忠臣脱身奔晋安，虏其妻子，振旅而归。加侍中、征北大将军，仍还本镇。吏人诣阙，表请立碑颂美安都功绩，诏许之。

自王琳平后，安都勋庸转大，又自以功安社稷，渐骄矜。招聚文武士，骑驭驰骋，或命以诗笔，第其高下，以差次赏赐之。文士则褚玠、马枢、阴铿、张正见、徐伯阳、刘删、祖孙登，武士则萧摩诃、裴子烈等，并为之宾，斋内动至千人。部下将帅，多不遵法度，检问收摄，则奔归安都。文帝性严察，深衔之。安都日益骄慢，表启封讫，有事未尽，乃开封自书之，云又启某事。及侍宴酒酣，或箕踞倾倚。尝陪乐游禊饮，乃白帝曰："何如作临川王时?"帝不应。安都再三言之，帝曰："此虽天命，抑亦明公之力。"宴讫，又启便借供张水饰，将载妻妾于御堂欢会。帝虽许其请,甚不怿。明日,安都坐于御坐,宾客居群臣位,称觞上寿。初,重云殿灾,安都率将士带甲入殿,帝甚恶之,自是阴为之备。又周迪之反,朝望当使安都讨之,帝乃使吴明彻讨迪。又频遣台使案问安都部下,检括亡叛。安都内不自安。

天嘉三年冬,遣其别驾周弘实,自托于舍人蔡景历,并问省中事。景历录其状奏之,称安都谋反。帝虑其不受召,明年春,乃除安都为征南大将军,江州刺史。自京口还都,部伍入于石头,帝引安都宴于嘉德殿,又集其部下将帅会于尚书朝堂,于坐收安都,因于西省。又收其将帅,尽夺马仗而释之。因出景历表于朝,乃下诏暴其罪,明日于西省赐死。寻有诏宥其妻子家口,葬以士礼。

初,武帝尝与诸将宴,杜僧明、周文育、侯安都为寿,各称功伐。帝曰:"卿等悉良将也,而并有所短。杜公志大而识暗,狎于下而骄于尊,矜其功不收其拙。周侯交不择人,而推心过差,居危履险,猜防不设。侯即傲诞而无厌,轻佻而肆志。并非全身之道。"卒皆如言。太建三年,宣帝追封安都陈集县侯。子亶为嗣。

欧阳𬱞字靖世,长沙临湘人也。为郡豪族。少质直,有思理,以言行著于岭表。父丧,哀毁甚至。家产累积,悉让诸兄。庐于麓山寺傍,专精习业,博通经史。

年三十,其兄逼令从官。梁左卫将军兰钦少与𬱞善,故𬱞常随钦征讨。钦南征夷獠,禽陈文彻,所获不可胜计,献大铜鼓,累代所无。𬱞预其功,还为直阁将军。钦征交州,复启𬱞同行。钦度岭而卒,𬱞除监贺内史,启乞送钦丧还都,然后之任。时湘、衡界五十余洞不宾,敕衡州刺史韦粲讨之。粲委𬱞为都督,悉皆平珍。

侯景称逆,粲自解还都征景,以𬱞监衡州。台城陷后,岭南互相知并,兰钦弟前高州刺史裕攻始兴内史萧昭基,夺其郡。以兄钦与𬱞旧,遣招之。𬱞不从,谓使曰:"高州昆季隆显,莫非国恩,今应赴难援都,岂可自为跋扈。"及陈武帝入援都,将至始兴,𬱞乃深自结托。裕遣兵攻𬱞,武帝援之。裕败,武帝以王怀明为衡州刺史,迁𬱞为始兴内史。武帝之讨蔡路养、李迁仕也，頠助帝平之。梁元帝承制以始兴郡为东衡州，以頠为刺史，封新丰县伯。

侯景平，元帝遍问朝宰，使各举所知，群臣未对。元帝曰："吾已得一人矣。欧阳頠甚公正，本有匡济才，恐萧广州不肯致之。"乃授武州刺史。寻授郢州，欲令出岭，萧勃留之，不获拜命。寻授衡州刺史，进封始兴县侯。时萧勃在广州，兵强位重，元帝深患之，遣王琳代为刺史。琳已至小桂岭，勃遣其将孙玚监州，尽率部下至始兴避琳兵锋。頠别据一城，不往谒勃，闭门高垒，亦不拒战。勃怒，遣兵袭頠，尽收其赀财马仗。寻赦之，还复其所，复与结盟。魏平荆州，頠委质于勃，及勃度岭出南康，以頠为前军都督。周文育破禽之，送于武帝，帝释而礼之。

萧勃死后，岭南乱，頠有声南土，且与武帝有旧，乃授安南将军、衡州刺史，封始兴县侯。未至岭，頠子纥已克始兴。及頠至，岭南皆慴伏，仍进广州，尽有越地。改授都督交广等十九州诸军事、平越中郎将、广州刺史。王琳据有中流，頠自海道及东岭奉使不绝。永定三年，即本号开府仪同三司。文帝即位，进号征南将军，改封阳山郡公。

初，交州刺史袁昙缓密以金五百两寄頠，令以百两还合浦太守龚芳，四百两付儿智矩，余人弗之知。頠寻为萧勃所破，赀财并尽，唯所寄金独存，昙缓亦寻卒。至是，頠并依信还之，时人莫不叹伏之。

时頠合门显贵，威振南土，又多致铜鼓生口，献奉珍异，前后委积，頠有助军国。天嘉四年，薨，赠司空，谥曰穆。子纥嗣。

纥字奉圣，颇有干略，袭父官爵，在州十余年，威惠著于百越。宣帝以纥久在南服，颇疑之。太建元年，征为左卫将军，其部下多劝之反，遂举兵攻衡州刺史钱道戢。诏仪同章昭达讨禽之，送至都，伏诛。子询以年幼免。

黄法氍，字仲昭，巴山新建人也。少劲捷有胆力，日步行二百里,能距跃三丈。颇便书疏,闲明簿领。出入州郡中,为乡间所惮。

侯景之乱,于乡里合徒众。太守贺诩下江州,法氍监知郡事。陈武帝将逾岭入援建邺,李迁仕作梗中途,武帝命同文育屯西昌,法氍遣兵助文育。时法氍出顿新淦县,景遣行台于庆来袭新淦,法氍败之。梁元帝承制授交州刺史资,领新淦县令,封巴山县子。敬帝即位,改封新建县侯。

太平元年,割江州四郡置高州,以法氍为刺史,镇巴山。萧勃遣欧阳頠来攻,法氍破之。永定二年,王琳遣李孝钦、樊猛、余孝顷攻周迪,且谋取法氍,法氍援迪,禽孝顷等三将。以功授平南将军、开府仪同三司。熊昙朗于金口害周文育,法氍共周迪讨平之。天嘉三年,周迪反,法氍与吴明彻讨平迪,法氍功居多。废帝即位,进爵为公。

太建五年,大举北侵,法氍为都督,出历阳。于是为抛车及步舰,竖拍以逼之,炮加其楼堞,克之,尽诛其戍卒。进兵合肥,望旗降款。法氍禁侵掠,躬自劳抚而与之盟,并放还北。以功加侍中,改封义阳郡公。

七年,为豫州刺史,镇寿阳。薨,赠司空,谥曰威。子玩嗣。

淳于量字思明,其先济北人也,世居建邺。父文成,仕梁为将帅,位梁州刺史。量少善自处,伟姿容,有干略,便弓马。梁元帝为荆州刺史,文成分量人马,令往事焉。以军功封广晋县男。

侯景之乱,梁元帝凡遣五军入援台,量预其一。台城陷,量还荆州。元帝承制以为巴州刺史。侯景西上攻巴州,元帝使都督王僧辩入据巴陵,量与僧辩并力拒景,大败之,禽其将任约。进攻郢州,获宋子仙。仍随僧辩平侯景。封谢沐县侯。寻出为都督、桂州刺史。及魏克荆州,量保桂州。王琳拥割湘、郢,累遣召量,量外虽与琳往来,而别遣使归陈武帝。武帝受禅,进位镇西大将军、开府仪同三司。

天嘉五年,征为中抚军大将军。量所部将率多恋本土,并欲逃入山谷,不愿入朝。文帝使湘州刺史华皎征衡州,且以兵迎量。天康元年,至都,以在道淹留,为有司奏,免仪同,余如故。

华皎构逆,以量为征南大将军、西讨大都督,总率大舰,自郢州樊浦拒之。皎平,并降周将长湖公元定等。以功授侍中、中军大将军、开府仪同三司,进封醴陵县公。未拜,出为南徐州刺史。太建元年,进号征北大将军,给扶。三年,就江阴王萧季卿买梁陵中树,季卿坐免,量免侍中。寻复侍中。

吴明彻之北侵也,量赞成其事。又遣第六子岑率所领从军。淮南克定,量改封始安郡公。及周获吴明彻,乃以量为都督水陆诸军事、车骑将军、都督、南兖州刺史。十四年薨,赠司空。

章昭达字作通,吴兴武康人也。性倜傥,轻财尚气。少时,遇相者谓曰:"卿容貌甚善,须小亏,则当富贵。"梁大同中,昭达为东宫直后,因醉堕马,鬓角小伤,昭达喜之,相者曰:"未也。"侯景之乱,昭达率乡人援台,为流矢所中,眇其一目,相者见之,曰:"卿相善矣,不久当富贵。"

台城陷,昭达还乡里,与陈文帝游,因结君臣分。侯景平,文帝为吴兴太守,昭达杖策来谒。文帝见之大喜,因委以将帅,恩宠超于侪等。陈武帝谋讨王僧辩,令文帝还长城招聚兵众,以备杜龛,频使昭达往京口禀承计划。僧辩诛后,杜龛遣其将杜泰来攻长城,昭达因从文帝进军吴兴以讨之。龛平,又从讨张彪于会稽,克之。累功除定州刺史。时留异拥据东阳,武帝患之,乃使昭达为长山令,居其心腹。

天嘉元年,追论长城功,封欣乐县侯。寻随侯安都拒王琳,昭达乘平房大舰,中流而进,先锋发拍,中贼舰。王琳平,昭达策勋第一。二年,除都督、郢州刺史。周迪据临川反,诏昭达便道征之。迪败走,征为护军将军,改封邵武县侯。四年,陈宝应纳周迪,共寇临川,又以昭达为都督讨迪。迪走,昭达乃逾岭讨陈宝应。与战不利,因据上流为筏,施拍其上,坏其水栅,又出兵攻其步军。方大合战,会文

帝遣余孝顷出自海道,适至,因并力乘之,遂定闽中,尽禽留异、宝
应。以功授镇军将军、开府仪同三司。

初,文帝尝梦昭达升台铉,及旦,以梦告之。至是,侍宴酒酣,顾
昭达曰:"卿忆梦不?何以偿梦?"昭达对曰:"当效犬马之用,以尽臣
节,自余无以奉偿。"寻出为都督、江州刺史。废帝即位,改封邵陵郡
公。华皎之反,其移文并假以昭达为辞,又频遣使招之,昭达尽执其
使送都。秩满,征为中抚大将军。

宣帝即位,进号车骑大将军,以还朝迟留,为有司所劾,降号车
骑将军。欧阳纥据岭南反,诏昭达都督众军征之。纥闻昭达奄至,
乃出顿洭口,聚沙石,盛以竹笼,置于水栅之外,用遏舟舰。昭达居
其上流,装舰造拍以临贼栅。又令人衔刀潜行水中,以斫竹笼。笼
箅皆解,因纵大舰突之,大败纥,禽之送都。广州平,进位司空。

太建二年,征江陵。时梁明帝与周军大蓄舟舰于青泥中,昭达
分遣偏将钱道戢、程文季乘轻舟焚之。周又于峡口南岸筑垒,名安
蜀城,于江上横引大索,编苇为桥,以度军粮。昭达乃命军士为长
戟,施楼船上,仰割其索。索断粮绝,因纵兵攻其城,降之。三年,于
军中病薨,赠大将军。

昭达性严刻,每奉命出征,必昼夜倍道,然其所克,必推功将
帅。厨膳饮食,并同群下,将士亦以此附之。每饮会,必盛设女伎杂
乐,备羌、胡之声,音律姿容,并一时之妙,虽临敌,弗之废也。四年,
配享文帝庙庭。

子大宝,袭邵陵郡公,位丰州刺史。在州贪纵,百姓怨酷。后主
以太仆卿李晕代之,乃袭杀晕而反。寻被禽,枭首朱雀航,夷三族。

吴明彻字通昭,秦郡人也。父树,梁右军将军。明彻幼孤,性至
孝。年十四,感坟茔未修,家贫无以取给,乃勤力耕种。时天下亢旱,
苗稼焦枯,明彻哀愤,每之田中号哭,仰天自诉。居数日,有自田还
者云"苗已更生",明彻疑其绐己,及往如言,秋而大获,足充葬用。
时有伊氏者,善占墓,谓其兄曰:"君葬日,必有乘白马逐鹿者经坟,

此是最小孝子大贵之征。"至时，果有应。明彻即树之小子也。

及侯景寇都，明彻有粟麦三千余斛，而邻里饥馁，乃白诸兄曰："今人不图久，奈何不与乡里共此。"于是计口平分，同其丰俭，群盗闻而避焉，赖以存者甚众。陈武帝镇京口，深相要结，明彻乃诣武帝，帝为之降阶，执手即席。明彻亦微涉书史经传，就汝南周弘正学天文、孤虚、遁甲，略通其术。颇以英雄自许，武帝亦深奇之。及受禅，授安南将军，与侯安都、周文育将兵讨王琳。及众军败没，明彻自拔还都。

文帝即位，以本官加右卫将军。及周迪反，诏以明彻为江州刺史，领豫章太守，总众军以讨迪。明彻雅性刚直，统内不甚和，文帝闻之，遣安成王顼代明彻，令以本号还朝。天嘉五年，迁吴兴太守。及引辞之郡，帝谓曰："吴兴虽郡，帝乡之重，故以相授。"

废帝即位，授领军将军，寻迁丹阳尹，仍诏以甲仗四十人出入殿省。到仲举之矫令出宣帝也，毛喜知其诈，宣帝惧，遣喜与明彻筹焉。明彻曰："嗣君谅暗，万机多阙，殿下亲实周、召，德冠伊、霍，愿留中深计，慎勿致疑。"及湘州刺史华皎阴有异志，诏授明彻都督、湘州刺史，仍与征南大将军淳于量等讨皎。皎平，授开府仪同三司，进爵为公。

太建五年，朝议北征，公卿互有异同，明彻决策请行。诏加侍中、都督征讨诸军事，总众军十余万发都，缘江城镇，相续降款。军至秦郡，齐大将军尉破胡将兵为援，破走之，秦郡降。宣帝以秦郡明彻旧邑，诏具太牢，令拜祠上冢，文武羽仪甚盛，乡里荣之。进克仁州。授征北大将军，进封南平郡公。进逼寿阳，齐遣王琳拒守，明彻乘夜攻之，中宵而溃，齐兵退据相国城及金城。明彻令军中益修攻具，又遏肥水灌城，城中苦湿，多腹疾，手足皆肿，死者十六七。会齐遣大将皮景和率兵数十万来援，去寿春三十里，顿军不进。诸将咸曰："计将安出？"明彻曰："兵贵在速，而彼结营不进，自挫其锋，吾知其不敢战明矣。"于是躬擐甲胄，四面疾攻，城中震恐，一鼓而禽王琳等送建邺。景和惧而遁走。诏以为车骑大将军、豫州刺史，增封并前三千五百户。遣谒者萧淳就寿阳授策,明彻于城南设坛,士卒二十万,陈旗鼓戈甲,登坛拜受,成礼而退。

六年,自寿阳入朝,舆驾幸其第,赐钟磬一部。七年,进攻彭城,军至吕梁,又大破齐军。八年,进位司空,给大都督铁钺、龙麾。寻授都督、南兖州刺史。

及周灭齐,宣帝将事徐、兖。九年,诏明彻北侵,令其世子慧觉摄行州事。军至吕梁,周徐州总管梁士彦率众拒战,明彻频破之,仍迮清水以灌其城,攻之甚急,环列舟舰于城下。周遣上大将军王轨救之。轨轻行自清水入灌口,横流竖木,以铁锁贯车轮,遏断船路。诸将闻之甚恐,议欲破堰拔军,以舫载马。马明戍裴子烈曰:"君若决堰下船,船必倾倒,岂可得乎?不如前遣马出。"适会明彻苦背疾甚笃,知事不济,遂从之。乃遣萧摩诃帅马军数千前还,明彻仍自决其堰,乘水力以退军。及至清口,水力微,舟舰并不得度,众军皆溃。明彻穷蹙,乃就执。周封怀德郡公,位大将军。以忧遘疾,卒于长安。后故吏盗其枢归。至德元年,诏追封邵陵侯,以其息慧觉嗣。

裴子烈字大士,河东闻喜人,梁员外散骑常侍猗之子。少孤,有志气,以骁勇闻。位北谯太守,岳阳内史,封海安伯。

论曰:古人云"知臣莫若君",《书》曰"知人则哲"。观夫陈武论将,而周、侯遇祸,有以知斯言之非妄矣。若不然者,亦何以驱驾雄杰,而创基拨乱者乎。故项、颍并自奔囚,翻同有乱,甐、量望风景附,自等诚臣,良有以也。昭达勤王之略,远符耿弇,行己之方,颇同吴汉,既眇而贵,亦黥而王,吉凶之算,岂人事也。明彻属运否之期,当辟土之任,才非韩、白,识暗孙、吴,知进而不知止,知得而不知丧,犯斯不韪,师亡国蹙,宜矣哉!

南史卷六七
列传第五七

胡颖　徐度 子敬成　杜棱
周铁武　程灵洗 子文季　沈恪
陆子隆　钱道戢　骆文牙
孙玚　徐世谱　周敷　荀朗
周炅　鲁悉达 弟广达　萧摩诃
子世廉　任忠　樊毅 弟猛

胡颖字方秀,吴兴人也。伟姿容,性宽厚。

梁末,陈武帝在广州,颖深自结托。从克元景仲,平蔡路养、李迁仕,皆有功。武帝进军顿西昌,以颖为巴丘令,镇大皋,督粮运。下至豫章,以颖监豫章郡。武帝率众与王僧辩会白茅湾,同讨侯景,以颖知留府事。梁承圣初,元帝授颖罗州刺史,封汉阳县侯。寻除豫章内史,随武帝镇京口。齐遣郭元建出东关,武帝令颖率府内骁勇随侯瑱,于东关大破之。后从武帝袭王僧辩,又随周文育于吴兴讨杜龛。武帝受禅,兼左卫将军。

天嘉元年,除散骑常侍、吴兴太守。卒官,谥曰壮。二年,配享武帝庙庭。子六同嗣。

徐度字孝节,安陆人也。少倜傥,不拘小节。及长,姿貌瑰伟,嗜酒好博,恒使僮仆屠酤为事。

初从梁始兴内史萧介征诸山洞,以骁勇闻,陈武帝征交阯,乃委质焉。侯景之乱,武帝克广州,平蔡路养,破李迁仕,计画多出于度。侯景平后,追录前后战功,封广德县侯。武帝镇朱方,除兰陵太守。武帝遣衡阳献王往荆州,度率所领从焉。江陵覆亡,间行东归。武帝东讨杜龛,奉敬帝幸京口,以度领宿卫,并知留府事。徐嗣徽、任约等来寇,武帝与敬帝还都,时贼已据石头,使度顿军于冶城寺。明年,嗣徽等又引齐寇济江,度随众军破之于北郊坛。以功除郢州刺史,兼领吴兴太守。

文帝即位,累迁侍中、中抚将军、开府仪同三司,进爵为公。天嘉元年,以平王琳功,改封湘东郡公。及太尉侯瑱薨于湘州,以度代瑱为都督、湘州刺史。秩满,复为侍中、中军大将军。文帝崩,度预顾命,许以甲仗五十人入殿省。

废帝即位,进位司空。薨,赠太尉,谥曰忠肃。太建四年,配享武帝庙庭。子敬成嗣。

敬成,幼聪慧,好读书。起家著作佐郎。

永定元年,领度所部士卒,随周文育、侯安都征王琳,于沌口败绩,为琳所絷。二年,随文育、安都得归。父度为吴郡太守,以敬成监郡。光大元年,为巴州刺史。

寻为水军,随吴明彻平华皎。二年,以父忧去职。寻起为南豫州刺史,袭爵湘东郡公。

五年,除吴兴太守。随都督吴明彻北讨,出秦郡,别遣敬成为都督,乘金翅自欧阳引埭溯江,由广陵,齐人皆城守,弗敢出。自繁梁湖下淮,克淮阴、山阳、盐城三郡,仍进克郯洲。进号壮武将军,镇朐山。坐于军中辄科订,并诛新附者,免官。寻除安州刺史,镇宿预。卒,谥曰思。子敞嗣。

杜棱字雄盛,吴郡钱唐人也。少落泊,不为时知。颇涉书传。

　　游岭南，事梁广州刺史新渝侯萧映。映卒，从陈武帝，平蔡路养、李迁仕皆有功。梁元帝承制，授石州刺史、上陌县侯。侯景平后，武帝镇朱方，以棱监义兴、琅邪二郡。

　　武帝谋诛王僧辩，引棱与侯安都等共议，棱难之。武帝惧其泄己，乃以手巾绞棱，棱闷绝于地，因闭于别室。军发，召与同行。及僧辩平后，武帝东征杜龛等，留棱与安都居守。徐嗣徽、任约引齐师济江，攻台城，安都与棱随方抗拒，未尝罢带。贼平，以功除右卫将军、丹阳尹。永定元年，位侍中、中领军。

　　武帝崩，文帝在南皖。时内无嫡嗣，外有强敌，侯瑱、侯安都、徐度等并在军中，朝廷宿将，唯棱在都，独典禁兵，乃与蔡景历等秘不发丧，奉迎文帝。文帝即位，迁领军将军，以预建立功，改封永城县侯，位丹阳尹。

　　废帝即位，加特进、侍中。光大元年，解尹，量置佐史，给扶。太建元年，出为吴兴太守。二年，征为侍中。寻加特进、护军将军。三年，以公事免侍中、护军。四年，复为侍中、右光禄大夫，将军、佐史、扶并如故。

　　棱历事三帝，并见恩宠。末年不预征役，优游都下。顷之，卒于官。赠开府仪同三司，谥曰成，配享武帝庙庭。子安世嗣。

　　周铁武，不知何许人也。语音伧重，膂力过人，便马槊。

　　事梁河东王萧誉，以勇敢闻。誉为湘州，以为临蒸令。侯景之乱，梁元帝遣世子方等伐誉，誉拒战，大捷，方等死，铁武功最。及王僧辩讨誉，于阵获之，将烹焉，铁武呼曰："侯景未灭，奈何杀壮士！"僧辩奇其言，宥之，还其麾下。及侯景西上，铁武从僧辩克任约，获宋子仙，每战有功。元帝承制，授潼州刺史，封沌阳县子。又从僧辩定建邺，降谢答仁，平陆纳于湘州，录前后功，进爵为侯。

　　陈武帝诛僧辩，铁武率所部降，因复其本职。徐嗣徽引齐寇度江，铁武破其水军。嗣徽平，迁太子左卫率。寻随周文育拒萧勃，文育命铁武偏军袭勃，禽勃前军欧阳頠。又随文育西征王琳，于沌口败绩,与文育、侯安都并为琳所禽。琳见诸将与语,唯铁武辞气不屈,故琳尽宥文育之徒,独铁武见害。赠侍中、护军。天嘉三年,文帝又诏配食武帝庙庭。子瑜嗣。

程灵洗字玄涤,新安海宁人也。少以勇力闻,步行日二百里,便骑善游,素为乡里畏伏。

侯景之乱,据黟、歙聚徒以拒景。景军据有新安,新安太守湘西乡侯萧隐奔依灵洗,灵洗奉以主盟。梁元帝授灵洗谯州刺史资,领新安太守,封巴丘县侯。

后助王僧辩镇防。及武帝诛僧辩,灵洗率所领来援,其夜力战于石头西门,武帝军不利,遣使招喻,久之乃降,帝深义之。授兰陵太守,仍助防京口。及平徐嗣徽,灵洗有功,除南丹阳太守,封逐安县侯。后随周文育西讨王琳,军败,为琳所拘。寻与侯安都等逃归。累迁太子左卫率。

武帝崩,王琳前军东下,灵洗于南陵破之虏其兵士,并获青龙十余乘。以功授都督、南豫州刺史。侯瑱等败王琳于栅口,灵洗逐北,据有鲁山。征为左卫将军。天嘉四年,周迪重寇临川,以灵洗为都督,自鄱阳别道击之。迪又走山谷间。迁中护军,出为都督、郢州刺史。

废帝即位,进号云麾将军。华皎之反,遣使招灵洗,灵洗斩皎使以闻。朝廷深嘉其忠,因推心待之,使其子文季领水军助防。时周将元定率步骑二万助皎,围灵洗,灵洗婴城固守。及皎败,乃出军蹑定,定不获济江,以其众降。因进攻,克周沔州,禽其刺史裴宽。以功改封重安县公。

灵洗性严急,御下甚苛刻,士卒有小罪,必以军法诛之。号令分明,与士卒同甘苦,众亦以此德之。性好播植,躬勤耕稼,至于水陆所宜,刈获早晚,虽老农不能及也。妓妾无游手,并督之纺绩。至于散用赏财,亦弗俭吝。卒,赠镇西将军、开府仪同三司,谥曰忠壮。太建四年,配享武帝庙庭。子文季嗣。

文季字少卿,幼习骑射,多干略,果决有父风。灵洗与周文育、侯安都等败于沌口,为王琳所执,武帝召陷贼诸子弟厚遇之,文季最有礼容,深见赏。

文帝嗣位,徐宣惠始兴王府限内中直兵参军。累迁临海太守。后乘金翅助父镇郢城。华皎平,灵洗及文季并有捍御之功。及灵洗卒,文季尽领其众。起为超武将军,仍助防郢州。

文季性至孝,虽军旅夺礼,而毁瘠甚至。服阕,袭封重安县公。随都督章昭达率军往荆州征梁。梁人与周军多造舟舰,置于青泥水中,昭达遣文季共钱道戢尽焚其舟舰。既而周兵大出,文季仅以身免。以功加通直散骑常侍。

太建五年,都督吴明彻北讨,至秦郡。秦郡前江浦通涂水,齐人并下大柱为杙,栅水中。文季乃前领骁勇,拔开其栅,明彻率大军自后而至,攻克秦郡。又别遣文季攻泾州,屠其城,进拔盱眙,仍随明彻围寿阳。文季临事谨饬,御下严整,前后所克城垒,率皆迮水为堰,土木之功,动逾数万。置阵役人,文季必先于诸将,夜则早起,迄暮不休,军中莫不服其勤干。每战为前锋,齐军深惮之,谓为程彪。以功除散骑常侍,带新安内史。累迁北徐州刺史,加都督。

后随明彻北侵,军败,为周所囚,仍授开府仪同三司。十一年,自周逃归,至涡阳,为边吏执送长安,死于狱。是时既与周绝,不之知。至德元年,后主知之,赠散骑常侍。又诏伤其废绝,降封重安县侯,以子响袭封。

沈恪字子恭,吴兴武康人也。深沉有干局。梁新渝侯萧映之为广州,兼映府中兵参军。陈武帝与恪同郡,情好甚昵。萧映卒后,武帝南讨李贲,仍遣妻子附恪还乡。寻补东宫直后。以岭南勋,除员外散骑侍郎。仍令总集宗从子弟。

侯景围台城,起东西二土山以逼城,城内亦作土山应之,恪为东土山主,昼夜拒战。以功封东兴侯。及城陷,间行归乡。武帝讨景,遣使报恪,恪于东起兵相应。贼平后,授都军副。

及武帝谋讨王僧辩，恪预其事。武帝使文帝还长城立栅备杜龛，使恪还武康招集兵众。及僧辩诛，龛果遣副将杜泰袭文帝于长城，恪时已出县，诛龛党与。武帝寻遣周文育来援长城，文育至，泰乃走。及龛平，文帝袭东扬州刺史张彪，以恪监吴兴郡。

武帝受禅，时恪自吴兴入朝，武帝使中书舍人刘师知引恪，令勒兵入，因卫敬帝如别宫。恪排闼入见武帝，叩头谢曰："恪身经事萧家来，今日不忍见此事，分受死耳，决不奉命。"武帝嘉其意，不复逼，更以荡主王僧志代之。

帝践阼，除吴兴太守。永定三年，除散骑常侍、会稽太守。历事文帝及废帝，累迁护军将军。至宣帝即位，除平越中郎将、都督、广州刺史。恪未至岭，前刺史欧阳纥举兵拒崄，不得进。朝廷遣司空章昭达讨平纥，乃得入州。兵荒之后，所在残毁，恪绥怀安辑，被以恩惠，岭表赖之。后主即位，为特进、金紫光禄大夫。卒，谥曰光。子法兴嗣。

陆子隆字兴世，吴郡人也。祖敞之，梁嘉兴令。父悛，封氏令。

子隆少慷慨，有志功名。侯景之乱，于乡里聚徒。时张彪为吴郡太守，引为将帅，仍随彪徙镇会稽。及文帝讨彪，彪将沈泰、吴宝真、申缙等皆降，而子隆力战败绩。文帝义之，复使领其部曲。

文帝嗣位，子隆领甲仗宿卫。封益阳县子，累迁庐陵太守。周迪据临川反，子隆随章昭达讨迪。迪退走，因随昭达讨陈宝应。晋安平，子隆功最，迁武州刺史，改封朝阳县伯。华皎据湘州反，以子隆居其心腹，皎深患之，频遣使招。子隆不从，攻又不克。及皎败于郢州，子隆出兵袭其后，因与大军相会。进爵为侯。

寻迁都督、荆州刺史。荆州新置，居公安，城池未固，子隆修立城郭，绥集夷夏，甚得人和，号为称职。吏人诣阙，求立碑颂美功绩，诏许之。卒，谥威。子之武嗣。

之武年十六，领其旧军。后为弘农太守，乃隶吴明彻，于吕梁军败逃归，为人所害。

子隆弟子才,亦有干略。从子隆征讨有功,除始平太守,封始康县子。卒于信州刺史。

钱道戢字子韬,吴兴长城人也。父景深,梁汉寿令。道戢少以孝行著闻,及长,颇有材干。陈武帝微时,以从妹妻焉。武帝辅政,道戢随文帝平张彪于会稽,以功拜东徐州刺史,封永安县侯。天嘉元年,为临海太守。侯安都之讨留异,道戢帅军出松阳以断其后。异平,以功拜都督、衡州刺史,领始兴内史。后与章昭达讨欧阳纥,纥平,除左卫将军。太建二年,又随昭达征江陵,以功加散骑常侍。后为都督、郢州刺史。与仪同黄法氍攻下历阳,因以道戢镇之。卒官,谥曰肃。子邈嗣。

骆文牙字旗门,吴兴临安人也。父裕,梁鄱阳嗣王中兵参军事。文牙年十二,宗人有善相者,云:"此郎容貌非常,必将远致。"

梁太清末,陵文帝避地临安,文牙母陵,睹帝仪表,知非常人,宾待甚厚。及帝为吴兴太守,引文牙为将帅。从平杜龛、张彪,勇冠众军。文帝即位,封临安县侯,位越州刺史。初,文牙母卒,时兵荒,至是始葬,诏赠临安国太夫人,谥曰恭。太建八年,文牙累迁散骑常侍,入直殿省。十年,授丰州刺史。至德二年,卒,赠广州刺史。子义嗣。

孙玚字德琏,吴郡吴人也。父修道,梁中散大夫,以雅素知名。玚少倜傥,好谋略,博涉经史,尤便书翰。

仕梁为邵陵王中兵参军事。太清之难,授假节、宣猛将军、军主。王僧辩之讨侯景也,王琳为前军,琳与玚亲娅,乃表荐为宜都太守。后以军功封富阳侯。敬帝立,累迁巴州刺史。

及陈武帝受禅,王琳立梁永嘉王萧庄于郢州,征玚为少府卿,仍徙都督、郢州刺史,总留府之任。周遣大将军史宁乘虚攻之,玚兵不满千人,乘城拒守,周兵不能克。及王琳乘胜而进,周兵乃解,玚于是尽有中流之地，既而遣使奉表归陈。

天嘉元年，授湘州刺史，封定襄县侯。玚怀不自安，乃固请入朝，征为侍中、领军将军。未拜，文帝谓曰："昔朱买臣愿为本郡，卿岂有意授乎？"改授吴郡太守，给鼓吹一部。秩满，征拜散骑常侍、中护军。及留异反，据东阳，诏玚督舟师进讨。异平，迁镇右将军。顷之，出为建安太守。

太建四年，为都督、荆州刺史，出镇公安，为邻境所禅。居职六年，以公事免。及吴明彻军败吕梁，诏授都督缘江水陆诸军事。寻授都督、郢州刺史。十二年，坐疆场交通抵罪。

后主嗣位，复爵邑，历位度支尚书、侍中、祠部尚书。后主频幸其宅，赋诗述勋德之美。迁五兵尚书，领左军将军，侍中如故。祯明元年，卒官，谥曰桓。

玚事亲以孝闻，于诸弟甚笃睦。性通泰，有财散之亲友。居家颇失于侈，家庭穿筑，极林泉之致，歌钟舞女，当世罕俦。宾客填门，轩盖不绝。及出镇郢州，乃合十余船为大舫，于中立亭池，植荷芰，每良辰美景，宾僚并集，泛长江而置酒，亦一时之胜赏焉。常于山斋设讲肆，集玄儒之士，冬夏资奉，为学者所称。而处己率易，不以名位骄物。时兴皇寺朗法师该通释典，玚每造讲筵，时有抗论，法侣莫不倾心。又巧思过人，为起部尚书，军国器械，多所创立。有鉴识，男女婚姻，皆择素贵。及卒，尚书令江总为之铭志，后主又题铭后四十字，遣左户尚书蔡征就宅宣敕镌之。其词曰："秋风动竹，烟水惊波。几人樵径，何处山阿。今时日月，宿昔绮罗。天长路远，地久灵多。功臣未勒，此意如何。"时论以为荣。

玚二十一子，第二子训颇知名，位高唐太守，陈亡，入隋。

徐世谱字兴宗，巴东鱼复人也。世居荆州为主帅，征伐蛮蜒。至世谱，尤勇敢，有膂力，善水战。

梁元帝之为荆州刺史，世谱将领乡人事焉。侯景之乱，因预征讨，累迁至员外散骑常侍。寻领水军，从司徒陆法和与景战于赤亭湖。时景军甚盛,世谱乃别造楼船、拍舰、火舫、水车以益军势。将战,又乘大舰居前,大败景军,禽景将任约。景退走,因随王僧辩攻郢州。世谱复乘大舰临其仓门,贼将宋子仙据城降。以功除信州刺史,封鱼复县侯。仍随僧辩东下,恒为军锋。景平,以衡州刺史资,领河东太守。

西魏攻荆州,世谱镇马头岸,据有龙洲。元帝授侍中、都督江南诸军事、镇南将军、护军将军。魏克江陵,世谱东下依侯瑱。绍泰元年,征为侍中、左卫将军。

陈武帝之拒王琳,其水战之具,悉委世谱。世谱性机巧,谙解旧法,所造器械,并随机损益,妙思出人。永定二年,迁护军将军。

文帝即位,历特进、右光禄大夫。以疾失明,谢病不朝。卒,谥曰桓。

周敷字仲远,临川人也。为郡豪族。敷形貌眇小,如不胜衣,胆力劲果,超出时辈。性豪侠,轻财重士,乡党少年任气者咸归之。

侯景之乱,乡人周续合众,以讨贼为事,梁内史始兴蕃王萧毅以郡让续,续所部有欲侵掠毅者,敷拥护之,亲率其党,捍送至豫章。时梁观宁侯萧永、长乐侯萧基、丰城侯萧泰避难流寓,闻敷信义,皆往依之。敷愍其危惧,屈体崇敬,厚加给恤,送之西上。俄而续部下将帅争权,杀续以降周迪。迪素无簿阀,又失众心,倚敷族望,深求交结。敷未能自固,事迪甚恭,迪大凭仗之。迪据临川之工塘,敷镇临川故郡。侯景平,梁元帝授敷宁州刺史,封西丰县侯。

陈武帝受禅,王琳据有上流,余孝顷与琳党李孝钦等共围周迪,敷助于迪,迪禽孝顷等,敷功最多。熊昙朗之杀周文育,据豫章,将兵袭敷,敷大破之。昙朗走巴山郡,敷因与周迪、黄法氍等进兵屠之。王琳平,授散骑常侍、豫章太守。

时南江酋帅,并顾恋巢窟,唯敷独先入朝。天嘉二年,诣阙,进号安西将军,令还镇豫章。周迪以敷素出己下,超致显达,深不平,六年,乃举兵反,遣弟方兴袭敷。敷大破之,仍从都督吴明彻攻破迪，禽方兴。再迁都督、南豫州刺史。迪又收余众袭东兴，文帝遣都督章昭达征迪，敷又从军。至定川县与迪相对，迪给敷求还朝，欲立盟，敷许之。方登坛，为迪所害。谥曰脱。子智安嗣，位至太仆卿。

荀朗字深明，颍川颍阴人也。祖延祖，梁颍川太守。父伯通，卫尉卿。

朗少慷慨，有将帅大略。侯景之乱，据巢湖，无所属。台城陷没后，梁简文帝密诏授朗豫州刺史，令与外蕃讨景。景使仪同宋子仙、任约等频征之，不能克。时都下饥，朗更招致部曲，众至数万。侯景败于巴陵，朗截破其后军。景平后，又别破齐将郭元建于踟蹰山。及魏克荆州，陈武帝入辅，齐遣萧轨、东方老等来寇，据石头，朗自宣城来赴，与侯安都等大破之。

武帝受禅，赐爵兴宁县侯，以朗兄昂为左卫将军，弟晷为太子右卫率。武帝崩，宣太后与舍人蔡景历秘不发丧，朗弟晓在都微知之，谋率其家兵袭台。事觉，景历杀晓，仍系其兄弟。文帝即位，并释之。因厚抚朗，令与侯安都等拒王琳。琳平，迁都督、合州刺史。卒，谥曰壮。子法尚嗣。

法尚少倜傥，有文武干略。祯明中，为都督、郢州刺史。及隋军济江，法尚降。入隋，历邵、观、绵、丰四州刺史，巴东、敦煌二郡太守。

周炅字文昭，汝南安成人也。祖强，齐梁州刺史。父灵起，梁庐、桂二州刺史，保城县侯。

炅少豪侠任气，有将帅才。梁太清元年，为弋阳太守。侯景之乱，元帝承制，改授西阳太守，封西陵县伯。以军功累迁都督、江州刺史，进为侯。陈武帝践阼，王琳拥据上流，炅以州从之。后为侯安都所禽，送都。文帝释之，授定州刺史，带西阳、武昌二郡太守。

太建五年，为都督、安州刺史，改封龙源县侯。其年，随都督吴明彻北讨，所向克捷，一月之中，获十二城。败齐尚书左丞陆骞军。

进攻巴州,克之。于是江北诸城及谷阳土人,并诛其渠帅以城降。进号和戎将军。仍敕追炅入朝。

后梁定州刺中史田龙升以城降,诏以为定州刺史,封赤亭王。及炅入朝,龙升以江北六州七镇叛入于齐,齐遣历阳王高景安应之。于是令炅为江北道大都督,总统众军以讨龙升,斩之,尽复江北之地。进号平北将军。卒于官,赠司州刺史,改封武昌郡公,谥曰壮。

鲁悉达字志通,扶风郿人也。祖裴,齐衡州刺史、阳塘侯。父益之,梁云麾将军、新蔡、义阳二郡太守。悉达幼以孝闻。侯景之乱,纠合乡人保新蔡,力田蓄谷。时兵荒,都下及上川饿死者十八九,有得存者,皆携老幼以归焉,悉达所济活者甚众。招集晋熙等五郡,尽有其地,使其弟广达领兵随王僧辩讨平侯景。梁元帝授北江州刺史。

敬帝即位,王琳据有上流,留异、余孝顷、周迪等所在蜂起,悉达抚绥五郡,甚得人和。琳授悉达镇北将军,陈武帝亦遣赵知礼授征西将军、江州刺史,悉达两受之,迁延顾望。武帝遣安西将军沈泰潜师袭之,不能克。齐遣行台慕容绍宗来攻郁口诸镇,悉达与战,大败齐军,绍宗仅以身免。王琳欲图东下,以悉达制其中流,遣使招诱,悉达终不从。琳不得下,乃连结于齐,齐遣清河王高岳助之。会裨将梅天养等惧罪,乃引齐军入城,悉达勒麾下数千人济江而归武帝。帝见之喜曰:“来何迟也。”授北江州刺史、彭泽县侯。

悉达虽仗气任侠,不以富贵骄人。雅好词赋,招礼贤才,与之赏会。文帝即位,迁吴州刺史。遭母忧,哀毁过礼,因遘疾卒。谥孝侯。子览嗣。弟广达。

广达字遍览,少慷慨,志立功名,虚心爱士,宾客自远而至。时江表将帅各领部曲,动以千数,而鲁氏尤为多。

仕梁为平南当阳公府中兵参军。侯景之乱,与兄悉达聚众保新蔡。梁元帝承制授晋州刺史。王僧辩之讨侯景,广达出境候接,资奉军储。僧辩谓沈炯曰:“鲁晋州亦是王师东道主人。”仍率众随僧辩。景平,加员外散骑常侍。

　　陈武受禅,授东海太守。后代兄悉达为吴州刺史,封中宿县侯。光大元年,迁南豫州刺史。华皎称兵上流,诏司空淳于量进讨。军至夏口,见皎舟师强盛,莫敢进。广达首率骁勇,直冲贼军。广达堕水,沉溺久之,因救获免。皎平,授巴州刺史。

　　太建初,与仪同章昭达入峡口,招定安蜀等诸州镇。时周图江左,大造舟舰于蜀,并运粮青泥。广达与钱道戢等将兵掩袭,纵火焚之,仍还本镇。广达为政简要,推诚任下,吏人便之。及秩满,皆诣阙表请,于是诏申二年。

　　众军北伐,略淮南旧地,广达与齐军会于大岘,大破之,斩其敷城王张元范。进克北徐州,仍授北徐州刺史。十年,授都督、合州刺史。十一年,周将梁士彦围寿春,诏遣中领军樊毅、左卫将军任忠等分部趣阳平、秦郡,广达率众入淮为掎角以击之。周军攻陷豫、霍二州,南北兖、晋等各自拔,诸将并无功,尽失淮南之地,广达因免官,以侯还第。十二年,与南豫州刺史樊毅北讨,克郭默城。寻授平西将军、都督郢州以上七州诸军事,顿兵江夏。周安州总管元景征江外,广达命偏师击走之。

　　至德二年,为侍中,改封绥越郡公。寻为中领军。及贺若弼进军钟山,广达于白土冈置阵,与弼旗鼓相对。广达躬擐甲胄,手执枹鼓,率励敢死而进,隋军退走。如是者数四。及弼乘胜至宫城,烧北掖门,广达犹督余兵苦战不息。会日暮,乃解甲,面台再拜恸哭。谓众曰:“我身不能救国,负罪深矣。”士卒皆涕泣歔欷,于是就执。

　　祯明三年,依例入隋。广达追怆本朝沦覆,遘疾不疗,寻以愤慨卒。尚书令江总抚柩恸哭,乃命笔题其棺头,为诗曰:“黄泉虽抱恨,白日自留名,悲君感义死,不作负恩生。”又制广达墓铭,述其忠概。

　　初,隋将韩擒济江,广达长子世真在新蔡,乃与弟世雄及所部奔擒。擒遣使致书招广达,广达时屯兵都下,乃自劾廷尉请罪,后主谓曰:“世真虽异路中大夫,公国之重臣,吾所恃赖,岂得自同嫌疑之间乎?”加赐黄金,即日还营。

广达有队主杨孝辩，时从广达在军中，力战陷阵，其子亦随孝辩挥刀杀隋兵十余人。力穷，父子俱死。

萧摩诃字元胤，兰陵人也。父谅，梁始兴郡丞。摩诃随父之郡，年数岁而父卒，其姊夫蔡路养时在南康，乃收养之。稍长，果毅有勇力。

侯景之乱，陈武帝赴援建邺，路养起兵拒武帝，摩诃时年十三，单骑出战，军中莫有当者。及路养败，摩诃归侯安都，常从征讨，安都遇之甚厚。及任约、徐嗣徽引齐兵为寇，武帝遣安都北拒齐军于钟山龙尾及北郊坛。安都谓摩诃曰："卿骁勇有名，千闻不如一见。"摩诃对曰："今日令公见之。"及战，安都坠马被围，摩诃独骑大呼，直冲齐军，齐军稍解去，安都乃免。以平留异、欧阳纥功，累迁巴山太守。

太建五年，众军北伐，摩诃随都督吴明彻济江攻秦郡。时齐遣大将尉破胡等率众十万来援，其前队有"苍头"、"犀角"、"大力"之号，皆身长八尺，膂力绝伦，其锋甚锐。又有西域胡，妙于弓矢，弦无虚发，众军尤惮之。及将战，明彻谓摩诃曰："若殪此胡，则彼军夺气，君有关、张之名，可斩颜良矣。"摩诃曰："愿得识其形状。"明彻乃召降人有识胡者，云胡绛衣，桦皮装弓，两端骨弭。明彻遣人觇伺，知胡在阵，仍自酌酒饮摩诃。摩诃饮讫，驰马冲齐军，胡挺身出阵前十余步，彀弓未发，摩诃遥掷铣锽，正中其额，应手而仆。齐军"大力"十余人出战，摩诃又斩之，于是齐师退走。以功封廉平县伯。寻进为侯，位太仆卿。又随明彻进围宿预，击走齐将王康德，以功除晋熙太守。九年，明彻进军吕梁，与齐大战，摩诃率七骑先入，手夺齐军大旗，齐众大溃。以功授谯州刺史。

及周武帝灭齐，遣其将宇文忻争吕梁。忻时有精骑数千，摩诃领十二骑，深入周军，从横奋击，斩馘甚众。及周遣大将王轨来赴，结长围连锁于吕梁下流，断大军还路。摩诃谓明彻曰："闻轨始锁下流，其两头筑城，今尚未立，公若见遣击之，彼必不敢相拒。彼城若立,则吾属虏矣。"明彻奋髯曰:"搴旗陷阵,将军事也;长算远略,老夫事也。"摩诃失色而退。一旬之中,水路遂断,周兵益至。摩诃又请曰:"今求战不得,进退无路,若潜军突围,未足为耻。愿公率步卒乘马舆徐行,摩诃驱驰前后,必使公安达京邑。"明彻曰:"弟计乃良图也。然老夫受脤专征,今被围逼,惭置无地。且步军既多,吾为总督,必须身居其后,相率兼行,弟马军宜须在前。"摩诃因夜发,选精骑八千,率先冲突,自后众骑继焉。比旦,达淮南。宣帝征还,授右卫将军。

及宣帝崩,始兴王叔陵于殿内手刃后主,遂奔东府城。摩诃入受敕,乃率马步数百趣东府城,斩之。以功授车骑大将军,封绥建郡公。叔陵素所蓄聚金帛累巨万,后主悉以赐之。改授侍中、骠骑大将军、左光禄大夫。旧制:三公黄阁听事置鸱尾。后主特诏摩诃开黄阁,门施行马,听事、寝堂,并置鸱尾。仍以其女为皇太子妃。

会隋总管贺若弼镇广陵,后主委摩诃御之,授南徐州刺史。祯明三年元会,征摩诃还朝,弼乘虚济江,袭京口。摩诃请率兵逆战,后主不许。及弼进钟山,摩诃又曰:"弼悬军深入,垒堑未坚,出兵掩袭,必克。"又不许。及将出战,后主谓曰:"公可为我一决。"摩诃曰:"从来行阵,为国为身,今日之事,兼为妻子。"后主多出金帛赋诸军,以充赏赐。令中领军鲁广达陈兵白土冈,居众军南,镇东大将军任忠次之,护军将军樊毅、都官尚书孔范又次之,摩诃军最居北。众军南北亘二十里,首尾进退不相知。

弼初谓未战,将轻骑登山,望见众军,因驰下置阵。后主通于摩诃之妻,故摩诃虽领劲兵八千,初无战意,唯鲁广达、田端以其徒力战。贺若弼及所部行军七总管杨牙、韩洪、员明、黄昕、张默言、达奚隆、张辩等,甲士凡八千,各各勒阵以待之。弼躬当鲁广达,麾下战死者二百七十三人,弼纵烟以自隐,窘而复振。陈兵得人头,皆走献后主,求赏金银。弼更趣孔范,范兵暂交便败走。陈军尽溃,死者五千人。诸门卫皆走,黄昕驰烧北掖门而入。员明禽摩诃以送弼,弼以刀临颈,词色不挠,乃释而礼之。

及城平，弼置后主于德教殿，令兵卫守，摩诃请弼曰："今为囚虏，命在斯须，愿一见旧主，死无所恨。"弼哀而许之。入见后主，俯伏号泣，仍于旧厨取食进之，辞诀而出，守卫者皆不能仰视。隋文帝闻摩诃抗答贺若弼，曰："壮士也，此亦人之所难。"入隋，授开府仪同三司。寻从汉王谅诣并州，同谅作逆，伏诛，年七十三。

摩诃讷于言，恂恂长者。至于临戎对寇，志气奋发，所向无前。年未弱冠，随侯安都在京口，性好猎，无日不畋游。及安都征伐，摩诃功居多。

子世廉，有父风。性至孝，及摩诃凶终，服阕后，追慕弥切。其父时宾故，脱有所言及，世廉对之，哀恸不自胜，言者为之歔欷。终身不执刀斧，时人嘉焉。

摩诃有骑士陈智深者，勇力过人，以平叔陵功，为巴陵内史。摩诃之戮也，其子先已籍没，智深收摩诃尸，自殡敛，哀感行路，君子义之。

颍川陈禹，亦随摩诃征讨。聪敏有识量，涉猎经史，解风角兵书，颇能属文，便骑射，官至王府谘议。

任忠字奉诚，小名蛮奴，汝阴人也。少孤微，不为乡党所齿。及长，谲诡多计略，膂力过人，尤善骑射，州里少年皆附之。梁鄱阳王萧范为合州刺史，闻其名，引置左右。

侯景之乱，忠率乡党数百人，随晋熙太守梅伯龙讨景将王贵显于寿春，每战却敌。会土人胡通聚众寇抄，范命忠与主帅梅思立并军讨平之。仍随范世子嗣率众入援，会京城陷，旋戍晋熙。侯景平，授荡寇将军。

王琳立萧庄，署忠为巴陵太守。琳败，还朝，授明毅将军、安湘太守，仍随侯瑱进讨巴、湘。累迁豫宁太守，衡阳内史。华皎之举兵也，忠预其谋。及皎平，宣帝以忠先有密启于朝廷，释而不问。太建初，随章昭达讨欧阳纥于广州，以功授直阁将军。迁武毅将军、庐陵内史。秩满，入为右军将军。

五年，众军北伐，忠将出西道，击走齐历阳王高景安于大岘，遂北至东关，仍克其东西二城。进军蕲、谯，并拔之。径袭合肥，入其郛。进克霍州。以功授员外散骑常侍，封安复县侯。吕梁之丧师也，忠全军而还。寻授忠都督寿阳、新蔡、霍州缘淮众军，霍州刺史。入为左卫将军。迁平南将军、南豫州刺史，加都督，率步骑趣历阳。周遣王延贵率众为援，忠大破之，生禽延贵。

后主嗣位，进号镇南将军，给鼓吹一部。入为领军将军，加侍中，改封梁信郡公。出为吴兴内史。及隋兵济江，忠自吴兴入赴，屯军朱雀门。后主召萧摩诃以下于内殿定议，忠曰："兵法客贵速战，主贵持重。今国家足食足兵，宜固守台城，缘淮立栅。北军虽来，勿与交战，分兵断江路，无令彼信得通。给臣精兵一万，金翅三百艘，下江径掩六合。彼大军必言其度江将士已被获，自然挫气。淮南土人，与臣旧相知悉，今闻臣往，必皆景从。臣复扬声欲往徐州，断彼归路，则诸军不击而自去。待春水长，上江周罗睺等众军，必沿流赴援，此良计矣。"后主不能从。明日欻然曰："腹烦杀人，唤萧郎作一打。"忠叩头苦请勿战，后主从孔范言，乃战，于是据白土冈阵。及军败，忠驰入台，见后主，言败状，曰："官好住，无所用力。"后主与之金两滕曰："为我南岸收募人，犹可一战。"忠曰："陛下唯当具舟楫，就上流众军，臣以死奉卫。"后主信之，敕忠出部分。忠辞云："臣处分讫，即奉迎。"后主令宫人装束以待忠，久望不至。时隋将韩擒自新林进军，忠率数骑往石子冈降之。仍引擒军共入南掖门。台城平，入长安，隋授开府仪同三司。卒，年七十七。

隋文帝后以散骑常侍袁元友能直言于后主，嘉之，擢拜主爵侍郎，谓群臣曰："平陈之而义，悔不杀任蛮奴。受人荣禄，兼当重寄，不能横尸，云'无所用力'，与弘演纳肝，何其远也。"子幼武，位仪同三司。

樊毅字智烈，南阳湖阳人也。祖方兴，梁散骑常侍、司州刺史、鱼复县侯。父文炽，梁散骑常侍、东益州刺史、新蔡县侯。

毅家本将门,少习武,善骑射。侯景之乱,率部曲随叔父文皎援台城。文皎于青溪战殁,毅赴江陵,仍隶王僧辩讨河东王萧誉,以功除右中郎将。代兄俊为梁兴太守,领三州游军,随宜丰侯萧循讨陆纳于湘州。军次巴陵,营顿未立,纳潜军夜至薄营,大噪,军中将士皆惊扰,毅独与左右数十人当营门力战,斩十余级,击鼓申令,众乃定焉。以功封夷道县伯。寻除天门太守,进爵为侯。及西魏围江陵,毅率郡兵赴援。会魏克江陵,为后梁所俘,久之遁归。

陈武帝受禅,毅与弟猛举兵应王琳,琳败奔齐,太尉侯瑱遣使招毅,毅率子弟部曲还朝。太建初,为丰州刺史,封高昌县侯。入为左卫将军。

五年,众军北伐,毅攻广陵楚子城,拔之,击走齐军。及吕梁丧师,诏以毅为大都督,率众度淮,对清口筑城,与周人相抗。霖雨城坏,毅全军自拔。寻迁中领军。十一年,周将梁士彦围寿阳,诏以毅为都督北讨前军事。十三年,为荆州刺史。

后主即位,改封逍遥郡公。入为侍中、护军将军。及隋军济江,毅谓仆射袁宪曰:“京口、采石,俱是要所,各须锐卒数千,金翅二百,都下江中,上下防捍。如其不然,大事去矣。”诸将咸从其议。会施文庆等寝隋兵消息,毅计不行。台城平,随例入关,卒。

毅弟猛,字智武,幼倜傥,有干略。及长,便弓马,胆气过人。青溪之战,猛自旦讫暮,与侯景军短兵接战,杀伤甚众。台城平,随兄毅西上。梁南安侯方矩为湘州刺史,以猛为司马。会武陵王纪举兵自汉江东下,方矩遣猛随都督陆法和进军拒之。猛手禽纪父子三人,斩于舶中,尽收其船舰器械。以功封安山县伯。进军抚定梁、益,还迁司州刺史,进爵为侯。

陈永定元年,周文育等败于沌口,为王琳所获。琳乘胜将事南中诸郡,遣猛与李孝钦等将兵攻豫章,进逼周迪。军败,为迪所执,寻遁归王琳。琳败,还朝。天嘉二年,授永阳太守。太建中,以军功封富川县侯。历散骑常侍,荆州刺史,入为左卫将军。

后主即位,为南豫州刺史。隋将韩擒之济江,猛在都下,第六子巡摄行州事,擒进军攻陷之,巡及家口并见执。时猛与左卫将军蒋元逊领青龙八十艘为水军,于白下游弈,以御隋六合兵。后主知猛妻子在隋,惧有异志,欲使任忠代之,令萧摩诃徐喻毅,毅不悦。摩诃以闻,后主重伤其意,乃止。祯明三年,入隋。

论曰:梁氏云季,运属云雷,陈武帝杖旗扫难,经纶伊始,胡颖、徐度、杜棱、周铁武、程灵洗等,或感会风云,毕力驱驰之日,或擢自降附,乃赞兴王之始,咸得配享清庙,岂徒然哉。沈恪行己之方,不践非义之迹,子隆持身之节,无失事人之道,仁矣乎! 钱道戢、骆文牙、孙玚、徐世谱、周敷、荀朗、周炅、鲁悉达、广达、萧摩诃、任忠、樊毅等,所以获用当年,其道虽异,至于功名自立,亦各因时。当金陵覆没,抑惟天数,然任忠与亡之义,无乃致亏,与夫萧、鲁所行,固不同日。持此百心,而事二主,欲求取信,不亦难乎! 首领获全,亦为幸也。

南史卷六八
列传第五八

赵知礼　蔡景历 子徵　宗元饶
韩子高　华皎　刘师知
谢岐　毛喜　沈君理
陆山才

　　赵知礼字齐旦,天水陇西人也。父孝穆,梁侯官令。知礼涉猎文史,善书翰。陈武帝之讨元景仲也,或荐之,引为书记。知礼为文赡速,每占授军书,下笔便就,率皆称旨。由是恒侍左右,深被委任,当时计画,莫不预焉。

　　武帝征候景,至白茅湾,上表于梁元帝及与王僧辩论军事,其文并知礼所制。及景平,授中书侍郎,封始平县子。陈受命,位散骑常侍、太府卿,权知领军事。天嘉元年,进爵为伯。王琳平,授吴州刺史。

　　知礼沉静有谋谟,每军国大事,文帝辄令玺书问之。再迁右将军,领前军将军。卒,赠侍中,谥曰忠。子元恭嗣。

　　蔡景历字茂世,济阳考城人也。祖点,梁尚书左户侍郎。父大同,轻车岳阳王记室参军。景历少俊爽,有孝行,家贫好学,善尺牍,工草隶。

为海阳令,政有能名。在侯景中,与南康嗣王会理通,谋匡复。事泄被执,贼党王伟保护之,获免,因客游京口。

侯景平,陈武帝镇朱方,素闻其名,以书要之。景历对使人答书,笔不停缀,文无所改。帝得书,甚加钦赏,即日授征北府中记室参军,仍领记室。

衡阳献王昌为吴兴太守,帝以乡里父老,尊卑有数,恐昌年少接对乖礼,乃遣景历辅之。承圣中,还掌记室。武帝将讨王僧辩,独与侯安都等数人谋之,景历弗之知。部分既毕,召令草檄,景历援笔立成,辞义感激,事皆称旨。及受禅,迁秘书监、中书通事舍人,掌诏诰。永定二年,坐妻弟受周宝安饷马,为御史中丞沈炯所劾,降为中书侍郎,舍人如故。

三年,武帝崩。时外有强寇,文帝镇南皖,朝无重臣,宣后呼景历及江大权,杜棱定议,秘不发丧,疾召文帝。景历躬共宦者及内人密营敛服,时既暑热,须营梓宫,恐斤斧之声闻外,乃以蜡为秘器,文诏依旧宣行。

文帝即位,复为秘书监,舍人如故。以定策功,封新丰县子。累迁散骑常侍。文帝诛侯安都,景历劝成其事,以功迁太子左卫率,进爵为侯,常侍、舍人如故。坐妻兄刘洽依倚景历权势前后奸诡,并受欧阳威饷绢百匹,免官。

华皎反,以景历为武胜将军、吴明彻军司。皎平,明彻于军中辄戮安成内史杨文通,又受降人马仗有不分明,景历又坐不能匡正被收。久之获宥。宣帝即位,累迁通直散骑常侍,中书通事舍人,掌诏诰,仍复封邑。

太建五年,都督吴明彻北侵,所向克捷,大破周梁士彦于吕梁,方进围彭城。时宣帝锐意河南,以为指麾可定,景历称师老将骄,不宜过穷远略。帝恶其沮众,大怒,犹以朝廷旧臣,不加深罪,出为豫章内史。未行,为飞章所劾,以在省之日,赃污狼籍,帝令有司案问,景历但承其半。于是御史中丞宗元饶奏免景历所居官,徙居会稽。及吴明彻败,帝追忆景历前言,即日追还,以为征南鄱阳王咨议。

数日，迁员外散骑常侍，兼御史中丞，复本爵封，入守度支尚书。旧式拜官在午后，景历拜日，适逢舆驾幸玄武观，在位皆侍宴，帝恐景历不预，特令早拜，其见重如此。卒官，赠太常卿，谥曰敬。十三年，改葬，重赠中领军。祯明元年，配享武帝庙庭。二年，车驾亲幸其宅，重赠景历侍中、中抚将军，谥曰忠敬，给鼓吹一部，于墓所立碑。

景历属文，不尚雕靡，而长于叙事，应机敏速，为当时所称。有文集三十卷。子徵嗣。

江大权，字伯谋，济阳考城人，位少府，封四会县伯。太建二年，卒于通直散骑常侍。

徵字希祥，幼聪敏，精识强记。年六岁，诣梁吏部尚书河南褚翔，嗟其颖悟。七岁，丁母忧，居丧如成人礼。继母刘氏，性悍忌，视之不以道，徵供侍益谨，初无怨色。徵本名览，景历以其有王祥之性，更名字焉。

陈武帝为南徐州，召补迎主簿，寻授太学博士。太建中，累迁太子中舍人，兼东宫领直，袭封新丰侯。至德中，位太子中庶子、中书舍人，掌诏诰。寻授左户尚书，与仆射江总知撰五礼事。后主器其才干，任寄日重。迁吏部尚书，每十日一往东宫，于皇太子前论述古今得丧及当时政务。又敕以廷尉寺狱，事无大小，取徵议决。俄敕遣徵收募兵士，自为部曲，徵善抚恤，得物情，旬月之间，众近一万。位望既重，兼声位熏灼，物议咸忌惮之。寻徙中书令。中书清简无事，或云徵有怨言，后主闻之大怒，收夺人马，将诛之，左右致谏，获免。

祯明二年，隋军济江，后主以徵有干用，令权知中领军事。徵日夜勤苦，备尽心力，后主嘉焉，谓曰："事宁有以相报"。及决战于钟山南冈，敕徵守宫城西北大营，寻令督众军战事。陈亡，随例入长安。

徵美容仪，有口辩，多所详究。至于士流官宦，陈宗戚属，及当朝制度，宪章仪轨，户口风俗，山川土地，问无不对。然性颇便佞进取，不能以退素自业。初拜吏部尚书，启后主借鼓吹，后主谓所司曰：“鼓吹军乐，有功乃授，蔡徵不自量揆，紊我朝章。然其父景历既有缔构之功，宜且如启，拜讫即追还。”徵不修廉隅，皆此类也。

隋文帝闻其敏赡，召见顾问，言辄会旨。然累年不调，久之，除太常丞。历尚书户部仪曹郎，转给事郎，卒。子翼，位司徒属。入隋，为东宫学士。

宗元饶，南郡江陵人也。少好学，以孝闻。仕梁为征南府外兵参军。及司徒王僧辩幕府初建，元饶与沛国刘师知同为主簿。陈武帝受禅，稍迁廷尉卿、尚书左丞。宣帝初，军国务广，事无巨细，一以咨之，台省号为称职。

迁御史中丞，知五礼事。时合州刺史陈褒赃污狼籍，遣使就渚敛鱼，又令人于六郡乞米，百姓甚苦之，元饶劾奏，免之。吴兴太守武陵王伯礼，豫章内史南康嗣王方泰等，骄蹇放横，元饶案奏，皆见削黜。元饶性公平，善持法，谙晓故事，明练政体，吏有犯法，政不便时，及于名教不足者，随事纠正，多所裨益。迁南康内史，以秩米三千余斛助人租课，存问高年，拯救乏绝，百姓甚赖焉，以课最入朝，诏加散骑常侍。后为吏部尚书，卒。

韩子高，会稽山阴人也。家本微贱。侯景之乱，寓都下。景平，陈文帝出守吴兴，子高年十六，为总角，容貌美丽，状似妇人，于淮渚附部伍寄载欲还乡里，文帝见而问曰：“能事我乎？”子高许诺。子高本名蛮子，帝改名之。性恭谨，恒执备身刀及传酒炙。帝性急，子高恒会意旨。稍长，习骑射，颇有胆决，愿为将帅。及平杜龛，配以士卒。文帝甚爱之，未尝离左右。帝尝梦骑马登山，路危欲坠，子高推捧而升。

文帝之讨张彪也，沈泰等先降，帝据有州城，周文育镇北郭香严寺，张彪自剡县夜还袭城，文帝自北门出，仓卒暗夕，军人扰乱，唯子高在侧。文帝乃遣子高自乱兵中往见文育，反命酬答，于暗中又往慰劳众军。文帝散兵稍集，子高引入文育营，因共立栅。明日败彪，彪奔松山，浙东平。文帝乃分麾下多配子高，子高亦轻财礼士，归之者甚众。文帝嗣位，除右军将军，封文招县子。及王琳平，子高所统益多，将士依附之，其有所论进，帝皆任使焉。天嘉六年，为右卫将军。文帝不豫，入侍医药。

废帝即位，加散骑常侍。宣帝入辅，子高兵权过重，深不自安，好参访台阁，又求出为衡、广诸镇。光大元年八月，前上虞县令陆昉及子高军主告其其谋反，宣帝在尚书省，因召文武在位议立皇太子，子高预焉，执送廷尉。其夕，与到仲举同赐死。父延庆及子弟并原宥。

华皎，晋陵暨阳人也。世为小吏。皎梁代为尚书比部令史。侯景之乱，事景之党王伟。陈武帝南下，文帝为景所囚，皎遇文帝甚厚。及景平，文帝为吴兴太守，以皎为都录事，深见委任。及文帝平杜龛，仍配以甲兵。御下分明，善于抚接，解衣推食，多少必均。天嘉元年，封怀仁县伯。王琳东下，皎随侯瑱拒之。琳平，知江州事。后随都督吴明彻征周迪，迪平，以功进爵为侯，仍授都督、湘州刺史。

皎起自下吏，善营产业，又征川洞，多致铜鼓及生口，并送都下。

废帝即位，改封重安县公。韩子高诛后，皎内不自安，光大元年，密启求广州，以观时主意。宣帝伪许之，而诏书未出。皎亦遣使引周兵，又崇奉梁明帝，士马甚盛。诏乃以吴明彻为湘州刺史，实欲以轻兵袭之。虑皎先发，乃前遣明彻率众三万，乘金翅直趣郢州，又遣抚军大将军淳于量率众五万，乘大舰继之。时梁明帝遣水军为皎声援，周武帝遣卫公宇文直顿鲁山，又遣柱国长湖公元定攻围郢州。梁明帝授皎司空，巴州刺史戴僧朔、衡阳内史任蛮奴、巴陵内史潘智虔、岳阳太守章昭裕、桂阳太守曹宣、湘东太守钱明，并隶于皎。又长沙太守曹庆等本隶皎下，因为之用。帝恐上流宰守并为皎扇惑，乃下诏曲赦湘、巴二州，其贼主帅节将，并许开恩出首。皎以大舰载薪，因风放火，俄而风转自焚。皎大败，乃与戴僧朔奔江陵。元定等无复船渡，步趣巴陵，巴陵城已为陈军所据，乃降，送于建邺。皎遂终于江陵，其党并诛，唯任蛮奴、章昭裕、曹宣、刘广业获免。

刘师知，沛国相人也。家本素族。祖奚之，齐淮南太守，以善政闻。父景彦，梁司农卿。

师知本名师智，以与敬帝讳同，改焉。好学，有当务才，博涉书传，工文笔，善仪体，台阁故事，多所详悉。绍泰初，陈武帝入辅，以师知为中书舍人，掌诏诰。时兵乱后，朝仪多阙，武帝为丞相及加九锡并受禅，其仪注多师知所定。

梁敬帝在内殿，师知常侍左右。及将加害，师知诈帝令出，帝觉，绕床走曰："师知卖我，陈霸先反。我本不须作天子，何意见杀。"师知执帝衣，行事者加刃焉。既而报陈武帝曰："事已了。"武帝曰："卿乃忠于我，后莫复尔。"师知不对。武帝受命，仍兼舍人。性疏简，与物多忤，虽位宦不迁，而任遇甚重，其所献替，皆有弘益。

及武帝崩，六日成服，时朝臣共议大行皇帝灵座侠御人衣服吉凶之制，博士沈文阿议宜服吉，师知议云："既称成服，本备丧礼。案梁昭明太子薨，成服，侠侍之官，悉著衰斩，唯著铠不异，此即可拟。愚谓六日成服，侠灵座须服衰绖。"中书舍人蔡景历、江德藻、谢岐等同师知议。时以二议不同，乃启取左丞徐陵决断。陵云："案山陵卤簿吉部伍中，公卿以下导引者，爰及武贲、鼓吹、执盖、奉车，并是吉服，岂容侠御独为衰绖？若言公卿胥吏并服衰绖，此与梓宫部伍有何差别？若言文物并吉，司事者凶，岂容衰绖而奉华盖，衰衣而升玉路邪？同博士议。"谢岐议曰："灵筵祔宗庙，梓宫还山陵，实如左丞议。但《山陵卤簿》，备有吉凶，从灵舆者仪服无变，从梓宫者皆服草衰，爰至士礼，悉同此制。此自是山陵之仪，非关成服。今谓梓宫灵辰，共在西阶，称为成服，亦无卤簿，直是爰自胥吏，上至王公，四海之内,必备衰绖。案梁昭明太子薨,略是成例,岂容凡百士庶,悉皆服重,而侍中至于武卫,最是近官,反鸣玉纡青,与平吉不异?左丞既推以山陵事,愚意或谓与成服有殊。"陵重答云:"老病属纩,不能多说。古人争议,多成怨府,傅玄见尤于晋代,王商取陷于汉朝。谨自三缄,敬同高命。若万一不死,犹得展言,庶于群贤,更申扬榷。"文阿犹执所见,众议不能决,乃具录二议奏闻,上从师知议。

迁鸿胪卿,舍人如故。天嘉元年,坐事免。寻起为中书舍人,复掌诏诰。天康元年,文帝不豫,师知与尚书仆射到仲举等入侍医药。帝崩,豫顾命。宣帝入辅,师知与仲举等遣舍人殷不佞矫诏令宣帝还府,事觉,于北狱赐死。

初,文帝敕师知撰起居注,自永定二年秋至天嘉元年,为十卷。

谢岐,会稽山阴人也。父达,梁太学博士。

岐少机警,好学。仕梁为山阴令。侯景乱,流寓东阳。景平,依于张彪,彪在吴郡及会稽,庶事委之。彪每征讨,恒留岐监郡知后事。彪败,陈武帝引参机密,为兼尚书右丞。时军旅屡兴,粮储多阙,岐所在干理,深被知遇。永定元年,为给事黄门侍郎,中书舍人,兼右丞如故。天嘉二年卒,赠通直散骑常侍。

弟峤,笃学为通儒。

毛喜字伯武,荥阳阳武人也。祖称,梁散骑侍郎。父栖忠,中权司马。

喜少好学,善草隶。陈武帝素知之。及镇京口,命喜与宣帝往江陵,仍敕宣帝谘禀之。及梁元帝即位,以宣帝为领直,喜为尚书功论侍郎。及魏平江陵,喜与宣帝俱迁长安。文帝即位,喜自周还,进和好之策,陈朝乃遣周弘正等通聘。及宣帝反国,又遣喜入周,以家属为请。周冢宰宇文护执喜手曰:"能结二国之好者,卿也。"仍迎柳皇后及后主还。天嘉三年,至都,宣帝时为骠骑将军,仍以喜为府谘议参军,领中记室,府朝文翰,皆喜词也。

文帝尝谓宣帝曰："我诸子皆以伯为名,汝诸子宜用叔为称。"宣帝以访喜,喜即条自古名贤杜叔英,虞叔卿等二十余人以启之,文帝称善。文帝崩,废帝冲昧,宣帝录尚书辅政。仆射到仲举等矫太后令,遣宣帝还东府,当时疑惧,无敢厝言。喜即驰入,谓宣帝曰:"今日之言,必非太后之意。宗社至重,愿加三思。"竟如其策。右卫将军韩子高始与仲举通谋,其事未发,喜谓宣帝曰:"宜简人马配与子高,并赐铁炭,使修器甲。"宣帝曰:"子高即欲收执,何更如是?"喜曰:"山陵始毕,边寇尚多,而子高受委前朝,名为杖顺,宜推心安诱,使不自疑,图之一壮士之力耳。"宣帝卒行其计。

及帝即位,除给事黄门侍郎,兼中书舍人,典军国机密。宣帝议北侵,敕喜撰军制十三条,诏颁天下,文多不载。论定策功,封东昌县侯,以太子右卫率、右将军行江夏、武陵、桂阳三王府国事。母忧去职,诏封喜母庾氏东昌国太夫人,遣员外散骑常侍杜缅图其墓田,上亲与缅案图指画,其见重如此。历位御史中丞,五兵尚书,参掌选事。

及得淮南之地,喜陈安边之术,宣帝纳之,即日施行。帝又欲进兵彭、汴,以问喜,喜以为"淮左新平,边人未辑,周氏始吞齐国,难与争锋,未若安人保境,斯久长之术也"。上不从。吴明彻卒俘于周。

喜后历丹阳尹,吏部尚书。及宣帝崩,叔陵构逆,敕中庶子陆琼宣旨,令南北诸军皆取喜处分。贼平,加侍中。

初,宣帝委政于喜,喜数有谏争,事并见从。自明彻败后,帝深悔不用其言,谓袁宪曰:"一不用喜计,遂令至此。"由是益见亲重,喜乃言无回避。时皇太子好酒德,每共亲幸人为长夜之宴,喜尝言之宣帝,太子遂衔之,即位后稍见疏远。及被始兴王伤,创愈,置酒引江总以下展乐赋诗,醉酣而命喜。于时山陵初毕,未及逾年,喜见之不怿,欲谏而后主已醉。喜言心疾,仆于阶下,移出省中。后主醒,乃谓江总曰:"我悔召毛喜,知其无病,但欲阻我欢宴,非我所为耳。"乃与司马申谋曰:"此人负气,吾欲将乞鄱阳兄弟,听其报仇,可乎?"对曰:"终不为官用,愿如圣旨。"傅縡争之曰:"若许报仇,欲置先皇何地?"后主曰:"当与一小郡,勿令见人事耳。"

至德元年,授永嘉内史。喜至郡,不受奉秩,政弘清静,人吏安之。遇丰州刺史章大宝举兵反,郡与丰州接,而素无备,喜乃修城隍器械,又遣兵援建安。贼平,授南安内史。

祯明元年,征为光禄大夫,领左骁骑将军,道卒。有集十卷。子处冲嗣。

沈君理字仲伦,吴兴人也。祖僧畟,梁左户尚书。父巡,元帝时位少府卿。魏平荆州,梁宣帝署金紫光禄大夫。

君理美风仪,博涉有识鉴。陈武帝镇南徐州,巡遣君理致谒,深见器重,命尚会稽长公主。及帝受禅,拜驸马都尉,封永安亭侯,为吴郡太守。时兵革未宁,百姓荒弊,君理总集士卒,修饰器械,深以干理见称。

文帝嗣位,累迁左户尚书。天嘉六年,为东阳太守。天康元年,以父忧去职,自请往荆州迎柩。朝议以在位重臣,难令出境,乃遣长兄君严往焉。及还,将葬,诏赠巡侍中、领军将军,谥曰敬子。

太建中,历位太子詹事,吏部尚书。宣帝以君理女为皇太子妃,赐爵望蔡县侯,位侍中、尚书右仆射。卒,赠翊左将军、开府仪同三司,谥曰贞宪。君理弟君高、君公。

君高字季高,少知名,性刚直,有吏能。位卫尉卿,平越中郎将、都督、广州刺史,甚得人和。卒,谥祁子。

君公自梁元帝败后,常在江陵。祯明中,与萧瓛,萧岩叛隋归陈,后主擢为太子詹事。君公博学有才辩,善谈论,后主深器之。陈亡入隋,文帝以其叛亡,命斩于建康。

君理弟叔迈,亦方正有干局,位通直散骑常侍,侍东宫。

陆山才字孔章,吴郡吴人也。祖翁宝,梁尚书水部郎。父泛,中散大夫。

山才倜傥,好尚文史,范阳张缵,缵弟绾并钦重之。绍泰中,都督周文育出镇南豫州,不知书疏,以山才为长史,政事悉以委之。文育南讨,克萧勃,禽欧阳颁,计画多出山才。后文育重镇豫章金口,山才复为镇南长史、豫章太守。文育为熊昙朗所害,昙朗囚山才等,送于王琳。未至,而侯安都败琳将常众爱,由是山才获反。累迁度支尚书,坐侍宴与蔡景历言语过差,为有司所奏,免官。寻授散骑常侍,迁西阳,武昌二郡太守。卒,谥曰简子。

论曰:赵知礼、蔡景历属陈武经纶之日,居文房书记之任,此乃宋、齐之初傅亮、王俭之职。若乃校其才用,理不同年,而卒能膺务济时,盖其遇也。希祥劳臣之子,才名自致,迹涉便佞,贞介所羞。元饶始终任遇,无亏公道,名位自卒,其殆优乎。子高权重为戮,亦其宜也。华皎经纶云始,既踣元功,殷忧之辰,自同劲草,虽致奔败,未足为非。师知送往多阙,见忌新主,谋人之义,可无慎哉!然晚遇诛夷,非其过也。毛喜逢时遇主,好谋而成,见废昏朝,不致公辅,惜矣!沈、陆所以见重,固亦雅望之所致焉。

南史卷六九
列传第五九

沈炯　虞荔 弟寄　傅縡 章华
顾野王 萧济　姚察

沈炯字初明,吴兴武康人也。祖瑀,梁寻阳太守。父续,王府记室参军。

炯少有俊才,为当时所重。仕梁为尚书左户侍郎,吴令。侯景之难,吴郡太守袁君正入援建邺,以炯监郡。台城陷,景将宋子仙据吴兴,使召炯,方委以书记,炯辞以疾,子仙怒,命斩之。炯解衣将就戮,碍于路间桑树,乃更牵往他所,或救之,仅而获免。子仙爱其才,终逼之令掌书记。及子仙败,王僧辩素闻其名,军中购得之,酬所获者钱十万,自是羽檄军书,皆出于炯。及简文遇害,四方岳牧上表劝进,僧辩令炯制表,当时莫有逮者。陈武帝南下,与僧辩会白茅湾,登坛设盟,炯为其文。及景东奔,至吴郡,获炯妻虞氏及子行简,并杀之,炯弟携其母逃免。侯景平,梁元帝愍其妻子婴戮,特封原乡侯。僧辩为司徒,以炯为从事中郎。梁元帝征为给事黄门侍郎,领尚书左丞。

魏克荆州,被虏,甚见礼遇,授仪同三司。以母在东,恒思归国,恐以文才被留,闭门却扫,无所交接。时有文章,随即弃毁,不令流布。尝独行经汉武通天台,为表奏之,陈己思乡之意曰:“臣闻桥山虽掩,鼎湖之灶可祠,有鲁遂荒,大庭之迹无泯。伏惟陛下降德猗兰,纂灵丰谷,汉道既登,神仙可望。射之罘于海浦,礼日观而称功,横中流于汾河,指柏梁击高宴,何其甚乐,岂不然欤！既而运属上倦,道穷晏驾,甲帐珠廉,一朝零落,茂陵玉碗,遂出人间。陵云故基,与原田而肮肮,别风余迹,带陵阜而芒芒,羁旅缧臣,岂不落泪。昔承明见厌,严助东归,驷马可乘,长卿西反,恭闻故实,窃有愚心。黍稷非馨,敢望微福。但雀台之吊,空怆魏君,雍丘之祠,未光夏后,瞻仰烟霞,伏增凄恋。”奏讫,其夜梦有宫禁之所,兵卫甚严,炯便以情事陈诉。闻有人言:“甚不惜放卿还,几时可至。”少日,便与王克等并获东归。历司农卿、御史中丞。

陈武帝受禅,加通直散骑常侍。表求归养,诏不许。文帝嗣位,又表求去,诏答曰:“当敕所由,相迎尊累,使卿公私无废也。”初,武帝尝称炯宜居王佐,军国大政,多预谋谟。文帝又重其才,欲宠贵之。会王琳入寇大雷,留异拥据东境,帝欲使炯因是立功,乃解中丞,加明威将军,遣还乡里,收徒众。以疾卒于吴中,赠侍中,谥恭子。有集二十卷,行于世。

虞荔字山披,会稽余姚人也。祖权,梁廷尉卿,永嘉太守。父检,平北始兴王谘议参军。荔幼聪敏,有志操。年九岁,随从伯阐候太常陆倕,倕问五经十事,荔对无遗失,倕甚异之。又尝诣征士何胤,时太守衡阳王亦造之,胤言于王,王欲见荔,荔辞曰:“未有板刺,无容拜谒。”王以荔有高尚之志,雅相钦重,还郡,即辟为主簿,荔又辞以年小不就。及长,美风仪,博览坟籍,善属文。

仕梁为西中郎法曹外兵参军,兼丹阳诏狱正。梁武帝于城西置士林馆,荔乃制碑奏上,帝命勒之于馆,仍用荔为士林学士。寻为司文郎,迁通直散骑侍郎,兼中书舍人。时左右之任多参权轴,内外机务,互有带掌,唯荔与顾协泊然静退,居于西省,但以文史见知。寻领大著作。

及侯景之乱,荔率亲属入台,除镇西谘议参军如故。台城陷,逃归乡里。侯景平,元帝征为中书侍郎。贞阳侯僭位,授扬州别驾,并不就。张彪之据会稽,荔时在焉。及文帝平彪,武帝及文帝并书招之,迫切不得已,乃应命至都,而武帝崩,文帝嗣位,除太子中庶子,仍侍太子读。寻领大著作。

初,荔母随荔入台,卒于台内,寻而城陷,情礼不申,由是终身蔬食布衣,不听音乐。虽任遇隆重,而居止俭素,淡然无营。文帝深器之,常引在左右,朝夕顾访。荔性沉密,少言论,凡所献替,莫有见其际者。

第二弟寄,寓于闽中,依陈宝应,荔每言之辄流涕。文帝哀而谓曰:“我亦有弟在远,此情甚切,他人岂知。”乃敕宝应求寄,宝应终不遣。荔因以感疾,帝欲数往临视,令将家口入省。荔以禁中非私居之所,乞停城外,帝不许,乃令住兰台。乘舆再三临问,手敕中使相望于道。又以蔬食积久,非羸疾所堪,乃敕曰:“卿年事已多,气力稍减,方欲仗委,良须克壮。今给卿鱼肉,不得固从所执。”荔终不从。卒,赠侍中,谥曰德子。及丧枢还乡里,上亲出临送,当时荣之。子世基、世南,并少知名。

寄字次安,少聪敏。年数岁,客有造其父,遇寄于门,嘲曰:“郎子姓虞,必当无智。”寄应声曰:“文字不辨,岂得非愚。”客大惭,入谓其父:“此子非常人,文举之对,不是过也。”及长,好学,善属文。性冲静,有栖遁志。

弱冠举秀才,对策高第,起家梁宣城王国左常侍。大同中,尝骤雨,殿前往往有杂色宝珠,梁武观之,甚有喜色,寄因上《瑞雨颂》。帝谓寄兄荔曰:“此颂典裁清拔,卿之士龙也,将如何擢用?”寄闻之叹曰:“美盛德之形容,以申击壤之情耳,吾岂买名求仕者乎?”乃闭门称疾,唯以书籍自娱。岳阳王督为会稽太守,寄为中记室,领郡五官掾。在职简略烦苛,务存大体,曹局之内,终日寂然。

侯景之乱,寄随兄荔入台,及城陷,遁还乡里。张彪往临川,强寄俱行。寄与彪将郑玮同舟而载,玮尝忤彪意,乃劫寄奔晋安。时陈宝应据有闽中,得寄甚喜。陈武帝平侯景,寄劝令自结,宝应从之,乃遣使归诚。承圣元年,除中书侍郎,宝应爱其才,托以道阻不遣。每欲引寄为僚属,委以文翰,寄固辞获免。

及宝应结昏留异,潜有逆谋,寄微知其意,言说之际,每陈逆顺之理,微以讽谏。宝应辄引说他事以拒之。又尝令左右读《汉书》,卧而听之,至蒯通说韩信曰"相君之背,贵不可言",宝应蹶然起曰:"可谓智士。"寄正色曰:"覆郦骄韩,未足称智,岂若班彪《王命》识所归乎。"寄知宝应不可谏,虑祸及己,乃为居士服以拒绝之。常居东山寺,伪称脚疾,不复起。宝应以为假托,遣人烧寄所卧屋,寄安卧不动。亲近将扶寄出,寄曰:"吾命有所悬,避欲安往?"所纵火者,旋自救之。宝应自此方信之。

及留异称兵,宝应资其部曲,寄乃因书极谏曰:

东山居士虞寄致书于明将军使君节下:寄流离艰故,飘寓贵乡,将军待以上宾之礼,申以国士之眷,意气所感,何日忘之。而寄沉痼弥留,愒阴将尽,常恐卒填沟壑,涓尘莫报,是以敢布腹心,冒陈丹款,愿将军留须臾之虑,少思察之,则冥目之日,所怀毕矣。

夫安危之兆,祸福之机,匪独天时,亦由人事。失之毫厘,差以千里。是以明智之士,据重位而不倾,执大节而不失,岂惑于浮辞哉。将军文武兼资,英威动俗,往因多难,仗剑兴师,援旗誓众,抗威千里。岂不以四郊多垒,共谋王室,匡时报主,宁国庇人乎。此所以五尺童子,皆愿荷戟而随将军者也。及高祖武皇帝肇基草昧,初济艰难,于时天下沸腾,人无定主,豺狼当道,鲸鲵横击,海内业业,未知所从。将军运动微之鉴,从折冲之辩,策名委质,自托宗盟,此将军妙算远图,发于衷诚者也。及主上继业,钦明睿圣,选贤与能,群臣辑睦,结将军以维城之重,崇将军以裂土之封,岂非宏谟庙略,推赤心于物者也。屡申明诏,款笃殷勤,君臣之分定矣,骨肉之恩深矣。不意将军惑于邪说,翻然异计,寄所以疾首痛心,泣尽继之以血,万全之策,窃为将军惜之。寄虽疾侵耄及,言无足采,千虑一得,请陈愚算。愿将军少戢雷霆,赊其晷刻,使得尽狂瞽之说,披肝胆之诚,则虽死之日,犹生之年也。

　　自天厌梁德，多难荐臻，寰宇分崩，英雄互起，不可胜纪，人人自以为得之。然夷凶翦乱，拯溺扶危，四海乐推，三灵眷命，揖让而居南面者，陈氏也。岂非历数有在，惟天所授，当璧应运，其事甚明，一也。主上承基，明德远被，天纲再张，地维重纽。夫以王琳之强，侯瑱之力，进足以摇荡中原，争衡天下，退足以屈强江外，雄张偏隅。然或命一旅之师，或资一士之说，琳即瓦解冰泮，投身异域，瑱则厥角稽颡，委命阙庭。斯又天假之威，而除其患，其事甚明，二也。今将军以藩戚之重，拥东南之众，尽忠奉上，努力勤王，岂不勋高窦融，宠过吴芮，析圭判野，南面称孤，其事甚明，三也。且圣朝弃瑕忘过，宽厚得人，改过自新，咸加叙擢。至如余孝顷、潘纯陀、李孝钦、欧阳頠等，悉委以心腹，任以爪牙，胸中豁然，曾无纤芥。况将军衅非张绣，罪异毕谌，当何虑于危亡，何失于富贵？此又其事甚明，四也。方今周、齐邻睦，境外无虞，并兵一向，匪朝伊夕。非有刘、项竞遂之机，楚、赵连从之事，可得雍容高拱，坐论西伯，其事甚明，五也。且留将军狼顾一隅，亟经摧衄，声实亏丧，胆气衰沮。高瓛、向文政、留瑜、黄子玉此数人者，将军所知，首鼠两端，唯利是视，其余将帅亦可见矣。孰能被坚执锐，长驱深入，击马埋轮，奋不顾命，以先士卒者乎？此又其事甚明，六也。且将军之强，孰如侯景？将军之众，孰如王琳？武皇灭侯景于前，今上摧王琳于后，此乃天时，非复人力。且兵革已后，人皆厌乱，其孰能弃坟墓，捐妻子，出万死不顾之计，从将军于白刃之间乎？此又其事甚明，七也。历观前古，鉴之往事，子阳、季孟，倾覆相寻，余善、右渠，危亡继及，天命可畏，山川难恃。况将军欲以数郡之地，当天下之兵，以诸侯之资，拒天子之命，强弱逆顺，可得侔乎？此又其事甚明，八也。且非我族类，其心必异，不爱其亲，岂能及物？留将军身縻国爵，子尚王姬，犹且弃天属而弗顾，背明君而孤立，危急之日，岂能同忧共患，不背将军者乎？至于师老力屈，惧诛利赏，必有韩、智晋阳之谋，张、陈井陉之事。此又其事甚明，九也。且北军万里远斗，锋不可当，将军自战其地，人多顾后，梁安背向为心，宵昕匹夫之力，众寡不敌，将帅不侔，师以无名而出，事以无机而动。以此称兵，未知其利。夫以汉朝吴、楚，晋室颖、颙，连城数十，长戟百万，拔本塞源，自图家国，其有成功者乎？此又其事甚明，十也。

为将军计者，莫若不远而复，绝亲留氏，秦郎、快郎，随遣入质，释甲偃兵，一遵诏旨。且朝廷许以铁券之要，申以白马之盟，朕不食言，誓之宗社。寄闻明者览未形，智者不再计，此成败之效，将军勿疑，吉凶之几，间不容发。方今蕃维尚少，皇子幼冲，凡预宗枝，皆蒙宠树。况以将军之地，将军之才，将军之名，将军之势，而能克修蕃服，北面称臣，宁与刘泽同年而语其功业哉？岂不身与山河等安，名与金石相弊？愿加三思，虑之无忽。寄气力绵微，余阴无几，感恩怀德，不觉狂言，斧钺之诛，甘之如荠。

宝应览书大怒。或谓宝应曰：“虞公病笃，言多错谬。”宝应乃小释。亦以寄人望，且容之。及宝应败走，夜至蒲田，顾谓其子捍秦曰：“早从虞公计，不至今日。”捍秦但泣而已。宝应既禽，凡诸宾客微有交涉者皆诛，唯寄以先识免祸。

初，沙门慧标涉猎有才思，及宝应起兵，作五言诗以送之曰：“送马犹临水，离旗稍引风。好看今夜月，当照紫微宫。”宝应得之甚悦。慧标以示寄，寄一览便止，正色无言。慧标退，寄谓所亲曰：“标公既以此始，必以此终。”后竟坐是诛。

文帝寻敕都督章昭达发遣寄还朝，及至，谓曰：“管宁无恙，甚慰劳怀。”顷之，帝谓到仲举曰：“衡阳王既出阁，须得一人旦夕游处，兼掌书记，宜求宿士有行业者。”仲举未知所对，帝曰：“吾自得之。”乃手敕用寄。寄入谢，帝曰：“所以暂屈卿游蕃，非止以文翰相烦，乃令以师表相事也。”后除东中郎建安王谘议，加戎昭将军。寄乃辞以疾，不堪旦夕陪列。王于是令长停公事，其有疑议，就以决之，但朔旦笺修而已。太建八年，加太中大夫，后卒。

寄少笃行，造次必于仁厚，虽僮竖未尝加以声色。至临危执节，则辞气凛然，白刃不惮也。自流寓南土，与兄荔隔绝，因感气病，每得荔书，气辄奔剧，危殆者数矣。前后所居官，未尝至秩满，裁期月，便自求解退。常曰："知足不辱，吾知足矣。"及谢病私庭，每诸王为州将，下车必造门致礼，命释鞭板，以几杖侍坐。尝出游近寺，闾里传相告语，老幼罗列，望拜道左。或言誓为约者，但指寄便不欺，其至行所感如此。所制文笔，遭乱并多散失。

傅縡字宜事，北地灵州人也。父彝，梁临沂令。縡幼聪敏，七岁，诵古诗赋至十余万言。长好学，能属文。太清末，丁母忧，在兵乱中，居丧尽礼，哀毁骨立，士友以此称之。后依湘州刺史萧循。循颇好士，广集坟籍，縡肆志寻阅，因博通群书。王琳闻其名，引为府记室。琳败，随琳将孙玚还都。时陈文帝使颜晃赐玚杂物，玚托縡启谢，词理周洽，文无加点。晃还言之文帝，召为撰史学士。再迁骠骑安成王中记室，撰史如故。笃信佛教，从兴皇寺慧朗法师受《三论》，尽通其学。寻以本官兼通直散骑侍郎，使齐，还，累迁太子庶子。

后主即位，迁秘书监、右卫将军，兼中书通事舍人，掌诏诰。

縡为文典丽，性又敏速，虽军国大事，下笔辄成，未尝起草，沉思者亦无以加，甚为后主所重。然性木强，不持检操，负才使气，陵侮人物，朝士多衔之。会施文庆、沈客卿以佞见幸，专制衡轴，而縡益疏。文庆等因共谮之，后主收縡下狱。縡素刚，因愤恚，于狱中上书曰："夫人君者，恭事上帝，子爱黔黎，省嗜欲，远谄佞，未明求衣，日旰忘食，是以泽被区宇，庆流子孙。陛下顷来酒色过度，不虔郊庙大神，专媚淫昏之鬼。小人在侧，宦竖弄权，恶忠直若仇雠，视百姓如草芥。后宫曳绮绣，厩马余菽粟，兆庶流离，转尸蔽野，货贿公行，帑藏损耗，神怒人怨，众叛亲离。恐东南王气，自斯而尽。"书奏，后主大怒。顷之稍解，使谓曰："我欲赦卿，卿能改过不？"縡对曰："臣心如面，臣面可改，则臣心可改。"后主于是益怒，令宦者李善度穷其事，赐死狱中。有集十卷。

綷虽强直有才，而毒恶傲慢，为当世所疾。及死，有恶蛇屈尾来上灵床，当前受祭酹，去而复来者百余日。时时有弹指声。

时有吴兴章华，字仲宗，家本农夫，至华独好学，与士君子游处，颇通经史，善属文。侯景之乱，游岭南，居罗浮山寺，专精习业。欧阳頠为广州刺史，署为南海太守。頠子纥败，乃还都。后主时，除太市令，非其所好，乃辞以疾。祯明初，上书极谏，其大略曰："陛下即位，于今五年，不思先帝之艰难，不知天命之可畏。溺于嬖宠，惑于酒色。祠七庙而不出，拜妃嫔而临轩。老臣宿将，弃之草芥，谄佞馋邪，升之朝廷。今疆埸日蹙，隋军压境，陛下如不改弦易张，臣见麋鹿复游于姑苏矣。"书奏，后主大怒，即日斩之。

顾野王字希冯，吴郡吴人也。祖子乔，梁东中武陵王府参军事。父烜，信威临贺王记室，兼本郡五官掾，以儒术知名。野王幼好学，七岁读《五经》，略知大旨。九岁能属文。尝制《日赋》，领军朱异见而奇之。十二，随父之建安，撰《建安地记》二篇。长而遍观经史，精记默识，天文地理，著龟占候，虫篆奇字，无所不通。

为临贺王府记室。宣城王为扬州刺史，野王及琅邪王褒并为宾客，王甚爱其才。野王又善丹青，王于东府起斋，令野王画古贤，命王褒书赞，时人称为二绝。

及侯景之乱，野王丁父忧，归本郡，乃召募乡党，随义军援都。野王体素清羸，裁长六尺，又居丧过毁，殆不胜哀。及杖戈被甲，陈君臣之义，逆顺之理，抗辞作色，见者莫不壮之。城陷，逃会稽。

陈天嘉中，敕补撰史学士。太建中，为太子率更令，寻领大著作，掌国史，知梁史事。后为黄门侍郎，光禄卿，知五体事。卒，赠秘书监右卫将军。

野王少以笃学至性知名，在物无过辞失色。观其容貌，似不能言，其厉精力行，皆人所莫及。所撰《玉篇》三十卷，《舆地志》三十卷，《符瑞图》十卷，《顾氏谱传》十卷，《分野枢要》一卷，《续洞冥记》一卷，《玄象表》一卷，并行于时。又撰《通史要略》一百卷，《国史纪传》二百卷，未就而卒。有文集二十卷。

时有萧济，字孝康，东海兰陵人也。好学，博通经史。仕梁为太子舍人。预平侯景功，封松阳县侯。陈文帝为会稽太守，以济为宣毅府长史，及即位，授侍中。太建中，历位五兵、度支、祠部三尚书，卒。

姚察字伯审，吴兴武康人，吴太常卿信之九世孙也。父僧坦，梁太医正。及元帝在荆州，为晋安王谘议参军。后入周，位遇甚重。

察幼有至性，六岁诵书万余言。不好戏弄，励精学业，十二能属文。僧坦精医术，知名梁代，二宫所得供赐，皆回给察兄弟，为游学之资。察并用聚蓄图书，由是闻见日博。年十三，梁简文帝时在东宫，盛修文义，即引于宣猷堂听讲论难，为儒者所称。及简文嗣位，尤加礼接。起家南海王国左常侍，兼司文侍郎。后兼尚书驾部郎。遇梁室丧乱，随二亲还乡里。在乱离间，笃学不废。元帝于荆州即位，授察原乡令。后为佐著作，撰史。

陈永定中，吏部尚书徐陵领大著作，复引为史佐。太建初，补宣明殿学士。寻为通直散骑常侍，报聘于周。江左耆旧先在关右者，咸相倾慕。沛国刘臻窃于公馆访《汉书》疑事十余条，并为剖析，皆有经据。臻谓所亲曰：“名下定无虚士。”著《西聘道里记》。使还，补东宫学士，迁尚书祠部侍郎。

旧魏王肃秦祀天地，设宫悬之乐，八佾之舞，尔后因循不革。至梁武帝以为事人礼缛，事神礼简，古无宫悬之文。陈初承用，莫有损益。宣帝欲设备乐，付有司立议，以梁武为非。时硕学名儒，朝端在位，咸希旨注同。察乃博引经籍，独违群议，据梁乐为是。当时惊骇，莫不惭服。仆射徐陵因改同察议。其不顺时随俗，皆此类也。

后历仁威淮南王、平南建安王二府谘议参军。丁内忧去职。俄起为戎昭将军，知撰梁史。后主立，兼东宫通事舍人，知撰史。至德元年，除中书侍郎，转太子仆，余并如故。初，梁室沦没，察父僧坦入长安，察蔬食布衣，不听音乐。至是凶问因聘使到江南，时察母韦氏丧制适除，后主以察赢瘠，虑加毁顿，乃密遣中书舍人司马申就宅发哀，仍敕申专加譬抑。寻以忠毅将军起，兼东宫通事舍人。察频让，不许。俄敕知著作郎事。服阕，除给事黄门侍郎，领著作。察既累居忧戚，斋素日久，因加气疾。后主尝别召见，为之动容，命停长斋，令从晚食。又诏授秘书监，领著作，奏撰中书表集。历度支、吏部二尚书。

察自居显要，一不交通。尝有私门生不敢厚饷，送南布一端，花綀一匹。察谓曰："吾所衣著，止是麻布蒲綀，此物于吾无用。既欲相款接，幸不烦尔。"此人逊请，察厉色驱出，自是莫敢馈遗。

陈亡入隋，诏授秘书丞，别敕成梁、陈二史。又敕于朱华阁长参。文帝知察蔬菲，别日独召入内殿，赐果菜，指谓朝臣曰："闻姚察学行当今无比，我平陈，唯得此一人。"

开皇十三年，袭封北绛郡公。察在陈时聘周，因得与父僧坦相见，将别之际，绝而复苏。至是承袭，愈更悲感，见者莫不为之歔欷。丁后母杜氏丧，解职。在服制之中，有白鸠巢于户上。

仁寿二年，诏除员外散骑常侍、晋王侍读。炀帝即位，授太子内舍人。及改易衣冠，删定朝式，预参对问。大业二年，终于东都。遗命薄葬，"以松板薄棺，才可容身，土周于棺而已。葬日，止鹿车即送厝旧茔北。不须立灵，置一小床，每日设清水，六斋日设斋食菜果，任家有无，不须别经营也"。

初，察欲读一藏经，并已究竟，将终，曾无痛恼，但西向坐正念，云"一切空寂"。其后身体柔软，颜色如恒。两宫悼惜，赠赗甚厚。

察至孝，有人伦鉴识，冲虚谦逊，不以所长矜人。专志著书，白首不倦。所著《汉书训纂》三十卷，《说林》十卷，《西聘》、《玉玺》、《建康三钟》等记各一卷，文集二十卷。所撰梁、陈史，虽未毕功，隋开皇中，文帝遣中书舍人虞世基索本，且进。临亡，戒子思廉撰续。思廉在陈为衡阳王府法曹参军，会稽王主簿。

论曰：沈炯才思之美，足以继踵前良。然仕于梁朝，年已知命，主非不文,而位裁邑宰。及于运逢交丧,驱驰戎马,所在称美,用舍信有时焉。虞荔弟兄,才行兼著,崎岖丧乱,保兹贞一,并取贵时主,岂虚得乎。傅𬀩聪警特达,才气自负,行之平日,其犹殆诸,处以危邦,死其宜矣。顾,姚栖托艺文,蹈履清直,文质彬彬,各践通贤之域,美矣乎!

南史卷七○
列传第六○

循　吏

吉翰　杜骥　申怙　杜慧庆
阮长之　甄法崇 孙彬 **傅琰** 孙岐
虞愿　王洪范 李珪之 **沈瑀**
范述曾　孙谦 从子廉 **何远**
郭祖深

　　昔汉宣帝以为"政平讼理,其惟良二千石乎"。前史亦云"今之郡守,古之诸侯也"。故长吏之职,号曰亲人。至于道德齐礼,移风易俗,未有不由之矣。

　　宋武起自匹庶,知人事艰难,及登庸作宰,留心吏职。而王略外举,未遑内务,奉师之费,日耗千金。播兹宽简,虽所未暇,而黜己屏欲,以俭御身,左右无幸谒之私,闺房无文绮之饰。故能戎车岁驾,邦甸不扰。文帝幼而宽仁,入纂大业,及难兴陕服,六戎薄伐,兴师命将,动在济时。费由府实,事无外扰。自此方内晏安,畎庶蕃息,奉上供徭,止于岁赋,晨出暮归,自事而已。守宰之职,以六期为断,虽没世不徙,未及曩时,而人有所系,吏无苟得。家给人足,即事虽难,转死沟渠,于时可免。凡百户之乡,有市之邑,歌谣舞蹈,触处成群,盖宋世之极盛也。暨元嘉二十七年,举境外捍,于是倾资扫蓄,犹有未供,深赋厚敛,天下骚动。自兹迄于孝建,兵连不息。以区区江东,蕞尔迫隘,荐之以师旅,因之以凶荒,向时之盛,自此衰矣。晋世诸帝多处内房,朝宴所临,东西二堂而已。孝武末年,清暑方构,及永初受命,无所改作,所居唯称西殿,不制嘉名。文帝因之,亦有合殿之称。及孝武承统,制度滋长,犬马余菽粟,土木衣绨绣。追陋前规,更造正光,玉烛,紫极诸殿。雕栾绮节,珠窗网户,嬖女幸臣,赐倾府藏,竭四海不供其欲,殚人命未快其心。明皇继祚,弥笃浮侈,恩不恤下,以至横流。莅人之官,迁变岁属,突不得黔,灶未暇暖,蒲密之化,事未易阶。岂徒吏不及古,人乖于昔,盖由为上所扰,致化莫从。

齐高帝承斯奢纵,辅立幼主,思振人瘼,风移百城。为政未期,擢山阴令傅琰为益州刺史,乃损华反朴,恭己南面,导人以躬,意存勿扰。以山阴大邑,狱讼繁滋,建元三年,别置狱丞,与建康为比。永明继运,垂心政术,杖威善断,犹多漏网,长吏犯法,封刃行诛。郡县居职,以三周为小满。水旱之灾,辄加振恤。十许年中,百姓无犬吠之惊,都邑之盛,士女昌逸,歌声舞节,袨服华妆。桃花渌水之间,秋月春风之下,无往非适。明帝自在布衣,达于吏事,及居宸扆,专务刀笔。未尝枉法申恩,守宰由斯而震。属以魏军入伐,疆场大扰,兵车连岁,不遑启居,军国糜耗,从此衰矣。继以昏乱,政由群孽,赋调云起,徭役无度。守宰多倚附权门,互长贪虐,哀刻聚敛,侵扰黎甿。天下摇动,无所措其手足。

梁武在田,知人疾苦,及定乱之始,仍下宽书。东昏时杂调咸悉除省,于是四海之内始得息肩。及践皇极,躬览庶事,日昃听政,求瘼恤隐。乃命辁轩以省方俗,置肺石以达穷人。劳己所先,事唯急病。元年,始去人赀,计丁为布。在身服浣濯之衣,御府无文锦之饰。太官常膳,唯以菜蔬,圆案所陈,不过三盏,盖以俭先海内也。故每选长吏,务简廉平,皆召见于前,亲勖政道。始擢尚书殿中郎到溉为建安内史,左户侍郎刘馥为晋安太守。溉等居官,并以廉洁著。又著令:小县有能,迁为大县令;大县有能,迁为二千石。于是山阴令丘仲孚有异绩,以为长沙内史,武康令何远清公,以为宣城太守。剖符为吏者,往往承风焉。斯亦近代奖劝之方也。

案前史各立《循吏传》,序其德美,今并掇采其事,以备此篇云。

吉翰字休文,冯翊池阳人也。初为龙骧将军刘道怜参军,随府转征虏、左军参军,随道怜北征广固,赐爵建城县五等侯。参宋武帝中军军事、临淮太守。复为道怜骠骑中兵参军、从事中郎。为将佐十余年,清谨勤正,甚为武帝所知赏。元嘉中,历位梁、南秦二州刺史,徙益州刺史,加督。在任著美绩,甚得方伯之体,论者称之。

累迁徐州刺史,监徐、兖二州、豫州之梁郡诸军事。时有死罪囚,典签意欲活之,因翰八关斋呈事,翰省讫,语令且去,明可更呈。明旦,典签不敢复入,呼之乃来。取昨所呈事视讫,谓曰:"卿意当欲宥此囚死命。昨于斋坐见其事,亦有心活之。但此囚罪重,不可贷,既欲加恩,卿便当代任其罪。"因命左右收典签付狱杀之,原囚生命。其刑政类如此。自下畏服,莫敢犯禁。卒于官。

杜骥字度世,京兆杜陵人也。高祖预,晋征南将军。曾祖耽,避难河西,因仕张氏。苻坚平凉州,父祖始还关中。

兄坦,颇涉史传。宋武帝平长安,随从南还。元嘉中,位青、冀二州刺史,晚度北人,南朝常以伧荒遇之,虽复人才可施,每为清途所隔,坦恒以此慨然。尝与文帝言及史籍,上曰:"金日磾忠孝淳深,汉朝莫及,恨今世无复此辈人。"坦曰:"日磾之美诚如圣诏,假使出乎今世,养马不暇,岂辩见知。"上变色曰:"卿何量朝廷之薄也!"坦曰:"请以臣言之。臣本中华高族,亡高祖因晋氏丧乱播迁凉土,直以南度不早,便以荒伧赐隔。日磾胡人,身为牧圉,便超入内侍,齿列名贤。圣朝虽复拔才,臣恐未必能也。"上默然。

北土旧法,问疾必遣子弟。骥年十三,父使候同郡韦华。华子玄有高名,见而异之,以女妻焉。累迁长沙王义欣后军录事参军。

元嘉七年,随到彦之入河南,加建武将军。魏撤河南戍,悉归河北,彦之使骥守洛阳。洛阳城废久,又无粮食,及彦之败退,骥欲弃城走,虑为文帝诛。初,武帝平关、洛,致钟虡旧器南还。一大钟坠洛水中,至是,帝遣将姚耸夫领千五百人迎致之。时耸夫政率所领牵钟于洛水,骥乃遣使绐之曰:“虏既南度,洛城势弱,今修理城池,并已坚固,军粮又足,所乏者人耳。君率众见就,共守此城,大功既立,取钟无晚。”耸夫信之,率所领就骥。及至,城不可守,又无粮食,于是引众去。骥亦委城南奔,白文帝:“本欲以死固守,姚耸夫入城便走,人情沮败,不可复禁。”上怒,使建威将军郑顺之杀耸夫于寿阳。耸夫,吴兴武康人,勇果有气力,宋偏裨小将莫及。

十七年,骥为青、冀二州刺史。在任八年,惠化著于齐土。自义熙至于宋末,刺史唯羊穆之及骥为吏人所称咏。后征为左军将军,兄坦代为刺史,北土以为荣焉。

坦长子琬,为员外散骑侍郎,文帝尝有函诏敕坦,琬辄开视。信未及发,又追取之,敕函已发,大相推检。上遣主书诘责骥,并检开函之主。骥答曰:“开函是臣第四息季文,伏待刑坐。”上特原不问。卒官。

第五子幼文,薄于行。明帝初,以军功封邵阳县男,寻坐巧妄夺爵。后以发太尉庐江王祎谋反事,拜给事黄门侍郎。废帝元徽中,为散骑常侍。幼文所莅贪横,家累千金。与沈勃、孙超之居止接近,又并与阮佃夫厚善。佃夫既死,废帝深疾之。帝微行,夜辄在幼文门墉间听其弦管,积久转不能平,于是自率宿卫兵诛幼文、勃、超之等。兄叔文为长水校尉,亦诛。

申恬字公休,魏郡魏人也。曾祖钟,为石季龙司徒。宋武帝平广固,恬父宣,宣从父兄永,皆得归晋,并以干用见知。武帝践阼,拜太中大夫。宣元嘉初,历兖、青二州刺史。恬兄谟与朱脩之守滑台。魏克滑台见虏。后得还,为竟陵太守。

恬初为骠骑刘道怜长兼行参军。宋受命,辟东宫殿中将军,度还台,直省十年,不请休急。历下邳、北海二郡太守,所至皆有政绩。

又为北谯、梁二郡太守。郡境边接任榛，屡被寇抄。怙到任，密知贼来，乃伏兵要害，出其不意，悉皆禽殄。元嘉十二年，迁督鲁、东平、济北三郡诸军事，泰山太守，威惠兼著，吏人便之。二十一年，冀州移镇历下，以怙为冀州刺史，加督。明年，加济南太守。孝武践阼，为青州刺史，寻加督。齐地连岁兴兵，百姓凋弊，怙防御边境，劝课农桑，二三年间，遂皆优实。

性清约，频处州郡，妻子不免饥寒，世以此称之。后拜豫州刺史，以疾征还，道卒。死之日，家无遗财。

子实，南谯太守。谟子元嗣，海陵太守。元嗣弟谦，临川内史。

永子坦，孝建初为太子右卫率，徐州刺史。大明元年，魏攻兖州，孝武遣太子左卫率薛安都、东阳太守沈法系北捍，至兖州，魏军已去。坦建议："任榛亡命，屡犯边人，今军出无功，宜因此蓊扑，上从之。亡命先已闻知，举村逃走，安都、法系坐白衣领职，坦弃市，群臣为请莫得。将行刑，始兴公沈庆之入市抱坦恸哭曰："卿无罪，为朝廷所枉诛，我入市亦当不久。"市官以白上，乃原生命，系尚方。寻被宥，复为骁骑将军。疾卒。

子令孙，明帝时为徐州刺史。讨薛安都，行至淮阳，即与安都合。弟阐，时为济阴太守，戍睢陵城，奉顺不同安都，安都攻围不能克。会令孙至，遣往睢陵说阐。阐降，杀之。令孙亦见杀。

杜慧庆，交址朱䳒人也。本属京兆，曾祖元为宁浦太守，遂居交址。

父瑗，字道言，仕州府为日南、九德、交址太守。初，九真太守李逊父子勇壮有权力，威制交土，闻刺史滕遁之当至，分遣二子断遏水陆津要，瑗收众斩遁，州境获宁。后为龙骧将军、交州刺史。宋武帝义旗建，进号冠军将军。卢循窃据广州，遣使通好，瑗斩之。义熙六年，卒，年八十四。赠右将军。

慧庆，瑗第五子也。七年，除交州刺史。诏书未到，其年春，卢循袭破合浦，径向交州，慧庆乃率文武六千人，拒循于石碕，破之。

循虽破，余党皆习兵事，李逊子孙李弈、李移、李脱等皆奔窜石碕，盘结俚、獠，各有部曲。循知弈等与杜氏有怨，遣使招之，弈等受循节度。六月庚子，循晨造南津，令三军入城乃食。慧度悉出宗族私财以充劝赏，自登高舰合战。放火箭，循众舰俱然，一时散溃。循中箭赴水死。斩循及父骃并循二子，并传首建邺。封慧度龙编县侯。

武帝践祚，进号辅国将军。其年，南讨林邑。林邑乞降，输生口、大象、金银、古贝等，乃释之。遣长史江攸奉表献捷。

慧庆布衣蔬食，俭约质素。能弹琴，颇好《庄》、《老》。禁断淫祀，崇修学校。岁荒人饥，则以私禄振给。为政纤密，有如居家。由是威惠沾洽，奸盗不起。乃至城门不夜闭，道不拾遗。卒，追赠左将军。以慧庆长子弘文为振远将军、交州刺史。

初，武帝北征关、洛，慧庆板弘文行九真太守。乃继父为刺史，亦以宽和得众，袭爵龙编侯。元嘉四年，文帝以廷尉王徽为交州刺史，弘文被征，会得重疾，牵以就路。亲旧见其患笃，劝待病愈，弘文曰："吾世荷皇恩，杖节三世。常欲投躯帝庭，以报所荷，况亲被征命，而可晏然者乎。"弘文母阮年老，见弘文舆疾就路，不忍别，与到广州，遂卒。临死，遣弟弘猷诣建邺，朝廷甚哀之。

孝建中，以豫章太守檀和之为豫州刺史。和之先历始兴太守、交州刺史，所在有威名，盗贼屏迹。每出猎，猛兽伏不敢起。

阮长之字景茂，一字善业，陈留尉氏人也。祖思旷，金紫光禄大夫。父普，骠骑谘议参军。长之年十五丧父，有孝性，哀感傍人。除服，蔬食者犹积载。闲居笃学，未尝有惰容。

初为诸府参军，母老，求补襄垣令。督邮无礼鞭之，去职。后拜武昌太守，时王弘为江州，雅相知重，引为车骑从事中郎。元嘉十一年，除临海太守。在官常拥败絮。至郡少时，母亡，葬毕不胜忧，卒。

时郡田禄以芒种为断，此前去官者则一年秩禄皆入后人。始以元嘉末改此科，计月分禄。长之去武昌郡，代人未至，以芒种前一日解印绶。初发都，亲故或以器物赠别，得便缄录，后归，悉以还之。为中书郎直省,夜往邻省,误著屐出阁,依事自列。门下以暗夜人不知,不受列。长之固遣送曰:"一生不侮暗室。"前后所莅官,皆有风政,为后人所思。宋世言善政者咸称之。文帝深惜之,曰:"景茂方堪大用,岂直以清苦见惜。"子师门,原乡令。

元嘉初,文帝遣大使巡行四方,兼散骑常侍王歆之等上言:"宣威将军,陈南顿二郡太守李元德,清勤均平,奸盗止息。彭城内史魏恭子,廉惜修慎,在公忘私,安约守俭,久而弥固。前宋县令成浦,为政宽济,遗咏在人。前铜阳令李熙国,在事有方,人思其政。故山桑令何道,自少清廉,白首弥厉。应加褒赉,以劝于后。"各被褒赐。歆之字叔道,河东人。曾祖愆期有名晋世,官至南蛮校尉。歆之位左户尚书、光禄大夫,卒官。

甄法崇,中山人也。父匡,位少府卿,以清闻。法崇,宋永初中为江陵令,在任严整,县境肃然。于时,南平缪士通为江安令,卒官,至其年末,法崇在听事,士通前见。法崇知其已亡,愕然未言。坐定,云:"卿县人宋雅见负米千余石不还,令儿穷弊不自存,故自诉。"法崇因命口受为辞,因逊谢下席。而法崇为问,宋家狼狈输送。太守王华闻而叹美之。法崇孙彬。

彬有行业,乡党称善。尝以一束苎就州长沙寺库质钱,后赎苎还,于苎束中得五两金,以手巾裹之,彬得,送还寺库。道人惊云:"近有人以此金质钱,时有事不得举而失。檀越乃能见还,辄以金半仰酬。"往复十余,彬坚然不受,因谓曰:"五月披羊裘而负薪,岂拾遗金者邪?"卒还金。梁武帝布衣而闻之,及践阼,以西昌侯藻为益州刺史,乃以彬为府录事参军,带郫县令。将行,同列五人,帝诚以廉慎。至彬,独曰:"卿昔有还金之美,故不复以此言相属。"由此名德益彰。及在蜀,藻礼之甚厚云。

傅琰字季珪,北地灵州人也。曾祖弘仁,宋武帝之外弟,以中表历显官,位太常卿。祖劭,字彦先,员外散骑侍郎。父僧祐,山阴令,有能名。

琰美姿仪,仕宋为武康令,迁山阴令,并著能名,二县皆谓之傅圣。赐爵新亭侯。元徽中,迁尚书左丞。母丧,邻家失火,延烧琰屋,抱柩不动。邻人竞来赴救,乃得俱全。琰股髀之间已被烟焰。

齐高帝辅政,以山阴狱讼烦积,复以琰为山阴令。卖针、卖糖老姥争团丝,来诣琰,琰挂团丝于柱鞭之,密视有铁屑,乃罚卖糖者。又二野父争鸡,琰各问何以食鸡,一人云粟,一人云豆。乃破鸡得粟,罪言豆者。县内称神明,无敢为偷。琰父子并著奇绩,时云诸傅有《理县谱》,子孙相传,不以示人。

升明中,迁益州刺史。自县迁州,近世罕有。齐建元四年,征骁骑将军、黄门郎。永明中,为庐陵王安西长史,南郡内史,行荆州事。卒。琰丧西还,有诏出临哭。

时长沙太守王沈、新蔡太守刘闻慰、晋平太守丘仲起,长城县令何敬叔、故鄮县令丘寂之,皆有能名,而不及琰也。沈字彦流,东海人,历钱唐、山阴、秣陵令,南平、长沙太守,清廉戒慎,身恒居禄,而居处日贫。死之日,无宅可憩,故吏为营棺柩。闻慰自有传。仲起见《沈宪传》,敬叔见子《思澄传》。寂之字德玄,吴兴乌程人。年十七,为州西曹,兼直主簿。刺史王或行夜还,前驱已至,而寂之不肯开门,曰:"不奉墨旨。"或方于车中为教,然后开。或叹曰:"不意郅君章近在阁下。"即转为主簿。在县专以廉洁御下。于时丹徒县令沈巘之,以清廉抵罪,寂之闻之曰:"清吏真不可为也,政当处季、孟之间乎。"

巘之,吴兴武康人,性疏直,在县自以清廉,不事左右,浸润日至,遂锁系尚方。叹曰:"一见天子足矣。"上召问曰:"复欲何陈?"答曰:"臣坐清所以获罪。"上曰:"清复何以获罪?"曰:"无以承奉要人。"上曰:"要人为谁?"巘之以手板四面指曰:"此赤衣诸贤皆是。若臣得更鸣,必令清誉日至。"巘之虽危言,上亦不责。后知其无罪,重除丹徒令。入县界,吏人候之,谓曰:"我今重来,当以人肝代米,不然清名不立。"又有汝南周洽,历句容、曲阿、上虞、吴令、廉约无私。卒于都水使者，无以殡敛，吏人为买棺器。齐武帝闻而非之曰：
"洽累历名邑，而居处不理，遂坐无车宅。死，令吏衣棺之。此故宜
罪贬，无论褒恤。"乃敕不给赠赙。

琰子翔，为官亦有能名。后为吴令，别建康令孙廉。廉因问曰：
"闻丈人发奸奸摘伏，惠化如神，何以至此？"答曰："无他也，唯勤而
清。清则宪纲自行，勤则事无不理。宪纲自行则吏不能欺，事自理
则物无疑滞，欲不理得乎？"时临淮刘玄明亦有吏能，历山阴、建康
令，政常为天下第一，终于司农卿。后翔又代玄明为山阴令，问玄明
曰："愿以旧政告新令尹。"答曰："我有奇术，卿家谱所不载，临别当
相示。"既而曰："作县令唯日食一升饭，而莫饮酒，此第一策也。"翔
天监中为建康令，复有能名，位骠骑谘议。子岐。

岐字景平，仕梁起家南康王左常侍，后兼尚书金部郎。母忧去
职，居丧尽礼。服阕后，疾废久之，复除始新令。县人有因斗相殴而
死，死家诉郡，郡录其仇人，考掠备至，终不引咎。郡乃移狱于县，岐
即令脱械，以和言问之，便即首服。法当偿死，会冬节至，岐乃放其
还家。狱曹掾固争曰："古者有此，今不可行。"岐曰："其若负信，县
令当坐。"竟如期而反。太守深相叹异，遽以状闻。岐后去县，人无
老少皆出境拜送，号哭闻数十里。至都，除廷尉正，入兼中书通事舍
人，累迁安西中记室，兼舍人如故。

岐美容止，博涉能占对。大同中与魏和亲，其使岁中再至，常遣
岐接对焉。

太清元年，累迁太仆、司农卿，舍人如故。岐在禁省十余年，机
事密勿，亚于朱异。此年冬，贞阳侯萧明伐彭城，兵败，囚于魏。三
年，明遣使还，述魏欲通和好，敕有司及近臣定议。左卫朱异曰："边
境且得静寇息人，于事为便。"议者并然之。岐独曰："高澄既新得
志，何事须和？必是设间，故令贞阳遣使，令侯景自疑，当以贞阳易
景，景意不安，必图祸乱。若许通好，政是坠其计中。且彭城去岁丧
师，涡阳复新败退，今使就和，益示国家之弱。和不可许。"异等固
执，帝遂从之。及遣使，景果有此疑，遂举兵入寇，请诛朱异。

三年，迁中领军，舍人如故。二月，侯景于阙前通表，乞割江右四州安置部下，当解围还镇。敕许之，乃于城西立盟。求遣召宣城王出送。岐固执宣城王嫡嗣之重，不宜许之，乃遣石城公大款送之。及与景盟讫，城中文武喜跃，冀得解围。岐独言于众曰："贼举兵为逆，岂有求和。"及景背盟，莫不叹服。寻有诏，以岐勤劳，封南丰县侯，固辞不受。宫城失守，岐带疾出围，卒于宅。

虞愿字士恭，会稽余姚人也。祖赉，给事中、监利侯。父望之，早卒。赉中庭桔树冬熟，子孙竞来取之，愿年数岁独不取，赉及家人皆异之。

宋元嘉中，为湘东王国常侍。及明帝立，以愿儒吏学涉，兼蕃国旧恩，意遇甚厚。除太常丞，尚书祠部郎，通直散骑侍郎。帝性猜忌，体肥憎风，夏月常著小皮衣。拜左右二人为司风令史，风起方面，辄先启闻。星文灾变，不信太史，不听外奏，敕灵台知星二人给愿，常内省直，有异先启，以相检察。

帝以故宅起湘宫寺，费极奢侈。以孝武庄严刹七层，帝欲起十层，不可立，分为两刹，各五层。新安太守巢尚之罢郡还，见帝，曰："卿至湘宫寺未？我起此寺是大功德。"愿在侧曰："陛下起此寺，皆是百姓卖儿贴妇，佛若有知，当悲哭哀愍。罪高佛图，有何功德！"尚书令袁粲在坐，为之失色，帝大怒，使人驱曳下殿，愿徐去无异容。以旧恩，少日中已复召入。

帝好围棋，甚拙，去格七八道，物议共欺为第三品。与第一品王抗围棋，依品赌戏。抗饶借帝，曰："皇帝飞棋，臣抗不能断。"帝终不觉，以为信然，好之愈笃。愿又曰："尧以此教丹朱，非人主所宜好也。"虽数忤旨，而蒙赏赐犹异余人。迁兼中书郎。

帝寝疾，愿常侍医药。帝尤好逐夷，以银钵盛蜜渍之，一食数钵。谓扬州刺史王景文曰："此是奇味，卿颇足不？"景文答曰："臣夙好此物，贫素致之甚难。"帝甚悦。食逐夷积多，胸腹痞胀，气将绝。左右启饮数升酢酒，乃消。疾大困，一食汁滓犹至三升。水患积久，药不复效。大渐日，正坐呼道人，合掌便绝。

愿以侍疾久，转正员郎。出为晋平太守。在郡不事生业。前政与百姓交关，质录其儿妇，愿遣人于道夺取将还。在郡立学堂教授。郡旧出靑蛇，胆可为药。有遗愿蛇者，愿不忍杀，放二十里外山中。一夜，蛇还床下。复送四十里山，经宿复归。论者以为仁心所致。海边有越王石，常隐云雾，相传云"清廉太守乃得见"。愿往就观视，清彻无所隐蔽。后琅邪王秀之为郡，与朝士书曰："此郡承虞公之后，善政犹存，遗风易遵，差得无事。"

以母老解职，除后军将军。褚彦回尝诣愿，愿不在，见其眠床上积尘埃，有书数帙。彦回叹曰："虞君之清至于此。"令人扫地拂床而去。迁中书郎，领东观祭酒。兄季为上虞令，卒。愿从省步出还家，不待诏便归东。除骁骑将军，迁廷尉，祭酒如故。愿尝事宋明帝，齐初，神主迁汝阴庙，愿拜辞流涕。建元元年，卒。

愿著《五经论问》，撰《会稽记》，文翰数十篇。

王洪范，上谷人也。宋泰始中，魏克青州，洪轨得别驾清河崔祖欢女，仍以为妻。祖欢女说洪轨南归。宋桂阳王之难，随齐高帝镇新亭，常以身捍矢。高帝曰："我自有盾，卿可自防。"答曰："天下无洪范何有哉，苍生方乱，岂可一日无公。"帝甚赏之。

后为晋寿太守，多昧赃贿，为州所按。大惧，弃郡奔建邺。高帝辅政，引为腹心。建武初，为青、冀二州刺史，悔为晋寿时货赇所败，更励清节。先是青州资鱼盐之货，或强借百姓麦地以种红花，多与部下交易，以祈利益。洪范至，一皆断之。启求侵魏，得黄郭、盐仓等数戍。后遇败，死伤涂地，深自咎责。乃于谢禄山南除地，广设茵席，杀三牲，招战亡者魂祭之，人人呼名，躬自沃酹，仍恸哭不自胜，因发病而亡。洪范既北人而有清正，州人呼为"虏父使君"，言之咸落泪。

永明中，有江夏李珪之字孔璋，位尚书右丞，兼都水使者，历职称为清能。后兼少府。卒。

　　沈瑀字伯瑜，吴兴武康人也。父昶，事宋建平王景素。景素谋反，昶先去之，及败，坐系狱。瑀诣台陈请，得免罪，由是知名。为奉朝请，尝诣齐尚书左丞殷沵，沵与语及政事，甚器之，谓曰："观卿才干，当居吾此职。"

　　司徒竟陵王子良闻瑀名，引为府行参军，领扬州部传从事。时建康令沈徽孚恃势傲瑀，瑀以法绳之，众惮其强。子良甚相知赏，虽家事皆以委瑀。子良薨，瑀复事刺史始安王遥光，尝使送人丁，速而无怨，遥光谓同使吏曰："尔何不学沈瑀所为。"乃令瑀专知州狱事。

　　湖熟县方山埭高峻，冬月，公私行侣以为艰。明帝使瑀行修之。瑀乃开四洪，断行客就作，三日便办。扬州书佐私行，诈称州使，不肯就作，瑀鞭之四十。书佐归诉遥光，遥光曰："沈瑀必不枉鞭汝。"覆之，果有诈。明帝复使瑀筑赤山塘，所费减材官所量数十万，帝益善之。为建德令，教人一丁种十五株桑，四株柿及梨、栗，女子丁半之。人咸欢悦，顷之成林。

　　去官还都，兼行选曹郎，随陈伯之军至江州。会梁武起兵围郢城，瑀说伯之迎武帝，伯之泣曰："余子在都。"瑀曰"不然，人情匈匈，皆思改计，若不早图，众散难合"。伯之遂降。

　　初，瑀在竟陵王家，素与范云善，齐末尝就云宿，梦坐屋梁柱上，仰见天中有字曰"范氏宅"。至是瑀为帝说之，帝曰："云得不死，此梦可验。"及帝即位，云深荐瑀，自暨阳令擢兼尚书右丞。时天下初定，陈伯之言瑀催督运输，军国获济。帝以为能，迁尚书驾部郎，兼右丞如故。瑀荐族人沈僧隆、僧照有吏干，帝并纳之。

　　以母忧去职，起为余姚令。县大姓虞氏千余家，请谒如市，前后令长莫能绝。自瑀到，非讼诉无所通，以法绳之。县南又有豪族数百家，子弟纵横，递相庇阴，厚自封植，百姓甚患之。瑀召其老者为石头仓监，少者补县僮，皆号泣道路，自是权右屏迹。瑀初至，富吏皆鲜衣美服以自彰别，瑀怒曰："汝等下县吏，何得自拟贵人！"悉使著芒履粗布，侍立终日，足有蹉跌，辄加榜捶。瑀微时尝至此鬻瓦器，为富人所辱，故因以报焉。由是士庶骇怨。瑀廉浩自守，故得遂行其意。

后为安南长史、寻阳太守。江州刺史曹景宗卒，仍为信威萧颖达长史，太守如故。瑀性屈强，每忤颖达，颖达衔之。天监八年，因入谘事，辞又激厉，颖达作色曰："朝廷用君作行事邪？"瑀出，谓人曰："我死而后已，终不能倾侧面从。"是日，于路为人所杀，多以为颖达害焉。子续累讼之。遇颖达寻卒，事不穷竟。续乃布衣蔬食终其身。

范述曾字子玄，一字颖彦，吴郡钱唐人也。幼好学，从余杭吕道惠受五经，略通章句。道惠曰："此子必为王者师。"

齐文惠太子、竟陵文宣王幼时，齐高帝引述曾为之师友，起家宋晋熙王国侍郎。齐初，至南郡王国郎中令，迁太子步兵校尉，带开阳令。述曾为人骞谔，在官多所谏争，太子虽不能全用，然亦弗之罪也。竟陵王深相器重，号为周舍。太子左卫率沈约亦以述曾方汲黯。

齐明帝即位，为永嘉太守。为政清平，不尚威猛，阽俗便之。所部横阳县山谷险峻，为逋逃所聚，前后二千石讨捕莫能息。述曾下车，开示恩信，凡诸凶党，襁负而出，编户属籍者二百余家。自是商旅流通，居人安业。励志清白，不受馈遗。明帝下诏褒美，征为游击将军。郡送故旧钱二十余万，一无所受，唯得白桐木火笼朴十余枚而已。

东昏时，拜中散大夫，还乡里。梁武帝践阼，乃轻行诣阙，仍辞还。武帝下诏褒美，以为太中大夫。述曾生平所得奉禄，皆以分施，及老遂壁立无资。以天监八年卒。注《易·文言》，著杂诗赋数十篇。

后有吴兴丘师施，亦廉洁称，罢临安县还，唯有二十笼簿书，并是仓库券帖。当时以比述曾。位至台郎。

孙谦字长逊，东莞莒人也。客居历阳，躬耕以养弟妹，乡里称其敦睦。

仕宋为句容令，清慎强记，县人号为神明。宋明帝以为巴东、建平二郡太守。郡居三峡，恒以威力镇之。谦将述职，敕募千人自随。谦曰："蛮夷不宾，盖待之失节耳。何烦兵役，以为国费。"固辞不受。至郡，布恩惠之化，蛮獠怀之，竞饷金宝。谦慰喻而遣，一无所纳。及掠得生口，皆放还家。奉秩出吏人者，悉原除之。郡境翕然，威恩大著。视事三年，征还为抚军中兵参军，迁越骑校尉、征北司马。府主建平王将称兵，患谦强直，托事遣使至都，然后作乱。及建平诛，迁左军将军。

齐初，为钱唐令，御烦以简，狱无系囚。及去官，百姓以谦在职不受饷遗，追载缣帛以送之。谦辞不受。每去官，辄无私宅，借空车厩居焉。

永明初，为江夏太守，坐被代辄去郡，系尚方，顷之，召为中散大夫。明帝将废立，欲引谦为心膂，使兼卫尉，给甲仗百人。谦不愿处际会，辄散甲士，帝虽不罪而弗复任焉。

梁天监六年，为零陵太守，年已衰老，犹强力为政，吏人安之。先是郡多猛兽暴，谦至绝迹。及去官之夜，猛兽即害居人。谦为郡县，常勤劝课农桑，务尽地利，收入常多于邻境。九年，以老征为光禄大夫。及至，帝嘉其清洁，甚礼异焉。每朝见，犹请剧职自效。帝笑之曰："朕当使卿智，不使卿力。"十四年，诏加优秩，给亲信二十人，并给扶。

谦自少及老，历二县五郡，所在廉洁。居身俭素，床施蓬荪屏风。冬则布被莞席，夏日无帱帐，而夜卧未尝有蚊蚋，人多异焉。年逾九十，强壮如五六十者。每朝会，辄先众到公门。力于仁义，行己过人甚远。从兄灵庆尝病寄谦，谦行出，还问起居，灵庆曰："向饮冷热不调，即时犹渴。"谦退遣其妻。有彭城刘融行乞，疾笃无所归，友人舆送谦舍，谦开听事以受之。及融死，以礼殡葬，众咸服其行义。末年，头生二肉角，各长一寸。十五年，卒官，时年九十二。

临终遗命诸子曰："吾少无人间意，故自不求闻达，而仕历三代，官成两朝，如我资名，或蒙赠谥，自公体耳。气绝即以幅巾就葬，每存俭率。比见辒车过精，非吾志也。士安束以蘧蒢，王孙倮入后地，虽是匹夫之节，取于人情未允。今使棺足周身，圹足容柩。旐书爵里，无曰不然。旒表命数，差可停息。直儳辒床，装之以蘧。以常所乘者为魂车，他无所用。"第二子贞巧，乃织细蘧装辒，以篾为铃佩，虽素而华。帝为举哀，甚悼惜之。

从子廉，字思约。父奉伯位少府卿，淮南太守。廉便辟巧宦，齐时已历大县，尚书右丞。天监初，沈约、范云当朝用事，廉倾意奉之。及中书舍人黄睦之等，亦尤所结附。凡贵要每食，廉必日进滋旨，皆手自煎调，不辞勤剧，遂得为列卿，御史中丞，晋陵、吴兴太守。广陵高爽有险薄才，客于廉，廉委以文记。爽尝有求不遂，乃为屐谜以喻廉曰："刺鼻不知嚏，蹋面不知瞋，啮齿作步数，持此得胜人。"讥其不计耻辱，以此取名位。然处官平直，遂以善政称。武帝尝曰："东莞二孙，谦、廉而已。"

何远字义方，东海郯人也。父慧炬，齐尚书郎。远仕齐为奉朝请，豫崔慧景败亡事，抵尚书令萧懿，懿深保匿焉。会赦出，顷之，懿遭难，子弟皆潜伏，远求得懿弟融藏之。既而发觉，远逾垣以免，融遇祸，远家属系尚方。远遂亡度江，因降魏。入寿阳，见刺史王肃，求迎梁武帝，肃遣兵援送。武帝见远谓张弘策曰："何远丈夫，而能破家报旧德，未易及也。"

武帝践祚，以奉迎勋，封广兴男，为后军鄱阳王恢录事参军。远与恢素善，在府尽其志力，知无不为。恢亦推心仗之，恩寄甚密。

迁武昌太守。远本倜傥，尚轻侠。至是乃折节为吏，杜绝交游，馈遗秋毫无所受。武昌俗皆汲江水，盛夏，远患水温，每以钱买人井寒水。不取钱者，则挢水还之，其他事率多如此。迹虽似伪，而能委曲用意。车服尤弊素，器物无铜漆。江左水族甚贱，远每食不过干鱼数片而已。然性刚严，吏人多以细事受鞭罚，遂为人所讼，征下廷尉，被劾十数条。当时士大夫坐法皆不受测，远度己无脏，就测立三七日不款，犹以私藏禁仗除名。

后为武康令,愈厉廉节,除淫祀,正身率职,人甚称之。太守王彬巡属县,诸县皆盛供帐以待焉。至武康,远独设糗水而已。彬去,远送至境,进斗酒只鹅而别。彬戏曰:"卿礼有过陆纳,将不为古人所笑乎?"武帝闻其能,擢为宣城太守。自县为近畿大郡,近代未之有也。郡经寇抄,远尽心绥理,复著名迹。期年,迁树功将军、始兴内史。时泉陵侯朗为桂州,缘道迭剽掠,入始兴界,草木无所犯。

远在官,好开途巷,修葺墙屋,人居市里,城隍既库,所过若营家焉。田秩奉钱,并无所取,岁暮择人尤穷者充其租调,以此为常。然其听讼犹人也,不能过绝。而性果断,人畏而惜之,所至皆生为立祠,表言政状,帝每优诏答焉。后历给事黄门侍郎,信武将军,监吴郡。在吴颇有酒失。迁东阳太守。远处职,疾强富如仇雠,视贫细如子弟,特为豪右所畏惮。在东阳岁余,复为受罚者所谤,坐免归。

远性耿介,无私曲,居人间绝请谒,不造诣。与贵贱书疏,抗礼如一。其所会遇,未尝以颜色下人。是以多为俗士所疾恶。其清公实为天下第一。居数郡,见可欲终不变其心,妻子饥寒如下贫者。及去东阳归家,经年岁,口不言荣辱,士类益以此多之。其轻财好义,周人之急,言不虚妄,盖天性也。每戏语人云:"卿能得我一妄语,则谢卿以一缣。"众共伺之,不能记也。后为征西谘议参军、中抚军司马。卒。

郭祖深,襄阳人也。梁武帝初起,以客从。后随蔡道恭在司州。陷北还,上书言境上事,不见用。选为长兼南梁郡丞,徙后军行参军。帝溺情内教,朝政纵弛,祖深舆榇诣阙上封事,其略曰:

> 大梁应运,功高百王,慈悲既弘,宪律如替。愚辈阘识,褫慢斯作。各竞奢侈,贪秽遂生。颇由陛下宠勋太过,驭下太宽,故廉洁者自进无途,贪苟者取入多径,直弦者沦溺沟壑,曲钩者升进重沓。饰口利辞,竞相推荐,讷直守信,坐见埋没。劳深勋厚,禄赏未均,无功侧入,反加宠擢。昔宋人卖酒,犬恶致酸,陛下之犬,其甚矣哉。

臣闻人为国本,食为人命,故《礼》曰国无六年之储,谓非其国也。推此而言,农为急务。而郡县苛暴,不加劝奖,今年丰岁稔,犹人有饥色,设遇水旱,何以救之?陛下昔岁尚学,置立五馆,行吟坐咏,诵声溢境。比来慕法,普天信向,家家斋戒,人人忏礼,不务农桑,空谈彼岸。夫农桑者今日济育,功德者将来胜因,岂可坠本勤末,置迩效赊也。今商旅转繁,游食转众,耕夫日少,杼轴日空。陛下若广兴屯田,贱金贵粟,勤农桑者擢以阶级,惰耕织者告以明刑。如此数年,则家给人足,廉让可生。

夫君子小人,智计不同。君子志于道,小人谋于利。志于道者安国济人,志于利者损物图己。道人者害国小人也,忠良者捍国君子也。臣见疾者诣道士则劝奏章,僧尼则令斋讲,俗师则鬼祸须解,医诊则汤熨散丸,皆先自为也。臣谓为国之本,与疗病相类,疗病当去巫鬼,寻华、扁,为国当黜佞邪,用管、晏。今之所任,腹背之毛耳。论外则有勉、舍,说内则有云、旻。云、旻所议,则伤俗盛法,勉、舍之志,唯愿安枕江东。主慈臣恇,息谋外甸,使中国士女南望怀冤,若贾谊重生,岂不恸哭。臣今直言犯颜,罪或容宥,而乖忤贵臣,则祸在不测。所以不惮鼎镬区区必闻者,正以社稷计重而蝼蚁命轻。使臣言入身灭,臣何所恨。

夫谋臣良将,何代无之,贵在见知,要在用耳。陛下皇基兆运二十余载,臣子之节,谏争是谁?执事皆同而不和,答问唯唯而已。入对则言圣旨神衷,出论则云谁敢逆耳。过实在下而谪见于上,遂使圣皇降诚,躬自引咎,宰辅晏然,曾无谦退。且百僚卿士,鲜有奉公,尸禄竞利,不尚廉洁。累金积镪,侍列如仙,不田不商,何故而尔?法者人之父母,惠者人之仇雠,法严则人思善,德多则物生恶,恶不可长,欲不可纵。伏愿去贪浊,进廉平,明法令,严刑罚,禁奢侈,薄赋敛,则天下幸甚。谨上封事二十九条,伏愿抑独断之明,少察愚瞽。

时帝大弘释典,将以易俗,故祖深尤言其事,条以为:

都下佛寺五百余所，穷极宏丽。僧尼十余万，资产丰沃。所在郡县，不可胜言。道人又有白徒，尼则皆畜养女，皆不贯人籍，天下户口几亡其半。而僧尼多非法，养女皆服罗纨，其蠹俗伤法，抑由于此。请精加检括，若无道行。四十以下，皆使还俗附农。罢白徒养女，听畜奴婢。婢唯著青布衣，僧尼皆令蔬食。如此，则法兴俗盛，国富人殷。不然，恐方来处处成寺，家家剃落，尺土一人，非复国有。

朝廷擢用勋旧，为三陲州郡，不顾御人之道，唯以贪残为务。迫胁良善，害甚豺狼。江、湘人尤受其弊。自三关以外，是处遭毒。而此勋人投化之始，但有一身，及被任用，皆募部曲。而扬、徐之人，逼以众役，多投其募，利其货财。皆虚名上簿，止送出三津，名在远役，身归乡里。又惧本属检问，于是逃亡他境，侨户之兴，良由此故。又梁兴以来，发人征役，号为三五。及投募将客，主将无恩，存恤失理，多有物故，辄刺叛亡。或有身殒战场，而名在叛目，监符下讨，称为逋叛，录质家丁。合家又叛，则取同籍，同籍又叛，则取比伍，比伍又叛，则望村而取。一人有犯，则合村皆空。虽肆眚时降，荡涤惟始，而监符犹下旧日，限以严程。上不任信下，转相督促。台使到州，州又遣押使至郡，州郡竞急切，同趣下城。令宰多庸才，望风畏伏。于是敛户课，荐其筐篚，使人纳重货，许立空文。其百里微欲矫俗，则严科立至，自是所在恣意贪利，以事上官。

又请"断界首将生口入北，及关津废替，须加纠摘"。又言"卢陵年少，不宜镇襄阳，左仆射王暕在丧，被起为吴郡，曾无辞让"。其言深刻。又请"复郊四星"。帝虽不能悉用，然嘉其正直，擢为豫章钟陵令，员外散骑常侍。

普通七年，改南州津为南津校尉，以祖深为之。加云骑将军，秩二千石，使募部曲二千。及至南州，公严清刻。由来王侯势家出入津，不忌宪纲，侠藏亡命。祖深搜检奸恶，不避强御，动致刑辟。奏江州刺史邵陵王、太子詹事周舍赃罪，远近侧足，莫敢纵恣。淮南太守畏之如上府。

常服故布襦，素木案，食不过一肉。有姥饷一早青瓜，祖深报以疋帛。后有富人效之以货，鞭而徇众。朝野惮之，绝于干请。所领皆精兵，令行禁止。有所讨逐，越境追禽。江中尝有贼，祖深自率讨之，列阵未敢进，仍令所亲人先登，不时进，斩之。遂大破贼，威振远近，长江肃清。

论曰：善政之于人，犹良工之于埴也，用功寡而成器多焉。汉世户口殷盛，刑务简阔，郡县之职，外无横扰，劝赏威刑，事多专断，尺一诏书，希经邦邑。吏居官者或长子孙，皆敷德政以尽人和，兴义让以存简久。故龚、黄之化，易以有成。降及晚代，情伪繁起，人减昔时，务殷前世。立绩垂风，难易百倍。若以上古之化，御此世之人，今吏之良，抚前代之俗，则武城弦歌，将有未暇，淮阳卧镇，如或可勉。未必今才陋古，盖化有醇薄者也。

南史卷七一
列传第六一

儒　林

伏曼容　子暅　暅子挺　何佟之

严植之　司马筠　卞华　崔灵恩

孔佥　卢广　沈峻　太史叔明

峻子文阿　孔子祛　皇侃　沈洙

戚衮　郑灼　张崖　陆诩　沈德威　贺德基

全缓　张讥　顾越　龚孟舒　沈不害

王元规　陆庆

　　盖今之儒者，本因古之六学，以弘风正俗，斯则王政之所先也。自秦氏坑焚，其道用缺。及汉武帝时，开设学校，立五经博士，置弟子员，射策设科，劝以官禄，传业者故益众矣。其后太学生徒，动至万数，郡国黉舍，悉皆充满，其学于山泽者，或就而为列肆焉。故自两汉登贤，咸资经术。洎魏正始以后，更尚玄虚，公卿士庶，罕通经业。时荀颉、挚虞之徒，虽议创制，未有能易俗移风者也。自是中原横溃，衣冠道尽。逮江左草创，日不暇给，以迄宋、齐，国学时或开置，而劝课未博，建之不能十年，盖取文具而已。是时，乡里莫或开馆，公卿罕通经术，朝廷大儒，独学而弗肯养众，后生孤陋，拥经而无所讲习。大道之郁也久矣乎！至梁武创业，深愍其弊，天监四年，乃诏开五馆，建立国学，总以五经教授，置五经博士各一人。于是以平原明山宾、吴郡陆琏、吴兴沈峻、建平严植之、会稽贺场补博士，各主一馆。馆有数百生，给其饩廪，其射策通明经者，即除为吏，于是，怀经负笈者云会矣。又选学生遣就会稽云门山，受业于庐江何胤，分遣博士、祭酒，到州郡立学。七年，又诏皇太子、宗室、王侯始就学受业，武帝亲屈舆驾，释奠于先师先圣，申之以宴语，劳之以束帛。济济焉，洋洋焉，大道之行也如是。及陈武创业，时经丧乱，衣冠殄瘁，寇贼未宁，敦奖之方，所未遑也。天嘉以后，稍置学官，虽博延生徒，成业盖寡。其所采缀，盖亦梁之遗儒。今并集之，以备儒林云。

伏曼容字公仪，平昌安丘人，晋著作郎滔之曾孙也。父胤之，宋司空主簿。

曼容早孤，与母兄客居南海。少笃学，善《老》、《易》，倜傥好大言。常云：“何晏疑《易》中九事，以吾观之，晏了不学也。故知平叔有所短。”聚徒教授以自业。为骠骑行参军。宋明帝好《周易》，尝集朝臣于清暑殿讲，诏曼容执经。曼容素美风采，明帝恒以方嵇叔夜，使吴人陆探微画叔夜像以赐之。为尚书外兵郎，尝与袁粲罢朝相会言玄理，时论以为一台二绝。升明末，为辅国长史、南海太守。至石门，作《贪泉铭》。齐建元中，上书劝封禅，高帝以为其礼难备，不从。仕为太子率更令，侍皇太子讲。卫将军王俭深相爱好，令与河内司马宪、吴郡陆澄共撰《丧服》。及竟，又欲与定礼乐，会俭薨。建武中，拜中散大夫。时明帝不重儒术，曼容宅在瓦官寺东，施高坐于听事，有宾客，辄升高坐为讲说，生徒常数十百人。梁台建，召拜司徒司马，出为临海太守。天监元年，卒官，年八十二。

曼容多伎术，善音律、射驭、风角、医算，莫不闲了。为《周易》、《毛诗》、《丧服集解》、《老》、《庄》、《论语义》。子暅。

暅字玄曜，幼传父业，能言玄理，与乐安任昉、彭城刘曼俱知名。仕齐位东阳郡丞，鄞令。时曼容已致仕，故频以外职处暅，令得养焉。梁武帝践阼，兼五经博士，与吏部尚书徐勉、中书侍郎周舍总知五礼事。

出为永阳内史，在郡清洁，政务安静，郡人何贞秀等一百五十四人诣州言状。湘州刺史以闻。诏勘有十五事为吏人所怀，帝善之。徙新安太守，在郡清恪如永阳时。人赋税不登者，辄以太守田米助之。郡多麻苎，家人乃至无以为绳，其厉志如此。属县始新、遂安、海宁并同时生为立祠。

征为国子博士、领长水校尉。时始兴内史何远累著清绩，武帝擢为黄门侍郎，俄迁信武将军、监吴郡事。暅自以名辈素在远前，为吏俱称廉白，远累见擢，暅循阶而已，意望不满，多托疾居家。寻求假到东阳迎妹丧，因留会稽筑宅，自表解职。诏以为豫章内史，乃出拜。书侍御史虞瞮奏曰："风闻豫章内史伏暅，去岁启假，以迎妹丧为辞，因停会稽不去。入东之始，货宅卖车，以此而推，则是本无还意。暅历典二邦，少免贪浊，此自为政之本，岂得称功？常谓人才品望居何远之右，而远以清见擢，名位转隆。暅深怀诽怨，形于辞色。天高听卑，无私不照。去年十二月二十一日下诏曰：'国子博士，领长水校尉伏暅，为政廉平，宜加将养，勿使恚望，致亏士风，可豫章内史。'岂有人臣奉如此之诏，而不忘魂破胆，归罪有司，而冒宠不辞，吝斯苟得。故以士流解体，行路沸腾，辨迹求心，无一可恕。请以暅大不敬论。"有诏勿论，暅遂得就郡。征为给事黄门侍郎，领国子博士。未赴，卒。

初，暅父曼容与乐安任遥皆昵于齐太尉王俭，遥子昉及暅并见知。顷之，昉才遇稍盛，齐末已为司徒左长史，暅独滞于参军事。及终，名位略相侔。暅性俭素，车服粗恶，外虽退静，内不免心竞，故见讥于时。然能推荐后来，常若不及，少年士子或以此依之。子挺。

挺字士标，幼敏悟。七岁通《孝经》、《论语》。及长，博学有才思，为五言诗，善效谢康乐体。父友乐安任昉深相叹异，常曰："此子日下无双。"齐末，州举秀才，策为当时第一。梁武帝师至，挺迎谒于新林。帝见之甚悦，谓之颜子，引为征东行参军，时年十八。天监初，除中军参军事。居宅在潮沟，于宅讲《论语》，听者倾朝。挺三世同时聚徒教授，罕有其比。累为晋陵、武康令。罢县还，仍于东郊筑室，不复仕。

挺少有盛名，又善处当世，朝中势素多与交游，故不能久事隐静。后遂出仕，除南台书侍御史。因事纳贿被劾，惧罪，乃变服出家，名僧挺。久之藏匿，后遇赦，乃出大心寺。会邵陵王为江州，携挺之镇。王好文义，深被恩礼。挺不堪蔬素，因此还俗。侯景乱中，卒。著《迩说》十卷，文集二十卷。

子知命，以其父宦途不进，怨朝廷，后遂尽心侯景。袭郢州，围巴陵，军中书檄皆其文也，言及西台，莫不剧笔。及景篡位，为中书舍人，权倾内外。景败，被送江陵，于狱幽死。

挺弟捶，亦有才名，为邵陵王记室参军。

何佟之字士威，庐江灊人，晋豫州刺史恽六世孙也。祖邵之，宋员外散骑常侍。父歆，齐奉朝请。

佟之少好三《礼》，师心独学，强力专精，手不辍卷。读礼论三百余篇，略皆上口。太尉王俭雅相推重。起家扬州从事，仍为总明馆学士。仕齐，初为国子助教，为诸生讲《丧服》，结草为绖，屈手巾为冠，诸生有未晓者，委曲诱诲，都下称其醇儒。建武中，为镇北记室参军，侍皇太子讲。时步兵校尉刘瓛、征士吴苞皆已卒，都下硕儒唯佟之而已，当时国家吉凶礼则皆取决焉。后为骠骑司马。永元末，都下兵乱，佟之常集诸生讲论，孜孜不息。

性好洁，一日之中洗涤者十余过，犹恨不足，时人称为水淫。有至性，父母亡后，常设一屋，晦朔拜伏流涕，如此者二十余年。当世服其孝行。

于时又有遂安令刘澄，为性弥洁，在县扫拂郭邑，路无横草，水翦虫秽，百姓不堪命，坐免官。然甚贞正，善医术，与徐嗣伯埒名。子聪，能世其家业。

佟之自东昏即位，以其凶虐，乃谢病，终身不涉其流。梁武帝践阼，以为尚书左丞。时百度草创，佟之依礼定议，多所裨益。天监二年卒官。故事，左丞无赠官者，帝特诏赠黄门侍郎，儒者荣之。所著文章礼议百许篇。子朝隐、朝晦。

严植之字孝源，建平秭归人也。少善《庄》、《老》，能玄言，精解《丧服》、《孝经》、《论语》。及长，遍习郑氏《礼》、《周易》、《毛诗》、《左氏春秋》。性淳孝谨厚，不以所长高人。少遭父忧，因菜食二十三载。

仕齐为广汉王国右常侍，仍侍王读。及王诛，国人莫敢视，植之独奔哭，手营殡敛，徒跣送丧墓所，为起冢，葬毕乃还。当时义之。后为康乐令。植之在县清白，人吏称之。

梁天监二年，诏求通儒修五礼，有司奏植之主凶礼。四年，初置五经博士，各开馆教授，以植之兼五经博士。植之馆在潮沟，生徒常百数。讲说有区段次第，析理分明。每当登讲，五馆生毕至，听者千余人。迁中抚记室参军，犹兼博士。卒于馆。植之自疾后便不受禀奉，妻子困乏。及卒，丧无所寄，生徒为市宅，乃得成丧。

植之性慈仁，好行阴德，在暗室未尝息也。少尝山行，见一患者，问其姓名，不能答。载与俱归，为营医药，六日而死，为棺敛殡之，卒不知何许人也。又尝缘栅塘行，见患人卧塘侧，问之，云“姓黄，家本荆州，为人庸赁。疾笃，船主将发，弃之于岸”。植之恻然，载还疗之，经年而愈。请终身充奴仆以报厚恩。植之不受，遗以资粮遣之。所撰《凶礼仪注》四百七十九卷。

司马筠字贞素，河内温人也。晋谯王承七代孙。祖亮，宋司空从事中郎。父端，字敬文，齐奉朝请，始安王遥光使掌文记。遥光之败，曹武入城见之，端曰：“身蒙始安厚恩，君宜见杀。”武叱令速去。答曰：“死生命也，君见事不捷，便以义师为贼。”武舍之去，寻兵至见杀。

筠少孤贫好学，师沛国刘瓛，强力专精，深为瓛所器。及长，博通经术,尤明三《礼》。梁天监初为暨阳令,有清绩。入拜尚书祠部郎。

七年,安成国太妃陈氏薨,江州刺史安成王秀、荆州刺史始兴王憺,并以慈母表解职,诏不许,还摄本任。而太妃在都,丧祭无主。中书舍人周舍议曰:"贺彦先称:'慈母之子不服慈母之党,妇又不从夫而服慈姑,小功服无从故也。'庾蔚之云:'非徒子不从母而服其党,孙又不从父而服其慈母。'由斯而言,慈祖母无服明矣。寻门内之哀,不容自同于常。案父之祥禫,子并受吊,今二王诸子,宜以成服日单衣一日为位受吊。"制曰:"二王在远,世子宜摄祭事。"舍又曰:"《礼》云:'缟冠玄武,子姓之冠'。则世子衣服宜异于常,可著细布衣,绢为领带,三年不听乐。又《礼》及《春秋》,庶母不世祭,盖谓无王命者耳。吴太妃既朝命所加,得用安成礼秩,则当祔庙,五世亲尽乃毁。陈太妃命数之重,虽则不异,慈孙既不从服,庙食理无传祀,子祭孙止,是会经文。"武帝由是敕礼官议皇子慈母之服。筠议:"宋朝五服制,皇子服训养母,依《礼》庶母慈已,宜从小功之制。案《曾子问》云:子游曰:'丧慈母,礼欤?'孔子曰:'非礼也,古者男子外有傅,内有慈母,君命使教子也,何服之有'郑玄注云:'此指谓国君之子也。'若国君之子不服,则王者之子不服可知。又《丧服经》云:'君子子为庶母慈已者。'传曰:'君子子者,贵人子也。'郑玄引《内则》,三母止施于卿大夫。以此而推,则慈母之服,上不在五等之嗣,下不逮三士之息。傥其服者止卿大夫,寻诸侯之子尚无此服,况乃施之皇子?谓宜依《礼》刊除,以反前代之惑。"武帝以为不然,曰:"《礼》言慈母凡有三条:一则妾子之无母,使妾之无子者养之,命为母子,服以三年,《丧服·齐衰章》所言'慈母如母'是也。二则嫡妻之子无母,使妾养之,慈抚隆至,虽均乎慈爱,但嫡妻之子,妾无为母之义,而恩深事重,故服以小功,《丧服·小功章》所以不直言慈母,而云'庶母慈已'者,明异于三年之慈母也。其三则子非无母,正是择贱者视之,义同师保,而不无慈爱,故亦有慈母之名。师保既无其服,则此慈母亦无服矣。《内则》云:'择于诸母与可者,使为子师。

其次为慈母,次为保母。'此其明文。言择诸母,是择人而为此三母,非谓择取兄弟之母也。何以知之?若是兄弟之母其先有子者,则是长妾。长妾之礼,实有殊加,何容次妾生子,乃退成保母,斯不可也。又有多兄弟之人,于义或可,若始生之子,便应三母俱阙邪?由是推之,《内则》所言诸母,是谓三母,非兄弟之母明矣。子游所问,自是师保之慈,非三年小功之慈也。故夫子得有此对。岂非师保之慈母无服之证乎?郑玄不辩三慈,混为训释,引彼无服,以注慈已。后人致谬,实此之由。经言'君子子'者,此虽起于大夫,明大夫犹尔,自斯以上,弥应不异。故传云'君子子者,贵人之子也'。总言曰贵,无所不包。经传互文,交相显发,则知慈加之义,通乎大夫以上矣。宋代此科,不乖《礼》意,便加除削,良是所疑。"于是筠等请依制改定嫡妻之子,母没为父妾所养,服之五月,贵贱并同,以为永制。

后为尚书左丞,卒于始兴内史。子寿,传父业,明三《礼》,位尚书祠部郎,曲阿令。

卞华字昭岳,济阴宛句人,晋骠骑将军壶六世孙也。父伦之,齐给事中。华幼孤贫,好学,年十四,召补国子生,通《周易》。及长,遍习五经。与平原明山宾、会稽贺玚,同业友善。梁天监中,为安成王功曹参军,兼五经博士,聚徒教授。华博涉有机辩,说经析理,为当时之冠。江左以来,钟律绝学,至华乃通焉。位尚书仪曹郎、吴令,卒。

崔灵恩,清河东武城人也。少笃学,遍习五经,尤精三《礼》、三《传》。仕魏为太常博士。天监十三年归梁,累迁步兵校尉,兼国子博士。

灵恩聚徒讲授,听者常数百人。性拙朴,无风采,及解经析理,甚有精致,都下旧儒咸称重之。助教孔金尤好其学。灵恩先习《左传》服解,不为江东所行,乃改说杜义。每文句常申服以难杜,遂著《左氏条义》以明之。时助教虞僧诞又精杜学,因作《申杜难服》以答灵恩，世并传焉。僧诞会稽余姚人，以《左氏》教授，听者亦数百人。该通义例，当世莫及。先是，儒者论天，互执浑、盖二义，论盖不合浑，论浑不合盖。灵恩立义，以浑盖为一焉。

出为长沙内史，还除国子博士，讲众尤盛。又出为桂州刺史。卒官。

灵恩《集注毛诗》二十二卷，《集注周礼》四十卷，制《三礼义宗》三十卷，《左氏经传义》二十二卷，《左氏条例》十卷，《公羊》、《穀梁文句义》十卷。

孔金，会稽山阴人，少师事何胤，通五经，尤明三《礼》、《孝经》、《论语》。讲说并数十遍，生徒亦数百人。三为五经博士，后为海盐、山阴二县令。金儒者，不长政术，在县无绩。太清乱，卒于家。

子淑玄，颇涉文学，官至太学博士。金兄子元素，又善三《礼》，有盛名，早卒。

卢广，范阳涿人，自云晋司空从事中郎谌之后也。少明经，有儒术。天监中归梁，位步兵校尉，兼国子博士，遍讲五经。时北来人儒学者有崔灵恩、孙详、蒋显，并聚徒讲说，而音辞鄙拙，唯广言论清雅，不类北人。仆射徐勉兼通经术，深相赏好。后为寻阳太守、武陵王长史。卒官。

沈峻字士嵩，吴兴武康人也。家世农夫，至峻好学。与舅太史叔明师事宗人沈麟士，在门下积年，昼夜自课，睡则以仗自击，其笃志如此。遂博通五经，尤长三《礼》，为兼国子助教。时吏部郎陆倕与仆射徐勉书荐峻曰："凡圣贤所讲之书，必以《周官》立义，则《周官》一书，实为群经源本。此学不传，多历年世。北人孙详、蒋显亦经听习，而音革楚、夏，故学徒不至。唯助教沈峻，特精此书，比日时开讲肆，群儒刘岩、沈宏、沈熊之徒，并执经下坐，北面受业，莫不叹服，人无间言。弟谓宜即用此人，令其专此一学，周而复始，使圣人正典废而更兴。"勉从之。奏峻兼五经博士,于馆讲授,听者常数百人。及中书舍人贺琛奉敕撰《梁官》,乃启峻及孔子袪补西省学士,助撰录。书成,入兼中书通事舍人。出为武康令。卒官。

传峻业者,又有吴郡张及、会稽孔子云,官皆至五经博士,尚书祠部郎。

太史叔明,吴兴乌程人,吴太史慈后也。少善《庄》、《老》,兼通《孝经》、《论语》、《礼记》,尤精三玄。每讲说,听者常五百余人。为国子助教。邵陵王纶好其学,及出为江州,携叔明之镇。王迁郢州,又随府,所至辄讲授,故江外人士皆传其学。峻子文阿。

文阿字国卫,性刚强,有膂力。少习父业,研精章句。祖舅太史叔明、舅王慧兴并通经术,而文阿颇传之。又博采先儒异同,自为义疏。通三《礼》,三《传》,位五经博士。梁简文引为东宫学士,及撰《长春义记》,多使文阿撮异闻以广之。

及侯景寇逆,简文别遣文阿募士卒援都。台城陷,与张嵊保吴兴。嵊败,文阿窜于山野。景素闻其名,求之甚急,文阿穷迫,登树自缢,遇有所亲救之,自投而下,折其左臂。及景平,陈武帝以文阿州里,表为原乡令、监江阴郡。绍泰元年,入为国子博士。寻领步兵校尉,兼掌仪礼。自太清之乱,台阁故事,无有在者。文阿父峻,梁武时常掌朝仪,颇有遗藁,于是斟酌裁撰,礼度皆自之出。

及陈武帝受禅,文阿辄弃官还武康。帝大怒,发使往诛之。时文阿宗人沈恪为郡,请使者宽其死,即面缚锁颈,致于上前。上视而笑之,曰:"腐儒复何为者。"遂赦之。武帝崩,文阿与尚书左丞徐陵、中书舍人刘师知等,议大行皇帝灵座侠御衣服之制,语在《师知传》。及文帝即位,克日谒庙,尚书左丞庾持奉诏遣博士议其礼。文阿议曰:

> 人物推移,质文殊轨,圣贤因机而逗教,王公随时以适宜。夫千人无君,不败则乱,万乘无主,不危则亡。当隆周之日,公旦叔父,吕、召爪牙,成王在丧,祸几覆国。是以既葬便有公冠之仪,始殡受麻冕之策,斯盖示天下以有主,虑社稷之艰难。逮

乎末叶从横，汉承其弊，虽文、景刑厝，而七国连兵，或逾月即尊，或崩日称诏，此皆有而为之，非无心于礼制也。今国讳之日，虽抑哀于玺绂之重，犹未序于君臣之仪。古礼，朝庙退坐正寝，听群臣之政。今皇帝拜庙还，宜御太极前殿，以正南面之尊，此即周康在朝，一二臣卫者也。

其壤奠之节，周礼以玉作贽，公侯以圭，子男执璧，此以玉作瑞也。奠贽竟，又复致享，天子以璧，王后用琮。秦烧经典，威仪散灭，叔孙通定礼，尤失前宪，奠贽不圭，致享无帛，公王同璧，鸿胪奏贺。若此数事，未闻于古，后相沿袭，至梁行之。夫称觞奉寿，家国大庆，四厢雅乐，歌奏欢欣。今君臣吞哀，兆庶抑割，岂同于惟新之礼乎？且周康宾称奉圭，无万寿之献，此则前准明矣。愚以今坐正殿，止行荐璧之仪，无贺酒之礼。谨撰《谒庙还升正寝群臣陪荐仪注》如别。
诏可施行。寻迁通直散骑常侍，兼国子博士，领羽林监。仍令于东宫讲《孝经》、《论语》。天嘉中，卒，赠廷尉卿。所撰仪礼八十余条，《春秋》、《礼记》、《孝经》、《论语义记》七十余卷，《经典大义》十八卷，并行于时，儒者多传其学。

孔子祛，会稽山阴人也。少孤贫，好学，耕耘樵采常怀书自随，役闲则诵读，勤苦自励，遂通经术。尤明《古文尚书》，为兼国子助教，讲《尚书》四十遍，听者常数百人。为西省学士，助贺琛撰录。书成，兼司文侍郎，不就。累迁兼中书通事舍人，加步兵校尉。梁武帝撰《五经讲疏》及《孔子正言》，专使子祛检阅群书，以为义证。事竟，敕子祛与右卫朱异、左丞贺琛，于士林馆递日执经。后加通直、正员郎。卒官。

子祛凡著《尚书义》二十卷，《集注尚书》二十卷，续朱异《集注周易》一百卷，续何承天集《礼论》一百五十卷。

皇侃，吴郡人，青州刺史皇象九世孙也。少好学，师事贺玚，精力专门，尽通其业，尤明三《礼》、《孝经》、《论语》。为兼国子助教，于学讲说，听者常数百人。撰《礼记讲疏》五十卷，书成奏上，诏付秘阁。顷之，召入寿光殿说《礼记义》，梁武帝善之，加员外散骑侍郎。侃性至孝，常日限诵《孝经》二十遍，以拟《观世音经》。丁母忧，还乡里，平西邵陵王钦其学，厚礼迎之。及至，因感心疾卒。所撰《论语义》、《礼记义》，见重于世，学者传焉。

沈洙字弘道，吴兴武康人也。祖休季，梁余杭令。父山卿，梁国子博士、中散大夫。洙少方雅好学，不妄交游，通三《礼》、《春秋左氏传》。精识强记，五经章句，诸子史书，问无不答。仕梁为尚书祠部郎，时年盖二十余。大同中，学者多涉猎文史，不为章句，而洙独积思经术，吴郡朱异、会稽贺琛甚嘉之。及异、琛于士林馆讲制旨义，常使洙为都讲。侯景之乱，洙窜于临安。时陈文帝在焉，亲就习业。及陈武帝入辅，除国子博士，与沈文阿同掌仪礼。

武帝受禅，加员外散骑常侍，位扬州别驾从事史，大匠卿。有司奏："建康令沈孝轨门生陈三儿牒称，主人翁灵柩在周，主人奉使关右，因欲迎丧，久而未反。此月晦即是再周，主人弟息见在此者，为至月末除灵，内外即吉？为待主人还，情礼申竟？"以事谘左丞江德藻。德藻议谓："王卫军云：'久丧不葬，唯主人不变，其余亲各终月数而除。'此盖引礼文论在家内有事故未得葬者耳。孝轨既在异域，虽已迎丧，还期无指，诸弟若遂不除，永绝昏嫁，此于人情，或未为允。中原沦陷以后，理有事例，宜谘沈常侍详议。"洙议曰："礼有变正，又有从宜。《礼小记》云：'久而不葬者，唯主丧者不除，其余以麻终月数者，除丧则已。'注云：'其余谓傍亲。'如郑所解，众子皆应不除，王卫军所引，此盖礼之正也。但魏氏东关之役，既失亡尸柩，葬礼无期，时议以为礼无终身之丧，故制使除服。晋氏丧乱，或死于虏庭，无由迎殡，江左故复申明其制。李胤之祖，王华之父，并存亡不测，其子制服，依时释衰，此并变礼之宜也。孝轨虽因奉使便欲迎丧，而还期未克，宜依东关故事，在此者并应释除衰麻，毁灵祔祭。

若丧枢得还,别行改葬之礼。自天下寇乱,西朝倾覆,若此之徒,谅非一二,宁可丧期无数,而弗除衰服?朝廷自应为之限制,以义断恩。"德藻依洙议。奏可。

文帝即位,累迁光禄卿,侍东宫读。废帝嗣位,历尚书左丞,衡阳王长史,行府国事。梁代旧律:测囚之法,日一上,起自晡鼓,尽一二更。及比部郎范泉删定律令,以旧法测立时久,非人所堪,分其刻数,日再上。延尉以为新制过轻,请集八座丞郎并祭酒孔奂、行事沈洙、五舍人会尚书省详议。时宣帝录尚书,集众议之。都官尚书周弘正议曰:"凡小大之狱,必应以情,政言依准五听,验其虚实,岂可令恣孝考掠,以判刑罪。且测人时节,本非古制,近代以来,方有此法。起自晡鼓,迄于二更,岂是常人所能堪忍?所以重械之下,危坠之上,无人不服,诬枉者多。朝晚二时,同等刻数,进退而求,于事为衰。若谓小促前期数,致实罪不服,如复时节延长,则无愆安款。且人之所堪,既有强弱,人之立意,固亦多途。至如贯高榜笞刺爇,身无完者,戴就熏针并极,困笃不移,岂关时刻长短,掠测优劣?夫"与杀不辜,宁失不经","罪疑惟轻,功疑惟重"。斯则古之圣王,垂此明法。愚谓依范泉著制为允。"洙议曰:"夜中测立,缓急易欺,兼用昼漏,于事为允。但漏刻赊促,今古不同。《汉书·律历》,何承天、祖冲之、祖晅父子《漏经》,并自关鼓至下鼓,自晡鼓至关鼓,皆十三刻,冬夏四时不异。若其日有长短,分在中时前后。今用梁末改漏,下鼓之后,分其短长,夏至之日各十七刻,冬至之日各十二刻。延尉今牒以时刻短促,致罪人不款。愚意愿去夜测之昧,从昼漏之明,斟酌今古之间,参会二漏之义,舍秋冬之少刻,从夏日之长晷,不问寒暑,并依今之夏至,朝夕上测各十七刻。比之古漏,则一上多昔四刻,即用今漏,则冬至多五刻。虽冬至之时,数刻侵夜,正是少日,于事非疑。庶罪人不以漏短而为捍,狱囚无以在夜而致诬。求之鄙意,窃谓为宜依范泉前制。"宣帝曰:"沈长史议得中,宜更博议。"左丞宗元饶议曰:"沈议非顿异范,正是欲使四时均其刻数。请写还删定曹,详改前制。"宣帝依事施行。

洙以太建元年卒。

戚衮字公文,吴郡盐官人也。少聪慧,游学都下,受三《礼》于国子助教刘文绍。一二年中,大义略举。年十九,梁武帝敕策《孔子正言》并《周礼》、《礼记义》,衮对高第。除扬州祭酒从事史。就国子博士宋怀方质《仪礼》义。怀方北人,自魏携《仪礼》,《礼记疏》,秘惜不传。及将亡,谓家人曰:“吾死后,戚生若赴,便以《仪礼》、《礼记》义本付之。若其不来,即随尸而殡。”为儒者推许如此。寻兼太学博士。

简文在东宫,召衮讲论。又尝置宴,集玄儒之士,先命道学互相质难,次令中庶子徐摛驰骋大义,间以剧谈。摛辞辩从横,难以答抗,诸儒慑气。时衮说朝聘义,摛与往复,衮精采自若,领答如流,简文深加叹赏。

敬帝立,为江州长史。仍随沈泰镇南豫州。泰之奔齐,逼衮俱行,后自齐逃还。又随程文季于吕梁,军败入周,久之得归。卒于始兴王府录事参军。

衮于梁代撰《三礼义记》,逢乱亡失。《礼记义》四十卷,行于世。

郑灼字茂昭,东阳信安人也。幼聪敏,励志儒学。少受业于皇侃。梁简文在东宫,雅爱经术,引灼为西省义学士。承圣中,为兼中书通事舍人。仕陈,武帝、文帝时,累迁中散大夫,后兼国子博士,未拜,卒。

灼性精勤,尤明三《礼》。少时,尝梦与皇侃遇于途,侃谓曰:“郑郎开口。”侃因唾灼口中,自后义理益进。灼家贫,抄义疏以日继夜,笔毫尽,每削用之。常蔬食,讲授多苦心热,若瓜时,辄偃卧以瓜镇心,起便读诵,其笃志如此。

时有晋陵张崖、吴郡陆诩、吴兴沈德威、会稽贺德基,俱以礼学自命。

张崖传三《礼》于同郡刘文绍。天嘉元年,为尚书仪曹郎,广沈文阿仪注,撰五礼。后为国子博士。

陆诩少习崔灵恩《三礼义》，梁时百济国表求讲礼博士，诏令诩行。天嘉中，位尚书祠部郎。

沈德威字怀远，少有操行。梁太清末，遁于天目山，筑室以居。虽处乱离，而笃学无倦。天嘉元年，征出都，后为国子助教。每自学还私室讲授，道俗受业数百人，率常如此。迁太常丞，兼五礼学士，后为尚书祠部郎。陈亡，入隋，官至秦王府主簿。卒，年五十五。

贺德基字承业，世传礼学。祖文发、父淹，仕梁俱为祠部郎，并有名当世。德基少游学都下，积年不归，衣资罄乏，又耻服故弊，盛冬止衣夹襦裤。尝于白马寺前逢一妇人，容服甚盛，呼德基入寺门，脱白纶巾以赠之，仍谓曰："君方为重器，不久贫寒，故以此相遗耳。"问姓名，不答而去。德基于《礼记》称为精明，位尚书祠部郎。虽不至大官，而三世儒学，俱为祠部郎，时论美其不坠。

全缓字弘立，吴郡钱唐人也。幼受《易》于博士褚仲都，笃志研玩，得其精微。陈太建中，位镇南始兴王府谘议参军。缓通《周易》、《老》、《庄》，时人言玄者咸推之。

张讥字直言，清河武城人也。祖僧宝，梁太子洗马。父仲悦，梁尚书祠部郎。

讥幼聪俊，有思理。年十四，通《孝经》、《论语》，笃好玄言。受学于汝南周弘正，每有新意，为先辈推服。梁大同中，召补国子《正言》生。梁武帝尝于文德殿释《乾》、《坤》、《文言》，讥与陈郡袁宪等预焉。敕令论议，诸儒莫敢先出，讥乃整容而进，谘审循环，辞令温雅。帝甚异之，赐裙襦绢等，云"表卿稽古之力"。

讥幼丧母，有错采经帕，即母之遗制，及有所识，家人具以告之。每岁时辄对帕哽噎不能胜。及丁父忧，居丧过礼。为士林馆学士。简文在东宫，出士林馆，发《孝经》题，讥论义往复，甚见嗟赏。及侯景寇逆，于围城之中，独侍哀太子于武德后殿，讲《老》、《庄》。台城陷，讥崎岖避难，卒不事景。

陈天嘉中，为国子助教。时周弘正在国学，发《周易》题，弘正第四弟弘直亦在讲席。讥与弘正论议，弘正屈，弘直危坐厉声，助其申理。讥乃正色谓弘直曰："今日义集，辩正名理，虽知兄弟急难，四公不得有助。"弘直谓曰："仆助君师，何为不可？"举坐以为笑乐。弘正尝谓人曰："吾每登坐，见张讥在席，使人懔然。"

宣帝时，为武陵王限内记室，兼东宫学士。后主在东宫，集宫僚置宴，时造玉柄麈尾新成，后主亲执之曰："当今虽复多士如林，至于堪捉此者，独张讥耳。"即手授讥。仍令于温文殿讲《庄》、《老》。宣帝幸宫临听，赐御所服衣一袭。

后主嗣位，为国子博士，东宫学士。后主尝幸钟山开善寺，召从臣坐于寺西南松林下，敕讥竖义。时索麈尾未至，后主敕取松枝，手以属讥，曰："可代麈尾。"顾群臣曰："此即张讥后事。"陈亡，入隋，终于长安，年七十六。

讥性恬静，不求荣利，常慕闲逸。所居宅营山池，植花果，讲《周易》、《老》、《庄》而教授焉。吴郡陆元朗、朱孟博、一乘寺沙门法才、法云寺沙门慧拔、至真观道士姚绥，皆传其业。讥所撰《周易义》三十卷，《尚书义》十五卷，《毛诗义》二十卷，《孝经义》八卷，《论语义》二十卷，《老子义》十一卷，《庄子·内篇义》十二卷，《外篇义》二十卷，《杂篇义》十卷，《玄部通义》十二卷，《游玄桂林》二十四卷。后主尝敕就其家写入秘阁。

子孝则，官至始安王记室参军。

顾越字允南，吴郡盐官人也。所居新坂黄冈，世有乡校，由是顾氏多儒学焉。祖道望，齐散骑侍郎。父仲成，梁护军司马，豫章王府谘议参军。家传儒学，并专门教授。

越幼明慧，有口辩，励精学业，不舍昼夜。弱冠游学都下，通儒硕学，必造门质疑，讨论无倦。至于微言玄旨，九章七曜，音律图纬，咸尽其精微。时太子詹事周舍以儒学见重，名知人，一见越，便相叹异，命与兄子弘正、弘直游，厚为之谈，由是声誉日重。时又有会稽贺文发,学兼经史,与越名相埒,故都下谓之发、越焉。

初为南平元襄王伟国右常侍,与文发俱入府,并见礼重。寻转行参军。大通中,诏飚勇将军陈庆之送魏北海王颢还主魏,庆之请越参其军事。时庆之所向克捷,直至洛阳。既而颢遂肆骄纵,又上下离心,越料其必败,以疾得归。裁至彭城,庆之果见摧衄,越竟得先反,时称其见机。及至,除安西湘东王府参军。及武帝撰制旨新义,选诸儒在所流通,遣越还吴,敷扬讲说。

越遍该经艺,深明《毛诗》,傍通异义。特善《庄》、《老》,尤长论难,兼工缀文,闲尺牍。长七尺三寸,美须眉。武帝尝于重云殿自讲《老子》,仆射徐勉举越论义,越抗首而请,音响若钟,容止可观,帝深赞美之。由是擢为中军宣城王记室参军,寻除五经博士,仍令侍宣城王讲。大同八年,转安西武陵王府内中录事参军,寻迁府谘议。

及侯景之乱,越与同志沈文阿等逃难东归,贼党数授以爵位,越誓不受命。承圣二年,诏授宣惠晋安王府谘议参军,领国子博士。越以世路未平,无心仁进,因归乡,栖隐于武丘山,与吴兴沈炯、同郡张种、会稽孔奂等,每为文会。

绍泰元年,复征为国子博士。陈天嘉中,诏侍东宫读。除东中郎鄱阳王府谘议参军,甚见优礼。寻领羽林监,迁给事黄门侍郎,国子博士、侍读如故。时朝廷草创,疑议多所取决,咸见施用。每侍讲东宫,皇太子常虚己礼接。越以宫僚未尽时彦,且太子仁弱,宣帝有夺宗之兆,内怀愤激,乃上疏曰:"臣梁世薄宦,禄不代耕。季年板荡,窜身穷谷。幸属圣期,得奉昌运。朝廷以臣微涉艺学,远垂征引,擢臣以贵仕,资臣以厚秩,二宫恩遇,有异凡流。木石知感,犬马识养,臣独何人,罔怀报德。伏惟皇太子天下之本,养善春宫,臣陪侍经籍,于今五载。如愚所见,多有旷官,辅弼丞疑,未极时选。至如文宗学府,廉洁正人,当趋奉龙楼,晨游夕论,恒闻前圣格言,往贤政道。如此,则非僻之语,无从而入。臣年事侵迫,非有邀求,政是怀此不言,则为有负明圣。敢奏狂瞽,愿留中不泄。"疏奏,帝深感焉,而竟不能改革。

及废帝即位,拜散骑常侍,兼中书舍人,黄门侍郎如故。领天保博士,掌仪礼,犹为帝师,入讲授,甚见尊宠。时宣帝辅政,华皎举兵不从,越因请假东还。或谮之宣帝,言越将扇动蕃镇,遂免官。太建元年,卒于家,年七十七。

所著《丧服》、《毛诗》、《老子》、《孝经》、《论语》等义疏四十余卷,诗颂碑志笺表凡二百余篇。

时有东阳龚孟舒者,亦通《毛诗》,善谈名理。仕梁位寻阳郡丞。元帝在江州,遇之甚重,躬师事焉。天嘉中,位太中大夫。

沈不害字孝和,吴兴武康人也。幼孤,而修立好学。陈天嘉初,除衡阳王府中记室参军,兼嘉德殿学士。自梁季丧乱,至是国学未立,不害上书请崇建儒宫,帝优诏答之。又表改定乐章,诏使制三朝乐歌词八首,合二十曲,行之乐府。后为国子博士,领羽林监。敕修五礼,掌策文谥议等事。太建中,位光禄卿、通直散骑常侍,兼尚书左丞。卒。

不害通经术,善属文,虽博综经典,而家无卷轴。每制文,操笔立成,曾无寻检。汝南周弘正常称之曰:“沈生可谓意圣人乎。”著《五礼仪》一百卷,文集十四卷。

子志道,字崇基,少知名,位安东新蔡王记室参军。陈亡入隋,卒。

王元规字正范,太原晋阳人也。祖道实,齐晋安郡守。父玮,梁武陵王府中记室参军。

元规八岁而孤。兄弟三人,随母依舅氏往临海郡,时年十二。郡土豪刘瑱者,资财巨万,欲妻以女。母以其兄弟幼弱,欲结强援,元规泣请曰:“因不失亲,古人所重,岂得苟安异壤,辄昏非类。”母感其言而止。元规性孝,事母甚谨,晨昏未尝离左右。梁时,山阴县有暴水,流漂居宅,元规唯有一小船,仓卒引其母妹并姑侄入船,元规自执楫棹而去,留其男女三人,阁于树杪。及水退,俱获全。时人称其至行。

少从吴兴沈文阿受业,十八,通《春秋左氏》、《孝经》、《论语》、《丧服》。仕梁位中军宣城王记室参军。陈天嘉中,为镇东鄱阳王府记室参军,领国子助教。后主在东宫,引为学士,就受《礼记》、《左传》、《丧服》等义。迁国子祭酒。新安王伯固尝因入宫,适会元规将讲,乃启请执经,时论荣之。俄除尚书祠部郎。自梁代诸儒相传为《左氏》学者,皆以贾逵、服虔之义难驳杜预,凡一百八十条。元规引证通析,无复疑滞。每国家议吉凶大礼,常参预焉。后为南平王府限内参军。王为江州,元规随府之镇,四方学徒,不远千里来请道者,常数十百人。陈亡入隋,卒于秦王府东阁祭酒。

元规著《春秋发题辞》及《义记》十一卷,《续经典大义》十四卷,《孝经义记》两卷,《左传音》三卷,《礼记音》两卷。

子大业,聪敏知名。

时有吴郡陆庆,少好学,遍通五经,尤明《春秋左氏传》,节操甚高。仕梁为娄令。陈天嘉初,征为通直散骑侍郎,不就。永阳王为吴郡太守,闻其名,欲与相见,庆辞以疾。时宗人陆荣为郡五官掾,庆尝诣焉,王乃微服往荣宅,穿壁以观之。王谓荣曰:"观陆庆风神凝峻,殆不可测,严君平、郑子真何以尚兹。"鄱阳、晋安王俱以记室征,不就。乃筑室屏居,以禅诵为事,由是传经受业者盖鲜焉。

论曰:语云:"上好之,下必有甚焉者。"是以邹缨齐紫,且以移俗,况禄在其中,可无尚欤。当天监之际,时主方崇儒业,如崔、严、何、伏之徒,前后互见升宠。于时四方学者,靡然向风,斯亦暂时之盛也。自梁迄陈,年且数十,虽时经屯诐,郊生戎马,而风流不替,岂俗化之移人乎。古人称上德若风,下应犹草。美矣,岂斯之谓也。

南史卷七二
列传第六二

文　学

丘灵鞠　子迟　从孙仲孚　　檀超　熊襄

吴迈远　叔道鸾　　卞彬　诸葛勖　袁嘏　高爽

孙抱　　丘巨源　孔广　孔逭　虞通之　虞和

司马宪　袁仲明　孙诜　　王智深　　崔慰祖

祖冲之　子暅之　孙皓　来嶷　　贾希镜

袁峻　　刘昭　子缘　缓　　钟嵘　兄岏

岏弟屿　周兴嗣　吴均　江洪　　刘勰

何思澄　子朗　王子云　　任孝恭　颜协

纪少瑜　杜之伟　颜晃　岑之敬

何之元　徐伯阳　张正见　阮卓

《易》云:"观乎人文,以化成天下。"孔子曰:"焕乎其有文章。"
自汉以来,辞人代有,大则宪章典诰,小则申抒性灵。至于经礼乐而
纬国家,通古今而述美恶,非斯则莫可也。是以哲王在上,咸所敦
悦。故云"言之不文,行之不远"。自中原沸腾,五马南度,缀文之士,
无乏于时。降及梁朝,其流弥盛。盖由时主儒雅,笃好文章,故才秀

之士,焕乎俱集。于时武帝每所临幸,辄命群臣赋诗,其文之善者赐以金帛。是以缙绅之士,咸知自励。至有陈受命,运接乱离,虽加奖励,而向时之风流息矣。《诗》云:"人之云亡,邦国殄瘁。"岂金陵之数将终三百年乎?不然,何至是也?宋史不立《文学传》,齐、梁皆有其目。今缀而序之,以备此篇云尔。

丘灵鞠,吴兴乌程人也。祖系,秘书监。父道真,护军长史。

灵鞠少好学,善属文。州辟从事。诣领军沈演之,演之曰:"身昔为州职,诣领军谢晦,宾主坐处,政如今日。卿将来复如此也。"累迁员外郎。宋孝武殷贵妃亡,灵鞠献挽歌三首,云:"云横广阶暗,霜深高殿寒。"帝摘句嗟赏。后为乌程令,不得志。泰始初,坐事禁锢数年。褚彦回为吴兴太守,谓人曰:"此郡才士唯有丘灵鞠及沈勃耳。"乃启申之。明帝使著《大驾南讨记论》。久之,除太尉参军。升明中,为正员郎,兼中书郎。时方禅让,齐高帝使灵鞠参掌诏策。建元元年,转中书郎,敕知东宫手笔。尝还东,诣司从褚彦回别,彦回不起,曰:"比脚疾更增,不复能起。"灵鞠曰:"脚疾亦是大事,公为一代鼎臣,不可复为覆悚。"其强切如此。不持形仪,唯取笑适。寻又掌知国史。

武帝即位,为通直常侍,寻领东观祭酒。灵鞠曰:"人居官愿数迁,使我终身为祭酒,不恨也。"永明二年,领骁骑将军。灵鞠不乐武位,谓人曰:"我应还东掘顾荣冢。江南地方数千里,士子风流皆出此中。顾荣忽引诸伧辈度,妨我辈涂辙,死有余罪。"灵鞠好饮酒,臧否人物。在沈深座,见王俭诗,深曰:"王令文章大进。"灵鞠曰:"何如我未进时。"此言达俭。灵鞠宋时文名甚盛,入齐颇来减,蓬发弛纵无形仪,不事家业。王俭谓人曰:"丘公仕宦不进,才亦退矣。"位长沙王车骑长史,卒。

著《江左文章录序》,起太兴,讫元熙。文集行于时。子迟。

迟字希范,八岁便属文。灵鞠常谓"气骨似我"。黄门郎谢超宗、征士何点并见而异之。在齐,以秀才累迁殿中郎。梁武帝平建邺,引为骠骑主簿,甚被礼遇。时劝进梁王及殊礼,皆迟文也。及践阼,迁中书郎,待诏文德殿。时帝著《连珠》,诏群臣继作者数十人,迟文最美。坐事免,乃献《责躬诗》,上优辞答之。后出为永嘉太守,在郡不称职,为有司所纠。帝爱其才,寝其奏。天监四年,中军将军临川王宏北侵魏,以为谘议参军,领记室。时陈伯之在北,与魏军来拒,迟以书喻之,伯之遂降。还拜中书侍郎,迁司空从事中郎。卒官。

迟辞采丽逸,时有钟嵘著《诗评》云:"范云婉转清便,如流风回雪。迟点缀映媚,似落花依草。虽取贱文通,而秀于敬子。"其见称如此。

仲孚字公信,灵鞠从孙也。少好学,读书常以中宵钟鸣为限。灵鞠尝称为千里驹也。齐永明初,为国子生。王俭曰:"东南之美,复见丘生。"举高第,未调,还乡里。家贫,乃结群盗为之计,劫掠三吴。仲孚聪明有智略,群盗畏服,所行皆果,故亦不发。

为于湖令,有能名。太守吕文显当时幸臣,陵诋属县,仲孚独不为屈。明帝即位,为曲阿令。会稽太守王敬则反,乘朝廷不备,反问至而前锋已届曲阿。仲孚凿长冈埭,泻渎水,以阻其路。敬则军至,遇渎涸,果顿兵不得进,遂败。仲孚以拒守功,迁山阴令。居职甚有声称。百姓谣曰:"二傅、沈、刘,不如一丘。"前世傅琰父子、沈宪、刘玄明相继宰山阴,并有政绩,言仲孚皆过之。齐末政乱,颇有脏贿,为有司所举,将见收,窃逃还都,会赦不问。

梁武帝践阼,复为山阴令。仲孚长于拨烦,善适权变,吏人敬服,号称神明,政为天下第一。后为卫尉卿,恩任甚厚。初起双阙,以仲孚领大匠,累迁豫章内史,在郡更励清节。顷之,卒,赠给事黄门侍郎。丧将还,豫章老幼号哭攀送,车轮不得前。

仲孚为左丞,撰《皇典》二十卷,《南宫故事》百卷,又撰《尚书具事杂仪》行于世。

檀超字悦祖,高平金乡人也。祖凝之,字弘宗,宋南琅邪太守。父道彪,字万寿,位正员郎。

　　超少好文学，放诞任气，解褐州西曹。萧惠开为别驾，超便抗礼。惠开自以地位居前，稍相陵辱，而超举动啸傲，不以地势推之，张目谓曰："我与卿俱是国家微贱时外戚耳，何足以一爵高人！"萧太后，惠开之祖姑，长沙景王妃，超祖姑也，故超以此议之。惠开欣然，更为刎颈之交。

　　后位国子博士，兼左丞。超嗜酒，好谈咏，自比晋郗超，言"高平有二超"，又谓人曰："犹觉我为优也。"齐高帝赏爱之，后为司徒右长史。

　　建元二年，初置史官，以超与骠骑记室江淹掌史职，上表立条例：开元纪号，不取宋年；封爵各详本传，无假年表；又制著十志。多为左仆射王俭所不同。既与物多忤，史功未就，徙交州，于路见杀。江淹撰成之，犹不备也。

　　时有豫章熊襄著《齐典》，上起十代，其《序》云："《尚书·尧典》谓之《虞书》，则附所述通谓之《齐书》，名为《河洛金匮》。"

　　又有吴迈远者，好为篇章，宋明帝闻而召之。及见曰："此人连绝之外，无所复有。"迈远好自夸，而蚩鄙他人，每作诗，得称意语，辄掷地呼曰："曹子建何足数哉！"超闻而笑曰："昔刘季绪才不逮于作者，而好抵诃人文章。季绪琐琐，焉足道哉。至于迈远，何为者乎。"

　　超叔父道鸾，字万安，位国子博士，永嘉太守。亦有文学，撰《续晋阳秋》二十卷。

　　卞彬字士蔚，济阴冤句人也。祖嗣之，中领军。父延之，弱冠为上虞令，有刚气。会稽太守孟颉以令长裁之，积不能容，脱帻投地曰："我所以屈卿者，政为此帻耳，今已投之卿矣。卿以一世勋门，而傲天下国士。"拂衣而去。

　　彬险拔有才，而与物多忤。齐高帝辅政，袁粲、刘彦节、王蕴等皆不同，而沈攸之又称兵反。粲、蕴虽败，攸之尚存。彬意犹以高帝事无所成，乃谓帝曰："比闻谣云'可怜可念尸著服，孝子不在日代哭，列管暂鸣死灭族'。公颇闻不？"时蕴居父忧，与粲同死，故云"尸著服"也。服者，衣也。"孝子不在日代哭"者，褚字也。彬谓沈攸之得志，褚彦回当败，故言哭也。列管谓萧也。高帝不悦，及彬退，曰："彬自作此。"后常于东府谒高帝，高帝时为齐王。彬曰："殿下即东宫府，则以青溪为鸿沟，鸿沟以东为齐，以西为宋。"仍咏《诗》云："谁谓宋远，跂予望之。"遂大忤旨，因此捵废数年，不得仕进。乃拟赵壹《穷鸟》为《枯鱼赋》以喻意。

后为南康郡丞。彬颇饮酒，摈弃形骸，仕既不遂，乃著《蚤虱》《蜗虫》，《蛤蟆》等赋，皆大有指斥。其《蚤虱赋序》曰："余居贫，布衣十年不制，一袍之缊，有生所托，资其寒暑，无与易之。为人多病，起居甚疏，縈寝败絮，不能自释。兼摄性懒坠，懒事皮肤，澡刷不谨，浣沐失时。四体恌温，加以臭秽，故苇席蓬缨之间，蚤虱猥流。淫痒渭濩，无时恕肉，探揣攈撮，日不替手。虱有谚言，'朝生暮孙'，若吾之虱者，无汤沐之虑，绝相吊之忧，晏聚乎久裤烂布之裳，复不勤于讨捕，孙孙子子，三十五岁焉。"其略言皆实录也。又为《禽兽决录》。目禽兽云："羊性淫而很，猪性卑而率，鹅性顽而傲，狗性险而出。"皆指斥贵势。其羊淫很，谓吕文显；猪卑率，谓朱隆之；鹅顽傲，谓潘敞；狗险出，谓文度。其险诣如此。《蛤蟆赋》云："纡青拖紫，名为蛤鱼。"世谓比令仆也。又云："蝌斗唯唯，群浮暗水，唯朝继夕，聿役如鬼。"比令史谄事也。文章传于闾巷。后历尚书比部郎，安吉令，车骑记室。彬性好饮酒，以瓠壶瓢勺枝皮为肴，著帛冠，十二年不改易。以大瓠为火笼，什物多诸诡异。自称卞田居，妇为傅蚕室。或谓曰："卿都不持操，名器何由得升？"彬曰："掷五木子，十掷辄鞬，岂复是掷子之拙。吾好掷，政极此耳。"后为绥建太守，卒官。

永明中，琅邪诸葛勖为国子生，作《云中赋》，指祭酒以下，皆有形似之目。坐事系东冶，作《东冶徒赋》。武帝见，赦之。

又有陈郡袁嘏，自重其文，谓人云："我诗应须大材迮之，不尔飞去。"建武末，为诸暨令，被王敬则贼所杀。

时有广陵高爽，博学多材。刘菲为晋陵县，爽经途诣之，了不相接,爽甚衔之。俄而爽代茜为县,茜遣迎赠甚厚。爽受饷,答书云:"高晋陵自答。"人问其所以,答云:"刘茜饷晋陵令耳,何关爽事。"又有人送书与爽告颛,云:"比日守羊困苦。"爽答曰:"守羊无食,何不货羊籴米?"孙抱为延陵县,爽又诣之,抱了无故人之怀。爽出从县阁下过,取笔书鼓云:"徒有八尺围,腹无一寸肠,面皮如许厚,受打未讵央。"爽机悟多如此,坐事被击,作《镂鱼赋》以自况,其文甚工。后遇赦免,卒。抱,东莞人。父廉,吴兴太守。抱善吏职,形体肥壮,腰带十围,爽故以此激之。

　　丘巨源,兰陵兰陵人也。少举丹阳郡孝廉,为宋孝武所知。大明五年,敕助徐爰撰国史。帝崩,江夏王义恭取掌书记。明帝即位,使参诏诰,引在左右。自南台御史为王景文镇军参军。宁丧还家。

　　元徽初,桂阳王休范在寻阳,以巨源有笔翰,遣船迎之,饷以钱物。巨源因齐高帝自启,敕板起之,使留都下。桂阳事起,使于中书省撰符檄。事平,除奉朝请。巨源望有封赏,既而不获,乃与尚书令袁粲书自陈,竟不被申。沈攸之事,高帝又使为尚书符荆州,以此又望赏异,自此意常不满。

　　后除武昌太守,拜竟,不乐江外行。武帝问之,巨源曰:"古人云'宁饮建邺水,不食武昌鱼'。臣年已老,宁死于建邺。"乃以为余杭令。明帝为吴兴,巨源作《秋胡诗》,有讥刺语,以事见杀。

　　时又有会稽孔广、孔逭,皆才学知名。

　　广字淹源,美容止,善吐论。王俭、张绪咸美之。俭常云:"广来使人废簿领,匠不须来,来则莫听去。"绪数巾车诣之,每叹云:"孔广使吾成轻薄祭酒。"仕至扬州中从事。

　　逭抗直有才藻,制《东都赋》,于时才士称之。陈郡谢瀹年少时游会稽还,父庄问:"入东何见,见孔逭不?"见重如此。著《三吴决录》,不传。终于卫军武陵王东曹掾。

　　又时有虞通之、虞和、司马宪、袁仲明、孙诜等,皆有学行,与广埒名。

通之、和,皆会稽余姚人。通之善言《易》,至步兵校尉。和位中书郎,廷尉。少好学,居贫屋漏,恐湿坟典,乃舒被覆书,书获全而被大湿。时人以比高凤。

宪字景思,河内温人。待诏东观为学士,至殿中郎。口辩有才地,使魏见称于北。

仲明,陈郡人。撰晋史,未成而卒。初仲明与刘融、卞铄俱为袁粲所赏,恒在坐席。粲为丹阳尹,取铄为主簿。好诗赋,多讥刺世人,坐徙巴州。

诜字休群,太原中都人。爱文,尤赏泉石。卒于御史中丞。

王智深字云才,琅邪临沂人也。少从陈郡谢超宗学属文。好饮酒,拙涩乏风仪。仕齐为豫章王大司马参军,兼记室。

武帝使太子家令沈约撰《宋书》,疑立袁粲传,以审武帝。帝曰:"袁粲自是宋家忠臣。"约又多载孝武、明帝诸褒黩事,上遣左右语约曰:"孝武事迹不容顿尔。我昔经事宋明帝,卿可思讳恶之义。"于是多所省除。又敕智深撰《宋纪》,召见扶容堂,赐衣服,给宅。智深告贫于豫章王,王曰:"须卿书成,当相论以禄。"书成三十卷。武帝后召见智深于璇明殿,令拜表奏上,表未奏而武帝崩。隆昌元年,敕索其书。

智深迁为竟陵王司徒参军。免官。家贫无人事,尝饿五日不得食,掘莞根食之。司空王僧虔及子志分与衣食。卒于家。

崔慰祖字悦宗,清河东武城人也。父庆绪,永明中为梁州刺史。慰祖解褐奉朝请。父丧不食盐,母曰:"汝既无兄弟,又未有子胤。毁不灭性,政当不进肴羞耳,如何绝盐?吾今亦不食矣。"慰祖不得已,从之。父梁州之资,家财千万,散与宗族。漆器题为"日"字,"日"字之器流乎远近。料得父时假贳文疏,谓族子纮曰:"彼有自当见还,彼无吾何言哉。"悉火焚之。好学,聚书至万卷。邻里年少好事者,来从假借,日数十帙。慰祖亲自取与,未尝为辞。

为始安王遥光抚军刑狱,兼记室。遥光好棋,数召慰祖对戏。慰祖辄辞拙,非朔望不见也。建武中,诏举士,从兄慧景举慰祖及平原刘孝标,并硕学。帝欲试以百里,慰祖辞不就。国子祭酒沈约、吏部郎谢朓尝于吏部省中宾友俱集,各问慰祖地理中所不悉十余事,慰祖口吃无华辞,而酬据精悉,一座称服之。朓叹曰:"假使班、马复生,无以过此。"

慰祖卖宅须四十五万,买者云:"宁有减不?"答曰:"诚异韩伯休,何容二价。"买者又曰:"君但卖四十六万,一万见与。"慰祖曰:"岂是我心乎?"

少与侍中江祀款,及祀贵,常来候之,而慰祖不往也。与丹阳丞刘沨素善,遥光据东府反,慰祖在城内。城未溃一日,沨谓之曰:"卿有老母,宜出。"命门者出之。慰祖诣阙自首,系尚方,病卒。

慰祖著《海岱志》,起太公迄西晋人物,为四十卷,半成。临卒,与从弟纬书云:"常欲更注迁、固二史,采《史》、《汉》所漏二百余事,在厨簏,可检写之,以存大意。《海岱志》良未周悉,可写数本,付护军诸从人一通,及友人任昉、徐寅、刘洋、裴揆,令后世知吾微有素业也。"又令以棺亲土,不须砖,勿设灵座。

祖冲之字文远,范阳遒人也。曾祖台之,晋侍中。祖昌,宋大匠卿。父朔之,奉朝请。冲之稽古,有机思。宋孝武使直华林学省,赐宅宇车服。解褐南徐州从事、公府参军。

始元嘉中,用何承天所制历,比古十一家为密。冲之以为尚疏,乃更造新法,上表言之。孝武令朝士善历者难之,不能屈。会帝崩不施行。

历位为娄县令,谒者仆射。初,宋武平关中,得姚兴指南车,有外形而无机杼,每行,使人于内转之。升明中,齐高帝辅政,使冲之追修古法。冲之改造铜机,圆转不穷,而司方如一,马钧以来未之有也。时有北人索驭麟者,亦云能造指南车,高帝使与冲之各造,使于乐游苑对共校试,而颇有差僻,乃毁而焚之。晋时杜预有巧思,造欹器，三改不成。永明中，竟陵王子良好古，冲之造欹器献之，与周庙不异。文惠太子在东宫，见冲之历法，启武帝施行。文惠寻薨又寝。

转长水校尉，领本职。冲之造《安边论》，欲开屯田，广农殖。建武中，明帝欲使冲之巡行四方，兴造大业，可以利百姓者，会连有军事，事竟不行。

冲之解钟律博塞，当时独绝，莫能对者。以诸葛亮有木牛流马，乃造一器，不因风水，施机自运，不劳人力。又造千里船，于新亭江试之，日行百余里。于乐游苑造水碓磨，武帝亲自临视。又特善算。永元二年，卒，年七十二。

著《易》、《老》、《庄义》，释《论语》、《孝经》，注《九章》，造《缀述》数十篇。子暅之。

暅之字景烁，少传家业，究极精微，亦有巧思，入神之妙，般、倕无以过也。当其诣微之时，雷霆不能入。尝行迂仆射徐勉，以头触之，勉呼乃悟。父所改何承天历时尚未行，梁天监初，暅之更修之，于是始行焉。位至太舟卿。

暅之子皓，志节慷慨，有文武才略。少传家业，善算历。大同中为江都令，后拜广陵太守。侯景陷台城，皓在城中，将见害，乃逃归江西。百姓感其遗惠，每相蔽匿。广陵人来嶷乃说皓曰："逆竖滔天，王室如毁，正是义夫发愤之秋，志士忘躯之日。府君荷恩重世，又不为贼所容。今逃窜草间，知者非一，危亡之甚，累棋非喻。董绍先虽景之心腹，轻而无谋，新克此州，人情不附，袭而杀之，此一壮士之任耳。今若纠率义勇，立可得三二百人。意欲奉戴府君，剿除凶逆，远近义徒，自当投赴。如其克捷，可立桓、文之勋。必天未悔祸，事生理外，百代之下，犹为梁室忠臣。若何？"皓曰："仆所愿也，死且甘心。"为要勇士耿光等百余人袭杀景兖州刺史董绍先，推前太子舍人萧勔为刺史，结东魏为援。驰檄远近，将讨景。景大惧，即日率侯子鉴等攻之。城陷，皓见执，被缚射之，箭遍体，然后车裂以徇。城中无少长，皆埋而射之。

来嶷字德山，幼有奇节，兼资文武。既与皓义举，邵陵王承制除步兵校尉、秦郡太守,封永宁县侯。及皓败,并兄弟子侄遇害者十六人。子法敏逃免,仕陈为海陵令。

贾希镜,平阳襄陵人也。祖弼之,晋员外郎。父匪之,骠骑参军。家传谱学。宋孝武时,青州人发古冢,铭云:"青州世子,东海女郎。"帝问学士鲍照、徐爰、苏宝生,并不能悉。希镜对曰:"此是司马越女嫁苟晞儿。"检访果然,由是见遇,敕希镜注《郭子》。升明中,齐高帝嘉希镜世学,取为骠骑参军、武陵王国郎中令。历大司马、司徒府参军。竟陵王子良使希镜撰《见客谱》,出为句容令。

先是,谱学未有名家,希镜祖弼之广集百氏谱记,专心习业。晋太元中,朝廷给弼之令史书史,撰定缮写,藏秘阁及左户曹。希镜三世传学,凡十八州士族谱,合百帙,七百余卷,该究精悉,皆如贯珠,当时莫比。永明中,卫将军王俭抄次百家谱,与希镜参怀撰定。

建元初,希镜迁长水校尉,伧人王泰宝买袭《琅邪谱》,尚书令王晏以启明帝,希镜坐被收,当极法。子栖长谢罪,稽颡流血,朝廷哀之,免希镜罪。后为北中郎参军,卒。撰《氏族要状》及《人名书》,并行于时。

袁峻字孝高,陈郡阳夏人,魏郎中令涣之八世孙也。早孤,笃志好学。家贫无书,每从人假借,必皆抄写,自课日五十纸,纸数不登则不止。讷言语,工文辞。梁武帝雅好辞赋,时献文章于南阙者相望焉。天监六年,峻乃拟扬雄《言箴》奏之,帝嘉焉,赐束帛,除员外郎,散骑侍郎,直文德学士省,抄《史记》、《汉书》各为二十卷。又奉敕与陆倕各制《新阙铭》云。

刘昭字宣卿,平原高唐人,晋太尉实九世孙也。祖伯龙,居父忧以孝闻,宋武帝敕皇太子、诸王并往吊慰,官至少府卿。父彪,齐征虏晋安王记室。昭幼清警,通《老》、《庄》义。及长,勤学善属文,外兄江淹早相称赏。梁天监中,累迁中军临川王记室。初,昭伯父肜集众家《晋书》注干宝《晋纪》为四十卷,至昭集《后汉》同异,以注范晔《后汉》,世称博悉。卒于剡令。集注《后汉》一百八十卷,《幼童传》一卷文集十卷。

子绦字言明,亦好学,通三《礼》。位尚书祠部郎。著《先圣本记》十卷,行于世。

绦弟缓字含度,为湘东王中录事。性虚远,有气调,风流迭宕,名高一府。常云:"不须名位,所须衣食。不用身后之誉,唯重目前知见。"

钟嵘字仲伟,颍川长社人,晋侍中雅七世孙也。父蹈,齐中军参军。嵘与兄岏、弟屿并好学,有思理。

嵘,齐永明中,为国子生,明《周易》。卫将军王俭领祭酒,颇赏接之。建武初,为南康王侍郎。时齐明帝躬亲细务,纲目亦密,于是郡县及六署九府常行职事,莫不争自启闻,取决诏敕。文武勋旧皆不归选部,于是凭势互相通进,人君之务,粗为繁密。嵘乃上书言:"古者明君,揆才颁政,量能授职,三公坐而论道,九卿作而成务,天子可恭己南面而已。"书奏,上不怿,谓太中大夫顾皓曰:"钟嵘何人,欲断朕机务,卿识之乎?"答曰:"嵘虽位末名卑,而所言或有可采。且繁碎职事,各有司存,今人主总而亲之,是人主愈劳而人臣愈逸,所谓代庖人宰而为大匠斫也。"上不顾而他言。

永元末,除司徒行参军。梁天监初,制度虽革,而未能尽改前弊。嵘上言曰:"永元肇乱,坐弄天爵,勋非即戎,官以贿就。挥一金而取九列,寄片札以招六校。骑都塞市,郎将填街。服既缨组,尚为臧获之事,职虽黄散,犹躬胥徒之役。名实淆紊,兹焉莫甚。臣愚谓永元诸军官是素族士人,自有清贯,而因斯受爵,一宜削除,以惩浇竞。若吏姓寒人,听极其门品,不当因军遂滥清级。若侨杂伧楚,应在绥抚,正宜严断禄力,绝其妨正,直乞虚号而已。"敕付尚书行之。

衡阳王元简出守会稽,引为宁朔记室,专掌文翰。时居士何胤筑室若邪山,山发洪水,漂拔树石,此室独存。元简令嵘作《瑞室颂》以旌表之,辞甚典丽。迁西中郎晋安王记室。

嵘尝求誉于沈约,约拒之。及约卒,嵘品古今诗为评,言其优劣,云:"观休文众制,五言最优。齐永明中,相王爱文,王元长等皆宗附约。于时谢朓未遒,江淹才尽,范云名级又微,故称独步。故当辞密于范,意浅于江。"盖追宿憾,以此报约也。顷之,卒官。

岏字长丘,位建康令,卒。著《良吏传》十卷。

屿字季望,永嘉郡丞。

周兴嗣字思纂,陈郡项人也。世居姑熟,博学善属文。尝步自姑熟,投宿逆旅,夜有人谓曰:"子才学迈世,初当见识贵臣,卒被知英主。"言终,不测所之。齐隆昌中,侍郎谢朓为吴兴太守,唯与兴嗣初谈文史而已。及罢郡,因大相谈荐。

梁天监初,奏《休平赋》,其文甚美,武帝嘉之,拜安成王国侍郎,直华林省。其年,河南献舞马,诏兴嗣与待诏到沆、张率为赋,帝以兴嗣为工,擢拜员外散骑侍郎,进直文德、寿光省。时武帝以三桥旧宅为光宅寺,敕兴嗣与陆倕各制寺碑,及成俱奏,帝以兴嗣所制。自是《铜表铭》、《栅塘碣》、《檄魏文》、《次韵王羲之书千字》,并使兴嗣为文。每奏,帝称善,赐金帛。后佐撰国史。兴嗣两手先患风疽,十二年,又染疠疾,左目盲。帝抚其手,嗟曰:"斯人而有斯疾。"手疏疽方以赐之。任昉又爱其才,常曰:"兴嗣若无此疾,旬日当至御史中丞。"十七年,为给事中,直西省。周舍奉敕注武帝所制历代赋,启兴嗣与焉。普通二年,卒。所撰《皇帝实录》、《皇德记》、《起居注》、《职仪》等百余卷,文集十卷。

吴均字叔庠,吴兴故鄣人也。家世寒贱,至均好学有俊才,沈约尝见均文,颇相称赏。

梁天监初,柳恽为吴兴,召补主簿,日引与赋诗。均文体清拔,有古气,好事者或效之,谓为"吴均体"。均尝不得意,赠恽诗而去,久之复来,恽遇之如故,弗之憾也。荐之临川靖惠王,王称之于武帝,即日召入赋诗,悦焉。待诏著作,累迁奉朝请。

先是,均将著史以自名,欲撰《齐书》,求借齐起居注及群臣行状,武帝不许,遂私撰《齐春秋》奏之。书称帝为齐明帝佐命,帝恶其实录,以其书不实,使中书舍人刘之遴诘问数十条,竟支离无对。敕付省焚之,坐免职。寻有敕召见,使撰《通史》,起三皇,讫齐代。均草《本纪》、《世家》已毕,唯《列传》未就,卒。

均注范晔《后汉书》九十卷,著《齐春秋》三十卷,《庙记》十卷,《十二州记》十六卷,《钱唐先贤传》五卷,《续文释》五卷,文集二十卷。

先是,有济阳江洪,工属文,为建阳令,坐事死。

刘勰字彦和,东莞莒人也。父尚,越骑校尉。勰早孤,笃志好学。家贫不婚娶,依沙门僧祐居,遂博通经论,因区别部类,录而序之。定林寺经藏,勰所定也。

梁天监中,兼东宫通事舍人,时七庙飨荐已用蔬果,而二郊农社犹有牺牲,勰乃表言二郊宜与七庙同改。诏付尚书议,依勰所陈。迁步兵校尉,兼舍人如故。深被昭明太子爱接。

初,勰撰《文心雕龙》五十篇,论古今文体,其《序》略云:“予齿在逾立,尝夜梦执丹漆之礼器,随仲尼而南行。寤而喜曰:‘大哉!圣人之难见也。乃小子之垂梦欤!自生灵以来,未有如夫子者也。敷赞圣旨,莫若注经,而马、郑诸儒弘之已精,就有深解,未足立家。唯文章之用,实经典枝条,五礼资之以成,六典因之致用。于是搦笔和墨,乃始论文。其为文用四十九篇而已。”既成,未为时流所称。勰欲取定于沈约,无由自达,乃负书候约于车前,状若货鬻者。约取读,大重之,谓深得文理,常陈诸几案。

勰为文,长于佛理,都下寺塔及名僧碑志,必请勰制文。敕与慧震沙门于定林寺撰经证。功毕,遂求出家,先燔须发自誓,敕许之,乃变服改名慧地云。

　　何思澄字元静，东海郯人也。父敬叔，齐长城令，有能名。在县清廉，不受礼遗。夏节至，忽榜门受饷，数日中，得米二千余斛，他物称是，悉以代贫人输租。

　　思澄少勤学工文，为《游庐山》诗，沈约见之，大相称赏，自以为弗逮。约郊居宅新构阁斋，因命工书人题此诗于壁。傅昭尝请思澄制《释奠诗》，辞文典丽。

　　天监十五年，敕太子詹事徐勉举学士入华林撰《遍略》，勉举思澄、顾协、刘杳、王子云、钟屿等五人以应选。八年乃书成，合七百卷。思澄重交结，分书与诸宾朋校定，而终日造谒。每宿昔作名一束，晓便命驾，朝贤无不悉狎，狎处即命食。有人方之娄护，欣然当之。投晚还家，所赍名必尽。自廷尉正迁书侍御史。宋、齐以来，此职甚轻。天监初，始重其选，车前依尚书二丞给三驺，执盛印青囊，旧事纠弹官印绶在前故也。后除安西湘东王录事参军，兼东宫通事舍人。时徐勉、周舍以才具当朝，并好思澄学，常递日招致之。后卒于宣惠武陵王中录事参军。文集十五卷。

　　初，思澄与宗人逊及子朗俱擅文名，时人语曰："东海三何，子朗最多。"思澄闻之曰："此言误耳。如其不然，故当归逊。"思澄意谓宜在己也。

　　子朗，字世明，早有才思。周舍每与谈，服其精理。尝为《败冢赋》，拟庄周马棰，其文甚工。世人语曰："人中爽爽有子朗。"卒于国山令，年二十四。集行于世。

　　王子云，太原人，及江夏费昶，并为闾里才子。昶善为乐府，又作鼓吹曲。武帝重之，敕曰："才意新拔，有足嘉异。昔郎恽博物，卞兰巧辞。束帛之赐，实惟劝善。可赐绢十匹。"子云尝为《自吊文》，甚美。

　　任孝恭字孝恭，临淮人也。曾祖农夫，宋南豫州刺史。农夫弟候伯，位辅国将军，行湘州事，并任将帅。

　　孝恭幼孤，事母以孝闻。精力勤学，家贫无书，常崎岖从人假借,每读一遍,讽诵略无所遗。外祖丘它与武帝有旧,帝闻其有才学,召入西省撰史。初为奉朝请,进直寿光省,为司文侍郎,俄兼中书通事舍人。敕遣制《建陵寺刹下铭》,又启撰《武帝集序》,文并富丽。自是专掌公家笔翰。孝恭为文敏速,若不留思,每奏称善,累赐金帛。少从萧寺云法师读经论,明佛理,至是蔬食持戒,信受甚笃。而性颇自伐,以才能尚人,于流辈中多有忽略,世以此少之。

太清三年,侯景寇逼,孝恭启募兵,隶萧正德。正德入贼,孝恭还赴台,台门闭,侯景获之,使作檄。求还私第检讨,景许之,因走入夬府。城陷,景斩锉之。文集行于世。

颜协字子和,琅邪临沂人,晋侍中含七世孙也。父见远,博学有志行。初,齐和帝镇荆州,以为录事参军,及即位,兼御史中丞。梁武帝受禅,见远不食,发愤数日而卒。帝闻之,曰:“我自应天从人,何豫天下士大夫事?而颜见远乃至于此。”

协幼孤,养于舅氏。少以器局称。博涉群书,工于草隶飞白。时吴人范怀约能隶书,协学其书,殆过真也。荆楚碑碣,皆协所书。时又有会稽谢善勋能为八体六文,方寸千言,京兆韦仲善飞白,并在湘东王府,善勋为录事参军,仲为中兵参军。府中以协优于韦仲,而灭于善勋。善勋饮酒至数斗,醉后辄张眼大骂,虽复贵贱亲疏,无所择也,时谓之谢方眼。而胸衿夷坦,有士君子之操焉。

协家虽贫素,而修饰边幅,非车马未尝出游。湘东王出镇荆州,以为记室。时吴郡顾协亦在蕃邸,与协同名,才学相亚,府中称为二协。舅陈郡谢暕卒,协以有鞠养恩,居丧如伯叔礼,议者甚重焉。又感家门事义,不求显达,恒辞征辟,游于蕃府而已。卒,元帝甚叹惜之,为《怀旧诗》以伤之。

协所撰《晋仙传》五篇,《日月灾异图》两卷,行于世。其文集二十卷,遇火湮灭。

子之仪、之推,并早知名。

纪少瑜字幼玚，丹阳秣陵人也。本姓吴，养于纪氏，因而命族。早孤，幼有志节，常慕王安期之为人。年十三，能属文。初为《京华乐》，王僧孺见而赏之，曰："此子才藻新拔，方有高名。"少瑜尝梦陆倕以一束青镂管笔授之，云："我以此笔犹可用，卿自择其善者。"其文因此遒进。

年十九，始游太学，备探六经，博士东海鲍皦雅相钦悦。时皦有疾，请少瑜代讲。少瑜既妙玄言，善谈吐，辩捷如流。为晋安国中尉，即梁简文也，深被恩遇。后侍宣城王读。当阳公为郢州，以为功曹参军，转轻车限内记室，坐事免。大同七年，始引为东宫学士。邵陵王在郢，启求学士，武帝以少瑜充行。

少瑜美容貌，工稿书，吏部尚书到溉尝曰："此人有大才而无贵仕。"将拔之，会溉去职。后除武陵王记室参军，卒。

杜之伟字子大，吴郡钱唐人也。家世儒学，以三《礼》专门。父规，梁奉朝请。之伟幼精敏，有逸才。年十五，遍观文史及仪礼故事，时辈称其早成。仆射徐勉尝见其文，重其有笔力。

中大通元年，梁武帝幸同泰寺舍身，敕勉撰仪注。勉以先无此礼，召之伟草具其仪。乃启补东宫学士，与学士刘陟等抄撰群书，各为题目，所撰《富教》、《政道》二篇，皆之伟为序。后兼太学限内博士。大同七年，梁皇太子释奠于国学，时乐府无孔子、颜子登歌词，令之伟制文，伶人传习，以为故事。再迁安前邵陵王刑狱参军。

之伟年位甚卑，特以强识俊才，颇有名当世。吏部尚书张缵深知之，以为廊庙之器。陈武帝为丞相，素闻其名，召补记室参军。迁中书侍郎，领大著作。及受禅，除鸿胪卿，余并如故。之伟求解著作，优敕不许。再迁太中大夫，仍敕撰梁史，卒官。文集十七卷。

颜晃字元明，琅邪临沂人也。少孤贫，好学，有辞采。解褐梁邵陵王兼记室参军。时东宫学士庾信使府中，王使晃接对，信轻其少，曰："此府兼记室几人？"晃曰："犹当少于宫中学士。"当时以为善对。侯景之乱,奔荆州。承圣初,除中书侍郎。陈天嘉初,累迁员外散骑常侍,兼中书舍人,掌诏诰。卒,赠司农卿,谥曰贞子。

晃家世单门,傍无戚援,而介然修立,为当世所知。其表奏诏诰,下笔立成,便得事理。有集二十卷。

岑之敬字思礼,南阳棘阳人也。父善纤,梁世以经学闻,官至吴宁令,司义郎。之敬年五岁,读《孝经》,每烧香正坐,亲戚咸加叹异。十六,策《春秋左氏》、《制旨孝经义》,擢为高第。御史奏曰:"皇朝多士,例止明经,若颜、闵之流,乃应高第。"梁武帝省其策,曰:"何妨我复有颜、闵邪?"因召入面试。令之敬升讲坐,敕中书舍人朱异执《孝经》,唱《士孝章》,武帝亲自论难。之敬剖释从横,左右莫不嗟服。仍除童子奉车郎,赏赐优厚。

十八,预重云殿法会,时武帝亲行香,熟视之敬曰:"未几见兮,突而弁兮。"即日除太学限内博士。寻为寿光学士、司义郎。太清元年,表请试吏,除南沙令。承圣二年,除晋安王宣惠府中记室参军。时萧勃据岭表,敕之敬宣旨慰喻。会魏克江陵,仍留广州。陈太建初,还朝,授东宫义省学士。累迁南台书侍御史,征南府谘议参军。

之敬始以经业进,而博涉文史,雅有词笔,不为醇儒。性谦谨,未尝以才学矜物,接引后进,恂恂如也。每母忌已营斋,必躬自洒扫,涕泣终日,士君子以笃行称之。十一年,卒。有集十卷,行于世。

子德润,有父风,位中军吴兴王记室。

何之元,庐江灊人也。祖僧达,齐南台书侍御史。父法胜,以行业闻。之元幼好学,有才思,居丧过礼。

梁天监末,司空袁昂表荐之,因得召见,累迁信义令。其宗人敬容,位望隆重,频相顾访,之元终不造焉。或问其故,之元曰:"昔楚人得宠于观起,有马者皆亡。夫德薄任隆,必近覆败,吾恐不获其利而招其祸。"识者以是称之。

侯景之乱,武陵王以太尉承制,授南梁州刺史,北巴西太守。武陵王自成都举兵东下,之元与蜀中人庶抗表请无行,王以为沮众,囚之元于舰中。及武陵兵败,之元从邵陵太守刘棻之郡。俄而魏克江陵,刘棻卒,王琳召为记室参军。及琳立萧庄,署为中书侍郎。王琳败,齐主以为扬州别驾,所居即寿春也。

及众军北伐,湘州刺史始兴王叔陵遣功曹史柳咸赍书召之。之元始与陈朝有隙,书至大惶恐。读书至“孔璋无罪,左车见用”,遂随咸至湘州。再迁中卫府谘议参军。及叔陵诛,之元乃屏绝人事,著《梁典》,起齐永元元年,迄于琳遇获,七十五年行事,为三十卷。

陈亡,移居常州之晋陵县。隋开皇十三年,卒于家。

徐伯阳字隐忍,东海人也。父僧权,梁东宫通事舍人,领秘书,以善书知名。伯阳敏而好学,善色养。家有史书,所读者近三千余卷。

梁大同中,为候官令,甚得人和。侯景之乱,至广州依萧勃。勃平,还都。陈天嘉中,除司空侯安都府记室参军。太建初,与中记室李爽、记室张正见、左户郎贺彻、学士阮卓、黄门郎萧诠、三公郎王由礼、处士马枢、记室祖孙登、比部郎贺循,长史刘删等为文会友,后有蔡凝、刘助、陈暄、孔范亦预焉,皆一时士也。游宴赋诗,动成卷轴。伯阳为其集序,盛传于世。后除镇北新安王府中记室参军,兼南徐州别驾,带东海郡丞。鄱阳王为江州刺史,伯阳常奉使造焉。王率府僚与伯阳登匡岭置宴,酒酣,命笔赋剧韵三十,伯阳与祖孙登前成,王赐以奴婢杂物。与除镇右新安王府谘议参军事。闻姊丧,发疾卒。

张正见字见赜,清河东武城人也。祖善之,魏散骑常侍,勃海、长乐二郡太守。父修礼,魏散骑侍郎,归梁,仍拜本职,迁怀方太守。

正见幼好学,有清才。梁简文在东宫,正见年十三,献颂,简文深赞赏之。梁元帝即位,为彭泽令。属丧乱,避地匡俗山。陈武帝受禅,正见还都。累迁尚书度支郎,撰史著士,卒。有集十四卷,其五言尤善。

阮卓,陈留尉氏人也。祖诠,梁散骑侍郎。父问道,梁岳阳王府记室参军。卓幼聪敏,笃志经籍,尤工五言。性至孝,父随岳阳王出镇江州,卒,卓时年十五,自都奔赴,水浆不入口者累日。载枢还都,度彭蠡湖,中流遇疾风,船几没者数四,卓仰天悲号,俄而风息。人以为孝感之至。

陈天嘉元年,为新安王府记室参军,随府转翊右记室,带撰史著士。及平欧阳纥,交址夷獠往往聚为寇抄,卓奉使招慰。交址通日南、象郡,多金翠珠贝珍怪之产,前后使者皆致之,唯卓挺身而还,时论咸伏其廉。后为始兴王中卫府记室参军。及叔陵诛,后主谓朝臣曰:"阮卓素不同逆,宜加旌异。"至德元年,入为德教殿学士。寻兼通直散骑常侍,副王话聘隋。隋文帝凤闻其名,遣河东薛道衡、琅邪颜之推等与卓谈宴赋诗,赐遗加礼。

还,除南海王府谘议参军,以目疾不之官。退居里舍,改构亭宇,修山池卉木,招致宾友,以文酒自娱。陈亡入隋,行至江州,追感其父所终,遘疾卒。

论曰:文章者,盖情性之风标,神明之律吕也。蕴思含豪,游心内运,放言落纸,气韵天成。莫不禀以生灵,迁乎爱嗜,机见殊门,赏悟纷杂,感召无象,变化不穷。发五声之音响,而出言异句,写万物之情状,而下笔殊形。畅自心灵,而宣之简素,轮扁之言,未或能尽。然纵假之天性,终资好习,是以古之贤哲,咸所用心。至若丘灵鞠等,或克荷门业,或凤怀慕尚,虽位有穷通,而名不可灭。然则立身之道,可无务乎!

南史卷七三
列传第六三

孝义上

龚颖　刘瑜　董阳　贾恩　郭世通

子原平　严世期　吴逵　潘综　陈遗

秦绵　张进之　俞金　张楚　丘杰

师觉授　王彭　蒋恭　徐耕

孙法宗　范叔孙　吴国夫　卜天与

弟天生　许昭先　余齐人　孙棘

妻许　徐元妻许　钱延庆　何子平　崔怀顺

王虚之　顾昌衍　江柔之　江轲　吴庆之

萧睿明　鲜于文宗　萧矫妻羊

羊缉之女佩任　吴康之妻赵　蒋俊之妻黄

吴翼之母丁　会稽陈氏三女　永兴概中里王氏女

诸暨屠氏女　吴兴乘公济妻姚　吴郡范法恂妻褚

公孙僧远　吴欣之　韩系伯

丘冠先　孙淡　华宝　薛天生　刘怀胤

解叔谦　宗元卿　庾震　朱文济　匡昕　鲁康祚

谢昌禹　韩灵敏　刘沨　弟潖　柳叔夜

封延伯 陈玄子 邵荣兴 文献叔 徐生之
范安祖 李圣伯 范道根 谭弘宝 何弘 阳黑头
王续祖 郝道福 **吴达之** 蔡昙智 何伯玙
王文殊 **乐颐之** 弟预 沈升之 **江泌**
庾道愍 族孙沙弥 沙弥子持

《易》曰:"立人之道,曰仁与义。"夫仁义者,合君亲之至理,实忠孝之所资。虽义发因心,情非外感,然企及之旨,圣哲贻言。至于风离化薄,礼违道丧,忠不树国,孝亦愆家,而一代之甿,权利相引,仕以势招,荣非行立。乏翱翔之感,弃舍生之分,霜露未改,大痛已忘于心,名节不变,戎车遽为其首,斯并轨训之理未弘,汲引之涂多阙。若夫情发于天,行成乎己,捐躯舍命,济主安亲,虽乘理暗至,匪由劝赏,而宰世之人,曾微诱激。乃至事隐间阎,无闻视听,考于载籍,何代无之。故宜被之图篆,用存旌劝。今搜缀湮落,以备阙文云尔。

龚颖,遂宁人也。少好学,益州刺史毛璩辟为劝学从事。璩为谯纵所杀,故佐吏并逃亡,颖号哭奔赴,殡送以礼。纵后设宴延颖,不获已而至,乐奏,颖流涕起曰:"北面事人,亡不能死,何忍举觞闻乐,蹈迹逆乱乎!"纵大将谯道福引出将斩之,道福母即颖姑也,跣出救之得免。及纵僭号,备礼征,又不至,乃胁以兵刃,执志终无回改。至于蜀平,遂不屈节。其后刺史至,辄加辟引,历府参军,州别驾从事史。宋文帝元嘉二十四年,刺史陆徽表颖节义,遂不被朝命,终于家。

刘瑜,历阳历阳人也。七岁丧父,事母至孝。年五十二,又丧母,三年不进盐酪，号泣昼夜不绝声，勤身力以营葬事。服除二十余年，布衣蔬食，言辄流涕，常居墓侧，未尝暂违。宋文帝元嘉初，卒。

又元嘉七年，南豫州举所统西阳县人董阳，三世同居，外无异门，内无异烟。诏榜门曰"笃行董氏之闾"，蠲一门租布。

贾恩，会稽诸暨人也。少有志行。元嘉三年，母亡，居丧过礼。未葬，为邻火所逼，恩及妻柏氏号哭奔救，邻近赴助，棺榇得免，恩及柏俱烧死。有司奏改其里为"孝义里"，蠲租布三世，追赠恩天水郡显亲左尉。

郭世通，会稽永兴人也。年十四，丧父，居丧殆不胜哀。家贫，佣力以养继母。妇生一男，夫妻恐废侍养，乃垂泣瘗之。母亡，负土成坟。亲戚或共赗助，微有所受，葬毕，佣赁还先直。服除后，思慕，终身如丧者，未尝释衣帽。仁孝之风，行于乡党，邻村小大莫有呼其名者。尝与人共于山阴市货物，误得一千钱，当时不觉，分背方悟，追还本主。钱主惊叹，以半直与之，世通委之而去。元嘉四年，大使巡行天下，散骑常侍袁愉表其淳行，文帝嘉之，敕榜表门闾，蠲其租调，改所居独枫里为孝行焉。太守孟顗察孝廉，不就。

子原平，字长恭，又禀至行。养亲必以己力，佣以给供养。性甚巧，每为人作正，取散夫价。主人设食，原平自以家贫，父母不办有肴味，唯飧盐饭而已。若家或无食，则虚中竟日，义不独饱。须日暮作毕，受直归家，于里籴买，然后举爨。父笃疾弥年，原平衣不解带，口不尝盐菜者，跨积寒暑，又未尝睡卧。父亡，哭踊恸绝，数日方苏。以为奉终之义，情礼自毕，茔圹凶功，不欲假人。本虽巧而不解作墓，乃访邑中有营墓者，助人运力，经时展勤，久乃闲练。又自卖十夫，以供众费，窀穸之事，俭而当礼。性无术学，因心自然。葬毕，诣所买主执役无懈，与诸奴分务，让逸取劳。主人不忍使，每遣之。原平服勤，未尝暂替，佣赁养母，有余，聚以自赎。既学构冢，尤善其事，每至吉岁，求者盈门。原平所起，必自贫始，既取贱价，又以夫日助之。及父丧终，自起两间小屋，以为祠堂，每至节岁，常于此数日中哀思，绝饮粥。父服除后，不复食肉。高阳许瑶之罢建安郡丞还家，以绵一斤遗之，不受。瑶之乃自往，曰："今岁过寒，而建安绵好，以此奉尊上下耳。"原平乃拜而受之。

及母终，毁瘠弥甚，仅乃免丧。墓前有数十亩田，不属原平，每至农月，耕者恒裸袒。原平不欲使人慢其坟墓，乃贸家资，贵买此田，三农之月，辄束带垂泣，躬自耕垦。

每出卖物，裁求半价，邑人皆共识悉，辄加本价与之，彼此相让，要使微贱，然后取直。宅上种竹，夜有盗其笋者，原平遇见之，盗者奔走坠沟。原平乃于所植竹处沟上立小桥令通，又采笋置篱外，邻里惭愧，无复取者。

宋文帝崩，原平号恸，日食麦饼一枚，如此五日。人曰："谁非王臣，何独如此？"原平泣而答曰："吾家见异先朝，蒙褒赞之赏，不能报恩，私心感动耳。"

又以种瓜为业。大明七年，大旱，瓜渎不复通船。县令刘僧秀愍其穷老，下渎水与之，原平曰："普天大旱，百姓俱困，岂可减溉田之水，以通运瓜之船。"乃步从他道往钱唐货卖。

每行来见人牵埭未过，辄迅楫助之。已自引船，不假旁人。若自船已度，后人未及，常停住须待，以此为常。

尝于县南郭凤埭助人引船，遇有斗者为吏所录，斗者逃散，唯原平独住，吏执以送县。县令新到，未相谙悉，将加严罚，原平解衣就罪，义无一言。左右大小咸稽颡请救，然后得免。由来不谒官长，自此乃始修敬。太守蔡兴宗临郡，深加贵异，以私米馈原平及山阴朱百年妻各百斛。原平誓死不受，百年妻亦固辞。

会稽郡贵重望计及望孝，盛族出身，不减秘、著。明帝泰始七年，兴宗欲举山阴孔仲智子为望计，原平次息为望孝。仲智会土高门，原平一邦至行，欲以相敌。会明帝别敕用人，故二选并寝。兴宗征还都，表其殊行，举为太学博士。会兴宗薨，事不行。卒于家。三子一弟，并有门行。

严世期，会稽山阴人也。性好施，同里张迈等三人妻各产子，岁饥，欲弃而不举。世期分食解衣以赡其乏，三子并得成长。同县俞阳妻庄年九十，庄女兰七十，并老病无所依，世期饴之二十年，死并殡葬。宗亲严弘、乡人潘伯等十五人，荒年并饿死，露骸不收。世期买棺殡埋，存育孩幼。宋元嘉四年，有司奏榜门曰"义行严氏之门"，复其身徭役，蠲租税十年。

吴逵，吴兴乌程人也。经荒饥馑，系以疾疫，父母兄嫂及群从小功之亲，男女死者十三人，逵时病困，邻里以苇席裹之，埋于村侧。既而亲属皆尽，唯逵夫妻获全。家徒四壁立，冬无被裤，昼则佣赁，夜则伐木烧砖，妻亦同逵此诚，无有懈倦。逵夜行遇猛兽，猛兽辄下道避之。期年中，成七墓，葬十三棺。邻里嘉之，葬日悉出赴助。送终之事，亦俭而周礼。逵时逆取邻人夫直，葬毕，众悉以放之，逵一无所受，皆佣力报答焉。太守张崇之三加礼命，太守王韶之擢补功曹史。逵以门寒，固辞不就。举为孝廉。

潘综，吴兴乌程人也。孙恩之乱，妖党攻破村邑，综与父骠共走避贼。骠年老行迟，贼转逼骠，骠语综："我不能去，汝走可脱，幸勿俱死。"骠困乏坐地，综迎贼叩头曰："父年老，乞赐生命。"贼至，骠亦请贼曰："儿年少自能走，今为老子不去。老子不惜死，乞活此儿。"贼因斫骠，综抱父于腹下，贼斫综，头面凡四创，综当时闷绝。有一贼从傍来，相谓曰："卿欲举大事，此儿以死救父，云何可杀？杀孝子不祥。"贼乃止，父子并得免。乡人秘书监丘系祖、廷尉沈赤黔以综异行，荐补左户令史，除遂昌长。岁满还家，太守王韶之临郡，发教列上州台，陈其行迹。及将行，设祖道，赠以四言诗。元嘉四年，有司奏改其里为纯孝里，蠲租布三世。

又宋初吴郡人陈遗，少为郡吏，母好食铛底饭。遗在役，恒带一囊，每煮食辄录其焦以贻母。后孙恩乱，聚得数升，恒带自随。及败逃窜,多有饿死,遗以此得活。母昼夜泣涕,目为失明,耳无所闻。遗还入户,再拜号咽,母豁然即明。

后又有河南孝廉秦绵,遭母丧,送葬不忍复还,乡人为作茅庵,仍止其中。若遇有米则食粥,无米食菜而已。哀号之声,行者为之潸泪。服讫,犹不还家,遇疾不疗,卒。临亡告人曰:"若死者无知,固不宜独存;有知,则大获吾志。"

张进之,永嘉安固人也。为郡大族。少有志行,历五官主簿,永宁、安固二县领校尉。家世富足,经荒年,散财救赡乡里,遂以贫罄,全济者甚多。太守王味之有罪,当见收,逃避进之家,供奉经时,尽其诚力。味之尝避地堕水沉没,进之投水拯救,相与沉沦,久而得免。时劫掠充斥,每入村抄暴,至进之门,辄相约勒,不得侵犯,其信义所感如此。元嘉初,诏在所蠲其徭役。

又孙恩之乱,永嘉太守司马逸之被害,妻子并死。兵寇之际,莫敢收藏,郡吏俞金以家财冒难棺敛逸之等六丧送致都。葬毕,乃归乡里。元嘉中,老病卒。

时又有益州梓潼人张楚,母疾,命在属纩,楚祈祷苦至,烧指自誓,精诚感悟,疾时得愈。见榜门曰"孝行张氏之闾",易其里为孝行里,蠲租布三世,身加旌命。

丘杰字伟跱,吴兴乌程人也。十四遭母丧,以熟菜有味,不尝于口。岁余,忽梦见母曰:"死止是分别耳,何事乃尔荼苦。汝啖生菜,遇虾蟆毒,灵床前有三丸药,可取服之。"杰惊起,果得瓯,瓯中有药,服之下科斗子数升。丘氏世保此瓯。大明七年,灾火焚失之。

师觉授字觉授,南阳涅阳人也。与外兄宗少文并有素业,以琴书自娱。于路忽见一人持书一函,题曰"至孝师君苦前",俄而不见。舍车奔归,闻家哭声,一叫而绝,良久乃苏。后撰《孝子传》八卷。宋临川王义庆辟为州祭酒、主簿,并不就。乃表荐之,会卒。

王彭,盱眙直渎人也。少丧母,元嘉初,父又丧亡。家贫力弱,无以营葬。兄弟二人,昼则佣力,夜则号感,乡里并哀之,乃各出夫力助作砖。砖须水而天旱,穿井数十丈,泉不出。墓处去淮五里,荷担远汲,困而不周。彭号天自诉,如此积日。一旦大雾,雾歇,砖灶前忽生泉水,乡邻助之者并嗟神异,县邑近远悉往观之。葬竟,水便自竭。元嘉九年,太守刘伯龙依事表言,改其里为通灵里,蠲租布三世。

蒋恭,义兴临津人也。元嘉中,晋陵蒋崇平为劫见禽,云与恭妻弟吴晞张为侣。晞张先行不在,本村遇水,妻息避水,移寄恭家。时录晞张不获,禽收恭及兄协付狱科罪。恭、协并款舍住晞张家口,而不知劫情。恭列晞张妻息是妇之亲,亲今有罪,恭身甘分,求免兄协。协列是户主,求免弟恭。兄弟二人争求受罪,郡县不能判,依事上详。州议以为并不合罪。后除恭义成令,协义招令。

徐耕,晋陵延陵人也。元嘉二十一年,大旱人饥,耕诣县陈辞,以米千斛助官振贷。县为言上,当时议以耕比汉卜式。诏书褒美,酬以县令。

大明八年,东土饥旱,东海严成、东莞王道盖,各以私谷五百余斛助官振恤。

孙法宗,一名宗之,吴兴人也。父随孙恩入海瀼被害,尸骸不收,母、兄并饿死。法宗年小流进,至十六方得还。单身勤苦,霜行草宿,营办棺椁,造立冢墓,葬送母、兄,俭而有礼。以父尸不测,入海寻求。闻世间论,是至亲,以血沥骨当悉溃浸。乃操刀沿海,见枯骸则刻肉灌血,如此十余年,臂胫无完皮,血脉枯竭,终不能逢。遂衰绖终身,常居墓所,山禽野兽,皆悉驯附。每麋鹿触网,必解放之,偿以钱物。后忽苦头创,夜有女人至曰:"我是天使,来相谢,行创本不关善人，使者远相及。取牛粪煮傅之即验。"一傅便差，一境赖之。终身不娶，馈遗无所受。宋孝武初，扬州辟为文学从事，不就，卒。

范叔孙，吴郡钱唐人也。少而仁厚，周穷济急。同里范法先父母兄弟七人同时疫死，唯余法先，病又危笃，丧尸经月不收。叔孙悉备棺器，亲为殡埋。又同里施夫疾病，父死不殡；范苗父子并亡；范敬宗家口六人俱得病，二人丧没，亲邻畏远，莫敢营视。叔孙并为殡瘗，躬恤病者，并皆得全。乡曲贵其义行，莫有呼其名者。宋孝武孝建初，除竟陵王国中军，不就。

义兴吴国夫，亦有义让之美。人有窃其稻者，乃引还，为设酒食，以米送之。

卜天与，吴兴余杭人也。父名祖，宋武帝闻其有干力，召补队主，从征伐，封关中侯，历二县令。

天与善射，弓力兼倍，容貌严毅，笑不解颜。文帝以其旧将子，使教皇子射。元嘉二十九年，为广威将军，领左细仗。元凶入弑，事变仓卒，旧将罗训、徐罕皆望风屈附。天与不暇被甲，执刀持弓，疾呼左右出战。徐罕曰："殿下入，汝欲何为？"天与骂曰："殿下常来去，云何即时方作此语！只汝是贼。"手射劭于东堂，几中。逆徒击之，臂断，乃见杀。其队将张弘之、朱道钦、陈满与天与同出拒战，并死。孝武即位，赠天与龙骧将军、益州刺史，谥曰壮侯，车驾临哭。弘之等各赠郡守。给天与家长廪。

子伯宗殿中将军。明帝泰始初，领幢，击南贼于赭圻，战没。

伯宗弟伯兴，官至南平昌太守、直阁，领细仗队主。升明元年，与袁粲同谋，伏诛。

天与弟天生，少为队将，十人同火。屋后有一坑，广二丈余，十人共跳之，皆度，唯天生坠。天生乃取实中苦竹，刻其端使利，交横布坑内，更呼等类共跳，并惧不敢。天生乃复跳之，往反十余，曾无留碍，众并叹服。以兄死节，为孝武所留心。大明末，为弋阳太守。

明帝泰始初,与殷琰同逆,被斩。

　　许昭先,义兴人也。叔父肇之坐事系狱,七年不判。子侄二十许人,昭先家最贫薄,专独料诉,无日在家,饷馈肇之,莫非珍新。资产既尽,卖宅以充之。肇之诸子倦怠,唯昭先无有懈息,如是七载。尚书沈演之嘉其操行,肇之事由此得释。昭先舅夫妻并疫病死亡,家贫无以殡送,昭先卖衣物以营殡葬。舅子三人并幼,赡护皆得成长。昭先父母皆老病,家无僮役,竭力致养,甘旨必从。宗党嘉其孝行。雍州刺史刘真道板为征虏参军,昭先以亲老不就;补迎主簿,昭先以叔未仕,又固辞。

　　余齐人,晋陵晋陵人也。少有孝行,为邑书史。宋大明二年,父殖在家病亡,信未至,齐人谓人曰:“比肉痛心烦,有如割截,居常惶骇,必有异故。”信寻至,以父病报之。四百余里,一日而至。至门,方知父死,号踊恸绝,良久乃苏。问父所遗言,母曰:“汝父临终,恨不见汝。”齐人即曰:“相见何难。”于是号叫殡所,须臾便绝。州县上言,有司奏改其里为孝义里,蠲租布,赐其母谷百斛。

　　孙棘,彭城人也。宋大明五年,发三五丁,弟萨应充行,坐违期不至,棘诣郡辞列:“棘为家长,令弟不行,罪应百死,乞以身代萨。”萨又辞列自引。太守张岱疑其不实,以棘、萨各置一处,报云“听其相代”。颜色并悦,甘心赴死。棘妻许又寄语属棘:“君当门户,岂可委罪小郎?且大家临亡,以小郎属君,竟未妻娶,家道不立。君已有二儿,死复何恨。”岱依事表上,孝武诏特原罪。州加辟命,并赐帛二十匹。

　　先是,新蔡徐元妻许二十一丧夫,子甄年三岁,父揽愍其年少,以更适同县张买。许自誓不行,父逼载送买。许自经气绝,家人奔赴,良久乃苏。买夜送还揽。许归徐氏,养元父季。元嘉中,八十余卒。

又明帝泰始二年，长城吴庆恩杀同郡钱仲期。子延庆属役在都，闻父死，驰还，于庚浦埭逢庆恩，手刃杀之，自系乌程狱。吴兴太守郗颙表不加罪，许之。

何子平，庐江潜人也。曾祖楷，晋侍中。祖友，会稽王道子骠骑谘议参军。父子先，建安太守。

子平世居会稽，少有志行，事母至孝。扬州辟从事史，月奉得白米，辄货市粟麦。人曰："所利无几，何足为烦。"子平曰："尊老在东，不办得米，何心独飨白粲。"每有赠鲜肴者，若不可寄致至家，则不肯受。母本侧庶，籍注失实，实未及养，而籍年已满，便去职归家。时镇军将军顾觊之为州上纲，谓曰："尊上年实未八十，亲故所知，州中差有微禄，当启相留。"子平曰："公家正取信黄籍，籍年既至，便应扶侍，何容苟冒荣利。"乃归家，竭力供养。

元嘉三十年，元凶弑逆，随王诞入讨，以为行参军。子平以凶逆灭理，故废己受职，事宁自解。末除吴郡海虞令，县禄唯供养母一身，不以及妻子。人疑其俭薄，子平曰："希禄本在养亲，不在为己。"问者惭而退。母丧去官，哀毁逾礼，每至哭踊，顿绝方苏。属大明末，东土饥荒，继以师旅，八年不得营葬。昼夜号哭，常如祖括之日。冬不衣絮，暑不避清凉，一日以数合米为粥，不进盐菜。所居屋败，不蔽风日，兄子伯兴欲为葺理，子平不肯，曰："我情事未申，天地一罪人耳，屋何宜覆。"蔡兴宗为会稽太守，甚加矜赏，为营冢圹。

子平居丧毁甚，及免丧，殆至不立。幼持操检，敦历名行，虽处暗室，如接大宾。学义坚明，处之以默，安贫守善，不求荣进。好退之士，弥以此贵之。卒，年六十。

崔怀顺，清河东武城人也。父邪利，鲁郡太守，宋元嘉中为魏所获。怀顺与妻房氏笃爱，闻父见房，即日遣妻，布衣蔬食如居丧礼，岁时北向流涕。邪利后仕魏，书戒怀顺不许如此。怀顺得书更号泣。怀顺从叔模为荥阳太守，亦入魏，模子虽居处改节，不废婚宦。宋大明中,怀顺宗人冀州刺史元孙北使魏,魏人问之曰:"崔邪利、模并力屈归命,二家子侄出处不同,义将安在?"元孙曰:"王尊驱骥,王阳回车,欲令忠孝并弘,臣子两遂。"泰始初,淮北入魏,怀顺因此归北。至代都,而邪利已卒,怀顺绝而后苏,载丧还青州。徒跣水雪,土气寒酷,而手足不伤,时人以为孝感。丧毕,以弟在南,齐建元初又逃归,而弟已亡。怀顺孤贫,宗党哀之,日敛给其斗米。永明中,卒。

王虚之字文静,庐江石阳人也。十三丧母,三十三丧父,二十五年盐酢不入口。疾病著床,忽有一人来问疾,谓之曰:"君病寻差。"俄而不见,病果寻差。庭中杨梅树隆冬三实,又每夜所居有光如烛,墓上橘树一冬再实,时人咸以为孝感所致。齐永明中,诏榜门,蠲其三世。

时又有顾昌衍、江柔之、江轲,并以笃行知名。昌衍,吴人,居丧几致灭性。王俭言之天子曰:"昌衍既有至行,且张永之甥,宜居礼闱,以光郎署。"乃以为尚书库部郎。柔之、轲,并济阳人。柔之字叔远,孝悌通亮,亦至台郎。轲字伯伦,贞严有行。宗人江概位至侍中,性豪侈,唯见轲则敬挹焉。

吴庆之字文悦,濮阳人也,寓居吴兴。宋江夏王义恭为扬州,召为西曹书佐。及义恭诛,庆之自伤为吏无状,不复肯仕,终身蔬食。后王琨为吴兴太守,欲召为功曹,答曰:"走素无人世情,直以明府见接有礼,所以奔走岁时。若欲见吏,则是蓄鱼于树,栖鸟于泉耳。"不辞而退。琨追谢之,望尘不及矣。

萧睿明字景济,南兰陵人也。母病风,积年沉卧。睿明昼夜祈祷,时寒,睿明下泪为之冰如箸,额上叩头血亦冰不溜。忽有一人以小石函授之,曰:"此疗夫人病。"睿明跪受之,忽不见。以函奉母,函中唯有三寸绢,丹书为"日月"字,母服之即平复。

于时秣陵朱绪无行。母病积年，忽思菰羹。绪妻到市买菰为羹，欲奉母，绪曰："病复安能食。"先尝之，遂并食尽。母怒曰："我病，欲此羹，汝何心并啖尽。天若有知，当令汝哽死。"绪闻便心中介介然，即利血，明日而死。睿明闻之，大悲恸，不食积日。问绪尸在何处，欲手自戮之。既而曰："污吾刀。"乃止。永明五年，居母丧，不胜哀，卒。诏赠中书郎。

时又有鲜于文宗，渔阳人，年七岁丧父。父以种芋时亡，至明年芋时，对芋呜咽，如此终身。姊文英适荀氏，七日而夫亡，执节不嫁。及母卒，昼夜哭泣，遂丧明。

萧矫妻羊，字淑祎，性至孝，居父丧，哭辄吐血。母尝有疾，淑祎于中夜祈祷，忽见一人在树下，自称枯桑君，曰："若人无患，今泄气在亥，西南求白石镇之。"言讫不见。明日如言，而疾愈。

又时有羊缉之女佩任者，乌程人。随母还舅氏，母亡，昼夜号哭，不饮食，三日而亡。乡里号曰"女表"。

又有晋陵吴康之妻赵氏，父亡弟幼，遇岁饥，母老病笃，赵诣乡里告乞，言辞哀苦，乡里怜之，各分升米，遂得免。及嫁康之，少时夫亡，家欲更嫁，誓言不贰焉。

又义兴蒋俊之妻黄氏，夫亡不重嫁，家逼之，欲自杀，乃止。建元三年，诏蠲表门闾。

又会稽永兴吴翼之母丁氏，少丧夫，性仁爱，遭年荒，分衣食以饴里中饥饿者，邻里求借未尝违。同里陈攘父母死，孤单无亲戚，丁收养之。及长，为营婚娶。又同里王礼妻徐氏，荒年客死山阴，丁为买棺器，自往敛葬。元徽末，大雪，商旅断行，村里比室饥饿，丁自出盐米，计口分赋。同里左侨家露四丧无以葬，丁为办冢椁。有三调不登者，代为输送。丁长子妇王氏守寡，执志不再醮。州郡上言，诏表门闾，蠲租税。

又会稽寒人陈氏，有三女，无男，祖父母年八九十，老无所知，父笃癃病，母不安其室。遇岁饥，三女相率于西湖采菱莼，更日至市货卖，未尝亏怠，乡里称为义门，多欲娶为妇。长女自伤茕独，誓不肯行。祖父母寻相继卒，三女自营殡葬，为庵舍居墓侧。

又永兴概中里王氏女，年五岁，得毒病，两目皆盲。性至孝，年二十父死，临尸一叫，眼皆血出。小妹娥舐其血，左目即开，时人称为孝感。

又诸暨东污里屠氏女，父失明，母痼疾，亲戚相弃，乡里不容。女移父母远住纻舍，昼采樵，夜纺织，以供养。父母俱卒，亲营殡葬，负土成坟。忽空中有声云："汝至性可重，山神欲相驱使，汝可为人疗病，必得大富贵。"女谓是妖魅，弗敢从。遂得病积时。邻舍人有中溪蜮毒者，女试疗之，自觉病便差，遂以巫道为人疗疾，无不愈。家产日益，乡里多欲娶之。女以无兄弟，誓守坟墓不嫁，为山劫所杀。

又吴兴乘公济妻姚氏，生二男，而公济及兄公愿、乾伯并卒，各有一子，姚养育之，卖田宅为取妇，自与二男寄止邻家。明帝诏为其二子婚，表闾，复徭役。

又吴郡范法恂妻褚氏，亦勤苦执妇业。宋升明中，孙昙瓘谋反亡命，褚谓其子僧简曰："孙越州先姑之姊子，与汝父亲则从母兄弟，交则义重古人，逃窜脱不免，汝宜收之。"昙瓘寻伏法，褚氏令僧简往敛葬。年七十余，永明中，卒。僧简在都，闻病驰归。未至，褚已卒，将殡，举尸不起，寻而僧简至焉。

公孙僧远，会稽剡人也。居父丧至孝，事母及伯父甚谨。年饥，僧远省飧减食以养母及伯父。兄弟亡，贫无以葬，身自贩贴与邻里，供敛送终之费，躬负土，手种松柏。兄姊未婚嫁，乃自卖为之成礼。名闻郡县。齐高帝即位，遣兼散骑常侍虞炎等十二部使行天下，表列僧远等二十三人，诏并表门闾，蠲租税。

吴欣之，晋陵利城人也。宋元嘉末，弟慰之为武进县吏。随王诞起义，元凶遣军主华钦讨之，吏人皆散，慰之独留。见执将死，欣之诣钦乞代弟命,辞泪哀切,兄弟皆见原。齐建元三年,有诏蠲表之。

永明初,广陵人童超之二息犯罪争死,太守刘悛表以闻。

韩系伯,襄阳人也,事父母谨孝。襄阳人邻居种桑树于界上为志,系伯以桑枝阴妨他地,迁界上开数尺,邻畔随复侵之,系伯辄更改种。久之,邻人惭愧,还所侵地,躬往谢之。齐建元三年,蠲表门间,以寿终。

时有吴兴人闻人敻,年十七,结客报父仇,为高帝所赏,位至长水校尉。

丘冠先字道玄,吴兴乌程人也。少有节义。齐永明中,位给事中。时求使蠕蠕国,尚书令王俭言:"冠先虽名位未升,而义行甚重。若为行人,则苏武、郑众之流也。"于是使蠕蠕。蠕蠕逼令拜,冠先执节不从。以刃临之,冠先曰:"能杀我者,蠕蠕也,不能以天子使拜戎狄者,我也。"遂见杀。武帝以冠先不辱命,赐其子雄钱一万、布三十匹。雄不受,诣阙上书曰:"臣父执节如苏武,守死如谷吉,遂不书之良史,甄之褒策,万代之后,谁死社稷!建元四年,车僧朗衔使不异,抗节是同,诏赠正员外郎,此天朝旧准,臣父成例也。今僧朗反葬冢茔,臣父湮弃绝域,语忠烈则亦不谢车,论荼苦则彼优而此剧,名位不殊,礼数宜等,乞申哀赠。"书奏不省。

孙淡,太原人也。世居长沙。事母至孝,母疾,不眠食,以差为期。母哀之,后有疾不使知也。齐建元三年,蠲表门间。卒于家。

华宝,晋陵无锡人也。父豪,晋义熙末,戍长安。宝年八岁,临别谓宝曰:"须我还,当为汝上头。"长安陷,宝年至七十不婚冠。或问之,宝辄号恸弥日,不忍答也。

同郡薛天生,母遭艰菜食,天生亦菜食。母未免丧而死,天生终身不食鱼肉。

又同郡刘怀胤与弟怀则，年十岁遭父丧，不衣絮帛，不食盐菜。齐建元三年，并表门闾。

解叔谦字楚梁，雁门人也。母有疾，叔谦夜于庭中稽颡祈福，闻空中语云："此病得丁公藤为酒便差。"即访医及《本草注》，皆无识者。乃求访至宜都郡，遥见山中一老公伐木，问其所用，答曰："此丁公藤，疗风尤验。"叔谦便拜伏流涕，具言来意。此公怆然，以四段与之，并示以渍酒法。叔谦受之，顾视此人，不复知处。依法为酒，母病即差。齐建武初，以奉朝请征，不至。

时又有宗元卿、庾震、朱文济、匡昕、鲁康祚、谢昌宇，皆有素履，而叔谦尤高。

元卿字希蒋，南阳人，有至行。早孤，为祖母所养。祖母病，元卿在远辄心痛，大病则大痛，小病则小痛，以此为常。乡里宗事之，号曰宗曾子。

震字彦文，新野人。丧父母，居贫，无以葬，赁书以营事，至手掌穿，然后葬事获济。南阳刘虬因此为撰《孝子传》。

文济字敬达，吴兴人。自卖以葬母，太守谢瀹命为儒林，不就。

昕字令先，庐陵人，有至性。隐金华山，服食不与俗人交。母病亡已经日，昕奔还号叫，母即苏。皆以为孝感所致。

康祚，扶风人，亦有至行。母患乳痈，诸医疗不愈，康祚乃跪，两手捧痈大悲泣，母即觉小宽，因此渐差。时人以其有冥应。康祚位至屯骑校尉。

昌宇，陈郡人也。为刘悛广州参军。孝性甚至。尝养一鸰，昌宇病二旬，而鸰二旬不食。昌宇亡，而鸰遂飞去。

韩灵敏，会稽剡人也。早孤，与兄灵珍并有孝性。母寻又亡，家贫，无以营凶，兄弟共种瓜，朝采瓜子，暮生已复，遂办葬事。灵珍亡，无子，妻朝氏守节不嫁，虑家人夺其志，未尝告归。灵敏事之如母。

刘沨字处和，南阳人也。父绍，仕宋位中书郎。沨母早亡，绍被敕纳路太后兄女为继室。沨年数岁，路氏不以为子，奴婢辈捶打之无期度。沨母亡日，辄悲啼不食，弥为婢辈所苦。路氏生濂，兄沨怜爱之不忍舍，恒在床帐侧，辄被驱捶，终不肯去。路氏病经年，沨昼夜不离左右，每有增加，辄流涕不食。路氏病差，感其意，慈爱遂隆。路氏富盛，一旦为沨立斋字，筵席不灭侯王。濂有识，事沨过于同产，事无大小，必谘兄而后行。

沨妹适江祏弟禧，与祏兄弟异常。自尚书比部郎，后为遥光谘议，专知腹心任。时遥光任当顾托，朝野向沨如云。沨忌之，求出为丹阳丞，虽外迁而意任无改。及遥光举事，且方召沨，沨以为宜悉呼佐史。沨之徙丹阳丞也，遥光以萧懿第四弟晋安王之文学畅为谘议，领录事。及召入，遥光谓曰："刘暄欲有异志，今夕当取之。"遥光去岁暴风，性理乖错，多时方愈。畅曰："公去岁违和，今欲发动。"顾左右急呼师视脉。遥光厉声曰："谘议欲作异邪？"因呵令出。须臾沨入，畅谓曰："公昔年风疾，今复发。"沨曰："卿视今夕处分，云何而作此语。"及迎垣历生至，与沨俱劝夜攻台。既不见纳，沨、历生并抚膺曰："今欲作贼，而坐守此城，今年坐公灭族矣。"及遥光败，沨静坐围舍。濂为度支郎，亦奔亡，遇沨仍不复肯去。沨曰："吾为人作吏，自不避死，汝可去，无相守同尽。"答曰："向若不逢兄，亦草间苟免，今既相逢，何忍独生。"因以衣带结兄衣，俱见杀。何胤闻之叹曰："兄死君难，弟死兄祸，美哉。"

又柳叔夜，河东人。父宗，宋黄门郎。叔夜年十六为新野太守，甚有名绩，补遥光谘议参军。及事败，左右扶上马，欲与俱亡，答曰："吾已许始安以死，岂可负之邪？"遂自杀。

封延伯字仲连，勃海人也。世为州郡著姓，寓居东海，三世同财，为北州所宗附。延伯好学退让，事寡嫂甚谨。垣崇祖为兖州，请为长史，不就。崇祖轼其门，不肯相见。后为豫州，上表荐之，诏书优礼。起家为平西长史、梁郡太守。为政清静，有高士风。俄以疾免，还东海。于时四州入魏，士子皆依海曲，争往宗之，如辽东之仰邴原也。

建元三年，大使巡行天下，义兴陈玄子四世同居，一百七口。武陵邵荣兴、文献叔并八世同居。东海徐生之、武陵范安祖、李圣伯、范道根，并五世同居。零陵谭弘宝、衡阳何弘、华阳阳黑头，疏从四世同居。诏俱表门闾，蠲租税。

又蜀郡王续祖、华阳郝道福，并累世同爨。建武三年，明帝诏表门，蠲调役。

吴达之，义兴人也。嫂亡无以葬，自卖为十夫客，以营冢椁。从祖弟敬伯，夫妻荒年被略卖江北，达之有田十亩，货以赎之，与同财共宅。郡命为主簿，固以让兄。又让世旧田与族弟，弟亦不受，田遂闲废。齐建元三年，诏表门闾。

先是，有蔡昙智，乡里号蔡曾子，庐江何伯玙兄弟，乡里号为何展禽，并为高士沈颛所重，常云“闻蔡昙智之风，怯夫勇，鄙夫有立志；闻何伯玙之风，伪夫正，薄夫厚”云。伯玙与弟幼玙，俱厉节操，养孤兄子，及长为婚，推家业尽与之。安贫枯槁，诲人不倦。郡守下车莫不修谒。伯玙卒，幼玙末好佛法，翦落长斋，持行精苦。梁初，卒。兄弟年八十余。

王文殊字令章，吴兴故鄣人也。父没魏，文殊思慕泣血，终身蔬食，不衣帛，服麻缊而已。不婚，不交人物。吴兴太守谢瀹聘为功曹，不就。立小屋于县西，端拱其中，岁时伏腊，月朝十五，未尝不北望长悲，如此三十余年。太守孔琇之表其行，郁林诏榜门，改所居为孝行里。

乐颐之字文德，南阳涅阳人也。世居南郡，少而言行和谨。仕为京府参军,父在郢病亡。顾之忽悲恶涕泣,因请假还,中路果得父凶问,便徒跣号咷,出陶后渚,遇商人附载西上,水浆不入口数日。尝迁病,与母隔壁,忍病不言,啮被至碎,恐母之哀已也。湘州刺史王僧虔引为主簿,以同僚非人,弃官去。吏部郎庚杲之尝往候,颐之为设食,唯枯鱼菜葅。杲之曰:"我不能食此。"母闻之,自出常膳鱼羹数种。杲之曰:"卿过于茅季伟,我非郭林宗。"仕至郢州中从事。

弟预字文介,亦至孝。父临亡,执手以托郢州行事王英。预悲感闷绝,吐血数升,遂发病。官至骠骑录事参军。隆昌末,预谓丹阳尹徐孝嗣曰:"外传藉藉,似有伊、周之事。君蒙武帝殊常之恩,荷托付之重,恐不得同人此事。人笑褚公,至今齿冷,无为效尤。"孝嗣故吏吴兴沈升之亦说之曰:"升之与君俱有项领之功,今一言而二功俱解,岂愿闻之乎。君受恩二祖,而更参惟新之政,以君为反覆人,事成则无处逃咎矣。升之草莱百姓,言出祸已随之,孰与超然谢病,高枕家园,则与松柏比操,风霜等烈,岂不美邪!"孝嗣并改容谢之。预建武中为永世令,人怀其德,卒官。时有一媪,年可六七十,担榭蕨叶造市货之,闻预亡大泣,弃溪中,曰:"失乐令,我辈孤独老姥政应就死耳。"市人亦皆泣,其惠化如此。

　　江泌字士清,济阳考城人也。父亮之,员外郎。泌少贫,昼日斫屦为业,夜读书随月光,光斜则握卷升屋,睡极堕地则更登。

　　性行仁义,衣弊虱多,绵裹置壁上,恐虱饥死,乃复置衣中。数日间,终身无复虱。母亡后,以生阙供养,遇鲑不忍食。菜不食心,以其有生意,唯食老叶而已。母墓为野火所烧,依"新宫灾,三日哭",泪尽系之以血。

　　历仕南中郎行参军,所给募吏去役,得时病,莫有舍之者。吏扶杖投泌,泌自隐恤。吏死,泌为买棺。无僮役,兄弟共舆埋之。后领国子助教,乘牵车至染乌头,见一老公步行,下车载之,躬自步去染。

　　武帝以为南康王子琳侍读。建武中,明帝害诸王。后泌忧念子琳,访志公道人,问其祸福。志公覆香炉灰示之曰:"都尽无余。"及子琳被害,泌往哭之,泪尽续以血,亲视殡葬毕乃去。泌寻卒。族人兖州中从事泌,黄门郎忞子也,与泌同名,世谓泌为"孝泌"以别之。

庾道愍,颍川鄢陵人,晋司空冰之玄孙也。有孝行,颇能属文。少出孤悴,时人莫知。其所生母流漂交州,道愍尚在襁褓。及长知之,求为广州绥宁府佐。至南而去交州尚远,乃自负担冒险,仅得自达。及至交州,寻求母虽经年,日夜悲泣。尝入村,日暮雨骤,乃寄止一家,且有一妪负薪外还,而道愍心动,因访之,乃其母也。于是行伏号泣,远近赴之,莫不挥泪。

道愍尤精相板。宋明帝时,山阳王休祐屡以言语忤颜,见道愍,托以己板为他物,令道愍占之。道愍曰:"此乃甚贵,然使人多愆忤。"休祐以褚彦回详密,求换其板。他日,彦回侍明帝,自称下官。帝多忌,甚不悦。休祐具以状言,帝乃意解。道愍仕齐,位射声校尉。族孙沙弥,亦以孝行著。

沙弥,晋司空冰之六世孙也。父佩玉,仕宋位长沙内史,升明中,坐沈攸之事诛。时沙弥始生。及年五岁,所生母为制采衣,辄不肯服。母问其故,流涕对曰:"家门祸酷,用是何为?"及长,终身布衣蔬食。为中军田曹行参军。嫡母刘氏寝疾,沙弥晨昏侍侧,衣不解带。或应针灸,辄以身先试。及母亡,水浆不入口累日。初进大麦薄饮,经十旬方为薄粥。终丧不食盐酢,冬日不衣绵纩,夏日不解衰绖。不出庐户,昼夜号恸,邻人不忍闻。所坐荐,泪沾为烂。墓在新林,忽生旅松百许株,枝叶郁茂,有异常松。刘好啖甘蔗,沙弥遂不食焉。宗人都官尚书咏表言其状,应纯孝之举,梁武帝召见嘉之,以补歜令。还除轻车邵陵王参军事,随府会稽。复丁所生母忧,丧还都,济浙江,中流遇风,舫将覆没,沙弥抱柩号哭,俄而风静。咸以为孝感所致。后卒于长城令。子持。

持字元德,少孤,性至孝,父忧,居丧过礼。笃志好学,仕梁为尚书左户郎,后兼建康监。陈文帝为吴兴太守,以为郡丞,兼掌书翰。

天嘉初,为尚书左丞,封崇德县子。拜封之日,请令史为客,受其饷遗,文帝怒之,因坐免。后为临安令,坐杖杀人免封。还为给事黄门侍郎,历盐官令,秘书监,知国史事。又为少府卿,迁太中大夫,领步兵校尉,卒。持善字书,每属辞,好为奇字,文士亦以此讥之。有集十卷。

南史卷七四
列传第六四

孝义下

滕昙恭　徐普济　张悌　陶季直

沈崇傃　荀匠　吉翂　甄恬

赵拔扈　韩怀明　褚脩　张景仁

宛陵女子　卫敬瑜妻王　刘景昕　陶子锵

成景俊　李庆绪　谢蔺　子贞

殷不害　弟不佞　司马皓　张昭　弟乾

王知玄

　　滕昙恭,豫章南昌人也。年五岁,母杨氏患热,思食寒瓜,土俗所不产,昙恭历访不能得,衔悲哀切。俄遇一桑门问其故,昙恭具以告,桑门曰:"我有两瓜,分一相遗。"还以与母,举室惊异,寻访桑门,莫知所在。及父母卒,昙恭并水浆不入口者旬日,感恸呕血,绝而复苏。隆冬不著茧絮,蔬食终身。每至忌日,思慕不自堪,昼夜哀恸。其门外有冬生树二株,时忽有神光自树而起,俄见佛像及夹侍之仪,容光显著,自门而入,昙恭家人大小咸共礼拜,久之乃灭。远近道俗咸传之。太守王僧虔引昙恭为功曹,固辞不就。王俭时随僧虔在郡,号为滕曾子。梁天监元年,陆琏奉使巡行风俗,表言其状。

昙恭有子三人，皆有行业。

时有徐普济者，长沙临湘人。居丧未葬，而邻家火起，延及其舍。普济号恸伏棺上，以身蔽火。邻人往救之，焚炙已闷绝，累日方苏。

又有建康人张悌，家贫无以供养，以情告邻富人。富人不与，不胜忿，遂结四人作劫，所得衣物，三劫持去，实无一钱入已。县抵悌死罪，悌兄松诉称："与弟景是前母子，后母唯生悌，松长不能教诲，乞代悌死。"景又曰："松是嫡长，后母唯生悌。若从法，母亦不全。"亦请死。母又云："悌应死，岂以弟罪枉及诸兄。"悌亦引分，乞全两兄供养。县以上谳，帝以为孝义，特降死，后不得为例。

陶季直，丹阳秣陵人也。祖愍祖，宋广州刺史。父景仁，中散大夫。季直早慧，愍祖甚爱异之，尝以四函银列置于前，令诸孙各取其一。季直时年四岁，独不取，曰："若有赐，当先父伯，不应度及诸孙，故不取。"愍祖益奇之。

五岁丧母，哀若成人。初，母未病，令于外染衣，卒后，家人始赎，季直抱之号恸，闻者莫不酸感。及长，好学，澹于荣利，征召不起，时人号曰聘君。后为望蔡令，以病免。

时刘彦节，袁粲以齐高帝权盛，将图之。彦节素重季直，欲与谋。季直以袁、刘儒者，必致颠殒，固辞不赴。俄而彦节等败。

齐初为尚书比部郎，时褚彦回为尚书令，素与季直善，频以为司空、司徒主簿，委以府事。彦回卒，尚书令王俭以彦回有至行，欲谥"文孝公"。季直曰："文孝是司马道子谥，恐其人非具美，不如文简。"俭从之。季直又请为彦回立碑，始终营护，甚有吏节。再迁东莞太守，在郡号为清和。后为镇西谘议参军。

齐武帝崩，明帝作相，诛锄异已。季直不能阿意取容，明帝颇忌之，出为辅国长史、北海太守。边职上佐，素士罕为之者，或劝季直造门致谢，明帝留以为骠骑谘议参军，兼尚书左丞。迁建安太守，为政清静，百姓便之。

梁台建,为给事黄门侍郎,常称:"仕至二千石,始愿毕矣,无为久预人间事。"乃辞疾还乡里。梁天监初,就拜太中大夫。武帝曰:"梁有天下,遂不见此人。"十年,卒于家。季直素清苦绝伦,又屏居十余载,及死,家徒四壁,子孙无以殡敛,闻者莫不伤其志事云。

沈崇傃字思整,吴兴武康人也。父怀明,宋兖州刺史。崇傃六岁丁父忧,哭踊过礼。及长,事所生母至孝,家贫,常佣书以养。天监二年,太守柳恽辟为主簿。崇傃从恽到郡,还迎其母,未至而母卒。崇傃以不及侍疾,将欲致死,水浆不入口,昼夜号哭,旬日殆将绝气。兄弟谓曰:"殡葬未申,遽自毁灭,非全孝道也。"崇傃心悟,乃稍进食。母权瘗,去家数里,哀至辄之瘗所,不避雨雪。每倚坟哀恸,飞鸟翔集。夜恒有□□来望之,有声状如叹息者。家贫无以迁厝,乃行乞经年,始获葬焉。既而庐于墓侧,自以初行丧礼不备,复以葬后更行服三年。久食麦屑,不啖盐酢,坐卧于单荐,因虚肿不能起。郡县举至孝,梁武闻,即遣中书舍人慰勉之,乃诏令释服,擢补太子洗马,旌其门闾。崇傃奉诏释服,而涕泣如居丧。固辞不受官,乃除永宁令。自以禄不及养,哀思不自堪,未至县,卒。

荀匠字文师,颍阴人,晋太保勗九世孙也。祖琼,年十五复父仇于成都市,以孝闻,宋元嘉末,度淮,逢武陵王举义,为元凶追兵所杀,赠员外散骑侍郎。父法超,仕齐为安复令,卒官。匠号恸气绝,身体皆冷,至夜乃苏。既而奔丧,每宿江渚,商侣不忍闻其哭声。梁天监元年,其兄斐为郁林太守,征俚贼,为流矢所中,死于阵。丧还,匠迎于豫章,望舟投水,傍人赴救,仅而得全。及至,家贫不时葬,居父忧并兄服,历四年不出庐户。自括发不复栉沐,发皆秃落,哭无时,声尽则系之以泣,目眦皆烂,形骸枯顇,皮骨裁连,虽家人不复职。郡县以状言,武帝诏遣中书舍人为其除服,擢为豫章王国左常侍。匠虽即吉,而毁顇逾甚,外祖孙谦诚之曰:"主上以孝临天下,汝行过古人,故擢汝此职。非唯君父之命难拒,故亦扬名后世,所显岂独汝身哉。"匠乃拜，竟以毁卒。

吉翂字彦霄，冯翊莲勺人也。家居襄阳。翂幼有孝性，年十一遭所生母忧，水浆不入口，殆将灭性，亲党异之。

梁天监初，父为吴兴原乡令，为吏所诬，逮诣廷尉。翂年十五，号泣衢路，祈请公卿，行人见者皆为陨涕。其父理虽清白，而耻为吏讯，乃虚自引咎，罪当大辟。翂乃挝登闻鼓，乞代父命。武帝异之，尚以其童幼，疑受教于人，敕廷尉蔡法度严加胁诱，取其款实。法度乃还寺，盛陈徽缠，厉色问曰："尔求代父死，敕已相许，便应伏法，然刀锯至剧，审能死不？且尔童孺，志不及此，必为人所教，姓名是谁？若有悔异，亦相听许。"对曰："囚虽蒙弱，岂不知死可畏惮，顾诸弟幼藐，唯囚为长，不忍见父极刑，自延视息，所以内断胸臆，上干万乘。今欲殉身不测，委骨泉壤，此非细故，奈何受人教邪！"法度知不可屈挠，乃更和颜诱语之，曰："主上知尊侯无罪，行当释亮。观君神仪明秀，足称佳童，今若转辞，幸父子同济，奚以此妙年苦求汤镬。"翂曰："凡鲲鲕蝼蚁尚惜其生，况在人斯，岂愿虀粉。但父挂深劾，必正刑书，故思殒仆，冀延父命。"翂初见囚，狱掾依法备加桎梏，法度矜之，命脱其二械，更令著一小者，翂弗听，曰："翂求代父死，死囚岂可减乎！"竟不脱械。法度以闻，帝乃宥其父。丹阳尹王志求其在廷尉故事，并诸乡居，欲于岁首举充纯孝。翂曰："异哉王尹，何量翂之莫。夫父辱子死，斯道固然，若翂有觍面目，当其此举，则是因父买名，一何甚辱。"拒之而止。

年十七，应辟为本州主簿，出监万年县。摄官期月，风化大行。自雍还郢，湘州刺史柳忱复召为主簿。后秣陵乡人裴俭、丹阳郡守臧盾、扬州中正张仄连名荐翂，以为孝行纯至，明通《易》、《老》。敕付太常旌举。初，翂以父陷罪，因成悸疾，后因发而卒。

甄恬字彦约，中山无极人也，世居江陵。数岁丧父，哀感有若成人。家人矜其小，以肉汁和饭饲之，恬不肯食。年八岁，尝问其母，恨生不识父,遂悲泣累日。忽若有见,言形貌则其父也,时以为孝感。家贫养母,常得珍羞。及居丧,庐于墓侧,恒有鸟玄黄杂色集于庐树,恬哭则鸣,哭止则止。又有白鸠、白雀栖宿其庐。州将始兴王憺表其行状,诏旌表门闾,加以爵位。恬官至安南行参军。

赵拔扈,新城人也。兄震动,富于财,太守樊文茂求之不已,震动怒曰:“无恹将及我。”文茂闻其语,聚其族诛之。拔扈走免,亡命聚党,至社树咒曰:“文茂杀拔扈兄,今欲报之,若事克,斫树处更生,不克即死。”三宿三柿生十丈余,人间传以为神,附者十余万。既杀文茂,转攻傍邑。将至成都,十余日战败,退保新城求降。文茂,黎州刺史文炽弟,襄阳人也。

韩怀明,上党人也。客居荆州。十岁,母患尸疰,每发辄危殆。怀明夜于星下稽颡祈祷,时寒甚切,忽闻香气,空中有人曰:“童子母须臾永差,无劳自苦。”未晓而母平复,乡里以此异之。十五丧父,几至灭性,负土成坟,赙助无所受。免丧,与乡人郭麻俱师南阳刘虬。虬尝一日废讲,独屇涕泣,怀明窃问虬家人,答云“是外祖亡日”。时虬母亦已亡矣,怀明闻之,即日罢学,还家就养。虬叹曰:“韩生无丘吾之恨矣。”家贫,肆力以供甘脆,嬉怡膝下,朝夕不离母侧。母年九十,以寿终。怀明水浆不入口一旬,号哭不绝声。有双白鸠巢其庐上,字乳驯狎,若家禽焉,服释乃去。及除丧,蔬食终身,衣衾无所改。梁天监初,刺史始兴王憺表言之。州累辟不就,卒于家。

褚脩,吴郡钱唐人也。父仲都,善《周易》,为当时之冠。梁天监中,历位五经博士。脩少传父业,武陵王纪为扬州,引为宣惠参军,兼限内记室。脩性至孝,父丧毁瘠过礼,因患冷气。及丁母忧,水浆不入口二十三日,每号恸辄呕血,遂以毁卒。

张景仁，广平人也。父梁天监初为同县韦法所杀，景仁时年八岁。及长，志在复仇。普通七年，遇法于公田渚，手斩其首以祭父墓。事竟，诣郡自缚，乞依刑法。太守蔡天起上言于州，时简文在镇，乃下教褒美之，原其罪，下属长蠲其一户租调，以旌孝行。

又天监中，宣城宛陵女子与母同床眠，母为猛兽所取，女啼号随挈猛兽，行数十里，兽毛尽落，兽乃置其母而去。女抱母犹有气息，经时乃绝。乡里言于郡县，太守萧琮表上，诏榜其门闾。

又霸城王整之姊嫁为卫敬瑜妻，年十六而敬瑜亡，父母舅姑咸欲嫁之，誓而不许，乃截耳置盘中为誓，乃止。遂手为亡婿种树数百株，墓前柏树忽成连理，一年许还复分散。女乃为诗曰："墓前一株柏，根连复并枝。妾心能感木，颓城何足奇。"所住户有燕巢，常双飞来去，后忽孤飞。女感其偏栖，乃以缕系脚为志。后岁此燕果复更来，犹带前缕。女复为诗曰："昔年无偶去，今春犹独归。故人恩既重，不忍复双飞。"雍州刺史西昌侯藻嘉其美节，乃起楼于门，题曰"贞义卫妇之闾"，又表于台。

后有河东刘景昕，事母孝谨，母常病癖三十余年，一朝而瘳，乡里以为景昕诚感。荆州刺史湘东王绎辟为主簿。

陶子锵，字海育，丹阳秣陵人也。父延，尚书比部郎。兄尚，宋末为幸臣所怨，被系。子锵公私缘诉，流血稽颡，行路嗟伤。逢谢超宗下车相访，回入县诣建康令劳彦远曰："岂忍见人昆季如此而不留心。"劳感之，兄得释。母终，居丧尽礼。与范云邻，云每闻其哭声，必动容改色。欲相申荐，会云卒。初，子锵母嗜莼，母没后，恒以供奠。梁武义师初至，此年冬营莼不得，子锵痛恨，恸哭而绝，久之乃苏。遂长断莼味。

成景俊字超，范阳人也。祖兴，仕魏为五兵尚书。父安乐，淮阳太守。梁天监六年，常邕和杀安乐，以城内附。景俊谋复仇，因杀魏宿预城主，以地南入。普通六年，邕和为鄱阳内史，景俊购人刺杀之。未久，重购邕和家人鸩杀其子弟，噍类俱尽。武帝义之，每为屈法。景俊家仇既雪，每思报效，后除北豫州刺史，侵魏，所向必推其智勇，时以比马仙琕。兼有政绩，见怀，北豫州吏人树碑纪德。卒，谥曰忠烈云。

李庆绪字孝绪，广汉郪人也。父为人所害，庆绪九岁而孤，为兄所养，日夜号泣，志在复仇。投州将陈显达，仍于部伍白日手刃其仇，自缚归罪，州将义而释之。梁天监中，为东莞太守。丁母忧去职，庐于墓侧，每恸呕血数升。后为巴郡太守，号良吏。累迁卫尉，封安陆县侯。益州三百年无复贵仕，庆绪承恩至此，便欲西归。寻徙太子右卫率，未拜而卒。

谢蔺字希如，陈郡阳夏人，晋太傅安之八世孙也。父经，北中郎谘议参军。蔺五岁时，父未食，乳媪欲令先饭，蔺终不进。舅阮孝绪闻之，叹曰："此儿在家则曾子之流，事君则蔺生之匹。"因名曰蔺。稍授以经史，过目便能讽诵。孝绪每曰："吾家阳元也。"及丁父忧，昼夜号恸，毁瘠骨立。母阮氏常自守视譬抑之。服阕，吏部尚书萧子显嘉其至行，擢为王府法曹行参军。累迁外兵，记室参军。时甘露降士林馆，蔺献颂，武帝嘉之。有诏使制北兖州刺史萧楷德政碑。又奉诏令制宣城王《奉述中庸颂》。后为兼散骑常侍，使魏。会侯景入附，境上交兵，蔺母既虑不得还，感气而卒。及蔺还，入境夜梦不祥，且便投列驰归。及至，号恸呕血，气绝久之，水浆不入口。每哭，眼耳口鼻皆血流，经月余日，因夜临而卒。所制诗赋碑颂数十篇。子贞。

贞字元正，幼聪敏，有至性。祖母阮氏先苦风眩，每发，便一二日不能饮食。贞时年七岁，祖母不食，贞亦不食，往往如此。母王氏授以《论语》、《孝经》，读讫便诵。八岁，尝为《春日闲居》诗，从舅王筠奇之，谓所亲曰："至如'风定花犹落'，乃追步惠连矣。"年十三，尤善《左氏春秋》，工草隶虫篆。

十四,丁父艰,号顿于地,绝而复苏者数矣。初,贞父蔺以忧毁卒,家人宾客复忧贞,从父洽、族兄皓乃共请华严寺长爪禅师为贞说法,仍譬以母须侍养,不宜毁灭,乃少进饘粥。及魏克江陵,入长安。皓逃难番禺,贞母出家于宣明寺。及陈武帝受禅,皓还乡里,供养贞母,将二十年。

初,贞在周,尝侍周武帝爱弟赵王招读,招厚礼之。闻其独处,必昼夜涕泣,私问,知母在乡,乃谓曰:"寡人若出居藩,当遣侍读还家。"后数年,招果出,因辞,面奏请放贞还。帝奇招仁爱,遣随聘使杜子晖归国。是岁,陈太建五年也。

始自周还时,始兴王叔陵为扬州刺史,引祠部侍郎阮卓为记室,辟贞为主簿。寻迁府录事参军,领丹阳丞。贞知叔陵有异志,因与卓自疏,每有宴游,辄以疾辞,未尝参预,叔陵雅重之,弗之罪也。及叔陵肆逆,唯贞与卓不坐。

再迁南平王友,掌记室事。府长史汝南周确新除都官尚书,请贞为让表,后主览而奇之,及问,知贞所作,因敕舍人施文庆曰:"谢贞在王家未有禄秩,可赐米百石。"以母忧去职。顷之,敕起还府,累启固辞,敕不许。贞哀毁羸瘠,终不能之官舍。

吏部尚书姚察与贞友善,及贞病笃,问以后事,贞曰:"孤子衅祸所集,将随灰壤,族子凯等粗自成立,已有疏付之,此固不足仰尘厚德。弱儿年甫六岁,名靖,字依仁,情累所不能忘,敢以为托。"是夜卒。后主问察曰:"谢贞有何亲属?"察以靖答,即敕长给衣粮。初,贞之病,有遗疏告族子凯:"气绝之后,若依僧家尸陁林法,是吾所愿,正恐过为独异。可用薄板周身,载以露车,覆以草席,坎山次而埋之。又靖年尚小,未阅人事,但可三月施小床,设香水,尽卿兄弟相厚之情。即除之,无益之事勿为也。"

殷不害字长卿,陈郡长平人也。祖汪,齐豫章王行参军。父高明,梁尚书中兵郎。不害性至孝,居父忧过礼,由是少知名。家世俭约,居甚贫窭,有弟五人,皆幼弱。不害事老母,养小弟,勤剧无所不至，士大夫以笃行称之。

年十七，仕梁为廷尉平，长于政事，兼饰以儒术，名法有轻重不便者，辄上书言之，多见纳用。大同五年，兼东宫通事舍人。时朝政多委东宫，不害与舍人庾肩吾直日奏事，梁武帝尝谓肩吾曰：“卿是文学之士，吏事非卿所长，何不使殷不害来邪？”其见知如此。简文以不害善事亲，赐其母蔡氏锦裙襦毡席被褥，单复毕备。侯景之乱，不害从简文入台，及台城陷，简文在中书省，景带甲将兵，入朝陛见，过谒简文，左右甚不逊，侍卫者莫不惊恐辟易，唯不害与中庶子徐摛侍侧不动。简文为景所幽，遣人请不害与居处，景许之，不害供侍益谨。

梁元帝立，以不害为中书郎，兼廷尉卿。魏平江陵，失母所在。时甚寒雪，冻死者填满沟壑。不害行哭寻求，声不暂辍。过见死人沟中，即投身捧视，举体冻僵，水浆不入口者七日，始得母尸。凭尸而哭，每辄气绝，行路皆为流涕。即江陵权殡，与王褒、庾信俱入长安。自是蔬食布衣，枯槁骨立，见者莫不哀之。

太建七年，自周还陈，除司农卿。迁晋陵太守。在郡感疾，诏以光禄大夫征还养疾。后主即位，加给事中。初，不害之还也，周留其长子僧首，因居关中。祯明三年，陈亡，僧首来迎，不害道卒，年八十五。不害弟不佞。

不佞字季卿，少立名节，居父丧以至孝称。好读书，尤长吏术。梁承圣初，为武康令。时兵荒饥馑，百姓流移，不佞循抚招集，缲负至者以千数。会魏克江陵，而母卒，道路隔绝，久不得奔赴。四载之中，昼夜号泣，居处饮食，常为居丧之礼。陈武帝受禅，除娄令。至是第四兄不齐始于江陵迎母丧柩归葬。不佞居处之节，如始闻问，若此者又三年。身自负土，手植松柏，每岁进伏腊，必三日不食。

文帝时，兼尚书右丞，迁东宫通事舍人。及废帝嗣立，宣帝为太傅、录尚书辅政，甚为朝望所归。不佞素以名节自立，又受委东宫，乃与仆射到仲举、中书舍人刘师知、尚书左丞王暹等谋矫诏出宣帝。众人犹豫未敢先发，不佞乃驰诣相府，面宣诏旨，令相王还第。

及事发，仲举等皆伏诛，宣帝雅重不佞，特赦之，免其官而已。及即位，以为军师始兴王谘议参军。后兼尚书左丞，加通直散骑常侍，卒官。

不佞兄不疑、不占、不齐并早亡，事第二寡嫂张氏甚谨，所得禄奉，不入私室。长子梵童，位尚书金部郎。

司马皓字文升，河内温人也。高祖柔之，晋侍中，以南顿王孙绍齐文献王攸后。父子产，即梁武帝之外兄也，位岳阳太守。

皓幼聪警，有至性。年十二，丁内艰，哀慕过礼，水浆不入口殆经一旬，每号恸，必至闷绝。父每喻之，令进粥，然犹毁瘠骨立。服阕，以姻戚子弟入问讯，梁武帝见其羸疾，叹息久之，字其小字谓其父曰：“昨见罗儿面颜顇顇，使人恻然，便是不坠家风，为有子矣。”后累迁正员郎。丁父艰，哀毁愈甚，庐于墓侧，日进薄麦粥一升。墓在新林，连接山阜，旧多猛兽，皓结庐数载，豺狼绝迹。常有两鸠栖宿庐所，驯狎异常。

承圣中，除太子庶子。魏克江陵，随例入长安。而梁宗屠戮，太子殡瘗失所，及周受禅，皓以宫臣，乃抗表求还江陵改葬，辞甚酸切。周朝优诏答之，即敕荆州以礼安厝。陈太建八年，自周还，宣帝特降殊礼。历位通直散骑常侍，太中大夫，卒。有集十卷。

子延义，字希忠，少沉敏好学。初随父入关，丁母忧，丧过于礼。及皓还都，延义乃躬负灵榇，昼伏宵行，冒履冰霜，手足皲瘃。至都，遂致挛废，数年乃愈。位司徒从事中郎。

张昭字德明，吴郡吴人也。幼有孝性，父㸌常患消渴，嗜鲜鱼，昭乃身自结网捕鱼，以供朝夕。弟乾，字玄明，聪敏好学，亦有至性。及父卒，兄弟并不衣绵帛，不食盐酢，日唯食一升麦屑粥。每一感恸，必致欧血，邻里闻之，皆为涕泣。父服未终，母陆氏又卒，兄弟遂六年哀毁，形容骨立。家贫，未得大葬，遂布衣蔬食，十有余年，杜门不出，屏绝人事。时衡阳王伯信临郡，举乾孝廉，固辞不就。兄弟并因毁成疾，昭一眼失明，乾亦中冷苦癖，年并未五十，终于家，子胤俱绝。

宣帝时，有太原王知玄者，侨居会稽剡县，居家以孝闻。及丁忧，哀毁而卒。帝嘉之，诏改所居青苦里为孝家里。

论曰：自浇风一起，人伦毁薄，盖抑引之教，导俗所先，变里旌间，义存劝奖。是以汉世士务修身，故忠孝成俗，至于乘轩服冕，非此莫由。晋、宋以来，风衰义缺，刻身厉行，事薄膏腴。若使孝立闺庭，忠被史策，多发沟畎之中，非出衣簪之下。以此而言声教，不亦卿大夫之耻乎。

南史卷七五
列传第六五

隐逸上

陶潜　宗少文 孙测　从弟彧之　沈道虔
孔淳之　周续之　戴颙　翟法赐
雷次宗　郭希林　刘凝之　龚祈
朱百年　关康之 辛普明　楼惠明　渔父
褚伯玉　顾欢 卢度　杜京产 孔道徽
京产子栖　剡县小儿

《易》有君子之道四焉,语默之谓也。故有入庙堂而不出,徇江湖而永归。隐避纷纭,情迹万品。若道义内足,希微两亡,藏景穷岩,蔽名愚谷,解桎梏于仁义,示形神于天壤,则名教之外别有风猷。故尧封有非圣之人,孔门谬鸡黍之客。次则扬独往之高节,重去就之虚名。或虑全后悔,事归知殆,或道有不申,行吟山泽,皆用宇宙而成心,借风云以为气。求志达道,未或非然,故须含贞养素,文以艺业。不尔,则与夫樵者在山,何殊异也。若夫陶潜之徒,或仕不求闻,退不讥俗,或全身幽履,服道儒门,或遁迹江湖之上,或藏名岩石之下,斯并向时隐沦之徒欤。今并缀缉,以备隐逸篇焉。又齐、梁之际,有释宝志者,虽处非显晦,而道合希夷,求其行事,盖亦俗外之徒也。故附之云。

　　陶潜字渊明，或云字深明，名元亮，寻阳柴桑人，晋大司马侃之曾孙也。少有高趣，宅边有五柳树，故常著《五柳先生传》云："先生不知何许人，不详姓字。闲静少言，不慕荣利。好读书，不求甚解，每有会意，欣然忘食。性嗜酒，而家贫不能恒得。亲旧知其如此，或置酒招之，造饮辄尽，期在必醉。既醉而退，曾不吝情去留。环堵萧然，不蔽风日，短褐穿结，箪瓢屡空，晏如也。常著文章自娱，颇示己志，忘怀得失，以此自终。"其自序如此，盖以自况，时人谓之实录。

　　亲老家贫，起为州祭酒，不堪吏职，少日自解而归。州召主簿，不就，躬耕自资，遂抱羸疾。江州刺史檀道济往候之，偃卧瘠馁有日矣，道济谓曰："夫贤者处世，天下无道则隐，有道则至。今子生文明之世，奈何自苦如此。"对曰："潜也何敢望贤，志不及也。"道济馈以梁肉，麾而去之。

　　后为镇军、建威参军，谓亲朋曰："聊欲弦歌，以为三径之资，可乎？"执事者闻之，以为彭泽令。不以家累自随，送一力给其子，书曰："汝旦夕之费，自给为难，今遣此力，助汝薪水之劳。此亦人子也，可善遇之。"公田悉令吏种秫稻，妻子固请种粳，乃使二顷五十亩种秫，五十亩种粳，

　　郡遣督邮至县，吏白应束带见之。潜叹曰："我不能为五斗米折腰向乡里小人。"即日解印绶去职，赋《归去来》以遂其志，曰：

　　　归去来兮，田园将芜胡不归？既自以心为形役，奚惆怅而独悲。悟已往之不谏，知来者之可追。实迷途其未远，觉今是而昨非。舟摇摇以轻飏，风飘飘而吹衣，问征夫以前路，恨晨光之熹微。乃瞻衡宇，载欣载奔，僮仆欢迎，稚子候门。三径就荒，松菊犹存，携幼入室，有酒盈樽。引壶觞而自酌，眄庭柯以怡颜，倚南窗以寄傲，审容膝之易安。园日涉而成趣，门虽设而常关。策扶老以流憩，时矫首而遐观。云无心以出岫，鸟倦飞而知还。景翳翳其将入，抚孤松而盘桓。

　　　归去来兮，请息交以绝游，世与我而相违，复驾言兮焉求。

悦亲戚之情话,乐琴书以消忧,农人告余以春及,将有事於西畴。或命巾车,或棹扁舟。既窈窕以寻壑,亦崎岖而经丘。木欣欣以向荣,泉涓涓而始流,善万物之得时,感吾生之行休。

已矣乎,寓形宇内复几时,曷不委心任去留,胡为遑遑欲何之。富贵非吾愿,帝乡不可期。怀良辰以孤往,或植杖而耘籽。登东皋以舒啸,临清流而赋诗,聊乘化以归尽,乐夫天命复奚疑?

义熙末,征为著作佐郎,不就。江州刺史王弘欲识之,不能致也。潜尝往庐山,弘令潜故人庞通之赍酒具于半道栗里要之。潜有脚疾,使一门生二儿举篮舆。及至,欣然便共饮酌,俄顷弘至,亦无忤也。先是,颜延之为刘柳后军功曹,在寻阳与潜情款。后为始安郡,经过潜,每往必酣饮致醉。弘欲要延之一坐,弥日不得。延之临去留二万钱与潜,潜悉送酒家稍就取酒。尝九月九日无酒,出宅边菊丛中坐久之。逢弘送酒至,即便就酌,醉而后归。

潜不解音声,而畜素琴一张,每有酒适,辄抚弄以寄其意。贵贱造之者,有酒辄设。潜若先醉,便语客:“我醉欲眠,卿可去。”其真率如此。郡将候潜,逢其酒熟,取头上葛巾漉酒,毕,还复著之。潜弱年薄宦,不洁去就之迹。自以曾祖晋世宰辅,耻复屈身后代,自宋武帝王业渐隆,不复肯仕。所著文章,皆题其年月。义熙以前,明书晋氏年号,自永初以来,唯云甲子而已。与子书以言其志,并为训戒曰:

吾年过五十,而穷苦荼毒。性刚才拙,与物多忤。自量为已,必贻俗患。俛俛辞事,使汝幼而饥寒耳。常感孺仲贤妻之言,败絮自拥,何惭儿子。此既一事矣,但恨邻靡二仲,室无莱妇,抱兹苦心,良独罔罔。少来好书,偶爱闲靖,开卷有得,便欣然忘食。见树木交荫,时鸟变声,亦复欢尔有喜。尝言五六月北窗下卧,遇凉风暂至,自谓是羲皇上人。意浅识陋,日月遂往,疾患以来,渐就衰损。亲旧不遗,每有药石见救,自恐大分将有限也。汝辈幼小,家贫无役,柴水之劳,何时可免。念之在心,若何可言。然虽不同生,当思四海皆兄弟之义。鲍叔、敬仲,分财无猜,归生、伍举班荆道旧,遂能以败为成,因丧立功。佗人尚尔,况共父之人哉。颍川韩元长,汉末名士,身处卿佐,八十而终,兄弟同居,至于没齿。济北氾幼春,晋时操行人也,七世同财,家人无怨色。《诗》云“高山景行”,汝其慎哉!

又为《命子诗》以贻之。

元嘉四年,将复征命,会卒。世号靖节先生。其妻翟氏,志趣亦同,能安苦节,夫耕于前,妻锄于后云。

宗少文,南阳涅阳人也。祖承,宜都太守。父繇之,湘乡令。母同郡师氏,聪辩有学义,教授诸子。少文善居丧,为乡闾所称。

宋武帝既诛刘毅,领荆州,问毅府谘议参军申永曰:“今日何施而可?”永曰:“除其宿衅,倍其惠泽,贯叙门次,显擢才能,如此而已。”武帝纳之,乃辟少文为主簿。不起,问其故,答曰:“栖丘饮谷,三十余年。”武帝善其对而止。

少文妙善琴书图画,精于言理,每游山水,往辄忘归。征西长史王敬弘每从之,未尝不弥日也。乃下入庐山,就释慧远考寻文义。兄臧为南平太守,逼与俱还,乃于江陵三湖立宅,闲居无事。武帝召为太尉行参军,骠骑道邻命为记室参军,并不就。

二兄早卒,孤累甚多,家贫无以相赡,颇营稼穑。人有饷遗,并受之。武帝救南郡长给吏役,又数致饩赉。后子弟从禄,乃悉不复受。武帝开府辟召,下书召少文与雁门周续之并为太尉掾,皆不起。宋受禅及元嘉中频征,并不应。

妻罗氏亦有高情,与少文协趣。罗氏没,少文哀之过甚,既乃悲情顿释,谓沙门释慧坚曰:“死生之分,未易可达。三复至教,方能遣哀。”

衡阳王义季为荆州,亲至其室,与之欢宴,命为谘议参军,不起。好山水,爱远游,西陟荆、巫,南登衡岳,因结宇衡山,欲怀尚平之志。有疾还江陵,叹曰:“老疾俱至,名山恐难遍睹,唯澄怀观道,卧以游之。"凡所游履,皆图之于室,谓之"抚琴动操,欲令众山皆响"。古有《金石弄》,为诸桓所重,桓氏亡,其声遂绝,唯少文传焉。文帝遣乐师杨欢就受之。

少文孙测,亦有祖风。

测字敬微,一字茂深,家居江陵。少静退,不乐人间。叹曰:"家贫亲老,不择官而仕,先哲以为美谈,余窃有惑。诚不能潜感地金,冥致江鲤,但当用天之道,分地之利。孰能食人厚禄,忧人重事乎?"

齐骠骑豫章王嶷征为参军,不起,测答府云:"何为谬伤海鸟,横斤山木。"母丧,身负土,植松柏。嶷复遣书请之,辟为参军,测答曰:"性同鳞羽,爱止山壑,眷恋松云,轻迷人路。纵宕岩流,有若狂者,忽不知老至。而今鬓已白,岂容课虚责有,限鱼鸟慕哉。"

永明三年,诏征太子舍人,不就。欲游名山,乃写祖少文所作《尚子平图》于壁上。测长子宾宦在都,知父此旨,便求禄还为南郡丞,付以家事。刺史安陆王子敬、长史刘寅以下皆赠送之,测无所受,赍《老子》、《庄子》二书自随。子孙拜辞悲泣,测长啸不视,遂往庐山,止祖少文旧宅。

鱼复侯子响为江州,厚遣赠遗。测曰:"少有狂疾,寻山采药,远来至此,量腹而进松术,度形而衣薜萝,淡然已足,岂容当此横施?"子响命驾造之,测不见。后子响不告而来,奄至所住,测不得已,巾褐对之,竟不交言,子响不悦而退。侍中王秀之弥所钦慕,乃令陆探微画其形与已相对,又贻书曰:"昔人有图画侨、札,轻以自方耳。"王俭亦雅重之,赠以蒲褥笋席。

顷之,测送弟丧还西,仍留旧宅永业寺,绝宾友,唯与同志庾易、刘虬、宗人尚之等往来讲说。荆州刺史随王子隆至,遣别驾宗忻口致劳问,测笑曰:"贵贱理隔,何以及此。"竟不答。建武二年,征为司徒主簿,不就,卒。

测善画,自图阮籍遇苏门于行鄣上,坐卧对之。又画永业佛影台,皆为妙作。好音律,善《易》、《老》,续皇甫谧《高士传》三卷。尝游衡山七岭,著《衡山》、《庐山记》。

尚之字敬文,亦好山泽,征辟一无所就,以寿终。

彧之字叔粲,少文从父弟也。早孤,事兄恭谨。家贫好学,虽文义不逮少文,而真澹过之。征辟一无所就。宋元嘉初,大使陆子真观采风俗,三诣彧之,每辞疾不见,告人曰:“我布衣草莱之人,少长垄亩,何宜枉轩冕之客。”子真还,表荐之,又不就征。卒于家。

沈道虔,吴兴武康人也。少仁爱,好《老》、《易》,居县北石山下。孙恩乱后饥荒,县令庾肃之迎出县南废头里,为立宅临溪,有山水之玩。时复还石山精庐,与诸孤兄子共釜庾之资,困不改节。受琴于戴逵,王敬弘深贵重之。郡、州、府凡十二命,皆不就。

有人窃其园菜者,外还见之,乃自逃隐,待窃者去后乃出。人又拔其屋后大笋,令人止之,曰:“惜此笋,欲令成林,更有佳者相与。”乃令人买大笋送与之,盗者惭,不取,道虔使置其门内而还。常以捃拾自资,同捃者或争穗,道虔谏之不止,悉以其所得与之。争者愧恶,后每事辄云“勿令居士知”。冬月无复衣,戴颙闻而迎之,为作衣服,并与钱一万。及还,分身上衣及钱悉供诸兄弟子无衣者。乡里少年相率受学,道虔常无食以立学徒,武康令孔欣之厚相资给,受业者咸得有成。宋文帝闻之,遣使存问,赐钱三万,米二百斛,悉供孤兄子嫁娶。征员外散骑侍郎,不就。

累世事佛,推父祖旧宅为寺。至四月八日,每请像。请像之日,辄举家感恸焉。道虔年老菜食,恒无经日之资,而琴书为乐,孜孜不倦。文帝敕郡县,使随时资给。卒。

子慧锋,修父业,不就州辟。

孔淳之字彦深,鲁人也。祖恢,尚书祠部郎。父粲,秘书监征,不就。

淳之少有高尚,爱好坟籍,为太原王恭所称。居会稽剡县。性好山水,每有所游,必穷其幽峻,或旬日忘归。尝游山,遇沙门释法崇,因留共止,遂停三载。法崇叹曰:“缅想人外三十年矣,今乃倾盖于兹，不觉老之将至也。"及淳之还，乃不告以姓。除著作佐郎，太尉参军，并不就。

居丧至孝，庐于墓侧。服阕，与征士戴颙、王弘之及王敬弘等共为人外之游，又申以婚姻。敬弘以女适淳之子尚，遂以乌羊系所乘车辕，提壶为礼，至则尽欢共饮，迄暮而归。或怪其如此，答曰："固亦农夫田父之礼也。"

会稽太守谢方明苦要之不能致，使谓曰："敬不入吾郡，何为入吾郭?"淳之笑曰："潜游者不识其水，巢栖者非辩其林，飞沉所至，何问其主。"终不肯往。茅室蓬户，庭草芜径，唯床上有数帙书。元嘉初，复征为散骑侍郎，乃逃于上虞县界，家人莫知所在。弟默之为广州刺史，出都与别，司徒王弘要淳之集冶城，即日命驾东归，遂不顾也。元嘉七年，卒。

默之儒学，注《穀梁春秋》。默之子熙先，事在《范晔传》。

周续之字道祖，雁门广武人也。其先过江，居豫章建昌县。续之八岁丧母，哀戚过于成人，奉兄如事父。豫章太守范宁于郡立学，招集生徒，远方至者甚众。续之年十二，诣宁受业。居学数年，通五经、五纬，号曰十经，名冠同门，称为颜子。

既而闲居，读《老》、《易》，入庐山事沙门释慧远。时彭城刘遗人遁迹庐山，陶深明亦不应征命，谓之寻阳三隐。刘毅镇姑熟，命为抚军参军，征太学博士，并不就。江州刺史每相招请，续之不尚峻节，颇从之游。常以嵇康《高士传》得出处之美，因为之注。

武帝北讨，世子居守，迎续之馆于安乐寺，延入讲礼，月余复还山。江州刺史刘柳荐之武帝，俄辟太尉掾，不就。武帝北伐，还镇彭城，遣使迎之，礼赐甚厚，每曰"真高士也"。寻复南还。武帝践祚，复召之。上为开馆东郭外，招集生徒，乘舆降幸，并见诸生，问续之《礼记》"傲不可长"、"与我九龄"、"射于矍圃"之义，辩析精奥，称为名通。

续之素患风痹，不复堪讲，乃移病钟山。景平元年，卒。通《毛诗》六义及礼论,注《公羊》,传于世。无子,兄子景远有续之风。

戴颙字仲若,谯郡铚人也。父逵,兄勃,并隐遁有高名。颙十六遭父忧,几于毁灭,因此长抱羸患。以父不仕,复修其业。父善琴书,颙并传之,凡诸音律,皆能挥手。会稽剡县多名山,故世居剡下。颙及兄勃并受琴于父,父没,所传之声不忍复奏,各造新弄。勃制五部,颙制十五部,颙又制长弄一部,并传于世。中书令王绥尝携客造之,勃等方进豆粥,绥曰:“闻卿善琴,试欲一听。”不答,绥恨而去。

桐庐县又多名山,兄弟复共游之,因留居止。勃疾,患医药不给。颙谓勃曰:“颙随兄得闲,非有心于语默,兄今疾笃,无可营疗,颙当干禄以自济耳。”乃求海虞令,事垂行而勃卒,乃止。桐庐僻远,难以养疾,乃出居吴下。吴下土人共为筑室,聚石引水,植林开涧,少时繁密,有若自然。乃述庄周大旨,著《逍遥论》、《礼记中庸篇》。三吴将守及郡内衣冠,要其同游野泽,堪行便去,不为矫介,众论以此多之。

宋国初建、元嘉中征,并不就。衡阳王义季镇京口,长史张邵与颙姻通,迎来止黄鹄山,山北有竹林精舍,林涧甚美,颙憩于此涧。义季亟从之游,颙服其野服,不改常度。为义季鼓琴,并新声变曲,其三调《游弦》、《广陵》、《止息》之流,皆与世异。文帝每欲见之,尝谓黄门侍郎张敷曰:“吾东巡之日,当宴戴公山下也。”以其好音,长给正声伎一部。颙合《何尝》、《白鹄》二声以为一调,号为清旷。

自汉世始有佛像,形制未工,逵特善其事,颙亦参焉。宋世子铸丈六铜像于瓦官寺,既成,面恨瘦,工人不能改,乃迎颙看之。颙曰:“非面瘦,乃臂胛肥耳。”及减臂胛,瘦患即除,无不叹服。十八年,卒,无子。景阳山成,颙已亡矣,上叹曰:“恨不得使戴颙观之。”

翟法赐,寻阳柴桑人也。曾祖汤,祖庄,父矫,并高尚不仕,逃避征辟。法赐少守家业,立室庐山顶。丧亲后,便不复还家,不食五谷,以兽皮及结草为衣,虽乡亲中表莫得见焉。征辟一无所就,后家人至石室寻求,因复远徙,违避征聘,遁迹幽深,卒于岩石间。

雷次宗字仲伦,豫章南昌人也。少入庐山,事沙门释慧远,笃志好学,尤明三《礼》、《毛诗》。隐退不受征辟。宋元嘉十五年,征至都,开馆于鸡笼山,聚徒教授,置生百余人。会稽朱膺之、颍川庾蔚之并以儒学总监诸生。时国子学未立,上留意艺文,使丹阳尹何尚之立玄学,太子率更令何承天立史学,司徒参军谢元立文学,凡四学并建。车驾数至次宗馆,资给甚厚。久之,还庐山,公卿以下并设祖道。后又征诣都,为筑室于钟山西岩下,谓之招隐馆,使为皇太子、诸王讲《丧服经》。次宗不入公门,乃使自华林东门入延贤堂就业。二十五年,卒于钟山。子肃之,颇传其业。

郭希林,武昌人也。曾祖翻,晋世高尚不仕。希林少守家业,征召一无所就,卒。子蒙亦隐居不仕。

刘凝之字隐安,小名长生,南郡枝江人也。父期公,衡阳太守。兄盛公,高尚不仕。

凝之慕老莱、严子陵为人,推家财与弟及兄子,立屋于野外,非其力不食,州里重其行,辟召一无所就。妻梁州刺史郭铨女也,遣送丰丽,凝之悉散之属亲。妻亦能不慕荣华,与凝之共居俭苦。夫妻共乘蒲笨车,出市买易,周用之外,辄以施人。为村里所诬,一年三输公调,求辄与之。又尝认其所著屐,笑曰:“仆著已败,今家中觅新者备君。”此人后田中得所失屐,送还,不肯复取。

临川王义庆、衡阳王义季镇江陵,并遣使存问。凝之答书曰“顿首”,称“仆”,不为百姓礼。人或讥焉,凝之曰:“昔老莱向楚王称仆,严陵亦抗礼光武,未闻巢、许称臣尧、舜。”时戴颙与衡阳王义季书亦称“仆”。荆州年饥,义季虑凝之馁毙,饷钱十万。凝之大喜,将钱至市门,观有饥色者悉分与之,俄顷立尽。

性好山水,一旦携妻子泛江湖,隐居衡山之阳,登高岭,绝人迹，为小屋居之。采药服食，妻子皆从其志。卒，年五十九。

龚祈字孟道，武陵汉寿人也。从祖玄之，父黎人，并不应征辟。祈风姿端雅，容止可观。中书郎范述见之叹曰："此荆楚之仙人也。"自少及长，征辟一无所就。时或赋诗，而言不及世事。卒，年四十二。

朱百年，会稽山阴人也。祖凯之，晋左卫将军，父涛，扬州主簿。百年少有高情，亲亡服阕，携妻孔氏入会稽南山，伐樵采箬为业，以樵箬置道头，辄为行人所取，明旦已复如此，人稍怪之，积久方知是朱隐士所卖，须者随其所堪多少，留钱取樵箬而去。或遇寒雪，樵箬不售，无以自资，辄自榜船送妻还孔氏，天晴迎之。有时出山阴为妻买缯采五三尺，好饮酒，遇醉或失之。颇言玄理，时为诗咏，往往有高胜之言。隐迹避人，唯与同县孔觊友善。觊亦嗜酒，相得辄酣对尽欢。百年室家素贫，母以冬月亡，衣并无絮，自此不衣绵帛。尝寒时就觊宿，衣悉夹布，饮酒醉眠，觊以卧具覆之，百年不觉也。既觉，引卧具去体，谓觊曰："绵定奇温。"因流涕悲恸，觊亦为之伤感。除太子舍人，不就。颜竣为东扬州，发教饷百年谷五百斛，不受。时山阴又有寒人姚吟，亦有高趣，为衣冠所重。竣饷吟米二百斛，吟亦辞之。

百年卒山中，蔡兴宗为会稽太守，饷百年妻米百斛，百年妻遣婢诣郡门奉辞固让，时人美之，以比梁鸿妻。

关康之字伯愉，河东杨人也。世居京口，寓居南平昌。少而笃学，姿状丰伟。下邳赵绎以文义见称，康之与友善。特进颜延之等当时名士十许人入山候之，见其散发被黄布帕，席松叶，枕一块白石而卧，了不相眄。延之等咨嗟而退，不敢干也。

晋陵顾悦之难王弼《易》义四十余条，康之申王难顾，远有情理。又为《毛诗义》，经籍疑滞，多所论释。尝就沙门支僧纳学算，妙尽其能。

征辟一无所就,弃绝人事,守志闲居。弟双之为臧质车骑参军,与质俱下至赭圻,病卒,瘗于水滨。康之时得病,小差,牵以迎丧,因得虚劳病,寝顿二十余年。时有闲日,辄卧论文义。宋孝武即位,遣大使巡行天下。使反,荐康之宜加征聘,不见省。

康之性清约,独处一室,希与妻子相见,不通宾客。弟子以业传受,尤善《左氏春秋》。齐高帝为领军时,素好此学,送本与康之,康之手自点定。又造《礼论》十卷,高帝绝赏爱之。及崩,遗诏以入玄宫。康之以宋明帝泰始初与平原明僧绍俱征,辞以疾。

时又有河南辛普明、东阳楼惠明皆以笃行闻。

普明字文达,少就康之受业,至性过人。居贫,与兄共处一帐,兄亡,仍帐施灵。蚊甚多,通夕不得寝,而终不道侵螫。侨居会稽,会稽士子高其行,当葬兄,皆送金为赠。后至者不复受,人问其故,答曰:“本以兄墓不周,故不逆亲友之意。今实已足,岂可利亡者余赠邪。”齐豫章王嶷为扬州,征为议曹从事,不就。

惠明字智远,立性贞固,有道术。居金华山,旧多毒害,自惠明居之,无复辛螫之苦。藏名匿迹,人莫之知。宋明帝召不至,齐高帝征又不至。文惠太子在东宫,苦延方至,仍又辞归。俄自金华轻棹西下,及就路,回之丰安。旬日之间,唐宇之袄贼入城涂地,唯丰安独全,时人以为有先觉。齐武帝敕为立馆。

渔父者,不知姓名,亦不知何许人也。太康孙缅为寻阳太守,落日逍遥渚际,见一轻舟陵波隐显,俄而渔父至,神韵潇洒,垂纶长啸。缅甚异之,乃问:“有鱼卖乎?”渔父笑而答曰:“其钓非钓,宁卖鱼者邪?”缅益怪焉,遂褰裳涉水,谓曰:“窃观先生有道者也,终朝鼓枻,良亦劳止。吾闻黄金白璧,重利也,驷马高盖,荣势也。今方王道文明,守在海外,隐鳞之士,靡然向风。子胡不赞缉熙之美,何晦用其若也?”渔父曰:“仆山海狂人,不达世务,未辨贱贫,无论荣贵。”乃歌曰:“竹竿籊籊,河水浟浟。相忘为乐,食饵吞钩。非夷非惠,聊以忘忧。”于是悠然鼓棹而去。

缅字伯绪,太子仆兴曾之子也。有学义,宋明帝甚知之。位尚书左丞,东中郎司马。

褚伯玉字元璩,吴郡钱唐人也。高祖含,始平太守。父遥,征虏参军。

伯玉少有隐操,寡欲。年十八,父为之昏,妇入前门,伯玉从后门出,遂往剡,居瀑布山。性耐寒暑,时人比之王仲都。在山三十余年,隔绝人物。王僧达为吴郡,苦礼致之,伯玉不得已,停郡信宿,才交数言而退。宁朔将军丘珍孙与僧达书曰:"闻褚先生出居贵馆,此子灭景云栖,不事王侯,抗高木食,有年载矣。自非折节好贤,何以致之。昔文举栖冶城,安道入昌门,于兹而三焉。却粒之士,餐霞之人,乃可暂致,不宜久羁。君当思遂其高步,成其羽化。望其还策之日,暂纡清尘,亦愿助为譬说。"僧达答曰:"褚先生从白云游旧矣。石之逸人,或留虑儿女,或使华阴成市,而此子索然,唯朋松石,介于孤峰绝岭者,积数十载。近故要其来此,冀慰日夜。比谈讨芝桂,借访荔萝,若已窥烟液,临沧洲矣。知君欲见之,辄当申譬。"

宋孝建二年,散骑常侍乐询行风俗,表荐伯玉,加征聘本州议曹从事,不就。齐高帝即位,手诏吴、会二郡以礼迎遣,又辞疾。上不欲违其志,敕于剡白石山立太平馆居之。建元元年,卒,年八十六。伯玉常居一楼上,仍葬楼所。孔珪从其受道法,为于馆侧立碑。

顾欢字景怡,一字玄平,吴兴盐官人也。家世寒贱,父祖并为农夫,欢独好学,年六七岁,知推六甲。家贫,父使田中驱雀,欢作《黄雀赋》而归,雀食稻过半,父怒欲挞之,见赋乃止。乡中有学舍,欢贫无以受业,于舍壁后倚听,无遗忘者。夕则然松节读书,或然糠自照。及长,笃志不倦。闻吴兴东迁邵玄之能传五经文句,假为书师,从之受业。同郡顾颛之临县,见而异之,遣诸子与游,及孙宪之并受经焉。年二十余,更从豫章雷次宗谘玄、儒诸义。

母亡,水浆不入口六七日,庐于墓次,遂隐不仕。于剡天台山开馆聚徒，受业者常近百人。欢早孤，读《诗》至"哀哀父母"，辄执书恸泣，由是受学者废《蓼莪篇》不复讲焉。晚节服食，不与人通。每旦出户，山鸟集其掌取食。好《黄》、《老》，通解阴阳书，为数术，多效验。初以元嘉中出都，寄往东府。忽题柱云"三十年二月二十一日"，因东归。后元凶弑逆，是其年月日也。

弟子鲍灵绥门前有一株树，大十余围，上有精魅，数见影。欢印树，树即枯死。山阴白石村多邪病，村人告诉求哀，欢往村中为讲《老子》，规地作狱。有顷，见狐狸鼋鼍自入狱中者甚多，即命杀之，病者皆愈。又有病邪者问欢，欢曰："家有何书？"答曰："唯有《孝经》而已。"欢曰："可取《仲尼居》置病人枕边恭敬之，自差也。"而后病者果愈。后人问其故，答曰："善禳恶，正胜邪，此病者所以差也。"

齐高帝辅政，征为扬州主簿，及践阼，乃至，称"山谷臣顾欢"，上表进《政纲》一卷。时员外郎刘思效表陈谠言，优诏并称美之。欢东归，上赐麈尾、素琴。永明元年，诏征为太学博士，同郡顾黯为散骑侍郎。黯字长孺，有隐操，与欢不就征。会稽孔珪尝登岭寻欢，共谈《四本》。欢曰："兰石危而密，宣国安而疏，士季似而非，公深谬而是。总而言之，其失则同，曲而辩之，其涂则异。何者？同昧其本，而竞谈其末，犹未识辰纬而意断南北。群迷暗争，失得无准，情长则申，意短则屈。所以四本并通，莫能相塞。夫中理唯一，岂容有二？四本无正，失中故也。"于是著《三名诣》以正之。尚书刘澄、临川王常侍朱广之，并立论难，与之往复，而广之才理尤精诣也。广之字处深，吴郡钱唐人也，善清言。

初，欢以佛道二家教异，学者互相非毁，乃著《夷夏论》曰：

　　夫辩是与非，宜据圣典。道经云："老子入关，之天竺维卫国，国王夫人名曰净妙，老子因其昼寝，乘日精入净妙口中，后年四月八日夜半时，剖右腋而生。坠地即行七步，于是佛道兴焉。"此出《玄妙》内篇。佛经云"释迦成佛，有尘劫之数"，出《法华·无量寿》。或"为国师道士，儒林之宗"，出《瑞应本起》。欢论之曰：

　　五帝三皇，不闻有佛；国师道士，无过老、庄；儒林之宗，孰出周、孔。若孔、老非圣，谁则当之？然二经所说，如合符契。道则佛也，佛则道也，其圣则符，其迹则反。或和光以明近，或曜灵以示远。道济天下，故无方而不入；智周万物，故无物而不为。其入不同，其为必异，各成其性，不易其事。是以端委缙绅，诸华之容；剪发旷衣，群夷之服。擎跽磬折，侯甸之恭；狐蹲狗踞，荒流之肃。棺殡椁葬，中夏之风；火焚水沉，西戎之俗。全形守礼，继善之教；毁貌易性，绝恶之学。岂伊同人，爰及异物，鸟王兽长，往往是佛。无穷世界，圣人代兴，或昭五典，或布三乘。在鸟而鸟鸣，在兽而兽吼，教华而华言，化夷而夷语耳。虽舟车均于致远，而有川陆之节，佛道齐乎达化，而有夷夏之别。若谓其致既均，其法可换者，而车可涉川，舟可行陆乎？今以中夏之性，效西戎之法，既不全同，又不全异。下弃妻孥，上绝宗祀，嗜欲之物，皆以礼伸，孝敬之典，独以法屈。悖礼犯顺，曾莫之觉，弱丧忘归，孰识其旧。且理之可贵者道也，事之可贱者俗也，舍华效夷，义将安取？若以道邪，道固符合矣；若以俗邪，俗则大乖矣。屡见刻舷沙门，守株道士，交净小大，互相弹射。或域道以为两，或混俗以为一，是牵异以为同，破同以为异，则乖争之由，淆乱之本也。

　　寻圣道虽同，而法有左右，始乎无端，终乎无末，泥洹仙化，各是一术。佛号正真，道称正一，一归无死，真会无生。在名则反，在实则合。但无生之教赊，无死之化切，切法可以进谦弱，赊法可以退夸强。佛教文而博，道教质而精，精非粗人所信，博非精人所能。佛言华而引，道言实而抑，抑则明者独进，引则昧者竞前。佛经繁而显，道经简而幽，幽则妙门难见，显则正路易遵。此二法之辩也。圣匠无心，方圆有体，器既殊用，教亦易施。佛是破恶之方，道是兴善之术，兴善则自然为高，破恶则勇猛为贵。佛迹光大，宜以化物；道迹密微，利用为己。优劣之分，大略在兹。

夫蹲夷之仪,娄罗之辩,各出彼俗,自相聆解。犹虫跃鸟
聒,何足述效。

欢虽同二法,而意党道教。宋司徒袁粲托为道人通公驳之,其略曰:

白日停光,恒星隐照,诞降之应,事在老先,似非入关,方
昭斯瑞。又西域之记,佛经之说,俗以膝行为礼,不慕蹲坐为
恭。道以三绕为虔,不尚踞傲为肃。岂专戎土,爰亦兹方。襄
童谒帝,膝行而进,赵王见周,三环而止。今佛法垂化,或因或
革。清信之士,容衣不改,息心之人,服貌必变。变本从道,不
遵彼俗,俗风自殊,无患其乱。

孔、老、释迦,其人或同,观方设教,其道必异。孔、老教俗
为本,释氏出世为宗,发轸既殊,其归亦异。又仙化以变形为
上,泥洹以陶神为先。变形者白首还缁,而未能无死;陶神者使
尘惑日损,湛然常存。泥洹之道,无死之地,乖诡若此,何谓其
同?

欢答曰:

案道经之作,著自西周,佛经之来,始乎东汉。年逾八百,
代悬数十。若谓黄、老虽久,而滥在释前,是吕尚盗陈恒之齐,
刘季窃王莽之汉也。又夷俗长跽,法与华异,翘左跂右,全是蹲
踞。故周公禁之于前,仲尼诫之于后。又佛起于戎,岂非戎俗
素恶邪?道出于华,岂非华风本善邪?今华风既变,恶同戎狄,
佛来破之,良有以矣。佛道实贵,故戒业可遵;戎欲实贱,故言
貌可弃。今诸华士女,氏族弗革,而露首偏踞,滥用夷礼。

又若观风流教,其道必异。佛非东华之道,道非西夷之法,
鱼鸟异川,永不相关。安得老、释二教,交行八表。今佛既东流,
道亦西迈,故知俗有精粗,教有文质。然则道教执本以领末,佛
教救末以存本。请问所归,异在何许? 若以翦落为异,则胥靡
翦落矣;若以立像为异,则俗巫立像矣。此非所归,归在常住,
常住之象,常道孰异。

神仙有死,权便之说。神仙是大化之总称,非穷妙之至名。

至名无名,其有者二十七品。仙变成真,真变成神,或谓之圣,各有九品。品极则入空寂,无为无名。若服食茹芝,延寿万亿,寿尽则死,药极则枯,此修考之士,非神仙之流也。

明僧绍《正二教论》,以为“佛明其宗,老全其生。守生者蔽,明宗者通。今道家称长生不死,名补天曹,大乖老、庄立言本理”。文惠太子、竟陵王子良并好释法,吴兴孟景翼为道士,太子召入玄圃,众僧大会。子良使景翼礼佛,景翼不肯。子良送《十地经》与之,景翼造《正一论》,大略曰:“《宝积》云‘佛以一音广说法’。《老子》云‘圣人抱一以为天下式’。一之为妙,空玄绝于有境,神化赡于无穷。为万物而无为,处一数而无数。莫之能名,强号为一。在佛曰‘实相’,在道曰‘玄牝’。道之大象,即佛之法身。以不守之守守法身,以不执之执执大象。但物有八万四千行,说有八万四千法。法乃至于无数,行亦达于无央,等级随缘,须导归一。归一曰回向,向正即无邪。邪观既遣,亿善日新。三五四六,随用而施,独立不改,绝学无忧。旷劫诸圣,共遵斯一。老、释未始于尝分,迷者分之而未合。亿善遍修,修遍成圣,虽十号千称,终不能尽。终不能尽,岂可思议。”

司徒从事中郎张融作《门律》云:“道之与佛,遥极无二。吾见道士与道人战儒墨,道人与道士辨是非。昔有鸿飞天首,积远难亮,越人以为凫,楚人以为乙。人自楚、越,鸿常一耳。”以示太子仆周颙。颙难之曰:“虚无法性,其寂虽同,位寂之方,其旨则别。论所谓“逗极无二”者,为逗极于虚无,当无二于法性邪。足下所宗之本一物为鸿乙亭,驱驰佛道,无免二末,未知高鉴,缘何识本?轻而宗之,其有旨乎?”往复文多不载。

欻口不辩,善于著论。又注王弼《易》二《系》,学者传之。知将终,赋诗言志曰:“五涂无恒宅,三清有常舍。精气因天行,游魂随物化。鹏鹍适大海,蜩鸠之桑柘。达生任去留,善死均日夜。委命安所乘,何方不可驾。翘心企前觉,融然从此谢。”自克死日,自择葬时,卒于剡山,时年六十四。身体香软,道家谓之尸解仙化焉。还葬旧墓,木连理生墓侧。县令江山图表状,武帝诏欢诸子撰欢文议三十卷。

又始兴人庐度,字孝章,亦有道术。少随张永北侵魏,永败,魏人追急,阻淮水不得过。度心誓曰:"若得免死,从今不复杀生。"须臾见两楯流来,接之得过。然后隐居庐陵西昌三顾山,鸟兽随之。夜有鹿触其壁,度曰:"汝坏我壁。"鹿应声去。屋前有池养鱼,皆名呼之,次第来取食乃去。逆知死年月,与亲友别。永明末,以寿终。

杜京产字景齐,吴郡钱唐人也。祖运,刘毅卫军参军。父道鞠,州从事,善弹棋。京产少恬静,闭意荣宦,颇涉文义,专修黄、老。会稽孔颛,清刚有峻节,一见而为款交。

郡命主簿,州辟从事,称疾去。与同郡顾欢同契。始宁东山开舍授学。齐建元中,武陵王晔为会稽,齐高帝遣儒士刘瓛入东为晔讲,瓛故往与之游,曰:"杜生,当今之台、尚也。"京产请瓛至山舍讲书,倾资供待。子栖躬自屣履,为瓛生徒下食。孔珪、周颙、谢瀹,并致书以通殷勤。永明十年,珪及光禄大夫陆澄、祠部尚书虞悰、太子右率沈约、司徒右长史张融表荐京产,征为奉朝请,不至。于会稽日门山聚徒教授。建武初,征员外散骑侍郎。京产曰:"庄生持钓,岂为白璧所回。"辞疾不就,卒。

会稽山阴人孔道徽,守志业不仕,与京产友善。道徽父祐,至行通神,隐于四明山,尝见山谷中有数百斛钱,视之如瓦石不异。采樵者竞取,入手即成沙砾。曾有鹿中箭来投祐,祐为之养创,愈然后去。太守王僧虔与张绪书曰:"孔祐,敬康曾孙也。行动幽祇,德标松桂,引为主簿,遂不可屈。此古之遗德也。"道徽少厉高行,能世其家风。隐居南山,终身不窥都邑。豫章王嶷为扬州,辟西曹书佐,不至。乡里宗慕之。道徽兄子总,有操行,遇饥寒不可得衣食,县令吴兴丘仲孚荐之,除竟陵王侍郎,竟不至。

永明中,会稽钟山有人姓蔡,不知名,隐山中,养鼠数千头,呼来即来,遣去即去。言语狂易,时谓之谪仙,不知所终。

京产高祖子恭以来及子栖，世传五斗米道不替。栖字孟山，善清言，能弹琴。刺史齐豫章王嶷闻其名，辟议曹从事，仍转西曹书佐。竟陵王子良数致礼接。国子祭酒何胤掌礼，又重栖，以为学士，掌昏冠仪。以父老归养。栖肥白长壮，及京产病，旬日间便皮骨自支。京产亡，水浆不入口七日，晨夜不罢哭，不食盐菜。每营买祭奠，身自看视，号泣不自持。朔望节岁，绝而复续，呕血数升，时何胤、谢朏并隐东山，遗书敦譬，诫以毁灭。至祥禫，暮梦见其父，恸哭而绝。初，胤兄点见栖叹曰：“卿风韵如此。虽获嘉誉，不永年矣。”卒时，年三十六，当时咸嗟惜焉。

建武二年，剡县有小儿年八岁，与母俱得赤班病，母死，家人以小儿犹恶，不令其知。小儿疑之，问云：“母尝数问我病，昨来觉声赢，今不复问，何也？”因自投下床，扶匐至母尸侧，顿绝而死。乡邻告之县令宗善才，求表庐，事竟不行。

南史卷七六
列传第六六

隐逸下

臧荣绪　吴苞　赵僧岩　蔡荟　孔嗣之
徐伯珍　娄幼瑜　沈麟士　阮孝绪
邓郁　陶弘景　释宝志　诸葛璩
刘慧斐　兄慧镜　慧镜子昙净　范元琰
庾诜　张孝秀　庾承先　马枢

臧荣绪，东莞莒人也。祖奉先，建陵令。父庸人，国子助教。

荣绪幼孤，躬自灌园，以供祭祀。母丧后，乃著《嫡寝论》，扫洒堂宇，置筵席，朔望辄拜荐焉，甘珍未尝先食。纯笃好学，括东、西晋为一书，《纪》、《录》、《志》、《传》百一十卷。隐居京口教授。齐高帝为扬州刺史，征荣绪为主簿，不到。建元中，司徒褚彦回启高帝称述其美，以置秘阁。荣绪惇爱五经，谓人曰："昔吕尚奉丹书，武王致斋降位，李、释教诫，并有礼敬之仪，因甄明至道。"乃著《拜五经序论》。常以宣尼庚子日生，其日陈五经拜之。自号披褐先生。又以饮酒乱德，言常为诫。永明六年卒。

初，荣绪与关康之俱隐在京口，时号为二隐。

　　吴苞字天盖，一字怀德，濮阳鄄城人也。儒学，善三《礼》及《老》、《庄》。宋泰始中过江，聚徒教学。冠黄葛巾，竹麈尾，蔬食二十余年。与刘瓛俱于褚彦回宅讲授。瓛讲《礼》，苞讲《论语》、《孝经》，诸生朝听瓛，晚听苞也。齐隆昌元年，征为太学博士，不就。始安王遥光及江祏、徐孝嗣共为立馆于钟山下教授，朝士多到门焉，当时称其儒者。自刘瓛以后，聚徒讲授，唯苞一人而已。以寿终。

　　时有赵僧岩、蔡荟，皆有景行，慕苞为人。

　　僧岩，北海人。寥廓无常，人不能测。与刘善明友，善明为青州，欲举为秀才，大惊，拂衣而去。后忽为沙门，栖迟山谷，常以一壶自随。一旦谓弟子曰：“吾今夕当死。壶中大钱一千，以通九泉之路，蜡烛一挺，以照七尺之尸。”至夜而亡。时人以为知命。

　　蔡荟字休明，陈留人。清抗不与俗人交。李扬谓江敩曰：“古人称安贫清白曰夷，涅而不缁曰白，至如蔡休明者，可不谓之夷白乎。”

　　又有鲁国孔嗣之，字敬伯，宋时与齐高帝俱为中书舍人，并非所好。自庐江郡守去官，隐居钱山。朝廷以为太中大夫，卒。

　　徐伯珍，字文楚，东阳太末人也。祖、父并郡掾史。伯珍少孤贫，学书无纸，常以竹箭、箬叶、甘蕉及地上学书。山水暴出，漂溺宅舍，村邻皆奔走，伯珍累床而坐，诵书不辍。叔父璠之与颜延之友善，还祛蒙山立精舍讲授，伯珍往从学。积十年，究寻经史，游学者多依之。太守琅邪王昙生、吴郡张淹并加礼辟，伯珍应召便退，如此者凡十二焉。征士沈俨造膝谈论，申以素交。吴郡顾欢摘出《尚书》滞义，伯珍酬答，甚有条理，儒者宗之。好释氏、《老》、《庄》，兼明道术。岁尝旱，伯珍筮之，如期而雨。举动有礼，过曲木之下，趋而避之。早丧妻，晚不复重娶，自比曾参。

　　宅南九里有高山，班固谓之九岩山，后汉龙丘苌隐处也。山多龙须柽柏，望之五采，世呼为妇人岩。二年，伯珍移居之，阶户之间，木生皆连理，门前生梓树，一年便合抱，馆东石壁，夜忽有赤光洞照，俄尔而灭，白雀一双栖其户牖。论者以为隐德之感焉。刺史豫章王辟议曹从事，不就。家甚贫窭，兄弟四人皆白首相对，时人呼为"四皓"。建武四年，卒，年八十四。受业生凡千余人。

伯珍同郡娄幼瑜，字季，亦聚徒教授，不应征辟，弥为临川王映所赏异，著《礼捃拾》三十卷。

沈麟士字云祯，吴兴武康人也。祖膺期，晋太中大夫。父虔之，宋乐安令。

麟士幼而俊敏，年七岁，听叔父岳言玄，宾散，言无所遗失，岳抚其肩曰："若斯文不绝，其在尔乎。"及长，博通经史，有高尚之心。亲亡，居丧尽礼。服阕，忌日辄流泪弥旬。居贫，织帘诵书，口手不息，乡里号为"织帘先生"。尝为人作竹，误伤手，便流泪而还。同作者谓曰："此不足损，何至涕零？"答曰："此本不痛，但遗体毁伤，感而悲耳。"尝行路，邻人认其所著屐，麟士曰："是卿屐邪？"即跣而反，邻人得屐，送前者还之，麟士曰："非卿屐邪？"笑而受之。

宋元嘉末，文帝令仆射何尚之抄撰五经，访举学士，县以麟士应选。不得已至都，尚之深相接。及至，尚之谓子偃曰："山薮故多奇士，沈麟士，黄叔度之流也，岂可澄清淆浊邪。汝师之。"麟士尝苦无书，因游都下，历观四部毕，乃叹曰："古人亦何人哉！"少时称疾归乡，不与人物通。养孤兄子，义著乡曲。或劝之仕，答曰："鱼县兽槛，天下一契。圣人玄悟，所以每履吉先。吾诚未能景行坐忘，何为不希企日损。"乃作《玄散赋》以绝世。太守孔山士辟，不应，宗人徐州刺史昙庆、侍中怀文、左率勃来候之，麟士未尝答也。

隐居余不吴差山，讲经教授，从学士数十百人，各营屋宇，依止其侧，时为之语曰："差山中，有贤士，开门教授居成市。"麟士重陆机《连珠》，每为诸生讲之。征北张永为吴兴，请麟士入郡。麟士闻郡后堂有好山水，即戴安道游吴兴，因古墓为山池也。欲一观之，乃往停数月。永欲请为功曹，麟士曰："明府德履冲素，留心山谷，是以被褐负杖，忘其疲病。必欲饰浑沌以蛾眉，冠越客于文冕，走虽不敏，请附高卿，有蹈东海死耳，不忍受此黔劓。”永乃止。升明末，太守王奂，永明中，中书郎沈约并表荐之，征皆不就。乃与约书曰：“名者实之宾，本所不庶。中央无心，空勤南北。为惠反凶，将在于斯。”

麟士无所营求，以笃学为务，恒凭素几鼓素琴，不为新声。负薪汲水，并日而食。守操终老，读书不倦。遭火烧书数千卷，年过八十，耳目犹聪明，以反故抄写，火下细书，复成二三千卷，满数十箧。时人以为养身静嘿所致。制《黑蝶赋》以寄意。著《周易两系》、《庄子内篇训》。注《易经》、《礼记》、《春秋》、《尚书》、《论语》、《孝经》、《丧服》、《老子要略》数十卷。

梁天监元年，与何点同征，又不就。二年，卒于家，年八十五。以杨王孙、皇甫谧深达生死而终礼矫俗，乃自为终制，遗令：“气绝剔被，取三幅布以覆尸。及敛，仍移布于尸下，以为敛服。反被左右两际以周上，不复制覆被。不须沐浴含珠。以米裙衫、先着裤，凡二服，上加单衣幅巾履枕，棺中唯此。依士安用《孝经》。既殡不复立灵座，四节及祥，权铺席于地，以设玄酒之奠。人家相承漆棺，今不复尔。亦不须旐，成服后即葬，作冢令小，后袝更作小冢于滨。合葬非古也。冢不须聚土成坟，使上与地平。王祥终制亦尔。葬不须辒车、灵舫、魌头也。不得朝夕下食。祭奠之法，至于葬，唯清水一杯。”子彝奉而行之，州乡皆称叹焉。

阮孝绪字士宗，陈留尉氏人也。父彦之，宋太尉从事中郎，以清干流誉。孝绪七岁出继从伯胤之，胤之母周氏卒，遗财百余万应归孝绪，孝绪一无所纳，尽以归胤之姊琅邪王晏之母，闻者咸叹异之。乳人怜其传重辛苦，辄窃玉羊金兽等物与之，孝绪见而骇愕，启彦之送还王氏。

幼至孝，性沉静，虽与童儿游戏，恒以穿池筑山为乐。年十三，遍通五经。十五冠而见其父彦之，彦之诫曰：“三加弥尊，人伦之始，宜思自勖，以庇尔躬。”答曰：“愿迹松子于瀛海，追许由于穹谷，庶保促生，以免尘累。”自是屏居一室，非定省未尝出户，家人莫见其面,亲友因呼为居士。

年十六,父丧不服绵纩,虽蔬有味亦吐之。外兄王晏贵显,屡至其门,孝绪度之必至颠覆,闻其箫管,穿篱逃匿,不与相见。曾食酱美,问之,云是王家所得,便吐餐覆酱。及晏诛,亲戚咸为之惧,孝绪曰:“亲而不党,何坐之及。”竟获免。

梁武起兵围建邺,家贫无以爨,僮妾窃邻人墓樵以继火。孝绪知之,乃不食,更令撤屋而炊。所居以一鹿床为精舍,以树环绕。天监初,御史中丞任昉寻其兄履之,欲造而不敢,望而叹曰:“其室虽迩,其人甚远。”其为名流所钦尚如此。自是钦慕风誉者,莫不怀刺敛衽,望尘而息。殷芸欲赠以诗,昉曰:“趣舍既异,何必相干。”芸乃止。唯与比部郎裴子野交。子野荐之尚书徐勉,言其“年十余岁,随父为湘州行事,不书官纸,以成亲之清白。论其志行粗类管幼安,以采章如似皇甫谧”。

天监十二年,诏公卿举士,秘书监傅照上疏荐之,与吴郡范元琰俱征,并不到。陈郡袁峻谓曰:“往者天地闭,贤人隐。今世路已清,而子犹遁,可乎?”答曰:“昔周德虽兴,夷、齐不厌薇蕨。汉道方盛,黄、绮无闷山林。为仁由己,何关人世?况仆非往贤之类邪?”初,谢朏及伏暅应征,天子以为隐者苟立虚名,以要显誉,故孝绪与何胤并得遂其高志。

后于钟山听讲,母王氏忽有疾,兄弟欲召之,母曰:“孝绪至性冥通,必当自到。”果心惊而反,邻里嗟异之。合药须得生人参,旧传钟山所出。孝绪躬历幽险,累日不逢。忽见一鹿前行,孝绪感而随后,至一所遂灭,就视,果获此草。母得服之遂愈,时皆言其孝感所致。

有善筮者张有道曰:“见子隐迹而心难明,自非考之龟蓍,无以验也。”及布卦,既揲五爻,曰:“此将为《咸》,应感之法,非嘉遁之兆。”孝绪曰:“安知后爻不为上九。”果成《遁卦》。有道叹曰:“此所谓‘肥遁无不利’,象实应德,心迹并也。”孝绪曰:“虽获《遁卦》,而上九爻不发,升遐之道,便当高谢许生。”乃著《高隐传》,上自炎皇,终于天监末,斟酌分为三品:言行超逸,名氏弗传,为上篇;始终不耗,姓名可录,为中篇;挂冠人世,栖心尘表,为下篇。湘东王著《忠臣传》,集释氏碑铭、《丹阳尹录》、《研神记》,并先简孝绪而后施行。南平元襄王闻其名,致书要之,不赴,曰:"非志骄富贵,但性畏庙堂,若使麋麂可骖,何以异夫骥骤。"

初,建武末,青溪宫东门无故自崩,大风拔东宫门外杨树。或以问孝绪,孝绪曰:"青溪,皇家旧宅,齐为木行,东为木位。今东门自坏,木其衰矣。"武帝禁畜谶纬,孝绪兼有其书。或劝藏之,答曰:"昔刘德重淮南《秘要》,适为更生之祸,杜琼所谓不如不知,此言美矣。"客有求之,答曰:"己所不欲,岂可嫁祸于人。"乃焚之。

鄱阳忠烈王妃,孝绪姊也。王尝命驾欲就之游,孝绪凿垣而逃,卒不肯见,王怅然叹息。王诸子笃渭阳之情,岁时之贡,无所受纳,未尝相见,竟不之识。或问其故,孝绪曰:"我本素贱,不应为王侯姻戚,邂逅所逢,岂关始愿。"刘歊曾以米馈之,孝绪不纳,歊亦弃之。末年以蔬食断酒,其恒供养石像先有损坏,心欲补之,馨心敬礼,经一夜忽然完复,众并异之。

大同二年正月,孝绪自筮卦,"吾寿与刘著作同年"。及刘杳卒,孝绪曰:"刘侯逝矣,吾其几何。"其年十月,卒,年五十八。梁简文在东宫,隆恩厚赠,子恕等述先志不受。顾协以为恩异常均,议令恭受。门徒追论德行,谥曰文贞处士。所著《七录》、《削繁》等一百八十一卷,并行于世。

初,孝绪所撰《高隐传》中篇所载一百三十七人,刘歊、刘讦览其书曰:"昔嵇康所赞,缺一自拟,今四十之数,将待吾等成邪。"对曰:"所谓荀君虽少,后事当付钟君。若素车白马之日,辄获麟于二子。"歊、讦果卒,乃益二传。及孝绪亡,讦兄絜录其所遗行次篇末,成绝笔之意云。

南岳邓先生名郁,荆州建平人也。少而不仕,隐居衡山极峻之岭,立小板屋两间,足不下山,断谷三十余载,唯以涧水服云母屑,日夜诵《大洞经》。梁武帝敬信殊笃,为帝合丹,帝不敢服,起五岳楼贮之供养,道家吉日,躬往礼拜。白日,神仙魏夫人忽来临降,乘云而至,从少妪三十,并着绛紫罗绣袿襦,年皆可十七八许,色艳桃季,质胜琼瑶,言语良久,谓郁曰:"君有仙分,所以故来,寻当相候。"至天监十四年,忽见二青鸟悉如鹤大,鼓翼鸣舞,移晷方去。谓弟子等曰:"求之甚劳,得之甚逸。近青鸟既来,期会至矣。"少日,无病而终。山内唯闻香气,世未尝有。武帝后令周舍为《邓玄传》,具序其事。

陶弘景字通明,丹阳秣陵人也。祖隆,王府参军。父贞,孝昌令。

初,弘景母郝氏梦两天人手执香炉来至其所,已而有娠,以宋孝建三年景申岁夏至日生。幼有异操,年四五岁,恒以荻为笔,画灰中学书。至十岁,得葛洪《神仙传》,昼夜研寻,便有养生之志。谓人曰:"仰青云,睹白日,不觉为远矣。"父为妾所害,弘景终身不娶。及长,身长七尺七寸,神仪明秀,朗目疏眉,细形长额耸耳,耳孔各有十余毛出外二寸许,右膝有数十黑子作七星文。读书万余卷,一事不知,以为深耻。善琴棋,工草隶。未弱冠,齐高帝作相,引为诸王侍读,除奉朝请。虽在朱门,闭影不交外物,唯以披阅为务。朝仪故事,多所取焉。

家贫,求宰县不遂。永明十年,脱朝服挂神武门,上表辞禄。诏许之,赐以束帛,敕所在月给伏苓五斤,白蜜二升,以供服饵。及发,公卿祖之征虏亭,供帐甚盛,车马填咽,咸云宋、齐以来未有斯事。于是止于句容之句曲山,恒曰:"此山下是第八洞宫,名金陵华阳之天,周回一百五十里。昔汉有咸阳三茅君得道,来掌此山,故谓之茅山。"乃中山立馆,自号华阳陶隐居。人间书礼,即以隐居代名。

始从东阳孙游岳受符图经法,遍历名山,寻访仙药。身既轻捷,性爱山水,每经涧谷,必坐卧其间,吟咏盘桓,不能已已。谓门人曰:"吾见朱门广厦,虽识其华乐,而无欲往之心。望高岩,瞰大泽,知此难立止,自恒欲就之。且永明中求禄,得辄差舛;若不尔,岂得为今日之事。岂唯身有仙相，亦缘势使之然。”沈约为东阳郡守，高其志节，累书要之，不至。

弘景为人员通谦谨，出处冥会，心如明镜，遇物便了。言无烦舛，有亦随觉。永元初，更筑三层楼，弘景处其上，弟子居其中，宾客至其下。与物遂绝，唯一家僮得至其所。本便马善射，晚皆不为，唯听吹笙而已。特爱松风，庭院皆植松，每闻其响，欣然为乐。有时独游泉石，望见者以为仙人。

性好著述，尚奇异，顾惜光景，老而弥笃。尤明阴阳五行、风角星算、山川地理、方圆产物、医术本草，《帝代年历》以算推知汉熹平三年丁丑冬至，加时在日中，而天实以乙亥冬至，加时在夜半，凡差三十八刻，是汉历后天二日十二刻也。又以历代皆取其先妣母后配飨地祇，以为神理宜然，硕学通儒，咸所不悟。又尝造浑天象，高三尺许，地居中央，天转而地不动，以机动之，悉与天相会。云“修道所须，非止史官用是”。深慕张良为人，云“古贤无比”。

齐末为歌曰“水丑木”为“梁”字。及梁武兵至新林，遣弟子戴猛之假道奉表。及闻议禅代，弘景援引图谶，数处皆成“梁”字，令弟子进之。武帝既早与之游，及即位后，恩礼愈笃，书问不绝，冠盖相望。

弘景既得神符秘诀，以为神丹可成，而苦无药物。帝给黄金、朱砂、曾青、雄黄等。后合飞丹，色如霜雪，服之体轻。及帝服飞丹有验，益敬重之。每得其书，烧香虔受。帝使造年历，至己巳岁而加朱点，实太清三年也。帝手敕招之，锡以鹿皮巾。后屡加礼聘，并不出，唯画作两牛，一牛散放水草之间，一牛著金笼头，有人执绳，以杖驱之。武帝笑曰：“此人无所不作，欲敩曳尾之龟，岂有可致之理。”国家每有吉凶征讨大事，无不前以谘询。月中常有数信，时人谓为“山中宰相”。二宫及公王贵要参候相继，赠遗未尝脱时。多不纳受，纵留者即作功德。

天监四年，移居积金东涧。弘景善辟谷导引之法，自隐处四十许年，年逾八十而有壮容。仙书云：“眼方者寿千岁。”弘景末年，一眼有时而方。曾梦佛授其菩提记云，名为胜力菩萨。乃诣鄮县阿育王塔自誓，受五大戒。后简文临南徐州，钦其风素，召至后堂，以葛巾进见，与谈论数日而去，简文甚敬异之。天监中，献丹于武帝。中大通初，又献二丹，其一名善胜，一名成胜，并为佳宝。

无疾，自知应逝，逆克亡日，仍为《告逝诗》。大同二年卒，时年八十五。颜色不变，屈申如常，香气累日，氛氲满山。遗令："既没不须沐浴，不须施床，止两重席于地，因所著旧衣，上加生裓裙及臂衣靫冠巾法服。左肘录铃，右肘药铃，佩符络左腋下，绕腰穿环结于前。钗符于髻上，通以大袈裟覆衾蒙首足。明器有车马。道人、道士并在门中，道人左，道士右。百日内夜常然灯，旦常香火。"弟子遵而行之。诏赠太中大夫，谥曰贞白先生。

弘景妙解术数，逆知梁祚覆没，预制诗云："夷甫任散诞，平叔坐论空。岂悟昭阳殿，遂作单于宫。"诗秘在箧里，化后，门人方稍出之。大同末，人士竞谈玄理，不习武事，后侯景篡，果在昭阳殿。

初，弘景母梦青龙无尾，自己升天，弘景果不妻无子。从兄以子松乔嗣。所著《学苑》百卷，《孝经》、《论语集注》、《帝代年历》、《本草集注》、《效验方》、《肘后百一方》、《古今州郡记》、《图像集要》及《玉匮记》、《七曜新旧术疏》、《占候》、《合丹法式》，共秘密不传，及撰而未讫又十部，唯弟子得之。

时有沙门释宝志者，不知何许人，有于宋泰始中见之，出入钟山，往来都邑，年已五六十矣。齐、宋之交，稍显灵迹，被发徒跣，语嘿不伦。或被锦袍，饮啖同于凡俗，恒以铜镜剪刀镊属挂杖负之而趋。或征索酒肴，或累日不食，预言未兆，识他心智。一日中分身易所，远近惊赴，所居噂嗒。齐武帝忿其惑众，收付建康狱。旦日，咸见游行市里，既而检校，犹在狱中。其夜，又语狱吏："门外有两舆食，金钵盛饭，汝可取之。"果是文惠太子及竟陵王子良所供养。县令吕文显以启武帝，帝乃迎入华林园。少时，忽重著三布帽，亦不知于何得之。俄而武帝崩，文惠太子、豫章文献王相继薨，齐亦于此季矣。

灵味寺沙门释宝亮，欲以纳被遗之，未及有言，宝志忽来牵被而去。蔡仲熊尝问仕何所至，了自不答，直解杖头左索绳掷与之，莫之解。仲熊至尚书左丞，方知言验。永明中，住东宫后堂，从平旦门中出入。末年忽云"门上血污衣"，褰裳走过。至郁林见害，果以犊车载尸出自此门，舍故阉人徐龙驹宅，而帝颈血流于门限焉。梁武帝尤深敬事，尝问年祚远近，答曰："元嘉元嘉。"帝欣然，以为享祚倍宋文之年。虽剃须发而常冠，下裙帽纳袍，故俗呼为志公。好为谶记，所谓《志公符》是也。高丽闻之，遣使赍绵帽供养。

天监十三年，卒。将死，忽移寺金刚像出置户外，语人云："菩萨当去。"旬日无疾而终。先是琅邪王筠至庄岩寺，宝志遇之，与交言欢饮。至亡，敕命筠为碑，盖先觉也。

诸葛璩字幼玫，琅邪阳都人也。世居京口。璩幼事征士关康之，博涉经史。复师征士臧荣绪。荣绪著《晋书》，称璩有发摘之功，方之壶遂。

齐建武初，南徐州行事江祀荐璩于明帝，言璩安贫守道，悦《礼》敦《诗》，如其简退，可扬清厉俗，请辟为议曹从事，帝许之。璩辞不赴。陈郡谢朓为东海太守，下教扬其风概，饷谷百斛。梁天监中，举秀才，不就。

璩性勤于诲诱，后生就学者日至，居宅狭陋，无以容之，太守张友为起讲舍。璩处身清正，妻子不见喜愠之色，旦夕孜孜，讲诵不辍，时人益以此宗之。卒于家。璩所著文章二十卷，门人刘曒集而录之。

刘慧斐字宣文，彭城人也。父元直，淮南太守。慧斐少博学，能属文，起家梁安成王法曹行参军。尝还都，途经寻阳，游于匡山，遇处士张孝秀，相得甚欢，遂有终焉之志。固不仕，居东林寺。又于山北构园一所，号曰"离垢园"，时人仍谓为离垢先生。

慧斐尤明释典，工篆隶，在山手写佛经二千余卷，常所诵者百余卷。昼夜行道，孜孜不怠，远近钦慕之。简文临江州，遗以几杖。

论者云，"自远法师没后将二百年，始有张、刘之盛矣。"元帝及武陵王等书问不绝。大同三年，卒。

慧斐兄慧镜，安成内史。初，元直居郡得罪，慧镜历诣朝士乞哀，恳恻甚至，遂以孝闻。

子昙净，字元光，笃行有父风，解褐安成王国左常侍。父卒于郡，昙净奔丧，不食饮者累日，绝而又苏，每哭辄呕血。服阕，因毁成疾。会有诏士姓各举四科，昙净叔父慧斐举以应孝行，武帝用为海宁令。昙净又以兄未为县，因以让兄，乃除安西行参军。父亡后，事母尤淳至，身营饔粥，不以委人。母疾，衣不解带，及母亡，水浆不入口者殆一旬。母丧权瘗药王寺，时天寒，昙净身衣单布衣，庐于瘗所。昼夜哭临不绝声，哀感行路，未期而卒。

范元琰字伯珪，一字长玉，吴郡钱塘人也。祖悦之，太学博士征，不至。父灵瑜，居父忧以毁卒。元琰时童孺，哀慕尽礼，亲党异之。及长，好学，博通经史，兼精佛义，然谦敬不以所长骄人。祖母患痈，恒自含吮。与人言常恐伤物。居家不出城市，虽独居如对宾客，见者莫不改容惮之。

家贫，唯以园蔬为业。尝出行，见人盗其菘，元琰遽退走。母问其故，具以实答。母问盗者为谁，答曰："向所以退，畏其愧耻，今启其名，愿不泄也。"于是母子秘之。或有涉沟盗其笋者，元琰因伐木为桥以度之，自是盗者大惭，一乡无复草窃。

齐建武初，征为曹武平西参军，不至。于时始安王遥光为扬州，谓徐孝嗣曰："曹武参军，岂是礼贤之职。"欲以西曹书佐聘之，会遥光败，不果，时人以为恨。沛国刘瓛深加器异，尝表称之。天监九年，县令管慧辩上言义行，扬州刺史临川王宏辟命，不至。卒于家。

庾诜字彦宝，新野人也。幼聪警笃学，经史百家，无不该综。纬候书射，棋算机巧，并一时之绝。而性托夷简，特爱林泉，十亩之宅，山池居半。蔬食弊衣，不修产业。遇火，止出书数簏，坐于池上，有为火来者,答云"唯恐损竹"。乘舟从沮中山舍还,载米一百五十石,有人寄载三十石。及至宅,寄载者曰:"君三十斛,我百五十斛。"诜嘿然不言,恣其取足。邻人有被执为盗,见劾妄款诜。诜矜之,乃以书质钱二万,令门生诈为其亲,代之酬备。邻人获免谢诜,诜曰:"吾矜天下无辜,岂期谢也。"

梁武帝少与诜善,及起兵,署为平西府记室参军,诜不屈。平生少所游狎,河东柳恽欲与交,拒而弗纳。普通中,诏以为黄门侍郎,称疾不起。晚年尤遵释教,宅内立道场,环绕礼忏,六时不辍。诵《法华经》,每日一遍。后夜中忽见一道人自称愿公,容止甚异,呼诜为"上行先生",授香而去。中大通四年,因寝忽惊觉,曰:"愿公复来,不可久住。"颜色不变,言终而亡,年七十八。举室咸闻空中唱"上行先生已生弥陀净域矣"。武帝闻而下诏,谥贞节处士,以显高烈。

诜所撰《帝历》二十卷,《易林》二十卷,续伍端休《江陵记》一卷,《晋朝杂事》五卷,《总抄》八十卷,行于世。

子曼倩,字世华,亦早有令誉。元帝在荆州,为中录事。每出,帝常目送之,谓刘之遴曰:"荆南信多君子。"后转谘议参军。所著《丧服仪》、《文字体例》、《老子义疏》、《算经》及《七曜历术》,并所制文章,凡九十五卷。子季才有学行,承圣中,位中书侍郎。江陵平,随例入长安。

张孝秀字文逸,南阳宛人也。徙居寻阳。曾祖须无,祖僧监,父希,并别驾从事。

孝秀长六尺余,白皙美须眉,仕州中从事史。遇刺史陈伯之叛,孝秀与州中士大夫谋袭之,事觉,逃于盆水侧。有商人置诸褚中,展转入东林。伯之得其母郭,以蜡灌杀之。孝秀遗妻妾,入匡山修行学道。服阕,建安王召为别驾。因去职归山,居于东林寺,有田数十顷,部曲数百人,率以力田,尽供山众。远近归慕,赴之如市。

孝秀性通率,不好浮华,常冠毂皮巾,蹑蒲履,手执并闾皮麈尾,服寒食散,盛冬卧于石上。博涉群书,专精释典。僧有亏戒律者,集众佛前,作羯磨而笞之,多能改过。善谈论,工隶书,凡诸艺能,莫不明习。普通三年,卒,室中皆闻非常香。梁简文甚伤悼焉,与刘慧斐书,述其贞白云。

庾承先字子通,颍川鄢陵人也。少沉静有志操,是非不涉于言,喜愠不形于色,人莫能窥也。弱岁受学于南阳刘虬,强记敏识,出于群辈。玄经释典,靡不该悉,九流《七略》,咸所精练。辟功曹,不就,乃与道士王僧镇同游衡岳。晚以弟疾还乡里,遂居土台山。

梁鄱阳忠烈王在州,钦其风味,要与游处,令讲《老子》。远近名僧,咸来赴集,论难锋起,异端竞至,承先徐相酬答,皆得所未闻。忠烈王尤所钦重。中大通三年,庐山刘慧斐至荆州,承先与之有旧,往从之,荆峡学徒因请承先讲《老子》。湘东王亲命驾临听,论议终日,留连月余,乃还山。王亲祖道,并赠篇什,隐者美之。

其年,卒。刺史厚有赠赗,门人黄士龙让曰:“先师平素食不求饱,衣不求轻,凡有赠遗,皆无所受。临终之日,诚约家门,薄棺周形,巾褐为敛。虽蒙赉及,不敢轻承教旨,以违平生之操。”钱布辄付使反,时论高之。

马枢字要理,扶风郿人也。祖灵庆,齐竟陵王录事参军。枢数岁而孤,为其姑所养。六岁,能诵《孝经》、《论语》、《老子》。及长,博极经史,尤善佛经及《周易》、《老子》义。梁邵陵王纶为南徐州刺史,素闻其名,引为学士。纶时自讲《大品经》,令枢讲《维摩》、《老子》、《周易》,同日发题,道俗听者二千人。王欲极观优劣,乃谓众曰:“与马学士论义,必使屈服,不得空立客主。”于是数家学者,各起问端,枢乃依次剖判,开其宗旨,然后枝分派别,转变无穷,论者拱默听受而已,纶甚嘉之。

寻遇侯景之乱,纶举兵援台,乃留书二万卷付枢。枢肆志寻览,殆将周遍,乃喟然叹曰:“吾闻贵爵位者以巢、由为桎梏,爱山林者以伊、吕为管库,束名实则刍芥柱下之言,玩清虚则糠秕席上之说,稽之笃论,亦各从其好也。比求志之士,望涂而息,岂天之不惠高尚,何山林之无闻甚乎。"乃隐于茅山,有终焉之志。

陈天嘉元年,文帝征为度支尚书,辞不应命。时枢亲故并居京口,每秋冬之际,时往游焉。及鄱阳王为南徐州刺史,钦其高尚,鄙不能致,乃卑辞厚意,令使邀之。枢固辞以疾,门人劝请,不得已乃行。王别筑室以处之,枢恶其崇丽,乃于竹林间自营茅茨而居。每以王公馈饷,辞不获已者,率十分受一。

枢少属乱离,凡所居处,盗贼不入,依托者常数百家。目精洞黄,能视暗中物。有白燕一双,巢前庭树,驯狎楣庑,时至几案,春来秋去,几三十年。太建十三年,卒。撰《道觉论》,行于世。

论曰:夫独往之人,皆禀偏介之性,不能㩧志屈道,借誉期通。若使夫遇见信之主,逢时来之运,岂其放情江海,取逸丘樊?不得已而然故也。且岩壑闲远,水石清华,虽复崇门八袭,高城万雉,莫不蓄壤开泉,仿佛林泽。故知松山桂渚,非止素玩,碧涧清潭,翻成丽瞩。挂冕东都,夫何难之有。

南史卷七七
列传第六七

恩　幸

戴法兴 戴明宝 **徐爱　阮佃夫
纪僧真　刘系宗　茹法亮　吕文显
茹法珍** 梅虫儿 **周石珍　陆验**
徐麟 **司马申　施文庆　沈客卿
孔范**

　　夫鲍鱼芳兰，在于所习，中人之性，可以上下。然则谋于管仲，
齐桓有邵陵之师，迩于易牙，小白掩阳门之扇，夫以霸者一身，且有
洿隆之别，况下于此，胡可胜言者乎！故古之哲王，莫不斯慎。自汉
氏以来，年且千祀，而近习用事，无乏于时，莫不官由近亲，情因狎
重。至如中书所司，掌在机务，汉元以令、仆用事，魏明以监、令专
权，在晋中朝，常为重寄，故公曾之叹，恨于失职。于时舍人之任，位
居九品，江左置通事郎，管司诏诰，其后郎还为侍郎，而舍人亦称通
事。元帝用琅邪刘超，以谨慎居职。宋文世，秋当、周赳并出寒门。
孝武以来，士庶杂选，如东海鲍照以才学知名，又用鲁郡巢尚之，江
夏王义恭以为非选。帝遣尚之送尚书四十余牒，宣敕论辩，义恭乃
叹曰："人主诚知人。"及明帝世，胡母颢、阮佃夫之徒，专为佞幸矣。
齐初亦用久劳，及以亲信关谳表启，发署诏敕，颇涉辞翰者，亦为诏

文,侍郎之局复见侵矣。建武世,诏命始不关中书,专出舍人。省内舍人四人,所直四省,其下有主书令史,旧用武官,宋改文吏,人数无员,莫非左右要密。天下文簿板籍,入副其省,万机严秘,有如尚书外司。领武官有制局监、外监,领器仗兵役,亦用寒人。爰及梁、陈,斯风未改。其四代之被恩幸者,今立以为篇,以继前史之作云尔。

戴法兴,会稽山阴人也。家贫,父硕子以贩纻为业。法兴二兄延寿、延兴并修立,延寿善书,法兴好学。山阴有陈戴者,家富,有钱三千万,乡人或云:"戴硕子三儿敌陈戴三千万钱。"

法兴少卖葛山阴市,后为尚书仓部令史。大将军彭城王义康于尚书中觅了了令史,得法兴等五人,以法兴为记室令史。义康败,仍为孝武征虏、抚军记室掾。及徙江州,仍补南中郎典签。帝于巴口建义,法兴与典签戴明宝、蔡闲俱转参军督护。上即位,并为南台侍御史,同兼中书通事舍人。法兴等专管内务,权重当时。孝建元年,为南鲁郡太守,解舍人,侍太子于东宫。大明二年,以南下预密谋,封法兴吴昌县男,明宝湘乡县男。闲时已卒,追加爵封。法兴转太子旅贲中郎将。

孝武亲览朝政,不任大臣,而腹心耳目不得无所委寄。法兴颇知古今,素见亲待,虽出侍东宫,而意任隆密。鲁郡巢尚之,人士之末,元嘉中,侍始兴王浚读书,亦涉猎文史,为上所知。孝建初,补东海国侍郎,仍兼中书通事舍人。凡选授、迁转、诛赏大处分,上皆与法兴、尚之参怀,内外诸杂事多委明宝。上性严暴,睚眦之间,动至罪戮。尚之每临事解释,多得全免,殿省甚赖之。而法兴、明宝大通人事,多纳货赇,凡所荐达,言无不行,天下辐凑,门外成市,家产并累千金。明宝骄纵尤甚,长子敬为扬州从事,与上争买御物。六宫尝出,敬盛服骑马,于车左右驰骤去来。上大怒,赐敬死,系明宝尚方。寻被原释,委任如初。

孝武崩,前废帝即位,法兴迁越骑校尉。时太宰江夏王义恭录尚书事,任同总己,而法兴、尚之执权日久,威行内外,义恭积相畏服,至是慑惮尤甚。废帝未亲万机,凡诏敕施为,悉决法兴之手,尚书中事无大小专断之,颜师伯、义恭守空名而己。尚之甚聪敏,时百姓欲为孝武立寺,疑其名,尚之应声曰:"宜名天保。《诗》云:'《天保》,下报上也。'"时服其机速。

废帝年己渐长,凶志转成,欲有所为,法兴每相禁制,谓帝曰:"官所为如此,欲作营阳邪?"帝意稍不能平。所爱幸阉人华愿儿有盛宠,赐与金帛无算,法兴常加裁减,愿儿甚恨之。帝尝使愿儿出入市里,察听风谣,而道路之言,谓法兴为真天子,帝为赝天子。愿儿因此告帝曰:"外间云宫中有两天子,官是一人,戴法兴是一人。官在深宫中,人物不相接,法兴与太宰、颜、柳一体,往来门客恒有数百,内外士庶无不畏服之。法兴是孝武左右,复久在宫闱,今将他人作一家,深恐此坐席非复官许。"帝遂免法兴官,徙付远郡,寻于家赐死。

法兴临死,封署库藏,使家人谨录籥杜。死一宿,又杀其二子,截法兴棺两和,籍没财物。法兴能为文章,颇行于世。

死后,帝敕巢尚之曰:"不谓法兴积衅累愆,遂至于此。吾今自览万机,卿等宜竭诚尽力。"尚之时为新安王子鸾抚军中兵参军、淮陵太守,乃解舍人,转为抚军谘议参军,太守如故。明帝初,复以尚之兼中书通事舍人、南清河太守。累迁黄门侍郎,出为新安太守。病卒。

戴明宝,南东海丹徒人,亦历员外散骑侍郎,给事中。孝武时,带南清河太守。前废帝即位,权任悉归法兴,而明宝轻矣。明帝初,天下反叛,以明宝旧人,屡经戎事,复委任之。后坐纳货贿系尚方,寻被宥。位宣城太守。升明初,老,拜太中大夫,病卒。

武陵国典书令董元嗣,与法兴、明宝等俱为孝武南中郎典签。元嘉三十年,奉使还都。会元凶杀立,遣元嗣南还,报上以徐湛之等反。上时在巴口,元嗣具言杀状。上遣元嗣下都,奉表于劭,既而上举义兵。劭诏责元嗣,元嗣答云:"始下未有反谋。"劭不信,备加考掠，不服遂死。孝武事克，赠员外散骑侍郎，使文士苏宝生为之诔焉。

大明中，又有奚显度者，南东海郯人，官至员外散骑侍郎。孝武尝使主领人功，而苛虐无道，动加棰扑，暑雨寒雪，不听暂休，人不堪命，或自经死。时建康县考囚，或用方材压额及踝胫，人间谣曰："宁得建康压额，不能受奚度拍。"又相戏曰："勿反顾，付奚度。"其酷暴如此。前废帝尝戏云："显度刻虐，为百姓疾，比当除之。"左右因唱"尔"，即日宣杀焉。时人比之孙皓杀岑昏。

徐爰字长玉，南琅邪开阳人也。本名瑗，后以与傅亮父同名，亮启改为爰。初为晋琅邪王大司马府中典军，从北征，微密有意理，为武帝所知。少帝在东宫，入侍左右。文帝初，又见亲任，遂至殿中侍御史。元嘉十二年，转南台御史，始兴王浚后行参军。复侍太子于东宫，迁员外散骑侍郎。文帝每出军，常悬授兵略。二十九年，重遣王玄谟等北侵，配爰五百人，随军碛磝，衔中旨临时宣示。孝武至新亭，江夏王义恭南奔，爰时在殿内，诈劝追义恭，因即得南走。时孝武将即大位，军府造次，不晓朝章。爰素谙其事，及至，莫不喜悦，以兼太常丞，撰立仪注。后兼尚书右丞，迁左丞。

先是，元嘉中，使著作郎何承天草创国史。孝武初，又使奉朝请山谦之、南台御史苏宝生踵成之。孝建六年，又以爰领著作郎，使终其业。爰虽因前作，而专为一家之书。上表"起元义熙，为三乘之始，载序宣力，为功臣之断"。于是内外博议。太宰江夏王义恭等三十五人同爰，宜以义熙元年为断。散骑常侍巴陵王休若、尚书金部郎檀道鸾二人，谓宜以元兴三年为始。太学博士虞和谓宜以开国为宋公元年。诏曰："项籍、圣公，编录二汉，前史已有成例。桓玄传宜在宋典，余如爰议。"

孝武崩，营景宁陵，以本官兼将作大匠。爰便僻善事人，能得人主微旨，颇涉书传，尤悉朝仪。元嘉初，便入侍左右，预参顾问。长于附会，又饰以典文，故为文帝所任遇。大明世，委寄尤重，朝廷大礼仪，非爰议不行。虽复当时硕学所解过之者，既不敢立异议，所言亦不见从。孝武崩，公除后，晋安王子勋侍读博士谘爰宜习业与不，爰答曰："居丧读丧礼，习业何嫌。"少日，始安王子真博士谘爰，爰曰："小功废业，三年丧何容读书。"其专断乖谬皆如此。

前废帝凶暴无道，殿省旧人多见罪黜，唯爰巧于将迎，始终无忤。诛群公后，以爰为黄门侍郎，领射声校尉，著作如故，封吴平县子。宠待隆密，群臣莫二。帝每出行，常与沈庆之、山阴公主同辇，爰亦预焉。

明帝即位，以黄门侍郎改领长水校尉，兼尚书左丞。明年，除太中大夫，著作并如故。爰执权日久，上在蕃素所不悦，及景和世，屈辱卑约，爰礼敬甚简，益衔之。泰始三年，诏暴其罪，徙交州。及行，又诏除广州统内郡，有司奏以为宋隆太守。除命既下，爰已至交州。久之听还，仍除南康郡丞。明帝崩，还都，以爰为济南太守，复除中散大夫。元徽三年，卒，年八十二。

爰子希秀，甚有学解，亦闲篆隶，正觉、禅灵二寺碑，即希秀书也。爰之徙交州，明帝召希秀谓曰："比当令卿父还。"希秀再拜答曰："臣父年老，恐不及后恩。"帝大嗟赏，即召爰还。希秀位骁骑将军、淮南太守。子泓，甚闲吏职，而在事刻薄，于人少恩。仕齐历位台郎，秣陵、建康令，湘东太守。

阮佃夫，会稽诸暨人也。明帝初出阁，选为主衣，后又请为世子师，甚见信待。景和末，明帝被拘于殿内，住在秘书省，为帝所疑，大祸将至。佃夫与王道隆、李道儿及帝左右琅邪淳于文祖谋共废立。时直阁将军柳光世亦与帝左右兰陵缪方盛、丹杨周登之有密谋，未知所奉。登之与明帝有旧，方盛等乃使登之结佃夫，佃夫大悦。先是，帝立皇后，普暂撤诸王奄人，明帝左右钱蓝生亦在例，事毕未被遣，密使蓝生候帝。虑事泄，蓝生不欲自出，帝动止辄以告淳于文祖，令报佃夫。

景和元年十一月二十九日晡时，帝出华林园，建安王休仁、山阳王休祐、山阴主并侍侧,明帝犹在秘书省,不被召,益惧。佃夫以告外监典事东阳朱幼,又告主衣吴兴寿寂之、细铠主南彭城姜产之。产之又语所领细铠将临淮王敬则,幼又告中书舍人戴明宝,并响应。明宝、幼欲取其日向晓,佃夫等劝取开门鼓。幼预约勒内外,使钱蓝生密报建安王休仁等。时帝欲南巡,腹心直阁将军宗越等,其夕并听出外装束,唯有队主樊僧整防华林阁,是柳光世乡人。光世要之,即受命。姜产之又要队副阳平聂庆及所领壮士会稽富灵符、吴郡俞道龙、丹杨宋逵之、阳平田嗣,并聚于庆省。佃夫虑力少,更欲招合,寿寂之曰:"谋广或泄,不烦多人。"时巫觋言后堂有鬼,其夕,帝于竹林堂前与巫共射之,建安王休仁等、山阴主并从。帝素不悦寂之,见辄切齿。寂之既与佃夫等成谋,又虑祸至,抽刀前入,姜产之随其后,淳于文祖、缪方盛、周登之、富灵符、聂庆、田嗣、王敬则、俞道龙、宋逵之又继进。休仁闻行声甚疾,谓休祐曰:"作矣。"相随奔景阳山。帝见寂之至,引弓射之,不中,乃走。寂之追杀之。事定,宣令宿卫曰:"湘东王受太后令除狂王,今已太平。"

明帝即位,论功,寿寂之封应城县侯,产之汝南县侯,佃夫建城县侯,王道隆吴平县侯,淳于文祖阳城县侯,李道儿新渝县侯,缪方盛刘阳县侯,周登之曲陵县侯,富灵符惠怀县子,聂庆建阳县子,田嗣将乐县子,王敬则重安县子,俞道龙茶陵县子,宋逵之零陵县子。佃夫迁南台侍御史。

薛索儿度淮为寇,山阳太守程天祚又反,佃夫与诸军破薛索儿,降天祚。后转太子步兵校尉、南鲁郡太守,侍太子于东宫。泰始四年,以本官兼游击将军,及辅国将军盖次阳与二卫参员直。次阳字崇基,平昌安丘人也,位冠军将军,卒。

时佃夫及王道隆、杨运夫并执权,亚于人主,巢、戴大明之世,方之蔑如也。尝正旦应合朔,尚书奏迁元会。佃夫曰:"元正庆会,国之大礼,何不迁合朔日邪?"其不稽古如此。大通货贿,凡事非重赂不行。人有饷绢二百疋,嫌少不答书。宅舍园池,诸王邸第莫及。女妓数十,艺貌冠绝当时。金玉锦绣之饰,宫掖不逮也。每制一衣,造一物,都下莫不法效焉。于宅内开渎东出十许里,塘岸整洁,泛轻舟,奏女乐。中书舍人刘休尝诣之,遇佃夫出行,中路相逢,要休同反。就席便命施设,一时珍羞,莫不必备。凡诸火剂,并皆始熟,如此者数十种。佃夫常作数千人馔,以待宾客,故造次便办,类皆如此,虽晋世王、石不能过也。泰始初,军功既多,爵秩无序,佃夫仆从附隶,皆受不次之位,捉车人武贲中郎将,傍马者员外郎。朝士贵贱莫不自结,而矜傲无所降意,入其室者唯吴兴沈勃、吴郡张澹数人而已。

明帝晏驾,后废帝即位,佃夫权任转重,兼中书通事舍人,加给事中、辅国将军,余如故。欲用张澹为武陵郡,卫将军袁粲以下皆不同,而佃夫称敕施行。又庐江何恢有妓张耀华,美而有宠,为广州刺史,将发,要佃夫饮,设乐,见张氏,悦之,频求,恢曰:"恢可得,此人不可得也。"佃夫拂衣出户,曰:"惜指失掌邪?"遂讽有司以公事弹恢。凡如此,粲等并不敢执。元徽三年,迁黄门侍郎,领右卫将军。明年,改领骁骑将军,迁南豫州刺史、历阳太守,犹管内任。

时废帝猖狂,好出游走。始出宫,犹整羽仪队仗,俄而弃部伍,单骑与数人相随,或出郊野,或入市廛,内外莫不忧惧。佃夫密与直阁将军申伯宗、步兵校尉朱幼、于天宝谋共废帝,立安成王。五年春,帝欲往江乘射雉。帝每出,常留队仗在乐游苑前,弃之而去。佃夫欲称太后令,唤队仗还,闭城门,分人守石头、东府,遣人执帝废之,自为扬州刺史辅政。与幼等已成谋,会帝不成向江乘,故事不行。于天宝因以其谋告帝,帝乃收佃夫、幼、伯宗,于光禄外部赐死。佃夫、幼等罪止一身,其余无所问。

幼,泰始初为外监配衣,诸军征讨,有济办之能,遂官涉三品,为奉朝请、南高平太守,封安浦县侯。

于天宝,其先胡人,豫竹林堂功,元徽中封鄂县子。发佃夫谋,以为清河太守、右军将军。升明中,齐高帝以其反覆赐死。

寿寂之,位太子屯骑校尉、南泰山太守。多纳货贿,请谒无穷。有一不从,便切齿骂詈,常云"利刀在手,何忧不办"。鞭尉吏,研逻将，后为有司所奏，徙送越州。至豫章谋叛，乃杀之。

姜产之，位南济阳太守。后北侵魏，战败见杀。

王道隆，吴兴乌程人。兄道迄，涉学善书，形貌又美，吴兴太守王韶之谓人曰："有子弟如王道迄，无所少。"道隆亦知书，太始二年，兼中书通事舍人。道隆为明帝所委，过于佃夫，而和谨自保，不妄毁伤人。执权既久，家产丰积，豪丽虽不及佃夫，而精整过之。元徽二年，桂阳王休范举兵，乃以讨佃夫、道隆及杨运长为名。休范奄至新亭，见杀。

杨运长，宣城怀安人。素善射，为射师。性谨悫，为明帝委信。及即位，亲遇甚厚。后废帝即位，与佃夫俱兼通事舍人。以平桂阳王休范功，封南城县子。运长质木廉正，修身甚清，不事园宅，不受饷遗，而凡鄙无识，唯与寒人潘智、徐文盛厚善。动止施为，必与二人量议。文盛为奉朝请，预平桂阳王休范，封广晋县男。顺帝即位，运长为宣城太守，寻还家。沈攸之反，运长有异志，齐高帝遣骠骑司马崔文仲诛之。

纪僧真，丹杨建康人也。少随逐征西将军萧思话及子惠开，皆被赏遇。惠开性苛，僧真以微过见罚，既而委任如旧。及罢益州还都，不得志，而僧真事之愈谨。惠开临终叹曰："纪僧真方当富贵，我不见也。"以僧真托刘彦节、周颙。

初，惠开在益州，土反，被围危急，有道人谓之曰："城围寻解，檀越贵门后方大兴，无忧外贼也。"惠开密谓僧真曰："我子弟见在者并无异才，政是萧道成耳。"僧真忆其言，乃请事齐高帝，随从在淮阴。以闲书题，令答远近书疏。自寒官历至高帝冠军府参军、主簿。僧真梦蒿艾生满江，惊而白之，高帝曰："诗人采萧，萧即艾也。萧生断流，卿勿广言。"其见亲如此。后除南台御史，高帝领军功曹。

上将废立，谋之袁粲、褚彦回。僧真启上曰："今朝廷猖狂，人不自保，天下之望，不在袁、褚，明公岂得默己，坐受夷灭？存亡之机，仰希熟虑。"高帝纳之。高帝欲度广陵起兵，僧真又曰："主上虽复狂衅,而累代皇基,犹固盘石。今百口北度,何必得俱? 纵得广陵城,天子居深宫,施号令,目明公为逆,何以避此?如其不胜,则应北走。窃谓此非万全策也。"上曰:"卿顾家,岂能逐我行邪?"僧真顿首称无贰。

升明元年,除员外郎,带东武城令。寻除给事中。高帝坐东府高楼望石头城,僧真在侧。上曰:"诸将劝我诛袁、刘,我意未愿便尔。"及沈攸之事起,从高帝入朝堂。石头反夜,高帝遣众军掩讨。宫城中望石头火光及叫声甚盛,人怀不测。僧真谓众曰:"叫声不绝,是必官军所攻。火光起者,贼不容自烧其城,此必官军胜也。"寻而启石头平。上出顿新亭,使僧真领千人在帐内。初,上在领军府,令僧真学上手迹下名,至是报答书疏皆付僧真。上观之笑曰:"我亦不复能别也。"

初,上在淮阴修理城,得古锡趺九枚,下有篆文,莫能识者。僧真省事独曰:"何须辩此文字,此自久远之物,锡而有九,九锡之征也。"高帝曰:"卿勿妄言。"及上将拜齐公,已克日,有杨祖之谋于临轩作难,僧真请上更选吉辰,寻而祖之事觉。上曰:"无卿言,亦当致小狼狈,此亦何异呼沱之冰。"转齐国中书舍人。建元初,带东燕令,封新阳县男。转羽林监,迁尚书主客郎,太尉中兵参军,兼中书舍人。

高帝疾甚,令僧真典遗诏。永明元年,丁父丧,起为建威将军,寻除南太山太守,又为舍人。僧真容貌言吐,雅有士风,武帝尝目送之,笑曰:"人生何必计门户,纪僧真常常贵人所不及也。"诸权要中最被昵遇。后除前军将军。遭母丧,开冢得五色两头蛇。武帝崩,僧真号泣思慕。明帝以僧真历朝驱使,建武初,除游击将军,兼司农,待之如旧。欲令僧真临郡,僧真启进其弟僧猛为镇蛮护军、晋熙太守。永泰元年,除司农卿。明帝崩,掌山陵事,出为庐陵内史。卒于官。

僧猛后卒于晋熙太守。兄弟皆有风姿举止,并善隶书。僧猛又能飞白书,作《飞白赋》。

僧真子交卿,甚有解用。

宋时,道人杨法持与高帝有旧,元徽末,宣传密谋。升明中,以为僧正。建元初,罢道,为宁朔将军,封州陵男。二年,遣法持为军主,领支军救援朐山。永明四年,坐役使将客,夺其鲑禀,削封,卒。

刘系宗,丹杨人也。少便书画,为宋竟陵王诞子景粹侍书。诞举兵广陵,城内皆死,救沈庆之救系宗,以为东宫侍书。泰始中,为主书,以寒宦累至勋品。元徽初,为奉朝请,兼中书通事舍人、员外郎,封始兴南亭侯,带秣陵令。

齐高帝废苍梧,明旦呼正直舍人虞整,醉不能起,系宗欢喜奉救。高帝曰:“今天地重开,是卿尽力之日。”使写诸处分救令及四方书疏,使主书十人、书吏二十人配之,事皆称旨。高帝即位,除龙骧将军、建康令。永明初,为右军将军、淮陵太守,兼中书通事舍人。母丧自解,起复本职。

四年,白贼唐宇之起,宿卫兵东讨,遣系宗随军慰劳。遍至遭贼郡县,百姓被驱逼者悉无所问,还复人伍。系宗还,上曰:“此段有征无战,以时平荡,百姓安帖,甚快也。”赐系宗钱帛。

上欲修白下城,难于动役。系宗启谪役在东人丁随宇之为逆者,上从之。后车驾出讲武,上履行白下城,曰:“刘系宗为国家得此一城。”永明中,魏使书常令系宗题答,秘书局皆隶之。再为少府。郁林即位,除宁朔将军、宣城太守。

系宗久在朝省,闲于职事,武帝常云:“学士辈不堪经国,唯大读书耳。经国,一刘系宗足矣。沈约、王融数百人,于事何用。”其重吏事如此。建武二年,卒官。

茹法亮,吴兴武康人也。宋大明中,出身为小史,历斋干扶侍。孝武末年,鞭罚过度,校猎江右,选白衣左右百八十人,皆面首富室,从至南州,得鞭者过半。法亮忧惧,因缘启出家,得为道人。明帝初,罢道,结事阮佃夫,累至齐高帝冠军府行参军。及武帝镇盆城,须旧驱使人,法亮求留为武帝江州典签,除南台御史,带松滋令。法亮便僻解事,善于承奉,稍见委信。建元初,度东宫主书,除奉朝请,补东宫通事舍人。武帝即位,仍为中书通事舍人,除员外郎,带南济阴太守。与会稽吕文度、临海吕文显,并以奸佞谄事武帝。

文度为外监,专制兵权,领军将军守虚位而已。天文寺常以上将星占文度吉凶。文度尤见委信,上尝云:"公卿中有忧国如文度者,复何忧天下不宁。"文度既见委用,大纳财贿,广开宅宇,盛起土山,奇禽怪树,皆聚其中,后房罗绮,王侯不能及。又启上"籍被却者,悉充远戍",百姓嗟怨,或逃亡避咎。富阳人唐宇之因此聚党为乱,鼓行而东,乃于钱唐县僭号,以新城戍为伪宫,以钱唐县为伪太子宫,置百官皆备。三吴却籍者奔之,众至三万。窃称吴国,伪年号兴平。其源始于虞玩之,而成于文度,事见《虞玩之传》。

法亮、文度并势倾天下,太尉王俭常谓人曰:"我虽有大位,权寄岂及茹公。"

永明二年,封望蔡县男。七年,除临淮太守,转竟陵王司徒中兵参军。巴东王子响于荆州杀僚佐,上遣军西上,使法亮宣旨安抚子响。法亮至江津,子响呼法亮,疑畏不肯往,又求见传诏,法亮又不遣,故子响怒,遣兵破尹略军。事平,法亮至江陵,诛赏处分,皆称敕断决。军还,上悔诛子响,法亮被责,少时亲任如旧。

广开宅宇,杉斋光丽,与延昌殿相埒。延昌殿,武帝中斋也。宅后为鱼池钓台,土山楼馆,长廊将一里。竹林花药之美,公家苑囿所不能及。郁林即位,除步兵校尉。

时有綦母珍之,居舍人之任,凡所论荐,事无不允。内外要职及郡丞尉,皆论价而后施行。货贿交至,旬月之间,累至千金。帝给珍之宅,宅边又有空宅,从即并取,辄令材官营作,不关诏旨。材官将军细作丞相语云:"宁拒至尊敕,不可违舍人命。"珍之母随弟钦之作暨阳令,钦之罢县还,珍之迎母至湖熟,辄将青壁百人自随,鼓角横吹,都下富人追从者百数。钦之自行佐作县,还除庐陵王骠骑正将军,又诈宣敕,使钦之领青觜。珍之有一铜镜,背有"三公"字,常语人云:"征祥如此,何患三公不至。"乃就蒋王庙乞愿得三公,封郡王。启帝求封,朝议未许。又自陈曰:"珍之西州伏事,侍从入宫,契阔心膂,竭尽诚力。王融奸谋潜构,自非珍之翼卫扶持,事在不测。今惜千户侯,谁为官使者。"又有牒自论于朝廷曰:"当世祖晏驾之时,内外纷扰,珍之手抱至尊,口行处分,忠诚契阔,人谁不知。今希千户侯,于分非过。"乃许三百户,瞋恚形于言色。进为五百户,又不步受。明帝议诛之,乃许封汝南县。

有杜文谦者,吴郡钱唐人。帝为南郡王,文谦侍五经文句,历太学博士,出为溧阳令,未之职。会明帝知权,萧谌用事,文谦乃谓珍之曰:"天下事可知,灰尽粉灭,匪朝伊夕,不早为计,吾徒无类矣。"珍之曰:"计将安出?"答曰:"先帝故人多见摈斥,今召而使之,谁不慷慨。近闻王洪轨与赵越常、徐僧亮、万灵会共语,皆攘袂椎床。君其密报周奉叔,使万灵会、魏僧勔杀萧谌,则宫内之兵皆我用也。即勒兵入尚书斩萧令,两都伯力耳。其次则遣荆轲、豫让之徒,因谘事,左手顿其胸,则方寸之刃,足以立事,亦万世一时也。今举大事亦死,不举事亦死,二死等耳,死社稷可乎!若迟疑不断,复少日,录君称敕赐死,父母为殉,在眼中矣。"珍之不能用。

时徐龙驹亦当得封,珍之耻与龙驹共诏,因求别立。事未及行而事败。珍之在西州时有一手板,相者云"当贵",每以此言动帝,又图黄门郎,帝尝问之曰:"西州时手板何在?"珍之曰:"此是黄门手板,官何须问?"帝大笑。珍之时为左将军、南彭城太守,领中书通事舍人。正直宿,宣旨使即往蒋王庙祈福,因收送廷尉,与周奉叔、杜文谦同死。

文谦有学行,善言吐。其父闻其死,曰:"吾所以忧者,恐其不得死地耳。今以忠义死,复何恨哉。王经母所以欣经之义也。"时人美其言。

龙驹以奄人本给安陆侯,后度东宫为斋帅。帝即位以后,便佞见宠,凡诸鄙黩杂事,皆所诱劝。位羽林监、后阁舍人、黄门署令、淮陵太守。帝为龙驹置嫔御妓乐，常住含章殿，著黄纶帽，被貂裘，南面向桉，代帝画敕，内左右侍直，与帝不异。前代赵忠、张让之徒，莫之能比。封惠怀县男，事未行，明帝请诛之，恳至，乃见许。

曹道刚，废帝之日，直阁省，萧谌先入，若欲论事，兵随后奄进，以刀刺之，洞胸死，因进宫内废帝。直后徐僧亮甚怒，大言于众曰："吾等荷恩，今日应死报。"又见杀。道刚字景昭，彭城人，性质直。帝虽与之狎而未尝敢酬。帝悦市里杂事，以为欢乐，道刚辄避之。益州人韩护善骑马，帝尝呼入华林园令骑，大赏狎之。道刚出谓明帝："主上犹是小儿，左右皆须正人，使日见礼则。近闻韩护与天子齐马并驰，此导人君于危地，道刚欲杀之。"既而遣人刺杀护。及道刚死，张融谓刘绘曰："道刚似不为诣，亦复不免也。"答曰："夫径寸之珠，非不宝也，而蚌之所病，云何不疗之哉，此道刚所以死也。"

明帝即位，高、武旧人鲜有存者，法亮以主者久事，故不见疑，位任如故。先是，延昌殿为武帝阴室，藏诸服御。二少帝并居西殿。及明帝居东斋，开阴室，出武帝白纱帽、防身刀，法亮歔欷流涕。永泰元年，王敬则事平，法亮复受敕宣慰诸郡，无所纳受。东昏即位，出法亮为大司农。中书权利之职，法亮不乐去，固辞不受。既而代人已到，法亮垂涕而出。卒官。

吕文显，临海人也。升平初，为齐高帝录尚书省事，累迁殿中御史。后为秣陵令，封刘阳县男。永明元年，为中书通事舍人。文显临事以刻核被知。三年，带南清河太守，与茹法亮等迭出入为舍人，并见亲幸。多四方饷遗，并造大宅，聚山开池。时中书舍人四人，各住一省，世谓之四户。既总重权，势倾天下。晋、宋旧制，宰人之官以六年为限。近世以六年过久，又以三周为期，谓之小满。而迁换去来，又不依三周之制，送故迎新，吏人疲于道路。四方守宰饷遗，一年咸数百万。舍人茹法亮于众中语人曰："何须觅外禄，此一户内年办百万。"盖约言之也。其后玄象失度，史官奏宜修祈禳之礼。王俭闻之，谓上曰："天文乖忤，此祸由四户。"仍奏文显等专擅恣和，极言其事。上虽纳之，而不能改也。

　　文显累迁左中郎将、南东莞太守。故事，府州部内论事，皆签前直叙所论之事，后云"谨签"，日月下又云"某官某签"，故府州置典签以典之，本五品吏，宋初改为七职。宋氏晚运，多以幼少皇子为方镇，时主皆以亲近左右领典签，典签之权稍重。大明、太始，长王临蕃，素族出镇，莫不皆出内教命，刺史不得专其任也。宗悫为豫州，吴喜公为签典。悫刑政所施，喜公每多违执，悫太怒曰："宗悫年将六十，为国竭命，政得一州如斗大，不能复与典签共临！"喜公稽颡流血乃止。自此以后，权寄弥隆，典签递互还都，一岁数反，时主辄与间言，访以方事。刺史行事之美恶，系于典签之口，莫不折节推奉，恒虑不及。于是威行州郡，权重蕃君。刘道济、柯孟孙等奸慝发露，虽即显戮，而权任之重不异。明帝辅政，深知之，始制诸州急事宜密有所论，不得遣典签还都，而典签之任轻矣。后以文显守少府，见任使，历建武、永元之世，至尚书右丞，少府卿，卒官。

　　茹法珍，会稽人，梅虫儿，吴兴人，齐东昏时并为制局监，俱见爱幸。自江祏、始安王遥光等诛后，及左右应敕、捉刀之徒，并专国命，人间谓之刀敕，权夺人主。都下为之语曰："欲求贵职依刀敕，须得富豪事御刀。"

　　时又有新蔡人徐世㯭，尤见宠信，自殿内主帅为直阁骁骑将军。凡诸杀戮，皆世㯭所劝。杀徐孝嗣后，封临汝县子。陈显达事起，加辅国将军。虽用护军崔慧景为都督，而兵权实在世㯭，当时权势倾法珍、虫儿。又谓法珍、虫儿曰："何世天子无要人，但阿侬货主恶耳。"法珍等与之争权，遂以白帝，帝稍恶其凶强。世㯭窃欲生心，左右徐僧重密知之，发其事，收得千余人仗及咒诅文，又画帝十余形象，备为刑斩刻射支解之状，而自作己像，著通天冠衮服，题云"徐氏皇帝"。永元二年，事发，乃族之。自是法珍、虫儿并为外监，口称诏敕，中书舍人王咺之与相唇齿，专掌文翰。其余二十余人，皆有势力。崔慧景平后，法珍封余干县男，虫儿封竟陵县男。

崔慧景之平，曲赦都下及南兖州，本以宥贼党，而群凶用事，刑辟不依诏书。无罪家富者，不论赦令，莫不受戮，籍其家产。与慧景深相关为尽力而家贫者，一无所问。始安、显达时，亦已如此，至慧景平，复然。或说王咺之云："赦书无信，人情大恶。"咺之曰："政当复有赦耳。"复赦，群小诛戮，亦复如先。

帝自群公诛后，无复忌惮，无日不游走。所幸潘妃，本姓俞，名尼子，王敬则伎也。或云宋文帝有潘妃，在位三十年，于是改姓曰潘，其父宝庆亦从改焉。帝呼宝庆及法珍为阿丈，虫儿及东冶营兵俞灵韵为阿兄。帝与法珍等俱诣宝庆，帝躬自汲水，助厨人作膳，为市中杂语以为谐谑。又帝轻骑戎服往诸刀敕家游宴，有吉凶辄往庆吊。奄人王宝孙年十三四，号为伥子，最有宠，参预朝政，虽王咺之、虫儿之徒亦下之。控制大臣，移易敕诏，乃至骑马入殿，诋诃天子。公卿见之，莫不慑息。

其佐成昏乱者：法珍、虫儿及王咺之、俞宝庆、俞灵韵、祝灵勇、范亮之、徐僧重、时崇济、芮安泰、刘文泰、吕文庆、胡辉光、缪买养、章道之、杨敬子、李粲之、周管之、范昙济、石昙悦、张恶奴、王胜公、王怀藻、梅师济、邹伯儿、史元益、王灵范、席休文、解涝及太史令骆文叔、大巫朱光尚，凡三十一人。又有奄官王宝孙、王法昭、许朗之、许伯孙、方佛念、马僧猛、盛勋、王竺儿、随要、袁系世等十人。梁武平建邺，皆诛。又朱兴光为茹法珍所疾，得罪被系，丰勇之与王珍国相知，行杀皆免。初，左右刀敕之徒悉号为鬼，宫中讹云："赵鬼食鸭臛，诸鬼尽著调。"当时莫解。梁武平建邺，东昏死，群小一时诛灭，故称为诸鬼也。俗间以细剉肉糅以姜桂曰臛，意者以凶党皆当细剉而烹之也。

周石珍，建康之厮隶也。世以贩绢为业。梁天监中，稍迁至宣传左右。身长七尺，颇闲应对，后遂至制局监，带开阳令。历位直阁将军。太清三年，封南丰县侯，犹领制局。台城未陷，已射书与侯景相结，门初开，石珍犹侍左右。时贼遣其徒入直殿内，或驱驴马出入殿庭。武帝方坐文德殿，怪问之，石珍曰：“皆丞相甲士。”上曰：“何物丞相？”对曰：“侯丞相。”上怒叱之曰：“是名侯景，何谓丞相！”石珍求媚于贼，乃养其党田迁以为己子，迁亦父事之。景篡位，制度羽仪皆石珍自出。景平后，及中书舍人严亶等送于江陵。

亶本为斋监，居台省积久，多闲故实。在贼居要，亚于石珍。及简文见立，亶学北人著靴上殿，无肃恭之礼。有怪之者，亶曰：“吾岂畏刘禅乎。”从景围巴陵郡，叫曰：“荆州那不送降！”及至江陵，将刑于市，泣谓石珍曰：“吾等死亦是罪盈。”石珍与其子升相抱哭。亶谓监刑人曰：“倩语湘东王，不有废也，君何以兴？”俱腰斩。自是更杀贼党，以板柙舌，钉钉之，不复得语。

陆验、徐麟，并吴郡吴人。验少而贫苦，落魄无行。邑人郁吉卿者甚富，验倾身事之。吉卿贷以钱米，验借以商贩，遂致千金。因出都下，散赀以事权贵。朱异，其邑子也，故尝有德，遂言于武帝拔之，与徐麟两人递为少府丞、太市令。验本无艺业，而容貌特丑。先是，外国献生犀，其形甚陋，故闾里咸谓验为生犀。验、麟并以苛刻为务，百贾畏之，异尤与之昵，世人谓之三蠹。司农卿傅岐，梗直士也，尝谓异曰：“卿任参国钧，荣宠如此，比日所闻，鄙秽狼藉，若使圣主发悟，欲免得乎？”异曰：“外间谤讟，知之久矣，心苟无愧，何恤人言。”岐谓人曰：“朱彦和将死矣。恃谄以求容，肆辩以拒谏，闻难而不惧，知恶而不改，天夺其鉴，其能久乎？”验竟以侵削为能，数年遂登列棘，鸣佩珥貂，并肩英彦。仕至太子右卫率，卒，赠右卫将军。远近闻其死，莫不快之。

麟素为邵陵王纶所憾，太清二年，为纶所杀。

司马申字季和，河内温人也。祖慧远，梁都水使者。父玄通，梁尚书左户郎。申早有风鉴，十四便善弈棋。尝随父候吏部尚书到溉，时梁州刺史阴子春、领军朱异在焉，呼与棋。申每有妙思，异观而奇之，因引申游处。太清之难，父母俱没，因此自誓，担土菜食终身。

梁元帝承制,累迁镇西外兵记室参军。及侯景寇郢州,申随都督王僧辩据巴陵,每进策,皆见行用。僧辩叹曰:"此生要鞭汗马,或非所长,若使抚众守城,必有奇绩。"僧辩之讨陆纳也,于时贼众奄至,左右披靡,申躬蔽僧辩,蒙盾而前,会裴之横救至,贼乃退。僧辩顾而笑曰:"仁者必有勇,岂虚言哉。"

陈太建中,除秣陵令。在职以清能见纪,有白雀集于县庭。复为东宫通事舍人。叔陵之肆逆也,事既不捷,出据东府,申驰召右卫将军萧摩诃帅兵先至,追斩之,后主深嘉焉。以功除太子左卫率,封文招县伯,兼中书通事舍人。迁右卫将军。历事三帝,内掌机密,颇作威福。性忍害,好飞书以谮毁,朝之端士,遍罹其殃。参预谋谟,乃于外宣说,以为己力,省中秘事,往往泄漏。性又果敢,善应对,能候人主颜色。有忤己者,必以微言谮之,附己者,因机进之。是以朝廷内外,皆从风靡。

初,尚书右仆射沈君理卒,朝廷议以毛喜代之。申虑喜预政,乃短喜于后主曰:"喜臣之妻兄,高帝时称陛下有酒德,请逐去宫臣,陛下宁忘之邪?"喜由是废锢。又与施文庆、李脱儿比周,谮杀傅縡,夺任忠部曲以配蔡征、孔范,是以文武解体,至于覆灭。

申尝昼寝于尚书下省,有鸟啄其口,流血及地,时论以为谮贤之效也。后加散骑常侍,右卫、舍人如故。至德四年,卒。后主嗟悼久之。赠侍中、护军将军,进爵为侯,谥曰忠。及葬,后主自为制志铭。子琇嗣,官至太子舍人。

施文庆,不知何许人也。家本吏门,至文庆好学,颇涉书史。陈后主之在东宫,文庆事焉。及即位,擢为中书舍人。仍属叔陵作乱,隋师临境,军国事务,多起仓卒。文庆聪敏强记,明闲吏职,心算口占,应时条理,由是大被亲幸。

又自太建以来,吏道疏简,百司弛纵,文庆尽其力用,无所纵舍,分官联事,莫不振惧。又引沈客卿、阳惠朗、徐哲、暨慧景等,云有吏能,后主信之。然并不达大体,督责苛碎,聚敛无厌,王公大人,咸共疾之。后主益以文庆为能，尤更亲重，内外众事，无不任委。累迁太子左卫率，舍人如故。

祯明三年，湘州刺史晋熙王叔文在职既久，大得人和，后主以其据有上流，阴忌之。自庆素与君臣少恩，恐不为用，无所任者，乃擢文庆为都督、湘州刺史，配以精兵，欲令西上，仍征叔文还朝。文庆深喜其事，然惧居外，后执事者持己短长，因进其党沈客卿以自代。未发间，二人共掌机密。

时隋军大举，分道而进，尚书仆射袁宪、骠骑将军萧摩诃及文武群臣共议，请于京口、采石各置兵五千，并出金翅二百，缘江上下，以为防备。文庆恐无兵从己，废其述职，而客卿又利文庆之任，己得专权，俱言于朝曰："必有论议，不假面陈，但作文启，即为通奏。"宪等以为然。二人赍启入白后主曰："此是常事，边城将帅，足以当之。若出人船，必恐惊扰。"及隋军临江，间谍骤至，宪等殷勤奏请，至于再三。文庆等曰："元会将逼，南郊之日，太子多从，今若出兵，事便废阙。"后主曰："今且出兵，若北边无事，因以水军从郊，何为不可。"又对曰："如此则声闻邻境，便谓国弱。"后又以货动江总，总内为之游说，后主重违其意，而迫群官之请，乃令付外详议，又抑宪等，由是未决，而隋师济江。

后主性怯懦，不达军事，昼夜啼泣，台内处分，一以委之。文庆既知诸将疾己，恐其有功，乃奏曰："此等怏怏，素不伏官，迫此事机，那可专信。"凡有所启请，经略之计，并皆不行。寻敕文庆领兵顿于乐游苑。陈亡，隋晋王广以文庆受委不忠，曲为谄佞，以蔽耳目，比党数人，并于石阙前斩之，以谢百姓。

沈客卿，吴兴武康人也。美风采，善谈论，博涉群书。与施文庆少相亲昵。仕陈，累迁至尚书仪曹郎。聪明有口辩，颇知故事。每朝廷体式，吉凶仪注，凡所疑议，客卿斟酌裁断，理虽有不经，而众莫能屈，事多施行。

至德初，以为中书舍人，兼步兵校尉，掌金帛局。以旧制军人、士人、二品清官，并无关市之税。后主盛修宫室，穷极耳目，府库空虚，有所兴造，恒苦不给。客卿每立异端，唯以刻削百姓为事，奏请不问士庶，并责关市之估，而又增重其旧。于是以阳惠朗为太市令，暨慧景为尚书金、仓都令史。二人家本小吏，考校簿领，豪厘不差，纠谪严急，百姓嗟怨。而客卿居舍人，总以督之，每岁所入，过于常格数十倍，后主大悦。寻加客卿散骑常侍、左卫将军，舍人如故。惠朗、惠景奉朝请。

祯明三年，客卿遂与文庆俱掌机密。隋师至，文庆出顿乐游苑，内外事客卿总焉。台城失守，隋晋王以客卿重赋厚敛，以悦于上，与文庆、暨惠景、阳惠朗等，俱斩于石阙前。

徐哲，不知何许人，施文庆引为制局监，掌刑法，亦与客卿同诛。

孔范字法言，会稽山阴人也。曾祖景伟，齐散骑常侍。祖滔，梁海盐令。父岱，历职清显。

范少好学，博涉书史。陈太建中，位宣惠江夏王长史。后主即位，为都官尚书，与江总等并为狎客。范容止都雅，文章赡丽，又善五言诗，尤见亲爱。后主性愚很，恶闻过失，每有恶事，范必曲为文饰，称扬赞美。时孔贵人绝爱幸，范与孔氏结为兄妹，宠遇优渥，言听计从。朝廷公卿咸畏范，因骄矜，以为文武才能举朝莫及。从容白后主曰："外间诸将，起自行伍，匹夫敌耳，深见远虑，岂其所知。"后主以问施文庆，文庆畏范，益以为然。自是，将帅微有过失，即夺其兵，分配文吏。"

隋师将济江，群官请为备防，文庆沮坏之，后主未决。范奏曰："长江天堑，古来限隔，虏军岂能飞度？边将欲作功劳，妄言事急。臣自恨位卑，虏若能来，定作太尉公矣。"或妄言北军马死，范曰："此是我马，何因死去。"后主笑以为然，故不深备。寻而隋将贺若弼陷南徐州，执城主庄元始；韩擒陷南豫州，败水军都督高文泰。与中领军鲁广达顿于白塔寺。后主多出金帛，募人立功，范素于武士不接，莫有至者,唯负贩轻薄多从之,高丽、百济、昆仑诸夷并受督。时任蛮奴请不战,而已度江攻其大军。又司马消难言于后主曰:"弼若登高举烽,与韩擒相应,鼓声交震,人情必离。请急遣兵北据蒋山,南断淮水,质其妻子,重其赏赐。陛下以精兵万人,守城莫出。不过十日,食尽,二将之头可致阙下。"范冀欲立功,志在于战,乃曰:"司马消难狼子野心,任蛮奴淮南伧士,语并不可信。"事遂不行。隋军既逼,蛮奴又欲为持久计,范又奏:"请作一决,当为官勒石燕然。"后主从之。明日,范以其徒居中,以抗隋师,未阵而北,范脱身遁免。寻与后主俱入长安。

初,晋王广所戮陈五佞人,范与散骑常侍王瑳、王仪、御史中丞沈瓘,过恶未彰,故免。及至长安,事并露,隋文帝以其奸佞谄惑,并暴其过恶,名为四罪人,流之远裔,以谢吴、越之人。瑳、仪并琅邪人。瑳刻薄贪鄙,忌害才能。仪候意承颜,倾巧侧媚,又献其二女,以求亲昵。瓘险惨奇酷,发言邪谄,故同罪焉。

论曰:自宋中世以来,宰御朝政,万机碎密,不关外司。尚书八坐五曹,各有恒任,系以九卿六府,事存副职。至于冠冕缙绅,任疏人贵,伏奏之务既寝,趋走之劳亦息。关宣所寄,属当事有所归。通驿内外,切自音旨。若夫竭忠尽节,仕子恒图,随方致用,明君盛典。旧非本旧,因新以成旧者也;狎非先狎,因疏以成狎者也。而任隔疏情,殊涂一致,权归近狎,异世同揆。故环缨敛笏,俯仰晨昏,瞻崿坐而竦躬,陪兰槛而高眄,探求恩色,习睹威颜,迁兰变鲍,久而弥信。因城社之固,执开塞之机。长主君世,振裘持领,赏罚事殷,能不逾漏,宫省咳唾,义必先知。故窥盈缩于望景,获骊珠于龙睡,坐归声势,卧震都鄙,贿赂日积,苞苴岁通,富拟公侯,威行州郡。制局小司,专典兵力,云陛天居,亘设兰绮,羽林精卒,重屯广卫。至于元戎启辙,武候还麾,遮迾清道,神行桉辔,督察往来,驰骛辇毂,驱役分部,亲承几桉,领护所摄,示总成规。若征兵动众,大兴人役,优剧远近,断于外监之心,谴辱诋诃,恣于典事之口。抑符缓诏,奸伪非一,书死为生,请谒成市。左臂挥金,右手刊字,纸为铜落,笔由利染。故门同玉署,家号金穴。嫱媛侍女,燕秦蔡郑之声,琁池碧梁,鱼龙雀马之玩,莫不充牣锦室,照彻青云。害政伤人,于斯为切。况乎主幼时昏,谗慝亦何可胜也。

南史卷七八
列传第六八

夷貊上 海南诸国　西南夷

林邑国　扶南国　诃罗陁国
呵罗单国　婆皇国　波达国
阇婆达国　槃槃国　丹丹国
干陁利国　狼牙脩国　婆利国
中天竺国　天竺迦毗黎国　师子国

海南诸国，大抵在交州南及西南大海洲上，相去或四五千里，远者二三万里。其西与西域诸国接。汉元鼎中，遣伏波将军路博德开百越，置日南郡。其徼外诸国，自武帝以来皆朝贡。后汉桓帝世，大秦、天竺皆由此道遣使贡献。及吴孙权时，遣宣化从事朱应、中郎康泰通焉。其所经过及传闻，则有百数十国，因立记传。晋代通中国者盖鲜，故不载史官。及宋、齐至梁，其奉正朔、修贡职，航海往往至矣。今采其风俗粗著者，列为《海南》云。

林邑国，本汉日南郡象林县，古越裳界也。伏波将军马援开南境，置此县。其地从广可六百里。城去海百二十里，去日南南界四百余里，北接九德郡。其南界，水步道二百余里，有西图夷，亦称王，马援所植二铜柱，表汉家界处也。其国有金山，石皆赤色，其中生金。金夜则出飞,状如萤火。又出玳瑁、贝齿、古贝、沉木香。古贝者,树名也,其华成时如鹅毳,抽其绪纺之以作布,布与纻布不殊。亦染成五色,织为斑布。沉木香者,土人斫断,积以岁年,朽烂而心节独在,置水中则沉,故名曰沉香,次浮者栈香。

汉末大乱,功曹区王杀县令,自立为王。数世,其后王无嗣,外甥范熊代立,死,子逸嗣。晋成帝咸康三年,逸死,奴文篡立。文本日南西卷县夷帅范幼家奴,尝牧牛于山涧,得鳢鱼二,化而为铁,因以铸刀。刀成,文向石咒曰:"若斫石破者,文当王此国。"因斫石,如断刍稿,文心异之。范幼尝使之商贾至林邑,因教林邑王作宫室及兵车器械,王宠任之。后乃谮言诸子,各奔余国。及王死无嗣,文伪于邻国迓王子,置毒于浆中杀之,遂胁国人自立。时交州刺史姜庄使所亲韩戢、谢幼前后监日南郡,并贪残,诸国患之。穆帝永和三年,台遣夏侯览为太守,侵刻尤盛。林邑素无田土,贪日南地肥沃,常欲略有之。至是因人之怨,袭杀览,以其尸祭天。留日南三年,乃还林邑。交州刺史朱藩后遣督护刘雄戍日南,文复灭之,进寇九德郡,害吏人。遣使告藩,愿以日南北境横山为界,藩不许。文归林邑,寻复屯日南。

文死,子佛立,犹屯日南。征西将军桓温遣督护滕畯、九真太守灌邃讨之,追至林邑,佛乃请降。安帝隆安三年,佛孙须达复寇日南、九德诸郡,无岁不至,杀伤甚多,交州遂致虚弱。须达死,子敌真立,其弟敌铠携母出奔。敌真追恨不能容其母弟,舍国而之天竺,禅位于其甥。国相藏麟固谏不从。其甥立而杀藏麟,藏麟子又攻杀之,而立敌铠同母异父弟,曰文敌。文敌复为扶南王子当根纯所杀,大臣范诸农平其乱,自立为王。诸农死,子阳迈立。阳迈初在孕,其母梦生儿,有人以金席藉之,其色光丽。夷人谓金之精者为阳迈,若中国云紫磨者,因以为名。宋永初二年,遣使贡献,以阳迈为林邑王。阳迈死,子咄立,篡其父复曰阳迈。

其国俗,居处为阁,名曰干阑。门户皆北向。书树叶为纸。男女皆以横幅古贝绕腰以下,谓之干漫,亦曰都漫。穿耳贯小环。贵者著革屣,贱者跣行。自林邑、扶南以南诸国皆然也。其王者著法服,加璎珞,如佛像之饰。出则乘象,吹螺击鼓,罩古贝伞,以古贝为幡旗。国不设刑法,有罪者使象蹋杀之。其大姓号婆罗门,嫁娶必用八月。女先求男,由贱男而贵女。同姓还相婚姻。使婆罗门引婿见妇,握手相付,咒曰"吉利吉利"为成礼。死者焚之中野,谓之火葬。其寡妇孤居,散发至老。国王事尼乾道,铸金银人像,大十围。

元嘉初,阳迈侵暴日南、九德诸郡,交州刺史杜弘文建牙欲讨之,闻有代乃止。八年,又寇九德郡,入四会浦口。交州刺史阮弥之遣队主相道生帅兵赴讨,攻区栗城不克,乃引还。十二年、十五年、十六年、十八年,每遣使贡献,献亦陋薄,而寇盗不已。文帝忿其违傲,二十三年,使交州刺史檀和之、振武将军宗悫伐之。和之遣司马萧景宪为前锋,阳迈闻之惧,欲输金一万斤、银十万斤、铜三十万斤,还所略日南户。其大臣蒌僧达谏止之,乃遣大帅范扶龙戍其北界区栗城。景宪攻城克之,乘胜即克林邑,阳迈父子并挺身逃奔。获其珍异,皆是未名之宝。又销其金人,得黄金数十万斤。

和之,高平金乡人,檀冯之子也。以功封云杜县子。孝建三年,为南兖州刺史,坐酤饮黩货,迎狱中女子入内,免官禁锢。后病死,见胡神为祟。追赠左将军,谥曰襄子。

孝武孝建二年,林邑又遣长史范龙跋奉使贡献,除龙跋扬武将军。大明二年,林邑王范神成又遣长史范流奉表,献金银器、香、布诸物。明帝泰豫元年,又遣使献方物。齐永明中,范文赞累遣使贡献。梁天监九年,文赞子天凯奉献白猴,诏加持节、督缘海诸军事、威南将军、林邑王。死,子弼毳跋摩立,奉表贡献。普通七年,王高戍胜铠遣使献方物,诏以为持节、督缘海诸军事、绥南将军、林邑王。大通元年,又遣使贡献。大通二年,行林邑王高戍律陀罗跋摩遣使贡献,诏以为持节、督缘海诸军事、绥南将军、林邑王。六年,又遣使献方物。

广州诸山并狸獠,种类繁炽,前后屡为侵暴,历世患之。宋孝武大明中,合浦大帅陈檀归顺,拜龙骧将军。檀乞官军征讨未附,乃以檀为高兴太守,遣前朱提太守费沉、龙骧将军武期南伐,并通朱崖道,并无功,辄杀檀而反,沉下狱死。

扶南国,日南郡之南,海西大湾中,去日南可七千里,在林邑西南三千余里。城去海五百里,有大江广十里,从西流东入海。其国广轮三千余里,土地洿下而平博,气候、风俗大较与林邑同。出金、银、铜、锡、沉木香、象、犀、孔翠、五色鹦鹉。

其南界三千余里有顿逊国,在海崎上,地方千里。城去海十里。有五王,并羁属扶南。顿逊之东界通交州诸贾人。其西界接天竺、安息徼外诸国,往还交易。其市东西交会,日有万余人,珍物宝货无不有,又有酒树似安石榴,采其花汁停瓮中,数日成酒。

顿逊之外大海洲中,又有毗骞国,去扶南八千里。传其王身长丈二,头长三尺,自古不死,莫知其年。王神圣,国中人善恶及将来事,王皆知之,是以无敢欺者。南方号曰长颈王。国俗:有室屋衣服,啖粳米。其人言语小异扶南。有山出金,金露生石上,无央限也。国法:刑人并于王前啖其肉。国内不受估客,有往者亦杀而啖之,是以商旅不敢至。王常楼居,不血食,不事鬼神。其子孙生死如常人,唯王不死。扶南王数使与书相报答。常遗扶南王纯金五十人食器,形如圆盘,又如瓦坯,名为多罗,受五升,又如碗者受一升。王亦能作天竺书,书可三千言,说其宿命所由,与佛经相似,并论善事。

又传扶南东界即大涨海,海中有大洲,洲上有诸薄国,国东有马五洲。复东行涨海千余里,至自然大洲,其上有树生火中,洲左近人剥取其皮,纺绩作布,以为手巾,与蕉麻无异,而色微青黑。若小垢污,则投火中,复更精洁。或作灯炷,用之不知尽。

扶南国俗本裸,文身被发,不制衣裳,以女人为王,号曰柳叶。年少壮健,有似男子。其南有激国,有事鬼神者字混填,梦神赐之弓,乘贾人舶入海。混填晨起即诣庙,于神树下得弓,便依梦乘舶入海,遂至扶南外邑。柳叶人众见舶至,欲劫取之,混填即张弓射其舶,穿度一面,矢及侍者。柳叶大惧,举众降混填,填乃教柳叶穿布贯头,形不复露,遂君其国,纳柳叶为妻,生子分王七邑。其后王混盘况以诈力间诸邑,令相疑阻,困举兵攻并之。乃选子孙中分居诸邑,号曰小王。盘况年九十余乃死,立中子盘盘,以国事委其大将范蔓。盘盘立三年死,国人共举蔓为王。蔓勇健有权略,复以兵威攻伐旁国,咸服属之,自号扶南大王。乃作大船穷涨海,开国十余,辟地五六千里。次当伐金邻国,蔓遇疾,遣太子金生代行。蔓姊子旃因篡蔓自立,遣人诈金生而杀之。蔓死时,有乳下儿名长在人间,至年二十,乃结中壮士袭杀旃。旃大将范寻又攻杀长而代立。更缮国内,起观阁游戏之,朝旦中晡三四见客。百姓以蕉蔗龟鸟为礼。

国法:无牢狱,有讼者,先齐三日,乃烧斧极赤,令讼者捧行七步。又以金环、鸡卵投沸汤中,令探取之,若无实者手即烂,有理者则不。又于城沟中养鳄鱼,门外圈猛兽,有罪者辄以喂猛兽及鳄鱼,鱼兽不食为无罪,三日乃放之。鳄大者长三丈余,状似龟,有四足,喙长六七尺,两边有齿利如刀剑,常食鱼,遇得獐鹿及人亦噉之,苍梧以南及外国皆有之。

吴时,遣中郎康泰、宣化从事朱应使于寻国,国人犹裸,唯妇人著贯头。泰、应谓曰:“国中实佳,但人亵露可怪耳。”寻始令国内男子着横幅。横幅,今干漫也。大家乃截锦为之,贫者乃用布。

晋武帝太康中,寻始遣使贡献。穆帝升平元年,天竺旃檀奉表献驯象,诏以劳费停之。其后王憍陈如,本天竺婆罗门也,有神语曰“应王扶南”。憍陈如心悦,南至盘盘。扶南人闻之,举国欣戴,迎而立焉。复改制度,用天竺法。憍陈如死,后王持梨陁跋摩,宋文帝元嘉十一年、十二年、十五年,奉表献方物。齐永明中,王憍陈如阇邪跋摩遣使贡献。梁天监二年,跋摩复遣使送珊瑚、佛像,并献方物,诏授安南将军、扶南王。

其国人皆丑黑拳发,所居不穿井,数十家共一池引汲之。俗事天神,天神以铜为像,二面者四手,四百者八手,手各有所持,或小儿,或鸟兽,或日月。其王出入乘象,嫔侍亦然。王坐则偏踞跣膝,垂左膝至地,以白叠敷前,设金盆香炉于其上。国俗:居丧则剃除须发。死者有四葬：水葬则投之江流，火葬则焚为灰烬，土葬则瘗埋之，鸟葬则弃之中野。人性贪吝，无礼义，男女恣其奔随。

十年、十三年，跋摩累遣使贡献，其年死。庶子留陁跋摩杀其嫡弟自立。十六年，遣使竺当抱老奉表贡献。十八年，复遣使送天竺旃檀瑞像、婆罗树叶，并献火齐珠，郁金、苏合等香。普通元年、中大通二年、大同九年，累遣使献方物。五年，复遣使献生犀，又言其国有佛发，长一丈二尺，诏遣沙门释云宝随使往迎之。先是，三年八月，武帝改造阿育王佛塔，出旧塔下舍利及佛爪发，发青绀色，众僧以手伸之，随手长短，放之则旋屈为蠡形。桉《僧伽经》云：“佛发青而细，犹如藕茎丝。”《佛三昧经》云：“我昔在宫沐头，以尺量发，长一丈二尺。放已右旋，还成蠡文。”则与帝所得同也。阿育王即铁轮王，王阎浮提一天下。佛灭度后，一日一夜，役鬼神造八万四千塔，此即其一。吴时有尼居其地为小精舍，孙綝寻毁除之，塔亦同灭。吴平后，诸道人复于旧处建立焉。晋元帝初度，更修饰之。至简文咸安中，使沙门安法程造小塔，未及成而亡。弟子僧显继而修立，至孝武太元九年，上金相轮及承露。

其后，有西河离石县胡人刘萨何遇疾暴亡，而心犹暖，其家未敢便殡，经七日更苏，说云：“有两吏见录，向西北行，不测远近。至十八地狱，随报重轻，受诸楚毒。观世音语云：‘汝缘未尽，若得活可作沙门。洛下、齐城、丹阳、会稽并有阿育王塔，可往礼拜。若寿终则不堕地狱。’语竟如坠高岩，忽然醒寤。”因此出家名慧达。游行礼塔，次至丹杨，未知塔处，及登越城四望，见长干里有异气，因就礼拜，果是先阿育王塔所，屡放光明，由是定知必有舍利。乃集众就掘，入一丈，得三石碑，并长六尺。中一碑有铁函，函中有银函，函中又有金函，盛三舍利及发爪各一枚，发长数尺。即迁舍利近北对简文所造塔西造一层塔。十六年，又使沙门僧尚加为三层。即是武帝所开者也。初穿土四尺，得龙窟及昔人所舍金银环钏钗镊等诸杂宝物。可深九尺许，至石磉，磉下有石函，函内有铁壶以盛银坩，坩内有金镂罂盛三舍利如粟粒大，圆正光洁。函内有琉璃碗，碗内得四舍利及发爪。爪有四枚,并为沉香色。至其月二十七日,帝又到寺礼拜,设无碍大会,大赦。是日以金钵盛水泛舍利,其最小者隐不出,帝礼数十拜,舍利乃于钵内放光,旋回久之,乃当中而止。帝问大僧正慧念曰:“见不可思议事不?”慧念答曰:“法身常住,湛然不动。”帝曰:“弟子欲请一舍利还台供养。”至九月五日,又于寺设无碍大会,遣皇太子王侯朝贵等奉迎。是日风景明净,倾都观属。所设金银供具等物,并留寺供养,并施钱一千万为寺基业。至四年九月十五日,帝又至寺设无碍大会,竖二刹,各以金罂,次玉罂,重盛舍利及爪发内七宝塔内。又以石函盛宝塔,分入两刹刹下,及王侯妃主百姓富室所舍金银环钏等珍宝充积。十一年十一月二日,寺僧又请帝于寺发《般若经》题。尔夕二塔俱放光明,敕镇东邵陵王纶制寺《大功德碑》文。先是,二年,改造会稽鄮县塔,开旧塔中出舍利,遣光宅寺释敬脱等四僧及舍人孙照暂迎还台。帝礼拜竟,即送还县,入新塔下,此县塔亦是刘萨何所得也。

晋咸和中,丹杨尹高悝行至张侯桥,见浦中五色光长数尺,不知何怪,乃令人于光处得金像,无有光趺。悝乃下车载像还至长干巷首,牛不肯进。悝乃令驭人任牛所之,牛径牵至寺,悝因留像付寺僧。每至夜中,常放光明,又闻空中有金石之响。经二岁,临海渔人张系世于海口忽见有铜花趺浮出,取送县,县人以送台,乃施像足,宛然合。会简文咸安元年,交州合浦人董宗之采珠没水底,得佛光焰,交州送台,以施于像,又合焉。自咸和中得像,至咸安初,历三十余年,光趺始具。

初,高悝得像,后有西域胡僧五人来诣悝曰:“昔于天竺得阿育王造像,来至邺下,逢胡乱,埋于河边。今寻觅失所。”五人尝一夜俱梦见像曰:“已出江东,为高悝所得。”悝乃送此五僧至寺,见像嘘欷涕泣,像便放光,照烛殿宇。又瓦官寺慧邃欲摸写像形,寺主僧尚虑损金色,谓邃曰:“若能令像放光,四身西向,乃可相许。”慧邃便恳拜请,其夜像即转坐放光,回身西向。明旦便许摸之。像趺先有外国书,莫有识者,后有三藏那跋摩识之,云“是阿育王为第四女所造也"。

及大同中,出旧塔舍利,敕市寺侧数百家宅地以广寺域,造诸堂殿并瑞像周回阁等,穷于轮奂焉。其图诸经变,并吴人张繇运手。繇丹青之工,一时冠绝。

西南夷诃罗陁国,宋元嘉七年,遣使奉表曰:"伏承圣主信重三宝,兴立塔寺,周满世界。今故遣使二人,表此微心。"

呵罗单国都阇婆洲,元嘉七年,遣使献金刚指环、赤鹦鹉鸟、天竺国白叠、古贝、叶波国古贝等物。十年,呵罗单国王毗沙跋摩奉表曰:"常胜天子陛下,诸佛世尊,常乐安隐,三达六通,为世间导,是名如来,是故至诚五体敬礼。"其后为子所篡夺。十三年,又上表。二十六年,文帝诏曰:"呵罗单、婆皇、婆达三国,频越遐海,款化纳贡,远诚宜甄,可并加除授。"乃遣使策命之。二十九年,又遣长史婆和沙弥献方物。

婆皇国,元嘉二十六年,国王舍利婆罗跋摩遣使献方物四十一种,文帝策命之为婆皇国王。二十八年,复遣使贡献。孝武孝建三年,又遣长史竺那婆智奉表献方物,以那婆智为振威将军。大明三年,献赤白鹦鹉。大明八年、明帝泰始二年,又遣使贡献。明帝以其长史竺须罗远、前长史振威将军竺那婆智并为龙骧将军。

婆达国,元嘉二十六年,国王舍利不陵伽跋摩遣使献方物,文帝策命之为婆达国王。二十六年、二十八年,复遣使献方物。

阇婆达国,元嘉十二年,国王师黎婆达呵陁罗跋摩遣使奉表曰:"宋国大主大吉天子足下,教化一切,种智安隐,天人师降伏四魔,成等正觉,转尊法轮,度脱众生。我虽在远,亦沾灵润。"

　　槃槃国，元嘉、孝建、大明中，并遣使贡献。梁中大通元年、四年，其王使使奉表，累送佛牙及画塔，并献沉檀等香数十种。六年八月，复遣使送菩提国舍利及画塔图，并菩提树叶、詹糖等香。

　　丹丹国，中大通二年，其王遣使奉表，送牙像及画塔二躯，并献火齐珠、古贝、杂香药。大同元年，复遣使献金银、琉璃、杂宝、香药等物。

　　干陀利国，在南海洲上，其俗与林邑、扶南略同，出班布、古贝、槟榔。槟榔特精好，为诸国之极。宋孝武世，王释婆罗那邻陀遣长史竺留陀献金银宝器。梁天监元年，其王瞿昙修跋陀罗以四月八日梦一僧谓曰："中国今有圣主，十年之后，佛法大兴。汝若遣使贡奉礼敬，则土地丰乐，商旅百倍；若不信我，则境土不得自安。"初未之信，既而又梦此僧曰："汝若不信我，当与汝往观。"乃于梦中至中国，拜觐天子。既觉，心异之，陀罗本工画，乃写梦中所见武帝容质，饰以丹青，仍遣使并画工奉表献玉盘等物。使人既至，摹写帝形以还其国，比本画则符同焉。因盛以宝函，日加敬礼。后跋陀死，子毗针邪跋摩立，十七年，遣长史毗员跋摩奉表献金芙蓉、杂香药等。普通元年，复遣使献方物。

　　狼牙脩国，在南海中。其界东西三十日行，南北二十日行，北去广州二万四千里。土气、物产与扶南略同，偏多栈、洞、婆律香等。其俗：男女皆祖而被发，以古贝为干漫，其王及贵臣乃加云霞布覆胛，以金绳为络带，金环贯耳。女子则布，以璎珞绕身。其国累砖为城，重门楼阁。王出乘象，有幡旌旗鼓，罩白盖，兵卫甚严。国人说：立国以来四百余年，后嗣衰弱，王族有贤者，国人归向之；王闻乃加囚执，其锁无故自断，王以为神，因不敢害，乃逐出境，遂奔天竺，天竺妻以长女；俄而狼牙王死，大臣迎还为王；二十余年死，子婆伽达多立。天监十四年，遣使阿撒多奉表。

婆利国，在广州东南海中洲上，去广州二月日行。国界东西五十日行，南北二十日行。有一百三十六聚。土气暑热，如中国之盛夏。谷一岁再熟，草木常荣。海出文螺、紫贝。有石名蚶贝罗，初采之柔软，及刻削为物暴乾之，遂大硬。其国人披古贝如帊，及为都缦。王乃用班丝者，以缨珞绕身，头著金冠高尺余，形如弁，缀以七宝之饰。带金装剑，偏坐金高坐，以银蹬支足。侍女皆为金花杂宝之饰，或持白氀拂及孔雀扇。王出以象驾舆，舆以杂香为之，上施羽盖、珠帘。其导从吹螺击鼓。王姓憍陈如，自古未通中国，问其先及年数，不能记。自言白净王夫人即其国女。

天监十六年，遣使奉表献金席等。普通三年，其王频伽复遣使珠智献白鹦鹉、青虫、兜鍪、琉璃器、古贝、螺杯、杂香药等数十种。

中天竺国，在大月支东南数千里，地方三万里，一名身毒。汉世张骞使大夏，见邛竹杖、蜀布，国人云市之身毒，即天竺也。从月支、高附西，南至西海，东至盘越，列国数十，每国置王，其名虽异，皆身毒也。汉时羁属月支。其俗土著与月支同，而卑湿暑热，人畏战，弱于月支。国临大江，名新陶，源出昆仑。分为五江，总名恒水。其水甘美，下有真盐，色正白如水精。土出犀、象、貂鼠、玳瑁、火齐、金、银、铜、铁、金缕织成金罽、细靡白叠、好裘、氍毹。火齐状如云母，色如紫金，有光曜，别之则蝉翼，积之则如纱縠之重沓也。西与大秦、安息交市海中。多大秦珍物，珊瑚、琥珀、金碧、珠玑、琅玕、郁金、苏合。苏合是诸香汁煎之，非自然一物也。又云大秦人采苏合，先笮其汁以为香膏，乃卖其滓与诸国贾人，是以展转来达中国，不大香也。郁金犹出罽宾国，华色正黄而细，与芙蓉华里被莲者相似。国人先取以上佛寺，积日槁乃粪去之，贾人以转卖与他国也。

汉桓帝延熹九年，大秦王安敦遣使自日南徼外来献，汉世唯一通焉。其国人行贾往往至扶南、日南、交址。其南徼诸国人少有到大秦者。孙权黄武五年，有大秦贾人字秦论，来到高址，太守吴邈遣送诣权。权问论方土风俗，论具以事对。时诸葛恪讨丹杨，获黝、歙短人。论见之曰：“大秦希见此人。”权以男女各十人，差吏会稽刘咸送论，咸于道物故，乃径还本国也。

汉和帝时，天竺数遣使贡献，后西域反叛遂绝。至桓帝延熹三年、四年，频从日南徼外来献。魏、晋世，绝不复通。唯吴时扶南王范旃遣亲人苏勿使其国，从扶南发投拘利口，循海大湾中正西北入，历湾边数国，可一年余到天竺江口，逆水行七千里乃至焉。天竺王惊曰：“海滨极远，犹有此人乎！”即令观视国内，仍差陈、宋等二人以月支马四匹报旃，勿积四年方至。其时吴遣中郎康泰使扶南，及见陈、宋等，具问天竺土俗，云：“佛道所兴国也。人敦庞，土饶沃，其王号茂论。所都城郭，水泉分流，绕于渠堑，下注大江。其宫殿皆雕文镂刻。街曲市里，屋舍楼观，钟鼓音乐，服饰香华，水陆通流，百贾交会，器玩珍玮，恣心所欲。左右嘉维、舍卫、叶波等十六大国，去天竺或二三千里，共尊奉之，以为在天地之中。”

天监初，其王屈多遣长史竺罗达奉表，献琉璃唾壶、杂香、古贝等物。

天竺迦毗黎国，元嘉五年，国王月爱遣使奉表，献金刚指环、摩勒金环诸宝物，赤、白鹦鹉各一头。明帝泰始二年，又遣贡献，以其使主竺扶大、竺阿珍并为建威将军。元嘉十八年，苏摩黎国王那罗跋摩遣使献方物。孝武孝建二年，斤陁利国王释婆罗那邻陁遣长史竺留陁及多献金银宝器。后废帝元徽元年，婆黎国遣使贡献。凡此诸国皆事佛道。

佛道自后汉明帝法始东流，自此以来，其教稍广，别为一家之学。元嘉十二年，丹杨尹萧摹之奏曰：“佛化被于中国，已历四代，而自顷以来，更以奢竞为重。请自今以后，有欲铸铜像者，悉诣台闻。兴造塔寺精舍，皆先列言，须许报然后就功。”诏可。又沙汰沙门，罢道者数百人。孝武大明二年，有县标道人与羌人高阇谋反，上因是下诏，所在精加沙汰，后有违犯，严其诛坐。于是设诸条禁，自非戒行精苦，并使还俗，而诸寺尼出入宫掖，交关妃后，此制竟不能行。先是，晋世庾冰始创议，欲使沙门敬王者，后桓玄复述其义，并不果行。大明六年，孝武使有司奏沙门接见皆尽敬，诏可。前废帝初，复旧。

孝武宠姬殷贵妃薨，为之立寺，贵妃子子鸾封新安王，故以新安为寺号。前废帝杀子鸾，乃毁废新安寺，驱斥僧徒，寻又毁中兴、天宝诸寺。明帝定乱，下令修复。

宋世名僧有道生道人，彭城人，父为广戚令。道生为沙门法大弟子，幼而聪悟。年十五便能讲经，及长有异解，立顿悟义，时人推服。元嘉十一年，卒于庐山，沙门慧琳为之诔。慧琳者，秦郡秦县人，姓刘氏。少出家，住冶城寺。有才章，兼内外之学，为庐陵王义真所知。尝著《均善论》，颇贬裁佛法，云："有白学先生，以为中国圣人经论百世，其德弘矣，智周万变，天人之理尽矣。道无隐旨，教罔遗筌，聪睿迪哲，何负于殊论哉。有黑学道士陋之，谓不照幽冥之涂，弗及来生之化，虽尚虚心，未能虚事，不逮西域之深也。"为客主酬答，其归以为"六度与五教并行，信顺与慈悲齐立。"论行于世。旧僧谓其败黜释氏，欲加摈斥。文帝见论赏之，元嘉中，遂参权要，朝廷大事皆与议焉。宾客辐凑，门车常有数十两。四方赠赂相系，势倾一时。方筵七八，座上恒满。琳著高屐，披貂裘，置通呈书佐，权侔宰辅。会稽孔颙尝诣之，遇宾客填咽，暄凉而已。颙慨然曰："遂有黑衣宰相，可谓冠屦失所矣。"注《孝经》及《庄子·逍遥篇》，文论传于世。

又有慧严、慧议道人，并住东安寺。学行精整，为道俗所推。时斗场寺多禅僧，都下为之语曰："斗场禅师窟，东安谈义林。"

孝武大明四年，于中兴寺设斋，有一异僧，众莫之识，问名，答言名明慧，从天安寺来。忽然不见。天下无此寺名，乃改中兴曰天安寺。大明中，外国沙门摩诃衍，苦节有精理，于都下出新经《胜鬘经》，尤见重释学。

师子国，天竺旁国也。其地和适，无冬夏之异。五谷随人种，不须时节。"其国旧无人,止有鬼神及龙居之。诸国商估来共市易,鬼神不见其形,但出珍宝,显其所堪价,商人依价取之。诸国人闻其土乐,因此竞至,或有住者,遂成大国。

晋义熙初,始遣使献玉像,经十载乃至。像高四尺二寸,玉色洁润,形制殊特,殆非人工。此像历晋、宋在瓦官寺,先有征士戴安道手制佛像五躯,及顾长康《维摩画图》,世人号之三绝。至齐东昏,遂毁玉像,前截臂,次取身,为嬖妾潘贵妃作钗钏。

宋元嘉五年,其王刹利摩诃遣使奉表贡献。十二年,又遣使奉献。梁大通元年,后王迦叶伽罗诃黎邪使使奉表贡献。

南史卷七九
列传第六九

夷貊下

高句丽　百济　新罗　倭
文身　大汉　扶桑　河南　宕昌
邓至　武兴　荆雍州蛮　豫州蛮
高昌　滑　呵跋檀　白题　龟兹
于阗　渴盘陁　末　波斯　蠕蠕

东夷之国，朝鲜为大，得箕子之化，其器物犹有礼乐云。魏时，朝鲜以东马韩、辰韩之属，世通中国。自晋过江，泛海来使，有高句丽、百济，而宋、齐间常通职贡，梁兴又有加焉。扶桑国，在昔未闻也，梁普通中，有道人称自彼而至，其言元本尤悉，故并录焉。

高句丽，在辽东之东千里，其先所出，事详《北史》。地方可二千里，中有辽山，辽水所出。汉、魏世，南与朝鲜獩貊、东与沃沮、北与夫余接。其王都于九都山下，地多大山深谷，无原泽，百姓依之以居，食涧水。虽土著，无良田，故其俗节食，好修宫室。于所居之左大立屋，祭鬼神，又祠零星、社稷。人性凶急，喜寇钞。其官有相加，对卢、沛者、古邹加、主簿、优台、使者、帛衣、先人，尊卑各有等级。言语诸事，多与夫余同，其性气衣服有异。本有五族，有消奴部、绝奴部、慎奴部、灌奴部、桂娄部。本消奴部为王，微弱，桂娄部代之。其置官，有对卢则不置沛者，有沛者则不置对卢。俗喜歌舞，国中邑落，男女每夜群聚歌戏。其人洁净自喜，善藏酿，跪拜申一脚，行皆走。以十月祭天大会，其公会衣服皆锦绣金银以自饰，大加、主簿头所著，似帻而无后，其小加著折风，形如弁。其国无牢狱，有罪者则会诸加评议，重者便杀之，没入其妻子。其俗好淫，男女多相奔诱。已嫁娶便稍作送终之衣。其死，有椁无棺。好葬，金银财币尽于送死。积石为封，列植松柏。兄死妻嫂。其马皆小，便登山。国人尚气力，便弓矢刀矛，有铠甲，习战斗，沃沮、东獩皆属焉。

晋安帝义熙九年，高丽王高琏遣长史高翼奉表，献赭白马，晋以琏为使持节、都督营州诸军事、征东将军、高丽王、乐浪公。宋武帝践祚，加琏镇东大将军，余官并如故。三年，加琏散骑常侍，增督平州诸军事。少帝景平二年，琏遣长史马娄等来献方物，遣谒者朱邵伯，王邵子等慰劳之。

元嘉十五年，冯弘为魏所攻，败奔高丽北丰城，表求迎接。文帝遣使王白驹、赵次兴迎之，并令高丽资遣。琏不欲弘南，乃遣将孙漱、高仇等袭杀之。白驹等率所领七千余人生禽漱，杀仇等二人。琏以白驹等专杀，遣使执送之。上以远国，不欲违其意，白驹等下狱，见原。琏每岁遣使。十六年，文帝欲侵魏，诏琏送马，献八百匹。孝武孝建二年，琏遣长史董腾奉表，慰国哀再周，并献方物。大明二年，又献肃慎氏楛矢石砮。七年，诏进琏为车骑大将军、开府仪同三司，余官并如故。明帝泰始、后废帝元徽中，贡献不绝，历齐并授爵位，百余岁死。

子云立，齐隆昌中，以为使持节、散骑常侍、都督营平二州、征东大将军、乐浪公。梁武帝即位，进云车骑大将军。天监七年，诏为抚东大将军、开府仪同三司，持节、常侍、都督、王并如故。十一年、十五年，累遣使贡献。十七年，云死，子安立。普通元年，诏安纂袭封爵，持节、督营平二州诸军事、宁东将军。七年，安卒，子延立，遣使贡献。诏以延袭爵。中大通四年、六年，大同元年、七年，累奉表献方物。太清二年，延卒，诏其子成袭延爵位。

百济者，其先东夷有三韩国：一曰马韩，二曰辰韩，三曰弁韩。弁韩、辰韩各十二国，马韩有五十四国。大国万余家，小国数千家，总十余万户，百济即其一也。后渐强大，兼诸小国。其国本与句丽俱在辽东之东千余里，晋世句丽既略有辽东，百济亦据有辽西、晋平二郡地矣，自置百济郡。

晋义熙十二年，以百济王余映为使持节，都督百济诸军事、镇东将军、百济王。宋武帝践祚，进号镇东大将军。少帝景平二年，映遣长史张威诣阙贡献。元嘉二年，文帝诏兼谒者间丘恩子、兼副谒者丁敬子等往宣旨慰劳。其后每岁遣使奉献方物。七年，百济王余毗复修贡职，以映爵号授之。二十七年，毗上书献方物，私假台使冯野夫西河太守，表求《易林》、《式占》、腰弩，文帝并与之。毗死，子庆代立。孝武大明元年，遣使求除授，诏许之。二年，庆遣上表，言行冠军将军右贤王余纪十一人忠勤，并求显进，于是诏并加优进。明帝泰始七年，又遣使贡献。庆死，立子牟都。都死，立子牟大。齐永明中，除大都督百济诸军事、镇东大将军、百济王。梁天监元年，进大号征东将军。寻为高句丽所破，衰弱累年，迁居南韩地。普通二年，王余隆始复遣使奉表，称累破高丽，今始与通好，百济更为强国。其年，梁武帝诏隆为使持节，都督百济诸军事、宁东大将军、百济王。五年，隆死，诏复以其子明为持节、督百济诸军事、绥东将军、百济王。

号所都城曰固麻，谓邑曰檐鲁，如中国之言郡县也。其国土有二十二檐鲁，皆以子弟宗族分据之。其人形长，衣服洁净。其国近倭，颇有文身者。言语服章略与高丽同，呼帽曰冠，襦曰复衫，裤曰裈。其言参诸夏，亦秦韩之遗俗云。

中大通六年、大同七年，累遣使献方物，并取《涅槃》等经义、《毛诗》博士并工匠、画师等，并给之。太清三年，遣使贡献，及至，见城阙荒毁，并号恸涕泣，侯景怒，囚执之，景平，乃得还国。

新罗，其先事详《北史》，在百济东南五千余里。其地东滨大海，南北与句丽、百济接。魏时曰新卢；宋时曰新罗，或曰斯罗。其国小，不能自通使聘。梁普通二年，王姓募名泰，始使随百济奉献方物。

其俗呼城曰健牟罗，其邑在内曰啄评，在外曰邑勒，亦中国之言郡县也。国有六啄评，五十二邑勒。土地肥美，宜植五谷，多桑麻，作缣布，服牛乘马，男女有别。其官名有子贲、旱支、壹旱支、齐旱支、谒旱支、壹吉支、奇贝旱支。其冠曰遗子礼，襦曰尉解，裤曰柯半，靴曰洗。其拜及行与高丽相类。无文字，刻木为信。语言待百济而后通焉。

倭国，其先所出及所在，事详《北史》。其官有伊支马，次曰弥马获支，次曰奴往鞮。人种禾、稻、纻、麻，蚕桑织绩，有姜、桂、橘、椒、苏。出黑雉、真珠、青玉。有兽如牛，名山鼠，又有大蛇吞此兽。蛇皮坚不可斫，其上有孔，乍开乍闭，时或有光，射中而蛇则死矣。物产略与儋耳、朱崖同。地气温暖，风俗不淫。男女皆露紒，富贵者以锦绣杂采为帽，似中国胡公头。食饮用笾豆。其死有棺无椁，封土作冢。人性皆嗜酒。俗不知正岁，多寿考，或至八九十，或至百岁。其俗女多男少，贵者至四五妻，贱者犹至两三妻，妇人不婬妒。无盗窃，少净讼，若犯法，轻者没其妻子，重则灭其宗族。

晋安帝时，有倭王赞遣使朝贡。及宋武帝永初二年，诏曰："倭赞远诚宜甄，可赐除授。"文帝元嘉二年，赞又遣司马曹达奉表献方物。赞死，弟珍立，遣使贡献，自称使持节、都督倭百济新罗任那秦韩慕韩六国诸军事、安东大将军、倭国王，表求除正。诏除安东将军，倭国王。珍又求除正倭洧等十三人平西、征虏、冠军、辅国将军等号，诏并听之。二十年，倭国王济遣使奉献，复以为安东将军、倭国王。二十八年，加使持节、都督倭新罗任那加罗秦韩慕韩六国诸军事，安东将军如故，并除所上二十三人职。济死，世子兴遣使贡献。孝武大明六年，诏授兴安东将军、倭国王。兴死，弟武立，自称使持节、都督倭百济新罗任那加罗秦韩慕韩七国诸军事、安东大将军、倭国王。顺帝升明二年,遣使上表,言"自昔祖祢,躬擐甲胄,跋涉山川,不遑宁处。东征毛人五十五国,西服众夷六十六国,陵平海北九十五国。王道融泰,廓土遐畿,累叶朝宗,不愆于岁。道迳百济,装饰船舫,而句丽无道,图欲见吞。臣亡考济方欲大举,奄丧父兄,使垂成之功,不获一篑。今欲练兵,申父兄之志,窃自假开府仪同三司,其余咸各假授,以劝忠节"。诏除武使持节、都督倭新罗任那加罗秦韩慕韩六国诸军事、安东大将军、倭王。齐建元中,除武持节、都督倭新罗任那加罗秦韩慕韩六国诸军事、镇东大将军。梁武帝即位,进武号征东大将军。

其南有侏儒国,人长四尺,又南有黑齿国、裸国,去倭四千余里,船行可一年至。又西南万里有海人,身黑眼白,裸而丑,其肉美,行者或射而食之。

文身国,在倭东北七千余里,人体有文如兽,其额上有三文,文直者贵,文小者贱。土俗欢乐,物丰而贱,行客不赍粮。有屋宇,无城郭。国王所居,饰以金银珍丽,绕屋为堑,广一丈,实以水银,雨则流于水银之上。市用珍宝。犯轻罪者则鞭杖,犯死罪则置猛兽食之,有枉则兽避而不食,经宿则赦之。

大汉国,在文身国东五千余里,无兵士,不攻战,风俗并与文身国同而言语异。

扶桑国者,齐永元元年,其国有沙门慧深来至荆州,说云:

　　扶桑在大汉国东二万余里,地在中国之东,其土多扶桑木,故以为名,扶桑叶似桐,初生如笋,国人食之。实如梨而赤,绩其皮为布,以为衣,亦以为锦,作板屋,无城郭。有文字,以扶桑皮为纸。无兵甲,不攻战。其国法有南北狱,若有犯轻罪者入南狱,重罪者入北狱。有赦则放南狱,不赦北狱。在北狱者男女相配,生男八岁为奴,生女九岁为婢。犯罪之身,至死不出。贵人有罪,国人大会,坐罪人于坑,对之宴饮分诀若死别焉。以灰绕之,其一重则一身屏退,二重则及子孙,三重者则及七世。名国王为乙祁。贵人第一者为对卢,第二者为小对卢,第三者为纳咄沙。国王行,有鼓角导从。其衣色随年改易,甲乙年青,丙丁年赤,戊己年黄,庚辛年白,壬癸年黑。有牛,角甚长,以角载物,至胜二十斛。有马车、牛车、鹿车。国人养鹿如中国畜牛,以乳为酪。有赤梨,经年不坏。多蒲桃。其地无铁,有铜,不贵金银。市无租估。其昏姻法,则婿往女家门外作屋,晨夕洒扫,经年而女不悦即驱之,相悦乃成昏。昏礼大抵与中国同。亲丧七日不食,祖父母丧五日不食,兄弟伯叔姑姊妹三日不食。设座为神像,朝夕拜奠,不制衰绖。嗣王立,三年不亲国事。其俗旧无佛法,宋大明二年,罽宾国尝有比丘五人游行其国,流通佛法经像,教令出家,风俗遂改。

慧深又云:

　　扶桑东千余里有女国,容貌端正,色甚洁白,身体有毛,发长委地。至二三月竞入水则任娠,六七月产子。女人胸前无乳,项后生毛,根白,毛中有汁以乳子,百日能行,三四年则成人矣。见人惊避,偏畏丈夫。食咸草如禽兽。咸草叶似邪蒿,而气香味咸。梁天监六年,有晋安人度海,为风所飘至一岛,登岸,有人,居止则如中国,而言语不可晓。男则人身有狗头,其声如吠。其食有小豆,其衣如布。筑土为墙,其形圆,其户如窦云。

　　河南、宕昌、邓至、武兴,其本并为氐、羌之地。自晋南迁,九州分裂,此等诸国,地分西垂,提挈于魏,时通江左。今采其旧土,编于《西戎》云。

　　河南王者,其先出自鲜卑慕容氏。初,慕容弈洛干有二子,庶长曰吐谷浑,嫡曰廆洛干。卒,廆嗣位,吐谷浑避之,西徙上陇,度枹罕,出凉州西南,至赤水而居之。地在河南,故以为号。事详《北史》。其界东至叠川,西邻于阗,北接高昌,东北通秦岭,方千余里,盖古之流沙地焉。乏草木,少水潦,四时恒有冰雪,唯六七月雨雹甚盛。若晴则风飘沙砾,常蔽光景,其地有麦无谷。有青海方数百里,放牝马其侧,辄生驹,土人谓之龙种,故其国多善马。有屋宇,杂以百子帐,即穹庐也。著小袖袍,小口裤,大头长裙帽。女子被发为辫。

其后,吐谷浑孙叶廷,颇识书记,自谓曾祖弈洛干始封昌黎公,吾盖公孙之子也,礼以王父字为氏,因姓吐谷浑,亦为国号。至其末孙阿豺,始通江左,受官爵。弟子慕延,宋元嘉末,又自号河南王。慕延死,从弟拾寅立,乃用书契,起城池,筑宫殿。其小王并立宅国中。有佛法。拾寅死,子度易侯立。易侯死,子休留代立。齐永明中,以代为使持节、都督西秦河沙三州、镇西将军、护羌校尉、西秦河二州刺史。

梁兴,进代为征西将军。代死,子休运筹袭爵位。天监十三年,遣使献金装马脑钟二口,又表于益州立九层佛寺,诏许焉。十五年,又遣使献赤舞龙驹及方物。其使或岁再三至,或再岁一至。其地与益州邻,常通商贾。普通元年,又奉表献方物。筹死,子呵罗真立,大通三年,诏以为宁西将军、护羌校尉、西秦河二州刺史。真死,子佛辅袭爵位,其世子又遣使献白龙驹于皇太子。

宕昌国,在河南国之东,益州之西北陇西之地,西羌种也。宋孝武世,其王梁瑾忽始献方物。梁天监四年,王梁弥博来献甘草、当归。诏以为使持节、都督河凉二州诸军事、安西将军、东羌校尉、河凉二州刺史、陇西公、宕昌王,佩以金章。弥博死,子弥泰立。大同七年,复策授以父爵位。其衣服风俗与河南略同。

邓至国,居西凉州界,羌别种也。世号持节、平北将军、西凉州刺史。宋文帝时,王象屈耽遣使献马。梁天监元年,诏以邓至王象舒彭为督西凉州诸军事,进号安北将军。五年,舒彭遣使献黄耆四百斤,马四匹。其俗呼帽曰突何,其衣服与宕昌同。

武兴国,本仇池。杨难当自立为秦王,宋文帝遣裴方明讨之,难当奔魏。其兄子文德又聚众葭芦,宋因授以爵位。魏又攻之,文德奔汉中。从弟僧嗣又自立,复戍葭芦,卒。文德弟文度立,以弟文洪为白水太守,屯武兴。宋世以为武都王。武兴之国自于此矣。

难当族弟广香又攻杀文度,自立为阴平王、葭芦镇主。死,子炅立。炅死,子崇祖立。崇祖死,子孟孙立。齐永明中,魏南梁州刺史仇池公杨灵珍据泥切山归齐,齐武帝以灵珍为北梁州刺史、仇池公。文洪死,以族人集始为北秦州刺史、武都王。梁天监初,以集始为持节、都督秦雍二州诸军事、辅国将军、平羌校尉、北秦州刺史、武都王。灵珍为冠军将军。孟孙为假节、督沙州诸军事、平羌校尉、沙州刺史、阴平王。集始死,子绍先袭爵位。二年,以灵珍为持节、督陇右诸军事、左将军、北凉州刺史、仇池王。十年,孟孙死,诏赠安沙将军、北雍州刺史。子定袭封爵。绍先死,子智慧立。大同元年,克复汉中,智慧遣使上表,求率四千户归梁,诏许焉,即以为东益州。

其国东连秦岭,西接宕昌。其大姓有苻氏、姜氏、梁氏。言语与中国同。著乌皂突骑帽,长身小袖袍,小口裤,皮靴。地植九谷。婚姻备六礼。知书疏。种桑麻。出绸绢布漆蜡椒等,山出铜铁。

《书》云"蛮夷猾夏",其作梗也已旧。及于宋之方盛,盖亦屡兴戍役,岂《诗》所谓"蠢尔蛮荆、大邦为仇"者乎。今亦编录,以备诸蛮云尔。

荆、雍州蛮,盘瓠之后也,种落布在诸郡县。宋时因晋于荆州置南蛮、雍州置宁蛮校尉以领之。孝武初,罢南蛮并大府,而宁蛮如故。蛮之顺附者,一户输谷数斛,其余无杂调。而宋人赋役严苦,贫者不复堪命，多逃亡入蛮。蛮无徭役，强者又不供官税。结党连郡，动有数百千人，州郡力弱，则起为盗贼，种类稍多，户口不可知也。所在多深险。居武陵者有雄溪、樠溪、辰溪、酉溪、武溪，谓之五溪蛮。而宜都、天门、巴东、建平、江北诸郡蛮，所居皆深山重阻，人迹罕至焉。前世以来，屡为人患。

少帝景平二年，宜都蛮帅石宁等一百二十三人诣阙上献。文帝元嘉六年，建平蛮张维之等五十人，七年，宜都蛮田生等一百一十三人，并诣阙献见。其后，沔中蛮大动，行旅殆绝。天门漊中令宋矫之徭赋过重，蛮不堪命。十八年，蛮田向求等为寇，破漊中，虏掠百姓。荆州刺史衡阳王义季遣行参军曾孙念讨破之，免矫之官。二十年，南郡临沮、当阳蛮反，缚临沮令傅僧骥。荆州刺史南谯王义宣遣中兵参军王谌讨破之。先是，雍州刺史刘道产善抚诸蛮，前后不附者，皆引出平土，多缘沔为居。及道产亡，蛮又反叛。至孝武出为雍州，群蛮断道。台遣军主沈庆之连年讨蛮，所向皆平，事在《庆之传》。

二十八年正月，龙山雉水蛮寇钞涅阳县，南阳太守朱韶遣军讨之，失利。韶又遣二千人系之，蛮乃散走。是岁，漳水诸蛮因险为寇，雍州刺史随王诞遣使说之，又遣军讨沔北诸蛮。袭浊山、如口、蜀松三柴，克之，又围斗钱、柏义诸柴，蛮悉力距战，军大破之。孝武大明中，建平蛮向光侯寇暴峡川，巴东太守王济、荆州刺史朱脩之遣军讨之。光侯走清江，清江去巴东千余里。时巴东、建平、宜都、天门四郡蛮为寇，诸郡人户流散，百不存一。明帝、顺帝世尤甚，荆州为之虚弊云。

豫州蛮，廪君后也。盘瓠、廪君事，并具前史。西阳有巴水、蕲水、希水、赤亭水、西归水，谓之五水蛮。所在并深岨，种落炽盛，历世为盗贼。北接淮、汝，南极江、汉，地方数千里。

宋元嘉二十八年，西阳蛮杀南川令刘台。二十九年，新蔡蛮破大雷戍，略公私船入湖。有亡命司马黑石逃在蛮中，共为寇。文帝

遣太子步兵校尉沈庆之讨之。孝武大明四年，又遣庆之讨西阳蛮，
大克获而反。司马黑石徒党三人，其一名智，黑石号曰太公，以为谋
主。一人名安阳，号谯王，一人名续之，号梁王。蛮文山罗等讨禽续
之，为蛮世财所篡，山罗等相率斩世财父子六人。豫州刺史王玄谟
遣殿中将军郭元封慰劳诸蛮，使缚送亡命。蛮乃执智、安阳二人，送
诣玄谟。孝武使于寿阳斩之。

明帝初即位，四方反叛，及南贼败于鹊尾，西阳蛮田益之、田义
之、成邪财、田光兴等起义，攻郢州克之。以益之为辅国将军、都统
四山军事。又以蛮户立宋安、光城二郡，以义之为宋安太守，光兴为
光城太守，封益之边城县王，成邪财阳城县王。成邪财死，子婆思袭
爵云。

玉门以西达于西海，考之汉史，通为西域，高昌迄于波斯，则其
所也。自晋、宋以还，虽有时而至，论其风土，甚未能详。今略备西
域诸国，编之于次云。

高昌国，初阚氏为主，其后为河西王沮渠茂虔弟无讳袭破之。
其王阚爽奔于蠕蠕，无讳据之称王，一世而灭于魏。其国人又推麹
氏为王，名嘉，魏授为车骑将军、司空公、都督秦州诸军事、秦州刺
史、金城郡公。在位二十四年，卒，国谥曰昭武王。子坚。坚嗣位，
魏授使持节、骠骑大将军、散骑常侍、都督、瓜州刺史、西平郡公、开
府仪同三司、高昌王。其国盖车师之故地，南接河南，东近敦煌，西
次龟兹，北邻敕勒。

置四十六镇，交河、田地、高宁、临川、横截、柳婆、洿林、新兴、
宁由、始昌、笃进、白刃等镇。官有四镇将军，及置杂号将军、长史、
司马、门下校郎、中兵校郎、通事舍人、通事令史、谘议、谏议、校尉、
主簿。国人言语与华略同。有五经、历代史、诸子集。面貌类高丽，
辫发垂之于背。著长身小袖袍、缦裆裤。女子头发辫而不垂，著锦
缬缨络环钏。昏姻有六礼。其地高燥，筑土为城，架木为屋，土覆其

上。寒暑与益州相似，备植九谷，人多啖面及牛羊肉。出良马、蒲桃酒、石盐。多草木，有草实如茧，茧中丝如细纻，名曰白叠子，国人取织以为布，布甚软白，交市用焉。有朝乌者，旦旦集王殿前，为行列，不畏人，日出然后散去。梁大同中，子坚遣使献鸣盐枕、蒲桃、良马、氍毹等物。

滑国者，车师之别种也。汉永建元年，八滑从班勇击北虏有功，勇上八滑为后部亲汉侯。自魏、晋以来，不通中国。至梁天监十五年，其王厌带夷栗陁始遣使献方物。普通元年，遣使献黄师子、白貂裘、波斯锦等物。七年，又奉表贡献。

魏之居代都，滑犹为小国，属蠕蠕。后稍强大，征其旁国波斯、盘盘、罽宾、焉耆、龟兹、疏勒、姑墨、于阗、句般等国，开地千余里。土地温暖，多山川，少树木，有五谷。国人以面及羊肉为粮。其兽有师子，两脚骆驼，野驴有角。人皆善骑射，著小袖长身袍，用金玉为带。女人被裘，头上刻木为角，长六尺，以金银饰之。少女子，兄弟共妻。无城郭，毡屋为居，东向开户。其王坐金床，随太岁转，与妻并坐接客。无文字，以木为契，与旁国通，则使旁国胡为胡书，羊皮为纸。无职官。事天神、火神，每日则出户祀神而后食。其跪一拜而止。葬以木为椁。父母死，其子截一耳，葬讫即吉。其言语待河南人译然后通。

呵跋檀、周古柯、胡密丹等国，并滑旁小国也。凡滑旁之国，衣服容貌皆与滑同。普通元年，使使随滑使来贡献方物。

白题国，王姓支，名史稽毅，其先盖匈奴之别种胡也。汉灌婴与匈奴战，斩白题骑一人是也。在滑国东，去滑六日行，西极波斯。土地出粟、麦、瓜果、食物略与滑同。普通三年，遣使献方物。

龟兹者，西域之旧国也。自晋度江不通，至梁普通二年，王尼瑞摩珠那胜遣使奉表贡献。

于阗者，西域之旧国也。梁天监九年，始通江左，遣使献方物。十三年，又献波罗婆步鄣。十八年，又献琉璃罂。大同七年，又献外国刻玉佛。

渴盘陁国，于阗西小国也。西邻滑国，南接罽宾国，北连沙勒国。都在山谷中，城周回十余里。国有十二城。风俗与于阗相类。衣古贝布，著长身小袖袍、小口裤。地宜小麦，资以为粮。多牛马骆驼羊等，出好毡。王姓葛沙氏，梁中大同七年，始通江左，遣献方物。

末国，汉世且末国也。胜兵万余户。北与丁零、东与白题、西与波斯接。土人剪发，著毡帽、小袖衣，为衫则开颈而缝前。多牛羊骡驴。其王安末深盘，梁普通五年，始通江左，遣使来贡献。

波斯国，其先有波斯匿王者，子孙以王父字为氏，因为国号。国有城周回三十二里，城高四丈，皆有楼观。城内屋宇数百千间，城外佛寺二三百所。西去城十五里有土山，山非过高，其势连接甚远，中有鹫鸟啖羊，土人极以为患。国中有优钵昙花，鲜华可爱。出龙驹马。碱地生珊瑚树，长一二尺。亦有武魄、马脑、真珠、玫瑰等，国内不以为珍。市买用金银。昏姻法，下娉财讫，女婿将数十人迎妇，婿著金线锦袍、师子锦裤，戴天冠，妇亦如之，妇兄弟便来捉手付度，夫妇之礼，于兹永毕。国西及南俱与婆罗门国、北与泛栗国接。梁中大通二年，始通江左，遣使献佛牙。

北狄种类实繁，蠕蠕为族，盖匈奴之别种也。魏自南迁，因擅其地。故无城郭，随水草畜牧，以穹庐居。辫发，衣锦小袖袍、小口裤、深雍靴。其地苦寒，七月流澌亘河。宋升明中，遣王洪轨使焉，引之共谋魏。齐建元三年，洪轨始至。是岁通使，求并力攻魏。其相国刑基祇罗回表,言:"京房谶云:'卯金卒,草肃应王。'历观图纬,代宋者齐。"又献师子皮裤褶。其国后稍侵弱,永明中,为丁零所破,更为小国,而移其居。梁天监十四年,遣使献马貂裘。普通元年,又遣使献方物。是后数岁一至焉。大同七年,又献马一疋、金一斤。其国能以术祭天而致风雪,前对皎日,后则泥潦横流,故其战败莫能追及。或于中夏为之,则不能雨。问其故,盖以暖云。

论曰:自晋氏南度,介居江左,北荒西裔,隔碍莫通。至于南徼东边,界壤所接,洎宋元嘉抚运,爰命干戈,象浦之绝,威震冥海。于是鞮译相系,无绝岁时,以洎齐、梁,职贡有序。及侯景之乱,边鄙日蹙。陈氏基命,衰微已甚,救首救尾,身其几何,故西赆南琛,无闻竹素。岂所谓有德则来,无道则去者也。

南史卷八〇
列传第七〇

贼　臣

侯景　王伟　熊昙朗　周迪　留异
陈宝应

　　侯景字万景,魏之怀朔镇人也。少而不羁,为镇功曹史。魏末北方大乱,乃事边将尔朱荣,甚见器重。初学兵法于荣部将慕容超宗,未几超宗每询问焉。后以军功为定州刺史。始魏相高欢微时,与景甚相友好,及欢诛尔朱氏,景以众降,仍为欢用。稍至吏部尚书,非其好也,每独曰:“何当离此反故纸邪。”寻封濮阳郡公。

　　欢之败于沙苑,景谓欢曰:“宇文泰恃于战胜,今必致怠,请以数千劲骑至关中取之。”欢以告其妃娄氏,曰:“彼若得泰,亦将不归。得泰失景,于事奚益?”欢乃止。后为河南道大行台,位司徒。又言于欢曰:“恨不得泰,请兵三万,横行天下,要须济江缚取萧衍老公,以作太平寺主。”欢壮其言,使拥兵十万,专制河南,杖任若己之半体。

　　景右足短,弓马非其长,所在唯以智谋。时欢曰“将高昂、彭乐皆雄勇冠时”,唯景常轻之,言“似豕突,亦势何所至”。及将镇河南,请于欢曰:“今握兵在远,奸人易生诈伪,大王若赐以书,请异于他者。”许之。每与景书,别加微点,虽子弟弗之知。及欢疾笃,其世子澄矫书召之。景知伪,惧祸,因用王伟计,乃以太清元年二月遣其行

台郎中丁和上表求降。帝召群臣议之，尚书仆射谢举等皆议纳景非
便，武帝不从。初，帝以是岁正月乙卯于善言殿读佛经，因谓左右黄
慧弼曰："我昨梦天下太平，尔其识之。"及和至，校景实以正月乙卯
日定计，帝由是纳之。于是封景河南王、大将军、使持节、督河南北
诸军事、大行台，承制如邓禹故事。

高澄嗣事为勃海王，遣其将慕容绍宗围景于长社。景急，乃求
割鲁阳、长社、东荆、北兖请救于西魏，魏遣五城王元庆等率兵救
之，绍宗乃退。景复请兵于司州刺史羊鸦仁，鸦仁遣长史邓鸿率兵
至汝水，元庆军夜遁，鸦仁乃据悬瓠。时景将蔡道遵北归，言景有悔
过志。高澄以为信然，乃以书喻景，若还，许以豫州刺史终其身，所
部文武更不追摄，阖门无恙，并还宠妻爱子。景报书不从。澄知景
无归志，乃遣军相继讨景。

帝闻鸦仁已据悬瓠，遂命群帅指授方略，大举攻东魏，以贞阳
候萧明为都督。明军败见俘。绍宗攻潼州，刺史郭凤弃城走。景乃
遣其行台左丞王伟、左户郎中王则诣阙献策，请元氏子弟立为魏
主。诏遣太子舍人元贞为咸阳王，须度江许即位，以乘舆之副资给
之。

高澄又遣慕容绍宗追景，景退保涡阳，使谓绍宗曰："欲送客
邪？将定雄雌邪？"绍宗曰："将决战。"遂顺风以阵。景闭垒，顷之乃
出。绍宗曰："景多诡，好乘人背。"使备之，果如其言。景命战士皆
被短甲短刀，但低视斫人胫马足，遂败绍宗军。神将斛律光尤之，绍
宗曰："吾战多矣，未见此贼之难也。尔其当之。"光被甲将出，绍宗
戒之曰："勿度涡水。"既而又为景败，绍宗谓曰："定何如也。"相持
连月，景食尽，诳其众以为家口并见杀，众皆信之，绍宗遥谓曰："尔
等家并完。"乃被发向北斗以誓之。景士卒并北人，不乐南度，其将
暴显等各率所部降绍宗。景军溃散，丧甲士四万人，马四千匹，辎重
万余两。乃与腹心数骑自硖石济淮，稍收散卒，得马步八百人。南
过小城，人登陴诟之曰："跛脚奴何为邪！"景怒，破城杀言者而去。
昼夜兼行，追军不敢逼。使谓绍宗曰："景若就禽，公复何用？"绍宗

乃纵之。

既而莫适所归，马头戍主刘神茂者，为韦黯所不容，因是踣马乃驰谓景曰："寿阳去此不远，城池险固，韦黯是监州耳。王若次近郊，必郊迎，因而执之，可以集事。得城之后，徐以启闻，朝廷喜王南归，必不责也。"景执其手曰："天教也。"及至，而黯授甲登陴。景谓神茂曰："事不谐矣。"对曰："黯懦而寡智，可说下也。"乃遣豫州司马徐思玉夜入说之，黯乃开门纳景。景执黯，数将斩之，久而见释。乃遣于子悦驰以败闻，自求贬削，优诏不许。复求资给，即授南豫州刺史，本官如故。帝以景兵新破，未忍移易，故以鄱阳王范为合州刺史，即镇合肥。魏人攻悬瓠，悬瓠粮少，羊鸦仁去悬瓠归义阳。魏人入悬瓠，更求和亲，帝召公卿谋之。张绾、朱异咸请许之。景闻，未之信，乃伪作邺人书，求以贞阳侯换景。帝将许之，舍人傅岐曰："侯景以穷归义，弃之不祥。且百战之余，宁肯束手受絷。"谢举、朱异曰："景奔败之将，一使之力耳。"帝从之。复书曰："贞阳旦至，侯景夕反。"景谓左右曰："我知吴儿老公薄心肠。"又请婚于王、谢，帝曰："王、谢门高非偶，可于朱、张以下访之。"景恚曰："会将吴儿女以配奴。"王伟曰："今坐听亦死，举大事亦死，王其图之。"于是遂怀反计。属城居人，悉占募为军士。辄停责市估及田租，百姓子女悉以配将士。又启求锦万正为军人袍，中领军朱异议以御府锦署止充领赏，不容以供边用，请送青布以给之。又以台所给仗多不能精，启请东冶锻工欲更营造，敕并给之。景自涡阳败后，多所征求，朝廷含弘，未尝拒绝。

是时，贞阳侯明遣使还梁，述魏人请追前好，许放之还。武帝览之流涕，乃报明启当别遣行人。帝亦欲息兵，乃与魏和通。景闻之惧，驰启固谏，帝不从。尔后表疏跋扈，言辞不逊。又闻遣伏挺、徐陵使魏，不知所为。元贞知景异志，累启还朝。景谓曰："将定江南，何不少思。"贞益惧，奔还建邺，具以事闻。景又征司州刺史羊鸦仁同逆，鸦仁录送其使。时鄱阳王范镇合肥，及鸦仁俱累启称景有异志。朱异曰："侯景数百叛虏，何能为役。"并抑不奏闻，景所以奸谋益果，乃上言曰："高澄狡猾，宁可全信。陛下纳其诡语，求与连和，臣亦窃所笑也。臣行年四十有六，未闻江左有佞邪之臣，一旦入朝，乃致嚣嚣，宁堪粉骨，投命仇门。请乞江西一境，受臣控督。如其不许，即领甲临江，上向闽、越。非唯朝廷自耻，亦是三公旰食。"帝使朱异宣语答景使曰："譬如贫家，畜十客五客，尚能得意，朕唯有一客，致有怨言，亦是朕之失也。"景又知临贺王正德怨望朝廷，密令要结，正德许为内启。

二年八月，景遂发兵反，于豫州城内集其将帅，登坛歃血。是日地大震。于是以诛中领军朱异、少府卿徐麟、太子左率陆验、制局监周石珍为辞，以为奸臣乱政，请带甲入朝。先攻马头、木栅，执太守刘神茂、戍主曹璆等。武帝闻之，笑曰："是何能为，吾以折棰笞之。"乃敕："斩景者不问南北人同赏，封二千户，兼一州刺史。其人主帅欲还北不须州者，赏以绢布二万，以礼发遣。"于是，诏合州刺史鄱阳王范为南道都督，北徐州刺史封山侯正表为北道都督，司州刺史柳仲礼为西道都督，通直散骑常侍裴之高为东道都督，同讨景，济自历阳。又令侍中、开府仪同三司邵陵王纶持节，董督众军。

景闻之，谋于王伟，伟曰："莫若直掩扬都，临贺反其内，大王攻其外，天下不足定也。兵闻拙速，不闻工迟，令今便须进路，不然邵陵及人。"九月，景发寿春，声云游猎，人不觉也。留伪中军大都督王贵显守寿春城，出军伪向合肥，遂袭谯州。助防董绍先降之，执刺史丰城侯泰。武帝闻之，遣太子家令王质率兵三千巡江遏防。景进攻历阳太守庄铁，铁遣弟均夜斫景营，战没。铁母爱其子，劝铁降。景拜其母，铁乃劝景曰："急则应机，缓必致祸。"景乃使铁为导。

是时镇戍相次启闻，朱异尚曰："景必无度江志。"萧正德先遣大船数十艘伪载荻，实拟济景。景至江将度，虑王质为梗，俄而质被追为丹杨尹，无故自退。景闻，未之信，乃密遣舰之，谓使者："质若退，折江东树枝为验。"舰人如言而返。景大喜曰："吾事办矣。"乃自采石济，马数百匹，兵八千人，都下弗之觉。

景出，分袭姑熟，执淮南太守文成侯宁，遂至慈湖。南津校尉江子一奔还建邺。皇太子见事急,入面启武帝曰:"请以事垂付,愿不劳圣心。"帝曰:"此自汝事,何更问为。"太子仍停中书省指授,内外扰乱相劫不复通。于是诏以扬州刺史宣城王大器为都督内外诸军事,都官尚书羊侃为军师将军以副焉。遣南浦侯持守东府城,西丰公大春守石头,轻车长史谢禧守白下。

既而景至朱雀航,遣徐思玉入启,乞带甲入朝,除君侧之恶,请遣了事舍人出相领解,实欲观城中虚实。帝遣中书舍人贺季、主书郭宝亮随思玉往劳之于板桥。景北面受敕,季曰:"今者之举,何以为名?"景曰:"欲为帝也。"王伟进曰:"朱异、徐麟诡黩乱政,欲除奸臣耳。"景既出恶言,留季不遣,宝亮还宫。

先是,大同中童谣曰:"青丝白马寿阳来。"景涡阳之败,求锦,朝廷所给青布,及是皆用为袍,采色尚青。景乘白马,青丝为辔,欲以应谣。萧正德先屯丹杨郡,至是率所部与景合。建康令庾信率兵千余人屯航北,及景至彻航,始除一舶,见贼军皆著铁面,遂弃军走。南塘游军复闭航度景。皇太子以所乘马授王质,配精兵三千,使援庾信。质至领军府与贼遇,未阵便奔。景乘胜至阙下,西丰公大春弃石头城走,景遣其仪同于子悦据之。谢禧亦弃白下城走。

景遣百道攻城,纵火烧大司马、东、西华诸门。城中仓卒未有备,乃凿门楼,下水沃火,久之方灭。贼又斫东掖门将入,羊侃凿门扇刺杀人,贼乃退。又登东宫墙射城内。至夜,简文募人出烧东宫,台殿遂尽,所聚图籍数百厨,一皆灰烬。先是,简文梦有人画作秦始皇,云"此人复焚书",至是而验。景又烧城西马厩、士林馆、太府寺。明日,景又作木驴数百攻城,上掷以石,并皆碎破。贼又作尖顶木驴,状似槽,石不能破,乃作雉尾炬,灌以膏蜡,丛下焚之。

贼既不克,士卒死者甚多,乃止攻,筑长围以绝内外。又启求诛朱异、陆验、徐麟、周石珍等,城内亦射赏格出外,有能斩景首,授以景位,并钱一亿万,布、绢各万匹,女乐二部。庄铁乃奔历阳,绐言景已枭首。景城守郭骆惧,弃城走寿阳。铁得入城,遂奔寻阳。

十一月,景立萧正德为帝,即伪位,居于仪贤堂,改年曰正平。

初,童谣有"正平"之言,故立号以应之。识者以为正德卒当平殄也。景自为相国、天柱将军,正德以女妻之。

景又攻东府城,设百尺楼车,钩城堞尽落。城陷,景使其仪同庐晖略率数十人持长刀夹城门,悉驱城内文武裸身而出,使交兵杀之,死者三千余人。南浦侯推是日遇害。景使正德子见理及晖略守东府城。

初,景至都便唱云"武帝已晏驾",虽城内亦以为然。简文虑人情有变,乃请上舆驾巡城上。将登城,陆验谏曰:"陛下万乘之重,岂可轻脱。"因泣下。帝深感其言,乃幸大司马门。城上闻跸声,皆鼓噪,军人莫不屑涕,百姓乃安。景又于城东西各起土山以临城,城内亦作两山以应之,简文以下皆亲畚锸。初,景至便望克定建邺,号令甚明,不犯百姓。既攻不下,人心离沮,又恐援军总集,众必溃散,乃纵兵杀掠,交尸塞路。富室豪家,恣意哀剥,子女妻妾,悉入军营。又募北人先为奴者,并令自拔,赏以不次。朱异家黥奴乃与其侪逾城投贼,景以为仪同,使至阙下以诱城内,乘马披锦袍诟曰:"朱异五十年仕宦,方得中领军。我始事侯王,已为仪同。"于是奴僮竞出,尽皆得志。景食石头常平仓既尽,便掠居人,尔后米一升七八万钱,人相食,有食其子者。又筑土山,不限贵贱,昼夜不息,乱加殴棰,疲羸者因杀以填山,号哭之声动天地。百姓不敢藏隐,并出从之,旬日间众至数万。

景仪同范桃棒密贪重赏,求以甲士二千人来降,以景首应购,遣文德主帅前白马游军主陈昕夜逾城入,密启言状。简文以启上,上大悦,使报桃棒,事定许封河南王,镌银券以与之。简文恐其诈,犹豫不决,上怒曰:"受降常理,何忽致疑!"朱异、傅歧同请纳之,简文曰:"吾即坚城自守,所望外援,外援若至,贼岂足平。今若开门以纳桃棒,桃棒之意尚且难知,一旦倾危,悔无及矣。"桃棒又曰:"今止将所领五百余人,若至城门,自皆脱甲。乞朝廷赐容。事济之时,保禽侯景。"简文见其言愈疑之。朱异以手捶胸曰:"今年社稷去矣。"俄而桃棒军人鲁伯和告景,并烹之。

至是，邵陵王纶率西丰公大春、新涂公大成、永安侯确、南安乡侯骏、前谯州刺史赵伯超、武州刺史萧弄璋、步兵校尉尹思合等马步二万，发自京口，直据钟山。景党大骇，咸欲逃散，分遣万余人拒战，纶大败之于爱敬寺下。景初闻纶至，惧形于色，及败军还，尤言其盛，愈恐，命具舟石头将北济。任约曰："去乡万里，走欲何之？战若不捷，君臣同死。草间乞活，约所不为。"景乃留宋子仙守壁，自将锐卒拒纶，阵于覆舟山北，与纶相持。会暮，景退还，南安侯骏率数十骑挑之，景回军，骏退，时赵伯超阵于玄武湖北，见骏退，仍率军前走，众军前乱，遂败绩。纶奔京口，贼执西丰公大春、纶司马庄丘慧达、直阁将军胡子约、广陵令霍俊等来送城下，逼令云："已禽邵陵王。"霍俊独云："王小失利，已全军还京口，城中但坚守，援军寻至。"语未卒，贼以刀伤其口，景义而释焉，正德乃收而害之。是日，鄱阳世子嗣、裴之高至后渚，结营于蔡洲。景分军屯南岸。

十二月，景造诸攻具及飞楼、撞车、登城车、钩堞车、阶道车、火车，并高数丈，车至二十轮，陈于阙前，百道攻城。以火焚城东南隅大楼，因火势以攻城。城上纵火，悉焚其攻具，贼乃退。是时，景土山成，城内土山亦成。以太府卿韦黯守西土山，左卫将军柳津守东土山。山起芙蓉层楼，高四丈，饰以锦罽，捍以乌笙，山峰相近。募敢死士，厚衣袍铠，名曰"僧腾客"，配二山，交槊以战，鼓叫沸腾，昏旦不息。土山攻战既苦，人不堪命，柳津命作地道，毁外山，掷雉尾炬烧其橹堞。外山崩，压贼且尽。贼又作虾蟆车，运土石填堑，战士升之楼车，四面并至。城内飞石碎其车，贼死积于城下。贼又掘城东南角，城内作迂城形如却月以捍之，贼乃退。材官将军宋嶷降贼，因为立计，引玄武湖水灌台城，阙前御街并为洪波矣。又烧南岸居人营寺，莫不咸尽。

司州刺史柳仲礼、衡州刺史韦粲、南陵太守陈文彻、宣猛将军李孝钦等皆来赴援，鄱阳世子嗣、裴之高又济江。柳仲礼营朱雀航南，裴之高营南苑，韦粲营青塘，陈文彻、李钦屯丹杨郡，鄱阳世子嗣营小航南，并缘淮造栅。及旦，景方觉，乃登禅灵寺门楼以望之。

见韦粲营垒未合，度兵击之，粲败，景斩粲首徇城下。柳仲礼闻粲败，不遑贯甲，与数十人赴之，遇贼，斩首数百，仍投水死者千余人。仲礼深入，马陷泥，亦被重刱。自是贼不敢济岸。邵陵王纶又与临城公大连等自东道集于南岸；荆州刺史洲东王绎遣世子方等、兼司马吴晔、天门太守樊文皎赴援，营于洲子岸前；高州刺史李迁仕、前司州刺史羊鸦仁又率兵继至。既而鄱阳世子嗣、永安侯确、羊鸦仁、李迁仕、樊文皎率众度淮，攻破贼东府城前栅，遂营于青溪水东。景遣其仪同宋子仙缘水西立栅以相拒，景食稍尽，人相食者十五六。初，援兵至北岸，众号百万。百姓扶老携幼以候王师，才过淮，便竞剥掠，征责金银，列营而立，互相疑贰。邵陵王纶、柳仲礼甚于仇敌，临城公大连、永安侯确逾于水火，无有斗心。贼尝有欲自拔者，闻之咸止。

　　贼之始至，城中才得固守，平荡之事，期望援军。既而中外断绝，有羊车儿献计，作纸鸦系以长绳，藏敕于中。简文出太极殿前，因西北风而放，冀得书达。群贼骇之，谓是厌胜之术，又射下之，其危急如此。是时城中围逼既久，膜昧顿绝，简文上厨，仅有一肉之膳。军士煮弩、熏鼠、捕雀食之。殿堂旧多鸽群聚，至是歼焉。初，宫门之闭，公卿以食为念，男女贵贱并出负米，得四十万斛，收诸府藏钱帛五十亿万，并聚德阳堂，鱼盐樵采所取盖寡。至是，乃坏尚书省为薪，撤荐挫以饲马，尽又食饭焉。御甘露厨有干苔，味酸咸，分给战士。军人屠马，于殿省间鬻之，杂以人肉，食者必病。贼又置毒于水窦，于是稍行肿满之疾，城中疫死者太半。初，景之未度江，魏人遣檄，极言景反覆猜忍，又言帝饰智惊愚，将为景欺。至是祸败之状，皆如所陈，南人咸以为谶。

　　时景军亦饥，不能复战。东城有积粟，其路为援军所断，且闻湘东王下荆州兵。彭城刘邈乃说景曰："大军顿兵已久，攻城不拔，今众军云集，未易可破。如闻军粮不支一月，运漕路绝，野无所掠，婴儿掌上，信在于今。未若乞和，全师而反。"景乃与王伟计，遣任约至城北拜表伪降，以河南自效。帝曰："吾有死而已，宁有是议。且贼凶逆多诈,此言云何可信。"既而城中日蹙,简文乃请武帝曰:"侯景图逼,既无勤王之师,今欲许和,更思后计。"帝大怒曰:"和不如死!"简文曰:"城下之盟,乃是深耻;白刃交前,流矢不顾。"上迟回久之,曰:"尔自图之,无令取笑千载。"乃听焉。景请割江右四州地,并求宣城王大器出送,然后解围济江。仍许遣其仪同于子悦,左丞王伟入城为质。中领军傅岐议以宣城王嫡嗣之重,有轻言者请剑击之。乃请石城公大款出送,诏许焉。遂于西华门外设坛,遣尚书仆射王克、兼侍中上甲乡侯韶、兼散骑常侍萧瑳与于子悦、王伟等登坛共盟。右卫将军柳津出西华门下,景出其栅门,与津遥遥相对,刑牲歃血。

南兖州刺史南康嗣王会理、前青冀二州刺史湘潭侯退、西昌侯世子彧,率众三万至于马印洲,景虑北军自白下而上,断其江路,请悉勒聚南岸,敕乃遣北军并进江潭苑。景又启称:"永安侯、赵威方频隔栅诟臣,云'天子自与尔盟,我终当逐汝'。乞召入城,即进发。"敕并召之。景遂运东城米于石头,食乃足。又启云:"西岸信至,高澄已得寿春、钟离,便无处安足,权借广陵、谯州,须征得寿春、钟离,即以奉还朝廷。"

时荆州刺史湘东王绎师于武成,河东王誉次巴陵,前信州刺史桂阳王慥顿江津,并未之进。既而有敕班师,湘东王欲旋,中记室参军萧贲曰:"景以人臣举兵向阙,今若放兵,未及度江,童子能斩之,必不为也。大王以十万之师,未见贼而退,若何!"湘东王不悦。贲,骨鲠士也,每恨湘东不入援。尝与王双六,食子未下,贲曰:"殿下都无下意。"王深为憾,遂因事害之。

景既知援军号令不一,终无勤王之效,又闻城中死疾转多,当有应之者。既却湘东王等兵,又得城东之米,王伟且说景曰:"王以人臣举兵背叛,围守宫阙已盈十旬,逼辱妃主,陵秽宗庙。今日持此,何处容身?愿且观变。"景然之,乃表陈武帝十失。三年三月丙辰朔,城内于太极殿前设坛,使兼太宰、尚书仆射王克等告天地神祇,以景违盟,举烽鼓噪。初,城围之日,男女十余万,贯甲者三万,至是,疾疫且尽,守埤者止二三千人,并悉羸懦。横尸满路,无人埋瘗,臭气熏数里,烂汁满沟洫。于是羊鸦仁、柳仲礼、鄱阳世子嗣进军于东府城北。栅垒未立,为景将宋子仙所败,送首级于阙下。景又遣于子悦乞,城内遣御史中丞沈浚至景所。无去意,浚因责之,景大怒,即决石阙前水,百道攻城,昼夜不息。

丁卯,邵陵王世子子坚帐内白云朗、董勋华于城西北楼纳贼。五鼓,贼四面飞梯,众悉上。永安侯确与其兄坚力战不能却,乃还见文德殿言状。须臾,景乃先使王伟、仪同陈庆入殿陈谢曰:“臣既与高氏有隙,所以归投,每启不蒙为奏,所以入朝。而奸佞惧诛,深见推拒,连兵多日,罪合万诛。”武帝曰:“景今何在?可召来。”景入朝,以甲士五百人自卫,带剑升殿。拜讫,帝神色不变,使引向三公榻坐,谓曰:“卿在戎日久,无乃为劳。”景默然。又问:“卿何州人?而来至此。”又不对,其从者任约代对。又问:“初度江有几人?”景曰:“千人。”“围台城有几人?”曰:“十万。”“今有几人?”曰:“率土之内,莫非已有。”帝俯首不言。景出,谓其厢公王僧贵曰:“吾常据鞍对敌,矢刃交下,而意了无怖。今见萧公,使人自慑,岂非天威难犯。吾不可以再见之。”出见简文于永福省,简文坐与相见,亦无惧色。

初,简文《寒夕诗》云:“雪花无有蒂,冰镜不安台。”又《咏月》云:“飞轮了无辙,明镜不安台。”后人以为诗谶,谓无蒂者,是无帝;不安台者,台城不安;轮无辙者,以邵陵名纶,空有赴援名也。

既而景屯兵西州,使伪仪同陈庆以甲防太极殿,悉卤掠乘舆服玩、后宫嫔妾,收王侯朝士送永福省,撤二宫侍卫,使王伟守武德殿,于子悦屯太极东堂。矫诏大赦,自为大都督、都督中外诸军、录尚书事,其侍中、使持节、大丞相、王如故。先是,城中积尸不暇埋瘗,又有已死未敛,或将死未绝,景悉令聚而焚之,臭气闻十余里。尚书外兵郎鲍正疾笃,贼曳出焚之,宛转火中,久而方绝。景又矫诏征镇牧守各复本位,于是诸军并散。降萧正德为侍中、大司马,百官皆复其职。

帝虽外迹不屈,而意犹忿愤。景欲以宋子仙为司空,帝曰:“调和阴阳,岂在此物!"景又请以文德主帅邓仲为城门校尉,帝曰:"不置此官。"简文重入奏,帝怒曰:"谁令汝来!"景闻,亦不敢逼。后每征求,多不称旨,至于御膳,亦被裁抑,遂怀忧愤。五月,感疾馁,崩于文德殿。景秘不发丧,权殡于昭阳殿,自外文武咸莫之知。二十余日,然后升梓宫于太极前殿,迎简文即位。及葬脩陵,使卫士以大钉于要地钉之,欲令后世绝灭。矫诏赦北人为奴婢者,冀收其力用焉。时东扬州刺史临城公大连据州,吴兴太守张嵊据郡,自南陵以上,并各据守。景制命所行,唯吴郡以西、南陵以北而已。

六月,景乃杀萧正德于永福省,封元罗为西秦王,元景袭为陈留王,诸元子弟封王者十余人。以柳仲礼为使持节、大都督,隶大丞相,参戎事。十一月,百济使至,见城邑丘墟,于端门外号泣,行路见者莫不洒泣。景闻大怒,收小庄严寺,禁不听出入。大宝元年正月,景矫诏自加班剑四十人,给前、后部羽葆、鼓吹,置左右长史、从事中郎四人。三月甲申,景请简文禊宴于乐游苑,帐饮三日。其逆党咸以妻子自随,皇太子以下,并令马射,箭中者赏以金钱。翌日向晨,简文还宫。景拜伏苦请,简文不从。及发,景即与溧阳主共据御床,南面并坐,群臣文武列坐侍宴。

四月辛卯,景又召简文幸西州,简文御素辇,侍卫四百余人。景众数千浴铁翼卫。简文至西州,景等逆拜。上冠下屋白纱帽,服白布裙襦。景服紫绸褶,上加金带,与其伪仪同陈庆、索超世等西向坐。溧阳主与其母范淑妃东向坐。上闻丝竹,凄然下泣,景起谢曰:"陛下何不乐?"上为笑曰:"丞相言索超世闻此以为何声?"景曰:"臣且不知,岂独超世。"上乃命景起舞,景即下席应弦而歌。上顾命淑妃,淑妃固辞乃止。景又上礼,遂逼上起舞。酒阑坐散,上抱景于床曰:"我念丞相。"景曰:"陛下如不念臣,臣何至此。"上索筌蹄,曰:"我为公讲。"命景离席,使其唱经。景问超世:"何经最小?"超世曰:"唯《观世音》小。"景即唱"尔时无尽意菩萨"。上大笑,夜乃罢。

时江南大饥,江、扬弥甚,旱蝗相系,年谷不登,百姓流亡,死者涂地。父子携手共入江湖,或弟兄相要俱缘山岳。芰实荇花,所在

皆罄，草根木叶，为之凋残。虽假命须臾，亦终死山泽。其绝粒久者，
鸟面鹄形，俯伏床帷，不出户牖者，莫不衣罗绮，怀金玉，交相枕藉，
待命听终。于是千里绝烟，人迹罕见，白骨成聚如丘陇焉。而景虐
于用刑，酷忍无道，于石头立大春碓，有犯法者捣杀之。东阳人李瞻
起兵，为贼所执，送诣建邺。景先出之市中，断其手足，刻析心腹，破
出肝肠，瞻正色整容，言笑自若，见其胆者乃如升焉。又禁人偶语，
不许大酺，有犯则刑及外族。其官人任兼阃外者位必行台，入附凶
徒者并称开府，其亲寄隆重则号曰左右厢公，勇力兼人名为库真部
督。

　　七月，景又矫诏自进位相国，封太山等二十郡为汉王，入朝不
趋，赞拜不名，剑履上殿，依汉萧何故事。十月，景又矫诏自加宇宙
大将军、都督六合诸军事，以诏文呈简文。简文大惊曰："将军乃有
宇宙之号乎？"初，武帝既崩，景立简文，升重云殿礼佛为盟曰："臣
乞自今两无疑贰，臣固不负陛下，陛下亦不得负臣。"及南康王会理
之事，景稍猜惧，谓简文欲谋之。王伟因构扇，遂怀逆谋矣。

　　二年正月，景以王克为太宰，宋子仙为太保，元罗为太傅，郭元
建为太尉，张化仁为司徒，任约为司空，于庆为太师，纥奚斤为太子
太傅，时灵护为太子太保，王伟为尚书左仆射，索超世为右仆射。于
大航跨水筑城，名曰捍国。

　　四月，景遣宋子仙袭陷郢州刺史方诸。景乘胜西上，号二十万，
联旗千里，江左以来，水军之盛未有也。帝闻之，谓御史中丞宗怀
曰："贼若分守巴陵，鼓行西上，荆、郢殆危，此上策也。身顿长沙，徇
地零、桂，运粮以至洞庭，非吾有，此中策也。拥众江口，连攻巴陵，
锐气尽于坚城，士卒饥于半菽，此下策也。吾安枕而卧，无所多忧。"
及次巴陵，王僧辩沉船卧鼓，若将已遁。景遂围城。元帝遣平北将
军胡僧祐与居士陆法和大破之，禽其将任约，景乃夜遁还都。左右
有泣者，景命斩之。王僧辩乃东下，自是众军所至皆捷。先是，景每
出师，戒诸将曰："若破城邑，净杀却，使天下知吾威名。"故诸将以
杀人为戏笑，百姓虽死不从之。

是月，景乃废简文，幽于永福省，迎豫章王栋即皇帝位，升太极前殿，大赦，改元为天正元年。有回风自永福省吹其文物皆倒折，见者莫不惊骇。初，景既平建邺，便有篡夺志，以四方须定，故未自立。既而巴陵失律，江、郢丧师，猛将外歼，雄心内沮，便欲速僭大号。又王伟云："自古移鼎，必须废立。"故景从之。其太尉郭元建闻之，自秦郡驰还谏曰："主上仁明，何得废之？"景曰："王伟劝吾。"元建固陈不可，景意遂回，欲复帝位，以栋为太孙。王伟固执不可，乃禅位于栋。景以哀太子妃赐郭元建，元建曰："岂有皇太子妃而降为人妾。"竟不与相见。景司空刘神茂、仪同尹思合、刘归义、王晔、桑乾王元頵等据东阳归顺。

十一月，景矫萧栋诏自加九锡，汉国置丞相以下百官，陈备物于庭。忽有鸟似山鹊翔于景册书上，赤足丹觜，都下左右所无。贼徒悉骇，竞射之，不能中。景又矫栋诏，追崇其祖为大将军，父为大丞相，自加冕十有二旒，建天子旌旗，出警入跸，乘金根车，驾六马，备五时副车，置旄头云罕，乐舞八佾，钟虡宫悬之乐，一如旧仪。寻又矫萧栋诏禅位，使伪太宰王克奉玺绂于己。先夕，景宿大庄严寺，即南郊，柴燎于天，升坛受禅，大风拔木，旂盖尽偃，文物并失旧仪。既唱警跸，识者以为名景而言警跸，非久祥也。景闻恶之，改为备跸。人又曰，备于此便毕矣。有司乃奏改云永跸。乃以广柳车载鼓吹，橐驼负牺牲，辇上置垂脚坐焉。景所带剑水精摽无故堕落，手自拾取，甚恶之。将登坛，有兔自前而走，俄失所在。又白虹贯日三重，日青无色。还，将登太极殿，丑徒数万同共吹唇唱吼而上。及升御床，床脚自陷。大赦，改元为太始元年。方飨群臣，中会而起，触庱坠地。封萧栋为淮阴王，幽之。改梁律为汉律，改左户尚书为殿中尚书，五兵尚书为七兵尚书，直殿主帅为直寝。

景三公之官，动置十数，仪同尤多，或匹马孤行，自执羁绁。以宋子仙、郭元建、张化仁、任约为佐命元功，并加三公之位。王伟、索超世为谋主，于子悦、彭俊主击断，陈庆、吕季略、卢晖略、于和、史安和为爪牙，斯皆尤毒于百姓者。其余王伯丑、任延和等复有数十人。梁人而为景用者,则故将军赵伯超、前制局监姬石珍、内监严亘、邵陵王记室伏知命,此四人尽心竭力者。若太宰王克、太傅元罗、侍中殷不害、太常姬弘正等,虽官尊,止从人望,非腹心任也。景祖名乙羽周,及篡,以周为庙讳,故改周弘正、石珍姓姬焉。

王伟请立七庙,景曰:"何谓七庙?"伟曰:"天子祭七世祖考,故置七庙。"并请七世讳,敕太常具祭祀之礼。景曰:"前世吾不复忆,唯阿爷名摽,且在朔州,伊那得来啖是。"众闻咸笑之。景党有知景祖名乙羽周者,自外悉是王伟制其名位。以汉司徒侯霸为始祖,晋征士侯瑾为七世祖。于是推尊其祖周为大丞相,父摽为元皇帝。

于时,景修饰台城及朱雀、宣阳等门,童谣曰:"的脰乌,拂朱雀,还与吴。"又曰:"脱青袍,著芒屩,荆州天子挺应著。"时都下王侯庶姓五待庙树,咸见残毁,唯文宣太后庙四周柏树独郁茂。及景篡,修南郊路,伪都官尚书吕季略说景,令伐此树以立三桥。始斫南面十余株,再宿悉栟生,便长数尺,时既冬月,翠茂若春。贼乃大惊恶之,使悉斫杀。识者以为昔僵柳起于上林,乃表汉宣之兴,今庙树重青,必彰陕西之瑞。又景床东边香炉无故堕地景呼东西南北皆谓为厢,景曰:"此东厢香炉,那忽下地?"议者以为湘东军下之征。

十二月,谢答仁、李庆等军至建德,攻元頵、李占栅,大破之。执頵、占送京口,截其手足徇之,经日乃死。景二年,谢答仁攻东阳,刘神茂降,以送建康,景为大锉碓,先进其脚,寸寸斩之,至头方止,使众观之以示威。王僧辩军至芜湖,城主宵遁。侯子鉴率步骑万余人度州,并引水军俱进。僧辩逆击,大破之。景闻之,大惧涕下,覆面引衾卧,良久方起,叹曰:"咄咄!咄咄!误杀乃公。"

初,景之为丞相,居于西州,将率谋臣,朝必集行列门外,谓之牙门。以次引进,赉以酒食,言笑谈论,善恶必同。及篡,恒坐内不出,旧将稀见面,咸有怨心。至是登烽火楼望西师,看一人以为十人,大惧。僧辩及诸将遂于石头城西步上,连营立栅,至于落星墩。景大恐,遣掘王僧辩父墓,剖棺焚其尸。王僧辩等进营于石头城北,景列阵挑战,僧辩大破之。

　　景既退败，不敢入宫，敛其散兵屯于阙下，遂将逃。王伟按剑揽辔谏曰："自古岂有叛天子。今宫中卫士尚足一战，宁可便走。"景曰："我在北打贺拔胜，败葛荣，扬名河朔，与高王一种人。来南直度大江，取台城如反掌，打邵陵王于北山，破柳仲礼于南岸，皆乃所亲见。今日之事，恐是天亡。乃好守城，当复一决。"仰观石阙，逡巡叹息久之。乃以皮囊盛二子挂马鞍，与其仪同田迁、范希荣等百余骑东奔。王伟遂委台城窜逸，侯子鉴等奔广陵。王克开台城门引裴之横入宫，纵兵蹂掠。是夜遗烬烧太极殿及东西堂、延阁、秘署皆尽，羽仪辇辂莫有孑遗。王僧辩命武州刺史杜崱救火，仅而得灭，故武德、五明、重云殿及门下、中书、尚书省得免。

　　僧辩迎简文梓宫升于朝堂，三军缟素，踊于哀次。命侯瑱、裴之横追贼于东，焚伪神主于宣阳门，作神主于太庙，收图书八万卷归江陵。杜崱守台城，都下户口百遗一二，大航南岸极目无烟。老小相扶竞出，才度淮，王琳、杜龛军人掠之，甚于寇贼，号叫闻于石头，僧辩谓为有变，登城问故，亦不禁也。金以王师之酷甚于侯景，君子以是知僧辩之不终。初，景之围台城，援军三十万，兵士望青袍则气消胆夺。及赤亭之役，胡僧祐以羸卒一千破任约精甲二万，转战而东，前无横阵。既而侯瑱追及，景众未阵，皆举幡乞降，杀之，送于王僧辩。景不能制，乃与腹心人数十单舸走，推堕二子于水，自沪渎入海至胡豆洲。前太子舍人羊鲲杀之，送于王僧辩。

　　景长不满七尺，长上短下，眉目疏秀，广颡高颧，色赤少鬓，低视屡顾，声散。识者曰："此谓豺狼之声，故能食人，亦当为人所食。"既南奔，魏相高澄悉命先剥景妻子面皮，以大铁镬盛油煎杀之。女以入宫为婢，男三岁者并下蚕室。后齐文宣梦猕猴坐御床，乃并煮景子于镬，其子之在北者殃焉。

　　景性猜忍，好杀戮，恒以手刃为戏。方食，斩人于前，言笑自若，口不辍餐。或先断手足，割舌劓鼻，经日乃杀之。自篡立后，时著白纱帽，而尚披青袍，头插象牙梳，床上常设胡床及筌蹄，著靴垂脚坐。或跂户限，或走马遨游，弹射鸦鸟。自为天子，王伟不许轻出，于是郁怏，更成失志，曰："吾无事为帝，与受禅不殊。"及闻义师转近，猜忌弥深，床前兰锜自绕，然后见客。每登武帝所常幸殿，若有芒刺在身，恒闻叱咄者。又处宴居殿，一夜惊起，若有物扣其心。自是凡武帝所常居处，并不敢处，多在昭阳殿廊下。所居殿屋，常有鹏鹍鸟鸣呼，景恶之，每使人穷山野捕鸟。景所乘白马，每战将胜，辄踟蹰嘶鸣，意气骏逸，其有奔衄，必低头不前。及石头之役，精神沮丧，卧不肯动。景使左右拜请，或加箠策，终不肯进。始景左足上有肉瘤，状似龟，战应克捷，瘤则隐起分明，如不胜，瘤则低。至日，瘤隐陷肉中。

天监中，沙门释宝志曰："掘尾狗子自发狂，当死未死啮人伤，须臾之间自灭亡，起自汝阴死三湘。"又曰："山家小儿果攘臂，太极殿前作虎视。"狗子，景小字，山家小儿，猴状。景遂覆陷都邑，毒害皇家。起自悬瓠，即昔之汝南。巴陵有地名三湘，景奔败处。其言皆验。景常谓人曰："侯字人边作主，下作人，此明是人主也。"台城既陷，武帝尝语人曰："侯景必得为帝，但不久耳。破'侯景'字成'小人百日天子'，为帝当得百日。"案景以辛未年十一月十九日篡位，壬申年三月十九日败，得一百二十日。而景以三月一日便往姑孰，计在宫殿足满十旬，其言竟验。又大同中，太医令朱耽尝直禁省，无何梦犬羊各一在御坐，觉而告人曰："犬羊非佳物也，今据御座，将有变乎。"既而天子蒙尘，景登正殿焉。

及景将败，有僧通道人者，意性若狂，饮酒啖肉，不异凡等。世间游行已数十载，姓名乡里，人莫能知。初言隐伏，久乃方验。人并呼为阇梨，景甚信敬之。景尝于后堂与其徒共射，时僧通在坐，夺景弓射景阳山，大呼云"得奴已"。景后又宴集其党，又召僧通，僧通取肉揾盐以进景，问曰："好不？"景答："所恨大咸。"僧通曰："不咸则烂。"及景死，僧辩截其二手送齐文宣，传首江陵，果以盐五斗置腹中，送于建康，暴之于市。百姓争取屠脍羹食皆尽，并溧阳主亦预食例。景焚骨扬灰，曾罗其祸者，乃以灰和酒饮之。首至江陵，元帝命枭于市三日，然后煮而漆之，以付武库。先是，江陵谣言："苦竹町，市南有好井。荆州军，杀侯景。"及景首至，元帝付谘议参军李季长宅，宅东即苦竹町也。既加鼎镬，即用市南水焉。景仪同谢答仁、行台赵伯超降于侯瑱，生禽贼行台田迁、仪同房世贵、蔡寿乐、领军王伯丑。凶党悉平，斩房世贵于建康市，余党送江陵。初，郭元建以有礼于皇太子妃，将降，侯子鉴曰："此小惠也，不足自全。"乃奔齐。

　　王伟，其先略阳人。父略，仕魏为许昌令，因居颍川。伟学通《周易》，雅高辞采，仕魏为行台郎。景叛后，高澄以书招之，伟为景报澄书，其文甚美。澄览书曰："谁所作也？"左右称伟之文。澄曰："才如此，何由不早使知邪？"伟既协景谋谟，其文檄并伟所制，及行篡逆，皆伟创谋也。景败，与侯子鉴俱走，相失，潜匿草中，直渎戍主黄公喜禽送之。见王僧辩，长揖不拜。执者促之，伟曰："各为人臣，何事相敬。"僧辩谓曰："卿为贼相，不能死节，而求活草间，颠而不扶，安用彼相。"伟曰："废兴时也，工拙在人。向使侯氏早从伟言，明公岂有今日之势。"僧辩大笑，意甚异之，命出以徇。伟曰："昨及朝行八十里，愿借一驴代步。"僧辩曰："汝头方行万里，何八十里哉。"伟笑曰："今日之事，乃吾心也。"前尚书左丞虞骘尝见辱于伟，遇之而唾其面，曰："死虏，庸复能为恶乎！"伟曰："君不读书，不足与语。"骘惭而退。及吕季略、周石珍、严亘俱送江陵。伟尚望见全，于狱为诗赠元帝下要人曰："赵壹能为赋，邹阳解献书，何惜西江水，不救辙中鱼。"又上五百字诗于帝，帝爱其才，将舍之，朝士多忌，乃谮曰："前日伟作檄文，有异辞句。"元帝求而视之，檄云："项羽重瞳，尚有乌江之败；湘东一目，宁为四海所归。"帝大怒，使以钉钉其舌于柱，剜其肠，颜色自若，仇家脔其肉，俯而视之，至骨方刑之。石珍及亘并夷三族。

　　赵伯超，赵革子也。初至建邺，王僧辩谓曰："卿荷国重恩，遂复同逆。"对曰："当今祸福，恩在明公。"僧辩又顾谢答仁曰："闻卿是侯景枭将，恨不与卿交兵。"答仁曰："公英武盖世，答仁安能仰敌。"僧辩大笑。答仁以不失礼于简文见宥，伯超及伏知命俱饿死江陵狱中。彭俊亦生获,破腹抽出其肝藏,俊犹不死,然后斩之。

熊昙朗,豫章南昌人也,世为郡著姓。昙朗踔弛不羁,有膂力,容貌甚伟。侯景之乱,稍聚少年据丰城县为栅,桀黠劫盗多附之。梁元帝以为巴山太守。魏克荆州,昙朗兵力稍强,劫掠邻县,缚卖居人,山谷之中,最为巨患。

及侯瑱镇豫章,昙朗外示服从,阴欲图瑱。侯方儿之反瑱也,昙朗为之谋主。瑱败,昙朗获瑱马仗子女甚多。及萧勃逾岭,欧阳頠为前军。昙朗绐頠共往巴山袭黄法氍。又报法氍期共破頠,且曰:"事捷与我马仗。"乃出军与頠掎角而进。又绐頠曰:"余孝顷欲相掩袭,须分留奇兵。"頠送甲二百领助之。及至城下,将战,昙朗伪北,法氍乘,頠失援,狼狈退衄。昙朗取其马仗而归。时巴山陈定亦拥兵立寨,昙朗伪以女妻定子,又谓定曰:"周迪、余孝顷并不愿此昏,必须以强兵来迎。"定信之。及至,昙朗执之,收其马仗,并论价责赎。

陈初,以南川豪帅历宜新、豫章二郡太守。抗拒王琳有功。封永化县侯,位平西将军、开府仪同三司。及周文育攻余孝励于豫章,昙朗出军会之,文育失利,昙朗乃害文育以应王琳。琳东下,文帝征南川兵,江州刺史周迪、高州刺史黄法氍欲沿流应赴,昙朗乃据城列舰遏迪等。及王琳败走,迪攻陷其城。昙朗走入村中,村人斩之,传首建邺,悬于朱雀航,宗族无少长皆弃市。

周迪,临川南城人也。少居山谷,有膂力,能挽强弩,以弋猎为事。侯景之乱,迪宗人周续起兵于临川,梁始兴王萧毅以郡让续,迪占募乡人从之,每战勇冠诸军。续所部渠帅皆郡中豪族,稍骄横,续颇禁之,渠帅等乃杀续,推迪为主。梁元帝授迪高州刺史,封临汝县侯。绍泰二年,为衡州刺史,领临川内史。周文育之讨萧勃也,迪按甲保境,以观成败。

陈武帝受禅,王琳东下,迪欲自据南川,乃总召所部八郡守宰结盟,声言入赴。朝廷恐其为变,因厚抚之。琳至盆城,新吴洞主余孝顷举兵应琳。琳以为南川诸郡可传檄而定,乃遣其将李孝钦、樊猛等南征粮饷。孝钦等与余孝顷逼迪,迪大败之,禽孝钦、猛、孝顷送建邺。以功加平南将军、开府仪同三司。

文帝嗣位,熊昙朗反,迪与周敷、黄法氍等围昙朗,屠之。王琳败后,文帝征迪出镇盆口,又征其子入朝,迪趑趄顾望并不至。豫章太守周敷本属迪,至是与法氍率其部诣阙,文帝录其破熊昙朗功,并加官赏。迪闻之不平,乃阴与留异相结。及王师讨异,迪疑惧,乃使其弟方兴袭周敷,敷与战,破之。又别使兵袭华皎于盆城,事觉,尽为皎禽。天嘉三年,文帝乃使江州刺史吴明彻都督众军,与高州刺史黄法氍、豫章太守周敷讨迪,不能克。文帝乃遣宣帝总督讨之,迪众溃,脱身逾岭之晋安,依陈宝应。宝应以兵资迪,留异又遣第二子忠臣随之。明年秋,复越东兴岭。文帝遣都督章昭达征迪,迪又散于山谷。

初,侯景之乱,百姓皆弃本为盗,唯迪所部独不侵扰,耕作肆业,各有赢储,政令严明,征敛必至。性质朴,不事威仪,冬则短身布袍,夏则紫纱袜腹。居常徒跣,虽外列兵卫,内有女伎,接绳破篾,傍若无人。然轻财好施,凡所周赡,毫厘必均。讷于语言,而衿怀信实,临川人皆德之。至是并藏匿,虽加诛戮,无肯言者。昭达仍度岭与陈宝应相抗。迪复收合出东兴,文帝遣都督程灵洗破之。迪又与十余人窜山穴中。后遣人潜出临川郡市鱼鲑,临川太守骆文牙执之,令取迪自效,诱迪出猎,伏兵斩之,传首建邺,枭于朱雀航三日。

留异,东阳长山人也,世为郡姓。异善自居处,言语酝籍,为乡里雄豪。多聚恶少,陵侮贫贱,守宰皆患之。

仕梁,晋安、安固二县令。侯景之乱,还乡里占募士卒。太守沈巡援台,让郡于异,异使兄子超监知郡事,率兵随巡出都。及城陷,异随梁临城公大连,大连委以军事。异性残暴,无远略,私树威福,众并患之。会景将宋子仙济浙江,异奔还乡里,寻以众降子仙。子仙以为乡道，令执大连。邵陵王纶闻之曰："姓作去留之留，名作同异之异，理当同于逆虏。"侯景署异为东阳太守，收其妻子为质。行台刘神茂建义拒景，异外同神茂，而密契于景。及神茂败，被景诛，异独获免。

景平后，王僧辩使异尉劳东阳，仍保据岩阻，州郡惮焉。魏克荆州，王僧辩以异为东阳太守。陈文帝平定会稽，异虽有粮馈，而拥擅一郡，威福在已。绍泰二年，以应接功，除缙州刺史，领东阳太守，封永嘉县侯。又以文帝长女丰安公主配异第三子贞臣。陈永定三年，征异为南徐州刺史，迁延不就。文帝即位，改授缙州刺史，领东阳太守。异频遣其长史王渐为使入朝。渐每言朝廷虚弱，异信之，恒怀两端，与王琳潜通信使。及琳败，文帝遣左卫将军沈恪代异为郡，实以兵袭之。异与恪战，败，乃表启逊谢。时朝廷方事湘、郢，且羁縻之。异知终见讨，乃使兵戍下淮及建德，以备江路。

湘州平，文帝乃下诏扬其罪恶，使司空侯安都讨之。异与第二子忠臣奔陈宝应。及宝应平，并禽异送都，斩建康市，子侄并伏诛，唯第三子贞臣以尚主获免。

陈宝应，晋安侯官人也，世为闽中四姓。父羽，有材干，为郡雄豪。宝应性反覆，多变诈。梁时晋安数反，累杀郡将，羽初并扇惑成其事，后复为官军乡导破之，由是一郡兵权皆自己出。侯景之乱，晋安太守宾化侯萧云以郡让羽，羽年老，但主郡事，令宝应典兵。时东境饥馑，会稽尤甚，死者十七八，而晋安独丰沃，士众强盛。侯景平，元帝因以羽为晋安太守。陈武帝辅政，羽请归老，求传郡于宝应，武帝许之。绍泰三年，封候官县侯。武帝受禅，授闽州刺史，领会稽太守。文帝即嗣，加其父光禄大夫，仍命宗正录其本系，编为宗室。宝应娶留异女为妻，侯安都之讨异，宝应遣ůa助之，又资周迪兵粮，出寇临川。及都督章昭达破迪，文帝因命讨宝应，诏宗正绝其属籍。宝应据建安湖际逆拒昭达，昭达深沟高垒不与战。但命为籓，俄而水盛，乘流放之，突其水栅，宝应众溃。执送都，斩建康市。

　　论曰:侯景起于边服,备尝艰险,自北而南,多行狡算。于时江表之地,不见干戈。梁武以耄期之年,溺情释教,外弛藩篱之固,内绝防闲之心,不备不虞,难以为国。加以奸回在侧,货贿潜通,景乃因机骋诈,肆行矫慝。王伟为其谋主,饰以文辞,武帝溺于知音,惑兹邪说。遂使乘枏直济,长江丧其天险,扬旌指阙,金墉亡其地利。生灵涂炭,宗社丘墟。于是村屯坞壁之豪,郡邑岩穴之长,恣陵侮而为暴,资剽掠以为雄。陈武应期抚运,戡定安辑。熊昙朗、周迪、留异、陈宝应等,虽逢兴运,未改迷途,志在乱常,自致夷戮,亦其宜矣。